# OS PODERES SECRETOS DO HOMEM

ROBERT TOCQUET

# OS PODERES SECRETOS DO HOMEM

*UM BALANÇO DO PARANORMAL*

*Prefácio de*
LOUIS PAUWELS

*Tradução de*
JOSÉ GERALDO VIEIRA

São Paulo | 2018

IBRASA
LIVROS QUE CONSTROEM

Título Original: Les Pouvoirs Secrets de l'Homme

Direitos desta edição reservados à
IBRASA
Instituição Brasileira de Difusão Cultural Ltda.
Rua Ouvidor Peleja, 610
Tel/Fax: (0xx11) 3791.9696
e-mail: ibrasa@ibrasa.com.br
home page: www.ibrasa.com.br



Tradução: José Geraldo Vieira
Capa: Armenio Almeida (MK Design)
Editoração Eletrônica: Armenio Almeida (MK Design)

Publicado em 2018

*Código para obter um livro igual: XIII-3*

T565p TOCQUET, Robert.
Os poderes secretos do homem: um balanço do paranormal. / Robert Tocquet, tradução de José Geraldo Vieira. Prefácio de Louis Pauwels. – São Paulo: IBRASA, 2018.

512 p.
ISBN: 978-85-348-0367-0

1. Parapsicologia. 2. Espiritismo. I. TOCQUET, Robert. II. Título. III. Série.

CDU: 159.961

Maria José O. Souza CRB 8/5641

Índice para catálogo sistemático:
Parapsicologia: 159.961
Espiritismo: 133.9

IMPRESSO NO BRASIL - PRINTED IN BRAZIL

# ÍNDICE

# Prefácio de LOUIS FAUWELS

A obra. Erudita e inteligente de Robert Tocquet constitui um balanço das observações positivas sobre aquilo que se convencionou chamar os poderes desconhecidos do homem, os fenômenos paranormais. Aí se encontrará vasta menção dos recentes trabalhos internacionais. E também se verá que assuntos, os mais aparentemente cediços, são retomados sob um ponto de vista original e vivificante.

O primeiro mérito deste livro é desagregar o mais nitidamente possível os fatos realmente observáveis dos fatos duvidosos ou falsos, das fraudes deliberadas e dos embustes inconscientes. Ainda existem espíritos capazes de negar em bloco a existência dos fenômenos paranormais e que simultaneamente se negam a ir vê-los mais de perto. Esta singular alergia, que ainda não foi estudada conforme conviria, às vezes afeta inteligências aliás honestas e ativas em outros domínios. E, contudo, se teria a maior necessidade delas, do seu respeito ao real e ao método especulativo, para se prosseguir e se ampliar o grande trabalho de purificação que desde vários anos se leva a cabo na pesquisa metapsíquica e parapsicológica. Basta ler o notável trabalho de Herbert Thurston sobre *Os Fenômenos Psíquicos do Misticismo* para se constatar o cuidado quase feroz com que elementos da Igreja desnudam por completo os fatos antes de concluírem a favor ou contra a realidade dos estigmas, duma visão, dum fenômeno de telecinesia ou de levitação. Nesse plano, os anais do misticismo católico são anais da dúvida sistemática. Desde pouco mais de cinquenta anos, pesquisadores, no mundo inteiro, se aplicam ao estudo do paranormal não-religioso. Achava-se a ponto de nascer uma ciência fundada, como toda ciência, sobre o método experimental. Não se observou ainda suficientemente que são esses próprios pesquisadores que se vêm aplicando em desmascarar os dolos e as fraudes, voluntários ou não, na experimentação. Não há fatos malditos, e sim há métodos malditos. Como toda ciência em seu início, esta ainda não ultrapassou sequer o estágio do recenseamento e da classificação. A pesquisa experimental mal se iniciou. Robert Tocquet mostra de maneira excelente quanto é necessário desembaraçar os fatos da ganga de explicações ingênuas ou aloucadas, de crendices e de superstições que os envolvem a ponto de se confundirem com eles. Já em 1914, apoiando-se nos vinte e oito volumes de *Proceedings* e nos dezessete tomos do *Journal of the Society for Psychical Research,* nos vinte e cinco anos dos *Annales des Sciences Psychiques,* Maurice Maeterlinck podia escrever na sua introdução ao *Hóspede Desconhecido*: "Finalmente se avança, fora das lendas, das histórias que provocam bocejos, das comadrices, das ilusões e dos exageros, sobre um terreno ainda estreito porém bastante firme."

O segundo mérito deste livro é dar ênfase à importância e ao valor dos trabalhos franceses. Era útil fazê-lo, e isto por duas razões:

Primeiro, vê-se surgir uma corrente de ciência liberal, de pesquisa aberta, neste Século XX dos senhores de sobrecasaca preta do cientificismo positivista. Era necessária certa reabilitação deste Século XX, do qual eu próprio esbocei um retrato pungente em *Le Matin des Magiciens.* A despeito da desconfiança e outrossim dos sarcasmos da ciência dogmática, os "metapsiquistas" da segunda metade do século puderam empreender um primeiro e vasto trabalho de desbravamento com o apoio de sábios, de filósofos e de escritores de qualidade. Mais sensíveis às censuras implícitas da minha época do que às do passado, será que eu me engano? Parece-me que uma pressão mais forte se exerce hoje em dia contra os pesquisadores que se aventuram do lado do paranormal.

Em seguida, pode-se medir o papel desempenhado pela França na abertura duma rota de estudos e na qual se acham empenhados agora numerosos cientistas em diversos países, notadamente na América do Norte e na Rússia. Desagradavelmente, é neste momento exato que o nosso país não se acha mais presente. O justificado receio de se sentirem desconsiderados obriga os melhores espíritos a renunciarem às pesquisas não-ortodoxas, ou então a prossegui-las clandestinamente e, por conseguinte, sem grandes meios. Em nosso país, a liberdade da investigação se acha fortemente ameaçada. Tivemos ensejo, meus amigos e eu próprio, de chamar a atenção, no *Planète,* sobre esta verdadeira conjura dos cientistas contra a Ciência. O Prof. Baranger, diretor do laboratório de química da Escola Politécnica, empreendeu durante quatro anos pesquisas, inspiradas em Von Herzeel, sobre a possibilidade de transmutações biológicas nas plantas. Concebe-se o interesse de tais trabalhos. No momento em que a física nuclear procura uma saída devido à complicação crescente, é bem provável que novas diretrizes se abririam à reflexão dos teóricos caso se revelasse que, nas condições realizadas para a vida, o núcleo se torna teatro de fenômenos que as atuais teorias não explicam. Não obstante a situação oficial e a reputação universal do Prof. Baranger, a Academia das Ciências se recusou a publicar a memória, que foi finalmente acolhida pelo *Journal of Biological Sciences,* de Bombaim. Pouco adiantou que tal trabalho houvesse logo em seguida suscitado pesquisas no Japão, na Índia, na Alemanha, na Rússia, e que grandes físicos como Heisenberg proclamassem o seu grande interesse: a ciência francesa, em nome das coisas sérias, se interdita às coisas grandes.

O Prof. Rocard, que ensina na Faculdade das Ciências de Paris e dirige o laboratório de física da Escola Normal Superior, publicou em 1963 uma obra resumindo anos de pesquisas efetuadas com os meios mais modernos sobre as variações do campo magnético e que explicariam o tremor da vareta do feiticeiro na presença de águas subterrâneas. "O problema apresentado pelos feiticeiros e a procura da explicação dos sinais que eles obtêm com os seus instrumentos, vareta divinatória ou pêndulo, pode-se dizer que são velhos como o mundo", escreve o Prof. Rocard. "Não obstante isso, ele, o mundo, se extraviou em vias sem saída. E, coisa mais grave, a ciência moderna se afasta desse terreno. Não só não se encontra mais um homem de ciência com o qual se possa falar sem paixão, como ainda existe um preconceito desfavorável contra aquele que queira ocupar-se disso seriamente." Por haver tentado ocupar-se disso sèriamente, o Prof. Rocard foi logo vítima duma verdadeira "caça às bruxas". Entrevistas à imprensa e libelos o colocaram em acusação. O preconceito desfavorável. Um mundo científico que manifesta preconceitos desfavoráveis não é o representante dum método universal, e sim o defensor duma Igreja que tem os seus dogmas, o seu clero e as suas excomunhões.

Pode-se compreender, por meio destes dois exemplos, quanto, num tal clima, o estudo do paranormal se acha em dificuldades na França, onde nada existe comparável à Escola Rhine dos Estados Unidos, ao laboratório de Leningrado, onde Vassilliev estuda a telepatia, à cátedra de Parapsicologia, regida em Utrecht pelo Prof. Tenhaeff.

• • •

Numa novela pouco conhecida, *Le Requisitionnaire,* Balzac profetiza o nascimento da parapsicologia, a aplicação do método experimental para a observação dos "poderes psíquicos":

> "Na hora exata em que Mme. de Day morria em Carentan, seu filho era fuzilado no Morbihan. Podemos juntar este fato trágico a todas as observações sobre as simpatias que desconhecem as leis do espaço, documentos que aglomeram mediante uma sábia curiosidade alguns homens afeitos à solidão e que um dia ainda servirão para assentar as bases duma ciência nova à qual faltou até agora um homem de gênio."

Em 1891, Flammarion declarava:

> "O nosso fim de século parece-se um pouco com o do século precedente. O espírito sente-se cansado das afirmações da filosofia que se qualifica de positiva. Crê-se adivinhar que ela se engana... "Conhece-te a ti mesmo!", dizia Sócrates. Desde milhares de anos aprendemos uma imensa quantidade de coisas, exceto aquela que mais nos interessa. Parece que a atual tendência do espírito humano é, finalmente, obedecer à máxima socrática".

Desde então as coisas tornaram-se bastante rápidas, menos no domínio do metapsiquismo e da parapsicologia do que no da psicologia das profundezas, de Richet a Freud e, depois, de Freud a Jung. Elas hoje se aceleram nos estudos sobre a fisiologia do cérebro e através das experiências da psicoquímica. Talvez estejamos mesmo na iminência de descobrir outro plano da psicologia: o dos estados superiores da consciência. No momento em que a exploração dos abismos e do espaço, bem como das estruturas últimas, vêem o seu campo alargar-se até o infinito, não é impossível prever que a exploração da máquina humana esteja a pique de nos revelar a existência de possibilidades, também elas infinitas. Assistir-se-ia então a uma profunda revolução tão importante, afinal de contas, quanto a revolução Einsteiniana. Nessa aventura, as pesquisas dos metapsiquistas e dos parapsicólogos não podem ser negligenciadas; e seria útil, conforme bem compreendeu o biologista Haldanne, avançar ràpidamente no estudo duma fisiologia dos estudos místicos, que ainda se acha em estado completamente embrionário. Outrossim, deve-se considerar como do mais alto interesse a série de trabalhos norte-americanos sobre as crianças superdotadas.

Em 1939, numa revista norte-americana, Jules Romains, esforçando-se para responder à "mais vasta pergunta ou questão", profetizava por sua vez a penetração das pesquisas de ordem espiritual ou psíquica no pensamento científico:

> "Não penso, escrevia ele, que a ciência moderna, acusada muitas vezes de materialismo, esteja ameaçada duma revolução que ponha em ruínas os resultados que ela cuida seguros. Mas um dia ela pode ver-se diante de resultados tão coerentes, tão decisivos, atingidos mediante métodos chamados globalmente "psíquicos", que lhe será impossível considerá-los, conforme ela faz hoje, nulos e inexistentes. Muitas pessoas imaginam que em tal momento as coisas se arranjariam facilmente, a chamada ciência "positiva" tendo então apenas que conservar calmamente o seu atual domínio e deixar desenvolver-se fora das suas fronteiras conhecimentos muitos outros que na hora atual ela ainda trata de puras superstições ou que vem relegando para o Desconhecível, abandonando-os desdenhosamente para a metafísica. Todavia, as coisas não se passarão assim comodamente. Vários dos resultados mais importantes da experimentação psíquica, no dia em que forem confirmados — caso tal ocorra — e que se chamarão oficialmente de verdades virão atacar a ciência positiva no interior das suas fronteiras. E então se tornará imprescindível que o espírito humano, que até agora, com medo das responsabilidades, finge não assistir ao conflito, se decida a operar uma arbitragem. Isto seria uma crise muito grave, tão grave quanto aquela provocada pela aplicação das descobertas físicas na técnica industrial. A própria vida da humanidade viria a mudar. Ora, essa crise, eu a creio possível, provável, e mesmo bastante próxima."

Para sermos exatos, essa crise não irrompeu entre os dados da investigação psíquica e os da ciência positiva. Ela irrompeu dentro mesmo da Ciência, repondo em questão as estruturas do conhecimento. Em Biologia, como em Matemática, como em Física, a reflexão avançada vai ao encontro dos "impensáveis" e se lança sobre alguma realidade última, de ordem psíquica. Essa ciência, em crise de crescimento explosivo, comunica à ciência nascente do paranormal um reforço de bravura, colocando as "realidades desconhecidas" nas perspectivas duma hiperbiologia ou duma hiperfísica que integram, aniquilando-o por alargamento, o fato espiritual. Trata-se menos da arbitragem dolorosa encarada por Jules Romains do que dum considerável avanço, transbordando aqui e acolá.

É com uma certa desenvoltura bárbara que nos cumpre penetrar no campo das investigações em que se empenham o metapsiquista e o parapsicólogo; isto é, desembaraçando-nos totalmente das atitudes mentais adquiridas no interior do conflito entre materialismo e espiritualismo. Tal conflito não deve significar mais nada aos nossos olhos. É uma casca vazia, um navio fantasma no oceano do Real contemporâneo.

Devemos, por exemplo, lançar-nos a raciocínios desta ordem a fim de passearmos à vontade e com espírito vivaz num terreno já desembaraçado de tais espantalhos.

Arthur Clarke, sábio e escritor inglês, formula a idéia de que a alma imortal não existe ainda, mas que ela virá a existir. No dia em que o homem houver aprendido a registrar o seu pensamento não mais sobre fitas magnéticas e sim na própria estrutura do espaço, a humanidade terá colocado de maneira indestrutível o essencial dela própria no Universo. Sabemos que o vazio não existe, que o espaço é polarizado, e que a consciência humana é um conjunto de unidades de informações que podem ser transferidas num sistema de ondas eletromagnéticas. Caso se consiga algum dia registrar essas ondas na métrica do espaço, o homem, frágil e mortal, terá criado uma alma imortal.

Ou ainda:

A matéria viva é simultaneamente tempo ligado (três bilhões de anos de vida), energia e informação registrada: uma informação imensa, toda a genialidade da vida. Pelo só fato de sermos vivos, trazemos dentro de nós recursos latentes prodigiosos, inimagináveis. Para alguns sábios, entre os quais Paul Wintrebert, as moléculas vivas possuem uma inteligência ilimitada; elas fazem invenções constantemente. É por meio dessas invenções, segundo tal teoria, que a vida se elevou até o homem. E talvez ela não tenha acabado de se elevar. Talvez o homem não seja senão uma corda estendida entre o animal e alguma coisa superior a ele mesmo. Nesse sentido, os fenômenos do êxtase místico talvez sejam, como escreveu Jacques Bergier, "uma manifestação espontânea da exploração pelo sistema nervoso dos recursos escondidos nas moléculas vivas".

Talvez a matéria viva possua poderes que a Ciência ainda não expôs à luz da dia. Os trabalhos de Baranger, aos quais fiz alusão ainda agora, bem como os de Louis Krevan, oferecem alguns indícios que permitem considerar que um fragmento de erva poderá efetuar transmutações nucleares. Se a matéria viva, sem pilha nem cíclotron, tem acesso à energia nuclear, cumpre admitir que o sistema nervoso humano, dando ordens às moléculas vivas do nosso corpo, pode realizar proezas. A levitação, a telecinesia, a transmissão do pensamento, a clarividência, têm talvez explicações baseadas na Física.

Não posso aqui, na exiguidade dum prefácio, desenvolver estas hipóteses. Aliás, apenas as assinalo como exercícios mentais destinados a descondicionar o espírito de maneira a permitir-lhe abordar utilmente os domínios do paranormal.

Propondo aos homens que visitem e estudem esses domínios, não se trata de fornecer alimentos ao sonho da evasão, aos complexos regressivos. Trata-se de agitar curiosidades ativas a fim de que delas irrompam descobertas suscetíveis de nos abrir o caminho duma condição sobre-humana.

LOUIS PAUWELS

# Prólogo

Neste período de renovamento da metapsíquica — que sob o nome de parapsicologia penetra agora até nas universidades e mesmo em alguns manuais escolares de Psicologia — pareceu-nos oportuno fazer o balanço dos conhecimentos atuais sobre a questão e, por consequência, descrever num lado os fenômenos que podem ser considerados realmente como paranormais e, noutro, as suas réplicas falsas apresentadas pelos pseudo médiuns e pelos pseudo faquires.

Esperamos assim informar objetivamente o público estudioso que cada vez mais se interessa por essas pesquisas que com razão considera primordiais; relegar de modo definitivo uma série de equívocos que se vinham perpetuando até hoje com grande dano para a verdade; e pôr de sobreaviso os experimentadores e os autores não prevenidos contra os indesejáveis do psiquismo.

De fato, é lamentável que autores de boa fé, porém mal informados e hábeis mais em manejar as idéias do que em realizar experiências, continuem a considerar como autenticamente paranormais fatos duvidosos ou manifestamente falsificados.

E é mais lamentável ainda constatar que esses mesmos autores, não contentes em difundir e ensinar o que é falso, se empenhem cm construir teorias talvez interessantes em si, mas cujo defeito essencial ó serem construídas sobre o nada.

Assim, por exemplo, em obra recente, certo psiquista retoma a teoria da ideoplástica apoiando-se principalmente em fenômenos apresentados pela perturbadora Linda Cazzera ou pela astuciosa Eva C., quando c incontestável que as materializações planas produzidas por tais médiuns não passavam de imagens grosseiramente retocadas e apensas às extremidades dos dedos ou presas com alfinetes nas cortinas do gabinete mediúnico.

Outro há que considera como autenticamente paranormal a famosa Katie King observada por William Crookes, quando ela incontestavelmente foi apenas o fruto duma impostura.

Enfim, são inúmeros os construtores de sistemas que, em meta-psíquica subjetiva, se empenham em formular teorias partindo de fenômenos em que o autêntico, o provável, a interpretação abusiva, o incerto e o falso se acotovelam confusamente e se amalgamam em proporções desconhecidas.

Não seria muito melhor que esses plumitivos se empenhassem, como bons artesãos da metapsíquica, em refazer as experiências antigas em condições de rigoroso controle, ao invés de imaginarem novas experiências? E que as realizassem sobre bases sólidas e definitivas em lugar de construírem em cima da areia, de se arvorarem a filósofos, de ventilarem sob uma outra forma, geralmente pseudocientífica, idéias já antigas que cuidam haver descoberto atulhando assim os nossos estudos com elucubrações verbosas não raro obscuras, nas quais ninguém pensa mais tão logo elas se apresentam?

Se assim fizessem, seguiriam as pegadas dos nossos ilustres predecessores, Crookes e Richet, que não perdiam tempo nem se embaraçavam em teorias tão vãs quanto inúteis. Da nossa parte, nos limitaremos neste livro ao que elas têm de essencial.

Propomo-nos sobretudo, bem sabeis, dum lado relatar fenômenos que temos na conta de paranormais; e vereis que eles são numerosos, variados, exatos, demonstrativos; e, do outro lado, desvendar a fraude dos falsos médiuns e dos falsos faquires. Mas convém ainda, desde já, precisar por que razões nos ocupamos quase exclusivamente aqui deste gênero de mistificação.

Esquematizando ao extremo, pode-se dizer que existem em metapsíquica três espécies de fraudes: a *fraude grosseira,* fácil de desmascarar, que é empregada muitas vezes pelos verdadeiros médiuns quando suas faculdades paranormais lhes falham ocasionalmente; a *fraude dos assistentes,* mais difícil de transpor porém de natureza análoga; e, finalmente, a *fraude sutil,* difícil de reconhecer e praticada pelos falsos médiuns e pelos falsos faquires. Aliás, esta forma de fraude também é praticada por certos "semi-médiuns" que, mesmo enganando quase sempre, contudo produzem às vezes fenômenos autenticamente paranormais quando se encontram em boas condições. Enfim, acontece também que verdadeiros médiuns empreguem artifícios engenhosos; por exemplo, a substituição das mãos.

A fraude grosseira não merece que nela nos detenhamos, visto que todo experimentador, mesmo novato, é capaz de descobri-la. A fraude dos assistentes, habitualmente mal conhecida, pode ainda assim ser facilmente desmascarada; basta sabermos que ela pode existir: é a do amigo ou do parente do médium que cuidam do seu dever ajudar o fenômeno; é a fraude do mistificador que produz tal manifestação apenas pelo prazer de enganar os seus vizinhos ou o experimentador, e que não raro se gaba disso, depois; aqui se situa, igualmente, a maneira de enganar por omissão, e que consiste em guardar silêncio por timidez, por causa das conveniências, por espírito cavalheiresco ao invés de declarar que aquilo que se viu era falso. E finalmente acontece com certa frequência, nas sessões de mesas por exemplo, que certos assistentes, incapazes de cometer voluntàriamente uma fraude, não ousam se acusar dum movimento involuntário feito por eles e cujo efeito pode parecer paranormal. Repetimos, contudo, que todas essas fraudes podem ser facilmente descobertas.

Apenas as fraudes sutis, aquelas que se apresentam como um aspecto da prestidigitação, necessitam dum estudo aprofundado e minucioso; para desvendá-las torna-se indispensável conhecer-lhes de modo exato o mecanismo bem como as diferentes modalidades; é por isso que neste livro tratamos quase unicamente deste gênero de fraude.

Ainda assim, não espereis encontrar nesta obra a descrição de experiências de pura prestidigitação. Evitamos, em geral, desvendar os "segredos" dos verdadeiros prestidigitadores que apresentam as suas experiências como lances de ilusionismo e não como fenômenos paranormais. Esses artistas agradáveis e finos nos recreiam e nos distraem; não nos enganam, visto que nos anunciam ser sua tarefa exatamente iludir-nos. Os seus processos, as suas invenções, os seus truques, os seus "segredos", não raro engenhosos, às vezes verdadeiramente geniais, são de sua exclusiva propriedade, sob a condição, é claro, de que eles sejam os seus criadores. Em compensação, os defraudadores do psiquismo, os faquires de *music-hall,* certos prestidigitadores "mentalistas", que pretendem possuir faculdades e poderes que não possuem, não passam de impostores que convém desmascarar. Assim, pois, desvendamos suas práticas fraudulentas e suas mistificações. Por último, nas notícias biográficas, fixamos a fisionomia dos principais médiuns e traçamos a biografia dos metapsiquistas tratados na primeira parte desta obra. De maneira que os nomes citados não serão para o leitor simples designações vazias de qualquer conteúdo, sem consistência e sem vida.

Terminando esta curta introdução, diremos ainda que o nosso livro talvez seja mal recebido ao mesmo tempo pelos "crédulos" de tais estudos, aliás cada vez mais raros, que preferem o sonho à realidade, e por esses pseudo-racionalistas que desdenham *a priori* os fatos que não se inserem em seus sistemas de pensamento.

Diremos aos primeiros que, embora lamentando, por mero respeito humano, termos ao desvendar as fraudes mediúnicas precisado destruir algumas doces ilusões, ainda assim pensamos, por motivos dados mais adiante, que convinha escrever esta obra que, esperamos, contribuirá para sanear a metapsíquica e que, mais modestamente, visa também a facilitar-lhe o advento.

Aos segundos, acrescentaremos que, fora deste ponto de vista pragmático, a justificação do nosso estudo se encontra também e até mesmo essencialmente no fato de que a verdade, mesmo aparentemente irracional e inaceitável, deve ser proclamada. É precisamente o que exprime este aforismo tão justamente caro aos racionalistas e também, coisa curiosa, a certos amantes e amadores do maravilhoso: NÃO HÁ OPINIÕES NEM CRENÇAS SUPERIORES A VERDADE.

CAPITULO I

# OS FENÔMENOS PARANORMAIS

Segundo o Prof. Charles Richet, "os fenômenos paranormais ou metapsíquicos são fenômenos psicológicos ou físicos não habituais decorrentes de forças que parecem inteligentes ou promanando de faculdades desconhecidas do espírito". Se nós os consideramos reais, podemos acrescentar que na hora atual eles são inexplicáveis pelas leis que regem os fenômenos físicos, biológicos e psicológicos normais.

Conforme sugere a definição, podemos dividi-los em dois grupos: os fenômenos *psicológicos ou subjetivos* e os fenômenos *físicos ou objetivos*. E existem ainda os fenômenos mistos. É assim que os fenômenos físicos apresentam muitas vezes um caráter intelectual.

Os fenômenos psicológicos compreendem essencialmente a *telepatia* e a *metagnomia*. Constituem, com a *psicocinesia*, os únicos fatos paranormais estudados pela parapsicologia moderna que pode ser considerada como um ramo de metapsíquica.

A *telepatia* (do grego *tele*, ao longe e *pathos*, afecção) parece ser uma comunicação do pensamento estabelecendo-se, fora dos sentidos habituais, entre dois indivíduos. Pode ser espontânea ou provocada. Muitos metapsiquistas e parapsicólogos a ligam à metagnomia; mas é cômodo, quando mais não seja do ponto de vista didático, distingui-la desta.

A *metagnomia* (do grego *meta,* além, e *gnomê,* conhecimento) é o conhecimento quer de coisas sensíveis, quer de pensamentos normalmente inacessíveis ao espírito, quer, ainda, de acontecimentos futuros. Pode, portanto, ser de objetivo material, sendo em tal caso a determinação paranormal de realidades escondidas: desenhos, cartas etc. Pode ser retrospectiva, e aplica-se então ao passado dum indivíduo ou duma coletividade. E finalmente é premonitória, quando se exerce para o futuro.

De fato, para se ser completo, cumpriria assinalar outras formas de conhecimento paranormal: a *psicometria* (do grego *psukhê,* alma, e *metron,* medida), fenômeno no qual a pessoa toma conhecimento da ambiência dum indivíduo, dos seus estados afetivos e intelectuais por intermédio dum objeto; a *xenoglossia* (do grego *xenos,* estrangeiro, e *glôssa,* língua) em que o médium faia línguas que desconhece; a *incorporação,* fenômeno frequente nas sessões espíritas e em que o médium parece perder a sua personalidade própria para assumir a duma pessoa falecida.

O *hipnotismo,* que ligamos à metapsíquica subjetiva, forma uma zona fronteiriça entre a psicologia normal e a psicologia paranormal. Trata-se dum conjunto de fenômenos que constituem o sono artificial provocado. O caráter específico da hipnose é o estado de sugestibilidade: uma pessoa em hipnose é, por definição, uma pessoa a quem podemos fazer sugestões.

Outros fenômenos, tais como o *desdobramento da personalidade,* os exercícios dos *calculadores-prodígios,* situam-se igualmente no limite normal e do paranormal.

Os fenômenos físicos paranormais mais importantes restringem-se a cinco: a *telecinesia,* a *psicocinesia,* os *fenômenos luminosos,* a *ectoplasmia* e a *fotografia supranormal* ou *transcendente.* Pode-se acrescentar a esta lista a série de fenômenos observados nas *casas assombradas.*

A *telecinesia* (do grego *tele,* longe, e *cinesis,* movimento) designa, sob uma forma científica, os movimentos de objetos sem contato. O fenômeno-tipo desta categoria é o da "mesa movediça", quando ela se move à distância. Pode-se ligar à telecinesia a *levitação, os raps* ou ruídos estranhos, os contactos *espíritas* e o fenômeno chamado *escrita direta.*

A *psicocinesia* (do grego *psukhê,* alma, e *kinesis,* movimento), descoberta e estudada recentemente, pode ser definida como sendo a ação do pensamento sobre sistemas físicos em evolução tais como um lance de dados, uma bola em movimento, uma gota d'água que cai.

Os *fenômenos luminosos* consistem no aparecimento de fulgores, relâmpagos, globos fosforescentes. A *aura* e, em certas condições, o "fluido magnético" podem ser considerados como fenômenos luminosos.

A *ectoplasmia* ou *materialização* consiste na exteriorização do corpo do médium duma substância primeiro amorfa ou polimorfa que, em geral, se constitui depressa em representações diversas: órgãos isolados, seres completos humanos ou humanóides, animais.

A *fotografia supranormal* ou *transcendente* é a obtenção de imagens de "espíritos", quer por meio dum aparelho fotográfico quer pela impressão direta da placa de gelatino bromureto de prata. O problema da *fotografia do pensamento* bem como o da *efluviografia* podem ser anexados à questão da fotografia paranormal.

As *casas assombradas* apresentam fenômenos análogos aos que se observam em metapsíquica objetiva: deslocamentos de objetos, ruídos inexplicáveis, aparições fantasmáticas etc.

Por fim, certo número de fatos de aparência paranormal dificilmente encontram lugar nas categorias precedentes. São, por exemplo, os fenômenos de *faquirismo,* a *estigmatização,* e algumas *curas extra medicinais.*

Anotemos de passagem que o símbolo e o nome da letra grega *psi* foram propostos pelos Doutores Thoules e Wiesner para designar os fenômenos paranormais. Os fatos *psi* subdividem-se, segundo os dois parapsicólogos britânicos, em fatos *psigamma* (fenômenos subjetivos) e em fatos *psikappa* (psicocinesia). Contudo, muitos parapsicólogos empregam a letra *psi* para designar unicamente a telepatia e a metagnomia.

Tais são os principais fenômenos estudados pela metapsíquica. Enumerámo-los e definimo-los sem nos preocuparmos com sua autenticidade. Mas de fato eles podem ser reproduzidos fraudulentamente, conforme iremos vendo ao longo deste livro e conforme nos vai mostrar imediatamente um breve histórico da questão.

A este respeito, uma gravura divertida, impressa no *Magician Annual* de Londres, em 1907, e representando um homem da Idade da Pedra, cercado de espectadores estupefatos ou hílares, e que extrai uma rã duma espécie de chapéu previamente mostrado como estando vazio, tem o valor dum símbolo. Ela expressa que a arte de realizar prodígios e de enganar os semelhantes é tão velha quanto o mundo.

Efetivamente, os mais antigos textos e até mesmo objetos pré-históricos, desenhos ornando grutas habitadas pelo homem das cavernas, nos dão conta da existência, desde os primeiros tempos da humanidade, de feiticeiros, mágicos e adivinhos mais ou menos equívocos.

Na segunda epístola de São Paulo a Timóteo, fala-se em Jamnès e Mambrès, os mágicos do Faraó, que foram encarregados de opor os seus prodígios aos de Moisés. Aqueles fazedores de milagres não eram mais do que ilusionistas que tinham por missão oficial impor-se ao povo mediante seus sortilégios, contribuindo assim para assegurar a autoridade de seu soberano.

No II Século, o filósofo pitagórico Celso escreveu sobre os mágicos um livro intitulado *Contra os Mágicos,* que se perdeu mas que é mencionado por Luciano em *Alexandre ou o falso profeta.* Segundo o escritor grego, Celso desmascarou certas manobras fraudulentas dos magos.

Na mesma época, um autor anônimo, que provavelmente era Orígenes, descreveu os truques dos antigos oráculos, num documento chamado *Philosophoumena.*

"O trovão", lê-se nessa obra, "imita-se de diversas maneiras. Um grande número de pedras rolando e descendo por sobre pranchas e caindo em seguida em cima de chapas de cobre ou zinco produz ruídos iguais ao do trovão. Rodeando-se com uma pequena corda uma tábua leve, igual à que os trapeiros usam para passar roupa, esticando-se e soltando-se de repente a corda, produz-se um movimento de rotação da tábua, e essa rotação produz o barulho da trovoada.

"Também não quero passar em silêncio a lecanomancia, que é uma das trapaças dos magos. Eles preparam um cômodo fechado e lhe pintam de azul o teto; depois trazem e suspendem alguns panos também azuis, e colocam no meio do aposento um recipiente redondo cheio d'água e que, refletindo o azul do teto, parece refletir o azul do céu. Existe no assoalho uma abertura escondida sobre a qual está colocado o recipiente, que é de pedra, mas cujo fundo é de vidro. Existe em cima um quarto secreto onde se reúnem os compadres que, tendo-se fantasiado de deuses e demônios — que o mago quer fazer aparecer — desempenham tal papel. Vendo-os, o ludibriado, cheio de estupor ante a trapaça dos magos, acredita em tudo que eles lhe dizem depois.

"Para se fazer aparecer um demônio em chamas, desenha-se na parede a figura que se deseja. Em seguida impregna-se secretamente tal desenho com nafta lacônica e asfalto de Zacinto; em seguida, fingindo-se operar a evocação, aproxima-se um archote da parede, que pega fogo e arde...

"Eis agora de que maneira os magos fazem falar uma cabeça colocada no chão. Arranjam uma bexiga de boi, cobrem-na e untam-na com cera da Etrúria e com gesso preparado para tal finalidade. Assim envolvida, a bexiga apresenta a aparência duma cabeça que dá a todos a sensação de estar falando. Faz-se chegar a essa cabeça a traqueia dum grou ou de qualquer outra ave de pescoço comprido, e é mediante tal recurso ou expediente que o compadre escondido diz tudo quanto quer. Quando se deseja que a tal cabeça "se evapore", rodeia-se a bexiga com carvões; pouco a pouco ela se vai transformando em fumaça enquanto a cera, derretendo-se, acaba tornando invisível a cabeça.

Apuléio, escritor latino do II Século, conta que no decorrer da sua iniciação nos mistérios de Isis, "viu o sol brilhar à meia-noite"; mas é duvidoso que o original autor do *O Asno de Oura* tenha sido realmente ludibriado pelos sacerdotes de Isis e de Osíris. Aliás, eis aqui, segundo *Philosophoumena,* como os magos faziam aparecer a lua no teto duma saía, e provavelmente o sol também.

"Após fixarem no centro do teto um espelho, colocam no meio do assoalho um recipiente cheio d'água; em seguida dispõem no recinto, a certa altura acima do solo, uma lâmpada dando luz difusa e de tal maneira que, refletindo-se na água do recipiente ela aparece no espelho, dando assim a impressão de ser a própria lua. No mais das vezes, porém, suspendem no teto um tambor rodeado de pano de tal jeito que um compadre o mantém escondido até o momento em que, graças à tal lâmpada colocada atrás, o tambor aparece. A um sinal dado, o compadre retira uma parte do envoltório de modo a dar ao tambor a aparência exata da lua naquele momento preciso. Pode-se igualmente impregnar, para o mesmo fim, uma parte da membrana translúcida do tambor com cinábrio e goma...

"Simulam estréias com escamas de badejo ou de lamprides, escamas essas ligadas com goma e presas aqui e acolá no teto."

Um bispo do IV Século, Teodoreto, comentador da Bíblia, relata que, segundo os rabinos, "a razão do pânico que a pitonisa consultada por Saul sentiu ou fingiu sentir, foi que a sombra de Samuel apareceu na atitude dum homem que permanecia de pé, ao passo que até então as sombras dos mortos só apareciam prostradas".

Essa observação interessante parece indicar que, em condições habituais, as "sombras dos mortos" eram outras tantas projeções luminosas obtidas pelo processo da câmara escura munida duma pequena abertura.

As obras de Heron de Alexandria contêm igualmente revelações sobre as práticas dos sacerdotes egípcios ou hebraicos. Estas foram minuciosamente estudadas pelo jesuíta alemão Kircher no começo do XVII Século em *Oedipus Aegyptiacus,* obra visivelmente inspirada nos escritos do autor egípcio precedentemente citado. Notemos incidentemente que Kircher procurou reproduzir certas experiências segundo as descrições encontradas, e que isso o levou a inventar a lanterna "mágica" que na época do sábio físico passou por um instrumento diabólico. É o que exprime Lorest no quarteto jocoso:

*Enfim, vendo tal magia*
*Agir com tanta energia,*
*Tratei logo, catapruz!,*
*De fazer sinais da cruz.*

Segundo Kircher, os sacerdotes se serviam ao máximo de seus conhecimentos físicos, químicos e naturais a fim de excitar a imaginação de seus rebanhos e de seus adeptos. Os seus templos tinham falsos sistemas, de alto a baixo. Neles se processavam emanações naturais, bem como os perfumes e jogos de luz, havia neles dispositivos mecânicos, subterrâneos sonoros, telefone acústico, placas metálicas com as quais simulavam o trovão. Enfim, muito provavelmente recorriam também à ventriloquia para fazerem "falar" os seus deuses de pedra ou de bronze.

Em Eleusis, num templo dedicado a Ceres, quando se iluminava o altar as portas do santuário se abriam, fechando-se sozinhas no fim do sacrifício; e ao mesmo tempo retumbavam trombetas e trovões. Apoiando-se em Heron de Alexandria, Kircher explica esses prodígios pelo funcionamento de mecanismos bastante complicados que, aliás, ele descreve com todos os pormenores.

Da mesma forma, num templo consagrado a Minerva, um dragão emitia silvos agudos.

Em determinados templos, a estátua da deusa Cibele fornecia leite cada vez que se acendiam as lâmpadas do altar. Era o ar quente, produzido pelas lâmpadas, que fazia o líquido subir nos tubos até os seios da estátua.

Em outros templos, a água virava vinho, o incenso liquefazia-se (Horácio, *Sermonum,* liber I. sat V).

Escusado dizer que o público considerava todos esses falsos prodígios como fenômenos sobrenaturais.

Enfim, A. Rich relata, no seu *Dictionaire des antiquités romaines et grecques,* que muitos dos antigos templos possuíam câmaras (áditos) apenas conhecidas pelos sacerdotes e que serviam para a produção dos seus "milagres". O autor pôde visitar um desses recintos ainda perfeitamente conservado nas ruínas do templo de Alba, no lago de Fucino. O ádito localizava-se debaixo da abside, isto é, sob o grande nicho semicircular que, geralmente, abrigava a estátua do deus. Fato digno de nota e que prova sem contestação para que finalidade se destinava o ádito, é que em suas paredes se encontram engastados numerosos tubos ou condutos pondo em comunicação cada um daqueles redutos com o interior do templo. Esses tubos acústicos permitiam que uma voz se fizesse ouvir na nave, enquanto isso permanecendo oculta a pessoa que falava. Demais a mais, quando a estátua do deus era de grandes dimensões, geralmente apresentava uma cavidade em comunicação com o ádito ou com corredores secretos; e assim os sacerdotes podiam entrar na estátua para transmitir os seus oráculos.

Se as antiguidades egípcia e romana tiveram os seus falsos magos também na Idade Média e durante a Renascença alquimista, feiticeiros e iluminados não fizeram cerimônia em utilizar os recursos do ilusionismo a fim de obter vantagens materiais das multidões ingênuas e crédulas. A certeza ressalta nitidamente da leitura das histórias sobre alquimia, feitiçaria e magia da época.

Cerca de 1550, Nostradamus fez aparecer diante de Catarina de Médicis uma teoria de antigos monarcas e um grupo de jesuítas que deviam abolir a monarquia e assumir o poder.

O físico Robertson (1763-1837) mais tarde explicou o fenômeno: um grande espelho inclinado refletia as personagens que se encontravam numa sala vizinha.

Nos reinados de Luís XV e Luís XVI, Cagliostro, um dos maiores mágicos já conhecidos, era sem dúvida alguma ao mesmo tempo um homem notável sobre muitos aspectos e um charlatão prodigiosamente hábil, bem como um ventríloquo magistral. Segundo parece, teria utilizado os espelhos sem estanho muito antes dos nossos modernos ilusionistas, na produção de espectros evanescentes.

Enfim, nos nossos dias, mágicos negros e amarelos, faquires da Índia são essencialmente prestidigitadores. A leitura de obras como as de Jacolliot, Ossendowski e Paul Brunton que, todavia, consideram autenticamente paranormais os fenômenos que descrevem, não deixa a menor dúvida no espírito de todo leitor iniciado em prestidigitação de que a maior parte dos fatos extraordinários, relatados em tais livros e atribuídos ao mediunismo ou ao faquirismo, pertencem ao domínio do ilusionismo.

Constatada essa frequência da impostura em todos os tempos e em todos os lugares, pode-se perguntar se não foram prodígios artificiais que deram nascimento às vezes ao verdadeiro fenômeno paranormal.

Pode-se pensar, com efeito, que certas pessoas predispostas, impressionadas e assombradas pelos fenômenos apresentados por sacerdotes ou por feiticeiros, procuraram reproduzi-los; porém, desconhecendo o mecanismo e acreditando ainda por cima que eles provinham de forças ou de inteligências extra-humanas — espíritos, semideuses, ou deuses — foram levados a realizá-los espontaneamente sem o emprego de artifícios e sem suspeitarem, aliás, que eles fossem os próprios autores.

Evidentemente, a opinião contrária é mais verossímil: seria, isso sim, o desejo de imitar o paranormal que teria levado o impostor quer à prestidigitação quer à falsa mediunidade. Não faltam argumentos a favor desta tese, sobre a qual nos parece inútil insistir por estar adotada dum modo geral.

Mas isso não impede que certos fatos atuais pareçam confirmar o primeiro ponto de vista. Assim, o médium Eva C. (de quem trataremos mais tarde), que não passava sobretudo duma sagaz simuladora, provavelmente produziu de modo espontâneo fenômenos autenticamente metapsíquicos no fim da sua carreira mediúnica. Decerto em dado momento ela foi dominada pelo seu próprio jogo, acreditou nos seus poderes. Daí o aparecimento do paranormal em sua produção falsificada.

Outrossim, não é raro que os prestidigitadores adquiram faculdades realmente paranormais, fato que os espanta sobremaneira. Assim, em sua obra *Mes Secrets d'Ilusioniste,* o grande prestidigitador inglês David Devant escreve: "Sinto-me desolado, porém não posso reconhecer a impossibilidade absoluta da telepatia sem truques, sendo mais do que certo que minha irmã, que me secundava, muitas vezes compreendeu o que eu queria sem que eu recorresse ao nosso código."

O mágico norte-americano Houdini admitiu haver sido igualmente e mais duma vez ajudado por faculdades psíquicas favorecendo-o no êxito de certos "milagres" seus.

Howard Thurston, outro ilusionista norte-americano, declarou publicamente, segundo Harry Price (*Light*, dezembro de 1923), que de quando em quando forças invisíveis vinham ajudá-lo. Certo dia, atesta Harry Price, Howard Thurston mostrava ao público uma pseudo-sessão espírita, e reconheceu, após tal sessão, que se haviam produzido efeitos estupefativos, inexplicáveis e de tal ordem que se podia discernir neles a intervenção duma força inteligente invisível.

O próprio Cumberland, que era antipsiquista, confessa que lhe sucedia de repente vir a saber qual era o objeto a ser descoberto e onde tal objeto se achava escondido, e isso antes mesmo de ele tocar no agente.

Há ainda, no domínio da metapsíquica física, a declaração dum ilusionista francês favoravelmente conhecido, M. Dizien: "Sendo ou ainda novato, fiz uma mesa se erguer, e sem contato nem truque."

Certamente o embuste constitui sempre a base das experiências dos prestidigitadores, e não é senão duma maneira muito esporádica e aleatória que o fenômeno psíquico pode superpor-se aos seus exercícios; mas não é menos certo que o fato de produzir grande número de vezes um fenômeno fingindo acabe também por solicitar nesse indivíduo faculdades psicológicas ou mesmo forças fisiológicas suscetíveis de realizarem o prodígio pelo efeito de sua própria virtude. Esta espécie de transposição dos fenômenos deve ocorrer mais facilmente na medida em que o prestidigitador apresenta os seus lances com maior convicção.

Contudo, não esqueçamos nunca que os fenômenos metapsíquicos, e particularmente os de ordem física, *não são reproduzíveis à vontade.*

> RESULTA, PORTANTO, QUE TÔDAS AS EXPERIÊNCIAS CHAMADAS PARANORMAIS QUE PODEMOS VER EM CENA E QUE SÃO APRESENTADAS COM REGULARIDADE SÃO NECESSARIAMENTE CONTRAFAÇÕES.

Uma vez isto esclarecido, e seja qual for a origem dos fenômenos metapsíquicos, isto é, quer sejam eles primitivos ou secundários, examinemos agora entre tais fenômenos aqueles que reconhecemos autenticamente paranormais, e passemos a descrever a sua réplica falsificada.

Graças a este método objetivo, o leitor poderá por si mesmo comparar as duas categorias de fatos, notar-lhes as analogias e as diferenças, e assim, com toda a liberdade de espírito, formar uma opinião baseando-se nos fenômenos estudados pela metapsíquica.

CAPÍTULO II

# TELEPATIA & CONHECIMENTO PARANORMAL

## *Telepatia*

Conforme acabamos de dizer, vamos, em capítulos que se podem qualificar de "metapsíquicos", descrever experiências que consideramos como paranormais, pospondo-lhes sua réplica espúria.

Comecemos este estudo pela telepatia.

É o seguinte o princípio das experiências telepáticas: uma pessoa, que se chama *o agente,* esforça-se em transmitir um pensamento a uma segunda pessoa, que é o *percipiente.*

As primeiras experiências sérias de telepatia experimental foram feitas em 1882 pela *Society for Psychical Research,* de Londres (SPR); elas constaram sobretudo de transmissão de cartas, desenhos e números; e o cálculo de probabilidades aplicado aos resultados mostrou que a transmissão de pensamento era um fenômeno incontestável.

Longa é a lista dos experimentadores que se interessaram pelo fenômeno telepático; porém um nome emerge e se impõe à atenção: o de René Warcollier, cujos trabalhos constituem autoridade no mundo inteiro.

O eminente presidente do *Institut Métapsychique International* (I.M.I.) efetuou em telepatia, até os últimos momentos da sua vida, pesquisas admiráveis por sua paciência e minúcia. Geralmente as experiências eram coletivas. O agente ou os agentes esforçavam-se em comunicar seu pensamento a um grupo de percipientes instalados numa peça diferente ou a pessoas que se mantinham à espera em alguma parte da França ou do estrangeiro. Tentou-se a transmissão de imagens visuais (cartas de baralho, palavras impressas, desenhos, números etc.), ideias expostas num texto curto, atitudes. Em umas poucas sessões, R. Warcollier obteve mais de 30 por cento de êxitos.

Dentre os resultados alguns foram tão notáveis que excluem a hipótese da intervenção do acaso. Assim, por exemplo, R. Warcollier espeta um alfinete no centro de três círculos concêntricos, azul, branco e vermelho, fixa durante algum tempo o conjunto, de maneira a, por causa da fadiga retiniana, a visão dos círculos tornar-se lateral e a imagem do alfinete desdobrar- se ou formar ângulos agudos. Mme. A. B., percipiente, desenha três círculos concêntricos, cobre-os com uma espécie de alvo constituído pelos dois círculos concêntricos e cerca o conjunto dessa figura com linhas duplas e com linhas angulosas.

Numa outra experiência, R. W. fixa o olhar num cartão postal holandês datado de 1952, cartão esse que reproduz moinhos de vento à beira dum canal. Em seguida esse cartão postal lhe lembra inconscientemente um outro cartão postal representando três jovens holandesas com coifas, de braços dados e que ele trouxera de Utrecht em 1953. Mme. T., recipiente, escreve: "Mulheres de braços dados, de coifas. Paisagem holandesa, moinhos de vento, tulipas, canais floridos."

No decorrer dum outro ensaio, a mesma percipiente, que se encontrava em Paris na sede do IMI, escreve junto com algumas outras frases: "Notas de música em cima duma pauta, o busto de Beethoven." No mesmo momento, R.W., então em Courbevoie, localidade situada a 10 quilômetros da sede do IMI, havia escolhido um busto de Beethoven como mensagem telepática.

Eis ainda cinco casos, escolhidos entre grande número de outros análogos e em que a mensagem telepática foi captada sem sofrer deformações importantes e nos quais o acaso não entrou em jogo, certamente:

R.W. emite: "Recordações da mi-carême de outrora: serpentinas, confetes." Depois, acrescenta: "Nos grandes bulevares, multidão compacta, máscaras, fantasias diversas. As árvores estão cobertas de serpentinas multicores, o chão está juncado de confetes que os transeuntes jogam no rosto um do outro e que acabam caindo que nem chuva no chão."

Mlle. G., uma das percipientes, escreve: "Júbilo, alegria, risadas. Mocidade. Batalha de flores. Carnaval com máscaras e carruagens."

R. Warcollier olha fixamente para um desenho em preto e branco, constituído por uma espécie de estrela transparente, isto é, toda recortada, de oito pontas.

Mme. T. capta: "Um mosaico, um azulejo, com desenho geométrico. Mica no granito, enfim qualquer coisa que brilha e que cintila. Pontas afiladas e iguais."

R. Warcollier encara uma fotografia de rochedos à beira-mar. E escreve: "Esta foto evoca em mim uma lembrança da Ponta du Raz, as vagas espumosas se quebrando entre os rochedos e respingando tudo durante a descida. Além disso, encarando apenas o mar, me vêm recordações de praias e de barcos a velas, bem como o verso de Valery: "O *mar sempre recomeçado";* acode-me também ao espírito a ideia de profundeza, de queda num abismo."

Uma das percipientes desenha a crista duma vaga esquematizada, e anota: "Voluta, ápice de vaga que se esboroa; espuma; embate; bramido de mar agitado."

Outra pessoa, Mlle. H., escreve: "Um barco a vela (modelo pequeno); as vagas marítimas, devido ao sol poente, dão ao barco um aspecto nacarado." Ela ilustra o seu texto com um desenho de sol poente sobre o mar, com um barco.

R. Warcollier olha para uma estampa de Napoleão em Santa Helena: o Imperador, em pé, à beira-mar, rodeado por três generais e por uma mulher. Duas sentinelas inglesas aproximam-se. R.W. anota: "Napoleão na ilha de Elba, em Santa Helena, na ilha de Ré. Ideia de ilha. Napoleão. Recordação histórica."

Mme. T. escreve: "Soldados na batalha; o túmulo de Napoleão." Por sua vez na sala, R. T., que se acha afastado de Mme. T., desenha armas (capacete e espadas) e uma panóplia ornada com uma flor-de-lis.

R. Warcollier adota como estímulo telepático: "Não adianta correr; o trem já está perdido". E ele esclarece: "Para escolher esta ideia como mensagem telepática, tirei ao acaso uma carta dum baralho de cem cartas contendo diferentes inscrições e preparado há quinze anos com finalidade experimental". Descreve em seguida o seu comportamento durante a experiência: "Eu faço o gesto de correr, com uma perna esticada para trás. Imagino-me tendo uma valise na mão direita e estar olhando para o trem que ainda não foi embora, porém que principia a mover- se antes que eu chegue à plataforma."

Mlle. G., percipiente, anota: "Um trem expresso chega à estação. Gente sobe para os vagões dando adeus aos que ficam na plataforma. R. Warcollier permanece na plataforma. Grande estação parisiense; muita gente; barulheira infernal; o trem partindo para um longo trajeto."

No decorrer de experiências telepáticas, produzem-se às vezes, conforme mostrou R. Warcollier, fenômenos de dissociação que podem ser seguidos duma síntese. Assim, M. Archat desenha um balão dirigível. René Warcollier, situado numa peça vizinha, desenha sucessivamente uma espécie de biela e de pua, que exprimem a ideia de movimento; em seguida uma hélice e, finalmente, um balão dirigível.

Em outros casos, essa dissociação é acompanhada pela multiplicação dum ou de vários elementos do desenho. Enquanto, por exemplo, o agente se esforça em transmitir a imagem dum olho num triângulo, o percipiente desenha o triângulo e o rodeia com um certo número de pequenos círculos representando a pupila.

Certas vezes o percipiente, conforme mostra a experiência seguinte, apreende ao mesmo tempo o pensamento de diversas pessoas.

Dez agentes, atuando juntos, observam uma fotografia muito impressionante cujo texto-legenda é: "*O amphibolorus barbatus* (o dragão barbudo) tem um aspecto terrificante. É um dos maiores lagartos do mundo."

Essa imagem inspira a três agentes as seguintes associações de ideias: "Causa medo. Tem um colarinho de ferro em tiotê. Dir-se-ia um animal antediluviano. Tomar banho de sol, como o lagarto. Um buraco negro." — "Esqueleto em espinha de peixe. Colar para suplício." — "Este lagarto barbudo me faz pensar num homem revestido por uma armadura, com um gorjal metálico." Mme. T., percipiente única, apreende: "Gorjal metálico, sobre fundo negro. Ruído de cadeias e de ossaturas. Vendaval que ulula na tempestade. Máscaras. Cabeça de defunto."

E enfim, não raro o percipiente interpreta de maneira subconsciente a imagem que percebeu de modo confuso. Eis alguns exemplos que ilustram este fenômeno:

O desenho dum dromedário deitado é transformado por um percipiente numa espécie de capuchinho ajoelhado. As duas imagens têm a mesma atitude geral, porém representam objetos diferentes.

R. Warcollier olha de encontro à luz a chapa radiográfica duma caixa torácica. Os percipientes registram as seguintes observações: "Hospital do Dr. S. Objeto gradeado parecendo uma saladeira..." — "Que são todos estes barbantes? Aparelho para tecer? Ratoeira?" — "Desenho geométrico preto sobre fundo branco; alguma coisa arredondada; vê-se através por causa das linhas que formam um trabeculado." Este último comentário é acompanhado dum desenho representando uma espécie de ralador esquematizado.

R. Warcollier fixa demoradamente uma fotogravura reconstituindo uma centelha elétrica de 5 metros de comprimento sob uma tensão de 700.000 volts. Um dos percipientes, Mme. T., escreve: "Um foguete (interplanetário) ou um obus; um fogo de artifício na noite; estreias."

R. Warcollier contempla a imagem dum arranha-céu nova-iorquino que ele torna mais atraente furando-o com buracos feitos por um alfinete ao longo das linhas de demarcação dos andares e ao longo das paredes verticais do edifício; em seguida contempla a imagem colocando-a na frente duma lâmpada acesa. Mme. T. escreve: "Uma escada de corda." De fato, o pontilhado feito por R. Warcollier se parece com uma escada de corda feita com nós, estes sendo figurados pelos buracos; mas não era essa imagem que R. W. desejava transmitir.

R. Warcollier fixa sucessivamente, de minuto a minuto, quatro fotografias de Bernardette Soubirous que a mostram desde a sua infância nos Pireneus até a sua morte no convento de Nevers. Uma percipiente, Mme. F., anota: "Aparição. Uma pessoa (homem ou mulher, a imagem não é nítida) ajoelhada vê aparecer num canto uma forma indistinta que parece planar."

## *Metagnomia*

A metagnomia, também chamada clarividência ou conhecimento paranormal, pode exercer-se sobre objetos inertes, sobre o homem, e, às vezes, sobre acontecimentos gerais. Pode também tomar uma forma espiritóide.

Ilustremos estes diferentes aspectos da clarividência com fatos que consideramos indiscutíveis.

O Dr. Geley, que dirigiu o *Instituto Metapsíquico Internacional* desde 1919 até a sua morte por acidente em 14 de julho de 1924, envia um envelope lacrado ao grande vidente polonês Stéphan Ossowiecki, que sabe apenas que ele encerra uma carta de Mme. de Noailles. Durante todo o tempo que dura a experiência, os experimentadores não cessam de olhar para o envelope. Ossowiecki amassa-o com os dedos demoradamente, friccionando-o; em seguida diz simplesmente:

"Trata-se dalguma coisa dum grande poeta francês, dalguma coisa sobre a natureza. Trata-se duma inspiração dum grande poeta francês. Eu diria que é de Rostand. Alguma coisa de Chanteclerc. Quando ela fala de Chanteclerc, ela escreve algo a respeito do galo. Há uma ideia referente à luz durante a noite... depois vem Rostand com a bela poesia de Chanteclerc." Após parar durante algum tempo, Ossowiecki acrescenta: "As ideias da noite e da luz vêm em primeiro lugar, antes do nome de Rostand. Há ainda alguma coisa nessa carta; há duas linhas; duas linhas. Uma palavra, com duas linhas embaixo."

Ora, eis aqui o texto de Mme. de Noailles:

*É à noite que é belo admirar-se a luz*

*Edmond Rostand. verso que se encontra no Chanteclerc e proferido pelo galo.*

Se aplicarmos o cálculo das probabilidades a esta experiência, encontraremos uma probabilidade na ordem de $\left(\frac{1}{10}\right)^{11}$, o que corresponde a uma certeza moral e mesmo matemática quanto à atração duma faculdade paranormal.

A experiência seguinte, realizada ainda por Ossowiecki, pode ser qualificada de sensacional tanto por seu valor intrínseco como pela qualidade dos experimentadores que foram seus instigadores.

O Marechal Pilsudski, antigo chefe de Estado da Polônia, apresentara a Ossowiecki um envelope lacrado com o carimbo do Ministério da Guerra. Como de costume, Ossowiecki o segura durante alguns instantes, depois declara o seu conteúdo:

e2 — e4 — e 5 — e7

Tratava-se deveras do que continha o bilhete; isto é, determinada fórmula duma partida de xadrez, escrita pelo próprio Marechal Pilsudski e só conhecida por ele.

Enfim, no congresso metapsíquico de Varsóvia, em 1923, a *Society for Psychical Research,* de Londres, realizou com Ossowiecki uma experiência "crucial".

Um envelope lacrado havia sido preparado por M. Dingwall que é ao mesmo tempo metapsiquista e prestidigitador. Mas, a fim de evitar, na medida do possível, toda e qualquer transmissão de pensamento, M. Dingwall não quis participar pessoalmente da experiência e confiou o envelope ao Dr. Schrenck-Notzing, que se dirigiu com o metapsiquista francês René Sudre e com o Dr. Geley ao domicílio de Stéphan Ossowieck. Este apoderou-se da carta da SPR e disse:

"Não sei porque, mas estou vendo uma garrafa. Há na carta um desenho feito por alguém que não é um artista; há alguma coisa de vermelho com essa garrafa. Sem dúvida há um terceiro envelope, encarnado. Há um quadrado desenhado no ângulo do papel. A garrafa é muito mal desenhada. Estou vendo! Estou vendo!"

"E nesse momento", escreve o Dr. Geley ao relatar a cena na *Revue Métapsychique,* ano 1923, N.º 5, "Ossowiecki pegou numa caneta e desenhou uma garrafa". Ossowiecki continuou:

"Antes do ano há uma data ou uma cidade... Trata-se de letra que me parece mais de mulher do que de homem."

O Dr. Schrenck perguntou: "Em que língua?"

Ossowiecki respondeu: "Em francês". E acrescentou: "A garrafa está um pouco inclinada. Não tem rolha. É desenhada com diversas linhas finas. O embrulho é constituído assim: 1.º, um envelope cinzento, o do lado de fora; 2.º, um envelope espesso, esverdeado; 3.º, um envelope vermelho. Depois, um papel branco, dobrado em dois, com o desenho na face externa."

"Decidimos", escreve o Dr. Geley, "apesar da nossa impaciência, enviar o documento intato, fechado como se achava, a M. Dingwall, tendo o Dr. Schrenck se desincumbido desse encargo naquela noite mesmo. No dia seguinte, o Dr. Schrenck anunciou que ia comunicar ao congresso a experiência feita com Ossowiecki e controlá-la. Eu li então a ata acima e reproduzi no quadro negro o desenho feito por Ossowiecki. M. Dingwall mostrou o volume intato, com o seu sinete sobre o lacre. Expôs as precauções tomadas para garantia de o embrulho não ser aberto. Declarou o conteúdo: um papel dobrado em dois dentro dum primeiro envelope que por sua vez se achava dentro dum segundo envelope inserido num terceiro, o de fora, cinzento e lacrado. Disse ainda que além disso o embrulho havia sido perfurado em quatro lugares por uma agulha muito fina, de maneira que os orifícios não coincidiriam mais nem deixariam passar a claridade caso os envelopes tivessem sido abertos E acrescentou que tais precauções davam a certeza absoluta de que o embrulho não fora aberto.

O Dr. Geley continua: "Grande era a impaciência. Devido à expectativa, a grande sala da Universidade achava-se em absoluto silêncio. Ossowiecki, um pouco pálido e nervoso, estava bastante emocionado. Vagarosamente, M. Dingwall cortou com precaução o primeiro envelope e retirou o segundo, que era de cor verde escura; e da mesma forma extraiu deste envelope o terceiro, que era vermelho. Houve aplausos. A seguir ele cortou o envelope vermelho, e retirou um papel dobrado em dois. Mostrou o conteúdo e copiou o desenho original no quadro-negro, ao lado do desenho de Ossowiecki; a semelhança era absoluta. No dorso do desenho achava-se em francês a seguinte frase que o clarividente declarara não conseguir ler: "Os parreirais do Reno, do Mosela e da Borgonha dão excelente vinho."

"A data era incompleta no desenho de Ossowiecki. A data do original era: 22 de agosto de 1923. Porém Ossowiecki advertira: antes de 1923 há qualquer coisa que não consigo ler; é uma data ou o nome duma cidade.

"A sala inteira, de pé e virada para Ossowiecki, rompeu em aplausos e lhe fez imensa ovação."

É claro que esta experiência não pode ter sido "forjada". A utilização dum líquido capaz de tornar (conforme veremos mais adiante) o envelope exterior momentaneamente transparente teria sido inútil por causa da existência de mais dois envelopes e dum papel dobrado contendo o texto. Além disso, os orifícios feitos pela agulha teriam revelado a abertura do documento caso isso houvesse ocorrido.

Pode-se, portanto, ter como garantida a autenticidade paranormal da experiência da SPR.

A mesma conclusão pode ser tirada das experiências de Ossowiecki citadas em primeiro lugar, porque também no caso a utilização dum líquido no gênero do álcool ou da benzina teria sido ineficaz por causa do papel dobrado contido dentro dos envelopes.

Ludwig Kahn, que foi estudado pelo Dr. Osty em excelentes condições de controle, possuía, como Ossowiecki, a faculdade de ler escritos fechados dentro de envelopes. A ata da sessão de 3 de março de 1925, sessão análoga a muitas outras feitas por Kahn, dará uma ideia dos extraordinários poderes do grande clarividente alemão.

"Encontramo-nos", escreve o Dr. Osty, "em casa do Prof. Charles Richet. *Grupo de observadores:* M. Daniel Berthelot: General Ferrié; Prof. Ch. Richet, pai; Ch. Richet Filho, professor adjunto de Fisiologia da Escola de Medicina; Dr. Lassabliure, chefe do laboratório de fisiologia; M. Ripert; Mme. Le Ber; Dr. Osty.

Kahn solicita que a sessão se realize em duas partes, com uma pausa intermediária, para repouso.

*Primeira parte.* — Experimentadores: M. Daniel Berthelot, Mme. Le Ber. Kahn pede que cada um escreva em dois papéis. M. Berthelot e Mme. Le Ber permanecem sozinhos no gabinete de trabalho do Prof. Richet.

Kahn e demais assistentes passam para uma sala contígua separada do gabinete de trabalho por duas portas fechadas. Kahn participa ativamente da conversa, falando quase sem interrupção.

Durante esse tempo. M. Berthelot escreve em dois pedaços de papel que ele trouxe consigo, e Mme. Le Ber escreve em dois pedaços de papel que ela pegou em cima da mesa de trabalho do Prof. Richet, seu pai.

Depois que os papéis foram escritos e dobrados, M. Berthelot abre uma das portas do salão e comunica a Kahn que tudo se acha pronto.

M. Berthelot e Mme. Le Ber apertam nas respectivas mãos os papéis dobrados. Kahn coloca-se de pé diante deles a metro e meio, mais ou menos, de distância. M. Berthelot reúne todos os papéis nas suas mãos, agita-os e depois entrega dois a Mme. Le Ber, inteiramente ao acaso. De maneira que cada um deles segura dois papéis cujos textos ignoram.

"Querem que eu comece por qual mão?" — pergunta Kahn.

"Comece por Mme. Le Ber", responde M. Berthelot.

Mme. Le Ber mostra a mão esquerda fechada.

Kahn pede para tocar aquele primeiro papel, e o faz depressa, com a ponta do dedo indicador, sem que Mme. Le Ber solte o papel tratando, isso sim, de fechar mais a mão.

Nenhum dos outros papéis foi tocado por Kahn e nem o será depois. Mas tão logo o seu dedo se pôs em contato com o papel, Kahn exclamou: "Pronto. Esse papel aí não foi escrito pela senhora e sim por M. Berthelot. Está escrito... vul... vulnant omnes... última necat."

Aberto o papel, nele se achava escrito a tinta com letra de M. Berthelot: *Vulnerant omnes, última necat.*

Não tendo M. Berthelot assinalado o erro parcial a respeito da palavra *vulnerant,* Kahn também não o retificou, muito embora ele quase sempre corrija a palavra deformada quando alguém lhe diz que houve um erro.

"Qual mão, agora?" — pergunta Kahn.

M. Berthelot mostra a sua mão direita.

Imediatamente Kahn diz: "Está escrito ... Aris... Aristées panakaion".

M. Berthelot desdobra o papel contido em sua mão direita e aí encontra o texto que ele escrevera a lápis: *Aristées panakaion.*

Apontando para a mão esquerda de M. Berthelot, Kahn diz logo a seguir e sem esforço: "Aí está escrito por Madame: Poeta, empunha o teu alaúde". É mostrando a mão direita de Mme. Le Ber, diz: "Mais vale tarde do que nunca".

De fato, estas são as frases que M. Berthelot e Mme. Le Ber encontram nos papéis que cada qual desdobrou.

*Segunda parte.* Os Profs. Ch. Richet, pai e filho, foram designados como redatores e permanecem sozinhos no gabinete de trabalho. Kahn é levado para o salão, sendo chamado daí a pouco tempo.

O Prof. Richet pai escreveu em dois papéis, seu filho escreveu num apenas, um ignorando o que o outro escrevera. E antes da entrada de Kahn eles dobraram, baralharam e distribuíram entre si os papéis. O Prof. Richet pai retém um papel em cada mão. O filho conserva só um papel em sua mão direita.

Kahn entra no gabinete de trabalho. Pede para tocar o papel que M. Richet filho segura, e o faz depressa, sem que M. Richet entreabra a mão. Assim que Kahn tocou no papel, disse: "Não foi o senhor quem escreveu isso; foi seu pai... Há aí um desenho... É um S grande, maiúsculo."

M. Richet filho abre o papel que contém isso, desenhado por seu pai: um S maiúsculo.

Mais que depressa Kahn se volta para o Prof. Richet pai e diz, mostrando a mão esquerda do professor: "Há aí uma espécie de quadrado com qualquer coisa no centro, algo assim como ás de paus... não, é uma pequena cruz."

Desdobrado o papel, apresenta, desenhado pelo Prof. Richet filho, um quadrado tendo no centro uma cruzinha. E, apontando para a mão direita do Prof. Richet pai, Kahn diz: "Nessa mão aí também tem um desenho... foi o senhor quem o fez... É muito complicado para eu explicar com palavras, prefiro reproduzi-lo." E, pegando um pedaço de papel em cima da mesa do professor, ele executa o desenho. Então o Prof. Richet abre a mão, desdobra o papel que contém o desenho da sua autoria, igual, só que mais alto um pouco ao reproduzido pelo clarividente.

Essa revelação dos desenhos foi feita por L. Kahn em menos de cinco minutos.

Notar-se-á imediatamente que esta experiência não se compara ao lance de prestidigitação chamado dos bilhetes dobrados, que examinaremos no capítulo seguinte. Aqui, o vidente em momento algum segura os bilhetes. Não há dúvida que às vezes toca um deles de leve e depressa, não tocando sequer nos outros, e isso exclui qualquer possibilidade de substituição. Enfim, o emprego de papel carbono, de parafina, de substâncias químicas que permitem revelar os escritos tampouco pode ser admitido, dadas as condições da prova.

Evidentemente, estas experiências são muito belas e muito limpas, devendo-se, contudo, confessar que clarividentes da classe dos Ossowiecki e dos Kahn são extremamente raros. Se ajuntarmos, com efeito, a esses dois nomes o de Alexis Didier (ver dados biográficos) teremos a bem dizer esgotado a lista dos maiores clarividentes conhecidos capazes de ler com facilidade escritos secretos. Todavia, pessoas dispondo às vezes de fulgores de lucidez "visual" são encontradas na experimentação metapsíquica habitual. Assim, por exemplo, nos foi dado estudar um indivíduo hipnótico que de vez em quando realizava proezas como as de Kahn. Durante uma sessão no *Instituto Metapsíquico Internacional,* um vidente nos nomeou o signatário duma carta que tínhamos no bolso; e um outro vidente, Mme. Edith Mancell, nos indicou a proveniência dessa mesma carta: as edições *Calmann-Lévy.* Ora, não tendo eu jamais sido editado por aquela firma, não pode vir à baila um raciocínio dedutivo. Aliás, Mme. Mancell por diversas vezes deu no IMI deslumbrantes sessões de me- tagnomia. Assim, certa manhã, tendo eu examinado uma chapa fotográfica, infelizmente não muito nítida, destinada a ilustrar a minha obra *Cycles et Rythmes* e representando a nebulosa em espiral Messier 101 da Grande Ursa, pensei mais ou menos o seguinte: "Que pena! Esta chapa é um pouco baça e se parece mais com a nebulosa de Orion do que com a nebulosa espiral". Comentei com minha mulher esta minha reflexão. De tarde, um pouco aborrecido e obcecado por essa ideia, dirigi-me ao *Instituto Metapsíquico Internacional,* onde meus colegas e eu devíamos estudar alguns videntes. Pois bem, apenas entrei no salão do Instituto Mme. Mancell se virou para mim e me disse espontaneamente: "M. Tocquet, hoje de manhã o senhor esteve olhando uma fotografia da nebulosa de Orion, não esteve?" Noutra ocasião, ela me disse ao entrar no mesmo salão onde eu me encontrava com alguns colegas do IMI: "Acabo de entrever Napoleão, louros, a Águia. Sim, a águia de duas cabeças". Ora, pouco antes, eu estivera absorto numa revista ilustrada onde havia um artigo sobre Napoleão, o rei de Roma, e a Áustria.

A fim de aludir de novo a fatos de clarividência em que o fator telepático entra em jogo apenas em pequena parte, tratemos das recentes experiências realizadas com Mme. Maire pelo Prof. René Dufour, da *Escola Superior de Física e Química,* e nas quais colaboramos. Os resultados obtidos com essa pessoa dotada de dons metagnômicos não se acham longe, quanto à qualidade, dos que Ossowiecki produzia.

Relata o Prof. Dufour que um pacote de trinta e um centímetros por vinte e cinco embrulhado em papel comercial foi entregue a Mme. Maire. Sobre uma das faces do pacote foi estendida uma folha de papel branco tendo mais ou menos as mesmas dimensões; pediu-se a ela que desenhasse naquele papel branco o que se encontrava dentro do embrulho logo embaixo do envoltório.

Apenas R. Dufour sabe o que contém o embrulho, pois foi preparado por ele próprio três semanas antes, e apressadamente. Mas no momento da experiência, ele não tem nenhuma noção da ordem em que se acham no pacote (que Mme. Maire pegou) os seus diversos componentes. Por conseguinte, se ela for capaz de desenhar com o mesmo tamanho e segundo a posição, como num decalque, aquilo que se encontra no embrulho se poderá dizer que é um caso de clarividência pura.

Mme. Maire desenha uma série de linhas e traços, escreve a palavra "enxofre", depois pronuncia as seguintes palavras:

"Foto, magnésio... É preciso fazer isso depressa... pois faz barulho... Sempre o mesmo barulho monótono... Penso cm alguém que teria um coração comprido... com uma passagem estreita que deveria ser alargada... Penso numa válvula... Ocorre-me um nome: Pierre... Sinto um cheiro, assim como de enxofre... Mas não é enxofre, trata-se dum vapor que sobe e que depois se evola... É um fenômeno que se produz."

O embrulho é aberto: contém uma fotografia grande recoberta com vidro, representando uma erupção da Montanha Pelada em 1929, erupção análoga à que destruiu Saint-Pierre na Martinica em 1902. Debaixo da fotografia está colocada uma notícia do mineralogista H. Arsandaux, relativa àquela erupção.

Verifica-se então que, sem alterar a posição, o desenho de Mme. Maire apresenta uma linha curva importante e uma grande parte sombreada tendo a forma, a mesma disposição, a mesma orientação e quase a mesma dimensão do triângulo curvilíneo do primeiro plano da fotografia, podendo-se de certa forma superpor as duas imagens.

Além disso, as palavras pronunciadas por Mme. Maire se aplicam muito bem à descrição da erupção. Aliás, no dia seguinte, abrindo pela primeira vez o artigo noticioso, R. Dufour encontra nele todas as palavras empregadas pela vidente.

Eis ainda outras duas experiências mais significativas e mais valiosas. Relatamo-las segundo as atas do Prof. Dufour.

Dentro duma caixa de clichês fotográficos, de formato 9 por 12, está colocado um isqueiro de ferrocério, preso no fundo da caixa por fitas de papel colante. A caixa está tampada, e uma fita de papel colante reveste as faces laterais para impedir que, no decorrer da experiência, a caixa se abra. Uma folha de papel branco, do formato de 9 por 12, está fixada na tampa. Portanto, M. Dufour conhece o objeto que a pessoa em questão deverá precisar tomando conhecimento dele de maneira paranormal.

Alguns dias mais tarde, na presença de várias pessoas, entre as quais eu próprio, a caixa é posta nas mãos de Mme. Maire que é solicitada a desenhar a lápis no papel branco da tampa o objeto que se encontra dentro da caixa.

Imediatamente, Mme. Maire principia a traçar no papel branco diminutos riscos hesitantes, texturas espalhadas em toda a extensão da folha. Em seguida, pouco a pouco, certos traços vão sendo reforçados, e aparecem linhas mais firmes e aparentemente mais significativas. Depois, antes de declarar terminada a experiência, Mme. Maire inscreve com decisão no canto inferior direito do papel as duas letras GP.

Abre-se a caixa e pode-se então comparar o objeto e o desenho.

"Nota-se uma singular semelhança entre os dois", escreve o Prof. Dufour, "muito embora, usando-se de franqueza, o desenho sozinho não permitisse determinar o objeto escondido até então dentro da caixa. Usando outras palavras, é pouco provável que, posto diante do desenho, um observador declarasse: Trata-se dum isqueiro. Contudo se revela um parentesco profundo entre o objeto original e a imagem que pretende representá-lo. Discerne-se em ambos um sistema de linhas semelhantemente orientadas e, mesmo se nos recusarmos a encontrar neles uma semelhança rigorosa, seremos forçados a reconhecer que um e outro evocam a cabeça de algum inseto monstruoso... E, mais ainda, é bem provável que, examinando numerosos objetos e um igual número de desenhos representando-os mais ou menos exatamente, um observador qualquer não hesitará em absoluto em associar o desenho de Mme. Maire com o isqueiro da experiência. Enfim, se nos afastarmos um pouco da estrita comparação estrutural, nos parecerá que o isqueiro e a sua imagem se aparentam por uma mesma qualidade afetiva, e que o desenho de Mme. Maire poderia ser considerado aqui como a curiosa interpretação dum artista subconsciente valendo-se, para expressar-se, em certa medida, da abstração e da deformação. Mas que é que significam as letras GP inscritas por ela com tanta autoridade no fim da experiência?

"No primeiro momento, as letras GP não nos sugeriam nada. Todavia, no dia imediato, um exame mais atento nos fez discernir na chancela do isqueiro as iniciais *entrelaçadas* em monograma das Contribuições Indiretas. CI, à esquerda, e as mesmas, porém invertidas, à direita.

"Se as compararmos com as iniciais desenhadas por Mme. Maire, constataremos que a analogia é perfeita.

"O sucesso, ou acerto, é completo, e as condições da experiência nos inclinam, quanto a esta última parte, a considerar o fato como um fenômeno de clarividência pura."

Como nas experiências precedentes, o mesmo material experimental e o mesmo método (caixa de papelão contendo um objeto e desenho executado pelo metagnomo numa folha de papel branco colada na tampa) são empregados na experiência que se segue.

"Procuramos no comércio", escreve o Prof. Dufour, "uma vela de motor de explosão, que foi entregue num estojo de papelão que continha além disso uma arruela de cobre destinada a servir de junta para a montagem da vela, e um pequeno anel de papel, desses que protegem as pontas da vela.

"O estojo, o disco e o anel são deixados por nós na gaveta fechada dum móvel pois, em princípio, não deveriam ser utilizados na experiência.

"Quanto à vela, foi recolocada dentro da sua caixa e fixada no fundo com papel colante. Chegando o momento da experiência, entregamos a caixa a Mme. Maire, que imediatamente começa a desenhar. Mas desta vez com muito mais segurança do que na experiência antecedente. De modo gradual, mas rápido (o desenho todo foi executado em quatro minutos) foi aparecendo o gráfico correspondente. Eis a ordem em que surgiram as diferentes partes:

"Primeiro, a parte *a* (a vela) completada por sinais 3L); em seguida o retângulo *b* (estojo); e finalmente os dois círculos *c* e *d*.

"Sem que seja possível precisar-lhe a natureza, achamo-nos na presença dum êxito metagnômico dos mais nítidos, e até podemos com certa verossimilhança discernir aí a diapsiquia (telepatia) e a clarividência pura.

"Primeiro, a vela: é vista até com certa minúcia (a nervura da porcelana). Trata-se, sem dúvida, principalmente de diapsiquia. Mas no desenho o número e a letra 3 L se parecem muito com o número e a letra 5 L inscritos na vela. Trata-se, pois, de clarividência, pois nós próprios não percebemos estas marcas antes da experiência.

"A vela acha-se disposta no desenho exatamente como dentro da caixa; ora, isso apoia a clarividência pura.

"O retângulo *b,* que circunscreve em seguida a imagem da vela e que manifestamente representa o estojo, corresponde muito provavelmente a um fenômeno de diapsiquia. Promana da ideia que tínhamos da vela no seu estojo durante o preparo da experiência.

Finalmente, os dois círculos *c* e *d,* dispostos em cima de *b,* são sem dúvida a reprodução diapsíquica da ideia que tínhamos da arruela de cobre e do anel de papelão."

Se fenômenos de clarividência análogos aos que acabamos de relatar são rarissimamente observados em metagnomos, em compensação, fatos de conhecimento paranormal tendo o homem por objetivo são relativamente numerosos; infelizmente, porém, nem todos têm o mesmo valor convincente.

Assim, de quando em quando, os diretores de jornais ou de revistas se compenetram de que agradaria bastante aos seus leitores um pouco de maravilhoso, e encarregam um de seus redatores, mais ou menos idôneo, para semelhante tarefa: fazer uma "reportagem ou um inquérito psíquico". Ou, ainda, uma revista metapsíquica ou ocultista solicita de seus assinantes documentos paranormais que, em geral, chegam em abundância ao redator encarregado da *enquete.*

Que é que valem?

Valem, em grande parte, o que vale o narrador.

Ora, há mentirosos sistemáticos e conscientes que, pelo prazer de mistificar, constroem uma história complicada que será classificada, catalogada e impressa com as mesmas prerrogativas e destaques concedidos a outros fatos que podem ser deveras paranormais.

Há também, e esta categoria de gente é numerosa, pessoas amorais e fracas que ante a leitura de fatos colhidos e publicados sofrem uma sugestão toda especial; desejosas de contribuir com a sua pedra para o edifício, porém não conhecendo histórias autenticamente metapsíquicas, constroem uma com elementos que colhem exatamente das atas transcritas nas *enquetes.*

Outras pessoas hão que, tendo ouvido vagamente falar em sua família ou entre conhecidos de tal ou qual fato considerado como prodigioso, não hesitam em atribuir-se algo idêntico, isto é, não hesitam em afirmar que isso ou aquilo também se passou com elas.

Por último existem também pessoas que, movidas por uma "ideia--força", querem fazer com que a sua convicção profunda seja compartilhada. E assim criam fantasias em cima de determinado pormenor real, porém normal, alterando-o e complicando-o e, mediante vagas mudanças das ocorrências, transformam um fato ordinário em fenômeno paranormal. Assim é que se criam fenômenos maravilhosos, míticos, muito diferentes dos humildes fatos que lhes deram nascimento. Pode-se, em particular, constatar facilmente essa elaboração mental em experimentadores convencidos que sustentaram e defenderam médiuns cuja indignidade era notória.

Notemos, de passagem, que esse estado de espírito é frequente o se encontra em todos os homens de fé, quer sejam adeptos de sistemas políticos, filosóficos ou... científicos, e que vivem presos às suas doutrinas, às suas ideias e às suas teorias. Isso se encontra também naqueles "sábios" que pretendem julgar a metapsíquica explicando-a pela prestidigitação, mas ignorando por completo uma e outra. Não tendo nunca ou só raramente experimentado ou lido obras sérias de metapsíquica — a ignorância deles irrompe, com efeito, de suas conversas e de seus escritos - formaram uma opinião a respeito segundo os seus preconceitos, a partir de constas expressos por pessoas tão pouco qualificadas quanto eles próprios para apreciar os nossos estudos; ou, o que ainda é mais grave, talvez, pela leitura de obras de iluminados repletos de teorias mais ou menos extravagantes.

Ignorando, ou fingindo ignorar que a mediunidade é uma faculdade inconstante, declaram mais ou menos isto: "Este médium forneceu aparentemente fenômenos paranormais com determinados experimentadores, mas não os tendo fornecido a outros, cumpre não se levar em conta os primeiros resultados."

Ou ainda, e mais particularmente em metapsíquica objetiva, eles estabelecem falsas analogias entre séries de experiências bastante diferentes. Numas, os experimentadores eram de qualidade, foram empregados aparelhos registradores e as observações eram feitas às claras. Noutras, ao contrário, os experimentadores eram crédulos, nenhum aparelho foi usado, e as sessões decorriam na mais completa obscuridade. "Mas", dizem eles, "os fenômenos obtidos tendo sido iguais nas duas categorias de experiências, então devem ser assimilados. Como, no segundo caso, os fenômenos eram fraudulentos, com certeza também eram espúrios no primeiro."

Enfim, falam a torto e a direito em desmascaramento de médiuns e na ingenuidade de certos metapsiquistas; porém se esquecem de ajuntar que são *sempre* os metapsiquistas, e não os seus censores, que descobriram os defraudadores.

Às vezes mesmo, e poderíamos facilmente fornecer a prova do que afirmamos caso não tivéssemos o cuidado de não tornar pesada esta obra, eles desnaturam os textos por meio de omissões que queremos crer sejam involuntárias.

Assim, pois, a objetividade e a imparcialidade de que procuraram dar prova em outras ocasiões, aqui lhes parecem supérfluas; não julgam mais ser necessário conhecer perfeitamente o assunto ou a pessoa para discorrerem a respeito. E, o que é mais grave, não se consideram obrigados a dar a algum especialista autorizado ensejo duma discussão ampla e honesta. Por conseguinte, em tais indivíduos, a probidade intelectual é uma virtude que apresenta eclipses, reservada para certos domínios bem definidos, isto é, aqueles que eles cultivam; e, em geral, apenas às disciplinas chamadas clássicas.

Esticando até ao extremo a sua lógica afetiva e o seu pseudo- racionalismo, obcecados por seu *parti-pris,* vemo-los então tomar esta resolução, VERDADEIRA ENORMIDADE INTELECTUAL, digna dos tempos medievais (*Atomes*, n.º 59, 1951):

"A nova *Association des Écrivains Scientifiques de France* tomou esta medida de higiene intelectual, pela qual se impõe estatutariamente abandonar à própria sorte as pessoas que se pronunciaram (sem um público MEA CULPA) a favor das falsas ciências." (Por falsas ciências cumpre entender, entre outras, a metapsíquica).

Esta "pública" *mea culpa* é bem saborosa e acaso não lembra a abjuração dum certo Galileu que, todavia, estava com a razão em face e acima de todos os demais?

Em todo o caso, estes "cientistas", ou como os chama pertinentemente o filósofo francês Gabriel Mareei, estes "blen pensants scientifiques", que falam uma língua duma outra era, que se mostram intransigentes, altivos, intolerantes, opressivos, e que melhor fariam, em lugar de criticar estouvadamente, se tentassem eles próprios certas experiências (em telepatia, por exemplo), parecem ignorar que em numerosas Universidades são ensinadas as "falsas ciências". Assim é que existe uma cátedra de parapsicologia na Universidade de Utrecht (Holanda), na Universidade de Friburgo-sobre-o-Breisgau (Alemanha), na Universidade Duke (Estados Unidos), na Universidade Católica São

José de l'ittsburg (Estados Unidos), na Universidade do Litoral, de Buenos Aires (Argentina), no Instituto de Estudos Superiores de Montevidéu (Uruguai). Na própria Rússia acaba de ser criada, em Leningrado, uma cátedra de parapsicologia. Sábios de grande valor ocupam essas cátedras. São, por exemplo, presentemente, o Prof. W. H. C. Tenhaeft, o Dr. Hans Bender, o Dr. J. B. Rhine, o Prof. Canavesio etc. Na clínica da Faculdade de Medicina de Innsbruck (Áustria), o Dr. H. Urban, professor de Psiquiatria, empenha-se em pesquisas de parapsicologia.

Enfim, é habitual nos Estados Unidos e na Grã-Bretanha que os estudantes defendam teses de parapsicologia para a obtenção do diploma.

A França, infelizmente, ainda não chegou a tanto! A nossa velha Sorbona e a Universidade em geral, ensinando apenas o adquirido, petrificadas em preconceitos, obnubiladas por um ceticismo cego que vem a ser uma credulidade às avessas, constituem fortalezas inexpugnáveis às ideias não-conformistas vindas de fora.

Enfim, deixemos isso de lado, e voltemos ao nosso assunto. O futuro julgará e dirá de que lado estavam, duma parte, os defensores do obscurantismo e, doutra parte, os verdadeiros defensores da verdade. Mas desde já podemos dizer juntos com o Prof. Thuring, de Viena: "É apenas um infortúnio secundário se um homem de ciência se vê induzido em erro por um impostor; muito mais grave é se, por vaidade ou temor de erros, a Ciência NO recusa a pesquisar a verdade."

Cuidou-se poder dar mais valor aos fatos colhidos nas investigações interrogando-se separadamente os diferentes atores ou testemunhas. Consideramos, porém, que esse meio no mais das vezes é ilusório. Em regra geral, as testemunhas conversam entre si após o incidente observado, comentam-no e mais ou menos o desnaturam. Acabam assim construindo um "acontecimento-tipo", cujas partes essenciais e mesmo os pormenores serão necessariamente corroborados no decorrer dos interrogatórios particulares.

Estas críticas não se dirigem, evidentemente, às observações que foram submetidas a um exame severo, como as consignadas por Mme. Louisa B. Rhine em seu livro *Hidden Channels of the Mind* (Os Canais Secretos do Espírito), nem *a fortiori* às verdadeiras experiências de lucidez no gênero das que são relatadas em obras de alto teor científico como as do Dr. Osty; de maneira que após haver lido tais trabalhos e, em particular os deste autor, se tem que chegar à convicção da possibilidade para certas pessoas de tomarem conhecimento, fora das vias sensoriais e de todos os processos normais do entendimento, de fragmentos mais ou menos importantes do passado, do presente e do futuro dum indivíduo, bem como de sua ambiência e dos seus estados afetivos ou intelectuais.

Entre um grande número de fatos análogos, consignados no belo livro do saudoso diretor do *Instituto Metapsíquica Internacional, O Conhecimento Paranormal,* eis um primeiro exemplo de detecção de acontecimentos presentes e de previsão do futuro. Aplica-se, sem dúvida, a fatos insignificantes, porém sua qualidade é incontestável porque foram observados diretamente pelo Dr. Osty, sem pessoas interpostas.

No dia 26 de novembro de 1921, o Doutor consulta Mme. Jeanne Peyroutet, excelente elemento metagnômico, de quem eu próprio ainda recentemente apreciei por diversas vezes as extraordinárias faculdades. Ela descreveu, por exemplo, a minha residência de modo exato e minucioso, recordou as circunstâncias exatas da morte de meu irmão falecido em consequência dum acidente de futebol etc.

Pois bem, ela lhe disse o seguinte: "Há alguém de sua família, e cujo nome começa por L, que está fazendo uma viagem marítima... Estou vendo o mar... Essa pessoa lhe trará uma coisa... que brilha um pouco. Algo original, embora haja diversos modelos. Essa pessoa lhe dirá: "Queria trazer-lhe outra coisa, mas não consegui..." Preocupar-se-á com isso, vai escrever-lhe. Ora veja só, ele acaba de chegar à França! A viagem acabou. Na família do senhor vai haver uma mudança. L. e o senhor. As duas mudanças se sucedem. Vejo quase tudo, conjuntamente."

No dia 30 de novembro de 1921, Mme. Peyroutet acrescenta: "Os seus dois filhos, que estão estudando, irão passar as férias na província, junto do senhor. Um deles não terá sorte, passará as férias de cama... Mas não será nada grave..."

Pois bem, eis o que se passava no momento em que Mme Peyroutet falava, e eis o que sucedeu depois:

"No dia 26 de novembro", escreve o Dr. Osty, "o meu cunhado Lucien G. desembarcava em Marselha vindo de Marrocos. Nos dias que se seguiram à sua chegada, ele distribuiu entre a família almofadas de couro marroquino de diversos modelos, algumas recobertas com ornamentos brilhantes, e disse: "Não era isso que eu tinha pensado em trazer-lhes. Contava ir até Marrakesh procurar outras mais originais, porém a minha partida precipitada me impediu".

E o Dr. Osty prossegue: "No dia 25 de janeiro mudei-me da província para Paris. No dia 30 de janeiro, Lucien G. mudou-se de Paris para a província. Aliás eu pensara antes que pelo Natal já estaria instalado em Paris, mas as circunstâncias se opuseram. Os meus dois filhos vieram passar as férias no Cher, tendo chegado bem de saúde no dia 24 de dezembro. Ambos eram muito robustos, jamais tendo estado doentes. No dia 26 de dezembro, meu filho mais velho se queixou de dores numa perna, onde apareceu logo depois um botão furunculoso, sendo iniciado logo o tratamento. No dia 27, não obstante todos os cuidados, o furúnculo já estava enorme, sendo que no dia seguinte já o rodeava uma grande área de linfangite. E no dia 29 um grande flegmão doloroso subcutâneo impunha uma incisão debaixo de anestesia. O menino passou as férias de cama."

A predição seguinte, feita também ao Dr. Osty por Mme. Peyroutet, é notável devido a uma certa progressão de pormenores exatos cobrindo o espaço de tempo de mais de dois anos. Dirigindo-se ao Doutor, a vidente disse, nas diferentes datas abaixo indicadas:

18 de março de 1922. — "Assistireis a um jantar onde habitualmente só há homens. Um deles vai viajar. Haverá acidente e morte."

24 de abril de 1922. — "Queda e morte dum de seus amigos. Trata-se dum homem de ciência."

23 de maio de 1922. — "Vejo perto do senhor a morte dum amigo por acidente.

Isso poderá ocasionar ensejo a uma proposta, que aliás lhe será feita e que mudará o seu trabalho."

20de janeiro de 1923. — "Morte repentina dum homem de ciência, por acidente. Duas mortes. Numa viagem distante."

17 de fevereiro de 1923. — "Acidente e morte dum homem de ciência, seu conhecido. Acidente e queda ao partir em viagem."

17 de março de 1923. — "Morte por acidente. Ferimento na cabeça. Essa morte lhe deixará algo como uma incumbência. Um trabalho."

21de abril de 1923. — "Vejo perto do senhor a morte dum homem de ciência. Não quer subir no ar, Doutor?"

1.º de dezembro de 1923. — "Que morte será essa que lhe ando a anunciar incessantemente?"

22 de março de 1924. — "Virá a saber da morte dum homem de ciência que o senhor conhece bastante. Um doutor será vítima duma queda, dum desastre de automóvel bem longe daqui, numa viagem."

4 de abril de 1924. — "Vejo à sua volta uma morte por acidente no estrangeiro. Como se um navio afundasse."

31 de maio de 1924. — "Morte por acidente dum homem que o senhor conhece. Morte na hora da partida, no estrangeiro."

9 de julho de 1924. — "Uma morte que vai surpreendê-lo bastante. Um acidente, na hora da partida duma viagem. Morte dum homem de ciência. Modificação total na vida do senhor."

Pois bem, cinco dias após esta última sessão, no dia 14 de julho de 1924, o Dr. Gustave Geley, diretor do *Instituto Metapsíquico Internacional,* morria na queda dum avião que devia efetuar o percurso Varsóvia-Paris; desastre alguns minutos após a partida do aparelho da capital polonesa.

Comentando essa predição, o Prof. Charles Richet escreve: "Como tudo quanto foi dito é exato! Um doutor, um amigo de Osty, com quem ele costumava jantar, um homem de ciência... Aliás, duas mortes, pois que o piloto morreu junto com Geley, no estrangeiro, numa partida; foi após haver deixado o aeroporto de Varsóvia que o avião caiu. Reviravolta na vida de Osty, pois foi ele quem substituiu Geley na direção do *Instituto Metapsíquico Internacional.*"

Cumpre sublinhar também, duma parte, a repetição incessante da predição cuja realização deveria determinar uma mudança radical na vida do Dr. Osty; e, doutra parte, conforme sucede muitas vezes nas premonições, certas aproximações mais ou menos exatas: "Não quer subir no ar, Doutor?" "Desastre de automóvel... "Um navio que afundará..."

Outro caso, que julgamos excelente, de previsão do futuro individual, deve-se ao Dr. Gallet. Relata-o Dr. Geley em sua obra A *Ectoplasmia e a Clarividência.*

Cerca de 9 horas da manhã do dia 27 de junho de 1894, o Dr. Gallet, de Annecy, então estudante de Medicina em Lião, estava trabalhando no seu quarto em companhia dum camarada de estudos, um certo Varay, que exerceria também a medicina naquela cidade.

Inesperadamente Gallet, que aliás não se interessava absolutamente por política, sentiu-se obsidiado por uma frase inesperada, que ele acabou anotando no seu canhenho. A frase era a seguinte: "M. Casimir-Perier é eleito Presidente da República por 451 votos!"

(O Congresso deveria reunir-se ao meio-dia.)

Eslupefato, Gallet dirigiu-se ao seu camarada Varay estendendo lhe o caderno onde acabara de escrever. Varay deu de ombros. Depois do almoço, Gallet saiu para assistir a uma aula mi Faculdade; no caminho encontrou mais dois colegas, M. Blonchet, que exerceria a medicina em Cruseilles (na Alta Savóia), M. Deborne, que viria a ser farmacêutico em Thonon. Anunciou-lhes que M. Casimir-Perier seria eleito por 451 votos. Apesar das risadas e sarcasmos de seus camaradas, continuou a afirmar-lhes com insistência a sua convicção.

Na saída da aula, os quatro amigos tornaram a encontrar-se e foram tomar refresco no terraço dum café próximo. Daí a pouco irromperam rua acima camelôs vendendo edições especiais de jornais que anunciavam o resultado da eleição presidencial. Gallet apressou-se em adquirir um jornal e logo o mostrou aos amigos que permaneceram mudos de estupor ante a manchete:

CASIMIR-PERIER ELEITO POR 451 VOTOS

Este relato do Dr. Geley é atestado por 3 testemunhas.

As chamadas experiências da "cadeira vazia", consistindo em descrever previamente os traços característicos etc., do futuro ocupante duma cadeira tirada à sorte ou escolha entre outras cadeiras duma sala de experiências, põem igualmente em evidencia a premonição. Foram realizadas pela primeira vez em 1925 pelo Dr. Osty com o indivíduo metapsíquico Pascal Forthuny, e nestes últimos anos, aliás com um luxo de precauções até enlão inigualado, pelo Prof. Tenhaeff, da Universidade de Utrecht, com o "vidente" holandês Gérard Croiset.

Eis, por exemplo, o resumo da experiência iniciada no dia 6 de janeiro de 1957 no laboratório do *Instituto de Parapsicologia* do Utrecht. O Prof. W. H. C. Tenhaeff, titular da cátedra do parapsicologia do Instituto, assistido pelos Profs. J. H. Hnischneider, J. A. Smith e por Mlle. G. Louwerens, apresenta a Gérard Croiset a planta duma sala onde se acham dispostas trinta cadeiras numeradas de 1 a 30, e lhe comunica que no dia primeiro de fevereiro trinta pessoas estarão reunidas numa casa em Haia, casa essa que não é designada. Ora, as cadeiras, em número de trinta, destinam-se exatamente àquelas trinta pessoas cuja identidade ninguém sabe, por enquanto. E ele pede então a Croiset que descreva a pessoa que irá sentar-se numa das cadeiras que ele, Croiset, escolherá à vontade. Imediatamente Croiset escolhe a cadeira n.º 9 e faz as seguintes declarações que são registradas:

1.º "No dia 1.º de fevereiro, na casa em questão, estará sentada na cadeira n.º 9 uma mulher de meia-idade, ativa, de temperamento alegre, muito sensível às relações sociais e demonstrando bastante afeto por crianças.

2.º "Essa mulher, entre os anos 1928 e 1930, frequentou bastante as imediações do circo Kurhans & Strassburger, em Scheveningen.

3.º "Quando menina, ela frequentava bastante uma região onde se fabrica queijo. Costumava ir às granjas assistir à fabricação de queijo. Estou vendo um acidente durante o qual uma das granjas pega fogo e um animal morre queimado.

4.º "Estou vendo agora três moços. Um deles, que se parece comigo, é funcionário em qualquer região ultramarina. Creio tratar-se dum território colonial inglês.

5.º "Não esteve ela olhando o retrato dum marajá? Neste momento estou vendo alguém nas Índias. Pelo menos se trata duma pessoa vestida como um hindu, com um turbante onde cintila enorme joia.

6.º "Estou vendo uns rabiscos, tendo em cima o número 6. Havia antes o número 5, porém ela o apagou e pôs um 6. Isso aconteceu recentemente, e essa rasura deu motivo a uma viva discussão.

7.º "Ainda recentemente ela não sujou as mãos lidando com uma caixa velha de pintura? Quero dizer uma caixa contendo tabletes de cores e cuja tampa tinha aberturas em cima. Ela não feriu ligeiramente a mão com esse objeto? O dedo polegar da mão direita?

8.º "Recentemente ela não recebeu a visita duma dama, duma de suas amigas aparentando 44 anos de idade, porém muito alta, elegante, robusta, de cabelos pretos, com um vestido que tinha na frente dois babados bastante largos? A dama não discorreu a respeito de problemas sexuais? E ela por sua vez não aconselhou a tal dama a procurar um psiquiatra?

9.º "Ela não sentiu uma fortíssima emoção ao ser levada a ópera "Falstaff", ópera essa que foi a primeira que ela viu?

10.º "Seu pai não recebeu uma medalha de ouro por serviços prestados? Pode ter sido um outro senhor idoso, porém me parece que foi o pai dela.

11.º "Recentemente ela não levou uma menina ao dentista? E essa visita não provocou uma forte emoção? Chego quase a dizer que isso se produzirá no dia 1.º de fevereiro próximo."

No dia imediato à realização desta primeira parte da experiência, isto é, no dia 7 de janeiro, o Prof. Tenhaeff pede ao l'rof. Tuyter, de Utrecht, a bondade de solicitar o concurso duma terceira pessoa para o prosseguimento da prova. Este professor solicitou à sra. C. V. T., de Haia, que ponha a sua casa à disposição dele na sexta-feira, dia 1.º de fevereiro, a partir das 18 horas. É desnecessário dizer que nem o Prof. Tuyter nem a Sra. C. V. T. conhecia as declarações de Gérard Croiset.

No dia 31 de janeiro, o Prof. Tenhaeff e seus assistentes preparam dois pacotes com trinta cartões cada um, numerados de 1 a 30. Um dos pacotes é cuidadosamente baralhado de forma que os cartões aí se encontram desordenadamente. Em seguida o pacote é posto dentro dum invólucro que é lacrado.

No dia 1.º de fevereiro, por volta das 18 horas, os Profs. Tenhaeff e Tuyter, a Srta. G. Louwerens e sua irmã, a Srta. N. Louwerens, acompanhadas pelo psicólogo finlandês J. Fahler, então de passagem pela Holanda, chegam à casa da Sra. C. V. T. No primeiro andar, num vasto salão, acham-se dispostas 30 cadeiras. Valendo-se da pilha de cartões desembrulhados, as Srtas. Louwerens procedem à numeração das cadeiras, de acordo com a planta mostrada a Croiset no dia 6 de janeiro.

Enquanto isso, o Prof. Tenhaeff explica a finalidade da experiência aos convidados que permanecem ainda no andar térreo e lhes distribui uma cópia mimeografada das declarações feitas por Croiset no dia 6 de janeiro. Pede-lhes, em seguida, que anotem os pontos que, na cópia, parecem designá-los. Isto leito, o pacote embrulhado e lacrado é aberto, retirando-se dele a pilha de cartões cuja numeração está baralhada. À medida que os convidados chegam ao patamar da escada que conduz ao primeiro andar, a Srta. G. Louwerens entrega a cada qual um cartão segundo a ordem em que este se acha na pilha. No patamar superior, a Srta. N. Louwerens recebe cada convidado c o conduz até a cadeira designada pelo cartão que o convidado lhe mostra.

Depois que todo mundo se senta, o Prof. Tenhaeff pergunta se algum dos presentes pôde se identificar com as características fornecidas por Croiset. Imediatamente a Sra. D. M. declara que se reconheceu logo. Ora, ela está sentada na cadeira n.º 9. Mais ninguém se manifestou a tal respeito.

Eis, aliás, segundo a ata da experiência, os pontos que permitiram à Sra. D. M. reconhecer-se:

1.º A Sra. D. M. tem quarenta e dois anos. É uma pessoa alegre, vivaz e ativa. Gosta de animais e de crianças.

2.º "Seus pais se haviam divorciado. Quando ela era pequena, seu pai vinha vê-la e levava-a muitas vezes ao circo Strassburger, em Scheveningen.

3.º Quando meninota, ela costumava visitar granjas que produziam não queijo mas manteiga. Jamais experimentou nenhuma grande emoção em tais herdades. Contudo, o seu filho mais velho, que morou durante muito tempo na casa dum granjeiro, se impressionou profundamente um dia com um raio que caiu na granja vizinha e que matou um cavalo.

4.º No começo, a Sra. D. M. não encontrou nenhuma relação entre ela própria e as declarações de G. Croiset. Porém seu marido lhe chamou a atenção para o fato de ela ter dois irmãos. Um deles, que em 1945 quis ir para a Indonésia, fizera instrução militar na Inglaterra, achando-se atualmente em Singapura. E o outro, que de fato se parecia com Gérard Croiset, tinha morrido durante a guerra num campo de concentração.

5.º Alguns dias antes da sessão de 1.º de fevereiro, a Sra. D. M. lera um livro de Paul Brunton contendo uma ilustração que representava um yogi, e tivera uma discussão com o filho a respeito disso e da magia hindu. Além disso, costumava em seus sonhos ver um hindu.

6.º Numa época que se situa após o dia 6 de janeiro, a Sra. D. M., ao refazer as suas contas mensais, que no começo lhe pareciam estar em ordem, descobriu nelas um erro. Havia um 5 em lugar dum 6. Daí a necessidade de emendar a conta, rasurando o 5 e substituindo-o por um 6. Ora, isso acarretara viva discussão entre ela e o marido.

7.º "Em janeiro, um grupo de crianças divertia-se em casa da Sra. D. M. com um estojo de pintura análogo ao descrito por G. Croiset. Tendo ela querido limpar a caixa, sujou as mãos, porém não se arranhou. Pouco tempo depois foi que de fato ela feriu o dedo polegar ao abrir uma lata de conservas.

8.º A Sra. D. M. travara com duas amigas um debate sobre problemas sexuais. Ora, uma delas corresponde exatamente à descrição (inclusive o vestido com dois babados na frente) feita por Croiset. A Sra. D. M. aconselhou aquela dama a procurar um psiquiatra.

9.º A ópera "Falstaff" foi a primeira em que a Sra. D. M. desempenhou um papel. Nessa ocasião se apaixonou pelo tenor.

10.º Ao aposentar-se, seu pai foi nomeado cavaleiro duma ordem holandesa, tendo recebido de presente uma cigarreira de ouro.

11.º Na manhã mesmo do dia 1.º de fevereiro, o casal D. M. levara ao dentista sua netinha, que se sentiu apavorada. E por sua vez a Sra. D. M. ainda estava nervosa por causa da cena no dentista.

Após toda uma série de experiências deste gênero realizadas com Gérard Croiset, o Prof. Tenhaeff e o Prof. Hans Bender de Friburgo-sobre-o-Breisgau lavraram as seguintes observações:

1.º) A natureza de certas pessoas (a de G. Croiset em particular) é tal que elas devem trabalhar em situações experimentais "movimentadas, vivazes", comportando uma tensão emocional; seus talentos paranormais só se podem desenvolver nessas condições.

2.º) Portanto, é desejável realizar um compromisso que respeite o aspecto vivo, movimentado da situação (uma pessoa como assunto, um auditório como causador de tensão etc.), mas que também inclua condições experimentais rigorosas, suscetíveis de serem variadas sistematicamente. Para tal fim é necessário obter a colaboração da pessoa.

3.º) Os futuros detentores das cadeiras são caracterizados sobretudo por traços afetivos e, acessoriamente, por seu aspecto exterior. Trata-se, pois, de precognição associada à telepatia e principalmente à telepatia retrospectiva.

Se, conforme acabamos de acentuar, a literatura metapsíquica ó bastante rica em fatos de previsões se relacionando com um indivíduo, já pelo contrário ela contém poucos casos de previsões de acontecimentos gerais. Tais pessoas parecem reconhecê-los apenas pela retração nas consciências individuais e, por consequência, duma maneira fragmentária. Assim é que a célebre Kraya (nascida Valentine Dencausse), que até 1954, data da sua morte, foi a vidente "preferida" de reis, ministros, artistas e escritores (Jean Jaurès, Aristide Briand, Pierre Loti, Anatole France, Lucien Guitry, Anna de Noailles, Mareei Proust e outras tantas personalidades de primeira plana a consultavam frequentemente) predisse a guerra de 1914-1918, bem como a sua duração, acreditando observar sinais de morte violenta em numerosas mãos masculinas.

A mim mesmo, a Sra. Joanne Peyroutet indiretamente predisse u guerra do Rif. Em 1920, tendo "visto" que eu nutria a intenção de retomar o serviço como oficial de artilharia, ela me dissuadiu, dizendo-me: "Se o senhor persistir nesse rumo, tomará parte numa nova guerra do outro lado do mar." Efetivamente, no meu requerimento já dirigido ao Ministério da Guerra, eu solicitava a minha partida para Marrocos. Um ano depois eclodia a guerra do Rif.

Claro é que para se declarar que uma monição é premonitória se torna indispensável, como no caso que acabamos de relatar, que ela haja sido cuidadosamente registrada antes do acontecimento, a fim de eliminar o fenômeno de paramnesia, ou de falso reconhecimento. Muitas pessoas o têm experimentado ou sentido: por ocasião duma percepção ou dum conjunto de percepções, na presença dum espetáculo, elas têm de chofre a certeza de já os haver visto ou vivido. Bergson designou com muita justeza tal fenômeno qualificando-o de "lembrança do presente". Aplicado à falsa precognição, a pessoa crê que recebeu dum metagnomo informação exata sobre o acontecimento que ela vive agora, quando na verdade tal informação não lhe foi fornecida.

Convém, outrossim, rejeitar as coincidências fortuitas, aqueles casos que podemos prever racionalmente, e aqueles pelos quais a autossugestão provavelmente "ajudou" a realizar a predição. Quando uma pessoa conhece todos os pormenores duma predição, existem muitas chances, com efeito, caso a realização entre na bitola, para que a dita pessoa contribua, conscientemente ou não, para a sua execução total. Ela o ajudará de bom grado se o acontecimento é feliz, e inconscientemente, se o acontecimento é desagradável. Além disso, Freud e os psicanalistas mostraram que certas mortes por acidentes ou por imprudência são verdadeiros suicídios involuntários ou, mais exatamente, suicídios inconscientemente intencionais determinados por complexos. Se tais complexos foram percebidos telepaticamente por uma pessoa, ou foram a causa de sonhos característicos, poderão ter dado nascimento a uma falsa premonição.

Assinalemos, finalmente, que a clarividência pode tomar a forma espiritóide, em cujo caso ela apenas difere da clarividência ordinária pela fabulação de que vem revestida. Excelentes exemplos dessa forma de lucidez se encontram em inúmeras atas relativas à mediunidade de Mrs. Piper (ver dados biográficos) ou no livro de Sir Oliver Lodge, *Raimundo ou a Vida e a Morte.* Tendo o filho do eminente físico inglês, e que se chamava Raymond, morrido em 1915 na guerra, o pai obteve por intermédio de diversos médiuns a relação de certos episódios que ele ignorava completamente. As mensagens eram consideradas como provindo do próprio Raymond. Damos dois exemplos delas no parágrafo *Videntes e Médiuns,* no capítulo III, e a propósito da notícia biográfica consagrada a Sir Oliver Lodge.

Mas, a bem dizer, esta concepção "metapsíquica" de todas as manifestações da clarividência, tendo aparentemente o Além como origem, às vezes deixa um "resíduo" inexplicável, e não raro exige hipóteses complicadas que podem chocar o bom senso e a razão.

Tal é o caso, escolhido entre dezenas de fatos análogos, "do Síndico Chaumontet e do Cura Burnier", no qual, conforme diz criteriosamente o professor genebrês Flournoy, que o relata em nu obra magistral *Das Índias ao Planeta Marte,* as duas hipóteses, uma que explica o fato pela clarividência, e outra que implica a ideia de sobrevivência, "subsistem em face uma da outra, imóveis como dois cães de faiança se encarando zangados".

Numa sessão realizada em Genebra no domicilio do Professor Flournoy, Mlle. Smith (pessoa notável sobre a qual voltaremos mais tarde), estudada desde vários anos já pelo dito professor, tem em estado sonambúlico, a visão duma aldeia numa elevação coberta de vinhedos. Vê descer por um caminho pedregoso um velhinho que, segundo ela diz, "tem o ar dum fidalgote." Um camponês que o encontra desanda a fazer-lhe zumbaias como diante duma personagem importante. Os dois conversam em "patois", de maneira que Mlle. Smith não os compreende. A paisagem não tarda a diluir-se e o velhote procura segurar a mão de Mlle. Smith para fazê-la escrever. Ela diz ao ser imaginário: "O senhor está me apertando demais a mão, assim me machuca, min me aperte com tanta força." Nesse momento ela traça com uma letra desconhecida, completamente diferente da sua: *Chaumontet Syndic.* Depois volta a visão da aldeia e ela lê num poste Indicador: *Chessenaz.*

A conselho do Professor Flournoy, ela pergunta ao velhote em que época ele foi síndico. O velhote responde: "Em 1830", sendo impossível fazê-lo dar mais esclarecimentos.

Voltando ao seu estado normal, Mlle. Smith afirma nunca ter ouvido falar de Chaumontet nem de Chessenaz, situada na Alta Suvóia, a cerca de 26 quilômetros de Genebra.

Quinze dias mais tarde, Mlle. Smith vê reaparecer a mesma visão, a aldeia e o síndico, porém nota que este vem acompanhado dum pároco a quem chama, com certo sotaque italiano, "num caro amigo Burnier".

Na sessão seguinte, o cura se apodera da mão de Mlle. Smith e, conforme fizera o síndico, escreve: *Burnier salut.* Tendo, noutra sessão, o Professor Flournoy expressado dúvidas sobre a autenticidade do padre, a misteriosa entidade forneceu, pela língua do médium, esta atestação na devida e boa forma tabelioa: "*Aos vinte e um de maio certifico a quantos tal conhecimento possa interessar, que eu sou Burnier, cura de Chessenaz.*" O Professor Flournoy sublinha: "Era, pois, chegado o momento de esclarecer semelhante coisa. Escrevi ao acaso para a prefeitura de Chessenaz. O *maire,* M. Saunier, teve a extrema delicadeza de responder-me sem demora: "Durante os anos de 1838 e 39, o síndico de Chessenaz foi um certo *Chaumontet Jean,* cuja assinatura tenho encontrado em diversos documentos daquela época. Tivemos também como cura M. *Burnier André,* desde novembro de 1824 até fevereiro de 1841; durante aquele período, todos os registros de nascimentos, casamentos e óbitos, feitos então por eclesiásticos, trazem a sua assinatura. Mas acabo de descobrir nos nossos arquivos um documento com as duas assinaturas, a do Síndico Chaumontet e a do Cura Burnier. Trata-se duma ordem de pagamento. É com grande prazer que vô-la remeto."

Conforme se pôde constatar, a comparação das assinaturas autênticas com as assinaturas obtidas automaticamente por Mlle. Smith mostram notável semelhança.

Na presença dum tal caso, também se pode legitimamente perguntar: o médium teve a mão realmente, senão guiada (conforme pretende) pelo menos influenciada pelos desencarnados Chaumontet e Burnier, ou então teria, graças à sua lucidez, ido valer-se das assinaturas consultando-as nos arquivos de Chessenaz?

É dificílimo responder positivamente a uma ou a outra pergunta, sendo mais natural, parece-nos, ficarmos embaraçados e sem contribuirmos com uma resposta categórica e decisiva.

Em todo caso, seja qual for a interpretação que se dê, os fatos desse gênero, como aliás a maioria dos fenômenos estudados pela metapsíquica, mostram de maneira indubitável que as possibilidades do espírito humano às vezes parecem ultrapassar a área das capacidades orgânicas cerebrais. Com eles o paralelismo clássico entre o fisiológico e o psicológico se enfraquece consideravelmente e certas vezes desaparece por completo, mesmo se admitirmos que o encéfalo, com os seus treze bilhões de células nervosas, constitui a mais fantástica máquina eletrônica que se possa imaginar.

De sorte que é permitido dizer que existe muito verossimilmente no homem um psiquismo extra empírico irredutível ao funcionamento dos centros nervosos, independente das contingências cerebrais; ou, mais exatamente, um dínamo-psiquismo

essencial autônomo, que é o agente dos fenômenos parapsicológicos e cujo normal é coordenar os estados de consciência e dar a noção do "eu".

Ora, se ele é autônomo, não seria absurdo supor que possa sobreviver ao organismo, pois no cosmos "nada se cria, nada se perde, tudo se transforma"; e seria bastante estranho que o universo, que é racional em suas diferentes manifestações, cessasse de o ser naquilo que concerne ao homem. Demais a mais, é bem improvável que todos os esforços realizados aqui embaixo pela evolução visando ao seu mais belo êxito, o ser humano, não redundassem em definitivo senão em poeira e em cinza.

Foi igualmente a esta conclusão que chegou o Prof. C. J. Ducasse, após haver observado certas metagnomias espiritóides de Mrs. Poper *(Newsletter of the Parapsychology Foundation,* vol. 3, N.º 1.)

"Também, conquanto certos fatos registrados pela pesquisa psíquica", escreve ele, "constituam à primeira vista uma forte prova empírica da sobrevivência, não se pode dizer que eles estabeleçam isso fora de toda e qualquer contestação. Mas é verdade que nos mostram que, sob certos ângulos, precisamos rever bastante radicalmente as nossas costumeiras ideias sobre o possível e o impossível na natureza".

E por fim, do seu lado, o Prof. Bender, em sua interessante brochura intitulada *Parapsychologie Ihre Ergebnisse und Problem,* conclui identicamente, escrevendo: "Embora a parapsicologia não toque diretamente no problema religioso, contudo se pode afirmar que uma psique, que parece transcender ao tempo, ao espaço e à energia, possa ser imaginada como imortal com uma probabilidade maior do que, por exemplo, a psique tal a representam os materialistas que procuram em vão deduzir o espiritual das leis dos fenômenos corporais."

## *Experiências Quantitativas*

Os trabalhos do Prof. Rhine, da *Universidade Duke de Durham* (Carolina do Norte), e em geral os trabalhos dos parapsicólogos modernos, dos quais nos resta falar, são mais precisos e talvez mesmo mais originais do que as pesquisas anteriores feitas no domínio do conhecimento paranormal.

A grande censura que se pode fazer a muitas das observações e experiências sobre o conhecimento paranormal é que elas não podem ser avaliadas matematicamente. Em compensação, o método empregado pelo Prof. Rhine permite expressar os resultados sob uma forma quantitativa. Além disso, esse método oferece a possibilidade de eliminar, numa grande medida, o testemunho humano tão frágil, incerto e suspeito.

A fim de pôr em evidência a telepatia, a clarividência e a premonição, o Prof. Rhine utiliza toda uma série de testes, no decorrer dos quais as pessoas são convidadas a identificar cartas cujas figuras lhes são escondidas. O jogo compreende 25 cartas com 5 figuras diferentes, 5 estrelas, 5 círculos, 5 vagas (linhas sinuosas), 5 cruzes e 5 quadrados.

Conhecido sob o nome de jogo de cartas do Dr. Zener, que o imaginou, ou de cartas E S P (*Extra Sensory Perception*), esse jogo é hoje utilizado no mundo inteiro para se estudar a percepção extra-sensorial.

Consideremos, por exemplo, um teste de telepatia.

O agente tem em mãos determinado jogo baralhado por meio duma caixa especial. Ele olha a primeira carta, depois a segunda, e assim por diante. Por sua vez o percipiente, que se acha isolado do agente por um retábulo ou que se acha numa sala próxima, procura visualizar um dos cinco esquemas e anota aquele que lhe vem à mente. Terminada a experiência, as coincidências são sublinhadas e somadas na parte inferior duma folha sobre a qual se podem registrar 10 experiências de 25 cartas. Nas séries grandes, de 50.000 ensaios por exemplo, a possibilidade média das adivinhações devidas ao acaso é de 5 por 25. Ora, Rhine e os seus colaboradores obtiveram, pelo menos em suas primeiras experiências, 7 e até mesmo 10 acertos. Uma jovem, estudada pelo Prof. B. Riess do *Hanter College* de Nova York, chegou a adivinhar em média 18 cartas. No decorrer dum ensaio, ela chegou ao ponto de identificar a totalidade das 25 cartas; mas cumpre acrescentar imediatamente que tal fato é absolutamente excepcional.

Observa-se um fenômeno curiosíssimo nessas experiências: é o efeito do declínio; após um certo número de acertos, os resultados se vão tornando negativos, como se a faculdade telepática apresentasse uma espécie de cansaço; daí a necessidade de operar com séries curtas.

No teste de clarividência, o jogo estando baralhado e todas as precauções estando tomadas para evitar que a menor indicação informe o percipiente, este deve indicar a série de cartas do baralho, começando por exemplo pela carta superior (método chamado *Down Trough*, ou D. T. abreviadamente). Nos testes de premonição, o percipiente se empenha em predizer a ordem segundo a qual se apresentarão as cartas após terem sido baralhadas e cortadas. A fim de evitar a clarividência que poderia incitar inconscientemente o experimentador a baralhar as cartas e a cortá-las num lugar coincidindo com a adivinhação feita pelo percipiente, são utilizadas diferentes técnicas: emprego duma máquina para baralhar as cartas; cortes determinados segundo indicações fornecidas pelos lances de dados ou segundo as cifras fornecidas pelo boletim meteorológico do dia etc.

Outros testes ESP podem ser empregados. Assim, a pessoa pode emparelhar, sem vê-las, as cartas dum baralho com as cinco cartas-chave descobertas na sua frente servindo de mira (*Open Matching*). Ou então ainda emparelhá-las com as cinco cartas-chave viradas para baixo e dispostas numa ordem que ela, a pessoa, desconhece. (*Blind Matching*).

Em todas essas experiências, os resultados parciais são analisados pelos métodos habituais empregados no cálculo das probabilidades. Utilizam-se dois parâmetros: o desvio quadrático médio nu *Standard Deviation* (S D) e a razão crítica ou *Critical Ratio* (C R)

O desvio quadrático médio é dado por tábuas especiais indo de 1 a 200, ou calculado pela fórmula:

$$\sqrt{Np\,(1-p)}$$

em que N é o número de provas e *p* é a probabilidade.

A razão crítica é destinada a avaliar numericamente se o desvio observado se mantém ou não nos limites da probabilidade. Ela é calculada dividindo-se o desvio observado pelo desvio quadrático médio.

Quando a razão crítica é igual a 1, há 1 chance sobre 6 para que o desvio observado seja devido ao acaso: o observador começa a pressentir que uma causa bem definida interveio para produzir semelhante desvio.

Quando a razão crítica é igual a 2, existe uma chance sobre 15 para que só o acaso entre em jogo. Firma-se a probabilidade da existência duma causa especial.

Quando a razão crítica é igual a 3, pode-se apostar 741 contra I que uma causa especial interveio. Enfim, quando a razão crítica é igual a 4, pode-se criteriosamente apostar 31.526 contra 1 que entrou em ação uma causa particular. Atinge-se quase uniu certeza matemática.

Na prática diz-se que quando a razão crítica atinge ou ultrapassa o valor de 2,33, o resultado obtido é significante ou significativo; isto é, que ele principia a provar fortemente a existência duma causa definida, não aleatória. Em tal caso pode-se apostar 100 contra 1 que essa causa existe.

A fim de determinar o método de avaliação dos resultados, consideremos um exemplo concreto bastante simples. Suponhamos que a pessoa tenha que adivinhar as cartas dum jogo E S P e que ela faça 20 experiências ou runs (partidas), cada *run* correspondendo à tentativa de adivinhação dum baralho de 25 cartas.

Se apenas o acaso entrasse em jogo, o número de resultados favoráveis seria de 5 por 20, igual, portanto a 100. Se a pessoa obteve, por exemplo, 124 coincidências, há 124 — 100 igual portanto a 24 êxitos do que o que o acaso fornece. Esse resultado constitui a diferença, ou o desvio.

Determinemos agora o desvio quadrático médio que se pode calcular aqui pela fórmula $\sqrt{n\ r\ p\ q}$, onde *n* é o número de ensaios por partida, *r* o número de partidas e *p* a probabilidade de acêrto (1/5), *q* a probabilidade de malogro (4/5). A fórmula dá 2 x $\sqrt{20}$ = 2x4,47 = 8,94.

O desvio quadrático médio de 20 experiências é, portanto 8,94.

Dividamos ainda o desvio eventual pelo desvio quadrático médio, e obteremos 24: 8,94 2,68. O resultado é significativo.

Desde o começo de sua utilização, o método estatístico do Prof. Rhine suscitou algumas críticas; mas tais críticas, cumpre acentuar, provinham de profanos no cálculo das probabilidades. A sua validez, do ponto de vista matemático, foi logo reconhecida universalmente.

Após Rhine, numerosos experimentadores retomaram as suas experiências, ou imaginaram outras novas. Nas experiências Pratt- Woodruff, o método particular usado foi o chamado S T M (*Screen Touch Matching*). A pessoa empenha-se em combinar um jogo de cartas ESP com as cinco cartas-chave que tem à sua frente. Aponta com o dedo uma das cartas-chave cada vez que o agente tira uma carta do jogo. O agente, que não conhece a ordem na qual se encontram as cartas-chave, dispõe as cartas em cinco maços segundo as indicações dadas pelo percipiente. Os resultados relativos a 60.000 provas forneceram uma razão crítica igual a 4,99. Segundo o que já dissemos pouco acima, esta cifra é altamente significativa e exclui a hipótese duma simples coincidência.

Whately Carington empregou um processo que, por alguns dos seus aspectos, lembra o método de Warcollier. "Cada serão", diz ele, "durante cinco dias seguidos, um simples desenho a traço, feito com tinta preta num papel branco e ocupando quase dois terços da folha, era afixado no meu gabinete às 19 horas, e ali permanecia até as 9 e 30 do dia seguinte. O assunto era escolhido tornando-se ao acaso um número numa tabuada conveniente, depois se abrindo um dicionário na página correspondente àquele número, e em seguida tomando-se a primeira palavra que pudesse criteriosamente dar margem ao desenho como assunto. Os percipientes tinham recebido como instrução reproduzir tais desenhos ou, pelo menos, desenharem eles próprios aquilo que julgavam estar representando, e isso no momento que melhor lhes parecesse, mas dentro dos limites ali indicados. Naturalmente se tomavam todas as precauções para que nenhuma pessoa tendo qualquer parte com a experiência entrasse no recinto onde se achavam expostos os originais."

Para interpretar os resultados, os dez desenhos originais dum lado, e os dez desenhos de cada percipiente do outro, eram misturados, pedindo-se então a uma pessoa estranha à experiência que indicasse qual desenho do percipiente parecia assemelhar-se a um desenho original. Para as oito séries de experiências realizadas com mais de 1.000 percipientes, os resultados foram julgados matematicamente significativos.

As experiências de Miss Dorothy Martin, psicóloga, e de Miss Trances P. Stribic, matemática, prosseguidas durante três anos na *Universidade de Colorado,* contam-se entre as experiências mais importantes de parapsicologia. Foram realizadas com 332 estudantes voluntários, e depois, finalmente, com um único percipiente. que, aliás, se revelou notável. O método empregado, dito DT, consistia, conforme já assinalamos, em colocar em cima duma mesa, virado para baixo, um jogo ESP, embaralhado e cortado, e em seguida pedir ao percipiente que adivinhasse as cartas, começando de cima para baixo no baralho.

Os experimentadores efetuaram 12.000 provas e, dentro desse número, 3.500 foram obra do percipiente excepcional, que marcou uma média de 6,85 êxitos por prova, ao passo que a série inteira só marcou 5,83. Portanto, os resultados foram sumamente significativos.

"A probabilidade de que os acertos sejam devidos ao acaso", escreve o Prof. Rhine, "é uma fração cujo denominador é um número astronômico. Ora, em face de tal número, o acaso é uma explicação ridícula."

Pratt, diplomado em Psicologia, e Pearce, estudante de Teologia, realizaram experiências cuja finalidade era determinar se a distância exercia algum papel nos fenômenos de percepção extra sensorial. Numa primeira série de experiências, com os fatos decorrendo perto, a média de êxitos foi de 8 por prova. Em seguida, numa segunda série de ensaios realizados a uma distância de 100 metros, houve quase 9 êxitos por prova. Se a faculdade da adivinhar dependesse duma energia física, deveria esperar-se no caso uma diminuição de êxitos. Ora, foi o contrário que se observou. Portanto, o que se sabe das leis físicas que regem os transportes da energia não parece aplicável neste caso.

As experiências de Turner-Ownbey, Warner, Reiss, Carington, as que ocorreram entre o *College Tarkio* em Missouri e a *Universidade Duke,* as experiências de clarividência realizadas pelo Dr. Carlos Marchesi entre Zagreb na Iugoslávia e a Universidade Duke, distantes uma da outra mais de 6.500 quilômetros, chegaram à mesma conclusão: que a distância não parece interferir nos fenômenos de conhecimento paranormal.

As experiências de S. G. Soal, que lhe valeram o título de doutor em ciências da *Universidade de Londres,* lembram as de Rhine, mas são caracterizadas por seu rigor maior, pelo fato de terem sido submetidas a penetrantes análises matemáticas e pela circunstância, que de resto não deve ser muito rara, de certos percipientes adivinharem de preferência a carta que se seguia ou que precedia aquela sobre a qual o agente concentrava o pensamento. Este fenômeno foi chamado "fenômeno de deslocamento".

As primeiras experiências de Soal principiaram em 1934 e prosseguiram até 1939. Participaram 160 percipientes, que forneceram 128.350 respostas. Contudo, os resultados globais não parecem decorrer senão do acaso.

Foi então que Whateley Carington, que também observara o fenômeno de deslocamento em suas próprias experiências, sugeriu a Soai pesquisar se tal particularidade não existia nos resultados por ele obtidos.

Após longas e minuciosas marcações de pontos, Soal constatou que dois percipientes, pelo menos, Mrs. Stewart e Mr. Basil Shackleton, haviam adivinhado com bastante frequência a carta que precedia ou que se seguia imediatamente à carta-mira.

Soal reencontrou essas duas pessoas e pôde logo retomar as suas experiências com uma delas, isto é, com Mr. Basil Shackleton. Elas se desenrolaram com a participação de pelo menos quatro pessoas: o percipiente, o agente, um experimentador controlando o percipiente, outro experimentador fiscalizando o agente. Em numerosas circunstâncias, uma quinta pessoa desempenhava o papel de observador. As cartas-mira traziam cada uma o desenho colorido dum dos seguintes animais: leão, elefante, zebra, girafa e pelicano.

Com um luxo de prudência e de precauções até então inigualado, foram realizados 3.789 ensaios. Mostraram que o percipiente adivinhava de preferência a carta que se seguia à carta-mira. O cálculo indicou que a probabilidade de obter, pelo acaso, os resultados observados era de $\left(\frac{1}{10}\right)^{35}$.

Foi igualmente constatado que os resultados diferiam segundo a velocidade com que era efetuada a emissão das cartas. Quando isso era normal (isto é, intervalo de 2 segundos e 76 entre dois lances) a precognição dizia respeito à carta que se seguia imediatamente à carta-mira. Se o tempo entre os dois lances se reduzia a 1 segundo e 38, a carta adivinhada se encontrava duas fileiras antes da carta visada. No entanto, Basil Shackleton fracassou nos testes vagarosos.

Enfim, a experiência mostrou que Mrs. Stewart perdera a sua faculdade precognitiva e que, desde então, adivinhava sobretudo a carta-mira.

Em França, o visconde B. de Cressac, partindo duma ideia não realizada de René Warcollier, o jogo do encontro telepático, propôs uma "demonstração experimental da telepatia". Para tal eleito, ele utilizou um jogo de cartas com figuras particularmente "berrantes", isto é, com quatro coloridos, preto, amarelo, azul e vermelho.

O agente e o percipiente, tendo cada um deles um jogo, descartavam simultaneamente dez cartas de seu jogo.

Após haver realizado 1.000 ensaios com 57 percipientes, B. de (Irossac observou 358 coincidências perfeitas, ao passo que o cálculo previa 249, e observou 3.350 encontros de cores ao invés de 2.500. A curva dos encontros experimentais das figuras e a do encontro das cores afastam-se regularmente da reta dos encontros prováveis, ao passo que se o fenômeno *psi* não existisse, elas deveriam oscilar em volta desta, ou dela se aproximar assintéticamente.

Os Drs. Humphrey e Fraser Nicol associaram-se com a finalidade especial de pesquisar as relações acaso existentes entre a personalidade do percipiente e o fenômeno extra-sensorial. Segundo suas investigações, ao mesmo tempo psicológicas e parapsicológicas, os percipientes estáveis e autoconfiantes obtinham, em geral, resultados significativos, isto é, acima do que dá o acaso, ao passo que os percipientes instáveis forneciam resultados abaixo da probabilidade.

Por sua vez, o Prof. Orban, diretor da clínica neuropsiquiátrica da Universidade de Innsbruck, constatou que os doentes mentais acertavam mais os testes de Rhine após uma narcoanálise ou após um tratamento de choque como o eletrochoque ou o coma insulínico. Imediatamente após tais intervenções os resultados são medíocres, depois vão melhorando, até tornarem a ser o que eram antes dos tratamentos.

Finalmente, o Dr. Vasse e esposa, que tiveram a ideia original de realizar experiências com sua filhinha de três anos de idade, notaram que determinados dias pareciam favoráveis e outros desfavoráveis, quer para o efeito ESP quer para o efeito psicocinético. Tal fato deve ser bastante geral, porque o observamos correntemente em sessões de vidência. Talvez se ache em relação com fatores meteorológicos ou com certos ritmos terrestres ou mesmo cósmicos.

Outros experimentadores eminentes tais como Tyrrel, West, Fisk, David Kahn, Miss Kathleen Gay, Tromp, Forwald, Gertrude Schmeidler, o Prof. Tenhaeff, o Dr. Hans Bender, o Prof. Canavesio, o Dr. Ricardo Musso, o Dr. Guillermo Pascal confirmaram e completaram, com o auxílio de técnicas variadas, os resultados obtidos em E S P, e, em particular, os belos trabalhos de Rhine, de Pratt-Woodruff, de Carington e de Soal.

De maneira que já agora é permitido afirmar que a percepção extra-sensorial, o fenômeno *psi,* conforme também é designado, é uma realidade. Mesmo assim, em regra geral, não pode ser utilizado como instrumento *seguro* de comunicação ou de informação, ao contrário do que certos autores deram a entender com relação a experiências norte-americanas que, segundo eles, teriam consistido em estabelecer uma ligação telepática entre o Pentágono e o submarino atômico *Nautilus* navegando debaixo dos gelos do Polo Norte e, por isso, privado de comunicações normais. Os resultados teriam sido positivos em seu conjunto, porém, segundo informações dignas de fé que nos chegaram (da parte do Prof. Rhine e de Mr. Martin Ebon, administrador e secretário-geral da *Parapsychology Foundation*) a informação é apócrifa no que concerne ao próprio fato e, a *fortiori,* aos resultados.

## *O Aparelho de Quadrante René Hardy*

Este dispositivo muito engenhoso, feito pelo engenheiro René Hardy, membro da Comissão do *Instituto Metapsíquico Internacional,* permitiu pôr em evidência, com a maior nitidez, o fenômeno telepático. Como o seu princípio é totalmente diferente do que prevalece nas pesquisas de Rhine e respectiva escola, julgamos útil dedicar-lhe um estudo especial.

O aparelho é constituído por um suporte vertical de 55 por 70 centímetros, no qual se acha desenhada uma coroa dividida cm cinco setores iguais, pintados cada um com uma cor diferente: azul, verde, amarelo, malva e vermelho. Além disso, cada setor é subdividido na circunferência interna em cinco partes iguais, o que dá ao todo 25 divisões numeradas de 1 a 25. Atrás do painel encontra-se um motor elétrico que movimenta uma agulha colocada na sua face anterior. Primitivamente essa agulha virava no sentido dos ponteiros dum relógio e com uma velocidade constante duma volta em cinco segundos; porém, como esse movimento regular podia introduzir uma causa de erro na apreciação do fenômeno telepático, foi substituído por um movimento descontínuo consistindo em pouco menos de duas voltas da agulha (ou ponteiro) num sentido, seguidas duma volta e meia no outro sentido, depois em quase duas voltas no primeiro sentido, e assim por diante. Essa descontinuidade impede, evidentemente, toda e qualquer determinação normal da posição do ponteiro da parte duma pessoa que não o está vendo.

O aparelho é completado por um circuito elétrico compreendendo um interruptor do tipo "micro switch", de atuação repentina, e por uma campainha que é posta em funcionamento por ele. Num dispositivo aperfeiçoado existe, além disso, uma câmara cinematográfica colocada diante do painel e destinada a registrar a posição do ponteiro no momento em que o interruptor funciona.

A utilização deste equipamento faz-se da maneira seguinte: o percipiente escolhe uma cor, o vermelho por exemplo, e fecha-se dentro dum recinto onde se encontra o interruptor. Coloca em cima deste uma prancheta vermelha a fim da sua atenção estar constantemente dirigida para a cor vermelha. Lógico é que, se houver escolhido a cor verde, a prancheta empregada será verde.

Num outro recinto acha-se instalado o mostrador ou quadrante diante do qual se encontram diversas pessoas, uma dúzia por exemplo; por meio duma campainha independente se adverte o percipiente que a experiência começa. Nesse momento, as pessoas colocadas diante do mostrador seguem com os olhos os movimentos do ponteiro e, cada vez que esse ponteiro passa por cirna da cor escolhida (no caso o vermelho), elas incitam mentalmente o percipiente a tocar no interruptor. Entretanto, tais pessoas permanecem passivas ou desejam que o percipiente se abstenha de tocar no interruptor quando a agulha não está mais em cima da cor.

"Também podem", observam Warcollier e Hardy, "seguindo com o olhar o ponteiro, contentar-se em pensar: "Não, não, não!" E "sim!" nos momentos adequados."

Por sua vez o percipiente, que escolheu a cor que lhe agrada, recebe as seguintes instruções (Warcollier e Hardy):

a) Caso a sua tendência seja a visualização, fechar os olhos ou apagar o recinto e ficar à espera duma impressão visual, por exemplo fósforos coloridos, para então apertar o interruptor.

b) Pensar no mostrador e no lugar ocupado pela cor escolhida, que imaginará mais viva no bom momento.

c) Em lugar de pensar na cor, pensar num dos agentes em particular e esperar dele uma expressão significando: "Sim, agora!"

d) Pode não pensar em nada, ficar com a mente vaga, e deixar a mão agir por puro automatismo muscular.

e) Ou tentar seguir com o pensamento o movimento do ponteiro no mostrador.

As experiências que se realizaram no *Instituto Metapsíquico Internacional* sob a direção de René Warcollier e com a colaboração de François Masse, secretário-geral do IMI, foram feitas em séries de 25 ensaios: isto é, em cada experiência se deixou o percipiente tocar vinte e cinco vezes no interruptor. A observação da posição do ponteiro, geralmente realizada por François Masse, permitia notar os resultados e determinar quantas vezes o interruptor havia funcionado em cada setor.

Seguindo-se uma outra maneira de proceder, o resultado dos vinte e cinco contatos produzidos no decurso duma experiência é agrupado sob a forma de vinte e cinco imagens superpostas do mostrador, tomadas num mesmo clichê mediante um aparelho fotográfico munido dum "flash" eletrônico comandado pelo interruptor. Obtêm-se assim imagens muito sugestivas.

Utilizou-se também, conforme foi dito mais acima, uma câmara cinematográfica com a qual se registraram, para cada experiência, vinte e cinco imagens sucessivas.

Numa primeira série de 100 experiências, o aparelho utilizado comportava um ponteiro de movimento contínuo; mas numa segunda série de 200 experiências, o movimento da agulha era descontínuo.

Numa e noutra série, os resultados obtidos foram altamente significativos, conforme se pode constatar observando os dois quadros seguintes. Com efeito, no que concerne à primeira série, o cálculo mostra que não haveria senão *uma* chance sobre *cem milhões* para o resultado global ser devido ao acaso. Quanto à segunda série, essa probabilidade é de uma chance sobre *cinquenta milhões*. Ou, empregando outros termos, temos a *certeza matemática de que o fator psi, isto é, um fator paranormal, interveio nas experiências Hardy-Warcollier.*

PRIMEIRA SÉRIE DE EXPERIÊNCIAS (100)

| *Côr escolhida* | *Número de experiências* | *Médias prováveis* | *Resultados* | *Desvio* |
|---|---|---|---|---|
| Malva ...... | 17 | 85 | 109 | + 24 |
| Vermelho .... | 23 | 115 | 142 | + 27 |
| Azul ....... | 26 | 130 | 146 | + 16 |
| Verde ....... | 23 | 115 | 148 | + 33 |
| Amarelo ..... | 11 | 55 | 72 | + 17 |
| | 100 | 500 | 617 | +117 |

SEGUNDA SÉRIE DE EXPERIÊNCIAS (200)

| *Côr escolhida* | *Número de experiências* | *Médias prováveis* | *Resultados* | *Desvio* |
|---|---|---|---|---|
| Malva ...... | 17 | 85 | 98 | + 13 |
| Vermelho .... | 87 | 435 | 503 | + 68 |
| Azul ........ | 22 | 110 | 118 | + 8 |
| Verde ....... | 48 | 240 | 272 | + 32 |
| Amarelo ..... | 26 | 130 | 154 | + 24 |
| | 200 | 1.000 | 1.145 | +145 |

Notemos, para cada quadro, que a segunda coluna indica o número de experiências efetuadas com as diferentes cores, cada experiência comportando 25 ensaios; que a terceira coluna dá as médias prováveis, os números nela contidos sendo obtidos multiplicando por cinco os números correspondentes da segunda coluna, portanto, cinco eventualidades; que a quarta coluna indica os resultados obtidos; e, enfim, que a quinta coluna fornece o desvio entre o resultado real e o que teria sido obtido se apenas o acaso houvesse entrado em jogo. Assim, na primeira série, o vermelho saiu 27 vezes mais do que sob o efeito do acaso.

Vejamos agora como se comportam os percipientes para com as cores que não foram escolhidas como estímulos. É o que indica o quadro seguinte, no qual foram agrupados os desvios obtidos nas duas séries precedentes.

| *Estímulo Malva* | *Série I 100 ex.* | *Série II 200 ex.* | *Total 300 ex.* |
|---|---|---|---|
| *Malva* | +24 | +13 | +37 |
| Vermelho | + 5 | –5 | 0 |
| Azul | + 1 | –4 | – 3 |
| Verde | –15 | 0 | –15 |
| Amarelo | –15 | –4 | –19 |
| *Estímulo Vermelho* | | | |
| Malva | –25 | –12 | –37 |
| *Vermelho* | +27 | +68 | +95 |
| Azul | –21 | –26 | –47 |
| Verde | + 9 | +36 | +45 |
| Amarelo | +10 | –66 | –56 |
| *Estímulo Azul* | | | |
| Malva | –10 | –19 | –29 |
| Vermelho | +19 | + 5 | +24 |
| *Azul* | +16 | + 8 | +24 |
| Verde | – 8 | +15 | + 7 |
| Amarelo | –17 | –0 | –26 |
| *Estímulo Verde* | | | |
| Malva | –18 | –33 | –51 |
| Vermelho | 0 | +22 | +22 |
| Azul | – 9 | –10 | –19 |
| *Verde* | +33 | +32 | +65 |
| Amarelo | – 6 | –11 | –17 |
| *Estímulo Amarelo* | | | |
| Malva | –16 | –4 | –20 |
| Vermelho | + 1 | +3 | +4 |
| Azul | + 3 | –8 | – 5 |
| Verde | – 5 | –15 | –20 |
| *Amarelo* | +17 | +24 | +41 |

O exame deste quadro sugere algumas observações. Inicialmente, aquilo que já sabemos: que quando uma cor foi escolhida pelo percipiente "*ela sai sempre positivamente*" (Hardy e Warcollier). Em segundo lugar, quando o percipiente escolhe o vermelho ou o verde, a sua cor complementar respectiva (isto é, o verde para o vermelho e o vermelho para o verde) é igualmente favorecida, mas o sendo menos do que a cor-estímulo. Entretanto, o malva, o amarelo e o azul sempre foram negativos, salvo quando foram tomados como estímulos. O azul não ultrapassa nem mesmo o vermelho que, aliás, é positivo em todos os casos. Isso decorre, sem dúvida, do fato de que o vermelho, conforme se pode constatar em psicologia normal, é uma cor "forte", "atraente" ou "berrante".

Terminemos, assinalando que René Hardy construiu um novo aparelho muito aperfeiçoado, com mostrador eletrônico. Os setores coloridos, azul, vermelho, verde, amarelo, malva, são iluminados e mudam de lugar, em posição angular, após cada contato com o interruptor e, por consequência, após cada ensaio feito pelo percipiente que, assim, não é tentado consciente ou inconscientemente a seguir um ritmo qualquer no decorrer das experiências. Além disso, a câmara cinematográfica foi suprimida e substituída por computadores eletrônicos de cifras aparentes que indicam todos os resultados e permitem a anotação rápida e a exploração correta das informações obtidas.

## *As Experiências de Parapsicologia na Rússia Soviética*

Conquanto elas não tragam na hora atual absolutamente nada de novo em metapsíquica e em particular quanto à telepatia, ainda assim merecem ser assinaladas porque mostram que, ao contrário dos meios "racionalistas" e universitários franceses, os sábios soviéticos se interessam vivamente pela parapsicologia. Suas experiências tornaram-se conhecidas em França faz pouco tempo; contudo, desde 1961 tivemos pessoalmente a percepção de que na Rússia Soviética se efetuavam investigações parapsicológicas porque naquela época e por ocasião dum estudo de Aimé Michel aparecido numa revista francesa, a edição científica do *Pravda* consagrou um importante artigo ao nosso livro *Le Calcul Mental* que examina o problema dos calculadores prodígios e dos animais calculadores.

A propósito destes últimos, seja-nos permitido abrir imediatamente um parêntese para dizer que, contrariamente ao que parecem crer alguns psicólogos soviéticos, as experiências de "transmissão de pensamento", realizadas entre 1923 e 24 entre homens e cães e relatadas pelo Prof. Bekheterev no seu tratado clássico *Reflexologia Coletiva,* estão inçadas de erros. Com efeito, afirma o psicólogo russo naquela obra que *"é* possível uma indução psíquica do homem ao animal". Ora, as experiências que lhe permitem avançar esta proposição foram feitas, em sua maior parte, na presença de Vladimir Leonidovitch Dourov, célebre amestrador de animais, bastante conhecido no mundo do circo e do ilusionismo. Mas acontece que os cães obedeciam, assim como fazem os animais "pensantes" e "calculadores" que podemos ver no picadeiro, a sinais executados não ostensivamente por Dourov, e não a uma injunção telepática. Como são procuradas agora na URSS, segundo afirma Jacques Bergier (*Planète* n.º 8), "outras pessoas tão brilhantes como Dourov e capazes de transmitir seu pensamento a animais", nos sentiríamos felizes se pudéssemos poupar aos investigadores soviéticos perda de tempo e essas decepções, pois tais indivíduos "metapsíquicos" não existem.

Foi em 1950 que o Prof. Leonid Leonidovitch Vassiliev, catedrático de Fisiologia na *Universidade de Leningrado* e membro correspondente da *Academia das Ciências Médicas da URSS,* organizou naquela universidade um "laboratório para o estudo dos fenômenos telepáticos". Publicou em 1952 uma obra intitulada *Vnouchénié na razstoyanii* (A Sugestão à Distância), onde relata observações de telepatia espontânea e dá um resumo sobre a experimentação quantitativa.

Ao mesmo tempo que efetuam trabalhos puramente parapsicológicos, os sábios soviéticos se esforçam em determinar as possíveis correlações entre o fenômeno paranormal, até agora limitado por eles à telepatia, e o fenômeno fisiológico ou mesmo físico. Assim é que pesquisaram se retábulos metálicos vedavam a transmissão da mensagem telepática. Conforme era de se esperar, constataram que isso não acontecia. Fizeram igualmente intervir campos eletromagnéticos e os ultrassons no estudo da telepatia.

Claro é que tais esforços orientados para a física e a fisiologia são muito simpáticos e talvez conduzam a descobertas interessantes. Temos a impressão, porém, de que os sábios soviéticos em suas pesquisas aderem de antemão ao epifenomenismo que, precisamente, o fenômeno paranormal parece impugnar.

Em todo caso, eles concedem grande importância aos fenômenos parapsicológicos e em particular à telepatia, a julgar pela seguinte declaração feita pelo Prof. Vassiliev:

"A sugestão à distância" poderia adquirir uma importância enorme (até agora não suspeita) para a ciência e para a vida, se a ligação telepática se realizasse, conforme presumimos para as nossas experiências, graças a uma forma de energia ou a um fator (que desconhecemos) inerente apenas à forma superior da matéria. A constatação da existência desse fator ou dessa forma de energia teria uma importância igual à da descoberta da energia nuclear.

## *As Mancias*

Denominamos assim os diversos processos capazes de suscitar a atuação de certas faculdades parapsicológicas, bem como, em particular, das faculdades premonitórias. As mais correntemente empregadas são a vidência através da borra de café, a cartomancia, a quiromancia, a grafologia, a psicometria, a astrologia, a cristaloscopia, a oniromancia e a radiestesia. Examinemo-las sucessivamente.

### *A Vidência pela borra de café*

É o mais popular e também o mais ridicularizado dentre os processos de vidência. Consiste em deixar a borra de café pousar no fundo da xícara, em seguida virá-la depressa em cima duma salva ou dum objeto chato. A borra escorre e apresenta diversos aspectos nos quais o "vidente" descobre toda uma série de coisas: rostos, animais, paisagens etc. Esses signos não têm, na realidade, nenhum valor em si, sendo apenas suportes que estimulam a visão subconsciente. O mesmo ocorre com as floculações produzidas por uma clara de ovo entornada dentro dum copo d'água, ou com o espermacete que escorre duma vela acesa; ou ainda com a disposição tomada por alfinetes jogados a esmo em cima dum tecido, ou com as figuras obtidas, em geomancia, lançando-se um punhado de seixos em cima duma bandeja, dum espelho ou de qualquer superfície plana; ou também com os desenhos obtidos com jatos de tinta projetados pelo consulente sobre uma folha de papel etc., etc.

Em todos esses casos, conforme mostraram Myers e Leanning, assim como uma imagem mental é a expressão da imagem real formada na retina, uma imagem mental representativa pode dar nascimento a uma outra imagem que se localiza no espaço.

## *A Cartomancia*

Na cartomancia, as figuras das cartas ou dos "tarots" também agem unicamente, parece, como suportes a esse fenômeno de exteriorização. "Os presságios dos "tarots" egípcios", escreve René Sudre, são frívolos ou quiméricos". Neste caso, porém, assim como em geomancia, as figuras têm um aspecto tradicional que se impõe ao metagnomo. Uma infinidade de anos de prática o impede de afastar-se do simbolismo de cada carta. Parece, por conseguinte, que não seria indiferente que tal ou tal carta fosse tirada pelo consulente. O seu gesto não aconteceria ao acaso e sim se produziria obedecendo a um reflexo inconsciente levando automaticamente o dito consulente para uma escolha de símbolos correspondentes aos seus estados psicológicos. Haveria uma como que atração secreta para certas cartas que, nos seus símbolos, representam modalidades adequadas.

Esta hipótese, que *a priori* parece difícil de sustentar, tanto mais que o "reflexo inconsciente" do consulente devia ser reforçado da parte deste por um conhecimento dos símbolos (o que nem sempre ocorre) e por um fenômeno de vidência, pois as cartas em geral são apresentadas de tal sorte que as figuras não são visíveis, contudo é tomada em consideração por alguns metapsiquistas e, em particular, por François Masse.

Escreve ele na *Revue Métapsychique* de janeiro de 1949: "Seriam necessárias muitas observações rigorosas para confirmar ou invalidar esta impressão de que certos processos "divinatórios" implicam alguma ação organizadora do espírito sobre a matéria. Devemos armar-nos enormemente de cautela e de prudência se, por exemplo, nos dermos à tarefa de elucidar até que ponto a cartomancia é realmente fundada na correspondência de tal carta ou de tal grupo de cartas com tal acontecimento oculto no passado, no presente ou no futuro; e até que ponto, por consequência, um certo trabalho de pensamento, provavelmente comum ao cartomante e ao consulente, determina a escolha e a ordem das cartas que aparecem. Não nos devemos contentar com um pequeno número de exemplos, mesmo que sejam bastante pertinentes. Contudo, é legítimo e necessário reter os casos típicos, ficando entendido, porém, que só o seu acúmulo autorizará conclusões.

"É a esse título que assinalo uma "consulta" que tive no dia 16 de dezembro de 1948, em Genebra, com M.V. O interesse não consiste, a meu ver, neste fato curioso mas banal de todas as circunstâncias que ela anunciava se terem realizado já agora de modo bastante exato, mas sim no fato de que o cartomante punha ele mesmo em evidência a relação entre certas cartas significativas e os acontecimentos por elas simbolizados.

"Peço desculpas pelo teor demasiado pessoal deste relato; isso decorre do hábito da exatidão e do pormenor. Em dezembro de 1948, durante breve estada em Genebra, vim a saber que um cartomante quase profissional (só recebendo mediante hora marcada), M. V., tinha fama de obter êxitos notáveis; resolvi não deixar de vê-lo. Nenhuma pessoa do meu conhecimento o havia consultado; nem era provável que ele tivesse tido informes a meu respeito, pois lhe escondi até mesmo o meu nome e me empenhei em não lhe proporcionar nenhuma pista de qualquer espécie. Naquela época, estando eu no quadro da reserva da Marinha, desejava retomar o serviço junto das tropas da Indochina, na qualidade de capelão protestante, não tendo ainda, contudo, providenciado seriamente a respeito. Perdi minha mulher em 1926, quando nasceu o nosso filho que viria a morrer na Cochinchina em dezembro de 1946, e que está enterrado em Camau. Já pudera ir até lá em julho de 1947.

"M. V. tendo-me feito trançar e cortar um baralho de cartas comuns, espalha-as na ordem em que elas se vão apresentando, fazendo primeiro uma coluna dupla no meio da mesa e em seguida colunas simples à esquerda e à direita daquela primeira coluna (uma carta à esquerda, uma carta à direita) até acabar o baralho. Esta operação foi repetida uma segunda e uma terceira vez no decorrer da sessão.

"M. V. anunciou-me que o ano de 1949 seria, no que me concerne, bastante movimentado, e que eu mudaria por completo de situação, mudança essa comportando uma longa travessia. Todas as predições realizadas. Mostra-me, como indício disso, uma série de naipes de ouro barrando completamente a mesa e terminando na carta que me representava. Notando que não havia mulher junto de mim, deduziu que eu eia viúvo, mas atribuí a um 2 de espadas perto de mim a significação de que minha mulher morrera havia dois anos. Ante a minha resposta negativa, ele retificou, concluindo então que eu perdera um filho havia dois anos. E pormenoriza que foi uma morte trágica, mas não na última grande guerra, contudo numa guerra, sim. Estes pormenores não são a reter quanto ao que aqui nos interessa; pelo menos nenhuma carta determinada os apoiava. Sem dúvida, apenas revelam simples "vidência". Também não retenho, por idênticas razões, as indicações (que aliás se verificaram de maneira estrita) quanto ao meu regresso iminente a Paris e quanto às providências que eu ali iria empreender de maneira feliz quanto à minha incorporação às tropas do Extremo Oriente.

"Pelo contrário, o que me impressionou deveras foi o último e seguinte fato: no terceiro e último espalhar das cartas do baralho sobre a mesa, a do "consulente" foi flanqueada por um valete flanqueado por sua vez por um nove de espadas. M. V. vendo no valete a simbolização do meu filho, traduziu e interpretou esse dispositivo assim: "Provavelmente ireis ver a sua tumba". Como eu redarguisse que já havia estado lá, ele insistiu respondendo que então eu iria voltar. Ora, foi o que acabou de acontecer no começo de junho.

"Esta sessão excelente não se distinguiria tanto assim de tantas sessões excelentes a que nos habituamos quando frequentamos metagnomos se não parecesse que nela ocorreu em dois pontos aquela psicocinesia ambígua que é quase inevitável na cartomancia em que os "ouros" e as "espadas" tradicionalmente dizem respeito, os primeiros, a uma viagem, um chorrilho de "espadas" prognosticando uma longa travessia; e no outro caso o luto, com o dado acessório do número de anos resultando da numeração duma carta e sobretudo com o aparecimento dum "nove" como símbolo específico da morte e da tumba."

A este raciocínio, que parece rigoroso, pode-se opor o seguinte argumento: suponhamos, dum lado, que François Masse não tivesse a intenção de viajar nem houvesse passado pela desgraça de perder a esposa e o filho; e suponhamos, de outro lado, que M. V. houvesse alinhado a mesma série de cartas. Como é bastante presumível que outras viagens e outros lutos ocorressem na vida de François Masse, de certo seriam estas e estes que viriam a ser evocados pelo metagnomo. Além disso, uma outra série de cartas teria dado ensejo a uma vidência diferente de acordo com a significação simbólica das figuras.

Julgamos, por consequência, que em cartomancia a hipótese psicocinética (de que trataremos mais adiante) é supérflua.

## *A Quiromancia*

Em quiromancia, o problema se apresenta de maneira diversa. Sabemos que os quiromantes pretendem que existe uma correlação entre os sinais da mão e o estado de saúde, o caráter e o destino das pessoas. Trata-se de ideia muito antiga e solidamente estabelecida nas tradições humanas. Encontramo-la na Índia, no Egito, na Judéia e na Grécia. Durante a Idade Média as obras sobre quiromancia eram numerosíssimas, e na nossa época não são raras.

Deve-se, aliás, distinguir a quirologia, que se propõe revelar pela mão as predisposições naturais, as tendências psicológicas e o estado de saúde, da quiromancia, que é a arte de predizer o futuro por meio das linhas e de outros sinais da mão.

No que concerne à quirologia, nenhum apriorismo permite rejeitar-lhe o princípio. Para que seja apoiada cientificamente basta que o confirmem as realidades fisiológicas e as estatísticas válidas das coincidências.

Observemos primeiro que as diferentes partes dum organismo vivo se correspondem em virtude duma imperiosa predestinação ou duma relação que pode ser causai ou apenas concomitante. Não é improvável, portanto, que esse gênero de correspondência ocorra entre o psíquico e o orgânico. E, em particular, entre o psíquico e a mão.

É muito possível, por exemplo, que, no traçado das linhas da mão, os impulsos cérebro-espinhais exerçam um papel mais ou menos importante por intermédio dos nervos aferentes. Prova disto é o fato de que em consequência de certas lesões cerebrais, as linhas da mão que correspondem ao hemisfério atingido se apagam pouco a pouco e desaparecem. Assinalaram-se também perturbações atróficas ou distróficas do sistema ungueal na ataxia locomotora, na seringomielia, na hemiplegia, na paralisia geral, na epilepsia, na neurastenia e na histeria.

Além disso, estudos estatísticos muito sérios, como os efetuados pelo Dr. Carton e por Mangin-Balthazard, mostram que existe certa correlação entre, dum lado, as formas e as linhas da mão e, do outro lado, os traços caracteriais e algumas perturbações patológicas. Assim, a mão curta retangular corresponde a um temperamento enérgico, ardente, trabalhador, equilibrado; a mão retangular média é um índice de virilidade, de autoritarismo; a mão muito alongada denota um caráter nervoso, irregular, sugestível; a mão retangular e larga pertence aos trabalhadores rústicos e, no tipo intelectual, aos indivíduos criadores e práticos; a mão oval designa uma natureza feminina; se for hexagonal, um caráter excessivo. Já a mão triangular indica temperamento hiperemotivo, impaciente e arrebatado.

O exame minucioso das unhas e das lúnulas permite além disso diagnosticar certo número de afecções latentes ou manifestas: distúrbios da nutrição, raquitismo, arteriosclerose, desmineralização etc.

O mesmo se dá quanto às linhas da mão. Em geral devem ser rosadas. Muito pálidas traem a anemia, a falta de forças físicas e morais. Avermelhadas, são sinal dum temperamento sanguíneo, robusto e ativo. Azuladas, amarelas ou escuras desvendam um temperamento bilioso que pode ser acompanhado por distúrbios. Nos idiotas, as chamadas linhas da cabeça e do coração não existem, sendo substituídas por uma linha transversal idêntica à linha simiesca dos macacos. Essa disposição atinge uma frequência de 30 a 40 por cento dos casos na variedade de idiotia chamada mongólica.

Assinalemos, enfim, que muito recentemente os Drs. A. R. Hale, J. H. Phillips e G. E. Burch, de Nova Orleans (Luisiana) mostraram que existe relação muito nítida entre as doenças do coração e as pequenas marcas estreladas que eles chamam as "axial triradius", marcas essas situadas em diversas posições da linha da vida, isto é, da prega ou sulco que separa a eminência tenar (na base do polegar) do resto da mão. Presumem que o embrião, caso receba da mãe uma anomalia cardíaca, reagirá de maneira particular por alterações dos seus vasos, alterações essas que por sua vez se assinalam por marcas em cima das formações cutâneas. As marcas em questão acham-se colocadas mais perto da raiz da mão nos cardíacos congênitos do que nas pessoas que ficaram cardíacas já durante a vida adulta.

Destas constatações, cujo número poderíamos multiplicar, resulta que a quirologia racional permite a um prático qualificado, mesmo sem qualquer faculdade de clarividente, descobrir até certa medida, pelo exame da mão, o temperamento, as tendências patológicas e a psicologia duma pessoa.

Já pelo contrário, pensamos que a quiromancia não tem bases sólidas do ponto de vista morfológico. Mas é admissível que o entrelaçamento e a soma das linhas, as suas formas variadas, o aspecto geral da mão suscitem, no clarividente, a atuação de suas faculdades paranormais e provoquem visões concernentes ao passado, ao presente e ao futuro do consulente. E às vezes são, conforme a experiência mostra, duma exatidão assombrosa.

## *A Grafologia*

O caráter e os distúrbios patológicos podem ser também desvendados pela grafologia, que é uma ciência e uma arte fundadas no estudo das modificações trazidas involuntariamente à escrita pelos impulsos inconscientes de quem escreve. "Ultimamente, a grafologia obteve direitos de cidadania nas ciências humanas e adquiriu a consideração de personalidades de primeira plana tais como os Profs. Pierre Janet, Maurice Prou, Fortunat Strowski, Mareei Labbé, Abel Le France e diversos outros. Psicólogos célebres como Th. Ribot e Gabriel Tarde desde muito tempo lhe reconheceram o valor. Psicanalistas, médiuns, criminologistas, empregadores concedem hoje em dia plena confiança às indicações que ela pode fornecer; e certos pedagogos a utilizam nas escolas. Assim é que, após uma série de experiências de grafologia efetuadas numa classe por grafólogos profissionais, *L'Education Nationale,* órgão oficial do Ensino Público, concluiu: "A grafologia deve ser considerada com um teste caracterial bastante seguro, bem como um dos melhores meios de julgar o equilíbrio psíquico e a estrutura intelectual da pessoa a ser orientada".

Mas se a grafologia, que podemos qualificar de "científica", examina um texto manuscrito com uma lente, observa-lhe todos os sinais particulares e os traduz segundo as regras fornecidas por obras especializadas, contudo o grafólogo-metagnomo não se dedica a esse trabalho analítico. Limita-se a lançar uma olhadela rápida sobre o texto escrito e logo extrai indicações ou deduções que, por sua extensão e qualidade, muitas vezes ultrapassam aquelas que a grafologia é capaz por si só de fornecer.

Era assim que procedia Otto Reimann, bastante conhecido dos especialistas graças aos trabalhos do Prof. Dr. O. Eischer, de Praga.

Numa das quinze sessões que este clarividente deu no *Instituto Metapsíquico Internacional, o* Dr. Moutier lhe confiou algumas linhas escritas por Barbey d'Aurevilly.

Otto Reimann apenas as olhou de relance e disse logo em seguida: "Trata-se dum homem que não é completamente normal, sendo, porém, notável, situando-se no limite em que o gênio confina com a aberração mental. O sentido da cor é muito desenvolvido nesse senhor. E também o sentido das formas; das formas plásticas. Vaidoso. Grande predileção por tudo que diz respeito à história e "às histórias," isto é, às pequenas histórias da vida corrente. Gosta bastante de romancear a vida. Conta sempre as mesmas histórias da vida. São sempre os mesmos fatos que voltam na sua conversa. Trata-se dum homem muito bondoso, na medida em que as suas capacidades cerebrais lhe permitem apreciar de maneira bem distinta as nuanças. Não raro a cólera pode apoderar-se da sua pessoa."

O Dr. Moutier comentou conforme se segue essa tomada de conhecimento: "Efetivamente, Barbey d'Aurevilly não era "um homem inteiramente normal". Otto Reimann empregou uma expressão feliz: "no limite em que o gênio confina com a aberração mental". Conforme se sabe, ele tinha o sentido da cor muito desenvolvido, bem como o das formas plásticas. Era muito frívolo. Otto Reimann também empregou uma fórmula muito feliz ao dizer: "Esse homem tinha grande predileção pela história e pelas historietas". O sentido foi modificado um pouco logo em seguida, porém O. R. falou logo à primeira vista em "história e pequenas histórias". As cóleras de Barbey d' Aurevilly ficaram célebres."

## *A Psicometria*

Às vezes Otto Reimann contentava-se, conforme se pôde verificar no IMI, em tatear o papel escrito, e mesmo assim dava sobre quem escrevera numerosas indicações exatas e perfeitas.

Essa maneira de proceder leva-nos a considerar uma outra forma de maneia, a psicometria, muitas vezes empregada pelos metagnomos, e na qual, conforme dissemos, estes tomam conhecimento da ambiência duma pessoa, dos seus estados afetivos e intelectuais por intermédio dum objeto pertencente a tal pessoa ou pelo menos tendo estado em contato com ela.

Foi o professor norte-americano Buchanan quem criou este termo "psicometria", na verdade pouco adequado visto que literalmente significa "medida da alma". Para substituí-lo, o Prof. Charles Richet propôs o de criptestesia pragmática (percepção críptica das coisas); mas infelizmente isso de pragmática tendo sentidos bem definidos em legislação e em filosofia, ainda é preferível, junto com René Sudre, falar-se em metagnomia tátil, isto é, conhecimento supranormal pelo tato.

Seja lá como for, grande número de autores tem falado em "memória das coisas" para explicar semelhante fenômeno.

Escreve o professor de Geologia Denton: "Você não pode entrar num quarto durante o dia ou durante a noite sem ali deixar o seu retrato. Você não pode levantar a mão nem piscar o olho, o vento não pode agitar um cabelo da sua cabeça sem que cada movimento seja registrado pelos séculos afora. O caixilho de vidro da janela, o tijolo da parede, o paralelepípedo da rua agarram as imagens de todas as pessoas que passam e as conservam cuidadosamente." Em breve, segundo o Prof. Denton, as forças irradiantes emitidas pelos seres deixarão um traço delas próprias na matéria, assim como os campos magnéticos provocados pela palavra se inscrevem na fita de aço do magnetofone. Esta hipótese junta-se, numa certa medida, à das impressões no Alaska dos teósofos ou aos clichês astrais dos ocultistas.

Mas deveras mesmo, o objeto incitador das metagnomias apenas exerce um papel seletivo entre as múltiplas fontes de impressões capazes de influenciar uma pessoa. Pode-se realmente falar da "memória das coisas" quando o simples contato com uma *fotografia* ou mesmo a *imagem* dum objeto basta para evocar uma pessoa ou uma cena passada? Enfim, o Dr. Osty constatou que um erro metagnômico cometido pelo percipiente em contato com uma pessoa é suscetível de se reproduzir com um objeto que evoque essa pessoa, o percipiente e o agente sendo diferentes. Num caso, onze percipientes reproduziram com variações o erro original cometido pelo primeiro.

Esta observação leva sem dúvida a admitir a existência duma comunicação telepático-subconsciente entre todos os seres vivos; contudo, torna-se difícil, no terreno movediço e incerto da hipótese, pronunciar-se de maneira definitiva.

Acrescentemos que nestes últimos anos alguns experimentadores tentaram submeter à análise matemática os resultados fornecidos pela psicometria. Assim é que, numa série de experiências, o Dr. J. Hettinger apresentou a um percipiente objetos pertencentes a 63 pessoas e, a fim de avaliar o grau de veracidade das informações dadas pelo percipiente relativas àquelas pessoas, misturou doze pormenores, caracteriais e não, sugeridos por um dos objetos indutores *A* com doze pormenores de natureza análoga se relacionando com um objeto diferente pertencente a uma terceira pessoa. Em seguida, apresentou estes vinte e quatro pontos à pessoa proprietária do objeto A, pedindo-lhe que separasse aqueles relacionados com ela própria. Idêntica operação, referente a um conjunto de objetos e pessoas, permitiu estabelecer uma estatística dos resultados, estatística essa que foi altamente significativa.

Por sua vez, Miss Katheleen Gay, em experiências psicométricas realizadas desde 1935, obteve resultados igualmente probantes.

## *A Astrologia*

Da mesma forma que naquilo que concerne à quirologia, à grafologia e à psicometria, vejamos se a astrologia, que como essas maneias é um processo divinatório, tem bases científicas ou se a imagem horoscópica não passa dum suporte para a vidência.

Em suma, pode-se dizer que a astrologia pretende que existem correspondências entre a posição dos astros no momento do nascimento e as características morfológicas, psicológicas e o destino do indivíduo.

O princípio hipotético da astrologia não é, portanto, uma suposição de ordem estritamente lógica, e sim é uma proposição sugerida por fatos que, na espécie, seriam "coincidências" ou mais exatamente "frequências" constatadas entre determinado aspecto do céu e determinado estado individual ou social. Segundo a doutrina astrológica, as mesmas situações astrais produziriam muitas vezes os mesmos efeitos humanos. Para alguns astrólogos, os astros exerceriam uma influência física sobre o ser humano. Para outros, haveria uma certa harmonia, uma correspondência, um paralelismo entre as leis que regem o universo astral e as que governam a vida humana. Outros, enfim, aparentemente mais positivos, recusam-se a conceber essa influência, sem porém deixar de constatá-la estabelecendo horóscopos e interpretando-os segundo a tradição.

É certo que os astros, ou pelo menos alguns deles, atuam sobre um grande número de fenômenos naturais, sobre vegetais, animais e o homem.

Assim foi que mostramos em nossa obra *Cycles et Rythmes* que todo aparecimento de manchas solares é seguido duma elevação de temperatura e logo depois de tempestades. Que o seu desaparecimento acarreta vagas de frio. Que os ciclones, as explosões de grizu nas minas parecem mais frequentes na passagem das manchas pelo meridiano do lugar. Pôde ser assinalado um efeito divertido: o número de peles de coelho recolhidas pela companhia da Baía do Hudson segue uma curva paralela à das manchas (P. Couderc).

No que concerne ao homem, parece que as mortes súbitas e muitos distúrbios patológicos tais como acessos de gota ou de reumatismo, enxaquecas, acessos de frenesi nos alienados tornam- se mais frequentes quando as manchas são numerosas, importantes e ativas. Por outro lado, temos constatado que a percentagem de punição nos liceus e colégios é mais elevada no momento das perturbações magnéticas causadas pelas manchas. As curvas de frequência apresentam um paralelismo impressionante.

A lua, que rege as marés, também exerce certa influência sobre os vegetais e sobre os animais (sobre o ritmo da reprodução de determinados vermes marinhos, por exemplo) e sobre o homem. Parece, por exemplo, que os psicopatas, os maníacos, os epiléticos, os desequilibrados de toda espécie, os "lunáticos" em suma se mostram mais agitados e mais nervosos do que de costume durante a lua crescente sob a condição, bem entendido, de que não sejam submetidos à ação de medicamentos tranquilizantes. Constatou-se igualmente que certos delinquentes são levados a cometer seus malefícios na fase da lua crescente.

Enfim, o Prof. Georges Piccardi, diretor do Instituto de Física & Química de Florença, demonstrou experimentalmente que as propriedades do espaço variam sem cessar. Tudo quanto existe sobre a Terra sofre a ação dessas mudanças. O resultado dessa ação pode ser nulo ou eficaz segundo a natureza dos objetos. Assim, a precipitação por eletrólise do oxicloreto de bismuto é submetida a um grande número de fenômenos geofísicos e cósmicos: campo elétrico da atmosfera, variações do campo magnético em longo e curto período, atividade dos raios cósmicos. Todas as ondas eletromagnéticas do espaço que nos rodeia, desde as ondas centimétricas emitidas pelos centros estelares até as ondas de vários quilômetros ligadas a certas frentes meteorológicas, revelaram-se possuidoras dum efeito perceptível, senão sempre fácil de isolar.

Por outro lado, a interposição duma placa de cobre entre o objeto da experiência e as ondas eletromagnéticas suprime alguns dos seus efeitos. Duas séries de extrações de sangue efetuadas uma de maneira comum, outra ao abrigo duma placa de cobre, apresentaram propriedades diferentes.

Segundo alguns autores, as ondas e as radiações cósmicas agiriam sobre os seres vivos por intermédio do A D N (ácido desoxirribonucleico) dos núcleos celulares e que, por suas propriedades ferroelétricas e ferromagnéticas, se comportaria à maneira dos semicondutores; porém esta concepção não se acha definitivamente estabelecida.

Seja como for, a observação mostra, segundo dizíamos mais acima, que existem influências astrais, porém estas não têm nenhuma relação com as influências *individuais* postuladas pela astrologia tradicional. Não permitem, portanto, estribar semelhantes dados.

Entretanto, a confirmação ou, pelo contrário, a invalidação dos princípios astrológicos parece poder ser estabelecida pelo método estatístico aplicado a tal ou qual categoria de indivíduos.

Foi nesse rumo que se empenharam principalmente o Coronel Paul Choisnard (aliás Paul Flambart) em França e Karl Ernest Krafft na Suíça.

Assim, quanto à tradição astrológica afirmando que Júpiter em conjunção com o Meio do Céu (culminação) favorece a elevação social, Choisnard comparou 1.500 horóscopos de homens célebres com 2.000 horóscopos de homens quaisquer, e constatou ou acreditou constatar que a percentagem de presenças de Júpiter no Meio do Céu se elevava a 12 por cento no primeiro caso e a 5,5 por cento apenas no segundo caso. Concluiu então que quando se tem Júpiter em boa colocação no horóscopo a probabilidade para que a gente se torne célebre é maior.

Também quanto à tradição indicando que o aspecto Lua-Mercúrio é propício à inteligência, Choisnard comparou 167 horóscopos de filósofos com 300 horóscopos de pessoas comuns, e obteve uma frequência de 77 por cento nos primeiros e de 50 por cento nos segundos.

Choisnard viu também que existem certas semelhanças entre os horóscopos dos filhos e dos pais; daí a sua famosa lei de hereditariedade astral, segundo a qual o homem nasceria sob um aspecto estelar análogo ao dos seus ascendentes.

A exemplo de Choisnard, o suíço Krafft estabeleceu estatísticas relativas a várias centenas de milhares de casos, e as consignou no seu monumental *Tratado de Astrologia.* Parecem evidenciar, igualmente, correlações interessantes.

Mas o método estatístico é um instrumento delicado a manejar. Numerosas causas de erros podem falsificar lhes os resultados, as mais correntes sendo:

1.º Uma escolha prévia, mais ou menos inconsciente, em função daquilo que se deseja demonstrar.

2.º Erros de contagem e de cálculo.

3.º Conclusões tiradas de diferenças não significativas.

4.º Uma utilização errônea dos testes estatísticos.

5.º A procura de particularidades "curiosas" ou "importantes", que pode conduzir a conclusões falsas. Os exemplos mais significativos de erros pertencentes a esta categoria se encontram na interpretação do horóscopo.

6.º Um erro sobre a "hipótese nula", o que significa que quando se compara uma distribuição observada ao que se produziria se o acaso agisse sozinho, torna-se necessário primeiro saber o que se passa realmente quando o acaso se acha unicamente em causa, senão os resultados não podem ser senão ilusórios. Assim, Choisnad notara que o Ascendente (elevação) dos espíritos que se podem qualificar de "superiores" muitas vezes se achava no signo da Balança e raramente no de Capricórnio durante 1 hora apenas. Se não existem horas privilegiadas para os nascimentos, todavia há, em princípio, num grupo qualquer da população francesa, três vezes mais pessoas nascidas no signo da Balança do que de pessoas nascidas com o Ascendente no signo de Capricórnio. Da mesma forma, Krafft constatara que não havia, numa região particular da elíptica, conjunção da Lua com Urano quando do nascimento de certos músicos; porém, o astrólogo suíço negligenciara um fato importante, a saber: que Urano leva 84 anos para dar a volta em redor do Sol, e que o planeta não era encontrado na região celeste em questão no período em que os músicos considerados haviam nascido. Tal planeta não poderia, portanto, ali se encontrar com a Lua.

Partindo de críticas deste gênero, Jean Hieroz e o astrônomo Paul Couderc contestaram, com justa razão, os resultados obtidos por Choisnard e Krafft. Além disso, P. Couderc citou as estatísticas de Farnsworth, Bart J. Bok e Huntington sobre a repartição do Sol no zodíaco em músicos, sábios, engenheiros, físicos, literatos, banqueiros, industriais, padres e marinheiros. Tais estatísticas indicam que as repartições do Sol são as observadas para o conjunto da população. Não são, portanto, específicas para as categorias consideradas.

Conquanto as verificações de Jean Hieroz e Paul Couderc fossem muito limitadas, abrangendo apenas um número ínfimo de estatísticas, o debate parecia fechado a favor dos adversários da astrologia, quando um psicotécnico de valor, Michel Gauquelin, bastante ciente das dificuldades do método estatístico e tendo aliás ele próprio revelado numerosos erros nos trabalhos de Choisnard e de Krafft, pensou de maneira justa que não bastava provar que duas ou três estatísticas estão erradas para se demonstrar a inanidade da astrologia, sendo necessário, para tal fim, estabelecer estatísticas certas.

Primeiramente ele estabeleceu o horóscopo de 576 acadêmicos de Medicina e aí estudou a posição de Saturno e de Marte, já que a tradição acentua a relação entre esses planetas e a profissão médica. Pensou *a priori* que eles ocupariam um lugar qualquer nos céus de nascimento. Todavia, verificou com surpresa que a repartição horoscópica deles era muito desigual e que, no conjunto, Saturno apresentava forte concentração de posições no Ascendente e na vizinhança do Meio do Céu. Viu também que as posições de Marte eram vizinhas das de Saturno com três pontas importantes, uma seguindo o Ascendente, outra o Meio do Céu, e a terceira o Fundo do Céu (diametralmente oposto ao Ascendente).

Em compensação, Júpiter apresentava uma repartição de certa maneira oposta, "preferindo", se assim podemos dizer, os "vazios" deixados pela localização de Saturno e de Marte na imagem horoscópica.

Considerando que tais resultados diziam respeito a um número insuficiente de casos, Gauquelin empreendeu uma nova estatística sobre um segundo grupo de 508 médicos notáveis (autores de obras e de trabalhos importantes); e a sua admiração se transformou em estupefação quando viu que esta estatística confirmava os dados da primeira: a consideração das posições de Saturno, Marte e Júpiter redundou, no conjunto das duas estatísticas, numa improbabilidade da ordem de *um por dez milhões.*

Outras estatísticas abrangendo 570 campeões esportivos, 676 militares superiores, 906 pintores, 500 atores (em voga), 349 sábios (acadêmicos de ciências), 494 deputados etc., corroboraram os resultados obtidos antes com os médicos. Mas convém assinalar que as constatações de Michel Gauquelin não se conciliam exatamente com as regras da astrologia tradicional.

Seja como for, parecem estabelecer a realidade duma ligação entre os astros e o homem. Não podendo explicar a natureza dessa relação, Michel Gauquelin publicou pura e simplesmente os seus resultados em 1945 na sua obra *L'Influence des astres, étude crtique et experimentale,* deixando para quem quisesse o cuidado de extrair conclusões.

Elas logo vieram da parte dum profissional em Estatística, Jean Porte, administrador do *Institui National des Statistiques* e adido ao CNRS, o qual declarou que Michel Gauquelin se enganara radicalmente. "Existem", diz ele preliminarmente, "estatística e estatísticas. Se as que M. Michel Gauquelin empregou põem em evidência o influxo dos astros é que elas são ruins e que ele se serviu erroneamente do método".

Originou-se daí uma controvérsia, após a qual caíram por terra as críticas de Jean Porte, tendo aliás este último reconhecido isso com probidade, chegando até mesmo a prefaciar um novo livro de Gauquelin, *Método para estudar a repartição dos astros no movimento diurno.* Mas nesse prefácio, conquanto sublinhando que não encontrara a menor falha no método e nos cálculos do autor, ele confessa ser inimigo da astrologia e esperar que uma outra pessoa venha a desvendar o erro que ele pessoalmente não conseguiu descobrir. E acrescenta que conviria estabelecer novas estatísticas utilizando material proveniente de outros países.

Com uma constância digna de elogios, Michel Gauquelin prosseguiu nas suas investigações a fim atender àquela exigência. Reuniu milhares e milhares de datas e de horas (cerca de 25.000) de nascimentos na Rália, na Alemanha, na Bélgica, na Holanda. E após vários anos de longos e fastidiosos trabalhos, publicou os resultados das suas observações em sua obra *Os Homens e os Astros*. Elas confirmam suas constatações anteriores. Mas claro é que a porta continua aberta aos debates.

Por sua vez, em diversos países, notadamente na América do Norte e na Alemanha, institutos oficiais fizeram inquéritos não sobre as teorias astrológicas, mas sobre o talento dos astrólogos. E constataram que ao lado de numerosos mistificadores que, no gênero do "faquir" Birman, são negociantes de textos horoscópicos impressos, redigidos em termos muito vagos onde qualquer pessoa com um pouco de boa vontade encontra necessariamente alguns traços do seu caráter ou aspectos do seu passado e mesmo do seu futuro, existem astrólogos sérios, capazes de dar uma proporção de resultados exatos nitidamente superior ao resultado que se pode esperar dum acaso favorável. Nós mesmo verificamos isso em França quanto a alguns astrólogos cujos trabalhos seguimos, especialmente Maurice Calais, diretor da revista astrológica *Astral;* Louis-Marie Raclet, diretor de *Astres 1963;* Volguine, diretor dos *Cahiers Astrologiques;* Ambelin, Antàres, Barbault, Brahy e Gouchon. Coisa curiosa, que espantou os promotores dos inquéritos e particularmente o psicólogo Vernon Clark de Evanston (Illinois) e o Prof. Hans Bender, de Friburgo-sobre-o-Breisgau (Alemanha), os astrólogos que forneciam bons resultados nem sempre se contavam entre os mais sábios.

Resulta que, à falta duma doutrina astrológica correta, pois Michel Gauquelin parece haver demonstrado que certas regras da astrologia tradicional não correspondem àquilo que dão as estatísticas, se é obrigado a admitir que, para alguns astrólogos, o horóscopo serve apenas de suporte à faculdade intuitiva de certas pessoas.

Em suma, para eles a astrologia não seria mais do que uma maneia entre outras. Foi isso, aliás, que reconheceu uma astróloga de talento, Madame Claire Muriel, que escreveu em síntese: "Devemos inspirar-nos nos ensinamentos astrológicos, porém jamais copiá-los, pois a interpretação deve irromper do cérebro do próprio astrólogo."

## *A Cristaloscopia*

Podemos igualmente considerar como meios divinatórios a cristaloscopia ou catoptromancia — que é a adivinhação por meio da bola de cristal ou duma superfície refletora, a oniromancia ou a adivinhação pelos sonhos, e a rabdomancia ou radiestesia, que é a arte de localizar realidades escondidas (lençóis subterrâneos d'água, objetos etc.) por meio de varetas ou de pêndulos.

A utilização duma bola de cristal ou duma superfície refletora — espelho preto, espelho comum, copo com água, garrafa redonda, unha do dedo etc. — a fim de provocar visões, remonta à mais longínqua antiguidade pois, conforme observa Albert de Bosredon (*Revue Métapsychique,* ano de 1950, N.º 11), os objetos sacerdotais Urim e Thummin, mencionados no *Êxodo,* provavelmente eram espelhos "mágicos".

O Dr. Maxwell, que se tem interessado particularmente por tais métodos, recomenda o emprego duma bola de cristal de rocha ou de cristal muito bom, de 6 ou 7 centímetros de diâmetro. Prefere às bolas esféricas as bolas elípticas, porque estas permitem evitar mais facilmente os reflexos; e afirma haver obtido os melhores resultados com as bolas transparentes, as bolas azuis e as bolas cor de ametista, estas duas últimas não cansando os olhos.

Para "ver" numa bola, é preciso colocá-la numa claridade média, de maneira a ela apresentar uma coloração uniforme, sem pontos brilhantes. A bola pode ser envolta parcialmente num tecido de veludo escuro, ou ser mantida no vão da mão ou ainda nas pontas dos dedos. O olhar deve fixar-se não na superfície, mas no interior da bola. Daí a pouco tempo a transparência começa a alterar-se, e aparecem as visões. Bem entendido, elas são puramente subjetivas e decorrem dum certo estado hipnagógico.

Albert de Bosredon utiliza de preferência o simples copo com água. Eis como ele opera:

"Coloco na mesa um copo cheio d'água até a borda, pousando-o em cima duma folha de papel branco. Faço o consulente sentar-se diante da mesa, de costas para a claridade, e rodeio o copo com uma espécie de anteparo feito geralmente com alguns livros de maneira a manter o copo numa relativa obscuridade. Em seguida recomendo ao consulente que se esforce em manter as pálpebras bem abertas, (ponto este que reputo muito importante) e olhar ao longe, como se o copo não tivesse fundo; digo-lhe em seguida que ele vai ver a água tornar-se leitosa.

"Assim que ele me anuncia que de fato a água se está opacificando, sugiro-lhe que vão passar pelo copo umas tantas nuvens que logo se afastarão deixando-o ver a cena desejada.

"Durante a operação eu me mantenho de pé bem atrás do percipiente, e se a sua visão se obscurece, coloco a extremidade dos dedos duma das minhas mãos em cima da sua cabeça; imediatamente a visão volta com toda a nitidez.

"Durante a experiência, os percipientes parecem permanecer em seu estado normal, falam com naturalidade e parecem encontrar-se exatamente na situação dum espectador que, no cinema, olha para a tela e enquanto isso conversa com os seus vizinhos."

Não obstante a simplicidade do processo, Albert de Bosredon obteve resultados notáveis, valendo-se de pessoas ao acaso, algumas até mesmo céticas. Seja qual for o método empregado, as imagens cristaloscópicas podem ser agrupadas, segundo Maxwell, em seis categorias:

1.º Visão de fatos imaginários;

2.º Lembranças esquecidas e rememoradas sob a forma de visões;

3.º Fatos passados, que a pessoa afirma haver ignorado sempre;

4.º Fatos atuais certamente desconhecidos da pessoa;

5.º Fatos futuros;

6.º Fatos de interpretação duvidosa.

Em suma, a bola de cristal ou as superfícies que refletem provocam a aparição de imagens oníricas, num estado de vigília relativa.

## *A Oniromancia*

O estudo dos sonhos propriamente ditos constitui, atualmente, uma disciplina psicológica autônoma cujos pontos de vista são tão numerosos e tão variados que não podemos analisá-la aqui em seu conjunto. Sabemos que foram os psicanalistas que se apoderaram dessa disciplina. A tal respeito, se Freud afirma que "todo sonho é desejo realizado e que não existem outros sonhos senão os desejados", já o seu discípulo principal, Jung, ampliando consideravelmente essa concepção, julga que o sonho deve ser considerado como "uma auto representação espontânea e simbólica da situação atual do inconsciente".

A oniromancia encontrou inicialmente a sua expressão nessas obras populares intituladas *Chave dos Sonhos,* nas quais as afirmativas mais fantásticas pululam maciçamente. Abrindo uma delas, lemos por exemplo. *Aranha* (isto é, sonhar com aranha): Encrenca com uma mulher cúpida e autoritária. Se você no sonho mata uma aranha, as suas apreensões desaparecerão. *Corcunda:* Sorte nos negócios etc., etc.

No entender de muitos metapsiquistas, o sonho provocaria a libertação da vida "subliminar da "alma". Graças ao sonho, um mundo psíquico desconhecido se desprenderia ultrapassando as possibilidades comuns do espírito. Diz Myers: "O obscureci- mento do sol meridiano da nossa consciência despertada torna visível a coroa fraca e difusa do seu poderio impalpável e não suspeitado."

Os psicanalistas, no começo hostis ao fenômeno paranormal, acabaram pouco a pouco, à medida que iam estudando os sonhos, por admitir a existência dos sonhos telepáticos e premonitórios.

Em sua obra *A Ciência dos Sonhos,* Freud lançando esta pergunta "Pode o sonho revelar o futuro?" assim responde: "Tal não pode ocorrer; o sonho revela apenas o passado." Todavia, ele acrescenta: "Por certo a antiga crença nos sonhos proféticos não é falsa em todos os pontos, pois o sonho nos conduz ao futuro; mostra nossos desejos realizados, mas esse futuro, presente para o sonhador, é modelado pelo desejo indestrutível, à imagem do passado."

Já no seu ensaio *Psicanálise e Telepatia,* escrito em 1921, ele declara que não parece possível pôr de lado o estudo dos fatos chamados ocultos; mas é no seu artigo sobre A *Significação oculta dos sonhos* e principalmente em *Novas Conferências sobre a Psicanálise* que ele toma posição nítida a favor da existência de sonhos telepáticos. "A telepatia", diz ele, "poderá ter sido o meio arcaico original pelo qual os indivíduos se compreendiam e que, no decorrer do desenvolvimento filogenético, teria sido impelido para um plano recôndito a fim de dar margem a um método melhor de comunicação, isto é, o dos sinais percebidos pelos órgãos dos sentidos. Contudo, esses métodos mais antigos de comunicação poderiam subsistir no plano recôndito e manifestar-se ainda em certas condições".

Por sua vez, Jung evoluiu de maneira análoga a Freud e acabou por escrever que "os sonhos premonitórios, a telepatia e todos os fatos dessa ordem existem em quantidade".

Atualmente, acompanhando Freud e Jung, psicanalistas e parapsicólogos tais como Wilfired Daim, Jan Ehrenwald, Jule

Eisenbud, Nandor Fodor, Luísa B. Rhine, o Prof. Tenhaeff, Emilio Servadio e muitos outros, analisam sistematicamente os sonhos e procuram os elementos telepáticos ou premonitórios que aí possam existir. Eis, por exemplo, uma dessas análises devidas ao Dr. Emilio Servadio *(La Tour Saint-Jacques,* N.º 3).

"Na noite de 23 para 24 de abril de 1955", escreve o Dr. Servadio, "uma rapariga de dezesseis anos, que eu aqui chamarei Luísa, sonhou que a mãe do seu noivo Guido trazia no dedo um anel de prata de aspecto estranho. Sinais curiosos, parecidos com hieróglifos, estavam inscritos nesse anel que era capaz de se abrir, conforme pareceu a Luísa, e tornar-se um receptáculo para perfume.

"Ao acordar, Luísa contou à mãe o seu sonho. Algumas horas mais tarde ela telefonou para Guido e principiou a contar-lhe o sonho. Guido alvoroçou-se e respondeu que havia chegado de Milão onde comprara no pavilhão somaliano da Feira Internacional um anel de prata, com a ideia de dá-lo a sua mãe. E acrescentou que o dito anel se abria numa de suas superfícies e tinha letras esquisitas, de significação desconhecida, gravadas na prata. Ouvindo isso, Luísa deixou cair o fone e chamou depressa sua mãe para que esta atestasse que os mesmos pormenores tinham surgido no sonho dela, Luísa.

"Acrescentarei que conheço pessoalmente muito bem Luísa e Guido (nomes estes, aliás, imaginários aqui neste relato). Todas as circunstâncias me foram contadas logo após a comunicação telefônica; tomei nota delas pormenorizadamente, e ainda por cima pedi a Luísa e a Guido que verificassem se estavam perfeitamente corretas.

"A meu ver não resta dúvida de que nos encontramos aqui diante dum caso de telepatia excepcionalmente bem estabelecido, sendo dificílima a probabilidade duma coincidência. Consideremos agora o contexto psicológico. Conforme já dei a entender, Luísa e Guido deviam casar-se e eram muito ligados um ao outro. O noivado, porém, não era oficial por causa de sua extrema mocidade dum lado e por causa da instabilidade da situação social e financeira de Guido, do outro. Ora, Luísa esperava com impaciência o noivado oficial e o dia em que Guido lhe ofereceria o anel de noivado.

"Quando ainda em tenra idade, Luísa perdera o pai, tendo sido criada e educada pela mãe e pelas tias. Nenhuma figura masculina desempenhara papel importante na sua infância. Em 1951, quando Luísa tinha onze anos sua mãe tornou a casar-se.

"Em linguagem psicanalítiea, é evidente que o complexo edipiano de Luísa era pouquíssimo elaborado. Ela ainda tinha violentos entusiasmos, fantasias masoquistas passivas em face de homens adultos e célebres (entre os quais por um ator italiano famosíssimo e bastante conhecido como um Dom João sem escrúpulos). De tais entusiasmos e fantasias ela falava, bem entendido, de maneira aberta e exaltada.

"Luísa mostrava também uma atitude ambivalente a respeito de sua mãe e outras figuras maternais. No número destas figurava sua futura sogra, que ela mal conhecia e com a qual se recusava a entrar em relações sociais. Mostrava-se conscientemente enciumada com o apego e o respeito de Guido por sua mãe. Ora, ela fora avisada daquela viagem de Guido a Milão e também sabia que ele devia visitar a Feira Internacional. Talvez esperasse que Guido lhe trouxesse um presente, que aliás ele lhe trouxe. Todavia, o presente que ele ofereceu a Luísa não foi um anel, e sim um par de brincos. Um resíduo edipiano do próprio Guido determinara, sem dúvida, que ele escolhesse um anel para sua mãe e não para Luísa; em outros termos, Guido, emocionalmente ligado ao mesmo tempo às duas mulheres, demonstrou preferência pela mãe, comprando para ela um anel, ao passo que para Luísa escolheu uma joia, sem dúvida bonita, porém muitíssimo menos simbólica. Por certo não tencionava esconder de Luísa que havia escolhido um anel para sua mãe. Contudo, a situação psicológica de um e de outro apresentava uma "complementaridade" muito característica, devido à intricação dos seus próprios esquemas de relações. A ideia do anel tornara-se o centro dessa relação, ao passo que a distância e os obstáculos psicológicos impediam que isso se tornasse na realidade objeto duma comunicação verbal interpessoal.

"De certa forma, esses obstáculos foram ultrapassados pela telepatia. Luísa pôde, pela telepatia, estabelecer provisoriamente uma sintonia entre Guido e ela própria, imergir numa configuração a dois, ou melhor ainda num mundo psíquico inconsciente, unitário, que incluía os dois.

"Ela pôde assim expressar num sonho a rivalidade — que ela ainda não havia solucionado — a respeito da figura materna, talvez mesmo uma hostilidade retrospectiva devida ao fato de que havia sido a sua própria mãe e não ela própria quem fora, o objeto duma experiência incluindo o noivado e o casamento. Pôde igualmente dizer a sua mãe, e em seguida a Guido, que ela "se achava ao corrente" da situação; isto é, da preferência de Guido por sua mãe e do mal que fizera a ela, sua noiva. E, com efeito, Luísa contou o fato a Guido antes mesmo de ele ter tido tempo de mencioná-lo, como se ela tivesse querido fazê-lo saber que ele não escaparia ao problema, mesmo que quisesse.

"Notar-se-á ainda a significação inconsciente do anel e sua importância no acontecimento acima relatado. Todos os psicanalistas sabem que o anel é um símbolo feminino, que a troca de anéis no ato do casamento e a passagem do anel no dedo são gestos carregados dum evidente simbolismo sexual. A ideia do anel abrangia por consequência as emoções sexuais habituais, os problemas edipianos recalcados de Luísa, bem como a significação particular que o anel tomara nas relações de Luísa e Guido. Lembremos as páginas de Freud, escritas em 1922, mostrando a necessidade de procurar os elementos telepáticos no conteúdo latente bem como no conteúdo manifesto do sonho. No sonho telepático, aqui considerado, o conteúdo manifesto acha-se diretamente ligado a um conteúdo emocional mais profundo. E este encontrou uma expressão adequada num símbolo que, no caso em apreço, tem igualmente um valor prático, consciente."

## *A Radiestesia*

Por último, a radiestesia, outrora chamada rabdomancia. É entre os processos divinatórios um dos mais empregados.

Existiu na antiguidade mais remota. Os chineses a praticavam 22 séculos antes da nossa era, e não é impossível que a vara de Moisés, que segundo a Bíblia lhe permitiu fazer jorrar água no deserto diante dos hebreus estupefatos, tenha sido uma vara "divinatória".

Em nossa época a sua voga é tal que em todos os países do mundo conta com inúmeros adeptos e numerosas e prósperas sociedades.

A radiestesia consistiu essencialmente, durante séculos, em procurar fontes. Mais tarde, porém, isso de descobrir água se reduziu a um caso particular dentro de muitíssimos outros objetivos. Os seus promotores afirmam, dum modo geral, que se trata dum meio de conhecimento por meio das oscilações duma vareta ou dum pêndulo.

Um ponto sobre o qual todos os investigadores se acham de acordo, quer se trate de partidários da radiestesia chamada física ou de adeptos da teoria denominada mental, é que a vareta ou o pêndulo, os adminículos, conforme os designa justamente o Dr. Jarricot, são postos em movimento por uma ação muscular reflexa engendrada por uma autossugestão ou por uma heterossugestão.

É possível que entre 100.000 utilizadores de varetas ou de pêndulos se encontre um que seja dotado de faculdades mediúnicas físicas. Em tal caso, e em certas circunstâncias, varetas e pêndulos poderiam muito bem se mover sob o efeito duma força telecinética; contudo, desde já advertimos que o fato deve ser excepcional e talvez nunca tenha sido observado.

Outrossim, o problema essencial da radiestesia não reside nessa raríssima e aleatória ocorrência. O problema expressa-se nestas duas perguntas;

1.º A radiestesia é capaz de fazer conhecer realidades escondidas?

2.º Em caso afirmativo, as faculdades perceptivas do radiestesista são suscitadas por certas radiações emitidas pelos seres e pelas coisas, ou então se apresentam como uma forma particular da metagnomia?

Atendo-nos pura e simplesmente às experiências efetuadas por diversos agrupamentos científicos tais como a *União Social aos Engenheiros Católicos de França* (USIC), a *British Society of Dowsers*, o *Comitê Belga para a Investigação dos Fenômenos Reputados Paranormais*, ou por pesquisadores isolados como Auguste Lumière e Noel Bayon, hostis em princípio à radiestesia, a resposta à primeira pergunta seria rigorosamente negativa. Deve-se reconhecer, com efeito que, segundo essas experiências e do ponto de vista estatístico, a radiestesia é incapaz de mostrar ou de dar a conhecer realidades escondidas.

Mas, se examinarmos com atenção as atas ou os relatos referentes às ditas experiências, descobriremos dum modo geral duas coisas:

1.º A percentagem de erros é superior à que fornece a probabilidade. Ela é por exemplo de 98 por cento no inquérito da *British Society of Dowsers* e vai de 60 a 100 por cento no da USIC.

2.º Algumas pessoas raríssimas dão resultados significativos.

A primeira constatação indica que as experiências em questão são falsificadas de antemão; o desejo de acertar a todo preço, a obrigação de adivinhar custe o que custar, a contenção produz no espírito dos radiestesistas um efeito eminentemente nocivo que não só lhes aniquila as faculdades como os faz cometer erros grosseiros. O mesmo resultado se observa em indivíduos meta- psíquicos quando, conforme podemos verificar inúmeras vezes, experimentadores pouco qualificados, hostis ou simplesmente "frios", os submetem a um "exame" de controle. Aliás, qual é o homem comum que poderia, por exemplo, dormir no seu próprio leito ou exercer funções sexuais se uma dúzia de professores da Universidade, munidos de diversos aparelhos de controle, se achassem sentados à sua volta esperando que o fenômeno se realizasse? Ora, os fenômenos metapsíquicos são infinitamente mais delicados, e um "clima" psíquico favorável deve ser imprescindível para a sua produção.

Por conseguinte, os inquéritos, feitos mais ou menos de cambulhada, não têm nenhum valor.

Fica explícito, contudo, que aqui não insistimos nos recursos pouco adequados à verdadeira pesquisa e consistindo, por exemplo, em enviar a radiestesistas um pelo de animal à guisa de cabelo, ou um papel impregnado d'água de pia e pedir-lhes diagnósticos baseados em tais "testemunhos". Essa maneira de proceder será no máximo divertida, porém não é séria nem é científica. Filia-se ao procedimento da criança que, na presença dum mecanismo muito delicado e maravilhoso do qual ela se desejasse utilizar, principiasse primeiro por estragar lhe as rodas.

A segunda constatação incita a pensar que, no conjunto de pessoas experimentadas, apenas algumas seriam deveras capazes de dar, fossem quais fossem as circunstâncias, uma percentagem de acertos superior à probabilidade.

Um experimentador criterioso trataria logo de separá-las da turma de pessoas influenciáveis ou medíocres para assim recomeçar, só com aquelas, as experiências de controle. Mas dado o desejo subjacente de concluir negativamente, tais experiências não são feitas assim.

Dito isto, confessaremos ainda que, pessoalmente, não nos entregamos, em radiestesia, a pesquisas experimentais em série, tendo mesmo sido desfavoravelmente impressionados quanto a certas "explicações" pseudocientíficas dalguns radiestesistas, bem como pelos "aparelhos" que no dizer dos seus inventores seriam capazes de detectar o "fluido" e de medir "comprimentos de ondas".

Em compensação, temos consultado alguns dossiês, por exemplo os de Joseph Treyve, Jean Auscher e Michel Moine, e constatamos que os resultados obtidos pelos radiestesistas "sérios" e "bem-dotados" não diferem em absoluto dos resultados que fornecem indivíduos metapsíquicos e que estudamos experimentalmente.

No que concerne à segunda pergunta, temos que reconhecer que é inegável que o inerte e o vivo emitem em sua ambiência mais ou menos imediata quer partículas de natureza química quer radiações ou vibrações. Existem no solo, independentemente disso, correntes telúricas cujas anomalias estão ligadas à existência de rupturas, de lençóis d'água ou de petróleo, de jazidas de toda espécie. Por consequência, nenhum ser, nenhum objeto, nenhum fenômeno terrestre é idealmente isolado. Seres, coisas e fenômenos acham-se ligados à ambiência e são solidários com a realidade exterior por meio das radiações, das vibrações ou das emanações que emitem.

Nestas condições, a ação do radiestesista consistiria em captar essas "influências", em selecioná-las mediante a sua orientação mental que fornece indicações relativas ao objeto considerado, em traduzi-las enfim por um reflexo muscular (provindo provàvelmente da região mesodiencefálica) que não faria senão expressar às claras uma impressão recebida.

Mas, em geral, os radiestesistas "físicos" não se apoiam, para sustentar suas teorias, em fatos cientificamente estabelecidos. Falam em "ondas" sem precisar a natureza delas, mas com a pretensão de desvendar as leis de sua propagação. Criam para uso próprio uma física especial fundada num raciocínio falso, pois as ondas que constituem a base de suas teorias são precisamente detectadas por meio da vareta ou do pêndulo.

Esta física varia aliás estranhamente segundo os seus autores. E, no entanto, os êxitos experimentais são, segundo parece, bem numerosos seja qual for a teoria empregada. Além disso, fato curioso, ao mesmo tempo em que os radiestesistas físicos revelariam ondas completamente hipotéticas, muitas vezes eles se mostram incapazes de sentir e descobrir vibrações ou campos de força cuja existência é certa.

Acentuemos, aliás, que essas ondas deveriam ter uma potência considerável para serem percebidas a grande distância, pois as fontes ou os objetos são, segundo os radiestesistas, descobertos num plano a centenas ou mesmo a milhares de quilômetros. Efetivamente, o famoso Joseph Treyve pôde, num simples *croquís* que lhe enviei (achando-se ele a cerca de 450 quilômetros do meu domicílio) reconstituir o trajeto percorrido pelo meu gato fugido.

A hipótese das ondas em radiestesia se choca portanto com grandes dificuldades. A rigor pode-se admitir, com Y. Rocard, que, sobre determinado terreno o radiestesista seja influenciado por certas vibrações, por certas radiações físicas ou por emanações de natureza química; mas quando ele pratica a teleradiestesia num plano, claro é que invocar, na ocorrência, a existência de ondas radiestésicas constitui uma asserção extraordinariamente arriscada e dificilmente sustentável.

Em compensação, as coisas se compreendem melhor, porém, sem se aclararem de todo, se aceitarmos que tudo se passa no espirito do radiestesista; ou, falando diferentemente, se admitirmos que o subconsciente do operador toma conhecimento do real graças a essa faculdade especial, não sensorial, que se chama metagnomia. O comportamento do radiestesista na prática da sua arte, extrema diversidade dos objetos sobre os quais se exercem as suas faculdades, a própria natureza dos resultados que ele obtém justificam, acreditamos, essa interpretação. Assim, pois, a radiestesia, segundo esta concepção, se alinha ao lado das outras maneias que acabamos de estudar. Portanto, só permite acertos àqueles que possuem "o dom". Quanto aos diferentes métodos empregados pelos radiestesistas, não seriam mais do que meios de "débrayage" (Henry de France), processos que permitem solicitar comodamente as faculdades crípticas do espírito.

## *Condições que Favorecem o Aparecimento dos Fenômenos Parapsicológieos*

A exemplo da *Society for Psychical Research,* de Londres, numerosos metapsiquistas realizaram experiências telepáticas esforçando-se em pesquisar as condições favoráveis ou desfavoráveis ao fenômeno, a influência da simpatia pessoal, do parentesco, da estado de saúde do agente e do percipiente, da absorção de excitantes, da luz, da obscuridade, do papel que exerceria o assunto a ser transmitido, do emprego do hipnotismo e da sugestão etc. Recentemente, alguns parapsicólogos se serviram dos psicodislépticos, tais como o LSD-25 (dietilamido do ácido lisérgico) e a mescalina, que é um alcaloide extraído dum cacto mexicano, o *peyotl.*

A bem dizer, nada resultou dessas experiências quanto à determinação de fatores propícios ou contrários à telepatia, e, em geral, à metagnomia.

Ainda assim parece que o conhecimento imediato dos resultados, a competição, as recompensas sejam fatores favoráveis, ao passo que o atraso na comunicação dos resultados, o aborrecimento provenientes das experiências longas e fastidiosas sejam desfavoráveis.

Assim, nas investigações realizadas na *Universidade Duke,* o Prof. Rhine verificou que os resultados eram acima da probabilidade quando os percipientes sabiam de antemão que os viriam a conhecer logo após as experiências. E que, pelo contrário, ficavam abaixo dos provenientes do acaso quando eram dados muito tempo depois das experiências.

Por outro lado, Woodruff e George, fazendo experiências no *College Tarkio,* observaram que o nível geral dos pontos subia quando eram oferecidos prêmios, mesmo insignificantes (uma entrada para cinema, por exemplo) ao aluno que durante a semana houvesse obtido o maior número de pontos.

O caso "Lilliam", citado por J. B. Rhine em sua obra *The Reach of the Mind,* é um exemplo excelente a tal respeito. "Lilliam tinha apenas nove anos de idade e fazia parte, no Refúgio Wright Durham, do grupo de crianças examinadas por Miss Pegram devido à aptidão e à clarividência. A experimentadora prometeu uma recompensa de 50 *cents* para quem acertasse 25 pontos, sem pensar seriamente que isso viesse a acontecer. Prêmios em bombons estavam previstos para êxitos menores. Lilliam, meninota esperta, resolveu acertar deveras e levou o caso tão a sério que chegou a escrever a Miss Pegram dizendo-se disposta a ganhar o meio dólar. Ao chegar à sua vez, ela exclamou: "Não diga nada! Vou tentar uma coisa!" Voltou-se de costas para a professora e ficou de olhos fechados durante algum tempo. Ao voltar-se para submeter-se à experiência, mexia com os lábios como se falasse sozinha. Interrogada sobre o que estava dizendo, respondeu: "Estou falando sem parar que quero acertar 25 vezes." E, de fato, realizou essa extraordinária proeza."

René Warcollier preconiza quatro processos de treinamento que seriam susceptíveis de favorecer a telepatia dirigida.

1.º O agente A procura fixar na mente o percipiente *P* o mais objetivamente possível, valendo-se para isso de fotografias, cartas e objetos dele, de maneira a assim criar o clima telepático. Imagina que se acha ao ambiente habitual do percipiente, caso conheça esse ambiente.

2.º O agente A imagina ser ele mesmo o percipiente P, identificando-se com ele, representando-lhe o papel como um ator habilíssimo, porém no plano do espírito. Atrai-o pela imaginação.

3.º O percipiente *P* esforça-se para vir a ser o agente, ser- vindo-se de fotografias, cartas etc., conforme faz o agente na primeira cláusula.

4.º O percipiente P imagina ser o agente, conforme na cláusula 2 se comporta o agente. E imagina assim atraí-lo.

Este método pode ser completado pela interessante observação do Prof. Gardner Murphy da *Universidade de Colúmbia* (Estados Unidos), da secção de psicologia. Três das pessoas com as quais fizemos experiências declararam que a condição mais favorável para a transmissão telepática consiste em desprender-se de tal maneira do sentimento das realidades até sentir a impressão de achar-se fora do corpo. Isso aplica-se tanto ao agente como ao percipiente. Um dos agentes verificou que os seus melhores êxitos ocorrem quando ele se concentra com intensidade na ideia ou na imagem a transmitir e se sente em seguida fora do corpo. Tem então a plena segurança de que o pensamento foi enviado, conquanto afinal de contas não esteja em absoluto cônscio do pensamento transmitido em semelhante transe. Foram nulos os resultados nos casos em que o agente se concentrou sem conseguir, porém essa abstração.

Por sua vez, Raphael Khérumian, que encara a telepatia como um fenômeno de ressonância resultante do sincronismo de dois processos intermitentes, preconiza o emprego de estímulos capazes de impor aos agentes e aos percipientes certos ritmos orgânicos similares. Tais estímulos podem ser fulgores ritmados, coloridos ou não, provindo de lâmpadas elétricas; como podem ser emissões ritmadas de ultrassons etc. Julgamos que também poderiam ser utilizados perfumes. No entanto, no que concerne aos fulgores ritmados e coloridos, as experiências têm mostrado que eles orientam a atenção dos percipientes, tornando-se desfavoráveis, isso sim, aos fenômenos telepáticos.

Por último, e muito recentemente, o Dr. Hubert Larcher retomou a questão dum ponto de vista teórico e sob um ângulo essencialmente físico-químico.

Organizou, primeiro, a lista das plantas alucinógenas que, segundo a tradição e algumas experiências, parecem favorecer a telepatia bem como outros fenômenos parapsicológicos. Em seguida, pesquisou se não existiria uma correlação entre esses fenômenos e a produção pelo organismo, em certas circunstâncias, de substâncias hormonais etc.

No que concerne às plantas comumente qualificadas como "divinatórias" que, classificadas em ordem alfabética, vão do acônito ao yohimbe e passando por uma série de outras quarenta, entre as quais podemos citar a beladona, o café, a coca, a cicuta, a dátura, a digitalina, o loureiro, a mandrágora, a nepentácea, a arruda, o tabaco, o chá, a *vinha,* o yaje, o Dr. Larcher observou, e essa averiguação é particularmente interessante, que para muitas dentre elas os seus princípios ativos apresentam certa analogia de constituição química.

Na pesquisa de substâncias de origem humana ligadas aparentemente ao desenvolvimento dos fenômenos parapsicológicos, o Dr. Larcher seguiu três caminhos diferentes: um, indicado pelos sinais clínicos apresentados pelos indivíduos parapsicológicos, outro, significado pelo estudo de estados particulares; e, finalmente, um terceiro, o da parapsicologia ascética e mística.

Entre os sinais clínicos que muitas vezes caracterizam os "médiuns", o Dr. Larcher cita a síndrome do Dr. Alain Assailly, que compreende quatro indícios principais: 1.º, o estufamento abdominal, comum na mulher pouco antes da menstruação; 2.º, a fragilidade capilar; 3.º, a demasiada lassidão ligamentar (distensão dos ligamentos); 4.º, a hipertricose, isto é, um desenvolvimento piloso acima do normal. Às vezes ainda se junta a esses sinais uma hiperestesia (sensibilidade exagerada) epigástrica.

O Dr. Assailly constatou também que os indivíduos parapsicológicos apresentam com frequência quatro componentes psicológicos: 1.º, a insatisfação (sensual, afetiva, intelectual); 2.º, a mitomania; 3.º, distúrbios da função especular, e que parecem condicionar, pelo menos em parte, a sugestibilidade e a mitomania; 4.º, a liberação dos automatismos. Esta semiologia levou o Dr. Assailly a discutir o possível papel de certas substâncias cuja atuação parece responsável pelos sinais físicos, orgânicos ou funcionais, observados em pessoas parapsicológicas. São principalmente os hormônios, as vitaminas e os esteróis: adrenalina, andrógenos, corticosteroides, citocina, estrógenos, progestógenos, relaxina, tiroxina, vasopressina, vitaminas C e P, colesterol. Para grande número destas substâncias, da mesma forma que no que concerne às plantas "divinatórias", pode-se estabelecer certa filiação química e biológica.

Os estados particulares favoráveis ao fenômeno parapsicológico podem ser fisiológicos, psicológicos ou patológicos.

Os estados fisiológicos são os da hiperexcitabilidade geral; ou, pelo contrário, o da hipoexcitabilidade. Os primeiros são suscitados pela hipertireoidia ou pelos fenômenos hormonais que se produzem durante o período pré-menstrual, este aliás estando muitas vezes ligado a uma estimulação tireoidiana. Os segundos podem ser produzidos por um estado de relaxamento, o sono natural ou o sono hipnótico.

Os estados psicológicos são os estudos emotivos, a concentração mental sobre determinado objeto ou assunto acarretando um estado hipnoide; e também os estados de dissociação psicone-vrótica.

Quanto aos estados patológicos que parecem favorecer o aparecimento do fenômeno parapsicológico, trata-se essencialmente de certas psiconevroses associadas à epilepsia e dos estados resultantes dum defeito de oxigenação do cérebro.

A psicofisiologia ascética e mística revela que as condições psicofisiológicas favorecedoras são quase as mesmas que acabamos de passar em revista; estados emotivos, estados de concentração, ou, inversamente, estados de dissociação, estados resultantes da falta de oxigenação do sangue, dos tecidos e do cérebro, mortificações (castidade, restrições alimentares, jejum), práticas respiratórias dos yogis etc.

Julgamos, finalmente, que um treinamento psíquico adequado, associado a exercícios respiratórios e de relaxação, favorece consideravelmente o aparecimento de certos estados paranormais. Voltaremos a este ponto no capítulo XVII.

# *O Estado de Transe*

Os processos, as práticas e a utilização de certas substâncias, que acabamos de considerar, visam em suma a provocar no indivíduo normal um estado orgânico e psíquico particular que se produz espontaneamente nos indivíduos metapsíquicos e que parece ser uma condição indispensável para o aparecimento dos fenômenos paranormais.

Esse estado, que se chama "o estado de transe", assegura a atuação dos poderes crípticos do organismo ou do espírito. E em particular, no que concerne aos fenômenos subjetivos ou psicológicos, a emergência, ao nível da consciência, de informações paranormais.

Do ponto de vista psicológico, o transe pode expressar-se por um ligeiro obscurecimento da consciência. Ou, ao contrário, pela inconsciência total, podendo ser acompanhado duma crise convulsiva.

Do lado fisiológico, os seus sintomas são variados e inconstantes. Podemos citar o esfriamento das extremidades, a palidez ou, ao contrário, a vermelhidão do rosto, o aumento das pulsações cardíacas, que passavam de 90 para 100 por minuto em Ossowiecki e de 70 para 120 em Eusapia. Cumpre notar que os sintomas orgânicos do transe são sempre mais nítidos nas pessoas apresentando efeitos físicos do que nos telepáticos e nos metagnomos. Assim, em Rudi Schneider a frequência respiratória passava de 12 a 14 respirações por minuto para uma extraordinária hiperpnéia indo de 214 a 350 respirações por minuto. Outros sinais fisiológicos podem ser observados; em particular o aumento das secreções e a atividade genésica, conforme se podia constatar em Eusapia. Em Kluski, o transe manifestava-se por palpitações, sede intensa, dores vivas em diversas partes do corpo, e às vêzes por escarros de sangue e pelo aparecimento de manchas sanguinolentas. Em muitas pessoas apresentando só efeitos físicos o transe se exprime também por um estado hipnoide mais ou menos profundo. E também há algumas pessoas que só são metagnomos durante a hipnose. Tais eram os casos de Alexis Didier e de Mme. Morei.

A eletrencefalografia do transe não forneceu resultados com- probatórios, o que não é de espantar visto que o emprego duma aparelhagem é suscetível de fazê-lo cessar. Contudo, Franke e Koopman, que submeteram telepatas, clarividentes e psicômetros a eletroencefalogramas, constataram, parece, que as funções bulbares no decorrer do transe se anulavam.

A dissociação funcional, que caracteriza o transe, efetua-se segundo modalidades variadas.

Certos indivíduos a obtêm facilmente ou quase sem esforços. "Basta-lhe", escreve o Dr. Osty, "suspender voluntariamente e durante um curto instante a atenção para que se transformem logo em seguida em espectadores de alucinações, como num sonho. Parando um momento o pensamento consciente, ei-los que sonham acordados. Exteriormente nada aparece desse trabalho mental paranormal. Tais indivíduos parecem captar o conhecimento supranormal como se estivessem refletindo, e o expressam como se expressassem um pensamento comum."

Eis, no caso, como as coisas se passam habitualmente: a pessoa põe-se a olhar de maneira fixa, ou então fecha os olhos. As pálpebras batem um pouco, as mãos têm alguns estremecimentos, e dentro em breve surgem as imagens mentais informativas.

"Outras pessoas", continua o Dr. Osty, "atuando igualmente acordadas, têm a dissociação mental menos fácil. Só a obtêm mediante artifícios. Umas fixam a sua atenção olhando firme para qualquer coisa: as linhas da mão, uma bola de cristal etc. Outras provocam o trabalho psíquico inconsciente pela prática da expressão automática: mesas ruidosas, escrita automática etc. Por fim, existe uma categoria de indivíduos metagnomos nos quais a manifestação funcional do seu psiquismo só aparece durante a hipnose, e com diversos graus de profundidade."

Quase todos os indivíduos metapsíquicos se dão conta, no momento do transe, das mudanças fisiológicas e psicológicas que ocorrem neles. Tais mudanças foram perfeitamente analisadas por um clarividente de grande classe, Raoul de Fleurière, que estudamos não há muito tempo.

"No que me concerne", confiou-nos ele, "desde que principia a visão metapsíquica percebo muito bem que o meu estado mental não tem mais nada em comum com o meu estado psíquico habitual. Entro instantaneamente numa espécie de estado segundo o qual, não sendo mais o mesmo homem, não vejo nem sinto mais pela forma habitual. Ocorre em mim algo como um desdobramento da personalidade; ou antes, é como se uma pessoa, escondida no mais recôndito do meu ser, surgisse de repente para se sobrepor à minha pessoa normal. Não que eu sinta o meu psiquismo habitual abolido ou anulado. Em absoluto. Tenho, isso sim, a impressão de que já agora há duas entidades que participam do meu ser, como dois locatários misteriosos que habitassem dois andares diferentes; em cima, a inteligência consciente, momentaneamente mais passiva; embaixo, a inteligência subliminal em plena ebulição... Os poderes dessa inteligência subconsciente são prodigiosos. Dir-se-ia que ela engendra forças misteriosas, sentidos internos circunstanciais, novas faculdades indefiníveis que desafiam toda e qualquer análise e qualquer classificação. Desses elementos que renascem sem cessar parece constituir-se um bando de operários que trabalham para ela de todas as maneiras e por toda parte ao mesmo tempo. Dir-se-ia uma legião de detetives, de repórteres, de exploradores lançados por ela em todas as direções e encarregados de trazer-lhe todas as informações que possam conseguir... Penso sem querer nas palavras de Virgílio: *fervet opus,* aludindo à colmeia em pleno trabalho, como se também eu tivesse na cabeça uma colmeia fervilhante; isto é, milhões de elementos diversos encarniçados na produção da visão paranormal."

## *Natureza e Mecanismo da Percepção Extra-sensorial*

O mais sensato, talvez, seria escrever aqui: "Não sabemos nada." Sem dúvida é revoltante pensar que conhecemos melhor hoje o átomo do que conhecemos o cérebro e o pensamento, mas infelizmente assim é, e temos que aceitar as coisas conforme elas são.

A primeira ideia que vem ao espírito é assimilar a telepatia a uma transmissão do pensamento mediante uma cintilação indo do agente ao percipiente ou, inversamente, do percipiente ao agente. Um certo estado fisiológico do cérebro de A, estado que seria concomitante da imagem mental a transmitir, suscitaria por intermédio de ondas ou de radiações o mesmo estado fisiológico ou um estado vizinho no cérebro de B.

Mas se algumas ondas extra cerebrais parecem ter sido efetivamente captadas com a ajuda de aparelhos apropriados, é bastante difícil supor que constituam o suporte de mensagens telepáticas, a não ser que admitamos que a sua propagação é, em certa medida, independentemente do tempo e do espaço.

Por outro lado, se essa teoria do rádio mental (que foi retomada recentemente com muita habilidade por Raphael Khérrumian após a descoberta pelos russos dos interceptores, que são dispositivos anatômicos viscerais cuja sensibilidade é comparável à dos órgãos dos sentidos) apresenta aparentemente certa verossimilhança no que concerne à telepatia, ela é incapaz de explicar a clarividência pura, isto é, o conhecimento paranormal duma realidade secreta de natureza objetiva. E, menos ainda, assim podemos dizer, de interpretar a precognição. Ora, telepatia, clarividência e precognição são provavelmente fenômenos da mesma natureza.

Diante dessas dificuldades intransponíveis, muitos autores rejeitaram a teoria energética e encararam outras explicações.

Assim é que C. G. Jung considera que cada vez que as categorias temporal e espacial parecem limitadas senão eliminadas, como ocorre precisamente no caso do fenômeno *psi,* o princípio da casualidade deve ser substituído pelo da sincronicidade. Segue-se daí que haveria uma espécie de coincidência, uma sincronicidade entre, dum lado os fatos objetivos ou psíquicos interessando um indivíduo, e do outro o seu conhecimento telepático ou premonitório, este não sendo em suma senão uma expressão descritiva. "Na ordem da sincronicidade", escreve Jung, "os dois fatos acham-se ligados duma maneira não causal, mas significativa, ou melhor significante *(singemass)."* Se cada termo da coincidência advém duma cadeia causai de acontecimentos, contudo a coincidência propriamente dita não obedece às leis da casualidade.

Mas o recurso a um princípio misterioso de sincronicidade que regeria o mundo, ao mesmo tempo que o princípio da casualidade, não explica nada; a teoria da sincronicidade reduz-se em definitivo a uma constatação que exprime a nossa ignorância em face do fenômeno *psi.* Além disso, ela não é absolutamente original, pois já foi formulada outrora. Assim é que a encontramos, no que ela apresenta de essencial, em A *Mesa de Esmeralda;* no *Kijbalion,* e no livro dos oráculos chineses *I Ging.*

Já os parapsicólogos anglo-saxões são quase unânimes em admitir que os fatos *psi* implicam uma concepção idealista da psique. "Estamos", dizem eles, "na presença dum fato psicológico puro, dum fato que testemunha a existência e a atividade duma potência irredutível às funções fisiológicas, aos mecanismos físico-químicos." Além disso, muitos deles admitem, com William James, a existência dum inconsciente coletivo. "O homem", escreve o ilustre filósofo, "vive imerso no fluxo contínuo da consciência cósmica". Uma parcela desse espírito universal penetraria no cérebro de cada indivíduo que o receberia como o seu próprio espírito ou como a sua própria consciência. Whately Carington, retomando uma ideia de Prentice Mulford segundo a qual o homem recebe do exterior os elementos do pensamento, compara a hipótese de William James com a teoria dos "psychons", que seriam cargas psíquicas tendo certa autonomia e capazes de associar-se não só no mesmo psiquismo mas também no psiquismo de pessoas diferentes, podendo estar afastadas umas das outras.

Deve-se aliás notar que, neste gênero de concepções idealistas da psique, Bergson não faz muito tempo foi mais audacioso ainda do que os autores acima citados, pois ele supõe que o espírito em si tem consciência de tudo, independentemente dos dados do tempo e do espaço, e que, para salvaguardar a eficácia dos mecanismos biológicos, a função do cérebro é banir a maior parte desse conhecimento que, praticamente, não é útil ao homem. Partindo dessa hipótese, o fenômeno *psi* seria o resultado da infiltração na consciência individual de certos dados mentais normalmente repelidos pelo cérebro.

Por fim, Gabriel Mareei acha que existem realidades psíquicas inextensas e intemporais.

Infelizmente, porém, quer se trate da teoria de Jung, da hipótese de William James completada ou não pela dos "psychons", ou enfim das concepções bergsonianas e marcelianas, essas "explicações" são essencialmente verbais e torna-se difícil imaginar de que maneira poderíamos submetê-las ao critério da experiência.

De forma que podemos dizer, como Julian Huxley, que "os fenômenos do conhecimento paranormal não podem ser explicados de nenhuma maneira nem inseridos do quadro geral duma teoria científica". O que não significa, bem entendido, que eles não possam ser estudados cientificamente.

CAPÍTULO III

# TRANSMISSÃO DO PENSAMENTO E CONHECIMENTO PARANORMAL FALSIFICADOS

## *Transmissão Simulada do Pensamento*

A transmissão do pensamento, do operador ao percipiente, é uma das ilusões mais correntes porque pode ser apresentada não só no palco como também em lugares públicos.

Conhece-se o efeito: o percipiente, geralmente uma mulher, está sentada numa cadeira, com os olhos vendados. Locomovendo-se pela sala ou, quando a sessão se realiza ao ar livre, pelo círculo deixado livre entre os espectadores, o operador mostra um objeto, recolhe uma pergunta, e instantaneamente o percipiente designa o objeto ou responde à pergunta.

Quando a experiência é feita por grandes artistas como são M. e M. ou como eram os irmãos Isola ou ainda Robertson e seu "médium" Lucila, o espectador tem a ilusão dum fenômeno psíquico.

Na realidade, não se trata dum fenômeno paranormal; a transmissão de palavras, do operador ao suposto percipiente, não se faz pelo pensamento, mas é realizada com a ajuda de palavras ou de gestos. Daí a existência, no caso, de duas formas de transmissão: 1.°, pela palavra; 2.°, pelo gesto. Existem, além disso, sistemas mistos.

Em geral, as palavras a transmitir entram em listas onde recebem uma numeração, as próprias listas por sua vez também sendo numeradas. Para comunicar uma palavra, bastará portanto remeter o número da lista e depois o número referente à palavra. Esses números não são, aliás, enunciados; no mais das vezes se acham transformados habilidosamente em palavras que entram numa frase banal. O suposto percipiente é que faz a operação substitutiva, isto é, transformando para seu uso as palavras em números que indicam, segundo a combinação pré-estabelecida, a palavra que deve ser revelada ou o ato que deve ser realizado.

Os códigos revelados nesses conchavos são numerosos. Quase todos, porém, derivam dum código descrito num livrinho que data de 1850: *Coleção antiga e nova de lances de física os mais recreativos e os mais surpreendentes postos ao alcance de todos,* sem nome do autor, editado por Bailly.

Suponhamos que o operador queira transmitir a palavra "gorro". Um quadro foi estabelecido de antemão para que os números signifiquem peças de roupas. Assim, por exemplo:

| | | | |
|---|---|---|---|
| 1 | Meia | 6 | Calçado |
| 2 | Blusa | 7 | Camisa |
| 3 | Gorro | 8 | Colete |
| 4 | Cinto | 9 | Calças |
| 5 | Chapéu | 10 | Sobretudo |

De antemão, o operador e o adivinhador combinaram a correspondência entre as perguntas e os números. Assim, "anuncie" significará o número 1; "como" significará o número 2; "designe" significará o número 3; "responda" significará o número 4; "diga" significará o número 5; e assim por diante.

É claro que os códigos utilizados são muito mais complexos do que aquele que acabamos de interpretar linhas acima. As listas preparadas referem-se a cores, metais, joias, objetos contidos numa carteira de bolso, objetos existentes numa sala, os meses, os dias da semana, certas árias de certas óperas ou operetas etc. E ao fazer a pergunta o operador, conforme já explicamos, deve transmitir dois números, o da lista e o dum objeto constante dessa lista. Além disso, um bom operador deve o mais possível misturar as palavras-chave na conversa com que ele engambela o público, de maneira que nada do código venha a transparecer.

Há ainda excelentes operadores que empregam uma espécie de "estenografia fônica" que lhes permite transmitir ao adivinhador frases inteiras com uma rapidez fulminante.

Em tais condições, a realização da experiência torna-se difícil, sendo indispensável que o operador e o percipiente estejam não só combinados como bastante treinados antes de se apresentarem ao público.

Conforme já dissemos, a transmissão do pensamento pode fazer-se também por sinais. O número do código corresponde, no caso, a um determinado gesto discreto: posição do pé ou da mão; levantamento do grande artelho que faz a ponta do sapato mover-se; boca mantida um pouco entreaberta; soerguimento da cabeça; testa vincada; movimentos imperceptíveis do queixo; direção do olhar para determinado ponto; imposição dos dedos sobre a cabeça etc.

Assim, a posição do braço e a posição da mão permitem formar múltiplas combinações suscetíveis de designar números. A posição do braço direito poderá indicar o número duma lista, e a posição da mão esquerda poderá corresponder ao número de certo objeto.

A vantagem do processo pelos gestos está, dum lado, em sua rapidez; e, do outro, em sua discrição. O inconveniente está na necessidade de o operador permanecer sempre à vista do adivinhador; daí o emprego, por certos experimentadores, do sistema misto.

Será preciso dizer que a venda que cobre os olhos do adivinhador não tem nenhuma eficácia?

Certos truques quanto à venda repousam no tecido que, apesar de várias dobras, permanece sempre transparente. Ou então as partes dobradas não se superpõem, restando sempre uma rasga, de meio centímetro que seja, porém, suficiente para deixar ver. Pode-se também desfiar certo trecho do pano, sendo este, para iludir o público, bastante opaco. A zona imperceptivelmente desfiada coincidirá com os olhos. Caso se queira provar a algum espectador que o pano é bastante grosso, ao passá-lo como venda se deixa a parte desfiada em cima da sua testa.

Os vendedores de aparelhos de prestidigitação fornecem uma faixa de vedação preparada para o truque, constituída por duas dobras do pano costuradas de modo a este não poder ser de todo aberto no local "falso". Dentro das duas dobras há um terceiro pano, deveras opaco, porém furado no lugar dos olhos. A faixa pode apresentar cordões que servirão para fixar a venda em redor da cabeça. Há ainda faixas falsificadas, constituídas por uma faixa larga e uma placa de algodão cujo bordo esconde um espelhinho de um centímetro quadrado de superfície. Tudo muito bem dissimulado, mesmo quando algum espectador o revista. Assinalemos ainda que inclusive uma faixa não preparada permite a visão pela maneira com que é posta aproveitando a proeminência do nariz. Veremos que essa particularidade pode ser utilizada na prática do cumberlandismo bem como nas experiências com objetos escondidos em invólucros.

É ainda por meio de sinais discretos que o operador pode transmitir ao seu cúmplice uma série de números escritos secretamente no quadro-negro por um espectador. A operação faz-se fàcilmente por meio dos dedos, esticando-os ou encolhendo-os etc. Certos operadores e seus cúmplices adquirem nesse exercício um virtuosismo assombroso. Temos visto operar cúmplices que anunciam os números com uma rapidez prodigiosa, muito embora os movimentos dos dedos do operador sejam a bem dizer imperceptíveis mesmo para quem conhece o truque.

A experiência termina geralmente com a designação dos números à medida que estes são riscados pelo prestidigitador. Neste caso, ele segura o quadro com a mão esquerda, de maneira natural, e o cúmplice, colocado distante, vai enunciando os números valendo-se para isso das indicações dadas pelos dedos dobrados, indicações estas logicamente invisíveis para os espectadores visto que os dedos se acham tapados pelo quadro.

Outro truque simples e audacioso, bem diferente dos processos que acabamos de descrever, consiste em tanto o operador como o outro saberem de cor uma série de objetos que se encontram na sala. Sem dizer palavra, o operador mostra sucessivamente os objetos na ordem combinada e a outra pessoa os vai designando vagarosamente, fingindo vacilar. Este exercício, rapidamente levado a cabo, pode rematar de modo brilhante uma sessão de transmissão de pensamento realizada com a ajuda desses recursos habituais. A suposta transmissão de pensamento pode fazer-se também por meios mecânicos, dos quais os mais comuns eram antigamente o telefone ordinário, habilmente dissimulado, o tubo acústico ou o simples fio. Atualmente aqueles dispositivos são substituídos por aparelhos mais aperfeiçoados: um microfone sensibilíssimo, ou um diminuto aparelho de rádio de ondas curtas. O aparelho acha-se escondido na roupa, e as conversas que o artista trava com o público são captadas na cena pelo suposto médium. Este aparelho para "leitores do pensamento" acha-se à venda nos Estados Unidos desde 1937. Acrescentemos que um aparelho de rádio de ondas curtas, absolutamente invisível, pondo em jogo os movimentos da glote, foi muito recentemente posto à disposição dos ilusionistas. Aliás, ele é usado também em aviação. Depreende-se que tais aparelhos, estando ao alcance do primeiro interessado, já nem o valor de coisa inédita possuem mais. Anotemos ainda a utilização, por parte dalguns experimentadores, dum assovio de ultrassons audíveis por indivíduos privilegiados. É bem possível que nas experiências do Dr. Soai e de M. Bowden, relatadas no livro *The Mind Readers* (Os Leitores da Mente) os jovens Jones se tenham servido desse assovio.

## *O Cumberlandismo*

As experiências de cumberlandismo, realizadas pela primeira vez pelo ilusionista britânico Stuart Cumberland — daí o termo empregado para designá-lo — são apresentadas muitas vezes sob o disfarce de telepatia. Na realidade, o cumberlandismo não é uma transmissão do pensamento, também não sendo, contudo, quando realizado de maneira leal, uma falsificação autêntica, digamos assim. Trata-se mais dum fenômeno de natureza psicomotora. Eis a sua descrição, segundo Charles Richet em seu *Tratado de Metapsíquica:* "Um indivíduo *A*, sensível ou se dizendo sensível, em todo caso bastante inteligente, se tem na conta de, segurando a mão duma pessoa qualquer, lhe adivinhar o pensamento. Traz à cena um indivíduo *B,* pegado ao acaso na plateia ou na multidão. Esse infeliz *B*, intimidado por se ver assim exibido como parte do espetáculo, aparece, portanto, tímido, acanhado, segurando a mão de *A*. Este o faz caminhar ao seu lado, ora depressa ora devagar, e conforme o andar de *B,* adivinha logo, graças a uma certa perspicácia, onde *B* quer conduzi-lo. E assim, chega direito a um dos pontos da sala (é o ponto em que *B* pensou). Para diante dum dos assistentes ou espectadores, retira-lhe um lenço e vai levá-lo a outro ponto qualquer do teatro; tudo isso causando grande pasmo à assistência e principalmente a *B* que quis tais movimentos e que imagina que *A* leu o seu pensamento!

Na realidade, porém, *A* apenas interpretou habilmente os movimentos inconscientes, involuntários e ingênuos desse infeliz *B* que ignora que foi ele próprio, com seus músculos, com seus movimentos leves, quem forneceu aquelas indicações extremamente exatas. E o público deixa a plateia cada vez mais convencido de que houve telepatia; de sorte que a crença na telepatia se impõe à multidão. Mas no caso não houve mais telepatia do que a que existiria nas patas duma rã, excitadas por uma pilha elétrica."

Mais preciso do que Richet, Henri Durville fornece em o *Journal du Magnétisme* a técnica a ser seguida para se descobrir um objeto através do cumberlandismo:

"Imaginemos", escreve o reputado autor de obras psíquicas, "que se trata de descobrir o relógio que foi escondido no bolso do casaco do terceiro espectador da oitava fila. O magnetizador, segurando a mão do seu guia, diz-lhe: "Concentre com bastante força o seu pensamento no local e na pessoa onde e em quem o senhor colocou o objeto". Prossegue então e, se não sente nenhuma resistência, depreende que se acha em boa pista. A fim de sentir exatamente a menor resistência, o suposto leitor do pensamento alheio se coloca na ponta dos pés e, segurando fortemente entre as suas duas mãos a mão da tal pessoa, oscila de leve o corpo. A mão que ele segura lhe indica por uma ligeira resistência o lado para onde não deve ir; ele então prossegue bem direito para frente até que certa hesitação do seu guia involuntário lhe faz perceber que convém parar. Então ele para, mas após haver tentado várias vezes prosseguir e sentir a mesma resistência. Acha-se, portanto, diante da oitava fila, aquela onde está o portador do objeto a descobrir. Qual será o espectador? O mesmo processo vai servir para reconhecê-lo. Passando diante do terceiro espectador, o guia fará um movimento involuntário na mão que está segura, e o magnetizador parará, como em face duma súbita inspiração. Onde está o relógio? O magnetizador, segurando sempre a mão do seu guia, passa essa mão pela roupa do espectador designado. Na direção do objeto o guia, que sabe onde se acha o relógio, tem uma parada mais lenta, porém sempre perceptível, mormente paia um homem que desde longa data se vem exercitando nesse gênero de percepção. O objeto acha-se naquela direção e sem dúvida no local onde ele sentiu certa resistência. O relógio então é agarrado e mostrado ao público que desanda a aplaudir."

A percepção dos movimentos inconscientes da pessoa dá-se de diferentes modos. Certos experimentadores seguram apenas o dedo indicador do espectador benévolo; outros interpõem uma fita entre a mão do guia e a sua, o que torna a experiência mais atraente, mas também um pouco mais difícil; outros há que mantêm a mão esquerda (que o espectador segura) erguida à altura do ombro, dando-se então assim um aumento dos movimentos inconscientes; outros se contentam em palpar-lhe o pulso, muito de leve. Por fim, existem prestidigitadores que agem sem nenhum contato e com os olhos vendados, sendo então guiados pelos movimentos dos pés ou pelos do rosto do guia. Conforme já assinalamos, a venda utilizada é "preparada", isto é, trata-se duma faixa falsificada, ou que pelo menos permite ver graças à proeminência do nariz. Lógico que se for uma faixa "fingida" permite a visão direta. Além disso, tanto num caso como no outro, a faixa tem a vantagem de isolar o operador da assistência, de facilitar a sua concentração e de evitar a desconfiança do guia cujos movimentos involuntários são então mais nítidos.

Os atos que podem ser executados graças à percepção dos movimentos impulsivos dum guia podem parecer bastante complicados. Na realidade não o são, pois entram quase todos na mesma categoria: descobrir um objeto escondido numa sala de experimentações, para tanto levando o operador a um ponto determinado; encontrar um alfinete escondido e espetá-lo num lugar muito exíguo medindo apenas alguns milímetros quadrados de superfície; indicar uma carta num baralho espalhado com as cartas viradas para baixo etc. No *Instituto Metapsíquico Internacional* vimos um operador de qualidade realizar todas essas experiências e outras mais complexas com uma rapidez e uma precisão assombrosas.

Também nos foi dado, a pedido dum grande hebdomadário de atualidades e de informações, fiscalizar experiências desse gênero qualificadas de "paranormais" pelos redatores dessa revista. Eis, a propósito, um estrato da carta que nos foi dirigida: "O nosso jornal organiza quarta-feira, dia 18 de janeiro de 1956, às 18 horas, uma sessão experimental sobre a transmissão de pensamento e a vidência na presença dum meirinho e de personalidades escolhidas. O nosso fim é tratar num plano científico do caso do vidente T., cujas experiências prévias se revelaram verdadeiramente extraordinárias. Esperamos com este fato contribuir de maneira interessante para uma ciência ou uma arte injustamente desacreditadas. Ficaremos muito honrados com a sua presença nessa reunião e lhe daremos todas as possibilidades de controlar as experiências previstas. É claro que tomamos essa iniciativa com bom conhecimento de causa, e podemos garantir que T. se empenhará integralmente para evitar qualquer malogro, já que os testes não apresentaram a mínima percentagem de erro..."

Efetivamente, as experiências realizadas por T. apresentaram um aspecto paranormal e tiveram pleno êxito. Primeiro, diversas etiquetas foram coladas em cima das pálpebras de T.; depois dois antolhos foram ajustados sobre as etiquetas e por último uma faixa recobriu tudo. Isto feito, T. realizou certo número de exercícios clássicos, como pegar uma vela e colocá-la em cima dum cinzeiro de vidro situado por sua vez bem no centro duma mesa, depois pegar num mata-borrão (montado em sistema de berço) e colocá-lo em cima dum consolo de mármore etc. Uma dessas experiências surpreendeu tanto a assistência que foi considerada como incontestavelmente paranormal. O ato a executar consistia em pegar um copo de cor vermelha colocado num armário embutido, copo esse que se achava entre uma porção de outros de cores diferentes. O experimentador agarrou primeiro um copo verde; depois, ao ser notificado que se enganara, o recolocou no lugar e pegou um copo vermelho, que aliás era o único daquela cor, e entregou-o a uma dama que fazia parte da assistência. A ordem, escrita previamente num papel, era a seguinte: "Abra o armário, tire um copo vermelho e entregue-o à dama que está sentada diante da janela."

Na realidade, este exercício, bem como os precedentes, eram experiências de cumberlandismo revestidas de mistificação.

Antes de tudo, não obstante a profusão de dispositivos obtura- dores colocados sobre os seus olhos, T. estava vendo perfeitamente. Ao lhe ser colocada a venda de pano, ele a apertou oblíqua- mente sobre a parte superior das etiquetas fazendo assim com que elas se descolassem escorregando também para cima, o mesmo sucedendo aos antolhos. A fenda obtida entre as etiquetas e as escavações das órbitas permitia-lhe então ver o assoalho e, ao erguer a cabeça, ver tudo na sua frente. Além disso, conforme já prevenimos o leitor, a proeminência do nariz tornava inútil a venda. Terminadas as experiências, T. levou a mão à testa num gesto muito natural de cansaço e isso lhe bastou para tornar a colar as etiquetas em cima das pálpebras.

No que concerne à experiência do copo escolhido, T. tinha todas as chances para acertar, pois estava vendo muito bem todos os copos. Além disso, ao passar a mão em cima dos diferentes copos um movimento involuntário do espectador (cujo punho ele segurava) o guiou quanto à escolha. E por fim, entre os diversos copos, azuis, verdes, escuros, violáceos, não era difícil se prever que um copo encarnado tinha as maiores probabilidades de ser distinguido entre os demais. Nessas diversas espécies de experiências feitas muito rapidamente, os espectadores em geral escolhem as cores berrantes, os objetos mais evidentes etc.

Essas experiências de cumberlandismo foram seguidas pela leitura de escritos. Mas aí, tudo quanto eu vi foi pura e simples simulação, já que a venda era inútil, "fingida". No entanto, os assistentes acreditaram que se tratava de fatos de vidência e me vi em dificuldades para convencê-los do contrário. Houve mesmo várias pessoas que não admitiram as minhas explicações e persistiram em sua crença.

Acrescentemos que o cumberlandismo pode apoiar-se em conchavos ou combinações mediante a presença dum assistente que,

empregando gestos discretos (posição do pé, das mãos, modo de segurar um cigarro etc.), indica a direção a ser tomada, o local onde se acha escondido o objeto, e mesmo a sua natureza.

## *Conhecimento Paranormal por Falsificação*

Entre as numerosas experiências simuladas quanto ao conhecimento paranormal e tidas como experiências metapsíquicas, trataremos apenas das mais típicas; a dos bilhetes, a dos objetos guardados em envelopes, e as de pseudo-clarividência.

A experiência dos bilhetes, que constituiu em tempos uma especialidade do "médium" Slade, faz parte agora do repertório dos prestidigitadores "mentalistas". Eis em que consiste: o prestidigitador distribui papeizinhos a uma dúzia de espectadores, para que estes aí escrevam uma frase curta. Isto feito, os espectadores dobram os papéis, que logo são recolhidos. Após misturá-los, o prestidigitador pega os bilhetes, um após outro, leva-os à testa e diz o que está escrito. À medida que a experiência se vai efetuando, os bilhetes vão sendo abertos sucessivamente pelo prestidigitador e lidos em voz alta, para a verificação.

Adivinha-se facilmente o truque. Ao recolher os papéis dobrados, o prestidigitador anexa um bilhete no qual ele próprio escreveu uma frase. E é esta frase que é enunciada em primeiro lugar. E quando o prestidigitador abre afinal o primeiro bilhete a fim, segundo ele diz, de verificar o que acabou de ser lido alto, aproveita para tomar conhecimento duma frase realmente escrita por um dos espectadores e é essa frase que em seguida será atribuída ao segundo bilhete; e assim é feito, gradualmente.

O operador abstém-se de perguntar se um dos espectadores reconhece o texto atribuído ao primeiro bilhete; mas, em compensação não deixa daí por diante de fazer essa interrogação quanto aos demais papéis.

A experiência torna-se mais fácil e exige um esforço mnemônico menor quando as frases escritas se referem a perguntas feitas. Com efeito, em tal caso, o prestidigitador pode responder às perguntas de maneira mais ou menos exata.

Com a experiência dos objetos guardados em envelopes entramos no domínio dos lances (ou "golpes") de aparência bastante no gênero do fenômeno paranormal. Aliás, vimos tal experiência apresentada por um operador que possuía mesmo verdadeiras faculdades de vidência, muito embora as sessões dadas por ele fossem uma mistura inextricável de truques de prestidigitador e de fenômenos paranormais.

Distribuem-se envelopes a uma dúzia de espectadores convidados a subir ao palco, onde ficam sentados em cadeiras, seis à direita e seis à esquerda. Após um lero-lero tendente a convencer que se trata mesmo duma experiência psíquica, o artista distribui vinte envelopes. Dá um a cada pessoa sentada no palco e distribui os restantes a alguns espectadores da plateia.

Em seguida, o operador pede aos assistentes munidos dum envelope que introduzam dentro dele, escondido, um pequeno objeto, anel, broche, piteira, chave, lápis etc., e que feche o envelope. Pede em seguida a um espectador benevolente que reúna todos os envelopes e os coloque dentro dum cestinho, tratando de baralhá-los. O cestinho é posto em cima duma mesa à vista de todos. E então o operador segura durante alguns instantes a mão dos espectadores que participaram da experiência "a fim", diz ele, "de se impregnar dos seus respectivos fluidos que ele reconhecerá assim que manipular tal ou tal envelope."

Isso feito, e após deixar que lhe vendem os olhos e após executar alguns gestos de pura encenação — por exemplo soprar os dedos, passar as mãos na chama duma lâmpada de álcool, o artista extrai do cestinho um envelope qualquer e após manipulá-lo um pouco se dirige abruptamente para uma pessoa no palco ou na plateia e lhe entrega o envelope. Este, aberto, contém efetivamente o objeto que o espectador aí escondera.

A experiência prossegue da mesma forma até que vinte espectadores tenham recebido os envelopes contendo o respectivo objeto.

O princípio do "golpe" ou do truque é simples, mas a sua aplicação não é absolutamente fácil: cada envelope está marcado com um número de ordem, constituído por um ponto feito a lápis num determinado canto. Ora, é esse sinal que permite identificar o proprietário de cada objeto. Os seis primeiros envelopes, numerados de 1 a 6, são dados aos espectadores que se acham no palco sentados à direita, por exemplo. Os envelopes marcados de 7 a 12 são distribuídos aos outros seis espectadores sentados à esquerda. E os envelopes restantes são distribuídos da mesma forma pela plateia.

Após a mistura dos envelopes, o operador pega um, ao acaso. Se o sinal a lápis indicar que se trata do envelope n.º 5, ele o levará às pessoas sentadas à direita. Não obstante a venda que lhe recobre os olhos e que não precisa ser uma venda "preparada", o experimentador reconhecerá facilmente a pessoa n.º 5: basta que conte os pés dos espectadores alinhados e que ele pode ver graças ao vão que a proeminência do nariz determina sob a faixa.

Uma boa variante desse truque, suscetível de "tapear" até mesmo os espectadores que desconfiam de marcação, consiste em numerar os envelopes por dentro. A apresentação da experiência tem então que diferir um pouco. Após a distribuição e a coleta dos envelopes, o operador pega um envelope, ao acaso, como precedentemente, porém o rasga e retira o objeto que ele contém, mostra-o aos espectadores e pede à pessoa proprietária do objeto que pense com a maior concentração: "É meu!" Ao mesmo tempo ele espia o número que, conforme acabamos de explicar, está marcado do lado de dentro. Após fingir algumas hesitações, o operador dirige-se ao proprietário do objeto e lhe entrega.

A seguinte experiência, realizada por certos "médiuns", deixou intrigados muitos metapsiquistas.

O experimentador — digamos o metapsiquista — escreve uma frase curta ou desenha qualquer coisa num pedaço de papel que é colocado num envelope; este é fechado imediatamente e entregue ao metagnomo que o manipula, o leva até a testa e, finalmente, diz qual é o conteúdo. Claro que em momento algum, antes disso, o envelope foi aberto.

Ora, para realizar essa "vidência", o médium no decorrer das suas manipulações simplesmente embebeu o envelope em álcool a 95 graus. Tal líquido torna o papel momentaneamente transparente, permitindo assim a leitura de escritos ou a apreciação do desenho. Em menos dum minuto o álcool se evapora e o envelope torna a ficar opaco. Para se aplicar o álcool sem que tal operação seja vista, basta empregar-se uma pequena esponja em- palmada entre os dedos. Fazê-la desaparecer após o momento necessário é manobra facílima para um prestidigitador.

Caso se trate de adivinhar uma carta contida dentro dum envelope, lógico que a superfície a umedecer é mais extensa, e pode- se conservar a esponja no bolso. Basta impregnar-se o polegar com álcool e passá-lo depois em cima do envelope. A experiência torna-se particularmente fácil com cartas de pôquer que trazem uma marcação num canto. A superfície a embeber reduz-se em tal caso a cerca de apenas um centímetro quadrado. Para descobrir o texto escrito, pode-se também recorrer ao papel carbono. A folha de papel carbono, sobreposta a uma folha de papel branco, é enfiada debaixo duma cobertura sobre a qual se az o experimentador escrever.

Também é possível empregar, para a mesma finalidade, uma placa de metal sobre a qual foi colocada uma folha de papel cujo verso se acha recoberto de parafina, de espermacete, de sabão ou, melhor ainda, de diadermina. Nessas condições o texto escrito fica decalcado sobre a placa metálica.

Acrescentemos ainda que na América do Norte se vende uma prancheta (absolutamente invisível) para tais estratagemas e que servirá de infra suporte. A folha de papel do dispositivo precedente é substituída por delgada película de celulose.

Poderíamos igualmente assinalar aqui os inúmeros truques feitos com cartas e consistindo em encontrar uma ou diversas cartas livremente escolhidas ou pensadas pelos espectadores; mas como a maioria desses estratagemas constitui experiências de prestidigitação e não experiências paranormais, o seu estudo não entra precisamente na órbita deste livro. Contudo, abriremos uma exceção para o estratagema seguinte que foi dado sob o ângulo de fenômeno paranormal e assim considerado por metapsiquistas; de resto, o seu princípio é pouco conhecido mesmo pelos iniciados em prestidigitação.

Um baralho de cartas, preferivelmente novo, é apresentado por um dos espectadores e convenientemente baralhado. Outro espectador, indicado pela assistência, é escolhido como ajudante. O operador, que não tocou no baralho, segura as mãos do ajudante entre as suas, a fim (segundo declara) de entrar em relação mental com ele, ou, ainda, para impregnar-se com o seu "fluido"; em seguida, afasta-se. Caso se ache no palco, pode simplesmente dar um aperto de mão ao seu parceiro desejando-lhe boas-vindas, o que parecerá muito natural. O espectador, que trouxe o baralho, dirige-se então ao percipiente e o faz escolher uma carta; vê que carta é e mostra à assistência. Depois a repõe no baralho que é outra vez trançado. O baralho é então apresentado ao operador que descobre depressa a carta.

Ora, este lance assombroso, inexplicável na aparência e de aspecto nitidamente metapsíquico, repousa no seguinte princípio: alguns instantes antes da experiência, o operador untou as mãos com uma cera especial mas não gordurosa. O parceiro, no momento da tomada de contato com o operador, ficou, conquanto sem perceber, com as mãos untadas de cera que deixaram traços na carta escolhida que, devido a isso, é facilmente identificada, sobretudo havendo iluminação próximo. A fim de que as cartas não fiquem maculadas durante a última parte da experiência, claro é que o operador teve o cuidado de limpar discretamente as mãos ao afastar-se dos espectadores.

As experiências (falsificadas) de conhecimento paranormal feitas por telefone e que estiveram bastante em voga nestes últimos anos, diferem sobremaneira das precedentes. Constituem dum modo geral em fazer descobrir pelo percipiente — que pode estar muito longe do local da sessão — o nome duma carta de baralho, o número duma nota de banco, o total duma soma, uma data de nascimento etc. Na verdade, quase todas essas experiências, nas quais o operador intervém de modo mais ou menos ativo, não têm um aspecto nitidamente metapsíquico e sim dão mais a impressão de pertencerem ao ilusionismo. Não trataremos portanto delas em especial, exceto, todavia, quanto a uma delas que oferece todos os caracteres do paranormal e que, aliás, nos foi apresentada sob este aspecto. O seu efeito é extraordinário, muito embora o seu princípio seja duma absoluta simplicidade.

Suponhamos que o operador se ache misturado num grupo de pessoas reunidas num salão ou num recinto qualquer onde se encontre um telefone. A conversa, conforme sempre sucede, gira em torno dos assuntos mais diversos. Tal assistente discorre sobre a sua própria saúde; outro refere-se às suas últimas férias; aquele relata o enredo duma obra que acabou de ler; outro critica uma obra de arte. Datas, nomes de pessoas e de lugares vêm à baila.

Num certo momento, o operador leva com habilidade a conversa para a questão do psiquismo e acaba revelando que conhece um metagnomo, notavelmente lúcido, capaz de fornecer a consulentes que ele não conhece e que se acham longe, informes os mais exatos a respeito de seu passado, de seu presente e até de seu futuro.

É lógico que isso desperta logo muita curiosidade. A fim de satisfazer essa curiosidade, o operador se propõe chamar ao telefone a pessoa em questão que dará a cada um a prova dos seus poderes secretos.

O sujeito é chamado, e os assistentes desfilam diante do aparelho. Um deles é prevenido imediatamente que deve mostrar-se mais cauteloso. Pois não ocorreu com ele um acidente de automóvel, no lugar assim, em suas últimas férias? A outro assistente é revelado que lhe cumpre tratar melhor do fígado etc. etc. A estes fatos muito exatos se juntam outros, algo difusos e não comprováveis ainda, pois concernem ao futuro.

No fim da reunião, cada pessoa está convencida que a tal pessoa distante é deveras um metagnomo prodigioso.

Todavia, nem de longe isso se dá.

Os assistentes não notaram, por certo, que no começo da reunião o operador foi chamado ao aparelho telefônico. Trata-se de episódio, banal, que, portanto, passou despercebido. Todavia, o estratagema principiou a partir daquele mínimo acaso provocado exatamente pelo tal indivíduo.

Com efeito, ao repousar o fone, o operador colocou às escondidas no aparelho um minúsculo disco metálico ou então uma réguazinha impedindo o fone de ajustar-se direito ao seu suporte. Assim, o aparelho continuou ligado e a pessoa distante pôde seguir e anotar pormenores da conversa. Sem dúvida, certas frases, certas palavras não eram bem compreensíveis; mas o operador facilitava a tarefa; colocado perto do aparelho telefônico, tomava parte ativa na conversa e repetia, quando julgava necessário, certos nomes, certas datas, as circunstâncias essenciais de tal ou tal fato etc.

O prosseguimento da experiência explica-se por si só. Digamos, contudo, que o pequeno acessório que bloqueava o circuito foi afinal retirado um pouco antes do momento em que os assistentes foram convidados a servirem-se do aparelho telefônico.

Relatemos, por último, uma audaciosa mistificação realizada na Rádio e na Televisão Luxemburgo pelo "mágico" S. por ocasião do referendum de 8 de janeiro de 1961.

Este suposto metagnomo, que pretendia conhecer extraordinários segredos de geomancia, na véspera do referendum confiou a um meirinho, na presença de testemunhas, um cofrezinho no qual colocara, na vista de todos, um tubo de vidro contendo um papelzinho. Declarou que ali escrevera de antemão o resultado do referendum. Esta pequena cena, durante a qual o cofre foi fechado a chave e lacrado, foi televisionada e irradiada. Em seguida o cofre foi colocado dentro dum cofre forte pelo meirinho e a chave conservada por S.

No dia seguinte ao referendum, o cofrezinho — *que em momento algum fora tocado por S.* — foi aberto pelo meirinho, que encontrou o tubo, donde retirou o papelzinho. E as testemunhas constataram, perplexas, que os resultados exatos do referendum estavam escritos no papelzinho. Esta cena também foi irradiada e televisionada.

Felizmente, porém, a direção e certos colaboradores da *Radio Luxemburgo* julgavam essa demonstração de metagnomia algo demasiado estupenda para ser verdadeira. Além disso, fato não menos lamentável, começaram a afluir à estação de rádio e televisão cartas de ouvintes e telespectadores. A maior parte dos missivistas pedia a S. que lhes fornecesse o número do bilhete da próxima extração da Loteria Nacional, pois ouvindo o lero-lero do pretenso metagnomo haviam deduzido que este seria capaz de fazer mais essa predição. Como as cartas continham ora um cheque, ora dinheiro mesmo, a direção depreendeu que o caso estava tomando um rumo desagradável que ela não previra.

Por causa de semelhante situação, ela me solicitou que comparecesse ao microfone do programa *Dez Milhões de Ouvintes,* bem como diante das câmaras de televisão, para que eu explicasse o mecanismo do embuste. Aquiesci de bom grado, visto que tinha havido "tapeação" na ocorrência; mas permaneci nas generalidades, dizendo simplesmente que o primeiro tubo havia sido substituído. Pode-se afirmar, com breve trocadilho, que a chave do mistério residia na chave do cofrezinho.

Ora, essa chave, dum tamanho anormal para um cofrezinho, continha com efeito, ao longo do seu eixo, um tubo idêntico ao primeiro. Graças a um dispositivo especial, a chave, metida na fechadura, deixava cair o segundo tubo dentro do cofrezinho. Desnecessário dizer aqui que os resultados do referendum se achavam consignados neste segundo tubo. Quanto ao primeiro tubo, que continha apenas um papel em branco, foi escamoteado por S. no momento da abertura do cofrezinho. Assim, por cúmulo de ironia, foi um meirinho, encarregado de fiscalizar a experiência quem, inocentemente, realizara o embuste.

## *Videntes & Médiuns*

A fim de suprir suas faculdades às vezes em declínio, certas videntes profissionais (escrevemos "certas" e não certos porque a profissão de áugure é desempenhada principalmente por mulheres; com efeito, segundo as estatísticas, há 29 pítias para cada adivinho) empregam às vezes artifícios bastante sutis, difíceis de serem qualificados como fraudulentos. Trata-se antes, conforme disse com muita felicidade B. de Cressac, de "habilidades".

Vejamos em quê consistem elas.

Pode-se dizer que a prática da arte divinatória se apresenta sob dois aspectos: um, conjectural; o outro, divinatório propriamente dito. Apenas esta segunda forma da vidência pertence ao paranormal. E é esta que o consulente solicita, e é ela que deve-

ria unicamente entrar em jogo numa vidência rigorosamente honesta.

A "conjectura" é, com efeito, uma operação racional. Baseia- se num conjunto de deduções lógicas às quais conduzem a fisionomia, as roupas, as joias, a atitude, o olhar, a maneira de expressar, as mãos, a conversa. Permite reunir elementos informativos capazes de assombrar o consulente, mas que, na verdade, não lhe informam nada que ele já não saiba.

A fisionomia é rica de ensinamentos. Permite determinar, logo à primeira olhadela, o temperamento do consulente: bilioso, nervoso, sanguíneo, linfático, e conhecer-se assim uma série de tendências patológicas, bem como a sua psicologia geral.

A forma do rosto, quer a linguemos aos tipos geométricos dos fisiognomistas modernos, quer aos tipos planetários dos autores antigos, informa de maneira precisa e ampla sobre as predisposições fisiológicas e patológicas, sobre os caracteres psicológicos e sobre a predestinação geral da pessoa.

Além disso, a figura serve de modo de expressão para uma quantidade de energias individuais que transformam a sua morfologia segundo os instintos dominantes que assim se tornam exteriorizados, materializados e, portanto, perceptíveis.

As roupas, as joias, a atitude também dão indicações preciosas. A maneira pela qual uma pessoa se apresenta indica o caráter afável, polido ou grosseiro, e informa quanto à sua educação. A voz, pela doçura ou pela rudeza, trai as tendências profundas; o olhar permite descobrir as preocupações secretas; os olhos animam-se desde que, numa conversa, os fitemos.

A mão, conforme já temos visto, é, se assim podemos dizer, ainda mais esclarecedora. Revela muitas vezes a profissão e permite também desvendar certos traços caracteriais e algumas taras orgânicas.

Além disso, os consulentes não raro se descobrem no decorrer da conversa. Muitos falam inconsideradamente, sendo facílimo penetrar em seu imo. Expandem, com extraordinária complacência, o seu passado e os seus sentimentos. Os videntes não raro se sentem até embaraçados pelas ondas de informes que assim recolhem sem ser necessário que solicitem.

Certas pessoas, porém, são reticentes. Neste caso, a grande habilidade por parte do áugure consiste em não fazer perguntas e sim em se deixar perguntar.

Aliás, três preocupações essenciais agitam a humanidade: o amor, o dinheiro e o poder. Pode-se-lhes acrescentar o ciúme. Mas não é difícil, após alguns minutos de entretenimento, descobrir o motivo que trouxe a pessoa à consulta.

Alguns videntes também se servem dum gênero de maiêutica consistindo em lançar ao acaso frases banais entrecortadas de designações precisas; datas, nomes de lugares, prenomes, nomes próprios etc. Ora, uma dessas frases ou um desses nomes evoca, quase certamente, em todas as pessoas, acontecimentos vividos, imagens de lugares ou de indivíduos. Assim, os prenomes Luís, Jacques, Bernardo, que escrevemos sem intenção predeterminada, fazem imediatamente surgir no nosso espírito rostos de parentes ou de amigos, e estamos persuadidos que o mesmo acontece com os leitores.

Tão logo seja pronunciado um nome conhecido do consulente, ele reage aquiescendo, confirmando ou acrescentando em geral alguns novos pormenores. O caminho está assim indicado; resta ao vidente meter-se por ele adiante, sem vacilar. O mais curioso é que bastam uma ou duas frases adequadas, sobre vinte que nada significam, um nome correto entre grande número de outros nomes quaisquer, para que o consulente tenha a convicção de que o vidente (ou a vidente) lhe fez extraordinárias revelações.

Tal processo é particularmente empregado em sessões públicas, compostas muitas vezes duma centena de assistentes, e em que tal nome próprio constantemente serve de isca. Às vezes, mesmo, duas ou três pessoas se apoderam dele; de forma que esta espécie de "pesca à linha" não apresenta, com a lucidez procurada, senão vagas correlações.

Falando com franqueza, tudo isso é mero pecado venial em face da metagnomia pura, tanto mais que as práticas conjecturais, as interrogações discretas, diretas ou indiretas, desencadeiam em geral os mecanismos paranormais nos indivíduos dotados. Já, pelo contrário, o uso de "compadres" destinados a sondar os clientes é fraude patente. Mas acrescentemos quanto antes que tal processo raramente é empregado.

No domínio do espiritismo, não é raro que os médiuns forneçam pormenores exatos sobre defuntos: nomes, prenomes, idade, parentesco etc. Ora, este fato não constitui, *a priori,* um argumento a favor da sobrevivência nem mesmo a favor do paranormal. O médium, principalmente nas pequenas cidades, tem muitas possibilidades de conseguir tais informações significativas nas participações de óbitos e nos artigos necrológicos aparecidos nos jornais.

Também o fato de um médium fornecer numa língua estrangeira, aparentemente sua desconhecida, uma pretensa comunicação espírita, não é necessariamente uma prova de ordem paranormal. Para realizar semelhante proeza, basta que o médium aprenda de antemão algumas frases de inglês, de russo, de chinês etc., e que as utilize no momento oportuno, quando, por exemplo, a entidade comunicante é tida como pertencente a tal ou tal nacionalidade. As frases escolhidas serão frases banais, plurivalentes, podendo adaptar-se a um grande número de questões diferentes. Além do mais, o médium pode compenetrar-se que certos experimentadores não deixarão de descobrir relações lógicas entre as perguntas e as respostas que aliás não têm, quase nunca, a mínima ligação. Conforme já pudemos constatar inúmeras vezes, os artifícios do espírito humano nesse domínio são extremos.

As experiências de "correspondências cruzadas" também não ficam ao abrigo da crítica. Recordemos aqui em que elas consistem. Diversos médiuns, muitas vezes bastante afastados uns dos outros, produzem geralmente pela escrita automática mensagens ininteligíveis caso as analisemos isoladamente. Em compensação, essas mesmas mensagens reunidas formam um todo coerente cujo sentido é bastante nítido. Os espíritas explicam o fenômeno supondo que uma mesma entidade "controla" os diferentes médiuns e não transmite intencionalmente a cada um deles senão um fragmento da mensagem.

De fato, essas experiências são criticáveis caso, conforme sucede o mais das vezes, o fenômeno se desenvolva espontânea- mente no decorrer duma sessão mediúnica: o médium pôde entender-se com os confrades a respeito da mensagem a transmitir.

A experiência apresentaria, bem entendido, um valor indiscutível se um texto fosse previamente escolhido pelos experimentadores e inopinadamente imposto a um dos indivíduos ou submetido à entidade comunicadora, o que, de resto, vem a dar na mesma. Além disso, os médiuns capazes de dar fragmentos do original proposto deveriam funcionar ao mesmo tempo. Desnecessário dizer que estas condições até o presente não foram preenchidas senão rarissimamente.

Contudo, parecem ter sido respeitadas no caso seguinte relatado por Sir Oliver Lodge em seu livro *Raymond,* já citado.

Um filho e uma filha de Sir Oliver Lodge, Lionel e Norah, passando por Londres a caminho de Eastbourne, no dia 16 de maio de 1916, uma sexta-feira, imaginaram ir à casa de Mrs. Leonard a fim de solicitar-lhe uma sessão que se realizou imediatamente, das 11 e 55 à 1 e 30.

Ao meio-dia, o filho mais velho de Lodge, Alec, que se encontrava em Birmingham, teve igualmente a súbita ideia de tentar uma experiência. Para tal fim, reuniu algumas pessoas que se interessavam pelo espiritismo e logo realizou com elas uma breve sessão de mesa, que durou cerca de dez minutos, das 12 e 10 às 12 e 20. A experiência consistiu no seguinte: Alec pediu a Raymond que transmitisse a palavra *Honolulu* a Feda, que era o "espírito" que controlava Mrs. Leonard, a fim de que na ocasião aquela palavra fosse expressada pela médium.

A personalidade de Raymond aceitou briosamente a proposição. A fim de gravar a data, Alec escreveu imediatamente ao pai, a tal respeito, um cartão postal.

Ora, eis o que se produziu *um quarto de hora depois,* em casa de Mrs. Leonard, ali em Londres, e que se acha relatado na última parte da ata de Lionel e de Norah Lodge:

Feda (dirigindo-se a Norah): — Você deveria tocar.

Norah: — Tocar o quê?

Feda: — Não uma escala, mas uma ária.

Norah: — Temo bem não ser capaz de o fazer.

Feda (dirigindo-se a Raymond): — Ela não sabe tocar. — (E dirigindo-se depois aos experimentadores): — Raymond deseja saber se vocês sabem tocar *Hulu-Honolulu.* Não sabem? Raymond está rindo estrepitosamente.

Lodge, comentando este acidente, admite de bom grado que ele pode ser explicado pela telepatia, o que também é a nossa opinião. Ainda assim, não devemos perder de vista suas curiosas características, que parecem implicar a intervenção real de Raymond: a invenção dessa história de música, para ter ensejo de colocar a palavra *Honolulu* e a prolongada risada de Raymond, feliz de ter pregado uma boa partida em sua irmã e de haver, ao mesmo tempo, realizado uma experiência interessante.

CAPITULO IV

# FENÔMENOS HIPNÓTICOS

Não tencionamos, no âmbito duma obra consagrada essencialmente aos fenômenos propriamente paranormais e às fraudes mediúnicas, abrir um amplo debate sobre o hipnotismo "verdadeiro". Isso ultrapassaria o nosso propósito e, dada a complexidade da questão, não traria esclarecimentos. Contentar-nos-emos, portanto, em definir o problema do hipnotismo e em assinalar, o mais brevemente possível, as soluções adequadas. Contudo, por causa do seu valor didático, daremos certa amplitude à argumentação dum hipnólogo da classe do Dr. Pascal.

O problema fundamental do hipnotismo é este: o indivíduo hipnótico simula o sono ou dorme realmente?

Para os primeiros hipnólogos, Braid, Azam, a questão não importava dúvidas: o indivíduo adormece em consequência de manobras hipnóticas, podendo estas consistir simplesmente na fixação dum ponto brilhante, ao mesmo tempo que o espírito permanece ligado à ideia desse objeto (ou melhor, desse objetivo). No sono assim provocado, a pessoa adquire propriedades particulares: catalepsia, sugestibilidade, anestesia e, às vezes, amnésia ao acordar.

Tal opinião é ainda a da maior parte dos hipnotizadores profissionais e dos "professores" de hipnotismo, aliás muito raros hoje em dia.

O primeiro a pôr em dúvida a existência de estados puramente hipnóticos foi o Prof. Bernheim. Segundo o eminente professor da *Faculdade de Nancy,* o sono hipnótico não é devido a uma ação física ou psicofísica determinada, por exemplo, pela fixação dum ponto brilhante; ele é apenas um efeito da sugestão. A fixação dum ponto brilhante sugere, mesmo sem a ordem falada, a ideia de dormir. E é esse sono sugerido que provoca os outros fenômenos de sugestibilidade: catalepsia, anestesia etc.

Além disso, o sono não é necessário para produzir os fenômenos chamados hipnóticos; estes podem ser criados no estado de vigília em pessoas sugestíveis ou sugestionáveis.

Uma terceira concepção foi sustentada quase ao mesmo tempo pelo Prof. Charcot. Segundo o eminente neurologista, o hipnotismo é uma neurose experimental, vizinha da histeria.

Babinsk foi em seguida muito mais além. O hipnotismo, disse ele de modo quase substancial, é uma forma de pitiatismo; isto é, uma espécie de simulação mais ou menos inconsciente.

Finalmente, para Delmas e Boll, ambos autores contemporâneos, "a hipnose não é senão a simulação do sono sonambúlico ocorrendo em pessoas perfeitamente acordadas."

Assim, para os defensores dos Charcot e dos Briad, o hipnotismo é um fenômeno real. E, ao contrário, segundo Delmas e Boll, a hipnose não passa duma simulação consciente.

Entre estas duas opiniões extremas que, a nosso ver, não exprimem, cada uma, senão um aspecto da questão, se encaixam concepções ecléticas e moderadas, provavelmente mais consentâneas com a realidade. São as dalguns médicos, psicólogos e hipnólogos contemporâneos. O Dr. Pascal, em particular, se tornou, com excelentes argumentos, o porta-voz destes últimos.

Mesmo admitindo que há, às vezes, em hipnose, fraude e pitiatismo, o Dr. Pascal demonstra, apoiando-se em provas, que o hipnotizado não é necessariamente um simulador.

"O bom resultado das sugestões terapêuticas", escreve ele, "é um bom argumento a favor da existência do sonambulismo provocado. As observações de curas por sugestão em sono profundo abundam na literatura magnética ou hipnótica. Dir-se-á que tais curas são devidas à autossugestão; se tal se dá, essa autossugestão tão poderosa é bem capaz de produzir o sono como qualquer outro fenômeno. Conhecemos certa moça que sofria duma amenorreia persistente e que já havia ensaiado sem nenhum êxito diversos tratamentos. A própria sugestão em estado de vigília não dera resultados. Resolveu-se mergulhá-la em sonambulismo: ficou curada em duas sessões. Casos idênticos são inúmeros, e provam que a sugestão terapêutica no sono profundo é muito mais eficaz do que em estado de vigília; por consequência provam a realidade desse estado profundo. E, a tal propósito, ocorre uma observação muito importante sobre a qual não se tem insistido suficientemente: nesses casos a ideia de simulação consciente se elimina por si só. Com efeito, ter-se-ia que admitir que o doente, que zomba do seu hipnotizador, que simula o sono, todavia aceita suas sugestões com fé e as realiza de maneira a curar-se. Quem não vê uma incongruência em semelhante hipótese? Pois quem zomba do outro e resolve "tapeá-lo" não pode crer que tal pessoa possa curá-lo. Na mesma ordem de ideias podem ser citados os partos sem dor de mulheres hipnotizadas, ou as pequenas operações praticadas sob tal estado. Aí, então, a simulação se torna mais difícil. Dir-se-á que se trata de histéricas ou de histéricos cuja anestesia tem uma origem sugestiva, segundo a teoria de Babinski. Mas, visto que a sugestão pode produzir a insensibilidade, por que não se admitir que ela pode produzir um estado de sono profundo análogo ao sonambulismo natural?"

Conforme vemos, acumulam-se os argumentos que provam o erro de Delmas e Boll.

A existência do estado espontâneo, nos quais se encontram todos os caracteres do sono hipnótico e em que a simulação evidentemente não desempenha nenhum papel, é outra prova importante da realidade objetiva desse sono. Citaremos os estados segundos produzidos pelos tóxicos, o sono natural e, enfim, o sonambulismo natural.

Certos venenos microbianos produzem um estado segundo toxinfeccioso de confusão mental caracterizado pela amnésia após a crise e às vezes pela sugestibilidade, quando existe uma relação com o mundo exterior. Encontramos aí os dois caracteres principais do sono hipnótico profundo.

Os narcóticos produzem frequentemente estados análogos ao sonambulismo, e têm sido utilizados para provocar a hipnose em indivíduos refratários. O delírio do haxixe assemelha-se também ele, por diversos lados, ao sonambulismo provocado. A sugestão aí é muito pronunciada e, se não existe amnésia, é porque a consciência não se acha completamente inibida.

A escopocloralose permite igualmente produzir num grande número de pessoas um estado de sonambulismo absolutamente comparável ao que produz a sugestão. Trata-se duma droga hipnótica que resulta da associação da escopolamina ou mais exatamente do bromidrato de escopolamina com a cloralose, sendo a escopolamina um alcaloide retirado de diversas solâneas (escopólia, atropoldéia, japônica, duboísa, mioproidea), e sendo á cloralose uma combinação de glucose e de cloral. Quando os componentes da escopocloralose são escolhidos com cuidado e se conseguem doses ativas que dependem da qualidade da escopolamina, obtém-se na maioria das pessoas o sonambulismo caracterizado pela anestesia, a sugestibilidade e a amnésia ao acordar.

Outrossim, o amital, o pentotal e algumas outras drogas deste gênero provocam uma espécie de hipnose, permitindo facilmente a atuação duma vontade alheia sobre a vontade do indivíduo.

"Não somente a hipnose química ou a narcanálise", escreve o Dr. Paul Chauchard em sua interessante obra *Hypnose et Suggestion,* "tem, como a hipnose do tempo de Charcot, o favor dos hospitais, como a sua reputação penetrou também, devido aos jornais, no grande público. Não se insistiu sobre a sua utilidade, para curar os distúrbios de origem psíquica, para fazer o diagnóstico duma afecção ou para analisar o subconsciente, mas não cessam de apresentá-la como o "soro da verdade". Em princípio, a narcanálise é um compromisso de hipnose e de psicanálise. Graças à injeção de certos barbitúricos como o amital ou o pentotal se põe a pessoa num estado de sonolência narcótica no qual a sua consciência é suficientemente abaixada para que, na hipnose ordinária, haja desaparecimento da censura, origem do recalque. Todas as lembranças acham-se presentes e o médico terá como único trabalho recolhê-las. A adjunção de uma injeção de amina, excitante do tipo da ortedrina, pode acrescentar à depressão hipnótica uma excitação verbal, que facilita a confissão. A análise pratica-se segundo a técnica psicanalítica, conquanto não se deva apelar para a sugestão. Mas se esta é de temer na psicanálise normal, quanto mais não o será quando a pessoa é posta nesse estado de receptividade comparável à receptividade dos ou das histéricas!... Pode-se, portanto, pela narcanálise, incitar à confissão dos pensamentos mais secretos e sugerir comportamentos e opiniões. Mas, como na velha hipnose, há limites para essa sugestão, e aquilo que alguém não quer confessar ou não quer fazer não o fará, mormente se tiver uma forte personalidade que perdure mesmo sob narcose. Já pelo contrário, uma pessoa debilitada, prestes a tudo aceitar ou a tudo confessar sob a influência de outras causas, verá a sua resistência abater-se totalmente sob a narcanálise. Cumpre não esquecer essas diferenças de sensibilidade e não deduzir do fato de algumas pessoas resistirem que todos possam fazê-lo. A narcanálise não é pois em absoluto aquilo que disseram ser, o "soro da verdade"; não traz nada de sensacionalmente novo, e constitui simplesmente um meio de psicanálise acelerada para uso de médicos expeditos, capazes só eles de interpretar as respostas. Estas poderão conter todas as verdades do espírito, tanto os sonhos como os fatos reais, mentiras propositais, esquecimentos voluntários e, por fim, até mesmo respostas sugeridas."

Segundo a expressão de Delay, a narcanálise tornar-se-ia assim a "dissolução das instâncias superiores voluntárias e conscientes do psiquismo, permitindo a liberação das instâncias inferiores inconscientes ou voluntariamente inibidas".

Seja como for, é certo que os venenos psíquicos produzem um estado particular de sugestibilidade e um sono análogo ao sono hipnótico. Dir-se-á então, ainda, que os caracteres desse sono são devidos à simulação? O delirante intoxicado, o indivíduo sob a influência do haxixe, aquele que tomou escopocloralose ou uma droga análoga simularia durante o seu sono, todavia incontestável? Ora, isso é não só incongruente como *impossível*. Contudo, nesses casos, nos encontramos diante de pessoas cujo estado é perfeitamente semelhante ao estado daqueles que adormeceram por simples sugestão verbal. Apenas variou o processo empregado para produzir a hipnose. Aqueles que negam a realidade do hipnotismo são, portanto, obrigados a sustentar que a hipnose devida aos narcóticos também é simulada. Sem isso seria arruinada a tese deles, hipnotizando indivíduos simplesmente através da escopocloralose ou de qualquer outra substância química. Mas como praticamente é impossível simular de modo voluntário durante o sono causado pelos narcóticos suficientemente ativos, visto que a vontade é paralisada, a teoria de Delmas e Boll não se sustenta mais em nenhum caso.

Poderíamos terminar aqui a nossa refutação, no argumento precedente não cabendo réplica; ainda assim, citamos mais os fatos seguintes que virão reforçar a nossa demonstração.

Entramos, cada noite, num estado que oferece importantes analogias com a hipnose. O sono natural é caracterizado, também ele, por fenômenos subconscientes. Aí se observam alucinações e muitas vezes a amnésia, assim como também a sugestibilidade se toma às vezes pronunciada, mas o entorpecimento muito leve dos centros superiores não permite sempre pô-la (a sugestibilidade) em evidência. Contudo, o Dr. Farez pôde utilizar essa sugestibilidade para uma finalidade terapêutica. As influências exteriores, quando não são sobremaneira fortes, bastam para provar essa plasticidade intelectual da pessoa adormecida. Um silvo que lembre um apito faz sonhar que se toma um trem; o rodar duma carruagem é tomado pelo ruído dum tambor; uma pancada no pescoço fez Maury sonhar que estava sendo guilhotinado. Faz-se uma pessoa que dorme respirar perfumes a fim de que tenha sonhos agradáveis e que influenciem a sua mentalidade melancólica (Vaschide). Todos nós podemos citar exemplos duma tal sugestibilidade. Quanto à amnésia, ela existe em quase todos os sonhos durante o sono noturno. Em geral não lhes conservamos a lembrança e, aliás, isso mesmo de maneira fugitiva naqueles sonhos durante o sono leve em que a consciência se acha menos entorpecida.

Por conseguinte, já que todos nós entramos cada noite num estado segundo, o fato de certas pessoas sensíveis mergulharem num estado análogo graças a processos apropriados nada tem de espantoso. E isso é um argumento a mais, que confirma a realidade do sono hipnótico.

Finalmente, existe um estado espontâneo, absolutamente análogo à hipnose: é o sonambulismo natural. Ninguém pode sustentar de maneira razoável que tal estado não exista. Sempre foi conhecido. Aristóteles descreveu-lhe as características, que são as mesmas que observamos hoje em dia. Tal estado liga-se estreitamente ao sono natural, do qual não é senão um estado mais avançado na inibição dos centros superiores voluntários e conscientes. Podemos, aliás, observar uma fase intermediária entre o sono natural e o sonambulismo. É o período de soniloquia. Muitas pessoas, sem que cheguem a levantar-se e a andar dormindo, falam alto durante o sono e respondem às vezes às perguntas que lhes são feitas, caso saibamos entrar em contato com elas. Não são raras as pessoas desse gênero. Sobre isso se fizeram inquéritos concernentes a pessoas dos dois sexos, entre vinte e quarenta anos de idade. Mais da metade apresentava o fenômeno da soniloquia, isto é, entravam frequentemente num estado segundo caracterizado por uma amnésia completa ao acordar, só sabendo que falavam enquanto dormiam através de informações da família. Por que motivo então nos admirarmos ainda se, graças a manobras sugestivas, possa ser reproduzido um estado semelhante num número muito menor de pessoas? Essa soniloquia, como todo estado subconsciente, caracteriza-se pela sugestibilidade. Podemos dirigir o sono duma pessoa que dorme caso saibamos entrar em relação com ela. Podemos fazê-la então responder às perguntas, sendo que muitas vezes ela revela fatos que no estado normal manteria escondidos, o que constitui uma prova manifesta de maneabilidade psíquica. Todos nós temos ouvido falar de pessoas que desvendam os seus segredos durante o sono. Este fenômeno é completamente análogo ao que apresentam os pacientes submetidos a um anestésico. Em seu delírio subconsciente, dizem às vezes coisas que teriam interesse em guardar para si próprios. Receia-se tanto essa tagarelice inconsiderada que em geral se impede que os parentes do enfermo assistam à produção do sono anestésico. Cita-se, a tal propósito, o caso duma dama que, sob o efeito do clorofórmio, pronunciou diante do marido o nome do amante e mais alguns pormenores que não lhe puderam deixar nenhuma dúvida quanto ao seu infortúnio.

O sonâmbulo natural é como o sonîloquo; mas pode não só falar como também movimentar-se e às vezes praticar acrobacias. É também ele sugestionável, anestésico e, ao acordar, apresenta amnésia. Muito embora às vezes seja difícil entrar em contato com a pessoa que dorme isolada em seu sonho, ainda assim constatamos, quando isso é possível, que nos achamos na presença dum verdadeiro caso de indivíduo profundamente hipnotizado. Aliás, o sonâmbulo torna-se joguete das auto e hétero- sugestões, a ponto de ser-lhe sua vítima ou de cometer, sob o seu influxo, ações delituosas. Tais sugestões ou são lembranças do estado de vigília ou se produzem devido a um fenômeno exterior (ruído súbito, sensação desagradável, luz viva etc. etc.) que desencadeia o sonho e suas manifestações. Citam-se numerosos exemplos, que não repetimos aqui por falta de espaço.

A assimilação do sonambulismo natural ao sono hipnótico profundo tem sido feita desde muito tempo. Via de hábito, um sonâmbulo natural é facilmente hipnotizável, e encontramos então, no sono provocado, a prova de identidade desses dois estados. Observamos com efeito, nesse caso, o fenômeno da memória alternante. Conquanto o sonâmbulo natural perca, ao acordar, toda a lembrança da sua crise, ele encontra essa lembrança se o mergulharmos em estado de hipnose.

Relembra, com os menores detalhes, tudo quanto sonhou ou fez. Como aqueles que negam a realidade da hipnose sugestiva não ousam pretender que o sonambulismo natural não existe, então cumpre forçosamente admitir que, em casos desse gênero, o hipnotizado não simula. Dada a importância do argumento, citaremos entre outras observações uma de memória alternante. O Dr. Dufay foi chamado a atender uma doméstica ainda jovem sujeita a crises de sonambulismo natural. Durante o sono tinha o mau hábito de esconder objetos que lhe faziam falta no dia seguinte. Por mais que procurasse, não conseguia reencontrá-los porque a amnésia, segundo a regra, era completa. Dufay conseguiu hipnotizá-la facilmente e ela recuperou assim a lembrança dos seus atos durante as noites passadas e não teve dificuldades em encontrar os objetos que havia escondido. Não é esta uma boa prova da realidade da hipnose?

Na mesma ordem de ideias, eis um fato que mostra, também ele, a estreita analogia que existe entre os dois sonambulismos e que prova, consequentemente, a realidade do sonambulismo provocado artificialmente. Num rapaz gago, esse defeito piorava sobremaneira na presença de pessoas desconhecidas ou que o intimidavam. Além disso, ele era sonâmbulo. E, fato curioso, uma vez adormecido contava histórias compridas com excelente pronúncia, respondia às perguntas, tudo isso sem o menor traço de gagueira. Após algumas sessões se conseguiu hipnotizá-lo profundamente; ele então falava corretamente, fossem quais fossem as pessoas presentes. Por sugestão melhorou-se o seu estado mas não se pôde curá-lo de modo completo; a gagueira reaparecia quando ele se emocionava. Eis, portanto um fato dificilmente explicável pela teoria da simulação. Se essa pessoa fingia dormir, teria continuado a gaguejar durante o seu falso sono; pelo contrário, quanto mais tentasse dominar-se mais gaguejaria, fato que se dava sempre no estado normal.

A existência de estados segundos espontâneos idênticos à hipnose (sono natural, sonos tóxicos, sonambulismo) é, por conseguinte uma boa prova da realidade da hipnose. Sustentar que o suposto hipnotizado imita precisamente tais estados não é possível em todos os casos, conforme acabamos de ver. Convém desconfiar da fraude, porém não se deve, por escrúpulo excessivo e sob esse pretexto, rejeitar em bloco numerosas observações feitas por bons experimentadores que seriam os primeiros a desvendar a simulação.

Concluímos, assim, que existe mesmo o sonambulismo provocado; sustentar o contrário é implicitamente negar a realidade dos fenômenos espontâneos ou provocados por tóxicos que reproduzem a hipnose profunda em todos os seus caracteres. Ela, bem como a sugestão, pode ser explicada pelo fato de que, em virtude das leis da fisiologia cerebral, a ativação acarreta a inibição. Por outras palavras, pode-se admitir que as manobras hipnóticas ou sugestivas desencadeiam uma inibição condicional, mas não total, pois o indivíduo hipnótico obedece às ordens do seu hipnotizador. É provável que essa inibição parta de estruturas localizadas nos centros da base do cérebro, notadamente a formação reticular. O fenômeno seria análogo ao que se produziu inopinadamente num cão de Pavlov. Nos seus estudos sobre os reflexos condicionados, o célebre fisiologista russo habituara um dos cães do seu laboratório a comer somente no momento em que ouvia a nota *la* tocada no piano. Ora, notou-se que o animal adormecia cada vez que era tocada uma nota diferente do *la: o do, o ré, o mi,* por exemplo. Em compensação a nota *la* acordava instantâneamente o cão, que se punha logo a salivar. A explicação de Pavlov foi a seguinte: o cão "condicionado" recusa-se (se assim podemos dizer) a deixar-se enganar por notas que lhe são indiferentes, a fim de melhor concentrar a sua atenção no apelo que ele espera. Mas o fato de apenas se interessar por uma única recepção, no caso o *la,* inibe no seu cérebro as vias nervosas inúteis que correspondem a todas as outras percepções, como se notas diferentes do *lá,* os diversos ruídos, os cheiros, a luz etc. Essa vaga inibição, assenhoreando-se pouco a pouco do cérebro inteiro, acaba deixando o animal poder dormir.

Notemos que na hora atual, e principalmente na URSS, nos Estados Unidos, no Canadá, na Inglaterra, e quanto a este último país, em decorrência da publicação em abril de 1955 do relatório da *British Medical Association* — que conclui pela eficácia e pela utilidade do hipnotismo e da sugestão como meio terapêutico e que pede que esse método seja praticado nos hospitais e ensinado nas Faculdades junto com as demais disciplinas — o hipnotismo é amplamente utilizado por grande número de médicos no tratamento de distúrbios psíquicos e de doenças psicossomáticas ou mesmo nitidamente orgânicas tais como enxaquecas, asmas, úlceras, doenças diversas da pele, perturbações circulatórias e digestivas, impotência, frigidez, verrugas etc. Muitos dentistas ingleses e alguns cirurgiões o empregam igualmente nos cardíacos e nos alérgicos que suportam mal os anestésicos. A tal respeito os jornais falaram durante o mês de novembro de 1956, bem como as revistas, depois, da jovem inglesa de vinte e cinco anos de idade, Marion Peters, que foi operada duma peritonite num grande hospital londrino, apenas sob a influência anestesiante da sugestão. O cirurgião sugeriu-lhe que ela não sentiria dores na área de vinte centímetros quadrados que ele lhe traçou no abdômen. Disse-lhe ele: "Você terá nesse lugar apenas uma sensação de frio, como se o seu ventre estivesse cercado de gelo." E de fato, a paciente submeteu-se à operação sem sentir nada. Apenas deu um grito quando, por descuido, o cirurgião ultrapassou com o bisturi o limite imaginário de insensibilização.

Experiência análoga foi realizada em Antibes (França) no dia 21 de janeiro de 1963, para uma ablação do apêndice. O paciente, François Savineau, de 26 anos de idade e pescador de profissão, foi operado ouvindo sugestões reproduzidas num disco que, rodando, aconselhava-o a manter-se calmo. O pescador permaneceu consciente durante toda a operação, isto é, durante vinte minutos, e comentou depois as suas impressões, afirmando não haver sentido dor alguma. "Apenas tive a impressão de receber descargas elétricas quando foi feita a ligadura do apêndice." Por sua vez o cirurgião, Dr. André Puvot, declarou: "Operei exatamente como de hábito e segundo as normas comuns de tempo. Foi somente quando procedi à ligadura do apêndice que o meu paciente teve um ligeiro desfalecimento. Ainda assim, após alguns segundos, ele me pediu que prosseguisse." Mas na realidade, conforme mostrou o filme tomado durante a operação, o paciente deve ter sofrido bastante e foi graças a uma força de vontade pouco comum que pôde suportar a intervenção.

Acrescentemos, enfim, que se emprega também o hipnotismo em certos institutos de beleza: o desaparecimento das rugas, o rejuvenescimento do rosto que se conseguem obter sob hipnose, são sem dúvida fatores estéticos.

É claro que o hipnotismo não pode ser considerado um tratamento plurivalente, pois não é eficaz em todos os casos e, além disso, comporta contraindicações, mormente para certos tipos de nevrosados em que uma "aproximação" demasiado passional com o hipnotizador só poderia agravar o estado.

CAPITULO V

# HIPNOTISMO SIMULADO

Se, conforme acabamos de ver, é difícil negar a existência propriamente dos fenômenos hipnóticos, não é menos verdade que, muitas vezes, a hipnose não passa de pitiatismo e simulação.

Não resta dúvida que Charcot, Luys, de Rochas, Lombroso, Ochorowicz, Bérillon, Boirac e vários outros hipnólogos foram de vez em quando enganados por seus pacientes. Na abundante documentação que reunimos sobre a questão e que nos permitiu formular o nosso julgamento, tratemos de escolher alguns testemunhos que se relacionam, dum lado, com os trabalhos de Charcot e, em geral, com os da *Salpêtrière, e* doutro, com as experiências de Boirac.

"As mulheres que entravam na *Salpêtrière"*, escreve Léon Daudet em *Paris vécu,* "enviadas por confrades de Paris ou da província, pertenciam à categoria de domésticas nervosas e estafadas, de porteiras ledoras de "fatos e notícias", ou ainda de raparigas, e até mesmo de pequenas "Bovary" burguesas desejosas de se tornarem interessantes e que tinham ouvido falar da doença da moda, isto é, da histeria, nos jornais de grande tiragem e que não ignoravam que cumpria "antes de mais nada e logo de chofre" sentir-se mal. Mas as camaradas lhes ensinavam, assim que elas chegavam, não ser suficiente cair e gritar torcendo os braços, sendo indispensável também "arquear no chão", rolar por terra, salivar e retesar a cabeça para trás. Isso sim, é que era a catalepsia. Ora, os catalépticos improvisados, que por ignorância passavam a primeira fase, sabiam logo que esta, a letárgica, permitia entrar na categoria das pessoas deveras interessantes, ao passo que a terceira fase, sonambúlica, dava direito, o desempenho sendo bom, às mil pequeninas atenções prometidas aos clientes perfeitos.

"Estava implícito que assim que um dos internos lhes comprimia o ventre (isto é, os ovários) com os dois punhos, deviam acalmar-se pouco a pouco, chorando e gemendo. Ora, esse lance era ainda a infância na arte e as doentes se saíam às mil maravilhas.

"Quanto à crise de sonambulismo, nada mais fácil. Bastava o gesto ser esboçado num arremedo de ordem, e, caso lhes metessem uma faca na mão, cumpria dar dois passos brandindo a arma e em seguida arremessá-la, emitindo por entre os dentes uma espécie de silvo. Após o que se podia ou acordar, o que era coisa simplíssima, ou recair na letargia ou mesmo na catalepsia, deixando no primeiro caso os membros frouxos ou então, no segundo, contraindo-os e ao mesmo tempo revirar os olhos.

"Como foi que Charcot, que tinha o dom de observar, foi tapeado durante tantos anos por subterfúgios tão infantis?... É que todo aquele que se extravia pelos caminhos da loucura é vítima também no do embuste seja por mera candura seja por obstinação orgulhosa. E Charcot era um grande orgulhoso, persuadia-se que estava sendo formidável! Ora, ninguém aqui na terra é formidável, e deve dizer e viver repetindo isso a si mesmo se quiser mesmo começar a compreender seja lá o que for não só quanto às coisas e a nós mesmos, mas às nossas fronteiras confins, com relação às coisas e a nós mesmos."

Em *Les Morticoles* o mesmo autor conta com a sua habitual ironia de que maneira as doentes dos hospitais psiquiátricos fingem fenômenos histéricos e hipnóticos!

"Nesse momento, Jaury me convidara a almoçar na sala de plantão. Como eu quisesse partir após o café, ele me disse: "Fique, você vai aprender coisas interessantes." A pêndula bateu duas horas. . . Alguém exclamou, bocejando: "Rosalie então não vem?" "Ela me prometeu ser pontual", respondeu um certo Tripard, interno de Fontange que era o médico-chefe das histéricas e das sonambúlicas. "Ela não vai faltar com a sua palavra." Efetivamente, daí a dois minutos entrou qual turbilhão uma criatura muito jovem e muito bonita, com os cabelos louros desgrenhados, o narizinho para o ar e vestida com roupas berrantes. "Cá está ela, senhores, a nossa Rosalie que serviu para tão belas experiências relatadas nos jornais, as experiências do nosso infalível Cloaquol", exclamou Tripard. "A nossa Rosalie, sobre quem baseamos o nosso extraordinário sistema da sensibilidade neuro-músculo-cérebro-cutânea, a nossa Rosalie, ponto de partida para tantos trabalhos maravilhosos..." Nesse momento apareceu Gigade, que disse: "Mas é Rosalie! Continuas a trabalhar no sistema nervoso, minha filha? Ahn!

Fizeste Fontange engolir cada patranha! Vamos, sapeca-nos um ataque!" Imediatamente aquela mulher caiu de costas, rugindo. Agitava-se, desarticulava-se tomando ora a forma dum arco, ora a dum chicote recurvado, lançando as pernas e os braços em todas as direções, rilhando os dentes, emitindo sons rouquenhos, arregalando os olhos quase para fora das órbitas. Eu fremia retraído no meu canto. Gigade dava gargalhadas. "Isso, isso! Impossível simular melhor. Conheci a grandona Toupin, a pequenina Poivre, que bancavam o hipnotismo em estado de vigília, a mais rara das hipnoses... Nenhuma chegou a tua perfeição!..." Rosalie, embriagada pelo êxito, tomava as atitudes que Gigade lhe indicava. Ela estrebuchava no chão. A sua travessa desprendeu-se... Tripard precipitou-se sobre ela, fez-lhe cheirar um suposto éter e passou a fazer-lhe massagens nos ovários. Então ela se acalmou e assumiu um ar envergonhadiço. Em seguida, tirando a máscara, voltou- se com ar provocante para Gigade: "Estou lá me importando com o teu tempo! Eu era então uma garota e tratava de divertirme direito, isso sim! Passa-me um cigarro." Parecia sentir ao mesmo tempo ciúme e pouco caso por suas colegas em tapeações, a grandona Toupin e a mirrada Proivre, que não faziam nada que prestasse, que se enganavam até mesmo no mais simples ataque...

"Sabes duma coisa, Rosalie?" — disse Tripard. "Estamos pensando numa nova experiência. Fontange está convencido de que se te pusermos nas mãos uns cartõezinhos trazendo escritos nomes de medicamentos, eles, os medicamentos, agirão sobre ti. Vou te dar a lista na ordem em que os vou apresentar na próxima aula de clínica. Cometerás um erro, no princípio. Esperarás então que sejas hipnotizada. Em primeiro lugar: sulfato de quinino. Farás cara enjoada. Exclamarás; "Hum! Como é amargo! Credo! Que coisa horrível! Estou com os ouvidos zumbindo." Em segundo lugar, ipeca. Aí, então, minha nega, é que tens que dar espetáculo, tens que vomitar!" "Está bem" — respondeu Rosalie — "hei de desempenhar-me às maravilhas". Deu uma olha- dela na lista dos medicamentos, com ares de quem confiava em si mesma. Eu, por minha vez, decidi não faltar à sessão de Fontange.

"Chegou o dia da sessão. Após algumas explicações sobre o hipnotismo, Fontange passou às experiências. Depois, com o dedo indicador no ar, bradou: "Que me tragam Rosalie!" A jovem conduzida por Tripard muito sério e solene, apareceu vagarosamente, de vestido preto, os olhos baixos, o feitio humilde. Sentou-se educadamente na cadeira, de frente para o público. Fontange mugiu: "Sabeis, senhoras e senhores, que temos sempre sustentado a necessidade da histeria como causa dos fenômenos hipnóticos. Todo aquele que é são, sadio, não é absolutamente hipnotizável. Axioma fundamental, luminoso. Ora, Rosalie apresenta o fenômeno singular de não ser susceptível de letargia, catalepsia, sonambulismo senão após um ataque."

"A essa altura surge Tripard, aperta o punho da simuladora que cai por terra ululando e inicia uma ginástica desordenada. Várias pessoas levantam-se para vê-la melhor. Outros gritam: "Sentado! Tira o chapéu!". (Em seguida Rosalie é posta em estado cataléptico e sonambúlico, que ela simula admiravelmente.)

"É neste minuto, senhoras e senhores", continua Fontange com um gesto profético, "que se vai manifestar uma potência nova, extraordinária, misteriosa. A ação não dos medicamentos, mas dos nomes dos medicamentos. Estais vendo estes cartõezinhos. Em cada um deles acha-se escrito o nome dum remédio. O primeiro, sulfato de quinino... Aplico-o na nuca da doente, e eis que esta jovem, que é uma ignorante, uma pobrezinha, que jamais ouviu falar em sulfato de quinino, vai apresentar os sinais característicos de intoxicação."

"Dito e feito. Mal o papel é aplicado na nuca de Rosalie por Fontange, ela interrompe a sua tagarelice e exprime através do rosto uma irresistível repugnância. "Hum, como é amargo! Como é ruim! Não quero. Porco! Seu porco!" Principia a escarrar no chão e a sacudir os ombros. Fontange exulta. "Que tal? Eu não disse?!" Quase todos ficam perplexos. Raros são aqueles que desconfiam de tapeação. Rosalie esfrega as pálpebras e murmura: "Sinos... Estou ouvindo sinos. Ruídos arrastados. Um apito. Trem de ferro. Estação. Ele está chegando!..." Bravos entusiásticos. Brada o Mestre, do fundo do peito: "Isto basta para convencer-vos?" E sopra nos olhos da paciente, que acorda, estremunhada e pergunta de modo ansioso: "Onde é que eu estou? Que foi?... Que é que há?"

Em *Minhas Fraudes Desvendadas,* o prestidigitador Dickon nos relata e informa como chegou, sem muita vontade, a realizar experiências de hipnotismo com Mlle. R., cliente célebre de Charcot. A jovem contou-lhe que havia sempre mistificado o ilustre neurologista.

"No momento em que o magnetismo fazia furor", escreve Dickson, "um empresário me pediu para fazer uma turnê com ele e organizar um espetáculo com os meus truques de prestidigitação. No meio do serão, uma hora seria reservada para um *intermezzo* de magnetismo.

"O nosso empresário pôs-se a procurar um magnetizador e um percipiente, que afinal encontrou num lugar onde se praticavam sessões de treinamento.

"O percipiente, Mlle. R., estivera na clínica de Charcot no *Hospital da Salpêtrière,* tendo, portanto, fama de ser sério, isto é, de não simular.

"Na noite da estréia, o magnetizador que, contrariamente ao que afirmara, não tinha o hábito do palco nem de se apresentar diante duma plateia, foi tomado dum encabulamento medonho e só pôde terminar o seu número graças a Mlle. R., que soube conduzi-lo apesar dos pesares.

"No dia seguinte o empresário rescindiu o contrato com o tal magnetizador demasiado imprescindível, e então Mlle. R. me disse: "Escute, M. Dicksson, por que é que o senhor mesmo não me apresenta? Não viu que eu ontem salvei a situação? Se, em lugar do operador sem jeito que esteve a ponto de estragar a noite, eu dispusesse de alguém que soubesse me apresentar e que por sua vez tivesse a necessária desenvoltura, o sucesso teria sido enorme." Protestei: "Mas eu nunca fiz magnetismo. Não conheço patavina a respeito! "Isso não tem a menor importância. Basta combinarmos juntos, antes, o que o senhor deve dizer e fazer, e daqui a oito dias o senhor terá fama dum autêntico magnetizador."

"Ora, a turnê estava contratada, já se tendo gasto muito dinheiro em cartazes e programas trazendo a indicação exata duma sessão de magnetismo. Além disso, a publicidade já estava sendo feita na maioria das cidades do itinerário previsto. Após uma segunda hesitação, acabei aceitando. Assim, já naquela noite eu fazia a minha estreia diante do público, diante de médicos, apresentando Mlle. R. como o faria o mais prático dos profissionais.

"Tudo decorreu bem, o público ficou encantado e eu ouvi por toda parte a convicção nos fenômenos produzidos. Depois do espetáculo, Mlle. R. me censurou por eu haver zombado dela declarando-lhe nada conhecer de magnetismo. E, de confidência em confidência, acabei por saber que a paciente notável, que constituíra um certificado válido para as "luzes da Faculdade", era simplesmente uma simuladora! Um dia que eu aludi às sessões na *Salpêtrière,* Mlle. R. me confessou: "Pois bem, fique sabendo que lá também eu representei a comédia sem que jamais isso transparecesse. Eu era a paciente preferida do Mestre, que me enchia de atenções, que mandava que me satisfizessem nos meus desejos. De modo que vivia cercada dos maiores cuidados. Dependiam de mim e a ciência apoiava-se nos meus fatos e gestos para registrar exemplos convincentes. E que porção! Não sendo bonita, não tendo profissão nem família, arranjei-me como assunto médico, de maneira que a minha única ideia fixa era que não me dessem alta no hospital.

Mas um dia o chefe morreu e assim tudo mudou. Tive que me resignar a sair do estabelecimento. O número avultado de experiências havia proporcionado uma espécie de reputação para o meu nome, e não tardei a ser bem acolhida. Conforme está vendo, meu caro, disponho dalguns dons naturais no que concerne ao sistema nervoso e que me fazem por exemplo ficar firme mesmo ouvindo inesperadamente o disparo dum tiro de pistola rente aos ouvidos e não pestanejar; mas disponho também duma grande força de vontade e de muita experiência. O que intriga os médicos é que eles não podem, assim como os leigos, saber quando e como eu começo a mistificá-los."

Boirac também foi enganado durante as suas experiências hip- nomagnéticas.

"O nosso professor", escreve G. Grillet (referindo-se a Boirac) no *Mercure de France* de 1.º de abril de 1924, "interessava-se apaixonadamente pelos fenômenos de hipnose, então em voga. Quando a aula terminava, ele se fechava com alguns de nós numa sala e iniciava as suas experiências (sono hipnótico e sugestão). E elas decorriam sempre com êxito porque havíamos combinado entre nós fingir que dormíamos e obedecer docilmente às sugestões que nos eram feitas. E então, no meio da aula seguinte, na hora fatídica, os alunos, prevenidos e achando graça, viam um de nós inquietar-se, fremir, erguer-se, depois avançar com andar trêmulo para a escrivaninha do professor a fim de oferecer-lhe uma pastilha ou para proferir com voz neutra a frase sugerida! Jamais, absolutamente, Boirac chegou a desconfiar que estava sendo iludido! Essa confiança ingênua e a bem dizer infantil sempre me deixou incrédulo quanto à realidade dos fenômenos cuja constatação depende de pessoas tão fáceis de serem enganadas."

Evidentemente!

Se o hipnotismo dos Charcot, dos Bernheim, dos Luys etc., hipnotismo esse que foi qualificado de "científico", se acha, conforme acabamos de ver, sujeito a cautelas, que é que se deve pensar então do hipnotismo teatral sempre profundamente infiltrado pelos conchavos?

"Temo-nos servido de compadres, ou cúmplices toda vez que a ocasião se apresenta", escreve E. Chautard em sua brochura *Les Révélations d'un Magnétiseur,* "e por isso sempre nos demos muito bem no exercício da nossa longa carreira. Não somente nos tem sido fácil encontrar compadres em todas as cidades em que apresentamos experiências de magnetismo, e isso sem grandes despesas, como acontece muitas vezes sermos procurados, antes da abertura da sessão, por pessoas desejosas de nos servir de ajudantes secretos, pessoas aliás pertencentes a todas as classes da sociedade. Tais pessoas não exigem em absoluto nenhuma remuneração e nos servem por amor à arte, mostrando-se radiantes por mistificarem os seus compatriotas e amigos."

Por sua vez o Dr. Dhotel, que é sem contestação na hora atual a personalidade mais competente na Europa e talvez no mundo inteiro na arte da prestidigitação, corrobora as revelações de Chautard em sua incomparável obra *La Prestidigitation sans bagages.*

"Direi", escreve ele, "que para montar um número tipo Pickman ou Donato basta a gente dispor de compadres mais ou menos bem amestrados, a maior parte sendo paga e o restante sendo grátis; estes últimos, mesmo se antes não estavam muito dispostos, concordam logo, bastando que o operador lhes sussurre aos ouvidos, quando os vê meio vacilantes ou relapsos, uma frase no gênero desta: "Faça o que lhe vou dizer... não me impeça de ganhar a minha vida" etc. Então, por condescendência, ou com receio de serem ridicularizados, executam os exercícios ordenados. Aliás, esses exercícios variam; sugere-se aos supostos hipnotizados que está fazendo frio, e eles se põem a tremer, levantam a gola do paletó; ou que está fazendo calor, e eles tiram fora o casaco; ou que a inundação está crescendo, e eles nadam em cima do assoalho; ou que um copo com água é uma bebida deliciosa, e eles o bebem com evidente satisfação; ou que esse copo com água é uma bebida amarga, e eles o tomam fazendo careta; ou que uma batata é uma fruta, e eles a comem sem pestanejar (o que exige certa prática); ou que animais ferozes estão invadindo a sala, e eles se mostram apavorados e fogem espavoridos etc. etc.

"No fundo, o efeito produzido por essas exibições repousa num erro psicológico dos assistentes; não imaginam que as pessoas possam representar a tal ponto a baixa comédia, abdicar de sua personalidade por uma soma às vezes irrisória.

"Quando se sabe a verdade não se pode deixar de experimentar durante tais sessões um sentimento de repugnância profunda diante dessas palhaçadas sem mérito. Mas acontece que a multidão é tão idiota!

"Por conseguinte, algumas gorjetas, conhecimento de psicologia da massa e principalmente muita ousadia, eis os elementos suficientes para se montar um número desse gênero; contudo, devemos confessar que para transformar isso em grande sucesso cumpre ajuntar àqueles elementos um talento incontestável de apresentador."

E sem dúvida esse talento não faltara a Donato nem a Pickman, como também não falta agora aos seus êmulos modernos: Bénévol, Onofroff, Sabrenno, Hermano, Ynaleb, o Grand Robert etc.

Que ao conchavo se associam fenômenos de sugestão ou de pitiatismo, assim como alguns verdadeiros fenômenos hipnóticos, é fora de dúvida. Mas, afinal de contas, em que isso é misterioso e surpreendente? Sendo uma das tendências do ser humano imitar o que ele vê fazer, compreenderemos logo a fácil influência dos hipnotizadores de teatro sobre os indivíduos e em especial sobre a multidão, o "compadre" servindo de isca e de exemplo. Em tais condições, o sugestionado é um AUTO-SUGESTIONADO. Se às vezes dorme deveras e se então apresenta todos os efeitos da hipnose, inclusive da alucinação, é porque acredita nas possibilidades do hipnotismo.

E semelhante conclusão se impõe, outrossim, à maior parte do hipnotismo dos Charcot e dos Luys, em que o falso compadre é o histérico ou o nevrosado que no mais das vezes representam a comédia admiravelmente a ponto de arrastarem os hesitantes. E isso tanto melhor, por ser difícil, no caso do histérico, dizer onde começa e onde acaba a simulação.

"Mentira e simulação", escreve o Dr. P. Chauchard, "fazem parte do caráter histérico; portanto é muito difícil fazer a parte do inconsciente voluntário e do consciente voluntário no comportamento histérico, visto que nada de objetivo permite distingui-los. Acusar os histéricos de fazer tudo por simulação seria de certa maneira dá-los como modelo dum poder considerável do cérebro sobre o corpo."

Em todo caso, podemos tornar nossa a seguinte conclusão do psicólogo Charles Beaudoin, de Genebra:

"Quer parecer-nos que um indivíduo só se tornará um fantoche na mão do hipnotizador se imaginar que assim deve fazer. Após assistirmos a sessões (verdadeiras ou simuladas) de hipnotismo, ficamos espantados com a precisão com que certas sugestões se executam e como a ideia da dependência germinou no espírito do percipiente. Ou então temos ouvido contar "as maravilhas do hipnotismo" ou lido artigos de jornais ou rodapés representando o hipnotizador como todo poderoso; e se depois então nos deixamos hipnotizar, podemos cair numa dependência absoluta, mas essa dependência é uma autossugestão decorrente da superstição a respeito do hipnotismo."

CAPITULO VI

# NOS CONFINS DO NORMAL E DO PARANORMAL

Parece-nos artificial cindir as capacidades fisiológicas e psicológicas do homem em poderes normais e poderes paranormais. Pois muito provavelmente a vida e o pensamento não se apresentam, no real, com essa distinção. Foram os biólogos e os psicólogos que a estabeleceram. O conhecimento chamado normal do mundo exterior por intermédio dos nossos sentidos, os mecanismos cerebrais, o admirável comportamento instintivo de muitos animais e em particular das abelhas, das formigas e das térmitas são, em sua essência, fenômenos tão misteriosos e tão completamente ininteligíveis quanto a telepatia e a metagnomia. O mesmo se dá com os fenômenos fisiológicos correntes examinados em sua intimidade e comparados aos fatos biológicos ditos paranormais, a estigmatização, por exemplo. Na realidade, a vida é uma, o psiquismo é um, porém certas manifestações suas são habituais e outras não o são ou pelo menos passam despercebidas no mais das vezes. As primeiras são estudadas pela psicologia e pela biologia clássica; as segundas, pela metapsíquica ou pela parapsicoiogia. Contudo, encontramos facilmente todos os termos de transição entre as duas categorias de manifestações, de sorte que a sua fronteira comum quase sempre é indistinta.

Eis propriamente alguns desses termos de transição: dissociações da personalidade, casos de calculadores prodígios e de certos artistas e escritores que examinaremos neste capítulo. Situando-se no ponto de junção do normal e do paranormal, revelam-nos as franjas do nosso psiquismo subconsciente, uma espécie de região fronteiriça, um "borderland" (conforme dizem os ingleses) o que, além do nosso próprio interesse, permitirá aos observadores menos temerários passarem dos conhecimentos adquiridos e admitidos para aqueles fenômenos que provisoriamente continuam com a etiqueta do "paranormal".

## *As Dissociações da Personalidade*

O caso de dissociação da personalidade estudado há mais tempo (em 1816) é o da jovem norte-americana Mary Reynolds que, ao sair duma síncope, perdeu a noção de sua vida anterior. Alguns meses depois, atingida por uma síncope análoga, reencontrou a sua personalidade normal, porém esqueceu por completo tudo quanto se passara entre os dois acessos. Desde então, sua vida ficou dividida alternativamente entre os dois estados. Aliás, Mary Reynolds tinha tão pouco consciência da sua dupla personalidade quanto duas pessoas distintas têm de sua natureza respectiva.

O caso da célebre Félida X, observado minuciosamente, por volta de 1860, pelo Dr. Azam, é o duma jovem histérica que de vez em quando, subjugada por uma emoção e não raro sem causa aparente, experimentava uma sensação dolorosa nas têmporas e caía de súbito num sono profundo que durava uma dezena de segundos, após o que ela abria espontaneamente os olhos e entrava num estado segundo que durava uma hora ou duas. Em seguida sobrevinha de novo o sono, e Félida não se lembrava mais do que havia dito e feito durante o estado anterior.

O importante a notar é que, durante a duração desse estado, Félida mudava sobremaneira. Ficava alegre, ativa, despreocupada, andando dum lado para outro, e as suas faculdades pareciam mais desenvolvidas e mais completas do que durante o estado normal em que ela era tristonha, tímida e concentrada. O Dr. Azam chegou até mesmo a constatar uma terceira mudança de personalidade caracterizada por um terror indizível.

Com o decorrer dos tempos, psicólogos e psiquiatras descobriram indivíduos que apresentavam até mesmo quatro, cinco e seis personalidades, cada uma delas tendo seu caráter particular, seus sentimentos especiais e suas crenças religiosas próprias. Assim, determinado indivíduo era católico no estado I e protestante no estado II. Às vezes, essas personalidades se ignoram, em compensação, em dados casos elas se conhecem, se julgam e se criticam. E cada uma tem um modo característico de escrever, com caligrafia toda sua.

Miss Beauchamp, que foi estudada pelo Dr. Morton Prince, de Boston, possuía quatro personalidades que se sucediam e que tinham cada uma a sua maneira de pensar e de agir. Primeiro que tudo havia Miss Beauchamp n.º 1, que era, se assim podemos dizer, Miss Beauchamp normal. Tratava-se duma jovem inteligente, suave, simpática e desinteressada, porém nevropata, sonhadora e impressionável. Miss Beauchamp n.º 2 era menos reservada do que a primeira. Vinha em seguida Miss Beauchamp n.º 3, que dava a si mesma o nome de Sally. Característica particular: enquanto Miss Beauchamp normalmente era doentia e lânguida, já Sally era sadia e robusta, não conhecendo sofrimento nem cansaço. Enfim, Miss Beauchamp n.º 4 era em tudo por tudo diferente das demais, mormente da primeira. Tratava-se duma mulher frívola, ambiciosa, egoísta, má e esperta, que não cessava de perseguir Miss Beauchamp n.º 1. Pode-se aproximar este caso do de Léonie, que foi cliente do Prof. Pierre Janet. No estado segundo se fazia chamar Léontine, e referia-se a Léonie, isto é, a si própria, nestes termos: "Não tenho nada que ver com essa mulher, que é muito idiota."

Um dos casos mais extraordinários de personalidades múltiplas e alternantes que já atraíram a atenção dos psicólogos é sem dúvida o de Mollie Fancher. Em consequência dum grave desastre de bonde de que foi vítima aos dezesseis anos de idade, caiu numa espécie de estado cataléptico que durou nove anos. Durante todo esse período, os seus olhos permaneceram quase completamente fechados, embora ela não dormisse; e o seu braço direito, contraído em estado crônico, permanecia erguido acima e atrás de sua cabeça. Apesar disso, no decurso desses nove anos e em tal estado, ela escreveu 6.500 cartas, fez trabalhos de lã e empregou 100.000 onças inglesas de cera, isto é, cerca de 2.835 quilos, para confeccionar flores artificiais que coloria com muita perfeição. Todo esse trabalho era feito em gestos acima da sua cabeça, a mão esquerda se aproximando da mão direita. Na mão esquerda fechada estavam o lápis, a caneta e demais objetos de que ela precisasse.

No fim dos nove anos, e após uma crise cataléptica profunda que foi seguida no mês seguinte pelo desaparecimento geral das contraturas, grande foi o seu pasmo quando, crente de haver dormido apenas uma noite, veio a saber por outros que saía dum período de esquecimento que durara nove anos. Além disso, não quis acreditar absolutamente que havia fabricado aquelas flores magníficas que lhe foram mostradas, considerando-se incapaz de todo e qualquer trabalho artístico.

Depois disso, em sua vida cotidiana se sucederam nela cinco personalidades, cada uma separada da precedente e da seguinte por uma crise convulsiva que parecia desarticular lhe os membros. Chamava-se então respectivamente Sunbeam, Rosebud, Idol, Pearl e Ruby, que em português significam Raio de Sol, Botão de Rosa, Ídolo, Pérola e Rubi.

Sunbeam representava a personalidade habitual, conhecida dos visitantes e dos amigos como sendo a de Mollie Fancher, sendo difícil dizer, contudo, se constituía mesmo a continuação da vida da jovem de dezesseis anos. Em todo o caso, era distinta da personalidade que dominara durante aqueles nove anos que se seguiram ao desastre de bonde. Mas em determinada hora, sobretudo à noite, Sunbeam cedia lugar à pequenina Rosebud que afirmava ter apenas sete anos de idade. Tal suposta pessoa conservou sempre a mesma idade nem apresentou nenhum desenvolvimento intelectual dum ano para outro. Em seguida, Rosebud era substituída por Idol, depois sobrevinha Pearl, seguida dentro em breve por Ruby, que era sobremaneira vivaz e espirituosa. E o ciclo recomeçava. As lembranças de cada uma das personalidades limitavam-se estritamente a determinadas porções da vida de Mollie Fancher. A doente não dormiu nunca.

O caso de Doris Fischer, que foi longamente estudado *(Journal of the American Society for Psychical Research,* vol. IX, X e XI) pelo Dr. Hyslop e pelo Dr. W. F. Prince (que não deve ser confundido com o Dr. Morton Price) é análogo ao de Mollie Fancher, não obstante os autores citados o hajam interpretado sob o ângulo espírita.

Dóris Fischer era uma moça de vinte anos de idade quando o Dr. Hyslop e o Dr. Prince tiveram ocasião de examiná-la e tratá-la. Cinco personalidades diferentes ocupavam alternativamente a sua consciência: 1, Dóris a doente; 2, Margaret; 3, Margaret a dorminhoca; 4, a verdadeira Dóris, e por último, uma quinta personalidade bastante indefinida e aliás sem importância nem interesse. Entre as personalidades segundas, aparecera primeiro Margaret em consequência dum traumatismo grave quando Dóris Fischer tinha ainda apenas três anos de idade.

Essas cinco personalidades eram tão diferentes e distintas umas das outras como se fossem pessoas vivas e autônomas. Além disso, separavam-nas abismos de amnésia. Dóris, a doente, ignorava todas as outras. Margaret conhecia a doente Dóris e a verdadeira Dóris, porém ignorava Margaret, a dorminhoca; esta, em compensação, conhecia as três personalidades principais. E, por último, a verdadeira Dóris, conquanto considerada como a personalidade total, não se lembrava mais dos avatares passados quando voltava ao estado consciente.

Após haver submetido a enferma a médiuns clarividentes que assimilaram certas personalidades segundas, e mais particularmente Margaret a "espíritos" obsidiantes, o Dr. Hyslop cuidou poder afirmar que tais entidades eram efetivamente estranhas a Dóris Fischer.

Conquanto, realmente, aquelas personalidades tivessem revelado fatos desconhecidos mais tarde reconhecidos como exatos, e Dóris Fischer ficasse boa, curada, depois que elas foram expulsas ou, se preferirmos exorcizadas, não eram, conforme demonstrou muito bem M. T. W. Mitchell (*Proceedings of the Society for Psychical Research,* maio de 1920) senão personalidades segundas intrínsecas, como as outras.

Fora da verdadeira Dóris, as três principais personalidades segundas representavam os três modos conhecidos da consciência: intelectual, emocional e prático. Através dos seus traços caracteriais, Margaret, a dorminhoca, expressava a personalidade intelectual, não impressionável, sorridente, calma, lógica e previdente ou sagaz. Por sua vez, Margaret constituía a personalidade emocional, demonstrativa, com alternâncias boas e más, ora afetuosa, ora ruim. E, enfim, Dóris a doente caracterizava o lado prático da mentalidade de Dóris Fischer. Era a mulher dos de- veres, bastante fria, e inteiramente assoberbada pelo trabalho.

## *O Caso de Hélène Smith*

Resolvemos separar este caso dos precedentes e desenvolvê-lo longamente porque dum lado é menos patológico e mais complexo do que aqueles, e porque por outro lado apresenta maior número de episódios paranormais.

Nascida em Martigny, no Vaiais (Suíça), a 9 de dezembro de 1861 e falecida em Genebra a 10 de junho de 1929 com a idade de 68 anos, Catherine-Elise Muller tornou-se mundialmente célebre, sob o nome de Hélène Smith, devido aos admiráveis e já agora clássicos trabalhos do Prof. Th. Flournoy, de Genebra, trabalhos que ele publicou em algumas revistas filosóficas e sobretudo em sua obra notável *Das índias ao Planeta Marte.*

Duma situação relativamente modesta e duma moralidade ir- reprochável, Mademoiselle Muller (que segundo o uso comum chamaremos aqui de Hélène Smith) ganhava honradamente a sua vida como empregada duma casa comercial onde o seu trabalho, a sua perseverança e as suas capacidades a haviam feito atingir um dos postos mais importantes.

"Na época em que eu a conheci", escreve Th. Flournoy, "ela era uma criatura alta e bonita, com cerca de trinta anos de idade, de tez natural, cabelos e olhos quase pretos, cujo rosto inteligente e vivo, de olhar profundo, mas sem ar extático, logo despertava simpatia. Não tinha em absoluto aspecto emaciado ou trágico que emprestamos de bom grado às sibilas antigas, e sim uma aparência de saúde, de robustez física e mental, causando prazer vê-la."

Iniciada no espiritismo, logo se percebeu que ela possuía notáveis faculdades "psíquicas". Sua mediunidade consistia em visões durante estados de vigília, visões essas acompanhadas de ditames tiptológicos e de alucinações auditivas. No que concerne ao conteúdo, tais mensagens diziam respeito, em sua maior parte, a acontecimentos passados, ordinariamente desconhecidos das pessoas presentes, mas cuja realidade se verificava recorrendo-se quer a dicionários históricos quer às tradições das famílias a que ela aludia. A tais fenômenos se juntavam, ocasionalmente, segundo as sessões e os lugares, prescrições médicas em geral eficazes, exortações morais, pretensas comunicações de parentes ou de amigos recentemente falecidos, e, por último, revelações inverificáveis relativas às vidas "anteriores" das pessoas presentes. Assim determinada pessoa ouvia dizer que era a reencarnação do Almirante Coligny, outra, que ela outrora fora a Princesa de Lamballe; e assim por diante.

Convém notar, e voltaremos mais adiante a esse fato bastante geral em espiritismo, que todas essas mensagens pareciam mais ou menos ligadas à presença misteriosa dum "espírito" que respondia ao nome de Léopold e que se tinha na conta de guia e de protetor do médium.

Nos começos da sua mediunidade, Hélène Smith apresentava apenas ligeiro estado de transe, conservava aparentemente o seu estado normal, isto é, um estado de vigília, conversava com os assistentes e se contentava em descrever as suas visões e em repetir em voz alta as palavras que cuidava ter ouvido ou estar ouvindo. Tinha consciência de tudo quanto se passava durante as sessões, e a sua memória permanecia praticamente inalterada.

Com o decorrer do tempo, o seu transe se tornou mais profundo e a moça acabou por apresentar transformações muito nítidas de personalidade com esquecimento absoluto, ao regressar ao estado normal, de tudo quanto havia feito e dito cada personalidade que ela aparentemente incorporara.

Ao mesmo tempo, as suas informações mediúnicas tornaram-se mais ricas, mais densas, muito melhor encadeadas.

Apresentou com efeito criações sonambúlicas notáveis, cujas peripécias se desenrolavam durante meses e até mesmo durante anos, e evoluíram paralelamente, manifestando-se ora em alternâncias irregulares, no decorrer de sessões diferentes, ora na mesma sessão. Th. Flournoy chamou-as de "ciclos". Constituem o ciclo hindu, real e marciano.

No ciclo hindu, ou oriental, Hélène Smith pretendeu haver sido, numa encarnação precedente, a filha dum xeque árabe e ter-se tornado, sob o nome de Simandini, a esposa preferida do príncipe hindu Sivrouca Nayaca, que reinou no Kanara e que em 1401 construiu a fortaleza de Tchandraguiri. Expressava-se então às vezes numa língua que lembrava o sânscrito. Para explicar esse fato, Th. Flournoy supôs que Mlle. Smith aprendera o pouco que sabia de sânscrito folheando durante as suas fases de suges- tibilidade e de maneira de certa forma inconsciente uma gramática do idioma sânscrito, ou qualquer outro documento desse gênero. Mas esse problema do sânscrito é bastante delicado porque, dum lado, os livros sobre o sânscrito são muito raros e Hélène Smith sempre negou categoricamente que tivesse tido algum deles à sua disposição. Por outro lado, e isso ainda é mais estranho, não há a letra *f* no sânscrito de Hélène. Ora, realmente não existe em sânscrito a letra *f* e se faz imprescindível certa iniciação nessa língua para saber que ela não possui tal letra. Também é verdade que não existe o *u* e sim o *ou*, que às vezes Hélène pronunciava *u* embora escrevesse *ou*.

Além disso, a mímica de Hélène Smith, nos seus sonambulismos hindus, atingia uma intensidade de expressão pasmosa. "A maneira pela qual Simandini se sentava no chão, com as pernas cruzadas, ou então com o corpo meio estendido", escreve Th. Flournoy, "languidamente apoiando um braço ou a cabeça sobre o ombro dum Sivrouka ora real (quando ela me toma como sendo esse príncipe) ora imaginário (em que ela se mantém apoiada no ar em atitude de equilíbrio inverossímil que implicam em contraturas de equilibrista); a gravidade religiosa e solene de suas prosternações quando, após haver durante muito tempo feito oscilar a caçoila fictícia, ela cruza sobre o peito as mãos estendidas, ajoelha-se e inclina-se três vezes com a testa quase roçando o chão; a suavidade melancólica dos seus cantos em surdina, de suas melopéias lamurientas e arrastadas que se desenvolvem por entre notas como que de flautas prolongando-se num longo decrescendo e só se estinguindo ao cabo de 14 segundos; a desenvoltura dos seus movimentos ondulantes e flexuosos quando ela brinca com um macaco imaginário, acaricia-o, beija-o, excita-o, ou ralha com ele rindo e fazendo-o repetir os seus meneios; toda esse mímica tão diversa e todo esse modo de falar exótico têm um tal cunho de originalidade, de graça, de naturalidade, que nos perguntamos, estupefatos, como pôde essa moça do lago Léman, sem educação artística e sem conhecimentos especiais sobre o Oriente, arranjar tamanha perfeição que mesmo a melhor atriz só atingiria pela certa mediante estudos prolongados ou um longo estágio às margens do Ganges."

No ciclo real, Hélène Smith costumava afirmar que numa existência anterior havia sido a infeliz Maria Antonieta. Foi ou teria sido mediante essa encarnação que ela explicou certas impressões de infância e, em particular, o temor que sentira até a idade de catorze anos de ser conduzida por homens de meias brancas, de brincos, de sapatos e de fuzis.

Esse ciclo só se manifestou no começo oralmente. Depois Hélène deu em personificar a rainha em suas pantomimas mudas, por fim deu em falar e em escrever o seu papel.

Há que distinguir dois grupos de fenômenos ou de caracteres nessa personificação: 1.º a objetivação do tipo geral da soberana ou pelo menos da grande dama, 2.º a realização dos módulos individuais de Maria Antonieta.

O primeiro ponto nada deixa a desejar. Escreve Flournoy. "É preciso ver, quando o transe real é franco e completo, a graça, a elegância, a distinção, a majestade mesmo que irrompem das atitudes e gestos de Hélène. As mais delicadas nuanças de expressão, amabilidade encantadora, condescendência altiva, piedade, indiferença, desdém se manifestam uma após outra em sua fisionomia e em sua atitude ante o desfilar de cortesãos que povoam o seu sonho. Seus jogos de mão com o lenço verdadeiro e com os acessórios fictícios, o leque, o binóculo, o frasco de perfume tampado que ela traz na escarcela dependurada na cintura.

E as suas reverências, os seus movimentos cheios de desenvoltura que fazem atirar para trás a suposta cabeleira. Tudo isso é ao mesmo tempo indescritível e perfeito como naturalidade espontânea."

Além disso, em seu papel de Majestade, Hélène Smith dava prova de muita finura e verossimilhança. Tinha réplicas muito espirituosas, que desorientavam os seus interlocutores e cujo estilo era absolutamente à maneira da época.

Já pelo contrário, a objetivação pessoal de Maria Antonieta era muito menos perfeita. Assim, os autógrafos da rainha personificada por Hélène não se assemelhavam em nada aos de Maria Antonieta esposa de Luís XVI. Algumas analogias ortográficas como instans, enfans, étois etc., nada têm de específico e lembram simplesmente os hábitos gerais do século XVIII. Quando Maria Antonieta falava pela boca de Hélène, usava sempre, sem dúvida, um sotaque estrangeiro, mas que era mais o acento inglês do que o acento austríaco. Finalmente, na véspera da sua morte, Maria Antonieta — Hélène dirigiu emocionantes exortações a uma dama presente que ela tomou como sendo a Princesa Lamballe. Ora, esta havia sido morta três meses antes.

No ciclo marciano, Hélène Smith acreditou entrar em comunicação com o planêta Marte. E foi no decorrer desse sonambulismo astronômico que ela criou subconscientemente essa linguagem marciana extraordinária, tão bem estudada e analisada por Th. Flournoy e V. Henry.

No começo essa língua era rudimentar, malfeita, uma espécie de contrafação do francês, do qual conservava em cada palavra o número de sílabas e certas letras marcantes. Em seguida essa língua marciana de Hélène se aperfeiçoa, assume características especiais, tem suas consonâncias particulares, seu acento, suas letras prediletas. Assim, com relação ao francês, há superabundância dos *é ou ê e* dos *i;* já, pelo contrário, os ditongos e as nasais são raros.

Trata-se, pois, duma língua, pode-se mesmo dizer duma língua natural, que foi automaticamente gerada sem a participação consciente de Mlle. Smith. É composta de palavras que exprimem ideias, e a relação das palavras com as ideias é constante. Não, por conseguinte, análoga à algaravia com que as crianças muitas vezes se dão, em seus brinquedos, a ilusão de estar falando chinês, indiano ou javanês.

Mas não se trata duma língua nova, visto que contém uma coleção de singularidades que a anexam, incontestavelmente, ao idioma francês.

Tendo Th. Flournoy feito essas observações a Hélène Smith, esta, após vaga discussão, respondeu de certa forma às objeções aperfeiçoando ou pelo menos complicando (inconscientemente, entenda-se) a sua língua marciana que se tornou então uma linguagem ultra marciana. Diz Th. Flournoy: "Eu me restringira a acusar o sonho marciano de não ser senão uma imitação do meio civilizado que nos rodeia, acentuara a riqueza marciana em *i* e em *ê,* incriminara a sua sintaxe e o seu *ch* emprestados do francês. E eis que ela me joga uma língua absolutamente nova, dum ritmo muito particular, extremamente rica em *a,* com *h* não existentes até aqui, e cuja construção é tão diferente da nossa que não há meios de encontrar analogias."

É evidente o papel da sugestão.

Dissemos mais acima que Hélène Smith tinha um "guia", um fiscal. Esse gênero de personagem do além assume funções importantes nas sessões espíritas. É ele que apresenta as evocações, que introduz as entidades e que depois as despede. Assim, os dois principais guias do célebre médium norte-americano Mrs. Piper (ver dados biográficos) e que, sublinhemos de passagem, provocaram conversões espíritas de grande repercussão, foram o Dr. Phinuit, criação absolutamente imaginária, e George Pelham, jovem literato e filósofo que, após a sua morte, tomou no espírito de Mrs. Piper o lugar do Dr. Phinuit. O guia de Hélène Smith era Léopold, uma reencarnação de José Bálsamo, aliás Cagliostro. Ele falava pela boca do médium com vozeirão de homem e com sotaque italiano, nada tendo de comum com o claro e bonito timbre da voz feminina de Mlle. Smith. Tinha uma personalidade muito marcada e muitas vezes discordava do seu médium. Sua caligrafia era bastante diferente da de Hélène, e a sua ortografia era bem a do século XVIII. Segurava o lápis de modo diferente de Mlle. Smith. Intérprete benévolo, estava sempre pronto a fornecer explicações a respeito das cenas mudas ou pouco claras. Censor moralista, não poupava reprimendas e advertências aos assistentes. Médico bondoso, estava sempre pronto a fazer diagnósticos e a aconselhar remédios que, cumpre reconhecer, muitas vezes se mostraram eficazes; verdade é que neste domínio a autossugestão sempre exerce papel primordial. Aí estão os placebos, como demonstração disso. Estes falsos medicamentos, que apresentam exatamente a forma e a cor dos verdadeiros remédios, não contêm nenhum produto ativo e, no entanto, atuam em cerca de 35 por cento dos casos.

A encarnação de Léopold-Bálsamo-Cagliostro era progressiva e terminava numa espécie de transfiguração que não esquecia nem mesmo a papada que Cagliostro tinha debaixo do queixo (de maneira que o rosto de Hélène ficava parecido de fato com o retrato clássico do célebre ocultista), nem os seus gestos maçônicos nem a sua atitude grave, imponente, quase sacerdotal. "Era muito vagarosamente", relata Flournoy, "que Léopold-Cagliostro chegava a encarnar-se. Primeiro Hélène sentia os braços tolhidos ou como que ausentes; depois se queixava de sensações desagradáveis no pescoço, na nuca, na cabeça. Suas pálpebras fechavam-se, a expressão fisionômica modificava-se e a sua garganta se intumescia numa espécie de queixo duplo ou papada que lhe dava ares parecidos com o aspecto bem conhecido de Cagliostro. E de súbito ela se erguia, depois se voltava devagar para a pessoa da assistência à qual Léopold-Cagliostro desejava dirigir-se, assumia uma atitude hirta ou levemente arqueada para trás, ora com os braços cruzados majestosamente no peito ora com um deles pendente junto ao corpo enquanto o outro erguido para o céu de modo solene formava com os dedos algo assim como um signo maçônico, sempre o mesmo. Em breve, após um acesso de soluços, suspiros e ruídos diversos, acentuando a dificuldade que Léopold sentia para servir-se do aparelho vocal, a palavra vinha então, grave, lenta, forte, uma voz de homem com timbre poderoso de *basso* profundo, com pronúncia e forte sotaque estrangeiro, por certo mais parecido com italiano do que com qualquer outro sotaque. Nem sempre era fácil compreender Léopold-Cagliostro, principalmente se ele engrossava a voz qual trovão quando lhe faziam alguma pergunta indiscreta ou se algum membro da assistência arriscava observações pouco respeitosas. Então ele tinha a pronúncia bem gutural, pronunciava termos obsoletos e arcaicos no seu vocabulário. E isso de modo pomposo, grandiloquente, untuoso, às vezes severo e terrível, outras vezes até mesmo sentimental. Chamava todo mundo por tu, e a assistência tinha a impressão de estar diante do grão-mestre duma sociedade secreta só pela maneira enfática e cavernosa com que ele dizia, por exemplo, "Irmão" ou "E tu, minha Irmã", ao interpelar certas pessoas da assistência."

Pouco após a publicação do livro de Th. Flournoy, *Das índias ao Planeta Marte,* diversas causas modificaram a vida e o pensamento de Hélène Smith e lhe orientaram as preocupações para outro rumo. Houve primeiro um desacordo, dum lado, com os círculos espíritas de Genebra e, doutro, com o próprio Prof. Flournoy que ela acusou de estar desfigurando a realidade mediante interpretações sempre em sentido "materialista". Tais dissensões abalaram-lhe sobremodo o moral. E em seguida houve profunda transformação em sua existência, outrora laboriosa e ativa, passando Hélène a viver sem cuidados materiais visto que em fins de 1900 uma benfeitora norte-americana, Mrs. J., lhe assegurou o presente e o futuro depositando num banco uma importância generosa e alta, possibilitando-lhe renunciar ao trabalho para poder cultivar com toda a independência os seus preciosos dons. De fato, seu emprego no comércio, atendo-a por demais à realidade, não deixava de desviá-la das tendências oníricas. Abandonando o trabalho, ficando inteiramente desobrigada de toda e qualquer tarefa social, Hélène não deixou, contudo, de perder um contrapeso exterior que lhe era bastante útil. Renunciou, portanto às preocupações anteriores, procurou uma nova orientação para o seu pensamento subconsciente e acabou encontrando no devaneio religioso e na exteriorização artística a ilusão consoladora de que sentia necessidade.

No princípio, pintou apenas cabeças (de Cristo, de Maria), depois passou a pintar personagens solitárias, de corpo inteiro *(Cristo no Jardim das Oliveiras, Cristo na Cruz);* vieram em seguida bustos de personagens acessórias (*Jesus a caminho de Emaús*); e finalmente alguns grupos (*Transfiguração, A Sagrada Família)* constituíram os seus últimos quadros. Às telas pequenas do início dessa nova carreira sucederam-se imensos painéis sobre madeira; além disso, a técnica e o modelado melhoraram bastante.

Como Hélène se achava em estado de sonambulismo enquanto pintava e não tinha a menor lembrança de nada ao acordar, ignora-se se ela se utilizava ou não de pincéis. Há suposições de que empregava principalmente os dedos, visto que ao acordar estava ainda com eles sujos de tinta. Quando o quadro dizia respeito a uma paisagem, era esta que se desenvolvia, pormenorizadamente, não obstante a sequência em escala de absoluta fantasia e imaginação. Já nas telas figurativas, o que ressaltava nos personagens eram os olhos, uns olhos enormes, como que alucinados, só depois se organizando em massas e volumes as demais partes do corpo. E quando as telas eram de temário misto, as personagens se confinavam no fundo da tela.

Varia muito o julgamento dos críticos que tiveram o privilégio de ver os quadros de Hélène Smith. Alguns admiraram não só o seu valor religioso e de certa maneira sobrenatural como também sua técnica e sua beleza artística. Também foi gabado o realismo de certos trechos mais pormenorizados. O "Cristo no Jardim das Oliveiras" tem mãos de trabalhador, isto é, do carpinteiro que ele realmente foi na mocidade, fato que Hélène talvez ignorasse. Os pés não estão deformados por botinas ou coisa que o valha, as unhas são curtas e em bisel como consequência da marcha. Já, pelo contrário, outros críticos comentavam a total ausência de expressão dos rostos, a rigidez das linhas, a espessura do magma, insuficiência de gamas e falta de desteridade.

Realmente, os temas inspirados não vão, quanto à realização pictórica, além do nível habitual das telas religiosas segundo uma tradição a que nos habituaram séculos de piedade. Não os anima nenhum sopro de vitalidade. No máximo se poderia dizer que tais telas lembram, de certo modo, as obras dos primitivos. Infelizmente, a sua reprodução estando proibida, o leitor não poderá ajuizar pessoalmente do seu valor.

Afinal de contas, como se deve interpretar a mediunidade de Hélène Smith limitada aos fatos que acabamos de relatar?

Parece incontestável, e dizemos isto sem tomarmos partido a favor ou contra o espiritismo e a hipótese de reencarnação, que Hélène Smith extraiu de seus próprios conhecimentos os elementos dos ciclos hindu, real e marciano, bem como do pictórico, valendo-se quer de impressões e de lembranças de infância quer de noções conscientes ou secretas; quer, ainda, de sugestões de pessoas e ambientes que a rodeavam. Quanto às suas exterioridades, supondo-se princesa hindu ou Maria Antonieta, sem dúvida expressavam o desejo inconsciente de evadir-se da realidade mesquinha e insípida de todos os dias e que lhe permitissem satisfazer uma espécie de megalomania instintiva que muita gente traz consigo.

Além disso, não seria difícil encontrar nos sonhos mediúnicos de Hélène preocupações sexuais recalcadas.

Seja como for, o seu caso representa um dos mais belos exemplos de mudanças da personalidade e só por isso já merecia o longo relato que lhe dedicamos.

Mas o seu interesse ainda é maior por conter incontestáveis episódios paranormais que assinalamos aqui, muito embora se situem por sua natureza fora do objetivo deste capítulo. Já citamos antes o do síndico Chaumontet e o do cura Burnier. Eis um outro parecendo indicar que Hélène Smith foi mesmo a rainha Maria Antonieta numa existência anterior, mas que na realidade constitui, provavelmente, e com mais nitidez ainda do que no episódio já citado, um fato de lucidez sem nenhuma relação com a sobrevivência. Não foi relatado pelo Prof. Flournoy e é pouquíssimo conhecido mesmo dos metapsiquistas e dos parapsicólogos.

No decorrer duma sessão realizada em Genebra na residência do Prof. Flournoy e assistida pelo Dr. M. W., ligado a diversas famílias aristocráticas e especialmente à família M., Hélène Smith teve a visão duma rua estreita perto da catedral de São Pedro e que se chama "Rua dos Cônegos". Seus olhos fixaram-se no n.º 12, e ela viu num quarto da residência correspondente a esse número, uma escrivaninha entre outros móveis e um senhor vestido à maneira da época de Luís XVI. Ele tinha uma carta nas mãos e chorava enquanto a lia. "Foi nesse momento", relata Hélène Smith, "que se operou uma transformação no meu eu e inesperadamente exclamei: "Pobre, pobre M.! Será que a mensagem lhe chegará sem demora?"

Depois disso, o Dr. W. tratou de informar-se a fim de saber se na época de Luís XVI, certo Monsieur M. dos seus antepassados havia residido na Rua dos Cônegos. Pois bem, acabou descobrindo que sim, que isso era perfeitamente exato. Os móveis deixados por M. na Rua dos Cônegos haviam sido herdados por duas ou três gerações. Interessado vivamente em elucidar o caso, o Dr. W. continuou a investigar e descobriu uma escrivaninha idêntica à que Hélène Smith vira. Era propriedade, agora, dum velho lacaio de quarto, que vivia na campanha e que largara a escrivaninha no celeiro por estar ela bastante deteriorada. O Dr. W. quis inteirar-se do que essa escrivaninha acaso ainda conteria e extraiu-lhe todas as gavetas que, aliás, estavam completamente vazias. Mas após procurar com muita pertinácia, descobriu no dito móvel um escaninho secreto dentro do qual se achava um papel todo amarelecido pelo tempo e que ele, Dr. W., desdobrou todo emocionado. Pois bem, era uma carta de Maria Antonieta dirigida ao velho M. da Rua dos Cônegos, e no papel havia ainda trechos enrugados e esbranquiçados por lágrimas.

Acentuemos, rematando o exame dos fatos de dissociação da personalidade, que eles na nossa época são bem mais raros do que outrora. Isso decorre da circunstância de que muitos eram, em grande escala, sugeridos, sem que as pessoas se dessem conta conscientemente, pelo médico, pelo experimentador ou pelos membros da família. Agora, em que predomina uma espécie de sobreaviso quanto a essa fonte de erros, os casos de dissociação são apenas fragmentários e em geral não expressam, nas pessoas, senão duas faces dum temperamento ciclotímico caracterizado pela alternância de períodos ora de exaltação ora de depressão.

Enfim, certos casos parecem mesmo ser puras e simples mistificações; principalmente o de Louis Vivet, relatado por Th. Ribot em sua obra *Doenças da Personalidade*.

## *Os Calculadores-prodígios*

Sabemos que os calculadores-prodígios são indivíduos que resolvem mentalmente, às vezes de modo instantâneo, e aparentemente sem esforços, problemas, ou melhor, exercícios aritméticos às vezes complicadíssimos e que a maior parte de nós e dos matemáticos habituados a esgrimir com números só poderiam resolver com lápis na mão e durante horas, e isso mesmo sem grande certeza de acerto. Ora, alguns desses calculadores-prodígios, enquanto o problema é enunciado, se distraem com a assistência, conversam sobre variados assuntos, completamente alheios aparentemente à pergunta que lhes é feita; depois, como se um mecanismo cerebral funcionasse à revelia deles, lançam a resposta com a solução exata.

Certo número de calculadores-prodígios, e eis aqui um fato que convém assinalar imediatamente, são de inteligência medíocre; têm, porém, a faculdade de manejar números com extraordinária rapidez. Assim, por exemplo, Colburn sempre foi o último da classe; Buxton nem sequer sabia escrever seu nome; e Inaudi só aprendeu a ler e a escrever quando fez vinte anos de idade. Contudo, conhecemos homens que se instruíram normalmente, Diamand, Dagbert, Lidoreau, Moingeon, por exemplo, e mesmo gênios que foram calculadores assombrosos, como Ampère, Arago, Georges Bidder, Whateley, Gauss, entre outros.

Entre os calculadores-prodígios de antigamente podemos citar Jedediah Buxton, Zerah Colburn, Zacharias Dase e Henri Mondeux.

Buxton, que viveu na Inglaterra de 1702 a 1762, era um verdadeiro maníaco dos números; contava sem parar tudo quanto caía dentro do seu campo visual. Assim é que quando ele veio a Londres para submeter-se a exame na Sociedade Real, o levaram ao teatro de Drury-Lane para assistir à peça *Ricardo III* representada por Garrick. Perguntaram-lhe depois se gostara do espetáculo. Ora, ele aproveitara todo o tempo para fazer cálculos; durante as danças fixara a sua atenção sobre o número de passos executados, tendo contado 5.202; contara também o número de palavras que os atores haviam pronunciado: 12.445, retendo à parte o número de palavras ditas pelo ator principal, Garrick. Verificou-se em seguida que tudo estava certo.

Zerah Colburn, nascido em 1804 no Estado de Vermont (Estados Unidos), principiou a contar antes de saber ler e escrever. Era um degenerado com um dedo suplementar em cada mão e um artelho suplementar em cada pé.

Zacharias Dase, nascido na Alemanha em 1824, distinguiu-se da maior parte dos calculadores-prodígios por haver posto as suas aptidões a serviço da ciência. Calculou os logaritmos naturais dos números, desde 1 até 100.500 e a tábua dos fatores e dos números primos desde o sétimo até o oitavo milhão. Sua faculdade de contar e sua memória eram prodigiosas. Assim, o astrônomo Gauss o fez multiplicar *mentalmente,* um pelo outro, dois números compostos cada um de *cem cifras.* Ficamos literalmente estupefatos quando, de caneta na mão, nos damos conta da enorme quantidade de operações que isso representa.

Henri Mondeux atingiu alta celebridade. Nascido em 1826 em Neuvy-le-Roi, perto de Tours, era filho dum pobre lenhador. Menino ainda, com apenas sete anos de idade, não sabendo ler nem escrever, já se distraía fazendo cálculos vertiginosos. Como não conhecia os números, contava servindo-se de pequenos seixos dispostos de maneiras diferentes. Levado a Paris, foi apresentado à Academia de Ciências. A comissão de sábios que o estudou reconheceu que o menino tinha extraordinárias faculdades de calculador mental, uma memória prodigiosa para números, porém ausência quase total de memória para nomes de lugares, pessoas e coisas que não lhe atraíam a atenção. Observou-se também que enquanto resolvia problemas aritméticos, Henri Mondeux podia entregar-se a outras ocupações.

Vamos passar agora para os calculadores-prodígios contemporâneos, principiando pelo mais conhecido e mais popular: Jacques Inaudi.

Nasceu duma família bastante pobre e mesmo miserável, em 1867, em Onorato, aldeia do Piemonte. Era simples pastor quando, na idade de seis anos, foi tomado pela paixão dos números.

Enquanto vigiava o rebanho, combinava números em sua mente, e a tal ponto chegou que com sete anos de idade era capaz de executar de cabeça multiplicações de números com cinco elementos.

Uma comissão da Academia de Ciências, encarregada de examiná-lo em 1892, concluiu que ele possuía uma memória prodigiosa para números e inventara processos de cálculo inteiramente originais. Constatou, além disso, que ele era capaz de sustentar uma conversa qualquer enquanto calculava mentalmente. Inaudi explicava isso, assim: "Uma voz interior calcula por mim".

Se, durante cinquenta anos, Jacques Inaudi foi considerado com razão o "gigante" dos calculadores-prodigios, nos últimos anos teve êmulos dignos dele: Louis Fleury, Mlle. Osaka, Maurice Dagbert, Paul Lidoreau e Ernest Moingeon.

Louis Fleury, nascido a 21 de abril de 1893, perto de Belfort, nasceu com uma dupla oftalmia purulenta que o tornou completamente cego. Abandonado pelos pais na idade de um ano e meio, foi confiado à *Assistência Pública.* Já com dez anos mal podia andar direito, não sabia tomar banho nem se vestir. A *Assistência Pública* confiou-o a um hospital, quando ele tinha quinze anos, descartando-se assim dum elemento incapaz de ser educado.

Estava Louis internado havia apenas dois meses quando o acometeram crises súbitas e violentas de pavor. Teve então, a fim de dissipar o estado de pânico em que vivia, a ideia singular de fazei cálculos aritméticos, mentalmente. Verdadeiro milagre! Todos os cálculos tentados eram resolvidos com uma facilidade, uma rapidez e uma segurança maravilhosas. Daí por diante o mundo abstrato dos números se tornou a sua verdadeira vida interior. Seu espírito exercitava-se no cálculo, sem esforço e com alegria. Em alguns segundos conseguia efetuar multiplicações, divisões, elevações de potências e extrações de raízes complicadíssimas.

Louis Fleury, que foi longamente estudado no *Instituto Metapsíquico Internacional,* pelo Dr. Osty e seus colaboradores, pertencia ao tipo "tátil", aliás muito raro. Dizia que "sentia os números passarem sob os seus dedos".

Mlle. Osaka, pelo contrário, pertence, como a maioria dos grandes calculadores, à categoria dos "visuais". Quando os números lhe são ditados, ela os vê aparecerem "escritos em branco no quadro-negro".

Esta jovem, cujo nome apesar de asiático designa na verdade uma francesa nascida a alguns quilômetros de Bagnères, foi uma criança retardada. Somente aos quatro anos e meio de idade principiou a andar e a falar. Enfermiça, quase não ia à escola, de maneira que aos vinte e seis anos lia e escrevia mediocremente. E, quanto à aritmética, apenas sabia somar. Mas sucedeu-lhe assistir a uma representação dada não propriamente por um calculador-prodígio, mas por um excelente calculador profissional. Então, sem saber por que motivo, Osaka se compenetrou de que facilmente conseguiria realizar idênticas proezas. Pôs-se, portanto, a aprender as regras de cálculo que ignorava, isto é, a subtração, a multiplicação e a divisão; mas viu-se tolhida diante dessa última espécie de operação, da qual nunca pôde, aliás, aprender o mecanismo. Ainda assim, dois fatos de grande importância se impuseram logo ao seu espírito. Em primeiro lugar, verificou que calculava com extrema rapidez; e em segundo lugar que conservava na memória a lembrança dos números que havia manipulado mentalmente. Esta segunda averiguação incitou-a a orientar o seu treinamento num outro sentido. Cessou de iniciar-se no cálculo propriamente dito e procurou reter na memória números cada vez maiores. A partir de tal momento os progressos foram sobremaneira rápidos, de sorte que ela pôde, segundo o seu desejo secreto, exibir-se em público. Foi aperfeiçoando as suas aptidões, aprendeu de cor uma quantidade colossal de números que ela calculava, de caneta na mão: as potências de números de 1 e 2 elementos até a décima potência, as potências de números com três elementos até a sétima ou a oitava, o número de horas, de minutos e de segundos referentes às idades, e assim por diante.

Nestas condições, sua bagagem numérica mental sendo literalmente indestrutível, Mlle. Osaka podia então responder de modo imediato e sem erro, no âmbito dos seus conhecimentos, a todas as perguntas de potências ou de raízes; era-lhe igualmente possível dar, com a mesma facilidade, o número de segundos vividos por uma pessoa de qualquer idade. Quando queria lembrar-se dos números, via-os como se eles fossem exteriores a ela. Cobria-se, por exemplo, um quadro-negro repleto de números e perguntava-se a ela que número estava escrito na quinta coluna. Mlle. Osaka, só em ouvir o enunciado dos números, via de modo instantâneo e nítido todos os números do quadro. Sua capacidade em retê-los era tão grande que ela podia dá-los quer normalmente quer de trás para diante, e isso com a maior facilidade. As experiências seguintes, realizadas no *Instituto Metapsíquico Internacional* pelo Dr. Osty, dão uma ideia das extraordinárias faculdades mnemônicas de Mlle. Osaka.

O Dr. Osty pergunta-lhe o quadrado de 97, depois a décima potência desse mesmo número, e a calculadora lhes dá instantaneamente. Pergunta-lhe em seguida a sexta raiz de 402 747 482 776 576, depois raiz quadrada do mesmo número, as respostas certas sendo enunciadas imediatamente. Isso feito, ela escreve, segundo a sua fantasia e sem que ninguém possa ver, uma sucessão de cem números e os enuncia com a cadência aproximada dum número por segundo e torna a dizê--los na ordem dos respectivos enunciados. Quarenta e cinco segundos depois, tempo em que ela efetuou numerosos exercícios aritméticos, Mlle Osaka torna a repetir os cem números, respondendo ao pedido do Dr. Osty, começando de trás para diante.

Essas experiências não podem deixar de parecer-nos verdadeiramente prodigiosas se pensarmos que a sua execução repousa numa colossal memória de números. Reter na memória de maneira alucinatória milhares de números formados de 15, 20, 30 e até 40 elementos, fazê-los surgir instantaneamente e de modo impecável das criptas do subconsciente, eis uma operação deveras estarrecedora e *a priori* impossível.

Eis ainda outro aspecto estranho da extraordinária memória de Mlle. Osaka, aspecto que encontramos às vezes em alguns cal- calculadores-prodígios. Fora dos números, essa moça dificilmente se lembra de fatos do dia a dia e das noções aprendidas na escola. Assim é que ela nunca pôde reter a ordem normal das letras do alfabeto.

Maurice Dagbert, que se revelou no congresso dos ilusionistas realizado em Paris no ano de 1947 e que depois deu toda a sua medida no congresso de Lausanne de 1948, certamente não possui a gigantesca memória de Mlle. Osaka. Ainda assim, o seu poder de rememoração é igualmente excepcional. Além disso, suas capacidades de calculador mental propriamente dito são tais que ele parece igualar e às vezes superar Inaudi. Apresentado na *Academia de Ciências,* entre outras operações extraiu mentalmente uma quinta raiz (resultado: 243) em 14 segundos; uma sétima raiz (resultado: 125) em 15 segundos; uma raiz cúbica (resultado: 78.517) em 2 minutos e 15 segundos; uma quinta raiz (resultado: 2.189) em 2 minutos e 3 segundos; 827 elevados ao cubo, em 55 segundos.

Em suas experiências perante o público, as operações aritméticas que ele efetua mentalmente entrecruzam-se em disparada, de maneira que as cascatas de números que jorram quase sem parar em cima da assistência formam misturas curiosíssimas. Primeiramente uma pessoa é convidada a dar a respectiva idade. Em seguida, cinco números, constituídos cada um por dois elementos, são propostos pelo público. Não tarda que o calculador dê a terceira potência do primeiro número, a quarta potência do segundo número e a quinta potência do terceiro; ele para, então, para dizer ao tal espectador que ele (o espectador) viveu até agora tantas horas, tantos minutos e tantos segundos; e mostra, mediante um cálculo no quadro negro, que incluiu os anos bissextos. E recomeça logo a seguir fornecendo a sexta e a sétima potência destes últimos números, isto é, daqueles últimos resultados que têm, é bom que saibamos, 11 e 13 números respectivamente em cada total.

Em seguida são propostas operações mais fáceis: elevação ao cubo de vários números compostos cada um de três elementos, depois extração de raízes. Dá-se, por exemplo, simultaneamente, um número com 15 elementos, outro com 19 e, por fim, as datas do calendário juliano ou gregoriano. Instantaneamente o artista diz certo o dia da semana correspondente a tais datas, em seguida enuncia a raiz cúbica do primeiro número, e parcialmente a quinta raiz do segundo. Responde ainda a algumas perguntas referentes a datas. E finalmente dá a raiz cúbica completa daquele segundo número. Operações análogas prosseguem com a maior celeridade, entrecortadas por várias respostas concernentes às datas da festa da Páscoa, da Ascensão, do Pentecostes e das fases da lua. A tal respeito, esse mesmo Maurice Dagbert, quando tinha apenas 12 anos de idade, deixou literalmente estupefato o Prof. Esclangon, matemático, astrônomo e membro do Instituto de França que lhe perguntou: "Meu jovem amigo, diga-me então em que data cairá a Páscoa no ano 5.702.285". E o menino respondeu de chofre: "No dia 22 de março", data que depois se verificou que estava certa.

Notamos com frequência que no decorrer de suas exibições Maurice Dagbert executa ao violino brilhantes trechos musicais enquanto resolve mentalmente cálculos complicadíssimos. Assim, por exemplo, enquanto ele tocava de maneira notável uma fantasia do *Trovador,* vimo-lo efetuar mentalmente a extração de vinte raízes cúbicas de três números e uma multiplicação dum número de cinco elementos por outro número constituído também por cinco elementos. A operação total durou sete minutos. Depondo no estojo o seu instrumento, o calculador deu de chofre as vinte e uma respostas, sem o mínimo erro, sem nunca se servir de lápis nem de papel, nem mesmo para tomar nota do texto dos problemas propostos.

Depois de tudo isso, tendo sido em 1961 colocado frente a frente com uma máquina de calcular, Maurice Dagbert bateu de longe a máquina, efetuando os cálculos propostos, que foram estes: elevar 87 ao cubo; 57 à quarta potência; 38 à quinta potência; 71 à sexta potência; e 99 à sétima potência; realizar as operações 1961x1932, 64.632x55.823, 1516x45 com quatro decimais exatas; traduzir em dias, horas e segundos a idade duma pessoa com 51 anos (aniversário; dia 23 de novembro de 1961). Três extrações de raízes remataram esta série de exercícios. No que concerne a estas últimas operações, elas foram executadas em 3 minutos e 43 segundos pelo calculador, e em 5 minutos e 18 segundos pela máquina.

"O meu sonho", declarou ultimamente Maurice Dagbert, "seria medir-me na América do Norte com máquinas eletrônicas. Elas são talvez menos perigosas para mim do que as máquinas de calcular elétricas comuns. Certo é que funcionam com velocidade igual à da luz, porém sofrem duma desvantagem: é preciso enumerar-lhes o problema. Ora, durante o tempo em que o problema lhes é apresentado eu já o terei resolvido. Aí está por que motivo lhes lanço um desafio. Não tenho medo delas!"

Paul Lidoreau, nascido em 1888, não é, como os calculadores precedentes, um "profissional" do cálculo mental. Trata-se dum industrial parisiense que dirige no bairro da Batalha uma empresa artesanal especializada na fabricação de objetos de couro. Mas desde a mocidade que é um apaixonado pelo cálculo mental. Na idade de 18 anos já conseguira extrair instantaneamente a raiz cúbica de números com nove elementos. Durante uma sessão que organizamos em abril de 1956 no *Instituto Metapsíquico Internacional*, em apenas alguns segundos Paul Lidoreau extraiu mentalmente e sem erro as raízes cúbicas de quatro números tenuo respectivamente 8, 12, 12 e 7 elementos significativos. É também um virtuose da adição. No dia 2 de maio de 1953, durante uma demonstração feita no *Talais de la Découverte* diante dum aerópago de homens de ciência, efetuou mentalmente em 5 minutos e 10 segundos uma adição de 10 números tendo cada um 26 elementos. Após haver executado outros problemas, pediram-lhe que repetisse o resultado do começo para o fim e de trás para diante e por séries diversas: decalhões, nonilhões, oitilhões etc., até as unidades; e ele o fez, aliás facilmente.

Mas o exercício que mais nos espantou, e que Paul Lidoreau resolve pelo menos uma vez por dia para sua satisfação pessoal, foi o seguinte: Um número de seis elementos (indo, por conseguinte de 100.000 a 999.999) sendo proposto ao calculador, este o decompõe mentalmente em cinco cubos perfeitos e em cinco quadrados perfeitos que, adicionados, dão o número antes proposto e próximo do milionésimo, as raízes dos números devendo compreender um mínimo de dois elementos.

Ora, este problema é de solução dificílima, mesmo com a pena na mão.

Poderíamos ainda examinar outros calculadores-prodígios contemporâneos: Ernest Moingeon, que é capaz de dar em 12 ou 15 segundos a raiz quadrada de números compostos de até 20 cifras significativas; Oscar Verhaeghe, de cujas especialidades a principal é a elevação a potências diversas de números formados das mesmas cifras, fazendo-o com uma rapidez extraordinária (40 segundos para elevar ao quadrado um número formado de 15 elementos); mas isso seria mera repetição. Os exemplos que acabamos de dar bastam (segundo nos parece) para mostrar que o nosso "eu" é extraordinariamente complexo. Bem mais do que as dissociações da personalidade, eles nos revelam (conforme declaramos linhas acima) as franjas do nosso psiquismo subconsciente, uma espécie de região fronteiriça entre o consciente e o inconsciente.

É que, com efeito, o dom de calcular, não obstante seu parentesco com a aptidão geral para as matemáticas, se observa tanto ou melhor em pessoas absolutamente privadas de aptidão para as matemáticas como nos verdadeiros matemáticos; e que, além disso, ele se manifesta no mais das vezes durante a infância e não raro se vai atenuando com a idade até desaparecer completamente; e, enfim, que ele se exerce de maneira automática quando o calculador resolve os problemas entretendo-se com a assistência a respeito de assuntos totalmente estranhos às perguntas feitas.

Quando Inaudi ouve uma voz que calcula dentro dele enquanto conversa ou faz conscientemente outros cálculos, quando Dagbert toca um trecho de música no violino e enquanto isso resolve mentalmente 21 problemas complicados, não vemos aparecer em tais casos aquele "hóspede desconhecido" de que fala Maeterlinck e que, emergindo da personalidade normal, se superpõe a ela e afirma assim a sua existência? Certos calculadores, aliás, sentiram-no viver deveras dentro deles e o reconheceram nitidamente.

"Desde a minha infância", escreve o calculador-prodígio Ferréol, "eu calculava de maneira inteiramente intuitiva, a tal ponto que muitas vezes tinha a ideia de haver vivido uma outra vez. Se me propunham um problema difícil, o resultado irrompia diretamente do meu espírito, sem que eu soubesse, no primeiro momento, de que modo o obtivera; procurava refazer então o caminho, partindo do resultado. Essa maneira intuitiva de aprender e que jamais se desmentiu, não fez senão se desenvolver com a idade, e muitas vezes tendo a impressão de que alguém se acha ao meu lado e me sussurra o resultado desejado, o caminho procurado; e quase sempre se trata de caminhos que quase ninguém ou ninguém percorreu antes de mim e que eu não conseguirei ainda encontrar caso me ponha a procurar."

Neste calculador, a separação entre o pensamento consciente e as faculdades subconscientes parece ter sido completa, o controle consciente não sendo mais do que uma condição de todo acessória.

O mesmo ocorria com Georges Bidder:

"Ele possuía", escreve V. Pole, "uma faculdade quase milagrosa de encontrar por assim dizer intuitivamente os fatores cuja multiplicação dava tão grande número. Assim é que lhe sendo dado o número 17.861, ele descobria instantaneamente que tal número resultava da multiplicação de 337 por 53. Não saberia, declarava ele, explicar como fazia isso; era nele quase um instinto natural."

Uma observação análoga pode ser feita a propósito de Verhaeghe quanto à incapacidade absoluta de explicar o mecanismo das operações matemáticas complicadas que ele efetua com extraordinária rapidez e sem erro. Quando lhe perguntaram como é que procede, apenas responde: "Não sei, isso me vem assim."

Aliás, como em Buxton, Inaudi, Dagbert, existia ou existe uma colaboração de todos os instantes entre o consciente e o inconsciente, uma comunicação entre as duas camadas do espírito; e é certo que os artifícios de cálculo que permitem simplificar as operações e que são aparentemente descobertos pelo consciente se acham, nesses calculadores, automaticamente empregados pelo inconsciente.

É o que aparece de maneira nítida nesta observação que nos foi feita espontaneamente por Paul Lidoreau: "Faço todos os meus cálculos de cabeça; sem nenhuma fadiga cerebral. Ajudado nisso pelo meu subconsciente dum modo incompreensível, suponho ser ele que efetua o trabalho mais importante. Assim, para extrair a raiz cúbica dum número de 15 elementos, devo efetuar uma média de 12 a 15 operações em 20 segundos. Ora, vários desses cálculos se executam ao mesmo tempo no meu espírito sem que eu saiba exatamente de que maneira."

Por sua vez Maurice Dagbert nos escreveu o seguinte: "Dizer-lhe o que se passa em mim quando cálculo? Impossível! Trata-se de algo de todo incomunicável. Mas posso afirmar-lhe que todo o meu corpo participa das operações. Há cálculos que executo de certa sorte com os dedos, as mãos, os punhos, os pés. Sinto os números em cima da minha pele. Eis o movimento por que às vezes gesticulo ou contraio violentamente os músculos."

## *Artistas e Escritores-prodígios*

As regiões crípticas do espírito também se revelam em alguns artistas e escritores cuja produção espontânea parece ser a emergência, no âmbito das ideias conscientes, duma elaboração psíquica realizada de modo essencial nas profundezas do ser e na qual a consciência clara não toma às vezes senão uma parte muito fraca.

No domínio musical, um dos casos mais assombrosos da criação subconsciente foi fornecido por Georges Aubert. Conquanto pianista medíocre, ignorando harmonia, composição, fuga e contraponto, improvisava ao piano, em estado de transe, notáveis composições musicais que, segundo ele, eram-lhe inspiradas por Mehul, Beethoven, Bach, Schubert etc.

Uma série de experiências realizadas no *Instituto Geral de Psicologia* demonstrou perfeitamente que as criações de Georges Aubert dependiam inteiramente de sua atividade subconsciente. Quatro meios foram empregados para lutar contra a participação do consciente: 1.º, a leitura; 2.º, o cálculo; 3.º, a conversa; e 4.º, a audição.

*A leitura:* Durante a execução dum trecho, foi colocado na estante um artigo de jornal tratando do seguinte assunto: a tuberculose. Georges Aubert foi convidado a lê-lo em voz alta e inteligível. Ele obedeceu e, no entanto, a peça musical começada antes continuou imperturbavelmente, sem interrupção, em sua justeza, ritmo, estilo e nuanças. A experiência foi refeita várias vezes.

*O cálculo:* Nas mesmas condições, Georges Aubert teve que resolver mentalmente adições, subtrações, multiplicações e divisões. Mesmo assim, a improvisação musical prosseguiu sem falhas de qualquer espécie.

*A conversa:* Houve diversas conversas a respeito dos mais variados assuntos, e que Georges Aubert teve que manter e desenvolver, mas que não exerceram nenhuma influência desfavorável sobre a sua inspiração musical.

*A audição:* Esta experiência, muito bem concebida, teria infalivelmente conseguido desmascarar qualquer subterfúgio caso Georges Albert estivesse agindo de má fé. Foram colocados atrás dele dois fonógrafos, cada um com um tubo auditivo de borracha. Quando começou a tocar uma barcarola que, segundo ele, era inspirada pelo "espírito" de Mendelssohn, um tubo do fonógrafo situado à sua direita tocando a Marcha das trombetas de *Aida* foi introduzido na sua orelha direita, e o tubo no fonógrafo situado à sua esquerda fazendo ouvir a Marcha indiana de Sellénik foi introduzido em sua orelha esquerda. Não obstante a cacofonia medonha que reboou a partir desse instante no cérebro de Georges Aubert, a barcarola não sofreu nenhuma alteração.

No domínio do desenho e da pintura, as criações análogas às de Hélène Smith não são tão raras. Assim é que Victorien Sardou, dramaturgo francês (1831-1908) que teve a sua hora de celebridade, às vezes traçava no papel, com surpreendente rapidez, desenhos de aspecto fantástico, que ele atribuía a um "espírito". Dizia ele: "A minha mão não me pertence mais, passa a obedecer a uma influência estranha." Também Fernand Desmoulin (1823-1902), pintor e gravador célebre, desenhava às vezes de maneira impulsiva e não raro ao contrário, assuntos dos quais não tinha nenhuma ideia consciente. Contou ele: "Certa noite, a minha mão, armada dum carvão, desandou a traçar ovais imbricadas umas nas outras, bem como assinaturas e garabulhas confusas e inextricáveis. Quando a minha mão parou daí a vinte minutos, a folha de papel estava totalmente enegrecida e nada se podia distinguir dentro disso. Mas, virando-a ao contrário, verifiquei que aquela série de garatujas, que na posição anterior me parecia informe e difusa, representava agora um rosto de mulher que eu traçara ao contrário sem perceber o que estava fazendo. E num canto, como se fosse uma assinatura, eu escrevera, de cabeça para baixo e da direita para a esquerda algo que podia ser lido direito agora: "Eu sou o preceptor".

Encontramos este gênero de automatismo nos desenhos de Machner, médium alemão, cujas faculdades artísticas insconscientes eram notáveis. Jamais pegara num lápis ou num pincel até que numa sequência de serões espíritas viu aparecer formas de "espíritos" que ele se pôs a desenhar no escuro. Em seguida executou pinturas e aquarelas representando flores de formas estranhas e dadas como existentes nos planetas Marte ou Saturno. Sucedia-lhe traçar simultaneamente com as duas mãos soberbas composições ornamentais.

Com os desenhos do Conde de Tromelin nós achamos na presença dum processo de execução especial e que se aproxima da vidência pela borra de café ou da técnica pictórica recomendada por Leonardo da Vinci, consistindo em desenharmos aquilo que vemos num muro velho e carcomido.

O Conde de Tromelin fixara o olhar em cima duma folha de papel enegrecida por um lápis mole de esfumar imagens; ao cabo dalgum tempo, via aparecer ali pormenores múltiplos, cujos contornos então ele reproduzia servindo-se dum lápis duro. Restava-lhe apenas, depois, com borracha ou miolo de pão, apagar o fundo negro para descobrir no papel cenas extraordinariamente complexas, notáveis, devido à inúmera quantidade de figuras humanas que ali se encontravam desenhadas.

Mme. Assaman, L. Petitjean e vários outros foram outrora igualmente assombrosos médiuns desenhadores.

Mais perto do nosso tempo, Augustin Lesage, que trabalhava como mineiro e jamais recebera a mínima educação artística, tendo ouvido dizer, durante uma sessão espírita, que ele era médium e que pintores já falecidos guiariam a sua mão, começou a pintar imensos painéis decorativos duma estranha originalidade de invenção, lembrando gêneros doutras épocas e doutros lugares. "É de pasmar", escreve o Dr. Osty (que em 1927 estudou longamente Lesage no *Instituto Metapsíquico Internacional)* "que um homem inculto, sem hereditariedade artística comprovável, sem noções anteriores de desenho e de pintura, sem nunca haver demonstrado atração pela arte, se haja inspirado exclusivamente nas concepções decorativas das antigas civilizações, mormente a oriental, não fazendo imitação mercê de conhecimentos visuais porém se valendo das maneiras antigas para chegar a uma invenção pessoal de temas."

E a propósito ainda da obra de Lesage, escreveu um pintor de reconhecido mérito: "Quão estranho é que esse mineiro tenha chegado a esta forma de arte! Pois se trata do último dos gêneros em que ele poderia vir a pensar após muitas experiências!... Há nesta tela uma profusão de belezas. E é realmente extraordinário que um nome sem cultura tenha sido capaz de pintá-la. E o mais estupendo ainda é que ele haja desdenhado todos os demais gêneros pictóricos para preferir este!"

Aventura análoga à de Lesage sucedeu em 1950 com Mme. Sylviana Bertrand, que jamais soubera desenhar. Naquele ano o seu guia espiritual, um monge do Tibete, Mao-Tao, que ela teria conhecido numa anterior encarnação, ordenou-lhe que desenhasse. As primeiras obras, muito originais, foram executadas com nanquim. Depois vieram as pinturas. Atualmente, e sempre obedecendo à ordem do tal monge, Mme. Sylviana pinta sobre papel transparente e sobre seda.

O caso de Pierre Maluc (que em 1957 concordou em expor e em comentar as suas obras na sede do *Instituto Metapsíquico Internacional*) é por alguns dos seus aspectos bastante diferente dos casos precedentes. Com efeito, Pierre Maluc é arquiteto e por consequência conhece desenho. Além disso, a grande originalidade das suas produções reside no fato de se apresentarem como gravuras realizadas na espessura do papel. Mas aqui também é inegável a atuação do subconsciente. Eis como Pierre Maluc nos explicou a sua técnica:

"Geralmente me impregno de forças-pensamentos bem favoráveis, quer dentro de um templo protestante quer no interior duma igreja católica, ou mesmo na natureza, ao ar livre. Rezo, e após me impregnar nessas matrizes de forças que podem ajudar-me, pego numa lâmina de navalha e deixo a minha mão agir. Imediatamente ela se põe a andar, e a lâmina, raspando, vai diminuindo em certos pontos a espessura do papel para um quinto de milímetro. Obtenho, assim, por transparência, zonas de claridade. Nunca faço um desenho de antemão. Viso sempre a que a minha consciência de arquiteto não se oponha a essa espécie de força que me guia; mesmo porque tão logo ela se opõe sobrevém uma barreira, digamos assim; isto é, ou o desenho fica estragado ou então eu não posso continuar... Enquanto faço esses desenhos, sinto uma impressão muito agradável de alegria, de evasão, de coisas realmente inefáveis... Assim que princípio um desenho me sinto como que preso e tenho que terminá-lo, o que só ocorre daí a umas quatro horas. Chego a fazer desenhos dum metro de lado, sem a menor fadiga. É algo bastante esquisito, pois à medida que prossigo maiores vão sendo as minhas possibilidades... Ora, no estado normal eu seria incapaz de fazer desenhos dessa espécie sem antes procurar compô-los, idealizá-los."

Acrescentemos ainda que a perfeição dos círculos e das elipses é pasmosa, principalmente se nos lembrarmos que Pierre Maluc não se serve de nenhum instrumento para traçá-los.

A fim de mostrar quanto é difícil situar a fronteira que separa a atividade subconsciente artística que acabamos de examinar (e que pode ser qualificada de extraordinária e assombrosa) da atividade subconsciente paranormal, vamos assinalar de modo resumido os casos Thompson e Segantini.

O primeiro foi longamente estudado pelo Dr. James H. Hyslop, que lhe consagrou 450 páginas nos *Proceedings of the American Society for Psychical Research.*

Frédéric L. Thompson, simples ourives sem nenhuma educação artística, sentiu subitamente, durante o ano de 1905, necessidade de desenhar e de pintar paisagens desconhecidas, como que imaginadas, portanto. Naquele ano ele entrou por acaso na exposição de obras dum pintor Gifford, falecido em janeiro. E qual não foi a sua surpresa ao constatar a impressionante semelhança entre certas obras suas executadas em casa e as daquele artista! Havia principalmente um grupo de cinco árvores desenhadas automaticamente por F. L. Thompson correspondendo de modo exato a uma paisagem pintada por Gifford em plena natureza, isto é, defronte de cinco árvores bastante análogas.

O caso apresentado pelo pintor Giovanni Segantini também parece paranormal. A sua última obra foi um tríptico intitulado A *Natureza.* Os dois primeiros retábulos têm por título A *Natureza e a Vida,* e o terceiro chama-se *A Morte.* Ora, este representa, por uma espécie de antecipação, os funerais do pintor que sucumbiu vítima duma peritonite enquanto o executava. Aí vemos um chalé na montanha, e de cuja porta sai um féretro acompanhado por uma mulher em lágrimas. Ora, foi precisamente para esse chalé que foi transportado Segantini quando o mal o acometeu, e foi lá que ele morreu. E dele saiu o seu corpo num ataúde, acompanhado por sua esposa em prantos. De maneira que naquele instante se reproduzia ao natural a cena que o pintor fixara de antemão na sua tela.

A atividade subconsciente se exerce também muito nitidamente nos "médiuns" escritores. Determinada voz dita-lhes textos que eles nada mais fazem senão transcrever. Se o médium é espírita, essa voz será a dum "espírito". Se ele á dado à teosofia, ela poderá provir dum "mestre" ou duma entidade supraterrestre. Mas de fato ou provavelmente, ela terá a sua fonte nas profundezas do seu ser. Um dos casos mais bem estudados de médiuns escritores é o de Mme. Juliette Hervy, que há tempos concordou em se pôr à disposição do Dr. Osty, no *Instituto Metapsíquico Internacional,* a fim de submeter-se a todas as provas úteis.

Eis, primeiro, como Mme. Hervy se tornou médium escritor:

"Certa noite", conta ela, "assisti a uma conferência do advogado Philippe sobre as *Mesas Giratórias de Jersey* e a mediunidade de Victor Hugo. Naquela mesma noite, ou melhor, às duas horas da madrugada, acordei e me surpreendi escutando uma voz sonora, com timbre de contralto. Essa voz recitava uma poesia: *A Floresta.* Achei-a tão bela que ousei pedir bis, se assim posso dizer. Pois bem, três vezes seguidas ela me foi recitada como para que eu a aprendesse de cor. Senti vontade de levantar-me da cama para escrevê-la, porém não tive coragem, receosa de acordar meu marido. Foi somente muitas horas depois, isto é, na tarde seguinte, que consegui sentar-me diante duma mesa e procurei lembrar-me das palavras. O texto primeiro me vinha apenas em retalhos esparsos. Mentalmente supliquei àquela voz que tornasse a recitá-la. Fui atendida e então a escrevi, sob ditado.

Eis o poema que aliás não deixa de apresentar algumas analogias com certas poesias de Lamartine:

A FLORESTA
Ó floresta reboante, ó mundo vegetal
De carvalhos senis e castanheiros altos,
De faias juvenis e olmos cor de metal,
De bétulas sofrendo, em lentos sobressaltos,

A ação do tempo, a ação das tempestades!
Ó acácias em flor, embalsamando os ares!
Ó tílias, no verão, com vossas majestades
Abelhas atraindo e pássaros aos pares!

Aveleiras, de cujo alvo lenho nodoso
Se faz o cetro real e o cabo das enxadas!
Cerejeiras de cor múltipla e toldo umbroso
Que a quermesses convidas, entre risadas,

Raparigas, zagais, talhados para noivos,
E grupos matriarcais rodeados pelos netos,
Para a merenda opima entre toalhas e goivos,
Das famílias juntando os membros mais diletos!

E vós outros também, recessos mais profundos
Da extensa mata após campinas verdejantes,
(Com esbeltos corcéis e mastins iracundos,
Amazonas gentis, de corpos ondulantes,

E fidalgos viris, perseguindo a raposa)
A paisagem encheis de gamas outonais
Cuja massa marrom, compacta, repousa
No flanco heroico das estradas provinciais!

Sim, floresta natal de fidalgos e aldeões,
De esquilos, colibris, corujas, passarinhos,
De galharia densa e de abruptos desvões,
Com rijos ramos onde as aves fazem ninhos,

Com fundas tocas entre os musgos e entre as penhas,
Onde a loba materna acaricia as crias,
Onde, durante a noite, o vagalume as senhas
Dissemina no escuro, em rubras ardentias,

Tu és, ínvia floresta, a vida e a poluição,
Raiz e caule, fronde e galho, ramo e flor,

Folhagem que apodrece, e fruta que no chão
Se esboroa, atraindo o inseto. És morte e amor!

Ciclo das estações, alambique da usura!
Longe do cemitério enrodilhado em heras,
Em ti é que eu queria a minha sepultura,
Para assim renascer nas tuas primaveras!...

As provas a que foi submetida Mme. Hervy no *Instituto Metapsíquico Internacional* consistiram em lhe ser proposto um tema que ela deveria desenvolver imediatamente. O assunto era-lhe expressado ora em algumas frases, ora apenas numa só palavra. Além disso, era-lhe imposto o modo de desenvolvê-lo: em prosa ou em poesia, em cenas dialogadas, em fábulas, em sonetos, em baladas etc. De maneira trágica ou cômica; em estilo solene ou comum. Indicava-se lhe também mais ou menos o número de páginas desejadas.

Visto que o assunto era ditado, Mme. Hervy escrevia sem transição visível, sem parar para refletir. Se acreditarmos nela, "a voz que ditava" tomava a dianteira.

"E, sob o olhar dos assistentes", observa o Dr. Osty, "ela ia cobrindo com uma letra igual páginas e páginas que lhe eram retiradas uma após outra tão logo ficavam repletas de alto a baixo; a isso tanto para se ler uma por uma, como também para se ter certeza de que ela não poderia retomar conhecimento do que já havia escrito. Nada a atrapalhava, nem a entrada ou a saída de pessoas, nem as conversas em redor. Caso alguma circunstância eventual determinasse uma parada mais ou menos longa da sessão, ainda assim a sua mão se repunha a escrever tão logo isso lhe era solicito. Nos trechos em prosa não havia a mínima interrupção; a pena deslizava sobre o papel com um movimento uniforme desde o princípio até o fim. E assim as páginas se iam cobrindo duma escrita tranquila, sempre igual, sem emendas, sem acréscimos e também quase sem pontuação. Nos trechos em poesias, um, dois, três versos, às vezes mais, seguiam-se imediatamente ao enunciado do tema ou do título; depois havia uma parada dalguns segundos ou mesmo de alguns minutos, e a escrita prosseguia. A maioria das páginas em verso também era tão limpa de aspecto como a série de páginas em prosa; apenas numa ou noutra linha ela punha emendas curtas ou acréscimo duma palavra, de um ou de dois versos esquecidos, que então anexava.

Eis alguns temas propostos pelo Dr. Osty. São muito desiguais.

— *Ulisses aborrece-se na ilha de Calipso. Quer vingar-se e fugir Tratar isso em dois poemas; o primeiro, de maneira grandiosa; o segundo, de maneira jovial.*

Uma hora e dez minutos após a recomendação do assunto, Mme. Hervy terminava os dois poemas, um com 34 versos, o outro com 62.

*1.º) Um autor cômico procura o desenlace da sua peça.*

*2.º) Exprimir o que se passa no cérebro dum autor no momento em que a sua peça é vaiada.*

*3.º) Exprimir a mistura de sensações que se sucedem no cérebro dum homem em marcha ofegante rumo à sua casa onde ele sabe que houve uma catástrofe, mas ignorando de que espécie.*

*Tratar sucessivamente estes três assuntos, como se cada um constituísse uma passagem extraída dum romance.*

Após 1 hora e 5 minutos de trabalho, Mme. Hervy desenvolvera longamente os três assuntos.

— *Descrever os Sete Pecados Capitais, empregando quartetos.*

Após 1 hora e 55 minutos de trabalho, Mme. Hervy escrevera 64 versos.

—*Henri Poincaré declara qual o seu atual pensamento a respeito da quarta dimensão.*

Sem nenhuma parada, Mme. Hervy trata da questão durante 1 hora e 45 minutos.

—*O homem clama contra a angustiosa miséria da sua ignorância. Desenvolver isso em quartetos.*

Eram 15 horas e 35 minutos quando o Dr. Osty ditou o assunto. Às 17 horas Mme. Hervy já escrevera 12 quartetos quando foi convidada a tomar chá. As primeiras páginas são postas de lado, e durante meia hora a conversa discorre sobre temas muito diversos. Às 17 horas e 30 minutos Mme. Hervy retoma o seu trabalho e termina às 18 horas sem haver revisto o que escrevera antes.

Eis alguns quartetos, que dão uma ideia da maneira pela qual Mme. Hervy tratou o assunto. O estilo é análogo ao de *A Floresta:*

Mundos que me rodeais, universos ignotos,
Estrelas que luzis pelo vastos espaços,

Acaso me direis, ó sóis, os paramos remotos
Onde eu possa encontrar vossos radiosos traços?

Sois paraísos com anjos alvinitentes?
Ou sois infernos com demônios iracundos?
A vossa radiação misteriosa, entrementes,
Nada me diz, porém, de tão estranhos mundos.

Que adianta a vida quando há tanta dor esparsa?
De que vale a beleza em meio ao sofrimento?
Inútil é a alegria entre tanta desgraça!
Se o fim é a morte, acaso adianta o nascimento?!

"Com toda a evidência", observa criteriosamente o Dr. Osty, "o caso de Mme. Hervy é o dum desdobramento do psiquismo decorrente da prática do espiritismo, porém capaz duma variedade e duma qualidade de produção que ultrapassam sobremaneira as banalidades e as mediocridades que tantas pessoas perpetram durante os processos de expressão chamados automáticos (escrita automática, mesas sacolejantes, *"oui-ja"* etc.).

"É na qualidade do rendimento subconsciente relativo às possibilidades conscientes de Mme. Hervy, e sobretudo nas condições do improviso e do definitivo quanto à execução, que reside o interesse psicológico do caso."

Acrescentamos, para terminar, que o trabalho consciente criador não se exerce apenas em pessoas no gênero das que acabamos de examinar e que calculam, compõem música, desenham, pintam e escrevem automaticamente. Sem dúvida, ele também exerce um papel importante na maioria dos grandes artistas, dos grandes escritores e dos sábios que, nas circunstâncias precedentes, não hesitaríamos em qualificar às vezes de "indivíduos metapsíquicos" ou de "médiuns".

"Não sou eu que penso", confessava Lamartine, "são as minhas ideias que pensam por mim." Também Alfred de Musset dizia: "Não trabalhamos, escutamos; é como se um desconhecido nos falasse rente ao ouvido." Schopenhauer também determinou o papel do trabalho inconsciente, acentuando: "Os meus postulados filosóficos se produzem em mim sem a minha intervenção, em momentos em que a minha vontade se encontra como que adormecida e quando o meu espírito não se acha comprometido em nenhum rumo previsto. De modo que minha pessoa é, a bem dizer, estranha à minha obra."

Théodule Ribot, resumindo certo número de casos semelhantes, diz: "É o inconsciente que produz aquilo que vulgarmente chamamos inspiração. Esse estado é um fato positivo, apresentando caracteres físicos e psíquicos que lhe são próprios. Antes de tudo, ele é impessoal e involuntário, age à maneira dum instinto, quando e como quer, pode ser solicitado, porém não suporta constrangimento. Nem a reflexão nem a vontade podem substituí-lo na criação original."

Cumpre reparar que esta definição da inspiração poderia, com poucas modificações, aplicar-se à mediunidade intelectual.

Finalmente, e na mesma ordem de ideias, notemos a observação do Prof. Langevin: "Cada vez que pensamos com intensidade e que temos, de alguma forma, preparado o trabalho subconsciente, este prossegue por si mesmo, e alguma coisa nos previne quando ele termina. Tenho lembranças muito nítidas do choque interior prevenindo que num momento dado a questão está resolvida e que resta apenas expressá-la conscientemente, esta operação podendo, aliás, ser adiada. Na minha lembrança, são exatamente tais momentos que trazem as verdadeiras alegrias intelectuais, as da fecundação."

Portanto, é permitido dizer que os resultados obtidos por indivíduos cuja produção é espontânea constituem bem mais a expressão de certas faculdades crípticas do espírito do que os efeitos dum esforço voluntário e consciente. Ou melhor, são a emergência, no âmbito das ideias conscientes, duma elaboração psíquica essencialmente produzida nas profundezas do ser e na qual a consciência clara não toma às vezes senão uma pequena parte.

E essa região profunda, esse psiquismo das "profundezas", não é outra coisa senão o *daimon* de Sócrates, o *theos* de Plotino, o *gênio planetário* de Paracelso, o *ou transcendental* de Novalis, o *subliminal self* de Myers, o *hóspede desconhecido* de Maeterlinck, o *subconsciente* ou o *inconsciente* dos psicólogos, dos parapsicólogos e dos metapsiquistas. Mas inconsciente não porque ele em si careça de consciência, e sim apenas porque a nossa consciência normal habitualmente não o percebe nem o distingue.

Em todo caso, parece que esse "eu" críptico, muitas vezes ignorado pela consciência, é a sede desses fenômenos mais ou menos misteriosos que vão do sonho à precognição, passando pelos casos de dissociações da personalidade, o dom do cálculo, a criação artística, poética e literária, a intuição genial, a telepatia e a metagnomia.

Claro é que os fatos que acabamos de examinar neste capítulo se integram naturalmente no problema geral relativo à origem e à significação das faculdades paranormais do homem. Mas, mesmo sozinhos, isolados, já permitem afirmar, com o Prof. Charles Richet, que "a inteligência humana é muito mais vasta e muito mais poderosa do que ela crê e sabe".

*CAPITULO VII*

# FENÔMENOS FÍSICOS PARANORMAIS

Se a realidade dos fenômenos psicológicos paranormais, atualmente estudados segundo métodos rigorosos pelos metapsiquistas e pelos parapsicólogos, acha-se agora bem estabelecida, e negar a existência duma metapsíquica subjetiva científica incontestavelmente é dar prova de ignorância ou de obstinação, contudo a metapsíquica física ou objetiva não se acha assim tão solidamente assente, e isso devido às seguintes razões.

Em todas as ciências descritivas ou experimentais, o observador se propõe primeiro e antes de tudo constatar os fatos nas melhores condições de certeza e autenticidade, e dar-lhes uma relação a mais exata e completa possível.

Ora, quando se trata, conforme acabamos de ver, de fatos tão obscuros, tão ambíguos, tão raros, tão acidentais como os fenômenos físicos presumidos paranormais, e muito particularmente quando se trata de telecinesia, de ectoplasmia e de fenômenos de assombração, é difícil chegar-se a uma conclusão. Dum lado, o observador aí se encontra, e mais frequentemente ainda do que na metapsíquica subjetiva, à mercê duma primeira causa de erro, a ilusão, que concita a considerar como sendo paranormais fatos que não possuem esse caráter, sendo ela tão poderosa nessa ordem de pesquisas que o seu objeto, em razão de suas aparências maravilhosas, é de natureza a impressionar vivamente a imaginação e a suscitar-lhe as emoções mais perturbadoras. Por outro lado, uma segunda causa de erros e não menos temível, que aliás também encontramos em metapsíquica subjetiva, é a simulação, isto é, o embuste consciente ou inconsciente de que se valem com maior ou menor frequência os indivíduos produtores de fenômenos físicos paranormais.

Até que ponto estas duas causas de erro intervêm na metapsíquica física? O problema geralmente é difícil de resolver. Em tal caso, o metapsiquista deve respigá-la e seguir-lhes a trilha nas atas das experiências, mormente quando estas são relatadas por testemunhas estranhas a toda e qualquer disciplina científica. E outrossim, bem entendido, precaver-se ele próprio em suas observações próprias e atuais.

É o que nós temos esforçado em fazer. Por conseguinte, só examinamos aqui, entre os fenômenos físicos obtidos pelos metapsiquistas de antigamente e de agora, ou obtidos por nós próprios, aqueles que consideramos autenticamente paranormais.

Limitamo-los quase exclusivamente, neste capítulo, aos movimentos sem contato, à psicocinesia, à levitação, às variações térmicas e a alguns fenômenos luminosos.

Com efeito, fora dalguns casos excepcionais que não deixamos de assinalar, não podemos falar com certeza a respeito dos toques espíritas e dos *raps* paranormais por ser muito difícil, dada a natureza desses fenômenos, distingui-los de fatos similares simulados. Por outro lado, julgamos que a maioria das experiências chamadas de escrita direta e provavelmente a totalidade dos fenômenos de intromissão pertencem à prestidigitação.

E por último, dada a importância dos fenômenos ectoplásmicos e dos fenômenos de assombração, reservamos-lhe respectivamente um capítulo especial.

## *Movimentos sem Contato ou Telecinesias*

### *Experiências de William Crookes*

O estudo científico dos movimentos sem contato ou das telecinesias (para empregarmos a terminologia habitual) foi feito em primeiro lugar pelo Conde de Gasparin e mormente por William Crookes com o médium Daniel-Dunglas Home. Relatemos as experiências de Crookes, que continuam sendo fundamentais.

O ilustre físico utilizou-se primeiro dum dispositivo muito simples, constituído por uma prancheta. Uma das suas extremidades, A, repousada sobre a beirada duma mesa, e a outra, B, estava apensa a uma balança de mola.

Concebe-se que se exercendo em B uma força vertical, dirigida de cima para baixo, a balança registra o valor dessa força.

Isto posto, passemos à experiência, realizada em plena luz do dia. O médium Home colocava de leve a ponta dos dedos em A, isto é, na extremidade oposta do dispositivo descrito, e nessas condições a extremidade B da prancheta abaixava-se; enquanto isso, a balança de mola acusava a atuação duma força que podia atingir 3 libras e meia (1 quilo e 587 gramas). Ora, nenhum esforço humano aplicado nessas condições seria capaz de produzir tal resultado.

"A fim de ver se era possível produzir um efeito perceptível na balança de mola, exercendo uma pressão no lugar onde Home pusera os dedos", escreve W. Crookes, "eu subi em cima da mesa e me mantive sobre um pé só na extremidade da prancheta. A ação do peso inteiro do meu corpo (140 libras) não fez mover-se o ponteiro da balança a não ser uma libra e meia, ou então duas quando eu me agitava fortemente".

Contudo, devido a uma objeção do físico Stokes, W. Crookes interpôs uma cuba com água entre os dedos de Home e os bordos da prancheta. Além disso, a réguazinha de corte retangular, disposta em *A*, foi substituída por outra réguazinha de corte triangular, ficando assim melhor definido o ponto de apoio. Nem por isso os resultados obtidos deixaram de ser positivos. Em seguida, empregou-se um aparelho mais aperfeiçoado. Análogo ao precedente, compreendia, porém, um dispositivo registrador com um estilete e um tambor, bem como um cadinho de cobre todo furado e imerso na cuba d'água. Aquele cadinho estava solidamente fixado na extremidade do braço horizontal dum suporte repousando sobre o chão. Graças a essa aparelhagem, todas as causas de pressão mecânica se achavam eliminadas.

"Tendo sido o aparelho disposto adequadamente antes da entrada de Home na sala", escreve W. Crookes, "ele aí foi introduzido e solicitado a pôr os dedos na água da cuba. Home levantou-se e mergulhou nela a ponta dos dedos da mão direita, a sua outra mão e os seus pés estando seguros, isto é, impossibilitados de interferir. Quando ele disse que sentia uma força, um poder, ou uma influência escapar-se da sua mão, fiz funcionar o movimento de relojoaria e quase imediatamente vimos a extremidade B da prancheta descer devagar e permanecer abaixada durante dez segundos; em seguida ela desceu mais um pouco, e afinal voltou à sua altura ordinária. Depois desceu de novo, tornou a subir de repente, baixou ainda gradualmente durante dezessete segundos, e subiu até a sua altura normal onde se manteve até o fim da experiência. O ponto mais baixo era equivalente a um impulso ou peso direto de cerca de 324 gramas."

É claro que nessas experiências Crookes estava dominado pela ideia de que a força física tinha necessidade dum corpo condutor para se exercer. Acabou vendo, portanto, que isso não era bem assim. Suprimindo a cuba e o cadinho, constatou que Home podia, à distância, sem nenhum contato, *mãos e fés seguros,* fazer oscilar a barra de madeira. Obteve assim a prova absoluta da realidade da telecinesia.

Finalmente, Crookes imaginou outro aparelho constituído por um círculo de madeira sobre o qual estava esticada uma membrana de pergaminho. Um estilete podia, por intermédio duma alavanca, seguir e registrar as vibrações da membrana.

Hoxne, com a mão erguida 30 centímetros acima da membrana, pôs em ação o dispositivo.

Uma dama, cujo nome William Crookes não cita por não se tratar de elemento profissional, provocava na membrana crepitações análogas às de grãos de areia projetados sobre ela enquanto mantinha a mão a certa altura.

"Estas experiências", escreve William Crookes, "põem fora de dúvida, isto é, certificam a existência duma força associada (de maneira ainda inexplicável) ao organismo humano, força pela qual um acréscimo de peso pode juntar-se a corpos sólidos sem que haja um contato efetivo. Após haver testemunhado o estado penoso de prostração nervosa e corporal em que algumas dessas experiências deixavam Home, ser-me-ia difícil duvidar que a emissão da força psíquica não se acompanhe dum equivalente esgotamento da força vital. Provavelmente essa força psíquica é possuída por todos os seres humanos, muito embora sejam raríssimos os indivíduos que a possuem em forma de energia extraordinária."

## *Experiências com Eusapia Paladino*

Como Daniel-Dunglas Home, também Eusapia Paladino foi um excelente exemplo quanto a efeitos físicos. Os numerosos experimentadores que a estudaram — Chiaia, Lombroso, Morselli, Venzano, Bottazzi, Aksakoff, Schiaparelli, Wagner, Ochorowicz, Richet, Lodge, Flournoy, Schrenck-Notzing, de Rochas, Maxwell, de Cesme, de Grammont, Warcollier, Carington, Courtier e outros — adquiriram logo ou aos poucos a convicção de que Eusapia possuía legítimos e poderosos dons telecinéticos.

Muitos relatos de experiências poderiam ser transcritos aqui. Escolhemos o de Courtier por ser objetivo, prudente e discreto. Ele relata as experiências feitas em 1905, 1906, 1907 e 1908 no *Instituto Geral de Psicologia* por uma comissão de estudos composta de metapsiquistas e sábios não-metapsiquistas. Entre os primeiros podem ser citados Coutier Youriévitch, A. de Grammont, Richet; e, entre os segundos, d'Arsonval, Branly, o casal Curie e Bergson.

Os experimentadores do *Instituto Geral de Psicologia* propunham-se demonstrar a realidade ou a vanidade do poder telecinético do médium napolitano.

A fim de impossibilitar qualquer fraude, dois dos pés da mesa suscetível de mover-se estavam revestidos de bainhas de madeira, solidamente pregadas no assoalho; além disso, os contatos elétricos colocados nos quatro pés da mesa só funcionariam quando estes se erguessem do chão. Graças a tais dispositivos, a hipótese de uma pressão se exercer sob os pés da mesa ocasionando assim os soerguimentos foi de todo afastada.

Pois bem, apesar de todas essas cautelas severas, a mesa se levantou diversas vezes, muito embora as mãos e os pés de Eusapia se achassem solidamente presos. Durante uma das experiências, os pés da mesa saíram das respectivas bainhas e atingiram a altura de 60 centímetros. "Aconteceu que a mesa, completamente levantada", escreve Courtier, "oscilou e balançou com certo ritmo enquanto nós contávamos em voz alta os segundos. Em certa ocasião ela se agitou assim no ar durante 27 segundos; e, noutra ocasião, durante 52".

Eis alguns trechos das atas das experiências. (Os números romanos que se seguem à designação do ano indicam o número da sessão. E os números árabes, que vêm em seguida, marcam a página da ata.)

(1905, III, 3). — São abertas as venezianas da sala n.º 3 onde se realizarão as experiências. Fiscais: à esquerda, Youriévitch, à direita, dArsonval. Eusapia pergunta se Bergson (que se acha fora da "corrente") está vendo os seus dois joelhos.

*Bergson:* — Estou vendo muito bem.

*Inopinadamente,* a mesa se levanta, erguendo-se também os seus quatro pés.

*Youriévitch:* — Tenho certeza de que não larguei a mão da mão de Eusapia.

*D'Arsonval:* — Eu também.

(1905, X. 4,5). — Eusapia mantém as mãos longe da mesa cêrca de 25 a 30 centímetros, e a mesa se levanta com os respectivos pés, sem nenhum contato aparente. Pierre Curie, enquanto isso, segura os joelhos de Eusapia.

(1905, IV, 9). — Eusapia pede que se ponha em cima da mesa o peso maior, sendo então colocado um peso de 10 quilos. A mesa, com todo esse peso, levanta-se com os seus quatro pés. Ballet e d'Arsonval vigiavam atentamente não só as mãos, mas os pés e os joelhos ide Eusapia. Não houve nenhum contato com os pés da mesa.

(1905, VII, 22). — Eusapia pede que todos se levantem e que o Conde de Grammont venha segurar-lhe as pernas. d'Arsonval segurava a mão esquerda de Eusapia e Youriévitch lhe segurava a mão direita. A mesa levantava-se tão alto que os seus pés quase saem das bainhas em que estão encaixados. Algum tempo depois, às 10 horas e 53 minutos, a fiscalização se mantendo como antes, a mesa torna a levantar-se. Alguém instiga: "Mais alto! Para fora das bainhas!" A mesa sobe mais e ao cair pousa no chão, fora das bainhas.

Nas sessões do *Instituto Geral de Psicologia,* Eusapia também provocou diversas vezes o deslocamento lateral e o soerguimento total dum gueridom situado a 1 metro de distância do lugar onde ela se achava.

(1905, IV, 5). — Eusapia, com as mãos fechadas e erguidas, faz gestos chamando e repelindo o gueridom; e ele avança e recua, de acordo com tais gestos.

(1905, IV, 14). — Eusapia, segurando com sua mão direita a mão esquerda de Ballet, gesticula por cima da mesa de experiência em direção ao gueridom, e este se levanta. Ballet retira sua mão, e eis que o gueridom se aproxima, enquanto d'Arsonval segurava a mão esquerda de Eusapia.

Eusapia diz: "Vai-te embora!" E a mesa dum pé só se afasta.

*D'Arsonval:* — Isso se passou sem nenhum contato visível!

Eusapia, segurando a mão de Ballet, obriga-o a fazer o gesto de repelir o gueridom que recua e bate de encontro à parede.

(1906, IV, 10). — O gueridom (situado à esquerda de Eusapia cerca de 50 centímetros longe de sua cadeira) levanta-se do chão completamente, enquanto os pés de Eusapia estão amarrados nos pés da sua cadeira e os seus pulsos presos nas mãos dos fiscais. A mesinha, subindo, chega, à altura dos ombros de Pierre Curie, vira ao contrário, com o tampo para baixo e vem pousar, tampo contra tampo, bem em cima da mesa da experiência. O movimento não é rápido e sim lento, como que bem calculado. "Assombrosa", diz Pierre Curie, "é a exatidão com que o gueridom se move no ar, sem bater em ninguém, vindo colocar-se em cima da mesa sem sequer me roçar".

Um dispositivo particularmente engenhoso, proposto por Debierne e Youriévitch, foi empregado nas experiências de 1907. O tampo da mesa foi separado dos pés e tornado movediço em relação a eles. Em cima do tampo foi disposta uma espécie de toalha de lã preta bem esticada e presa nos rebordos. O fim dessa precaução era ver se o soerguimento do tampo podia ser operado sem contato direto feito por cima. A mesa soergueu-se e, fato notável, os pés não saíram do seu encaixe.

Observou-se por fim algo bem importante: Eusapia ficou sentada na sua cadeira que por sua vez repousava em cima duma balança de Marey, ou em cima duma balança romana provida de dispositivos registradores. E constatou-se que, durante os fenômenos de telecinesia, ao peso de Eusapia se acrescentava o da mesa, como se o ponto de apoio da força atuante e soerguedora se encontrasse no próprio médium.

## *Experiências do Dr. Ochorowicz com Stanislawa Tomczyk*

Julgamos que as experiências que acabamos de relatar bastam, somente elas, para demonstrar a realidade dos movimentos sem contato.

Mas como ainda há outras, dignas de serem relatadas, especialmente aquelas que foram feitas pelo Dr. Ochorowicz, vamos assinalá-las também.

O Dr. Ochorowicz, sábio polonês, estudou longamente (de 1909 a 1914) uma jovem do seu país, Stanislawa Tomczyk, criatura hipnótica de efeitos físicos. Conquanto na nossa opinião Stanislawa, tal qual muitos médiuns autênticos, usasse às vezes de subterfúgios, não é menos verdade, porém, que ela era dotada duma poderosa mediunidade. Pequenos objetos, uma bala, uma sineta, por exemplo, eram facilmente "levitados". Foi organizada uma comissão composta de professores, fisiólogos e engenheiros para a examinarem em 1909, em Varsóvia, no laboratório de física do *Museu da Indústria e da Agricultura.* E dita comissão concluiu pela legitimidade absoluta dos fenômenos.

A ata da sessão de 21 de novembro de 1909 é tão notável que não hesitamos em reproduzir lhe grandes trechos. Não obstante a sua concisão, a ata contém um relato bastante completo dos fenômenos e comprova uma imparcialidade severa que anula quaisquer objeções.

*Fiscalização do Médium*

1.º — Na presença de todos os assistentes, o médium arregaçou as mangas até acima dos cotovelos, lavou as mãos com sabonete e as enxugou numa toalhinha preparada para tal fim. 2.º — Sob a luz clara duma lâmpada de petróleo, após vendarem os olhos do médium, examinaram lhe cuidadosamente as mãos e os dedos, um após outro, e passaram-lhe um canivete sob as unhas. 3.º — Kalinowski, diretor do Museu, e Sososnowski, assistente de Filosofia da Universidade de Varsóvia, segurando as mãos do médium, conduziram-no até a mesa previamente examinada e bem limpa. A partir de então, o médium não retirou mais as mãos de cima da mesa, não tocou mais em si mesmo nem em qualquer outra pessoa nem em nenhum dos objetos destinados à experiência.

A fim de clarear mais a sala, foi acesa uma lâmpada de petróleo colocada a uma distância de dois metros atrás do médium e um pouco de lado. As condições de iluminação eram excelentes, pois o corpo do médium não projetava sombra sobre a mesa.

*Primeira experiência* — Para facilitar a observação e a vigilância, o Dr. Ochorowicz propôs que se exigisse do médium a provocação dum movimento horizontal duma de suas mãos em direção à outra e, durante a experiência, que as mãos, colocadas dos dois lados do objeto, permanecessem imóveis o mais possível.

Utilizou-se como objeto uma bola de celuloide de 6 centímetros de diâmetro. A fim de evitar a influência do tremor da mesa e limitar os movimentos da bola, esta foi colocada em cima dum dinamômetro tipo Basset tendo a forma da letra A alongada e cuja agulha marcava uma pequena saliência no meio do aparelho. As mãos do médium foram mantidas acima da mesa a uma altura de 2 a 3 centímetros e a uma distância de 2 a 3 centímetros das pontas do dinamômetro.

Após breve espera, notaram-se alguns movimentos insignificantes da bola que, em seguida, rolou até a metade do dinamômetro. Esse deslocamento repetiu-se ainda duas vezes, sem que, contudo, a bola pudesse vencer o pequeno obstáculo do meio formado pela agulha. Durante isso, o médium levantou por diversas vezes as mãos acima da mesa até uma altura de 8 a 10 centímetros. A seu pedido, o Dr. Ochorowicz aplicou as suas próprias mãos atrás da cabeça do médium, após o que a bola rolou de novo até o centro do dinamômetro; mas, em lugar de prosseguir, saltou para cima da mesa e se dirigiu para o médium. Este aproximou então as mãos da bola, sem tocá-la, e ordenou-lhe que voltasse para dentro do dinamômetro, o que aconteceu após alguns gestos ascendentes executados pelas mãos do médium e cuja amplitude foi mais ou menos de 15 centímetros. Durante a execução desses gestos, a bola permaneceu imóvel, só se deslocando após a cessação dos ditos gestos. Daí a alguns minutos, e em condições análogas, a bola, que então se encontrava no canto direito do dinamômetro, rolou por toda a extensão do aparelho até a extremidade esquerda e tornou a cair em cima da mesa.

Após o fim dessa experiência se observou um fenômeno curioso: o aquecimento da bola, igual à temperatura do corpo, ou mesmo, segundo a opinião dalguns assistentes, um pouco superior. Mas como essa observação foi ulterior e inesperada, e por conseguinte a temperatura da bola não fora tomada inicialmente, a comissão não considerou este fato como suficientemente estabelecido. A um novo exame das mãos do médium, realizado imediatamente após o fim da experiência, notou-se que elas, antes quentes, se achavam agora frias e úmidas.

*Segunda experiência* — Consistiu num ensaio da ação mediúnica através dum retábulo transparente. Para esse fim utilizou- se um funil de celuloide cujo tubo foi cortado, sendo o buraco tapado com uma rolha de cortiça. Como objeto a servir para a experiência de deslocamento empregou-se uma bolinha também de celuloide, de 4 centímetros de diâmetro. Essa bola, depois de examinada pela assistência, foi colocada em cima da mesa por Leski, *diretor do Museu da Indústria,* e recoberta com o funil virado para baixo.

As mãos do médium, após nova inspeção, foram espalmadas em cima da mesa, dos dois lados do funil. Durante alguns minutos elas permaneceram imóveis; depois o médium as ergueu a uma altura de 1 a 2 centímetros. Passados uns dez segundos, foi o funil que se mexeu; mas logo, a pedido dos assistentes, ele ficou imóvel, ao passo que a bola, colocada dentro dele, rolou na direção do corpo do médium e um pouco para a esquerda, voltando por fim ao lugar primitivo, dentro do funil.

Ante um pedido reiterado dos experimentadores, a bola ainda executou uma vez o seu giro e bateu de encontro à parede do funil, do lado do médium.

Durante os dois primeiros deslocamentos da bola, as mãos do médium se achavam a uma distância de 1 a 2 centímetros das paredes do funil; antes da terceira experiência, o médium perguntou se podia apoiar de leve os dedos no funil; consentiu-se, julgando-se que, nessas condições, a experiência se tornaria ainda mais demonstrativa.

Terminada essa experiência, houve uma inspeção das mãos do médium. Nada apresentaram de particular.

*Terceira experiência* — Desta vez foi proposto obter-se um levantamento completo sem contato. Escolheu-se como objeto uma pequena garrafa de 11 centímetros de altura, com certa quantidade de água-de-colônia. Depois que os assistentes examinaram a garrafinha, o médium primeiro juntou as mãos, para em seguida colocá-las dos dois lados da garrafinha que Janikowsk, secretário do Museu das Indústrias, pusera em cima da mesa. Daí a pouco o médium executou alguns movimentos convidando a garrafa e levantar-se. A garrafa mexeu várias vezes, porém sem se soerguer propriamente. Então o médium pediu licença para "magnetizar a garrafa", e isso lhe foi permitido sob a condição de não tocar na garrafa nem fazer movimentos em redor do gargalo. Respeitando essa exigência, o médium executou alguns passes horizontais e verticais dum lado apenas da garrafa, durante os quais as suas mãos passavam a distâncias desiguais do objeto. Mas num desses passes, e devido a um desvio do seu cotovelo, o médium tocou na rolha, o que ocasionou da sua parte o pedido dum novo exame de suas mãos e da garrafa. Feito esse exame e recolocada a garrafa em cima da mesa, o médium manteve as mãos perto dos dois lados do objeto, a uma distância de 6 a 8 centímetros. Após breve espera, quando o médium começou a soerguer as mãos, a garrafa deu em se levantar também, vagarosamente; primeiro, apenas alguns centímetros; depois, a uma altura de 30 a 40 centímetros acima da mesa; permaneceu imóvel um pouco de tempo e recaiu em pé em cima da mesa.

*Circunstâncias em que se produziram os fenômenos* — 1.º — Antes de cada ensaio, as mãos do médium foram cuidadosamente examinadas. 2.º — O mesmo se deu quanto aos objetos que serviram para as experiências. Foram sempre colocados na mesa por um dos assistentes. E o médium, após a inspeção, não tocou mais naqueles objetos, nem em outros, nem no seu corpo nem nos assistentes. 3.º — Os fenômenos observados não se apresentaram nunca duma maneira espontânea, mas eram sempre anunciados e aguardados, circunstância essa que permitia seguir-lhe atentamente a evolução. 4.º — Nem durante as experiências nem durante a inspeção das mãos do médium foi descoberto qualquer corpo estranho, um fio, por exemplo, que pudesse transmitir o movimento das mãos ao objeto, movimentando-o. Os objetos permaneceram imóveis muitas vezes enquanto as mãos do médium executavam movimentos vivos; e, pelo contrário, deslocavam-se quando as mãos do médium se achavam numa imobilidade absoluta ou relativa. 6.º — Quando o movimento do objeto se executava sincronicamente com o movimento das mãos do médium, o espaço percorrido pelo objeto era quase sempre maior do que o espaço percorrido pelas mãos. 7.º — Antes das experiências, as mãos do médium estavam no mais das vezes quentes, e imediatamente após cada experiência ficavam frias e úmidas. 8.º — Os ritmos cardíaco e respiratório do médium aceleravam-se durante os fenômenos.

### *Experiências do Dr. de Schrenck-Notzing com Stanislawa Tomczyk*

De 1913 a 1914, Stanislawa foi estudada pelo Dr. de Schrenck-Notzing. Entre as numerosas experiências que o sábio alemão realizou, assinalaremos a experiência chamada das "bolas de celuloide", que se assemelha à do funil imaginado pela comissão do Museu de Varsóvia. Foi fiscalizada pelo Prof. G. (físico), pelo Prof. von Keller, pelo Prof. Specht, pelo Dr. Aub, especialista de doenças nervosas, pelo Dr. von Gebsattel, pelo Dr. Mittenzwey (psicólogo) e por von Kaiser. Resolvemos reproduzir lhe a descrição por tratar-se duma experiência que não podia em absoluto ser executada fraudulentamente recorrendo-se, por exemplo, aos artifícios da prestidigitação. *Trata-se sem dúvida alguma duma experiência de natureza paranormal.*

Foi colocada diante de Stanislawa uma campânula de vidro cobrindo bolinhas de celuloide cuidadosamente examinadas pelo Prof. G. e por alguns outros experimentadores. Stanislawa aproximou as mãos rodeando a campânula, e duas das bolas encerradas lá dentro se puseram em movimento ao passo que as três restantes continuaram paradas. Em seguida Stanislawa fez girar uma bola designada especialmente pelo Prof. G. Daí a instantes duas bolas situadas do lado oposto ao médium tornam a agitar-se.

Uma bola vermelha e quatro brancas são colocadas debaixo da campânula. Stanislawa aproxima a mão da campânula e a bola vermelha efetua movimentos bem nítidos e começa a rolar enquanto as bolas brancas permanecem imóveis. A experiência é repetida diversas vezes.

A pedido dos assistentes, também as bolas brancas entram em movimento. E por último, diversas vezes, as bolas designadas pelos experimentadores se põem a rolar isoladamente ao passo que as outras não se mexem, o que exclui a hipótese dum movimento causado por uma ligeira inclinação fraudulenta da mesa. Aliás, no decorrer das provas Stanislawa não tocou uma única vez na campânula e a mesa sempre permaneceu em absoluta imobilidade. E antes das experiências as superfícies dos braços, das mãos e dos dedos do médium foram examinadas com o auxílio duma lente, e pelo vão inferior de cada unha foi passada a ponta duma tesoura. Limpou-se cuidadosamente a mesa. E durante as provas as mangas da roupa do médium foram enroladas até à altura dos cotovelos.

### *Experiências pessoais*

Todas estas experiências, desde as de William Crookes com Daniel-Dunglas Home até os trabalhos que veremos daqui a pouco do

Dr. Osty com Rudi Schneider, devem, a nosso ver, convencer quanto à realidade do fenômeno telecinético. De modo que poderá parecer supérfluo falar agora de fatos que nós próprios observamos. Se, ainda assim, julgamos útil assinalá-los é porque foram obtidos em excelentes condições de vigilância e controle. Produziu-os um jovem com o qual realizamos habitualmente experiências de hipnotismo e que iniciamos de maneira elementar dadas as suas possibilidades mediúnicas.

Entre vinte sessões, apenas duas resultaram negativas, as outras tendo-se desenvolvido a bem dizer segundo o mesmo esquema e nas condições seguintes: dois experimentadores, um amigo, estudante de farmácia, e eu. Sala de experiências completamente vazia e nua, tendo apenas no centro uma mesinha de três pés; iluminação garantida, proveniente duma lâmpada de petróleo cuja chama se pode atenuar baixando a mecha ou às vezes mediante um anteparo.

De acordo com o protocolo habitual, os experimentadores e a pessoa em questão colocavam as mãos em cima da mesa que, após alguns minutos de espera, se erguia e depois baixava. Resistindo-se a esses movimentos mediante uma pressão voluntária, víamos as mãos do médium deslizar ligeiramente sobre o tampo da mesa. Por consequência, as oscilações da mesa sendo devidas, nesse momento, a contrações musculares provavelmente inconscientes. Em seguida, as oscilações se iam tornando cada vez mais importantes e a mesa manifestava veleidades de querer deslocar-se para um lado. Tínhamos então a impressão de que uma força exterior se sobrepunha aos esforços musculares do médium.

Nesta fase da experiência, todos nós recuávamos dois ou três metros para longe da mesa, interrompendo assim todos os contatos. Imediatamente os movimentos cessavam.

Eu dirigia-me depois à mesa e pedia-lhe que se soerguesse. Após alguns minutos de espera, víamos o movimento se efetuar, de modo lento e como que difícil. Eu incitava-a a agir melhor: o movimento tornava-se mais amplo e mais rápido. Durante uma das sessões, a mesa não permaneceu mais em contato com o chão a não ser por um dos pés, e assim quedou durante alguns segundos. Quando os movimentos se tornavam nítidos, eu me aproximava sozinho do móvel para observar de perto as circunstâncias do fenômeno, e o meu companheiro ficava vigiando o médium que, às vezes, se virava de costas para a mesa.

Jamais descobrimos algum fio ou qualquer embuste, bem como nunca notamos movimentos suspeitos da parte do médium que, aliás, mais ou menos sonolento, permanecia completamente imóvel durante as sessões. Aliás estas, conforme já dissemos, decorriam em plena claridade de maneira que a fiscalização era bastante fácil.

Esta experiência, que observei sem emoção e que se apresentava diante dos meus olhos com a simplicidade, a nitidez e a pureza duma experiência qualquer de física, me trouxe de modo formal e definitivo a prova absoluta da realidade da telecinesia. Nenhuma argumentação partida de teóricos de gabinete (que nunca realizaram experiências e que, portanto, jamais viram o real e o falso) pode fazer variar a minha opinião a tal respeito. Opinião que é a dum físico, dum metapsiquista e dum prestidigitador "amador" e que, portanto, não ignora as inúmeras trapaças empregadas pelos falsos médiuns.

## *Raps*

Durante experiências com um médium poderoso, por diversas vezes se produzem em seu âmbito imediato e principalmente nos móveis, ruídos insólitos que os ingleses chamam *raps.* Apresentam enorme variedade, e vão do estalido mais discreto ao barulho forte duma martelada em cima duma bigorna; porém o tipo mais comum de *raps* é um barulho seco lembrando a tonalidade duma centelha elétrica. Uma vez ou outra são imitativos e lembram por exemplo o tamborilar de dedos, o ruído dos passos de um homem ou de um animal, o ruído de uma bola que salta, de maneira serrada.

Como veremos mais adiante, os *raps* são facilmente imitáveis e como é extremamente difícil distinguir os verdadeiros dos falsos, consagremos pouco espaço aos primeiros.

O Dr. J. Maxwell, que trata longamente deles em seu livro *Os Fenômenos Psíquicos,* parece que teve a sorte de poder observar um médium que produzia *raps em plena luz.* O referido autor indica que esse é um fenômeno relativamente fácil de obter nas sessões em que se utiliza mesa.

"Quando se consegue obter *raps* com contato, um dos meios mais seguros de obtê-los sem contato é conservar durante algum tempo as mãos apoiadas sobre a mesa e depois levantá-las muito lentamente, mantendo a palma virada para a superfície da mesa, com os dedos ligeiramente estendidos, sem esticá-los. Nessas condições, é raro que os *raps* não continuem a se fazer ouvir, pelo menos durante algum tempo.

"Além disso, observou muitas vezes que, quando se obtinham *raps* fracos ou espaçados, um meio excelente de produzi-los era estabelecer a corrente sobre a mesa, com as mãos apoiadas nela e mantendo os observadores leve contato com os dedos. Sem quebrar a corrente, (o que se deve fazer mantendo na mesma mão a mão direita do vizinho da esquerda e a mão esquerda do vizinho da direita) o observador passeia em círculo a mão que está livre por cima da mesa, ao nível do círculo formado pelos dedos estendidos dos demais observadores. Feito esse movimento, sempre no mesmo sentido, por 4 ou 5 vezes, isto é, depois de ter traçado 4 ou 5 círculos por cima, o experimentador traz de novo sua mão para o centro, a uma altura variável e faz um movimento de abaixamento da mão em direção à mesa: depois para de repente esse movimento a quinze ou vinte centímetros da superfície da mesa. À parada repentina da mão corresponde um *raps.* Só excepcionalmente esse processo não produz um *raps,* desde que haja no círculo um médium capaz, mesmo fracamente, de produzi-lo".

É claro que convém distinguir os *raps* verdadeiros dos estalidos que se produzem naturalmente nos móveis e que são devidos às variações de temperaturas, umidade ou pressão mecânica. Assim é que pousando as mãos sobre um gueridom, não raro se ouvem estalidos ao fim dalgum tempo. Na maioria dos casos, eles são provocados por pressões desiguais sobre o tampo do pequeno móvel ou pelo aquecimento local da madeira em contato com as mãos.

O caráter paranormal dos *raps* parece fora de dúvida (eliminando-se os decorrentes de embuste) sempre que são inteligentes; a tal respeito foi fornecida excelente observação por Lemoine, diretor de *La Tribune Psychique,* que obteve, sem auxílio de médium (a não ser que ele próprio fosse o médium) *raps* deste gênero. Escreve ele:

"Certo dia pedi que uma série importante de *raps* sucessivos ressoassem... com intervalo constante de 15 minutos exatamente entre dois *raps* consecutivos. A experiência durou 3 horas, e obtive assim 13 *raps* sucessivos separados pelo intervalo solicitado de 15 minutos exatamente. Pois bem, durante aquelas três horas nenhum estalido se produziu fora dos precedentes e dos subsequentes.

"Não há uma só chance sobre o número que obteríamos multiplicando 15 doze vezes por si mesmo, de o resultado ser proveniente do acaso. Não tenho, nem mesmo de longe, a intenção de calcular esse número astronômico. Contentar-me-ei substituindo 15 por 10, em observar que tal número é muitíssimo superior a dez mil bilhões. Não há, portanto, uma chance sobre mais de dez mil bilhões de que o resultado obtido seja obra do acaso. Salvo em astronomia e em física nuclear, nos sentimos tontos diante da enormidade de tais números. Teremos uma ideia deles, talvez, dizendo que o número de minutos decorridos desde o início da era cristã é muito pequenino ao lado do número dez mil bilhões, não se aproximando dele sequer uma milésima parte."

Numa outra ocasião, Lemoine obteve *raps* sucessivos nos minutos seguintes: 12, 21, 3, 9, 12, sem que nenhuma interferência de *raps* atmosféricos viesse perturbar a experiência. Escreve ele:

"Procuremos no alfabeto as letras que ocupam lugares 12, 21, 3, 9, 12, e que traduzem os *raps* obtidos, e teremos em sua ordem as cinco primeiras letras do prenome com seis letras duma jovem e cuja última letra é um *e* mudo... Ora, a teoria dos arranjos com repetição ensina a todos os que lidam com a álgebra que, tomando cinco letras quaisquer das que constituem o alfabeto, podemos formar um número de combinações diferentes, número esse que ultrapassa onze milhões. Sejamos modestos, e tomemos um número redondo, por exemplo dez milhões; e poderemos dizer que não existe, matematicamente, uma chance sobre dez milhões para que o resultado obtido seja obra do acaso.

"Objetar-me-ão, talvez, que nenhum *raps* veio traduzir foneticamente o *e* mudo com que termina o prenome. Ora, isso é exato, e se eu tivesse obtido essa última letra diria então que o fenômeno não apresenta uma chance sobre 260 milhões de ter sido produzido pelo acaso. Foi a observação minuciosa de mais dum ano que me levou a pensar, quanto aos *raps,* que eles se produziam com maior dificuldade num determinado instante; daí a substituição, em todos os casos, das letras *eaux* pela letra O, que tem som análogo, e a supressão do *e* mudo, por não ser ele pronunciado."

Acrescentemos que o prenome em questão, *Lucile,* é o duma filha falecida de Lemoine, e que ele pensa haver entrado em comunicação com ela por intermédio dos *raps.*

# *Fenômenos Psicocinéticos*

A ação telecinética que exercem ou que parecem exercer sobre a matéria esses seres privilegiados que chamamos "médiuns" será uma faculdade de todos os mortais? O Prof. Rhine, a cujos trabalhos nos referimos no âmbito do conhecimento paranormal, pretende que sim, através da hipótese da psicometria.

O ponto de partida da teoria e das experiências do célebre parapsicólogo norte-americano foi a afirmação por parte de muitos jogadores, que às vezes lhes era possível influenciar pela vontade certos sistemas materiais cuja evolução se acha normalmente condicionada pelo acaso. O tipo desses sistemas é o movimento duma roleta de cassino, ou então o lance de dados.

Podemos, portanto, definir a psicocinesia (abreviadamente PK) como sendo a ação do espírito sobre sistemas físicos em evolução.

Um dos processos empregados para tentar pôr em evidência esse papel insólito do pensamento consiste em lançar com a mão, ou melhor, por meio de dispositivos mecânicos, um par de dados e, ao mesmo tempo, desejar obter quer um teste de marcação alta, isto é, fazer com que as faces superiores dos dois dados totalizem 8 ou um número superior, quer um teste de marcação baixa, isto é, influenciar os dados e fazer com que o total obtido das duas faces superiores seja inferior a 8.

Pode-se igualmente procurar obter a apresentação de tal ou qual face, efetuar por exemplo 24 lances nos quais se deseja que saia o 1, e 24 outros lances em que a apresentação do 2 seja o fim visado etc.

Assinalemos ainda o teste de 7, em que a pessoa solicita mentalmente os dados, de maneira que a soma das duas faces superiores dê 7, e o teste de duplas, em que a pessoa procura conseguir a apresentação das mesmas faces aparecendo por exemplo 3 e 3, ou 4 e 4.

Os dados utilizados pelo Prof. Rhine foram de início dados comuns, dos que encontramos no comércio, pois a experiência mostrou que era inútil preocuparmo-nos com suas imperfeições. É evidente que uma heterogeneidade de estrutura deve favorecer a apresentação de certas faces, as marcações altas, por exemplo. Ora, nos ensaios preliminares, em que apenas intervinha o acaso, Rhine constatou que as marcações altas eram ligeiramente desfavorecidas. O experimentador podia, portanto, com a maior calma, solicitar sua obtenção. Da mesma forma, em outras experiências, consistindo em fazer apresentar-se tal face, depois a face oposta, a hipótese dos dados imperfeitos pôde ser negligenciada, a diferença tendo sido positiva nas duas séries de ensaios. Apesar disso, evidentemente, é preferível utilizar dados rigorosamente homogêneos ou calibrados e, em particular, dados cujos pontos não são entalhados.

No início das pesquisas, os dados eram projetados com a mão; depois, não tardou a estabelecer-se o uso do copo de couro. Em seguida, as paredes internas dos copos foram recobertas com um revestimento rugoso, e passaram a ser empregadas mesas adaptadas especialmente para tais experiências. Finalmente, como acréscimo de precaução, isto é, para evitar a fraude ou ainda influências inconscientes agindo mecanicamente, vieram as máquinas inteiramente automáticas que projetam os dados; enquanto isso os processos de controle se tornavam mais complexos, aperfeiçoando-se.

Os resultados parciais foram analisados pelos métodos em voga empregados no cálculo das probabilidades, métodos esses que já assinalamos no capítulo II a propósito das experiências quantitativas para o conhecimento paranormal.

No seu guia de testes parapsicológicos, o Fr. D. J. West, membro da *Society for Psychical Research,* de Londres, dá as seguintes regras para facilitar a apreciação dos resultados e pô-los ao abrigo de qualquer crítica.

1.° Não lançar senão um ou dois dados ao mesmo tempo.

2.° Empregar dados de cores diferentes se lançarmos vários ao mesmo tempo, a fim de poder distinguir uns dos outros; e anotar separadamente o comportamento de cada um deles.

3.° Empregar sempre os mesmos dados.

4.° Empregar dados feitos de matéria plástica; evitar dados trazendo os pontos entalhados em cor.

5.° Mudar a face desejada dos dados, cada 24 lances.

6.° Jogar os dados um número igual de vezes para cada face pré-designada.

7.° Escolher a face a sair segundo um quadrado latino contendo seis números. Eis dois exemplos desses quadrados:

| | | | | | | | | | | | | |
|---|---|---|---|---|---|---|---|---|---|---|---|---|
| 2 | 3 | 4 | 6 | 1 | 5 | | 5 | 2 | 6 | 1 | 3 | 4 |
| 1 | 5 | 3 | 2 | 6 | 4 | | 2 | 3 | 4 | 5 | 6 | 1 |
| 6 | 4 | 5 | 1 | 2 | 3 | | 1 | 5 | 3 | 2 | 1 | 2 |
| 5 | 2 | 1 | 4 | 3 | 6 | | 6 | 4 | 5 | 3 | 1 | 2 |
| 4 | 1 | 6 | 3 | 5 | 2 | | 4 | 1 | 2 | 6 | 5 | 3 |
| 3 | 6 | 2 | 5 | 4 | 1 | | 3 | 6 | 1 | 4 | 2 | 5 |

Os números dos quadrados latinos são dispostos segundo uma ordem aleatória, com a única restrição de que cada número figure uma vez só em cada fileira e em cada coluna. Após prepararmos alguns espécimes particulares de quadrados latinos poderemos constituir uma porção de outros, alterando as fileiras e as colunas. Assim, por exemplo, com o segundo espécime dado linhas acima, se invertermos as fileiras 1 e 3, depois as colunas 1 e 3, obteremos o novo quadrado abaixo:

| | | | | | |
|---|---|---|---|---|---|
| 3 | 5 | 1 | 2 | 4 | 6 |
| 4 | 3 | 2 | 5 | 6 | 1 |
| 6 | 2 | 5 | 1 | 3 | 4 |
| 5 | 4 | 6 | 3 | 1 | 2 |
| 2 | 1 | 4 | 6 | 5 | 3 |
| 1 | 6 | 3 | 4 | 2 | 5 |

A inversão deve ser feita por um método que seja aproximadamente um método de acaso, tal como o lance de dados. Lançar o dado para determinar primeiro em que coluna do novo quadrado virá a primeira coluna do primeiro quadrado; depois, em que coluna virá a segunda; e assim por diante. Se o dado indicar uma coluna já ocupada, é preciso lançá-lo de novo. Após haver invertido assim a ordem das colunas, proceder-se-á da mesma forma para as fileiras.

Cada quadrado dá as faces a sair para 36 séries de 24 lances. Podemos anotar 6 séries sobre cada folha de resultados, correspondendo a uma fileira do quadrado latino. A determinação mediante este método da face a sair é muito complicada, porém necessária por diferentes razões:

a)A pessoa não deve escolher à vontade a face a aparecer, porque os resultados poderiam explicar-se então pela precognição.

b)Cada face a aparecer (ou a sair) deve ser apresentada um número igual de vezes, a fim de atenuar a consequência dum defeito nos dados.

c)Observou-se que o nível dos resultados nos testes PK varia segundo as diferentes posições que eles ocupam na folha dos resultados. É importante, por conseguinte, que cada face a sair figure o mesmo número de vezes em cada posição, na folha.

d)A pessoa que anota os resultados dos dados lançados não deve conhecer a face (do dado) que se deseja, nem o quadrado latino que a determina.

e)Os resultados são comodamente recolhidos por grupos de 36 séries. A sessão experimental não deve ser interrompida antes que esse grupo de resultados tenha sido obtido.

f) Se os dados não apresentam defeitos graves, se tiverem sido tomadas todas as precauções acima descritas, os sucessos previstos quanto a um grupo de resultados compreendendo 36 séries de 24 lances são 114 com um desvio quadrático médio aproximativo de 10, 95.

Os resultados obtidos pelo Prof. Rhine foram positivos desde o princípio das suas pesquisas; mais ainda assim a proporção de acertos permaneceu sempre inferior à que havia marcado as suas experiências no domínio da percepção extra-sensorial.

Há dois fatos importantes a assinalar: duma parte, e isso é bastante inesperado, os testes com projeção mecânica dos dados dão, em geral, êxitos mais elevados do que os testes em que os dados são lançados a mão. Essa ocorrência elimina a hipótese duma manipulação fraudulenta ou inconsciente dos dados. Doutra parte, após certo número de jogadas, compreendendo cada uma, 24 golpes ou lances, os êxitos são menores. Manifesta-se um efeito de declínio, e isso tanto no lançamento mecânico como no lançamento a mão. Tudo se passa como se a ação psicocinética estivesse submetida a uma espécie de inibição, de ritmo, a uma fadiga periódica. Julgamos que esse caráter constitui um argumento de primeira plana a favor da realidade do fenômeno. Além disso, do ponto de vista prático, conduz o experimentador a manter sessões curtas, de duas ou três jogadas, não mais, senão ele se arrisca a operar durante períodos em que o fator psicocinético se acha bloqueado.

Parece que as distrações e os narcóticos embotam a aptidão para o êxito, ao passo que a concentração mental ou uma excitação anormal conduzem a resultados positivos.

Relata o Prof. Rhine que um estudante diplomado da *Universidade de Duke,* que se revelara excelente instrumento para os testes de PK, entregou-se um dia a uma experiência concludente. Fechou-se sozinho com o experimentador encarregado de registrar os resultados e lançou os dados uma porção de vezes, chegando assim a uma média de acertos notavelmente superior à média devida ao acaso. Em seguida, enquanto um camarada se esforçava, a pedido dele, para distrair-lhe a atenção e diminuir-lhe a confiança que tinha em si mesmo, ele jogou o mesmo número de vezes que antes. A influência das interrupções mostrou-se considerável. A média dos golpes felizes desceu não simplesmente ao nível dos acertos por acaso, mas muito mais abaixo, ainda.

Numa outra sessão aplicaram à mesma pessoa doses de sonífero com o intuito de dar-lhe sensação de sono sem, contudo, chegar a adormecer. Sua capacidade diminuiu bastante, e a média dos resultados igualou à dos resultados decorrentes do acaso. Em seguida fizeram-na absorver cafeína a fim de anular os efeitos do narcótico e, além disso, produzir uma certa excitação. A média dos êxitos subiu de novo, em proporções apreciáveis. Mas evidentemente se fica sem saber se tais resultados se devem à ação fisiológica das drogas ou a um puro efeito psicológico. O acaso também pode intervir, pois as experiências deste gênero ainda não são suficientemente numerosas.

Após os trabalhos de Rhine, outros sistemas materiais em evolução possivelmente influenciáveis foram imaginados, e alguns até mesmo realizados: queda do dado num líquido de densidade pouco inferior à densidade da substância de que são feitos os dados (R. Dufour); queda de gotas d'água ou de óleo; quedas de bolas de aço (G. Chevalier); fluxo de elétrons (R. Hardy), (Aimé Michel), ou de partículas atômicas (John Belof e Leonard Evans); cortes de jogos de cartas (Warcollier); movimentos oscilatórios dum pêndulo (R. Tocquet) etc.

Examinemos alguns desses sistemas.

O aparelho de Chevalier, com gotas d'agua ou de óleo, é engenhoso, porém de manejo delicado. As gotas do líquido caem sobre o gume duma faca e são assim divididas em duas porções sensivelmente iguais. Uma é recolhida numa cubazinha colocada à esquerda da faca; a outra cai numa cubazinha igual situada à direita. Calcula-se uma nota fazendo-se o quociente da diferença dos pesos do líquido recolhido nas duas cubazinhas pelo peso total do líquido escorrido. Feito isso, uma pessoa, colocada diante do aparelho, deve mentalmente solicitar as gotas, de maneira a fazê-las desviar ou para a direita ou para a esquerda do gume da faca; se a experiência ocorrer, obter-se-á uma nota diferente da anterior. O desvio entre as duas notas constitui a "cota psicocinética" da pessoa. Num outro dispositivo mais aperfeiçoado, G. Chevalier substituiu a gota de líquido por uma bolinha de aço de 794/100 milímetros de diâmetro (um dedal para costurar contém mais de mil) caindo em queda livre no óleo de parafina. O operador procura fazer desviar, pelo pensamento, a bolinha durante a sua queda que, teoricamente, deve ser vertical. Graças a um projetor e a uma objetiva que aumenta a imagem de 100 a 200 vezes, a imagem da bolinha é projetada numa pantalha em que se acham traçadas linhas verticais numeradas. Uma célula fotoelétrica pode igualmente registrar os desvios.

Eis, segundo G. Chevalier e B. de Cressac, como se utiliza esse interessante aparelho:

"Fazendo-se as dez bolinhas percorrerem o óleo de parafina, fora, portanto, de toda e qualquer influência psíquica, notam-se as zonas de passagem do centro das imagens sobre a pantalha. Há uma inevitável dispersão perpendicularmente ao eixo.

"Em seguida pede-se a uma pessoa colocada ao lado do aparelho, na direção perpendicular ao eixo óptico, que tente atrair ou repelir a bola. A pessoa deve declarar, antes, se deseja atrair ou repelir e, uma vez tomada a decisão, não deve mais mudar de escolha durante todo o tempo do ensaio, mais fica com inteira liberdade de usar os meios que lhe parecerem melhores (força de vontade, sentimento, olhar fixo etc.). E nessas condições se deixam cair as dez bolas e novamente se toma nota das zonas de passagem que são comparadas depois com os resultados obtidos anteriormente. Uma experiência de dois ensaios com dez lances dura ao todo quarenta minutos."

A fim de evitar erros provenientes por exemplo dum leve oscilar do assoalho ou tablado do laboratório devido ao peso ou aos passos da pessoa, esta deve instalar-se num lugar definitivo desde os ensaios de referência, mas sem olhar para o aparelho e abstendo-se o mais possível de pensar na experiência. Torna-se evidente que a pessoa não pode trapacear soprando por exemplo em cima da bola ou empregando qualquer outro recurso, visto que ela se desloca dentro dum líquido inacessível às ações exteriores. Fica também eliminado o efeito perturbador das correntes de ar.

Além disso, o projetor só é aceso no momento em que a bola chega diante da objetiva (esse momento se tornando conhecido pela contagem do tempo da queda, evitando-se assim correntes de convecção que eventualmente possam resultar do aquecimento do óleo contido no espaço laminar).

Uma primeira série de 48 experiências parece haver demonstrado que 20 por cento das pessoas não atuam sobre a bola, que 35 por cento provocam perturbações importantes, e que a maioria das pessoas produz variações que só aparecem após cálculos.

Apoiando-se nesses resultados, G. Chevalier e B. de Cressac julgaram poder afirmar que haviam de maneira definitiva "fornecido a prova indubitável da realidade duma ação psíquica" sobre um sistema material.

No entanto, embora rendendo homenagem à habilidade e à perseverança de Chevalier e de Cressac e reconhecendo que os seus trabalhos são notáveis, consideramos que até agora os ensaios feitos são pouco numerosos para que deles tiremos conclusões definitivas. Assim é que com o aparelho Hardy, de que vamos falar, obtivemos no IMI contagens positivas nos primeiros ensaios, depois igualdade quase absoluta entre os resultados positivos e os resultados negativos num total de cerca de 33.000 ensaios.

O aparelho Hardy difere bastante do aparelho Chevalier. Trata-se dum dispositivo eletrônico muito complicado, graças ao qual a pessoa pode, em princípio, por ação psicocinética, fazer com que se acenda uma lâmpada verde ou uma lâmpada azul. Permite, por conseguinte utilizar um teste simples de probabilidade 1/2. Extremamente forte, possui além disso a enorme vantagem de registrar automaticamente os resultados, de tal maneira que a fraude e a interpretação abusiva não podem imiscuir-se no seu funcionamento.

Foram feitos, primeiro, dezesseis mil ensaios para se ter uma segurança da sua simetria funcional. Em seguida, numa primeira série de experiências realizadas no IMI, onde o aparelho se encontra, 34 pessoas tentaram sucessivamente conseguir que acendesse a lâmpada de sua escolha. Cada ensaio durava 5 minutos rigorosamente cronometrados. A velocidade das manobras, isto é, dos apoios sobre o botão acendedor, variava conforme as pessoas, indo de 1 a 5 contatos por segundo. No total, registraram-se 32.930 golpes, ou apoios, ou contatos; e entre as 34 pessoas que se utilizaram do aparelho, apenas 3 obtiveram resultados que ultrapassam os que o acaso fornece.

Mlle. Z. deu, para 5.292 manobras, um desvio de +44 (não significativo).

Mme. P. deu, para 7.905 manobras, um desvio de +110 (significativo).

Mas o total das manobras teve como saldo um equilíbrio quase perfeito, o mesmo ocorrendo em outras séries; de sorte que, até o momento, o aparelho Hardy não permitiu desvendar o efeito psicocinético. A fim de tirar-se disso o maior partido possível, julgamos que conviria refazer toda uma série de experiências apenas com as pessoas que forneceram resultados significativos nos primeiros ensaios.

O aparelho eletrônico imaginado por Aimé Michel *(La Tour Saint Jacques,* n.º 2) difere sensivelmente do de René Hardy que não pretende, em suma, senão uma eletromecanização do jogo de "cara ou coroa". Permitirá, quando for realizado, coisa que desejamos vivamente, solicitar forças PK extraordinariamente úteis, pois só agirão sobre alguns elétrons. Por outro lado, segundo o seu idealizador, "poder-se-á pela primeira vez, com a ajuda desse aparelho, atrair e encadear um estudo contínuo de forças PK no tempo e seguir-lhes as variações bem como a evolução."

Sob o nome de psicocinesia de contato, R. Warcollier revelou a existência duma paracinesia provável (movimentação do objeto obtido pelo contato das mãos) quando se procura cortar um baralho coincidindo o corte com a carta visada. Essa paracinesia provocaria ou uma leve deiscência da carta visada que funcionaria então como uma "carta comprida" empregada em prestidigitação (mas isso é inteiramente improvável), ou então uma diminuição da sua aderência à carta subjacente, processo igualmente empregado em prestidigitação. Essa modificação da aderência poderia provir de variações eletroestáticas ou capilares determinadas elas próprias por uma ação PK. Tanto numa como noutra hipótese — deiscência da carta ou variação física — o corte do baralho se faria, de preferência, ao nível da carta visada.

Seja qual for a natureza exata da psicocinesia de contato, François Masse, do IMI, numa série de 20.000 ensaios, confirmou as experiências de R. Warcollier; mas, antes de se admitir definitivamente a realidade do novo fenômeno, seria necessário multiplicar as experiências, bem como levar em conta não só as aderências bastante reais, de natureza física, que se produzem entre as cartas, como sobretudo o fato, bastante conhecido em ilusionismo, de ser extremamente difícil misturar de modo conveniente as cartas do baralho. Não raro uma carta visada, enfiada por exemplo no meio do baralho, volta aproximativamente ao mesmo lugar anterior após o trançamento do baralho. Além do mais acontece que numerosos cortes sucessivos podem ser sem efeito apreciável na ordem das cartas. Foi baseado nesse princípio que imaginei um golpe de prestidigitação de efeito bastante estarrecedor e que simula perfeitamente o efeito paracinético de R. Warcollier mas, bem entendido, com êxito certo e total. Deixou deveras estupefatos os meus colegas do IMI a quem o apresentei. Devo acrescentar, finalmente, que a meu ver o seu lugar seria mais no ESP do que na paracinesia.

Alguns experimentadores propuseram-se atuar não mais sobre sistemas materiais e sim sobre organismos vivos. Em França, o Dr. Vasse e Mme. Christiane Vasse procuraram acelerar ou retardar pelo pensamento a germinação de sementes ou o crescimento de jovens plântulas. Foram publicadas fotografias muito sugestivas, e eu tive a vantagem de observar as plântulas *in situ,* as quais apresentavam incontestavelmente diferenças muito nítidas no seu desenvolvimento. É lamentável que essas experiências, extremamente interessantes, não tenham sido levadas mais adiante. Eu devia, junto com Jean Painlevé, assegurar-lhes a fiscalização e o testemunho cinematográfico no *Conservatório de Artes e Ofícios,* mas uma série de circunstâncias impediu levar avante esse projeto.

Um médico inglês, o Dr. Richard de Silva, empregou bacilos da febre tifoide como material experimental. E, da mesma forma que o casal Vasse a respeito das plântulas, propôs-se influenciar-lhes o crescimento pela ação do pensamento. Consta que resultados positivos teriam sido obtidos.

A propósito de tais experiências, notemos de passagem que os magnetizadores, desde Lafontaine em 1841 até o Dr. Ed. Bertholet nos dias de hoje, passando por Picard, Gravier, Favre, Fabius de Champville, Durville, Magnin, Montandon e tantos outros, sempre pretenderam que o "fluido" era capaz de exercer uma ação vivificante sobre os vegetais superiores e um efeito contrário sobre as culturas microbianas.

Infelizmente os seus ensaios, retomados por outros experimentadores, deram resultados completamente negativos. Petit d'Ormoy dum lado, e René Hardy do outro, realizaram numerosas experiências de controle com magnetizadores conhecidos e "potentes"; as experiências malograram. Nós mesmos, há tempos, tentamos por diversas vezes reproduzir as experiências dos magnetizadores, porém sem resultados bem nítidos. Muito provavelmente, portanto, os sucessos aparentes devem ser devidos a coincidências fortuitas ou a defeitos de técnica. Em particular foi negligenciada até agora a ação de certos fatores cósmicos sobre o crescimento dos vegetais. E, enfim, a fraude e o conchavo mais ou menos inconscientes também podem intervir.

Na Grã-Bretanha, Nigel Richmond empenhou-se em dirigir paramécias pelo pensamento em determinado trecho da gota d'água em que elas evoluíram. A observação era feita no microscópio. Os resultados obtidos teriam sido significativos; porém numerosas causas de erro podem imiscuir-se nessas experiências. Nós mesmo realizamos algumas desse teor, há trinta anos, e verificamos que inúmeros fatores podiam orientar os infusórios: iluminação desigual do campo microscópico; presença em certos pontos da gota d'água de partículas alimentares, bolhas de ar ou de oxigênio.

Após todos esses trabalhos, quer se trate dos do Prof. Rhine e dos seus colaboradores, das experiências de Chevalier, Hardy e Warcollier, quer de ensaios um pouco diferentes relativos à ação eventual do pensamento sobre os organismos vivos, que é que devemos pensar da psicocinesia? É ela uma manifestação paranormal autêntica? Trata-se dum efeito do acaso? Ou resulta do emprego ilegítimo dos métodos estatísticos?

No que concerne a esta última ocorrência, a resposta foi dada tachativamente pelo *American Institut of Mathematical Statisticians* que, em face das críticas formuladas pelos psicólogos ortodoxos contestando a validez do método estatístico, declarou: "Cálculos recentes estabeleceram que a análise estatística é essencialmente válida, sob reserva da integridade das condições das experiências. Para ser leal, toda a crítica aos trabalhos do Dr. Rhine deve dirigir-se a outro terreno que não este."

Resta o fato das experiências negativas que, cumpre reconhecer, são numerosas. Assim é que nem o Dr. Mc Connel, que registrou os lances de dados com a ajuda duma câmara cinematográfica, nem Carington, nem muitos outros parapsicólogos obtiveram resultados apreciáveis com os dados. No IMI, uma experimentação em PK, dirigida por R. Hardy e baseada no lançamento de 40.320 dados, redundou em equilíbrio quase perfeito apesar de importantes desvios positivos no início dos ensaios.

Mas convém observar, duma parte, que nem toda gente é talvez capaz de realizar à vontade fenômenos de psicocinesia; e, doutra parte, que as pessoas pessimistas, ansiosas ou do "contra" (estas últimas sendo jocosamente chamadas "as cabras" por Miss Gertrude Schmeidler, psicóloga do *Colégio da Cidade de Nova York)* podem dar resultados inferiores aos da probabilidade, ao passo que as pessoas otimistas, que têm autoconfiança, reconhecendo a possibilidade da psicocinesia (os "carneiros" da psicóloga ainda agora citada), são suscetíveis de fornecer resultados positivos. Daí um balanço definitivo, quase igual ao que dá o acaso, não obstante a intervenção dum efeito psicocinético. Conviria, portanto, ainda aqui, dispor em série as pessoas.

Em todo caso, tendo em vista os resultados experimentais, é bastante difícil na hora atual tomar partido definitivo a favor ou contra a hipótese do Prof. Rhine. Contudo, conforme já assinalamos, a existência do misterioso fenômeno do declínio, constatado pela maioria dos observadores, mesmo por aqueles que obtêm resultados globais conforme aos que o acaso fornece, parece constituir um argumento bastante sólido a favor da realidade duma ação psicocinética.

Se ela existe deveras, mostraria dum lado que a telecinesia não é um fenômeno raríssimo, ficando subentendido que a psicocinesia lhe é um aspecto menor; e, doutro lado que, sob a ação dum pensamento mesmo difuso e que não se aplica em demasia, a necessidade das coisas pode achar-se abalada. Poder-se-ia, por conseguinte, conceber um sistema isolado cuja entropia cessaria de crescer e que redundaria em improváveis configurações.

## *A Levitação do Corpo Humano*

Designa-se geralmente sob o nome de levitação o levantamento (acompanhado ou não dum movimento de transladação) do corpo humano no espaço. Trata-se assim, pois, duma variedade de telecinesia na qual as forças telecinéticas se aplicam não mais sobre objetos inertes, mas sobre pessoas.

A levitação parece haver sido muito frequentemente observada em hagiografia, ao passo que é bem dizer rara em metapsíquica. Provavelmente a ascensão de Cristo e a assunção da Virgem Maria (tais fatos sendo, com ou sem razão, tidos como reais ou considerados apenas como lendários) sugeriram a certos místicos o desejo mais ou menos consciente de os reproduzirem. Sem dúvida convém, entre os relatos de levitação, levar em conta os erros de observação, os exageros e a lenda; mas, feita a discriminação, subsiste um certo número de casos cuja autenticidade não parece em absoluto duvidosa, visto apoiar-se em documentos controlados, seguros e precisos. Por exemplo, é muitíssimo verossímil que São Pedro de Alcântara, Santa Teresa de Ávila, Santa Cristina de Leige, Inês da Boêmia, Bernardino Realino, F. Suarez, José de Copertino tenham sido muitas vezes levitados. Poderíamos, facilmente, para cada um destes místicos, apresentar relatos que consideramos absolutamente dignos de fé; mas como os fenômenos que eles atestam foram reivindicados pela religião, nos limitaremos às levitações cujo contexto é puramente meta- psíquico. Cumpre acrescentar que fenômenos de levitação religiosa se produziriam ainda na nossa época em certos conventos. Foi pelo menos o que nos afirmaram observadores de formação científica, mas cujos nomes não estamos autorizados a divulgar.

Conforme assinalamos mais acima, os grandes médiuns de efeitos físicos rarissimamente foram levitados; de sorte que se torna difícil na hora presente apresentar a levitação metapsíquica como um fenômeno absolutamente demonstrado. Mas seria ilógico admitir, dum lado, a telecinesia e, doutro, negar *a priori* a levitação dadas as conexões comprovadamente estreitas entre as duas categorias de fenômenos.

Em todo caso, se tomarmos como referência os relatos de observadores qualificados, os médiuns Daniel-Dunglas Home, Stainton Moses, Eusapia Paladino e alguns outros elementos metapsíquicos de menor renome, tiveram levitações que nós, pessoalmente, consideramos verídicas.

As mais completas, as mais pasmosas também e sem dúvida as mais bem observadas foram as de D.-D. Home. Escreve William Crookes, em sua obra *Pesquisas sobre o Espiritualismo:* "Os casos de "raptos" ou arrebatamentos mais frequentes de que fui testemunha ocorreram com Home. Em três circunstâncias diferentes eu o vi elevar-se completamente acima do assoalho do quarto. Na primeira vez, achava-se ele sentado numa espreguiçadeira; na segunda, estava ajoelhado na sua cadeira; e na terceira estava de pé. Em cada uma dessas ocasiões tive todo o espaço possível para bem observar o fato no momento em que ele se produzia.

"Os melhores casos de levitação de Home deram-se em minha casa. Certa vez, entre outras, ele se colocou na parte mais visível da sala e daí a um minuto me disse que se sentia soerguer-se.

Vi-o elevar-se de modo vagaroso, num movimento contínuo e oblíquo e permanecer durante alguns segundos a cerca de seis polegadas do solo (15 centímetros); em seguida, ele desceu bem devagar. Nenhum dos presentes se mexera dos seus lugares. O poder de soerguer-se quase nunca é transmitido às pessoas vizinhas do médium; ainda assim uma vez minha mulher foi puxada para o alto com a cadeira onde se achava sentada.

"Rejeitar a evidência dessas manifestações", conclui o ilustre sábio inglês, "equivale a rejeitar todo e qualquer testemunho humano, seja ele qual for, pois não há nenhum fato na história sagrada ou na história profana que se apoie sobre provas mais categóricas."

Home foi igualmente levitado em outras circunstâncias. Havendo assistido a uma sessão desse médium, o Conde Tolstoi escreve: "Home foi arrebatado da sua cadeira e eu lhe peguei nos pés enquanto ele flutuava acima das nossas cabeças." Outros- sim, podemos ler o que se segue na ata duma sessão realizada em São Petersburgo, em casa da Baronesa Taoubi, na presença do Dr. Kaspovitch e de outras personalidades científicas: "Em seguida, Home anuncia que se sente, ele próprio, soerguido; seu corpo toma a posição horizontal e ele é transportado, com os braços cruzados sobre o peito, até o meio da sala. Após permanecer ali assim durante 4 ou 5 minutos, é trazido ao lugar de antes, da mesma forma." Citemos também o atestado de Lorde Crawford: "Sentando-se diante do piano, Home principiou a tocar; como pedisse que nos aproximássemos, fui colocar-me ao seu lado, e fiquei com uma das mãos na sua cadeira e a outra no piano. Enquanto ele tocava, a cadeira e o piano se elevaram a uma altura de 3 polegadas (cerca de 7 centímetros e meio), depois voltaram ao assoalho."

Observação análoga foi feita por Lorde Lindsay. Escreve ele: "No decorrer duma sessão, Home, que se achava sentado perto de mim, disse-me: "Fique calmo, estou me soerguendo." Daí a pouco um dos seus pés roçava no meu ombro. Senti em seguida contra o meu rosto o contato dum objeto coberto de veludo e, olhando para cima, verifiquei com surpresa que Home arrebatava consigo a poltrona, cujos braços segurava, perfeitamente sentado e que começou a flutuar assim através do recinto, desarranjando dos seus lugares nas paredes os quadros dependurados inteiramente fora do alcance duma pessoa, mesmo que esta ficasse de pé. A claridade era bastante para me permitir ver direito o médium."

O célebre médico inglês Dr. Hawksley, que tratou em 1862 da primeira mulher de Home, relata que na sua presença o médium fez um dia um visitante subir em cima duma mesa forte e pesada, mesa essa que "se levantou imediatamente com aquela carga a uma altura de 8 polegadas (mais ou menos 20 centímetros). Então o Dr. Hawksley se abaixou e passou a mão entre as roldão as dos pés da mesa e o tapete; depois, o exercício terminado, a mesa tornou a descer e o tal senhor pulou para o assoalho.

Mr. James Watson, solicitador em Liverpool, também foi testemunha duma levitação de Home. Declara ele:

"O médium anunciou-nos que ia ser soerguido em pleno ar. Um instante depois atravessou a mesa por cima da cabeça das pessoas do círculo. Pedi-lhe que fizesse uma marca a lápis no teto. Como ele não tivesse lápis, eu me levantei para lhe emprestar o meu, e foi só estendendo ao máximo o meu braço que pude atingir a sua mão, que se achava a sete pés (cerca de 2 metros e 15 centímetros) do assoalho. Ao apresentar-lhe o lápis senti a sua mão segurar com força a minha durante algum tempo, submetendo-me eu assim aos caprichos de suas peregrinações aéreas."

Eis agora como o próprio Dunglas-Home descreve as suas impressões:

"Durante essas elevações ou levitações", lê-se em sua obra *Revelações sobre a minha vida sobrenatural,* "não noto nada de particular em mim, exceto certa sensação cuja causa explico por uma grande abundância de eletricidade nos meus pés; não sinto mão alguma puxar-me; e a não ser durante a minha primeira ascensão ocorrida na América do Norte quando eu tinha nove anos, nunca mais senti medo, muito embora, caso caísse da altura de certos tetos até onde me elevara não pudesse evitar ferimentos sérios.

"Sinto-me em geral soerguido perpendicularmente, com os braços rijos e erguidos acima de minha cabeça... Quando atinjo o teto, os meus pés então chegam mesmo ao nível em que se acha a minha cabeça, e assim me encontro numa posição ou atitude de repouso. Muitas vezes permaneci assim suspenso durante 4 ou 5 minutos. Um exemplo pode ser encontrado na ata das sessões realizadas em 1857, num castelo perto de Bordéus. Uma única vez a minha ascensão se fez em pleno dia; foi na América do Norte. Senti-me soerguido no ar num apartamento de Londres, na Sloane Street, onde brilhavam quatro bicos de gás, e na presença de 5 senhores que estão prontos a testemunhar o que viram, sem contar uma porção de testemunhos que posso apresentar também. Certas vezes a rigidez dos meus braços se relaxa, e tenho escrito com um lápis letras e sinais no assoalho. Lá se acham ainda, em diversas cidades, principalmente em Londres.

Stainton Moses, clérigo e professor na *University College School* de Cambridge, igualmente foi objeto de fenômenos extraordinários e, em particular, de levitações. Como Home, também descreveu as impressões sentidas durante as suas assombrosas ascensões. Refere-se mormente à primeira, que se produziu diante de testemunhas. Relata ele:

"A cadeira onde eu me achava sentado ergueu-se do chão a uma altura que, segundo pude avaliar, devia ter sido de 30 a 40 centímetros. Os meus pés tocavam a platibanda que devia ter 30 centímetros de altura. A cadeira permaneceu suspensa alguns instantes, e então percebi que o meu corpo a deixava dando em subir mais, num movimento suave e muito lento. Não fiquei apreensivo, pelo contrário senti-me perfeitamente à vontade. Tinha noção exata do que se estava passando, e descrevi a marcha do fenômeno às pessoas que se encontravam na sala. O movimento era regular e me pareceu demorado antes de tornar-se completo. Eu estava bem rente à parede, tão perto mesmo que pude, com um lápis solidamente mantido de encontro ao peito, marcar um sinal no canto, em cima do papel que forrava a outra parede. Essa marca, medida depois, achava-se a um pouco mais dum metro e 80 centímetros do assoalho; e, a deduzir da minha posição, a minha cabeça devia estar no ângulo da sala e bem perto do teto. Não me parece, em absoluto, que naquele momento estivesse adormecido, pois a minha mente se achava perfeitamente lúcida e eu me dava conta minuciosa de tão curioso fenômeno. Não senti a mínima pressão no corpo; era como se me encontrasse dentro dum ascensor vendo os objetos passar a certa distância de mim. Lembro-me apenas duma leve dificuldade em respirar, da sensação de estar com o peito cheio e de haver-me tornado mais leve do que a atmosfera. Fui descido suavemente e recolocado na cadeira que retomara a sua posição anterior. Imediatamente mediram e registraram as marcas que eu havia feito com o lápis. A minha voz, disseram-me depois, ressoava como se viesse de dentro do teto. A experiência foi repetida nove vezes, com mais ou menos êxito."

Stainton Moses anota em seguida algumas particularidades das suas levitações. Certas vezes era transportado depressa duma cadeira para um sofá situado a bastante distância. Noutra ocasião, foi soerguido bastante alto, horizontalmente, a ponto de os seus pés tocarem nas cabeças dos assistentes. Mas ele não gostava em absoluto daqueles fenômenos físicos. (*I descouraged them as much as possible, from a dislike to violent physical manifestations*). "Procurava opor-me a eles o mais possível, desde a mera demonstração de aborrecimento até as mais violentas reações físicas". Por isso a sua mediunidade não tardou a orientar-se para manifestações intelectuais.

Eusapia Paladino também foi, parece, levitada diversas vezes. Infelizmente, como os fenômenos se produziam no mais das vezes em obscuridade total ou em obscuridade relativa, torna-se difícil julgá-los.

Eis, por exemplo, a ata duma experiência feita em Nápoles pelo cavalheiro Chiaía, na presença do Prof. Dom Manuel Otero Acevedo, de Madri, e do Sr. Tassi, de Perúsia. O médium achava-se em estado de transe e a seu pedido haviam abaixado as chamas do gás.

"Ao cabo de poucos instantes, durante os quais só se ouvia o habitual ranger dos dentes do médium que se achava em letargia, Eusapia ao invés de conversar como sempre em seu péssimo patoá napolitano, pôs-se a falar italiano puro, pedindo às pessoas sentadas ao seu lado que lhe segurassem os pés e as mãos. Em seguida, sem que ouvíssemos o menor roçar de roupas nem qualquer rápido movimento da sua pessoa, nem a mais leve ondulação da mesa ao redor da qual nos encontrávamos, Otero e Tassi — que eram os que estavam mais perto de Eusapia — foram os primeiros a perceber uma ascensão inesperada, pois sentiram os seus braços levantando-se muito suavemente; como não quisessem abandonar as mãos do médium, tiveram que acompanhá-la em sua ascensão. Este esplêndido caso de levitação é digno da maior atenção porque aconteceu sob a mais rigorosa vigilância e com tal suavidade como se ao invés de corpos se estivessem soerguendo plumas. O que mais surpreendeu aqueles senhores foi sentirem os dois pés do médium colocados sobre a pequena superfície da mesa (80 centímetros por 50) em parte ocupada pelas mãos de quatro assistentes, e isso sem que nenhuma das mãos fosse sequer tocada, não obstante a escuridão completa.

"Conquanto estarrecidos ante um fato tão extraordinário e tão imprevisto, um de nós perguntou a John (criação mediúnica subconsciente que pretende apossar-se de Eusapia quando ela se acha em transe) se lhe era possível soerguer um pouco mais o médium acima da mesa, com os pés juntos, de maneira que pudéssemos constatar ainda melhor o soerguimento. Imediatamente, sem discutir o pedido exigente e malicioso, Eusapia foi levantada de 10 a 15 centímetros acima da mesa; e assim cada um de nós pôde livremente passar a mão sob os pés da "mágica" suspensa no ar!

"Contando-vos isto, não sei qual sentimento é mais forte em mim. Será a satisfação de haver obtido um fenômeno tão magnífico, tão maravilhoso? Ou será o receio penoso de vir a ser tomado como visionário até mesmo por meus amigos mais íntimos? Felizmente, éramos quatro, inclusive o espanhol sempre desconfiado e dois crentes só pela metade, isto é, dispostos a aceitar apenas os fatos evidentes.

"Quando a nossa mágica quis descer da mesa sem a nossa ajuda, com atitude menos maravilhosa do que a antes empregada para subir, fomos tomados de outro pasmo. Demos com o médium estendido horizontalmente, a cabeça e uma pequena parte do dorso apoiados no rebordo da mesa, o resto do corpo bem horizontal e reto como uma barra e sem nenhum apoio na parte inferior, o vestido aderido às pernas como se estivesse costurado em redor delas. Conquanto produzido na escuridão, esse fato importante foi (inútil repetir) escrupulosamente vigiado por todos com a maior cautela.

"De resto, tive ensejo de testemunhar uma coisa mais extraordinária ainda. Uma noite vi o médium, estendido rígido, no estado mais completo de catalepsia, manter-se em posição horizontal, apenas com a cabeça apoiada no rebordo da mesa. E isso durante 5 minutos, na luz do gás, na presença do Prof. de Cintus, do Dr. Capuano, do escritor bastante conhecido Frédéric Verdinois e de algumas outras personalidades."

Dois outros médiuns, bem menos conhecidos do que os precedentes, Fontana e Ruggieri, também foram, segundo parece, levitados algumas vezes.

No decorrer duma sessão realizada em Roma na presença dos Srs. Palazzi e Giorli, do Dr. Santangelo, dos Profs. Ferri e Lorgi, da Universidade Romana, e do Sr. Hoffmann, diretor da revista *Lux,* Fontana arrebatou consigo em sua ascensão mediúnica os dois controladores que lhe seguravam as mãos, respectivamente Giorli e Santangelo.

A mesa, em redor da qual os experimentadores se achavam reunidos, começou a levantar-se do assoalho até 30 centímetros de altura e pediu tiptológicamente que apagassem as luzes.

"Pouco tempo depois", narra Palazzi descrevendo a cena, "inesperadamente e sem que nada lhes fizesse prever, Fontana, Giorli e Santangelo foram soerguidos ao mesmo tempo e lançados em cima da mesa. Giorli e Fontana, em pé. Santangelo, de joelhos. Esta diferença de posições poderá ser explicada pelo fato de a força atuante não se ter ampliado até Santangelo devido a ele não se achar na mesma linha que Fontana.

"O médium foi levantado cerca de 10 centímetros acima da mesa. Por diversas vezes passamos a mão por baixo dos pés do médium, sentindo o espaço entre os seus pés e a superfície da mesa,

"Como a obscuridade completa pudesse deixar supor que os dois pés sob os quais passávamos a mão não eram os do médium, apenas um pertencendo a ele e o outro a Giorli em pé ao seu lado, foi trazida uma luz vermelha, pediu-se que os dois controladores descessem, e solicitou-se à força atuante que reproduzisse o fenômeno apenas com o médium que ficara então sozinho em cima da mesa, mas sempre seguro pelos controladores da direita e da esquerda. Não houve oposição.

"Ficando de novo a cena imersa em escuridão, o médium sentiu-se levantado acima da mesa. Verificou-se então, muito nitidamente, que ele se encontrava agora muito mais alto do que na primeira vez, pois os assistentes puderam passar por debaixo dos pés erguidos a mão não mais esticada como pouco antes, porém lateralmente e perpendicularmente, tal o espaço existente."

Contudo, não obstante o controle aparente, o fenômeno permanece duvidoso por haver sido produzido em plena escuridão.

O fato seguinte, aliás mais extraordinário, parece merecer crédito maior. Os experimentadores eram quase os mesmos da experiência precedente, porém o médium era Ruggieri.

"Durante a sessão", escreve o Dr. Santangelo, "produziu-se um fato que me impressionou muito e que ainda me impressiona todas as vezes que o relato.

"Quando o médium Ruggieri começou a soerguer-se, eu o segurava fortemente pela mão. Mas sentindo-me arrebatado com força até os meus pés não tocarem mais o assoalho, tratei de me agarrar bem ao seu braço, e assim fui erguido no ar junto com o meu outro companheiro que se encontrava do outro lado. Fomos subindo até uma altura de pelo menos 3 metros acima do assoalho, pois eu toquei com facilidade a lâmpada do lustre que pendia do centro do teto.

"Na descida rápida, a luz sendo acesa, vi-me ajoelhado em cima da mesa, correndo o perigo de quebrar a cabeça no chão; ainda bem que nada me aconteceu de desagradável.

"Sim, em Roma, eu pessoalmente, sem asas, voei pelo ar, e isso POSSO ATESTAR A FACE DE DEUS E DOS HOMENS."

Quase na mesma época, o médium Zuccarini foi estudado por alguns professores italianos; porém as suas levitações parecem extremamente duvidosas. Voltaremos a isso quando tratarmos dos fenômenos falsificados.

Finalmente, entre os médiuns contemporâneos, parece que Willy Schneider foi levitado algumas vezes, principalmente durante as experiências dirigidas pelo Dr. de Schrenck-Notzing, e às quais assistiram os Profs. Holub e Berzé, bem como o escritor Hans Muller. Relata René Sudre: "Vestido dum maiô preto salpicado de alfinetes fosforescentes, o seu corpo era nitidamente visível na luz vermelha. O médium foi arrebatado em posição horizontal, parecendo ser conduzido dentro duma nuvem invisível. Elevou-se assim até quase o teto e lá permaneceu 5 minutos, agitando ritmicamente as pernas ligadas uma na outra. A descida deu-se de maneira brusca, como a subida. A fiscalização foi perfeita". E René Sudre acrescenta: "O Dr. Geley, em sua última viagem a Viena, também foi testemunha da levitação de Willy em casa do Dr. Holub, e me declarou estar plenamente convencido da autenticidade do fenômeno."

## *Variações Térmicas e Fenômenos Luminosos*

No decorrer de certas experiências de metapsíquica objetiva, algumas vezes se observam quedas de temperatura.

Claro é que não se pode afirmar, na falta de qualquer aparelho registrador, que a sensação de frio muitas vezes sentida durante as sessões mediúnicas é subjetiva ou objetiva. Eis porque Price utilizou um termômetro registrador de mínimas nas sessões com Stella. C. Constatou que havia sempre uma baixa global de temperatura e não raras quedas importantes, indo até 11° 4. As fortes quedas sempre coincidiam com fenômenos físicos poderosos, o que deixa supor que os fenômenos objetivos são endotérmicos, sendo a energia absorvida transformada em energia mecânica ou numa outra forma de energia.

Os fenômenos luminosos são, também, bastante frequentes nas sessões de metapsíquica objetiva; mas, conforme veremos no capítulo IX, em geral são fáceis de reprodução fraudulenta.

As melhores observações de fenômenos luminosos paranormais foram feitas com Eusapia no *Instituto Geral de Psicologia.* Eis alguns trechos do relatório do Instituto.

1905, sexta sessão:

*M. d'Arsonval:* — Há clarões na testa de Eusapia, principalmente do lado direito.

*Mme. de Grammont:* — E outros no ar.

*M. d'Arsonval:* — *O* fenômeno de fosforescência é bastante nítido; manifesta-se sobre o fundo preto da cortina. Vejo-o muito bem.

A pedido de Eusapia, M. Courtier senta-se perto do pé da espreguiçadeira onde se encontra estendido o médium, dentro da cabina. "Vejo", diz ele, "subir vagos fulgores, pelo que posso depreender, do meio do corpo de Eusapia e dirigindo-se para o vão entre as duas cortinas fechadas."

Mas o fenômeno mais curioso foi sem dúvida o seguinte, que se passou em 1907, durante a décima sessão:

Eusapia pede que tragam uma máquina elétrica e que extraiam da mesma três centelhas. M. Courtier vai até a sala vizinha buscar a máquina elétrica, volta com ela e, colocando-se diante de Eusapia a uma distância de dois metros, extrai três chispas. Vêem- se então, na altura da cabeça de Eusapia, sucessivamente, três pontos luminosos imitando as centelhas elétricas e, ao mesmo tempo, se ouve o ruído seco que lhes é próprio.

Noutra sessão, pontos luminosos aparecem em cima da cabeça de Eusapia. Depois ela esfrega as mãos de M. Debierne e delas salta algo assim como uma faísca. Em seguida ela pede a Mme. Curie que esfregue as mãos uma contra outra, e se vêem sucessivamente quatro pontos luminosos *diante das mãos* da célebre física.

Um tal fenômeno é IMPOSSÍVEL reproduzir-se por meio do ilusionismo nas condições dadas acima.

CAPITULO VIII

# TELECINESIAS FRAUDULENTAS CONTATOS ESPÍRITAS RAPS & ESCRITA DIRETA FALSIFICADOS

O desenrolar habitual das sessões com efeitos físicos, quer elas se realizem com trapaças ou não, geralmente é o seguinte: os experimentadores e o médium colocam-se em redor duma mesa e pousam as mãos sobre o tampo. Via de hábito o médium é fiscalizado por seus dois vizinhos que lhe seguram solidamente os punhos e põe os pés em cima dos dele. Às vezes o médium é amarrado na cadeira por cordas fixas e outras ataduras; os laços algumas vezes são presos com anéis chumbados ou recobertos com sinetes de lacre.

As sessões podem realizar-se em plena luz, em luz atenuada, ou em escuridão total.

Após uma espera mais ou menos longa, a mesa oscila, tenta mover-se e não raro se soergue do solo. No caso mais favorável, o contato das mãos com o tampo se rompe e, mesmo assim, o móvel continua a agitar-se. Às vezes *raps* se fazem ouvir, quer na mesa quer em pontos diversos da sala.

Sucede também que os objetos situados na ambiência do médium são deslocados ou projetados; instrumentos de música, guitarra, caixa de música, piano, colocados na sala para a circunstância, fazem ouvir sons como se dedos ou mãos invisíveis os acionassem.

Entretanto, raramente o médium é "levitado".

Ao mesmo tempo que se produzem tais fenômenos, os assistentes em geral sentem contatos, apalpadelas, mesmo que se achem distanciados do médium.

E, finalmente, algumas vezes uma ardósia ou uma folha de papel, primitivamente intatas, são encontradas, após a sessão, recobertas de rabiscos e escritos.

Ora, todos esses prodígios, telecinesias, levitação do médium, contatos, raps e escrita direta podem ser obtidos de modo fraudulento, conforme vamos constatar.

## *Telecinesias*

O falso médium realiza muitas vezes deslocamentos de objetos dum lugar para outro com a ajuda duma de suas mãos fortuita- mente libertada das mãos dos controladores. Eis como isso se opera habitualmente: o fiscalizador da esquerda segura com força o punho esquerdo do médium, enquanto este apenas pousa a sua mão direita sobre a mão da pessoa que se acha à direita. Quando advém a escuridão, o médium aproxima a sua mão esquerda da sua mão direita, retira esta mais que depressa do punho do controlador e a substitui instantaneamente pela sua mão esquerda, de sorte que a ausência de contato com o controlador da direita se reduz a uma fração de segundo. Os controladores acham-se em contato, assim, com a mesma mão, enquanto a mão que ficou livre (do médium) pode produzir o deslocamento dos objetos. Antes do fim da experiência, o médium, com uma manobra contrária, repõe as mãos na posição primitiva. Eusapia realizava habilmente essa substituição das mãos quando havia relaxamento do controle. Carancini, que foi fotografado em flagrante delito de fraude, e Linda Cazzera se serviam correntemente desse processo.

O médium Vallé soltava igualmente uma das mãos e produzia depressa todos os habituais fenômenos das sessões no escuro: tapas rápidos nos ombros dos assistentes, tamboriladas, vibrações das cordas duma guitarra etc. O Dr. Osty pôs fim a tais imposturas.

Anotemos, todavia, que a imobilização correta das mãos do médium ainda constitui o melhor processo a empregar-se para evitar a fraude. O emprego de laços, em particular, é completamente ilusório. Conforme diz muito bem Price, “afirmo, na qualidade de prestidigitador, que é absolutamente impossível ligar com segurança uma pessoa numa cadeira mediante um simples pedaço de corda, mormente se esta estiver pouco esticada. A tal respeito, um bom artista se libertará sozinho de não importa que corda." Acrescentemos que um bom prestidigitador se recolocará quase instantaneamente dentro dos seus laços intatos, no momento desejado. Contudo, conforme afirma Price, "um novelo de seda aveludada frustrará todos os truques. O médium será capaz de libertar-se facilmente rompendo a seda, mas não será capaz de se recolocar dentro dos seus nós e voltas, condição *sine qua non* para todo médium de corda." Por sua vez, e com a mesma finalidade que Price, o Dr. Vasse, de Amiens, preconiza a utilização de categute ou de fitas adesivas, no gênero do esparadrapo.

Não é menos verdade que Carancini, Harold Evans, Stanislawa P. (que não deve ser confundida com Stalislawa Tomczyk), Albertine e os irmãos Davenport, para citar apenas estes médiuns, libertavam-se facilmente dos seus laços feitos de maneira habitual e reentravam neles com a maior facilidade. Principalmente o médium Albertine, introduzido até o pescoço num saco fechado com cordões e fixado nos braços duma poltrona em meio a laços presos a anéis chumbados, ainda assim conseguia produzir telecinesias, levitações de pantalhas luminosas, escritas diretas. E depois da sessão eram encontrados intatos todos esses liames. Esse médium, bem como Stanislawa P., foram desmascarados pelo Dr. Osty no IMI.

A fim de darmos uma ideia das possibilidades dos ilusionistas em matéria de libertação de laços e evasão, abramos um parêntese e assinalemos algumas proezas do grande prestidigitador norte-americano Harry Houdini. Este célebre discípulo de Robert-Houdin desprendia-se sem esforço de algemas não falsificadas. Acorrentado, encadeado, com algemas nos pulsos, era jogado num rio profundo. Alguns minutos depois ele aparecia na margem escarpada, completamente livre de tamanhos empecilhos. Um dia prenderam-no vestido apenas com um *slip* (faixa) numa célula de prisão de Washington. Dois minutos mais tarde, ele fugiu. Abriu em seguida as portas das outras células e se divertiu mudando os prisioneiros dum lugar para outro. Finalmente se introduziu no calabouço onde a sua roupa havia sido guardada, e reapareceu todo vestido no gabinete dos guardas, quinze minutos exatamente após haver sido encarcerado.

Os "segredos", pois sem dúvida há diversos, das evasões de Houdini ainda não são bastante conhecidos. Serão divulgados apenas em 1974, ano do centenário do seu nascimento. Com efeito, esse prestidigitador antes de sua morte depositou no cofre dum escritório de advocacia em Nova York um envelope muito grosso com a seguinte inscrição do lado de fora: *A ser aberto somente no dia 6 de abril de 1974.* O envelope contém um manuscrito de sessenta páginas explicando os golpes sensacionais em que Harry Houdini era costumeiro e que há sessenta anos ainda intrigam os especialistas. Todavia se sabe desde já que Houdini tinha sempre consigo uma gazua de arrombador, dissimulada às vezes na boca ou nas narinas, outras vezes grudada na planta dum pé, mas sempre escondida de tal maneira que os investigadores mais hábeis e mais perspicazes jamais conseguiam descobrir. Além disso, ele era um regurgitador e podia engolir limas, hastes de aço, chaves falsas de formas e tamanhos os mais diversos, recuperando sem esforço tais instrumentos no momento oportuno. E, segundo um processo correntemente usado pelos prestidigitadores, Houdini intumescia os músculos quando lhe punham ferros nos pulsos e nos tornozelos. Bastava-lhe em seguida relaxá-los para ele se livrar facilmente de semelhantes estorvos. Para as suas fugas, Houdini servia-se também, ao que consta, dos pés para os preparativos. Podia por exemplo, valendo-se dos artelhos, desfazer um nó fortemente atado, assim como era capaz, ao contrário, de dar nós fortíssimos, em série, com o emprego apenas dos pés. Isso para ele era uma brincadeira.

No fim da sua carreira, empreendeu uma cruzada contra os médiuns e os faquires. Parece que desmascarou a famosa Margery, de Boston. Pelo menos é o que afirma em sua obra *Houdini exposes the tricks used by the Boston médium "Margery" to win 2-500 d. prize offered by the Scienlific American* (Houdini expõe os estratagemas empregados pelo médium "Margery", de Boston, candidatando-se ao prêmio de 2.500 dólares oferecido pelo "Scientific American".)

Convém notar, no entanto, que Houdini não negava *a priori* os fenômenos paranormais. "Não sou inimigo das ciências psíquicas", escreveu ele. "Apenas procuro a verdade. Nunca afirmei que essas coisas não existissem, mas ainda estou à procura dum verdadeiro médium..." Queria referir-se ao "médium de efeitos físicos", pois admitia implicitamente a metagnomia. Conforme já dissemos, a prática da prestidigitação desenvolvera nele algumas faculdades paranormais de ordem psicológica.

Houdini vivia mesmo obsediado pelo pensamento de que devia haver uma possibilidade de comunicação com os defuntos, e tentou por diversas vezes entrar em relações com o espírito de sua mãe que ele amara ternamente. Recebeu inúmeras comunicações, porém nenhuma delas foi reconhecida como autêntica. Mais tarde combinou com sua esposa uma série de mensagens que se propôs enviar-lhe depois de morto. Morreu em outubro de 1926, e durante dez anos sua viúva assistiu a uma porção de sessões espíritas, mas sem jamais receber mensagens segundo o acordo anteriormente feito. Contudo, ela recebeu uma "comunicação" que atribuiu à mãe de seu marido.

Após esta digressão, fechemos o parêntese e retornemos ao nosso assunto.

O deslocamento e a levitação de mesas podem ser realizados de diferentes maneiras. Eis uma, frequentemente usada: Na obscuridade relativa da sala, o médium enfia o seu pé debaixo dum dos pés da mesa e apoia no tampo uma das suas mãos, em lugar diametralmente oposto, de maneira a equilibrar mais ou menos o efeito do movimento do pé e manter a mesa em posição aparentemente horizontal. Feito isso, levanta o pé por baixo do da mesa que logicamente se mexe. E assim ele, o médium, consegue a falsa telecinesia do móvel.

Pode executar também a seguinte manobra: após haver provocado oscilações da mesa e conseguir soerguê-la do lado em que se acha sentado, afasta as pernas de maneira a exercer forte pressão lateral sobre os pés (da mesa) entre os quais se acha instalado. Uma vez exercida essa pressão, ele se apoia sobre o tampo perto da parte soerguida, provocando assim um movimento de rotação da mesa segundo um eixo que passa pelos pontos de pressão dos seus joelhos. O tampo torna-se paralelo ao solo e a mesa parece achar-se em levitação.

O falso médium pode também servir-se de punhos especiais formados de anéis metálicos recobertos de tecido engomado e contendo um gancho móvel, desses articulados. Esse gancho encaixa-se no rebordo do tampo e permite assim que a mesa seja soerguida. Pode usar também uma espécie de haste fixada ao longo do antebraço e manobrá-la por baixo da mesa. Uma simples réguazinha, mantida por dois ou três braceletes e que pode ser movimentada por baixo da mesa no momento oportuno, basta para levantá-la à vontade. Na claridade atenuada, este estratagema é invisível, mesmo de perto.

Uma mesinha redonda de pé central único é facilmente levitada com a ajuda dum percevejo de cabeça chata e dum anel munido duma fenda. O falso médium espeta primeiro no meio do gueridom o percevejo cuja cabeça tem a mesma cor do tampo, o que o torna praticamente invisível; depois, no momento de produzir a suposta levitação, intromete a cabeça do percevejo na fenda do anel. E basta que soerga a mão para fazer o gueridom dançar e levitar-se. Um processo também eficaz e mais simples consiste em o médium munir-se dum anel com um gancho especial que encaixado no rebordo da mesinha permite suspender o pequeno móvel.

Já a técnica seguinte — que apresentamos na Televisão Francesa durante uma emissão consagrada à metapsíquica e ao faquirismo — não apresenta nenhuma dificuldade de execução e além disso possui a vantagem de ser praticamente invisível. Arranja-se antes um fio de *nylon* duns cinquenta centímetros de comprimento e munido duma fivela em cada extremidade. Antes de se entrar na sala da experiência prende-se uma das fivelas num botão do colete, de maneira que o fio fica pendendo. Se a roupa for da mesma cor do fio, melhor, pois não será visto. Aliás, há o recurso de abotoar o paletó a fim de o fio ficar completamente escondido; mas tal precaução no mais das vezes é supérflua. Já na sala da sessão, antes das mãos serem revistadas pelos controladores, fazem-se passes em cima da mesinha que, neste caso, deve ser mesmo um gueridom, isto é, uma mesinha de pé central único. Durante os movimentos dos passes, enfia-se o dedo indicador duma das mãos na fivela apensa ao fio e o dedo indicador da outra mão na segunda fivela. Isso feito, continuam-se os passes e se leva o fio para baixo do tampo (manobra então bastante fácil) até ele roçar na coluna central que constitui o único pé da mesa. Em seguida, ora afastando ora aproximando as mãos, eis que os ruídos se vão produzindo. Depois se levantam as mãos e a mesinha as acompanha no espaço, sem que haja qualquer contato aparente ou perceptível. A experiência torna-se mais surpreendente porque o fio não se acha visível; principalmente quando a sessão decorre em sala de iluminação tênue. Aliás, caso algum assistente vier a perceber o fio, o médium tem ainda o subterfúgio, caso se trate duma assistência crédula, de afirmar que decerto se trata dum fio "ectoplásmico"! Após a experiência é fácil o médium dar sumiço ao fio.

Um processo análogo permite mover ou derrubar à distância objetos leves ou instáveis como copos, garrafas, caixas de papelão etc. Basta empregar, nas mesmas condições que precedentemente, um anel feito com alguns fios de cabelo e que são enfiados nos polegares. Este dispositivo permite igualmente realizar a levitação de pequenos objetos, tesourinhas, bolas de celuloide, taças, velas etc. Antes que lhe revistem as mãos, o falso médium conserva o anel de cabelos dependurado num botão do colete ou do paletó; depois da sessão, joga-o no assoalho, num canto etc. Notemos que para erguer uma vela é necessário, após a revista passada pelos controladores, enfiar obliquamente na parte superior da mesma um fragmento de alfinete com um centímetro de comprimento mais ou menos; é nesse diminuto gancho que se fará passar o anel de fios de cabelos. Os outros objetos citados antes são levitados diretamente, sem preparo.

É evidente que em todos esses exercícios de pseudotelecinesia, a maior habilidade consiste em fazer um compadre (ou cúmplice que geralmente não é vigiado pelos controladores) realizar o soerguimento dos móveis e demais objetos. O seu auxílio é mesmo indispensável quando se trata de fazer virar uma mesa por demais pesada e de quatro pés. Um fio de *nylon,* fino porém sólido, da mesma cor que o assoalho, é ligado a um dos pés da mesa, depois passado várias vezes em redor dos quatro pés. O compadre, situado bastante longe da mesa, puxa o fio. Na obscuridade reinante na sala ninguém percebe o embuste.

Pode-se igualmente reproduzir, com a ajuda ainda dum fio, a experiência da bengala, descrita por Mac Nab em *O Lotus Encarnado* e a que se refere A. de Rochas em sua obra *A Exteriorização da Motricidade.*

"O médium", escreve Mac Nab, "fica sentado, com uma bengala entre as duas pernas. Esfrega-a com as duas mãos que por fim afasta e mantém imóveis. A bengala permanece de pé, um pouco inclinada para o lado do peito do médium, e treme um pouco à maneira das agulhas que ao longo duma linha de força se reúnem verticalmente no polo dum ímã.

"Continuando o médium perfeitamente imóvel, ainda assim a bengala se inclina à sua vontade para a direita, para a esquerda, para a frente e para trás, a parte superior chegando até a tocar-lhe o peito, e fazendo, em relação ao solo, um ângulo de cerca de sessenta graus; c, segundo a sua vontade, ela pouco a pouco retoma a posição vertical.

"Faço-o recomeçar três vezes, mas com bengalas diferentes: uma leve; outra contendo uma haste interna de aço; a última de junco, não muito pesado. Esta, então, dá os melhores resultados."

Mais adiante, Mac Nab acrescenta:

"Acaso será necessário explicar que eu sei perfeitamente que se pode imitar esse fenômeno com a ajuda dum cabelo ou dum fio qualquer bastante fino, e que no caso o meu primeiro cuidado foi me assegurar que nada disso havia?"

Na realidade, o mais provável é que Mac Nab não procurou o fio no lugar onde ele estava mesmo. Decerto revistou apenas as mãos do médium, quando devia era procurar alhures o estratagema. Eis, com efeito, como se faz tal experiência:

Fixam-se as extremidades dum fio preto muito fino no tecido das calças, perto de cada joelho. O comprimento do fio deve ser de 50 a 55 centímetros para não impedir que o médium ande. Estando ele sentado, afasta as pernas e coloca e bengala de modo que a sua parte superior repousa sobre o fio. Afastando ligeiramente as pernas, depois as reaproximando, faz a bengala oscilar para a frente e para trás. Pode-se também produzir a levitação da bengala. Para isso se coloca a sua extremidade inferior sobre o fio, em seguida um dedo sobre o castão, e depois .se afastam simultaneamente as duas pernas. E tem-se a impressão de que a bengala sobe por atração magnética.

O fio, que deve ser então muito mais comprido do que o precedente, pode também ser fixado nas cavas do colete. Neste caso, os movimentos da bengala são obtidos mediante oscilações do tronco do médium.

É presumível que Stanislawa Tomczy — que, conforme vimos, realizou indiscutíveis telecinesias — às vezes haja empregado um ou outro dos processos que acabamos de descrever. Isso somente quando operava na presença do Dr. Ochorowicz. Algumas fotografias tomadas pelo sábio polonês incitam com efeito a pensar que um fio de cabelo era utilizado para efetuar certas "telecinesias". Também Eusapia algumas vezes se serviu dum fio de cabelo para provocar abaixamentos da superfície duma balança de pesar cartas. Mas convém notar, a seu favor, que os experimentadores que lhe propunham tais experiências quando ela se encontrava em seu estado normal são mais criticáveis do que ela própria, pois pareciam ignorar que, fora do estado de transe, a pessoa dada a fenômenos metapsíquicos nada pode conseguir.

## *A Levitação*

Como os processos que permitem realizar em cena falsas levitações do corpo humano necessitam duma certa instalação e às vezes até mesmo duma aparelhagem muito volumosa, não podem por consequência ser improvisados nem utilizados em condições aparentemente análogas às que são impostas aos médiuns. Por isso não trataremos deles neste livro. Bem outra, porém, é a experiência seguinte que foi considerada há tempos como de natureza paranormal pelo Dr. de Schrenck-Notzing e por algumas outras autoridades científicas: os professores universitários Graetz, Lindemann, von Kalker, os biólogos e médicos Gruber, Hecker, Kaemmer, Freytag, Seuffert, Veil, e os clínicos Jenke, Marinowski, Osborne, Grunwald, Mueller e Hiller.

O indivíduo estudado, um certo Karl Krauss, que se fazia chamar Karl Weber, na opinião do Dr. de Schrenck-Notzing produzia notáveis levitações. "A hipótese duma fraude", escrevia o sábio alemão, "não se acha aqui em causa".

A experiência realizava-se no escuro, conforme ocorre na maioria das sessões de efeitos físicos. As mãos do médium estavam seguras nas dos controladores, ao passo que os seus pés permaneciam bem vigiados quanto à possibilidade de movimentos por causa de ataduras fosforescentes. Ele se fazia cobrir, antes de mais nada, por um pano a fim de, segundo sua expressão, "concentrar as forças". Um minuto depois o pano era arrancado fora e de súbito os assistentes, graças às marcas fosforescentes, viam os dois pés do médium deixarem o solo erguendo-se progressivamente até dois metros e meio de altura. Os controladores, que continuavam a segurar-lhe as mãos, eram obrigados a levantar-se e a seguir a ascensão do médium. Logo depois sobrevinha o fenômeno inverso. A luz era acesa e então se via o médium sentado na sua cadeira, com as mãos seguras. E, aparentemente, em estado de transe.

Não obstante o teor paranormal, essa levitação, bem como aliás as suas variantes, que seria supérfluo descrever aqui, eram na verdade falsas. Enquanto estava coberto com o pano, Kraus tirava um sapato e o fixava ao lado do outro mediante uma atadura de papel. Retirado o pano, o médium erguia vagarosamente apenas um pé, o que estava calçado realmente com um sapato ladeado pelo outro nele ligado, e o balançava no ar. Em seguida se levantava apoiado no outro pé e subia para a sua cadeira onde, primeiro abaixado e encolhido, depois se soerguendo, dava o falso aspecto de estar sendo levitado. Ê particularmente notável nesta ocorrência a realização de todos os movimentos sem o menor ruído nem contração especial ou suspeita, tanto que os controladores que lhe seguravam as mãos não percebiam a trapaça.

Interessante saber-se que Krauss nunca foi surpreendido em flagrante delito de fraude, tendo sido ele próprio quem mais tarde explicou os seus embustes num manuscrito que vendeu por 200 libras esterlinas ao prestidigitador-metapsiquista Harry Price.

O médium Zuccarini — estudado pelos Profs. Murani, Vincentini e Lori e que esteve em grande evidência — provavelmente também procedia como Krauss. É pelo menos o que podemos inferir de certas fotografias. Quando se acreditava que ele flutuava verticalmente no ar, a explosão do magnésio às vezes o surpreendia em pé na mesa da experiência. Mas outras fotografias deixam crer que ele se achava realmente levitado. A seu respeito, por conseguinte, subsistem dúvidas.

## *Contatos Espíritas*

É fácil uma pessoa, mesmo com as mãos presas, produzir contatos e toques na escuridão. E isso mediante uma régua, dessas que se dobram em segmentos articuláveis. As réguas de alumínio, por exemplo. A régua, trazida no bolso do paletó, é agarrada com a boca e desdobrada no momento oportuno. Segundo Houdini, Margery (já falamos de ambos em páginas anteriores) utilizava uma régua de 60 centímetros formada de 4 segmentos. Servia-se dela não somente para simular contatos paranormais como também para acionar à distância uma campainha elétrica.

A régua pode ser vantajosamente substituída por um tubo de papel enrolado. Soprando-se o tubo, ele se distende e atua como uma haste rígida; e afinal de contas pode ser aspirado depois e engolido, por ser de papel.

Pode-se roçar também os rostos dos assistentes por meio dum véu leve, mas neste caso será preciso que o médium libere uma das mãos, a não ser que o véu seja manipulado por um cúmplice. Claro é que também é possível empregar-se uma pluma de ave, pluma essa trazida para a sessão dentro do bolso do paletó. Assim que a sala fica no escuro, o médium a retira com a boca, não importando, portanto, que as suas mãos estejam presas.

## *Raps*

Múltiplos são os meios para imitar os *raps*. Eis os mais correntes e os mais práticos:

Passar-se colofânio na unha do dedo indicador. Durante a sessão coloca-se a mão em cima da mesa, com o indicador dobrado. A unha untada adere então ao tampo da mesa, e assim a menor contração do dedo, mesmo a mais imperceptível, produz um estalido forte, análogo ao duma batida. Pode-se também untar de colofânio a face palmar toda do dedo indicador e colocar a mão de maneira achatada em cima da mesa. Mas, em plena luz, o movimento do dedo torna-se visível, sendo mais seguro, por conseguinte, o primeiro processo.

Certos médiuns produzem ruídos fazendo estalar uma de suas articulações; outros utilizam o grande artelho que fazem estalar apoiando-o no dedo vizinho e fazendo-o em seguida recair de modo abrupto, à guisa de castanhola. Alguns médiuns empregam seus dons de ventriloquia, o que permite fazer ouvir ruídos à distância, nos móveis ou nas paredes. Outros se servem ainda de pequenos aparelhos: "cri-cri", sola articulada, "martelo americano", "tapeador", etc. Todos esses objetos são vendidos em lojas de acessórios para prestidigitação.

O "cri-cri", ou grito, é um aparelho minúsculo constituído essencialmente por um pequeno bloco de chumbo no qual se encaixa uma lâmina de aço ligeiramente convexa. Exercendo-se pressão na lâmina e depois a deixando escapar, obtém-se um golpe seco, que imita o *raps*. Se o pequeno instrumento estiver dentro dum saquinho de pano, o ruído fica embotado, sendo mais difícil ainda precisar-lhe a origem.

A sola articulada tem o aspecto duma sola comum, porém contém no seu interior uma lâmina de aço, articulada, que permite facilmente produzir *raps* mexendo com o pé calçado. Aliás, a sola articulada pode funcionar mesmo quando os pés do médium estão vigiados.

O "tapeador" dissimula-se na manga; acionado por um fio, faz ouvir um ruído quando se mexe com o braço mesmo vagarosamente.

O "martelo americano" é assim chamado por causa de sua utilização frequente por médiuns norte-americanos. Trata-se dum martelo de pequenas dimensões que se fixa no joelho, debaixo da calça. Um fio é atado numa ponta ao cabo do martelo e, na outra ponta, ao tornozelo. Ligeira flexão da perna faz o martelo erguer-se e bater na parte inferior do tampo da mesa ou do gueridom a cuja volta se acham sentados os assistentes.

Enfim, uma simples haste de metal, colocada dentro da perna da calça e acionada por um fio puxado pela mão ou, melhor ainda, pela outra perna, permite dar golpes em cima do assoalho, e isso com a vantagem de as mãos permanecerem neutras, digamos assim.

Claro é que, além desses pequenos aparelhos facilmente dissimuláveis, o falso médium, quando opera em casa, pode servir-se dum gueridom "preparado". Um dispositivo simples consiste em enfiar uma lâmina de aço ondulado entre a madeira e o embutido do tampo. Ligeira pressão da lâmina produz *raps*.

O "gueridom espírita" dos vendedores de aparelhos para prestidigitação é "preparado" de acordo com esse princípio, porém o artifício sofreu um aperfeiçoamento: a mão colocada sobre o tampo e exercendo mesmo uma forte pressão não acarreta nenhum resultado; porém, o menor esforço do punho num ponto determinado da orla ou rebordo do gueridom produz um ruído seco e bem destacado.

# *Ardósias Espíritas. Escrita Direta*

O estratagema das chamadas ardósias espíritas pertence agora quase exclusivamente à prestidigitação. Ainda assim vamos descrevê-lo porque foi bastante empregado por Slade. Além disso, certos autores fazem dele ainda um artigo de fé.

Conhece-se, provavelmente, o efeito produzido: duas ardósias emolduradas em madeira e de preferência falsas, isto é, de cartão pintado, são apresentadas sem nenhuma inscrição, com suas superfícies totalmente virgens. São colocadas uma em cima da outra e bem amarradas com uma fita. Uma vez separadas as ardósias, constata-se, porém, que uma delas ou ambas estão recobertas com desenhos ou escritos. Ora, vários processos podem ser empregados para se conseguir isso.

Escreve-se antes a mensagem sobre uma das ardósias, e ela é recoberta com uma placa independente (de papelão ou de lata) da mesma cor da ardósia e ajustando-se exatamente na moldura. Pode-se igualmente escrever em cima dessa placa e aplicar a face escrita sobre a face correspondente da ardósia. Nessas condições é claro que as duas ardósias parecem intatas, virgens. O resto da experiência prossegue sem embaraços. Coloca-se a ardósia intata sobre a ardósia preparada. Passa-se em ambas juntas uma fita, mas só depois de habilmente revirar o conjunto de maneira que a ardósia inferior fique em cima e a superior em baixo; então a tal placa móvel, solta, aplica-se por si só sobre a ardósia virgem. E, separando-se as duas, encontramo-las recobertas de inscrições.

Com um pouco de habilidade, deve-se deixar que as ardósias sejam inspecionadas antes da experiência. Ou melhor, dar a ilusão de que isso foi feito às pressas. Eis de que maneira de deve agir: oferece-se para a inspeção a ardósia não-preparada; pega-se em seguida a ardósia preparada e, mediante um golpe gestual rápido, substitui-se esta ardósia pela primeira e deixa-se inspecionar de novo a mesma ardósia de antes.

Slade, que agia às vezes deste modo, também se utilizava duma dupla ardósia com cadeado. Valendo-se da escuridão, ele retirava simplesmente a cavilha da charneira, traçava as suas inscrições e depois repunha tudo no lugar.

Empregam-se também ardósias recobertas com um retângulo de seda preta que se escamoteia no momento desejado, ou, melhor, que se enrola na moldura por meio dum sistema mecânico; mas estes são dispositivos que não se podem usar perto da assistência, só aplicáveis na prestidigitação de palco.

Processos mais sutis podem ser empregados.

Duas ardósias de cartão são mantidas juntas por uma fita selada com um timbre de lacre. Fazendo-se pressão nos lados, consegue- se o deslizamento das duas ardósias em sentido inverso e escreve-se em cima das faces internas por meio dum pedaço de giz metido numa haste metálica. Slade empregava este processo munindo o dedo indicador com um dedal onde estava fixado um fragmento de lápis, dos usados em ardósias.

As ardósias podem ser envolvidas em papel branco lustroso onde já se acha, feita a giz, a inscrição a ser mostrada; só que com os caracteres virados ao contrário. Sob pretexto de limpar a ardósia, esta é umedecida levemente, finge-se limpá-la e torna-se a envolvê-la com o papel, e a inscrição aí fica decalcada.

Também se pode traçar previamente uma inscrição invisível, com lápis litográfico. Pó de giz a revela, pó esse escondido no trapo usado para limpar as ardósias.

Um processo análogo consiste em recobrir uma ardósia com uma solução de goma-arábica e aí escrever com lápis de ardósias. A apresentação se faz da maneira seguinte: limpa-se o lado não preparado com uma esponja embebida em álcool; depois, a face preparada, sem virá-la. Por último, esta é virada. Nenhum traço de escrita é visível. Coloca-se a ardósia em cima da mesa e daí a algum tempo a escrita aparece.

Nas sessões espíritas, Slade produzia igualmente a escrita direta, da seguinte maneira: um lápis era colocado em cima duma ardósia. Esta, mantida pelo médium com a mão direita, era posta embaixo da mesa, enquanto a mão esquerda parada, imóvel, não fazia nenhum controlador desconfiar de nada. Ouvia-se então o ruído dum lápis escrevendo. A ardósia, retirada de sob a mesa, trazia uma mensagem escrita.

Para conseguir tal resultado, Slade operava de duas maneiras: um pedaço de lápis era fixado secretamente debaixo do tampo da mesa e a inscrição era obtida mediante movimentos apropriados da ardósia. Em outras circunstâncias, o médium enfiava um dedal no dedo indicador, dedal esse munido dum fragmento de lápis; graças a esse dispositivo, os traços eram produzidos pela própria mão que segurava a ardósia. É claro que nos dois processos o lápis colocado em cima da ardósia não desempenhava nenhum papel.

Neste gênero de exercício, o prestidigitador Rezvani emprega um engenhoso aparelhozinho que imita o ruído dum giz escrevendo numa ardósia. Esse instrumento é discretamente fixado com um percevejo sob o tampo duma mesa vizinha da mesa da experiência que pode, portanto, ser revistada à vontade. O mecanismo funciona no momento desejado, e nada há a desconfiar do médium, já que as suas mãos estão presas pelos controladores.

Assinalemos, para terminar, que a escrita direta também pode ser obtida por meio do pé ou da boca; ou, ainda, pela substituição das ardósias ou das folhas de papel sobre as quais o grafismo deve aparecer, substituição que todo prestidigitador hábil é capaz de fazer de maneira totalmente invisível. Pode-se ainda empregar a tinta simpática, que substância química apropriada, aplicada de modo não ostensivo, revela; e a escrita com parafina, que aparece mediante um composto de chumbo.

Costuma-se ainda empregar acessórios preparados ardilosamente: caixas de fundo duplo de aparência honesta e que podem ser inspecionadas; envelopes com divertículo secreto; faca de cortar papel com a qual se enfia num envelope uma mensagem escrita etc. Processos não faltam.

CAPITULO IX

# FENÔMENOS LUMINOSOS FALSIFICADOS

## *Clarões*

Há relativa frequência de fenômenos luminosos durante as sessões de efeitos físicos, e a sua aparência é a mesma quer sejam eles falsificados ou deveras paranormais. Manifestam-se como pontos luminosos, centelhas, nebulosidades, globos luminescentes flutuando no ar, às vezes a vários metros de altura.

Estas produções movimentam-se mais ou menos depressa, mudam de forma, variam de intensidade, depois desaparecem quase sempre de súbito.

Os fenômenos luminosos pseudoparanormais eram obtidos antigamente por meio de óleo fosforado contido geralmente dentro dum frasco que, desarrolhado, deixava afluir o ar que logo tornava o fósforo luminescente. Uma vez arrolhado de novo o frasco, o clarão se desfazia. Tal dispositivo era conhecido sob o nome de lâmpada de fósforo.

O médium Valentine empregava o óleo fosforado de maneira diferente. Untava com ele as pernas, suspendia as saias no escuro, punha-se a saracotear traçando na treva círculos luminosos. De Rochas desmascarou-o.

Atualmente, são usadas de preferência outras substâncias fosforescentes, como o sulfureto de cálcio, de bário, de estrôncio, contendo traços de impurezas. Basta impregnarmos com elas a extremidade dos dedos para que se produzam na obscuridade clarões fugitivos que desaparecem se fecharmos a mão. O casal Thompson usava botões fosforescentes, isto é, recobertos com aquelas substâncias.

Globos luminosos podem ser obtidos empregando-se balões de borracha pintados de cores diferentes e untados por dentro tanto com uma substância fosforada como com qualquer outro produto químico radiolucente. O médium ou o seu cúmplice tratam de enchê-los no escuro e os fazem voltejar no espaço presos a um fio; depois com essa ajuda os recolhem e os esvaziam, desaparecendo o efeito. Pode-se pintar uma cara ou uma cabeça nesses globos, obtendo-se assim fisionomias luminosas impressionantes; e, se o médium fôr ventríloquo, conseguirá dar às figuras uma aparência de vida.

Cápsulas de goma, contendo hidrogênio fosforado espontâneamente inflamável, também são utilizadas. Esmagando-as entre os dedos obtemos luceiros parecidos com fogos fátuos e coroas fosforescentes.

Por fim, o ferrocério e uma ponta de pena de aço foram magistralmente usados por Erto para produzir faíscas e clarões. Gemidos abafavam o ruído da pena de metal. Os estratagemas de Erto foram descobertos simultaneamente dum lado pelo Dr. Geley e, de outro, por Maurice Garçon e Paul Heuzé.

Considerando a simplicidade dos métodos empregados por Erto, poder-se-ia pensar que os fenômenos luminosos obtidos por esse médium eram elementares e uniformes, quando na verdade eram variadíssimos conforme os testemunhos e as descrições dos observadores, principalmente o Dr. Sanguineti, que acreditava na natureza paranormal dos mesmos. Escreve ele:

"Os raios emitidos por Erto variam de cor, de comprimento e de forma. No que se refere à cor, são em geral dum belo azul lunar ou dum azul elétrico; ou, então, dum vermelho vivo ou dum vermelho alaranjado ou amarelento. Já as nuanças são pouco numerosas. O comprimento varia; desde raios curtos em forma de agulhas, até raios com 4,5 e 6 metros. O médium conseguia imprimir-lhes a direção que lhe fosse solicitada. Algumas vezes eu o fiz dirigi-los de maneira a clarearem as pessoas que entravam na sala durante a sessão. No que concerne à forma, trata-se ora de raios no sentido próprio da palavra, ora de áreas difusas com o formato de leques, triângulos, cones, cujo ápice se acha sempre unido ao corpo do médium; às vezes observávamos também verdadeiros globos de luz. Esta aparecia então como que concentrada e de cor bem viva, ora vermelha ora alaranjada. Tais globos eram de duração tão efêmera quanto os raios."

Mas aqueles globos vermelhos intrigaram o Dr. Geley que declarou na *Revue Métapsychique* (Revista Metapsíquica): "São curiosos esses fenômenos; ora formam esferas, ora discos completos, quando não hemisférios ou metades de discos, assemelhando- se também a crescentes. A dimensão é variável (desde a grossura duma noz até o tamanho duma laranja ou mesmo dum pires). A cor é branca, ou rubra, ou azulada; outras vezes é mista; raios diversamente coloridos riscam o fundo do disco."

Convém notar que Erto produzia à vontade todos esses fenômenos por mais severas que fossem as condições de fiscalização: exame minucioso do seu corpo por médicos que lhe inspecionavam a garganta, as narinas, as orelhas, os cabelos, o reto; a exigência dum maiô revestindo-lhe inteiramente o corpo, chumbando-se as aberturas nos lugares dos punhos e do pescoço, envolvendo-se lhe a cabeça com um véu de filó costurado na gola do maiô; fazendo-o lavar as mãos com escova e sabonete; obrigando-o a calçar luvas de boxe apertadas nos pulsos. Todas estas providências visando a tolher-lhe os movimentos. Além disso ele era submetido a uma radioscopia.

Dadas estas medidas de fiscalização, resta a pergunta: em que lugar (ou lugares) da sua pessoa poderia ele esconder os blocos de ferrocério e uma pena de aço?

Ora, esconderijos não faltam.

É presumível que o médium colocasse o ferrocério e a pena de aço no prepúcio. Constatou-se, de fato, que o seu maiô apresentava uma espécie de braguilha à altura dos órgãos genitais. Também poderia esconder o seu pequeno material no fundo da garganta, no céu da boca, escondendo-o, durante o exame, com um movimento da língua. Há até mesmo a hipótese dum per- tuito feito a canivete na parede interna duma das bochechas. Enfim, como Erto fumava muito, poderia valer-se dos cigarros como receptáculo. O mais admissível, aliás, é que, segundo as circunstâncias, ele se servisse de cada vez dum esconderijo diferente.

Antes de cada sessão, Erto pedia uma coberta ou uma toalha para se proteger, dizia ele, das luzes mediúnicas que lhe "queimavam a cabeça", sendo, porém, a realidade muito outra.

Era valendo-se da toalha ou da coberta que o médium dirigia os raios luminosos e dava aos clarões as formas mais diversas, em leque, em triângulo, em cone etc. Os clarões esféricos ou com aspecto de discos, obtinha-os ele com a toalha envolvendo adequadamente a mão. Além disso é bem provável que as cores avermelhadas ou azuladas fossem produzidas por meio de minúsculas pantalhas coloridas colocadas diante das centelhas.

A descoberta dum cilindro de ferrocério num lavabo onde pouco antes estivera o médium, bem como de fragmentos do mesmo metal e duma pena de aço rente à poltrona mediúnica, puseram fim à carreira metapsíquica de Erto.

## *Visibilidade do Fluxo Magnético Auras. Luminosidade das Ampolas Elétricas*

Encontramos de vez em quando em antigas publicações "magnéticas" o relato de experiências concernentes à visibilidade do "fluido magnético". É fácil reproduzi-las. Uma pessoa coloca-se a alguns metros duma janela que deixe entrar alguma claridade e dispõe as mãos sobre o colete (preto ou escuro). As extremidades dos dedos das duas mãos devem tocar-se. Outra pessoa fica olhando com bastante atenção. Daí a dez segundos, mais ou menos, a pessoa afasta as mãos com movimentos nem muito lentos nem muito rápidos, porém que as mantenham ainda em contato com a roupa. A outra pessoa então vê distintamente rastros esbranquiçados entre os dedos. Trata-se apenas duma ilusão de óptica por causa da persistência da impressão luminosa dos dedos banhados de claridade sobre o fundo preto do tecido. Pode-se, aliás, trapacear com este fenômeno fisiológico de tal maneira que cheguem eles a ser percebidos até mesmo pelos indivíduos mais "refratários". Uma pessoa arranca duma caixa de fósforos o papel lateral (usado para aí atritar as cabeças dos pauzinhos), coloca-o num pires e acende-o. Após soprar afastando as cinzas, ver-se-á que ficou no fundo do pires um produto fosforado, com o qual se trata de sujar o polegar e o indicador, friccionando-os um contra o outro no momento desejado. Resulta leve fulgor que pode ser considerado como "fluido magnético".

A percepção da "aura" decorre em condições análogas àquelas que permitem ver o "fluido vital".

Uma pessoa de cabelos pretos coloca-se de modo que sua cabeça fique diante dum fundo claro ou branco, devendo a claridade ser fraca e direta. Depois de certo tempo percebe-se uma espécie de efervescência do ar em redor da cabeça da pessoa. A explicação é a mesma que para a experiência precedente.

Acreditou-se também perceber o "fluido magnético" sob a forma de eflúvios luminosos mediante lâmpadas elétricas. Eis uma das experiências mais fáceis. Pega-se com a mão esquerda, pelo gargalo, uma lâmpada elétrica qualquer: nova, usada ou mesmo fora e serviço. E trata-se de friccioná-la horizontalmente com a mão direita. Nos casos favoráveis, alguns clarões aparecem logo durante as primeiras fricções. A luminescência persiste durante algum tempo.

Para se conseguir êste efeito, cumpre evitar os lugares úmidos, os dias chuvosos, a umidade das mãos. As pessoas de pele muito seca obtêm melhores resultados do que aquelas cujas mãos transpiram, mesmo de leve. Às vezes, os clarões desaparecem e depois reaparecem mais ou menos espontaneamente. Quando o filamento está quebrado, pequenas centelhas irrompem entre os fragmentos e a parede da ampola, e ouvem-se crepitações. A cor do clarão varia com a natureza do vidro e do gás rarefeito; assim, nas ampolas de azoto ou de árgon, a luminescência é azulada.

Se empregarmos uma ampola com filamentos intatos e paralelos ao eixo maior, eles se encurvam na direção das paredes; se os filamentos estiverem quebrados podem, pelo contrário, encurvar-se para o lado oposto. Não ocorrerá nenhum fenômeno de fulgor nem de atração se o gás rarefeito existente na ampola for insuficiente; ou então o fenômeno cessará se deixarmos entrar ar na lâmpada.

Desde a sua descoberta, tal fenômeno foi considerado pelos magnetizadores como manifestação do "fluido vital" ou "magnético", e certos indivíduos tiraram partido dele com o objetivo de mistificar alguns observadores.

Na verdade, conforme demonstramos (*Revue Métapsychique,* março-abril de 1922, e *Psychical,* janeiro de 1932), trata-se de fenômeno puramente elétrico. Pode-se, por exemplo, realizar a experiência com um retalho de seda, lã ou algodão, e mesmo com um pedaço de borracha ou de papel. Quando essas substâncias estão bem secas, os resultados são mesmo superiores aos que se obtêm com a mão. É evidente que nessas condições experimentais não se pode fazer intervir o "fluido magnético".

Constatamos ainda, com a ajuda de eletroscópios sensíveis, que, sob a ação da mão ou das substâncias acima citadas, a ampola se carrega da mesma maneira com eletricidade positiva ou com eletricidade negativa, o caráter positivo ou negativo sendo simplesmente função da natureza dos corpos que produzem a eletrização.

Cumpre acrescentar que o fenômeno de eletrização pela pele pode assumir em certas pessoas uma intensidade singular. Há vinte anos passados, o Dr. Férié observou uma mulher ainda jovem, hospitalizada na *Salpêtrière,* e cujas mãos atraíam corpos leves — fitas, pedaços de papel ou de cortiça. Uma peça de roupa aproximada da sua pele produzia uma crepitação luminosa e aderia ao seu corpo quando ela a vestia. Quando ela friccionava os móveis com um retalho, este se carregava de eletricidade e dava centelhas capazes de atingir um centímetro de comprimento. Observamos fenômenos idênticos num paralítico.

CAPÍTULO X

# FENÔMENOS ECTOPLÁSMICOS

Sem dúvida, os fenômenos ectoplásmicos constituem a parte mais discutível de toda a metapsíquica. De imitação fácil e de falsificação abundante, dificilmente cabíveis no âmbito dos nossos conhecimentos psicofisiológicos clássicos, parecendo absurdos e mesmo incríveis, evidentemente se torna difícil, por todas estas razões, supor que eles sejam suscetíveis de existir mesmo, como legítimos fatos paranormais. Todavia, se passarmos a fenomenologia ectoplásmica pelo crivo da crítica mais severa e mais exigente, sua realidade não nos parecerá duvidosa.

Cinco médiuns, pelo menos, foram autênticos teleplastas: Home, Eusapia, Guzik, Kluski e Rudi Schneider.

Isto significa que eles jamais enganavam? Fazer tal afirmativa seria desconhecer o próprio caráter da mediunidade; mas, por outro lado, renegar em bloco o conjunto de suas produções paranormais equivaleria a dar prova de injusta parcialidade ou de total ignorância dos fatos.

Em que consiste a ectoplasmia?

Em poucas palavras o Dr. Geley a define, bem como lhe sintetiza, o processo aparente; escreve ele:

Do corpo do médium exterioriza-se uma substância primeiro amorfa ou polimorfa. Tal substância constitui-se em representações diversas que em geral são de órgãos mais ou menos complexos. Podemos assim, portanto, considerar:

1.º — A substância, substrato das materializações.

2.º — Suas representações organizadas.

"A substância exterioriza-se quer sob a forma gasosa ou vaporosa, quer sob a forma líquida ou sólida.

"A forma vaporosa é a mais frequente ou a mais conhecida.

"Rente ao médium desenha-se ou aglomera-se uma espécie de vapor visível, de nevoeiro não raro apenso ao seu organismo por um vínculo constituído pela mesma substância. Enfim, produz-se uma como que condensação em diversos pontos dessa névoa, condensação essa às vezes vagamente fosforescente e que toma por último a aparência de órgãos cujo desenvolvimento se remata quase de súbito.

"Sob a forma líquida ou sólida, a substância que produz as materializações é mais acessível ao exame. Sua organização às vezes é mais lenta. Permanece durante um tempo relativamente longo em estado amorfo o que permite fazer-se uma ideia precisa da gênese mesma do fenômeno."

Quer a substância seja gasosa, líquida ou sólida, ela dá lugar, conforme diz o Dr. Geley, a representações que podem ser mãos, rostos, seres humanos completos ou humanoides, às vezes animais. Essas materializações são muito fotogênicas e não raro luminosas por si mesmas, total ou parcialmente.

Examinemos, entre essas estranhas criações mediúnicas, algumas que consideramos como realmente paranormais e que foram produzidas pelos cinco médiuns acima citados.

## *As Mãos Fantasmáticas de Daniel-Dunglas Home*

Daniel-Dunglas Home produziu principalmente mãos que acariciavam ou que movimentavam objetos. Experimentando com esse médium, William Crookes as viu formarem-se em plena luz. Relata o ilustre físico inglês:

"Uma pequena mão, de forma muito bela, surgiu da mesa de refeições e me ofereceu uma flor. Apareceu e desapareceu três vezes, proporcionando-me o maior ensejo para me convencer que tal aparição era tão real como a minha própria mão. Isso se passou em plena luz, no meu quarto, enquanto eu próprio imobilizava as mãos do médium.

"Numa outra circunstância, uma pequena mão e um pequeno braço, semelhantes aos duma criança, aparecem dirigindo-se para uma senhora que estava sentada perto de mim. Em seguida a aparição se voltou para mim, tocou-me no braço e puxou diversas vezes a aba do meu casaco.

"Noutra vez, um dedo e um polegar foram vistos arrancando pétalas duma flor que estava na lapela do paletó de Home, e as depôs diante de diversas pessoas que se achavam sentadas junto dele.

"Várias vezes eu próprio e outras pessoas vimos uma delicada mão apertar as notas do teclado dum acordeão, enquanto ao mesmo tempo víamos as duas mãos do médium que geralmente estavam seguras pelas pessoas colocadas junto dele."

Essas mãos quase sempre eram vaporosas no punho, bem como o braço. Ora estavam frias e inertes, ora quentes e vivas; em certos casos a sua gênese e o seu aparecimento progressivo foram observados.

"As mãos e os dedos", escreve W. Crookes, "nem sempre me parecem sólidos e vivos. Devo declarar que às vezes tinham, pelo contrário, a aparência duma névoa de vapor condensado em parte sob a forma de mão... Vi mais duma vez um objeto mover-se primeiro; depois, uma nuvem luminosa parecia formar-se em uma mão perfeitamente acabada. E assim, nesse momento, é que as demais pessoas presentes podiam vê-la direito. Essa mão nem sempre é uma simples forma; algumas vezes parece perfeitamente animada e muito graciosa; os dedos movem-se, a carne parece tão humana como a de todas as pessoas presentes. A altura do punho e, depois, do braço, tudo se torna vaporoso e se perde numa nuvem luminosa.

"Tocando-as, essas mãos às vezes parecem frias como gelo, ou mortas. Outras vezes pareciam quentes e vivas e apertavam a minha com o vigor dum velho amigo.

"Segurei na minha uma dessas mãos, disposto a não deixá-la escapar. Nenhuma tentativa, nenhum esforço foram feitos para que eu a soltasse; mas, pouco a pouco, ela pareceu evaporar-se, e foi assim que se desprendeu do aperto da minha mão."

Os experimentadores às vezes pediam àquelas mãos fantasmáticas, visíveis ou invisíveis, que escrevessem mensagens; mas raramente isso ocorreu.

Relatando um desses ensaios, William Crookes escreve:

"Esta manifestação se passou em plena luz, no meu próprio quarto e apenas na presença de Home e de alguns amigos íntimos. Diversas circunstâncias (cuja descrição seria supérflua fazer aqui) me haviam mostrado que o poder de Home aquela noite era muito forte. Por isso exprimi o desejo de ser testemunha da produção duma mensagem escrita por mão mediúnica.

"Imediatamente nos foi dada a seguinte comunicação alfabética: "Tentaremos." Algumas folhas de papel e um lápis achavam-se no meio da mesa. E nisto o lápis se levantou sobre a sua ponta, avançou para o papel com saltos vacilantes e caiu. Tornou a levitar-se, mas caiu de novo. Experimentou uma terceira vez, sem conseguir resultado melhor. Após estas três tentativas inúteis, uma pequena régua que se achava ao lado, em cima da mesa, deslizou até o lápis e se levantou algumas polegadas. Então o lápis se ergueu de novo e, apoiando-se na régua, tentou um esforço em cima do papel. Após o lápis ter ensaiado três vezes, .1 réguazinha o abandonou, regressando ao seu lugar. E o lápis tornou a cair em cima do papel. Uma mensagem alfabética participou. "Tentamos satisfazer o seu pedido, mas isso está acima do nosso poder."

Em compensação, durante uma sessão dada por Daniel-Dunglas Home, nas Tulherias, em homenagem a Napoleão III e à imperatriz Eugênia, uma pequena mão cor de alabastro, bem feita, elegante mesmo, análoga, parece, à de Napoleão I, conseguiu apresentar algumas linhas que foram consideradas como um autógrafo autêntico do ilustre imperador. (Segundo o inquérito da *Sociedade Dialética,* de Londres, e o relato do próprio D. D. Home.)

Todos os assistentes viram aquela mãozinha pegar um lápis que estava em cima da mesa e escrever numa folha de papel. O ruído do ato de escrever foi ouvido claramente. Em seguida, a mão, após haver passado diante de Daniel-Dunglas Home, veio até perto de Napoleão III, que a beijou. Ela se dirigiu a seguir para a imperatriz, que recuou para não a tocar; porém a mão foi ao seu encontro. O imperador disse então à sua esposa: "Não tenha medo; beije-a." A imperatriz obedeceu, e n mão sumiu. Tendo Home manifestado o desejo de revê-la, ela reapareceu inopinadamente, e por sua vez o médium a beijou. "A. sensação que tive ao segurá-la e beijá-la", disse ele, "foi a de que era uma pequenina mão viva, tão natural e verdadeira como é a minha."

Raramente Home dava nascimento a figuras, rostos e formas completas. Ainda assim, William Crookes observou algumas, com o médium, em duas ocasiões diferentes.

"Quase ao findar o dia, durante uma sessão de Home em minha casa, vi agitarem-se as cortinas duma janela que se achava mais ou menos a dois metros e meio de distância de Home. Uma forma sombria, obscura, semitransparente, igual a uma forma humana, foi percebida por todos os assistentes. Estava em pé, perto da vidraça, e agitava a cortina com a mão. Enquanto nós a olhávamos ela sumiu e as cortinas cessaram de balançar."

O caso que se segue é ainda mais impressionante.

"Como na experiência anterior, Home era o médium. Uma forma de fantasma irrompeu dum canto do quarto, foi pegar um acordeão, e em seguida se esgueirou até o quarto e o atravessou tocando aquele instrumento. Durante alguns minutos todas as pessoas presentes a viram e ao mesmo tempo se davam conta de Home em seu lugar habitual. O fantasma aproximou-se duma dama que se achava sentada sozinha, um pouco distante dos demais assistentes. A dama deu um grito, ante o que o fantasma desapareceu."

Evidentemente, pelos meios utilizados em ilusionismo, este fenômeno é *impossível.*

## *As Produções Caricaturais & os Fantasmas de Eusapia Paladino*

Os fenômenos ectoplásmicos paladinianos foram mais variados do que os apresentados por Home; porém quase sempre de menor qualidade, visto que Eusapia geralmente operava na obscuridade, ao passo que as experiências de Home na maior parte das vezes se realizavam em plena luz. Além disso, Eusapia às vezes se servia de fraudes, aliás grosseiras, não me constando que Home jamais houvesse enganado.

Eusapia produzia quase sempre formas humanas incompletas, mãos de contornos indecisos, cabeças raramente visíveis, mas cujo formato se sentia atrás duma cortina com trechos salientes. Ela apresentou também formações indefiníveis, espécies de caricaturas de seres vivos que gesticulavam de maneira bizarra. E, por último, porém excepcionalmente, seres inteiros tendo aparência humana. Cumpre ressaltar desde já que a mediunidade ectoplásmica de Eusapia atingiu com frequência ápices raramente alcançados por outros indivíduos metapsíquicos. Isso sucedia quando o médium se sentia à vontade num meio simpático, abandonando-se inteiramente ao estado de transe. Seria fastidioso relatar aqui, porque muitas vezes elas se assemelham, as inúmeras atas das experiências feitas com Eusapia, que foi estudada, conforme já assinalamos a propósito da telecinesia, por diversos sábios e metapsiquistas. Para não cansar a atenção ao leitor, limitar-nos-emos a relatar algumas experiências típicas e que deveras apresentam interesse mesmo.

Eis, primeiro, as realizadas no *Instituto Geral de Psicologia* em excelentes condições de fiscalização a cargo dos experimentadores já citados: Courtier, d'Arsonval, o casal Curie etc.

1905, *sexta sessão.* — Vê-se aparecer uma mão acima da cabeça de Eusapia quando a cortina tende a entreabrir-se e afastar-se.

*M. Courtier:* — Os dedos avançaram, depois se ergueram, e então pude ver a palma da mão.

M. *d'Arsonval:* — Também vi. Primeiro a mão estava fechada e depois se abriu.

1905, *undécima sessão.* — M. Youriévitch vê uma mão abaixar quatro dedos sobre a cabeça de Eusapia. M. de Grammont também a viu. Mme. de Grammont diz que viu algo assim como uma mão muito branca pousar sobre a cabeça de Eusapia. Nisto M. Youriévitch sente uma mão segurar-lhe a cabeça. M. de Grammont declara que viu a mão sair da cortina e pousar sobre a cabeça de M. Youriévitch. (Fiscais: à esquerda, Mme. Pierre Curie; à direita, M. Youriévitch.)

1905, *sexta sessão.* — Eusapia diz que pretende materializar duas mãos ao mesmo tempo; uma que bata, ou que pegue, e outra que se torne visível.

Mme. Curie, Mme. Courtier e Debierne vêem uma forma de mão não muito nítida, porém luminosa. M. Youriévitch é tocado duas vezes.

*M. Perrin:* — Bem, não posso afirmar que seja uma mão.

*M. Debierne:* — Uma mão verdadeira, não; antes, um esboço de mão.

(Fiscais: à esquerda, M. Youriévitch; à direita, M. Debierne.)

Noutras vezes, percebem-se como que membros pretos, mais parecendo silhuetas de sombras chinesas.

1905, *décima sessão* — Os experimentadores vêem algo que parece um braço escuro perto do cotovelo de M. Komyakoff. Mme. Curie e Youriévitch também o viram nitidamente. E tornam a vê-lo de novo avançando várias vezes e tocando com força no ombro de M. Komyakoff.

1906, *oitava sessão* — Eusapia, amarrada numa espreguiçadeira, achava-se sozinho na cabina. A cadeia era formada do lado de fora da cabina, em redor da mesa. Os assistentes viram aparecer durante um instante, na fenda entre as duas cortinas, algo como uma cabeça obscura e um busto de homem, recobertos com panos brancos.

Esta ata, do *Instituto Geral de Psicologia,* exprime muito bem o que habitualmente se observava quanto a Eusapia, no que concerne aos fenômenos ectoplásmicos: aparições rápidas, fugazes, principalmente de mãos e de braços. Mas, conforme já dissemos em páginas anteriores, a mediunidade teleplásmica de Eusapia não se limitou a essas produções efêmeras e parciais. Assim, no decurso duma sessão memorável, realizada em Gênova no dia 1.º de maio de 1902, foram observados fenômenos sobremodo complexos. Constituíram, certamente, os fatos mais extraordinários obtidos com Eusapia e, talvez mesmo, os fenômenos mais assombrosos de toda a metapsíquica física.

Existem três relatos dessa importante sessão. Um, feito pelo Dr. Venzano; outro, pelo escritor espírita Bozzano; e um terceiro, pelo Prof. Morselli, que durante muito tempo foi o chefe incontestável do positivismo italiano. Consultamos essas três fontes.

Os experimentadores eram o Prof. Morselli, o Dr. J. Venzano, Ernesto Bozzano, Luigi Montaldo e senhora, o casal Avellino e seus dois filhos.

O local da sessão foi a sala de jantar da família Avellino, e o gabinete mediúnico o desvão da única janela da sala. Eusapia despiu-se completamente, e a sua roupa foi eximinada com o maior cuidado. Em seguida, o médium foi solidamente amarrado numa pequena cama de ferro, e a experiência se realizou à luz dum bico de gás Auer, tendo começado às 22 horas e 30 minutos.

Julgou-se conveniente diminuir momentaneamente a luz excessiva proveniente da chama de gás. Ainda assim, a visibilidade permaneceu satisfatória, conforme atestou o Prof. Morselli.

"Fiz o que se pode chamar uma experiência elementar de fotometria: constatei que com aquela dose de iluminação eu conseguia ler as letras mais pequenas dum jornal (corpo 6), ver a hora que o meu relógio marcava, discernir nitidamente os claro-escuros das gravuras e fotografias dependuradas nas paredes na sala de jantar."

Após um quarto de hora de espera, os fenômenos principiaram a manifestar-se.

"A mesa, que se achava a um metro de nós e a vinte centímetros do gabinete', declara o Dr. Venzano, "começou a movimentar-se sozinha. Primeiro ergueu dois dos quatro pés, que tornaram a cair, fazendo barulho várias vezes.

"Depois, de repente", afirma o Prof. Morselli, "às 20 horas e 50 minutos, as cortinas pretas se afastaram uma da outra, no centro, e então, a uma altura de 1 metro e 60 centímetros mais ou menos do colchão, portanto a 2 metros do assoalho, apresentou-se, virada para mim, uma primeira "aparição". Era duma cor esbranquiçada. Tive a impressão que ela não só recebia os raios luminosos do gás aceso como possuía ela própria, talvez, uma certa luminosidade comparável a um luar muito lívido. Contudo, ela me pareceu algo indistinta, pois os contornos eram difusos e as linhas mal definidas. Dir-se-ia que se apresentava através dum nevoeiro... A parte inferior do corpo perdia-se numa espécie de nuvem. Um turbante de véus enrolava-lhe os cabelos até a testa e as têmporas, os cabelos mal sendo visíveis perto das orelhas. Outro véu mais grosso envolvia-lhe o pescoço, subindo até o queixo, um tanto à maneira das mulheres turcas. Do rosto permaneciam descobertos os seguintes trechos: a arcada superciliar, o nariz, as faces... O corpo também estava enrolado num planejamento cuja trama parecia muito rala... A cabeça dava a impressão de ser maior do que o natural, porém suas proporções dependiam provavelmente da espessura dos véus... A aparição permaneceu imóvel cerca de 15 ou 20 segundos; mais, tendo eu dito que não conseguia discerni-la bem por causa do envoltório e dos cabelos que a escondiam um pouco, ela levantou as mãos à altura das orelhas e, com um gesto gracioso, descobriu um pouco o rosto; em seguida inclinou ligeiramente a cabeça, como numa saudação amável; por fim, dissolvendo-se depressa, desapareceu."

Uma segunda aparição, radicalmente diferente, sobreveio quase logo.

"Discutia-se ainda a respeito da figura humana aparecida", continua o Prof. Morselli, "e a mesa, retomando as suas danças solitárias, participava com a sua linguagem muda da nossa conversa quando, às 23 horas, uma segunda aparição se mostrou, sempre no desvão do gabinete... Desta vez era a figura dum homem, as partes visíveis sendo as mesmas da materialização anterior ... Percebi-lhe muito bem a morfologia. Tratava-se dum verdadeiro gigante, de estatura vigorosa, cabeça enorme, rosto largo com fortes zígomas, nariz grosso e curto, meio achatado. A barba parecia densa, curta, crespa. Os ombros eram quadrados, robustos; o pescoço musculoso; o peito saliente e largo. Tivemos a impressão de que ele nos saudava com movimentos expressivos da cabeça, após o que sumiu rapidamente. Primeiro, porém, os traços do rosto se tornaram incertos; depois os contornos se dissolveram até serem substituídos pelo fundo negro da janela... Levantei-me depressa e me precipitei para lá a fim de verificar o comportamento do médium. E vi que este continuava estendido na cama, em estado semiletárgico; ofegava e transpirava, porém permanecia solidamente amarrado."

Após curta interrupção, a sessão prosseguiu; uma terceira e uma quarta aparição surgiram; eram femininas e análogas à primeira, só que o rosto da terceira aparição tinha uma cor mais natural do que o da primeira (conforme observou o Prof. Morselli, que o pôde examinar de perto), e o peito e a cabeça da quarta aparição estavam rodeados por uma quantidade incrível de faixas de tecido fazendo-a assemelhar-se a uma múmia. Os dois fantasmas, sucessivamente, inclinando-se para fora das cortinas, projetavam uma sombra sobre a parede iluminada, e essa sombra seguia os movimentos de cada uma.

Como os laços que prendiam os pés e as mãos de Eusapia estavam muito apertados, incomodando-a, foram então retirados; mas ainda assim o médium continuou sempre ligado às barras da cama pelas cordas que lhe passavam pelo tronco.

Nestas circunstâncias foi que apareceu a última forma feminina, acompanhada por uma criança. Esta dupla aparição constitui, por certo, o episódio mais maravilhoso da mediunidade de Eusapia.

"Mal havíamos voltado aos nossos lugares", escreve o Dr. Venzano, "quando as cortinas se abriram a certa distância do assoalho, e vimos aparecer, através dum espaço largo e oval, uma mulher que segurava em seus braços uma criancinha, com ar quase de estar a niná-la. Essa mulher, que dava a impressão de ter uns quarenta anos de idade, trazia na cabeça uma touca branca, com rendas da mesma cor, e que, cobrindo-lhe os cabelos, deixava perceber traços dum rosto grande e largo, de fronte elevada. A parte restante do corpo que as cortinas não tapavam achava-se envolta em planejamentos também brancos. Quanto à criança, poderia, a avaliar-se pelo desenvolvimento da cabeça e do corpo, ter três anos de idade. A pequenina cabeça estava descoberta, mostrando cabelos muito curtos. Achava-se num nível um tanto superior ao da cabeça da mulher. E o corpo parecia envolto em cueiros compostos também de tecido leve e alvíssimo. O olhar da mulher estava voltado para cima, de maneira que resultava uma atitude de amor em direção à criança que, por sua vez, mantinha a cabeça voltada para ela.

"A aparição durou mais dum minuto. Ficamos todos de pé e nos aproximamos, o que nos permitiu seguir-lhe todos os movimentos. Antes que a cortina tornasse a abaixar-se, a cabeça da mulher se inclinou um pouco para a frente, enquanto a do bebê, inclinando-se repetidamente para a direita e para a esquerda, pousou no rosto da mulher diversos beijos cujo timbre infantil chegou aos nossos ouvidos da maneira mais nítida.

"Durante todo esse tempo, as lamúrias e gemidos de Eusapia continuavam aumentando sempre; isto fez com que decidíssemos penetrar no gabinete. Eusapia mantinha-se na posição em que a havíamos deixado antes, e demonstrava cansaço e sofrimento."

"No que se relaciona com a realidade dessas manifestações", acrescenta o Dr. Venzano, "seria inútil dispensar-lhe palavras supérfluas. *Trata-se de fenômenos que se produziram em plena luz, em lugar escolhido e cercado por nós das mais rigorosas precauções quanto não só ao local das experiências como ao médium e às suas roupas.*"

Enfim, e é aqui que a aparição da mulher e da criança se reveste dum aspecto espiritóide, a família Avellino, principalmente a senhora Avellino, cuidaram reconhecer naquelas figuras fantasmáticas, devido a certos pormenores de indumentária, mormente a touca toda guarnecida de rendas, a mãe e um dos filhos da Sra. Avellino, criança essa falecida com a idade de três anos apenas.

O caráter espírita de certas manifestações ectoplásmicas paladinianas foi *aparentemente* tão nítido que levou positivistas obstinados, como os professores Porro e Lombroso, cépticos sarcásticos da classe do publicista Vassallo, diretor do jornal *Il Século XIX* (que, bem antes de sua conversão ao espiritismo escrevera: "Quando três espíritas se sentam em redor dum gueridom, somente o gueridom tem espírito!") e homens frios e metódicos como o Dr. Venzano, a admitirem a sobrevivência. E isso porque todos eles acreditaram rever um dos seus que a morte arrancara de sua afeição.

Mas devemos considerar imediatamente que tais fenômenos estando provavelmente condicionados pelo psiquismo do médium e decerto também pelo dos assistentes, as formas ectoplásmicas podem, por ideoplastia, tomar a semelhança de pessoas falecidas. Esta hipótese não é absurda, visto que outrora as aparições assumiam, em conexão com as crenças do momento, a forma de Apoio, Dióscoro, Demônios etc.; e, mais tarde, a de anjos, diabos e santos. Quase todas essas formas eram sem dúvida subjetivas, porém algumas eram talvez "materiais". Nós próprios vimos, em excelentes condições de fiscalização, com o médium absolutamente inerte perto de nós, uma formação ectoplásmica apresentar-se sob o aspecto duma nuvem acinzentada e transparente tendo vagamente uma forma humana. Ora, na época em que observamos esse fenômeno, era bem assim a ideia que fazíamos do ectoplasma.

Na sessão de 18 de dezembro de 1901, no *Circolo Minerva,* o Sr. Vassallo se sente agarrado por detrás por dois braços que logo passam a abraçá-lo afetuosamente, enquanto duas mãos de longos dedos afilados, duma pessoa jovem, cingem-lhe a cabeça e a acariciam; enquanto isso, lábios o beijam por diversas vezes, e todo mundo ouve ruídos de beijos. Vassallo pergunta o nome da entidade que manifesta a seu respeito sentimentos tão ternos e, por movimentos da mesa, obtém o nome de *Romano.* Era um dos prenomes de seu filho falecido, nome esse ignorado até mesmo por seus parentes mais próximos, pois o chamavam sempre Naldino.

Tendo o Sr. Vassallo solicitado uma prova mais completa, a mesa respondeu afirmativamente pedindo menos luz. Obedeceu-se, apagando-se a da sala e acendendo-se uma vela que foi colocada no assoalho da outra sala. Assim, a luz era fraca, porém suficiente para se distinguir o rosto de Eusapia e os dos observadores.

De repente o Dr. Venzano, que assistia à sessão, viu erguer-se perto de Eusapia uma certa massa vaporosa de forma oblonga, que se condensou gradualmente em cima e, em seguida, tomou o aspecto duma cabeça humana onde apareciam sucessivamente uma cabeleira abundante, olhos, nariz e boca. Nesse instante, dois assistentes gritam ao mesmo tempo: "Uma silhueta! Uma silhueta!" Vassallo, que estava olhando noutra direção, voltou-se ainda a tempo de ver uma cabeça que se aproximou por diversas vezes por cima da mesa na sua direção e depois se dissolveu.

Foi suspensa a sessão, e o Dr. Venzano traçou a lápis, numa folha de papel, um croqui representando a forma percebida, enquanto ao mesmo tempo, ao seu lado, Vassallo, hábil desenhista, reproduziu com muito cuidado a cabeça, vista de perfil, de seu filho falecido. Constatou-se então, com enorme surpresa, a grande semelhança entre os croquis desenhados pelos Srs. Venzano e Vassallo e o retrato de Naldino que o sr. Vassallo trazia sempre consigo. Com efeito, as linhas do contorno da cabeça e o aspecto desta, tornada piriforme por causa da abundância de cabelos sobre um rosto quase magro de adolescente, se correspondiam maravilhosamente.

Numa outra sessão que se realizou igualmente na sede do *Circolo Minerva,* o favorecido com uma aparição foi o próprio Dr. Venzano. As condições de controle foram rigorosas, e a sala estava iluminada pela luz duma vela colocada no assoalho da peça contígua.

De repente o Dr. Venzano, que segurava a mão esquerda do médium cuja cabeça repousava sobre o ombro direito do Prof. Porro, viu formar-se à sua direita, a 20 centímetros do seu rosto, uma espécie de massa vaporosa, globular, esbranquiçada, que se condensou numa forma mais nítida, oval, e que pouco a pouco foi tomando o aspecto mais definido duma cabeça humana na qual ele reconhece distintamente o nariz, os olhos, os bigodes e a barba em ponta dum parente já falecido. Essa forma aproxima- se mais do seu rosto, e ele sente uma fronte viva e quente apoiar- se na sua e assim fica durante alguns segundos. Em seguida percebe o contato de todo o rosto de perfil contra o seu, com uma pressão cariciosa, depois sente a impressão dum beijo, após o que a massa se dissolve parecendo evaporar-se na direção do gabinete mediúnico. Os assistentes, mais afastados da aparição do que estava o Dr. Venzano, apenas perceberam durante o fenômeno uma vaga nebulosa; mas todos ouviram perfeitamente o ruído do beijo.

"Devo declarar, em homenagem à verdade", diz o Dr. Venzano, "que os testemunhos visuais e táteis me permitiram observar com grande precisão os caracteres fisionômicos do rosto aparecido e reconhecer nele uma extraordinária semelhança com o rosto dum parente próximo que tive a infelicidade de perder há vários anos. E devo declarar ainda que no estado mental em que então eu me encontrava, essa particularidade de semelhança com determinada fisionomia não era esperada nem pensada por mim. No início do fenômeno eu pensava no provável aparecimento de qualquer forma materializada bem diferente daquela que afinal se produziu realmente."

## *Os Rostos Ectoplásmicos & Os Animais Fantasmáticos de Guzik*

Após estes resumos a respeito da mediunidade ectoplásmica de Home e de Eusapia, que pertencem a um passado já extinto, examinemos agora com alguns pormenores a mediunidade de Guzik, de Klouski e de Rudi Schneider, que foram médiuns do nosso tempo.

O médium polonês Guzik produzia formas humanas das quais se via principalmente o rosto diretamente luminoso. Tratava-se de rostos vivos, e das respectivas bocas saíam vozes roucas, indefiníveis.

"Vi em Varsóvia", relata o metapsiquista e escritor científico francês René Sudre, "numa sessão realizada com Schrenck-Notzing, Geley, Mackensie e Neumann, luzes gêmeas voltejarem a certa distância e altura, depois pararem diante de mim e transformarem-se em dois olhos. Em volta, em cima e embaixo desses olhos não tardaram a esboçar-se os traços luminosos dum rosto. Em seguida, a cabeça também se tornou perfeitamente visível, e ouvi uma voz rouca dizer em alemão, três vezes: "Gutten Morgen! (Bom dia!)". Na mesma sessão, vi uma luzinha pousar sobre um piano fechado a chave. E, a meu pedido, três ou quatro notas foram tocadas. Diversas vezes, em sessões realizadas em Paris, fui beijado por lábios luminosos, conquanto frios."

Parece que Guzik materializou também formas de animais: um cão que mordia e lambia; uma espécie de esquilozinho, que o Dr. Osty sentiu irromper do flanco mesmo do médium, e que passeou pelos ombros de certos assistentes; e uma espécie de cabeça volumosa, de urso ou de pitecantropo, recoberta de pelo aveludado, mas de corpo maciço e resistente.

*O Manifesto dos Trinta e Quatro* — As sessões que se realizaram em Paris, com Guzik, de novembro de 1922 a maio de 1923, sob os auspícios do *Instituto Metapsíquico Internacional,* foram sessões de demonstração. Professores de Medicina e de Direito, membros da *Academia de Ciências* e da *Academia Francesa,* médicos e escritores de grande renome, engenheiros e peritos da Polícia estiveram presentes. Consoante sua educação profissional, os seus métodos de julgamento deviam diferir muito uns dos outros; ainda assim, todos acabaram declarando que estavam convencidos da realidade metapsíquica dos fenômenos apresentados por Guzik. Expressaram a sua opinião num relatório prudente e sensato, porém afirmativo, que foi chamado o Manifesto dos Trinta e Quatro. Eis os termos essenciais:

"*Controle do médium.* — O médium despiu sua roupa na presença de pelo menos dois de nós, substituindo-a (antes de entrar na sala de sessões) por um pijama sem bolsos. Durante as sessões ele era mantido preso pelas duas mãos, o dedo mínimo de cada uma delas enganchado no dedo mínimo das mãos de cada um dos dois controladores encarregados de fiscalizá-lo. Além disso, uma fita muito curta (de tamanho estritamente suficiente) duplamente chumbada (bola de chumbo esmagada com uma pinça e trazendo as iniciais IMI) unia o punho direito e o punho esquerdo do médium aos punhos esquerdo e direito dos controladores. Essa ligadura era inviolável (sendo necessário cortar a fita para libertar as mãos do médium) e lhe tornava impossível o uso das mãos mesmo que elas não estivessem seguras. Os controladores asseguravam o contato estreito e permanente de seus respectivos corpos, especialmente do pé e da perna, com o corpo, as pernas e os pés do médium.

"Constatamos que durante toda a duração das sessões o médium permanecia absolutamente inerte. Quando se produzia um fenômeno importante, o seu corpo e as suas mãos estremeciam, nunca, porém, ele esboçou qualquer movimento, mesmo de fraca amplitude. Por exceção, acontecia-lhe, de tempos a tempos, levar para trás, o mais longe possível dele, a mão de um ou de outro controlador, no empenho de querer constatar certos fenômenos descritos mais adiante.

"*Controle dos experimentadores* — Todos os experimentadores se davam as mãos e estavam unidos, pulsos contra pulsos, por[1] cadeias fechadas com cadeados, o mais curtas possível.

"*Controle da sala* — As portas das salas onde se realizavam as sessões estavam fechadas a chave pelo lado de dentro e calafetadas com fitas coladas e assinadas por um de nós.

"A tampa metálica da chaminé estava completamente descida até ao chão, e nele calafetada. Alguns experimentadores chegaram a calafetar as janelas. Não havia nas salas nenhum móvel ou armário embutido suscetível de esconder um cúmplice eventual. A hipótese da existência de alçapões, armários secretos, lambris movediços etc., não pode ser aventada pelas seguintes razões:

"a) Um relatório completo do arquiteto M. Legros, residente à avenida Daumesnil 26 bis, que inspecionou pormenorizadamente a sede do IMI, declara de modo categórico que as paredes, os assoalhos e o teto são inteiramente normais.

"b) Por diversas vezes, antes de cada sessão, o assoalho foi recoberto com serragem, de modo que o soerguimento da tampa dalgum alçapão seria notado na certa. Além disso, na serragem ficariam os sinais de pés, o que absolutamente não se deu.

"c) As sessões positivadoras eram realizadas no apartamento individual de quatro dos nossos (os Profs. Richet e Cunéo, e os Drs. Bord e Bour).

"Nestas condições, a despeito da obscuridade, a fiscalização material era absoluta, e o controle sobre Guzik sempre se exerceu com extrema simplicidade e garantia.

"*Fenômenos* — Observamos certo número de fenômenos inexplicáveis no estado atual dos nossos conhecimentos científicos.

"Entre esses fenômenos, alguns houve que não se produziram em todas as sessões positivadoras; por exemplo: as impressões sobre argila e as manifestações luminosas, estas últimas com o seu concomitante acompanhamento de contatos e ruídos articulados.

"Estes fatos não tendo podido ser observados por todos os experimentadores, nós resolvemos, apesar de sua importância, pô-los de reserva, limitando-nos a afirmar a realidade de duas categorias de fenômenos:

"1.º — Movimentações, às vezes bem extensas, de objetos diversos, sem nenhum contato do médium e, aliás, fora do seu alcance. (1 metro e 50 centímetros, por exemplo).

"Para nos pormos ao abrigo de toda e qualquer ilusão de observação e de todo e qualquer erro da memória, resolvêramos marcar minuciosamente tais objetos e muitas vezes prendê-los com papel colante no chão ou na mesa que os suportavam.

"2.º — Contactos e toques muito frequentes e muito diversos, como sensações percebidas no braço, no dorso, na cabeça dos controladores.

"Às vezes, no fim das sessões, o médium, ainda em estado de transe, guiava a mão de um ou de outro dos seus controladores para trás ou para cima, o mais longe dele. Em tais condições, a face dorsal da mão, ou o braço do controlador, sentiu, por diversas vezes, contactos materiais.

"Por enquanto, nada mais podemos precisar. Simplesmente afirmamos a nossa convicção de que os fenômenos obtidos por Jean Guzik não são explicáveis nem por ilusões ou alucinações individuais ou coletivas, nem por qualquer embuste.

"Assinado: Joseph Ageorges, homem de letras; Bayle, licenciado em Ciências, chefe do Serviço de Identificação Judiciária na *Prefeitura da Polícia;* Dr. Benjamin Bord, ex-interno dos hospitais de Paris; Dr. Bour, diretor da Casa de Saúde da Malmaison; Dr. Bourbon; Dr. Stéphen Chauvet, antigo interno, laureado (medalha de ouro) dos hospitais de Paris; Dr. Cunéo, professor da *Faculdade de Medicina,* cirurgião dos hospitais; Capitão Desprès, antigo aluno da *Escola Politécnica;* Camille Flammarion; Dr. Fontoynon, ex-interno dos hospitais de Paris, diretor da *Escola de Medicina de Madagascar;* Pascal Forthuny, homem de letras; Dr. Gustave Geley, ex-interno dos hospitais de Lyon, laureado (1.º prêmio de tese) pela *Faculdade de Medicina;* A. de Gramont, doutor em Ciências, membro do *Instituto de França;* Paul Ginisty, homem de letras; Georges, licenciado em Ciências, engenheiro (ESE); Jacques Haverna, chefe do Serviço Fotográfico e do Código do *Ministério do Interior;* Huc, diretor do Jornal *Dépêche de Toulouse;* Dr. Humbert, chefe da Secção de Higiene da Liga das Sociedades da *Cruz Vermelha;* Comandante Keller, do Estado- Maior do Marechal Fayolle; Dr. Laemmer; Dr. Lassablière, chefe de laboratório na *Faculdade de Medicina;* Prof. Leclainche, membro do *Instituto de*

*França,* inspetor-geral, chefe dos Serviços Sanitários do *Ministério da Agricultura;* Sir Oliver Lodge, membro da *Sociedade Real da Inglaterra;* Mestre, professor da *Faculdade de Direito;* Michaux, inspetor-geral das *Pontes e Calçadas;* Dr. Mou- tier, ex-interno dos hospitais de Paris; Dr. Osty; Mareei Prévost, membro da *Academia Francesa;* Prof. Charles Richet, membro da *Academia de Medicina* e do *Instituto de França;* Dr. Rehm, homem de letras; Dr. Jean-Charles Roux, ex-interno dos hospitais de Paris; René Sudre, homem de letras; Prof. Santoliquido, representante das Ligas da *Cruz Vermelha* junto da *Sociedade das Nações;* Prof. Vallée, diretor do Laboratório Nacional de Pesquisas Sanitárias."

O documento apresenta, na verdade, 35 assinaturas; mas devido a um erro de tipografia passou a ser conhecido sob o título de O Manifesto dos Trinta e Quatro.

Antes de apresentar (com o intuito de ilustrar este relatório) alguns trechos das atas das experiências, assinalemos que se deve considerar como inadmissível toda e qualquer hipótese de fraude que se baseie nas condições seguintes: libertação de uma ou das duas mãos do médium; uso de instrumentos (fios, varetas etc.) ou máscaras fosforescentes; cooperação de cúmplice (ou compadre). A fiscalização rigorosíssima impediria a utilização de tais subterfúgios.

Resta a hipótese duma fraude do médium pelo uso dos pés, pois estes não estavam amarrados; mas há que considerar, dum lado, a existência das traves das cadeiras, e que as pernas dos controladores formavam, aos lados e atrás das pernas de Guzik, uma barreira intransponível; e, do outro lado, que os controladores não perdiam nunca o contato com os membros inferiores dele. Conservavam sempre as pernas de Guzik tão apertadas entre as deles que após certas sessões o médium apresentava equimoses cutâneas ao nível dos condilos internos de cada fêmur. Além disso, o médium sempre manteve uma imobilidade absoluta, sendo certo que não executou nunca nenhum dos movimentos complexos indispensáveis para projetar uma de suas pernas para trás. Por fim, mesmo admitindo (o que é impossível, segundo sublinha muito bem o Dr. Geley) que Guzik tenha podido libertar uma perna, nem assim produziria por esse meio fenômenos senão elementaríssimos, como contato sobre as pernas ou sobre os braços dos seus controladores, ou movimentação de objetos colocados mais perto dele. Por conseguinte, mesmo nesta hipótese, a grande maioria dos fenômenos permanecia inexplicável.

*Sessão de 3 de dezembro de 1922, às 21 horas, no salão do Prof. Richet.* Controlador do lado direito: Prof. Leclainche; controlador do lado esquerdo: Prof. Richet. Assistentes: M. de Gramont, Dr. Geley, Mme. Richet, M. de Jelski.

O corpo do médium estremece, e ele geme. Imediatamente uma luz, do tamanho dum verme luzidio, atravessa depressa o grupo, na direção de M. de Gramont para a de M. Leclainche. Em seguida aparecem outras luzes em volta e em cima do médium.

Os Profs. Richet e Leclainche acusam contatos. Uma bola luminosa, em forma de disco, atravessa o grupo e desaparece perto do médium. Veem-se de súbito duas luzes muito brilhantes dirigirem-se para o Prof. Leclainche, que logo em seguida recebe um golpe no rosto e outro nas costas. O médium também recebe golpes fortes, e acorda. A sessão é suspensa. Reiniciada a sessão, os fenômenos são imediatos. Mme. Le Bert, filha do Prof. Richet, que participa desta segunda parte da sessão e que controla a mão direita do médium, sente atrás da sua cadeira a presença dum ser que bate no espaldar e que a roça. Veem-se clarões por cima de Mme. Le Bert e em redor do médium; são pequenos, mas numerosos, deslocam-se devagar, aproximam-se e afastam-se dos assistentes, sobem às vezes muito alto.

Mme. Le Bert sente-se abraçada diversas vezes por dois braços que lhe apertam os ombros. E o Dr. Geley sente, por duas vezes, o beijo de dois lábios quentes em sua fronte.

Ouve-se uma voz pouco perceptível perto dos ouvidos de Mme. Le Bert, que não compreende o sentido das palavras pronunciadas.

Por diversas vezes se vê, perto de Mme. Le Bert, o esboço dum rosto luminoso. Depois duas luzes gêmeas se elevam muito alto (cerca de 1 metro e 50 centímetros) acima do médium. Ouve- se distintamente "Até a volta", e as luzes afastam-se. Três golpes violentos batem nas costas do médium, que acorda.

*Sessão de 17 de dezembro de 1922, às 21 horas, no IMI* — Controlador do lado direito: Dr. Osty; controlador do lado esquerdo: M. Ageorges. — Assistentes: Dr. Geley, M. de Jelski.

Luzes belíssimas formam-se atrás do médium e, tanto quanto se pode julgar, bastante longe dele (de 1 metro a 1 metro e 50 centímetros). Os controladores são tocados e abraçados. Depois, uma bela nebulosa fosforescente, do tamanho dum rosto, se aproxima de M. Ageorges e do Dr. Osty, bem perto da cabeça de cada um. Os dois distinguem nitidamente um rosto luminoso bem formado.

"Clarões fosforescentes acendem-se na vizinhança da cabeça do médium", relata o Dr. Osty, "e avançam para os assistentes. Sinto-me beijado na testa por uma boca úmida, como se acaso se tratasse duma boca humana, e vejo dois lábios luminosos afastarem-se suavemente de mim, mexerem e proferirem algumas palavras em língua estrangeira.

"E logo aquela massa luminosa aumenta de superfície, parecendo ter de 10 a 15 centímetros de altura. Dirige-se para M. Ageorges. Este anuncia imediatamente que tem diante dos seus olhos três quartas partes dum rosto bonito, luminoso, de homem, e que lhe vê os olhos, o nariz, os bigodes, os lábios. Um ou dois minutos depois, clarões indetermináveis vêm para o meu rosto. Sou beijado na testa, na cabeça e as minhas faces são acariciadas como que por mãos humanas. Outros contatos numerosos e vivos se sucedem precipitadamente no meu rosto, na minha cabeça e nos meus ombros..."

*Sessão de 9 de maio de 1923, às 21 horas e 30 minutos, no IMI* — Controlador do lado direito: M. Paul Ginisty; controlador do lado esquerdo: Prof. Vallée. — Assistentes: Dr. Chauvet, Mme. C., Dr. Geley.

Trecho do relatório de M. Paul Ginisty:

"Tive de repente a sensação de um rosto viscoso aproximar-se do meu como para um beijo, e isso me causou mal-estar. Em seguida, bem perto do meu ouvido, são murmuradas palavras aos arrancos, como se apoiando nos lábios. Conquanto fossem bem pronunciadas, não lhes compreendo o sentido. Durante esse curto espaço de tempo, uma luz flutua à minha esquerda, por cima da minha cabeça. A voz extingue-se de repente, e desaparece a impressão duma presença. Os fenômenos cessam."

No decorrer de numerosas sessões, os experimentadores tinham a impressão de entrar em contato com formas animais. Mas como não eram acompanhadas por fenômenos luminosos, só podiam ser apreciadas pelo tato ou pelo olfato. Quase todas essas formas lembravam cães, esquilos, gatos. Roçando nas pessoas, davam a sensação dum animal vivo, e não a impressão de pele apenas, ou de animal empalhado. Além disso, às vezes acariciavam, lambiam, mordiam ou arranhavam. Eis algumas sessões, durante as quais esses seres se manifestaram notadamente.

*Sessão de 11 de abril de 1923, às 20 horas e 30 minutos, no laboratório do IMI* — Controlador do lado direito: Prof. Leclainche;

controlador do lado esquerdo: Prof. Cunéo. — Assistentes: M. G., Dr. Xavier Leclainche, Dr. Geley, M. de Jelski.

Nota-se como que a presença duma forma animal, provável- mente a dum cão de tamanho médio. Todos os assistentes percebem o cheiro característico, muito forte, de cão molhado. Ouve-se uma respiração ofegante, tal como é às vezes a dos cães. A entidade misteriosa roça M. Xavier Leclainche, passando entre as suas pernas, depois por baixo da cadeira e em seguida por trás das suas costas.

Nesse momento, o médium acorda. Desaparece imediatamente o cheiro percebido desde o início da manifestação.

*Sessão de 12 de abril de 1923, às 20 horas e 30 minutos, no laboratório do IMI* — Controlador do lado direito: Dr. Osty; controlador do lado esquerdo: Mme. Osty. — Assistentes: Dr. Geley, Dr. H., Mme. G., M. Cornillier, M. de Jelski.

Após curta espera, manifesta-se uma forma animal, com seu cheiro característico. Os dois controladores têm a impressão muito nítida da presença dum cãozinho que salta sobre as cadeiras deles, em seguida sobre os seus joelhos, roça-os e acaricia-os, parece brincar com as cadeiras etc.

*Sessão de 17 de abril de 1923, às 16 horas e 30 minutos, no salão do Dr. Geley* — Controlador do lado direito: Conde de C.; controlador do lado esquerdo: M. P. — Assistentes: M. Raymond P., Dr. Geley, Mme. G., M. de Jelski. As portas foram calafetadas por M. de C.

*Primeira Parte* — Após curta espera, M. de C. é alvo de manifestações mediúnicas. Sente-se palpado, roçado, batido no flanco esquerdo e nas costas. Declara ter a impressão exata da presença dum animal perto dele. E as manifestações são intermitentes, cessam, recomeçam. Sempre que elas aparecem sente-se um cheiro desagradável de cachorro molhado, cheiro esse que some logo que cessam as manifestações.

Percebem-se muito nitidamente ruídos de passos atrás dos dois controladores.

*Segunda Parte* — Reproduzem-se os mesmos fenômenos; porém desta vez se acentuam mais para o lado de M. P.; tanto que ele declara ter a impressão da presença dum animal grande ao seu lado. Percebe um contato forçando-lhe o ombro direito e recebe golpes na cabeça e nas costas.

Ouve-se um ruído de passos.

*Sessão de 18 de abril de 1923, às 20 horas e 30 minutos, nó salão nobre do IMI* — Controlador do lado direito: Dr. Bord; controlador do lado esquerdo: Dr. Rehm. — Assistentes: Dr. Osty, Conde Potocki, Mme. D., Mme. G.

Durante as duas partes da sessão produzem-se manifestações idênticas. Os dois controladores, especialmente o Dr. Rehm, sentem contatos e toques diversos, bem como pancadas nas costas e nos ombros. O Dr. Rehm tem a impressão da presença ao seu lado dum animal com cheiro de cachorro.

Sua cadeira é violentamente empurrada para trás, deslocando-se cerca de 75 centímetros. (Ora, o Dr. Rehm é um homem forte é muito pesado, de forma que tal movimentação exige uma força considerável.)

Ruídos de cadeiras e poltronas mexendo-se atrás do círculo dos experimentadores. Uma mesa pesada, com tampo de mármore, que se encontra no salão e da qual dista um metro o médium, movimenta-se cêrca de 60 centímetros. Antes do início destes fenômenos, os dois controladores ouvem um ruído como que de fervilhamento ao lado e atrás do médium. E ambos têm de modo nítido a impressão de que o médium é o centro emissor dessas forças em jogo.

*Sessão de 20 de abril de 1923, às 16 horas e 30 minutos, no salão do Dr. Geley* — Controlador do lado direito: Sir Oliver Lodge; controlador do lado esquerdo: Lady Dodge. — Assistentes: Prof. Richet, Mme. Le Bert, Dr. Lassablière, M. René Sudre, Dr. Geley.

Quase no fim da sessão, o médium dirige a mão de Lady Lodge para trás dos experimentadores, o mais longe possível. E eis que a mão de Lady Lodge esbarra num ser do tamanho dum homem imóvel e como que peludo.

"Achávamo-nos sentados e encadeados", declara Lady Lodge, "e lembro-me que eu havia colocado o meu chapéu e o meu casaco em cima dum canapé situado à minha direita, bastante longe para que, já agora no lugar onde me achava, pudesse alcançá-lo. O médium, esse então, menos ainda.

"Senti-me primeiro acariciada nas costas como por um coto. Esse coto, ou mão, ou pata, atingiu os meus cabelos e se deteve, como que preso no filete de filó que os retinha. E nisto senti alguma coisa pousar e acomodar-se na minha cabeça: era o meu chapéu.

"Houve a seguir um intervalo, durante o qual se acenderam as luzes. Não demorou que a sessão recomeçasse, nas mesmas condições.

"Senti-me fortemente tocada nas costas pelo tal coto ou mão a que já me referi linhas acima. (Nada, contudo, dava a sensação de dedos.) Desta vez os meus cabelos foram relativamente despenteados e senti um contato na nuca.

"De repente o médium levou o meu braço para trás; eu continuava sempre "algemada" ao seu pulso, e com os meus dedos enganchados nos seus. Ele me fez tocar com a mão um corpo em pé atrás de mim que chegava até o meu ombro. Era um corpo muito resistente, coberto de pelos muito unidos, mas quase eriça- dos, como os dum mastim. Que coisa mais surpreendente sentir semelhante bicho atrás de mim! O meu chapéu, que eu havia colocado sobre uma das almofadas do canapé, fora do alcance de todos nós, foi então jogado na direção da minha cabeça indo cair diante de Oliver Lodge.

"O que mais me assombrou nessa sessão foi haver eu tocado aquele bicho que estava como que em pé atrás da minha cadeira, revestido de pelos abundantes, mas eriçados. Creio que minha mão roçou nele numa extensão duns trinta centímetros. Deu-me a impressão de ser muito manso."

*Sessão de 24 de abril de 1923, às 15 horas, no salão nobre do IMI* — Controlador do lado direito: Mme. de C.; controlador do lado esquerdo: Sir Oliver Lodge. — Assistentes: Conde A. de Gramont. M. de C., M. Ollivier, Conde du Bourg de Bozas, Dr. Geley.

Contactos repetidos e intensos se produzem sobre Mme. de C. Ouvem-se ruídos de passos. Mexe-se por diversas vezes a mesa pesada colocada atrás do médium (à distância de 1 metro).

Produz-se a manifestação "canina". A forma dum cão (do tamanho aproximado dum *fox terrier)* passa por entre as pernas de Mme. de C. e do experimentador contíguo, M. de Gramont. Ambos percebem esse contato. O "cão" salta sobre os joelhos de Mme. de C., que lhe sente primeiro o pelo, depois o lombo. Carícias habituais de cão.

Na segunda parte da sessão, o controlador do lado direito é Sir Oliver Lodge, e o controlador do lado esquerdo é Mme. de C.

Não tardam a produzir-se manifestações poderosas. Ruídos de passos com impressionante nitidez, movimentação de móveis. Papéis e lápis, que se achavam em cima da mesa, são jogados longe, a 1 metro e 2 centímetros de distância.

Sir Oliver acusa contatos repetidos. Mme. de C., também. Dois membros, como duas mãos sem dedos, se apoiam simultaneamente sobre as duas espáduas.

Ouvem-se cochichos indistintos; depois, uma voz fala bem perto da orelha de Sir Oliver. Todo mundo percebe, no meio duma frase confusa, estas palavras em francês: "Votre nom" (seu nome). Daí a pouco o mesmo fenômeno se produz rente ao ouvido de Mme. de C. Mas as palavras pronunciadas são ininteligíveis.

O médium tosse e acorda. Leva bem para trás e para cima a mão de Mme. de C. Ela sente um ser do tamanho dum homem em pé. A sua mão toca um crânio cabeludo. Mesma manifestação rente a Sir Oliver Lodge, que declarou depois: "Durante aquela segunda parte da sessão, a entidade era demasiado grande para ser um cão. Aliás, falava e parecia contente que lhe dessem um nome."

Após a sessão, viram-se sinais incoerentes traçados no papel que fora atirado ao chão.

*Sessão de 3 de maio de 1923, às 16 horas e 30 minutos, no salão nobre do IMI* — Controlador do lado direito: M. Privat; controlador do lado esquerdo: Capitão Desprès. — Assistentes: M. Sudre, Dr. Geley, Mme. S.

*Primeira Parte* — M. Privat sente contatos. Uma espécie de cachorro parece brincar com ele, pondo as patas em seus joelhos, enfiando o focinho nos seus bolsos e até lhe arrancando dum deles um jornal. Momentos depois, M. Privat acusa contatos múltiplos e simultâneos. Enquanto os fenômenos descritos acima prosseguem, ele tem a impressão da presença de mais outro animal, aliás menor, que salta para a cadeira e se choca contra o seu dorso.

Também o Capitão Desprès acusa sensações de contatos diversos; parece-lhe ser acariciado por um cão.

*Segunda Parte* — Ouvem-se pancadas à distância, em cima da mesa situada a 1 metro e 30 centímetros longe do médium. Essas pancadas dão respostas coerentes às perguntas formuladas pelos assistentes. M. Privat percebe contatos. Tem a impressão de que um cão lhe salta sobre os joelhos e lhe lambe o rosto. Trata de evitar o melhor possível essas carícias desagradáveis.

Depois, as manifestações cessam. Após uma acalmia dalguns minutos, vê-se de súbito formar-se uma luz atrás de M. Privat, entre ele e o médium. A luz aproxima-se do rosto de M. Privat, que declara ver "um olho bem formado, fosforescente." A luz desaparece; mas daí a pouco outra luz se forma muito perto de M. Privat, que anuncia: "Estou vendo uma cara de gente, um rosto humano." Ouve-se a saudação: "Boa noite".

Uma luz dirige-se para M. Desprès que vê, também, traços dum rosto e se sente roçado, beijado, enquanto ouve algumas palavras em polonês.

Às 18 horas e 15 minutos, o médium acorda.

*Sessão de 5 de maio de 1923, às 8 horas e 30 minutos, no salão nobre do IMI* — Controlador do lado direito: Dr. Rehm; controlador do lado esquerdo: M. Ginisty. — Assistentes: Dr. Chauvet, Dr. Bourbon, M. de Melusson, M. Ageorges, Dr. Geley.

Serragem de madeira é espalhada em camada uniforme sobre o assoalho.

Durante toda a sessão, M. Ginisty percebe contatos repetidos e nítidos nas costas, num braço e no ombro esquerdo. E sente que mexem na sua algibeira. Lápis, colocados em cima da mesa grande, situada atrás do médium, fazem ruído, deslocando-se dum lado para outro do tampo.

Após a sessão, descobrem-se na serragem diversos vestígios num trecho do assoalho. Isso, do lado em que M. Ginisty sentira contatos na região lombar. Impressões, que lembram pegadas das patas dum cachorro de tamanho médio, são observadas no assoalho. Um grande S maiúsculo está desenhado na folha de papel que se achava em cima da mesa entre os lápis.

As *Experiências do Dr. Osty com Guzik* — Após esta série de experiências, realizaram-se algumas sessões diante duma comissão de professores da Sorbona e que redundaram, aliás, num malogro. Por isso Guzik retornou à Polônia, só reaparecendo em França em 1926, a convite do Dr. Osty, que assumira a direção do *Instituto Metapsíquico Internacional* por causa da morte trágica do Dr. Geley.

O Dr. Osty esperava, graças a um dispositivo fotográfico funcionando com ultravioleta, registrar os fenômenos teleplásmicos produzidos por Guzik, e reduzir assim ao máximo para o leitor das futuras atas de sessões o ato de fé na perspicácia das testemunhas.

Infelizmente, uma série de circunstâncias desfavoráveis reduziu a nada esse projeto: o aparelho para tomadas de instantâneos só ficou em condições de funcionamento quando Guzik já estava no fim do seu contrato, ou compromisso, e precisava ir embora.

Desde então, o Dr. Osty ficou na impossibilidade de precisar de maneira definitiva a natureza dos fenômenos produzidos pelo médium polonês. Contudo, parece-nos que o eminente diretor do *Instituto Metapsíquico Internacional* não duvida da realidade supranormal daqueles fenômenos.

É, pelo menos, o que ressalta dos seus relatórios. Escreve ele, relatando a sessão de 5 de abril de 1926:

"Assim que Guzik entrou em transe, senti-me tocado no braço direito e no ombro do mesmo lado por uma espécie de mão. Ouvi ruídos atrás de mim e experimento a forte sensação de duas mãos comprimindo com força e bem simetricamente os meus ombros.

"Belo e amplo clarão acende-se por cima da cabeça de Guzik, e, na aparência, bem alto; desce vagarosamente na minha direção e vem colocar-se diante de mim, à altura dos meus olhos. Percebo os dois terços superiores dum rosto humano iluminado por uma fosforescência.

O mesmo fenômeno produz-se outras duas vezes, apenas diferindo os traços dos rostos. Cada um dos três rostos tinha o alto da cabeça emoldurado como num véu que avançava um pouco sobre a testa. A iluminação, que provinha da frente e de cima, deixava o queixo na penumbra. Um dos semblantes parecia ser o duma mulher um tanto pequena. Já os outros dois tinham aspecto masculino. Um permaneceu mudo e apenas contemplativo. Os dois outros falaram e me beijaram antes de a luminosidade extinguir-se. O último permaneceu diante dos meus olhos mais tempo do que os outros, e pronunciou uma série de quatro ou cinco frases curtas que não compreendi talvez porque os demais assistentes anunciavam ao mesmo tempo outros fenômenos. Enquanto esse último visitante me falou, senti na testa o contato de dois ou três dedos. Foi com a maior atenção que olhei para aquele rosto menos apressado do que os outros em ir-se embora, empenhando-me ao máximo para descobrir os indícios da sua natureza. Ele dava a impressão dum rosto humano aclarado por um conjunto de vermes fosforescentes. Tendo acabado de falar, aquele rosto avançou e beijou-me na testa, dando-me a sensação de contatos e de pressão duma boca humana que oscula.

"Todas aquelas faces humanas, de traços e de olhares diferentes, pareceram-me não ter mais movimento do que o de mera translação e o dos lábios. Seus olhos sempre estiveram fixamente assestados nos meus, de pálpebras imóveis. Verdade é que aqueles estranhos visitantes podiam dizer a mesma coisa a respeito dos meus olhos que os fixavam com atenção.

"Quando o último rosto me deixou, todos os assistentes lhe viram a luminescência subir, parecendo afastar-se bem para longe de Guzik, na sala; depois aquela luminescência se apagou, e isso num movimento completamente silencioso."

# *Kluski, o "Gigante" dos Médiuns Contemporâneos*

Foi com o mais completo desinteresse, apenas por devotamento à ciência, que o médium polonês Franek Kluski — que podemos considerar como o gigante dos médiuns contemporâneos em materializações — consentiu, nos anos de 1920 e 1921, em pôr os seus dons maravilhosos a serviço do *Instituto Metapsíquico Internacional.*

*Os* principais fenômenos observados no Instituto da Avenida Niel foram materializações humanas ou animais, produções luminosas e telecinesias. Durante aquelas sessões, foram obtidos extraordinários moldes ectoplásmicos, conforme veremos mais adiante.

O controle exercido sobre o médium consistia essencialmente em os experimentadores sentados à sua direita lhe tolherem as mãos. Esse tipo elementar de fiscalização era suficiente, ao que parece, visto que durante as sessões Kluski se mantinha numa imobilidade quase completa.

Eis, segundo o Dr. Geley, como se desenrolaram os fenômenos:

Sentia-se, primeiro, forte odor de ozona, que sobrevinha inesperadamente no início dos fenômenos e desaparecia com eles. Viamse então (a luz sendo bastante fraca) vapores levemente fosforescentes, à guisa de nevoeiro, flutuando em redor do médium, principalmente por cima da sua cabeça. Essa névoa em geral se erguia como uma fumaça leve. Ao mesmo tempo apareciam clarões assemelhando-se a focos de condensação. Quase sempre eram numerosos, simultâneos e efêmeros. Às vezes, porém, eram mais extensos, mais duráveis, e neste caso davam a impressão de ser assim como que regiões luminosas de órgãos, invisíveis aliás; especialmente extremidades de dedos ou trechos de rostos.

Por fim, quando a materialização acabava mesmo de se constituir, viam-se mãos e semblantes perfeitamente conformados. Estes eram de tamanho natural e geralmente apareciam atrás do médium ou num dos seus lados. Situavam-se mais alto do que a cabeça de Franek e as dos experimentadores. Pareciam rostos visíveis de seres humanos em pé, mas cujos corpos jamais se viam. Verdade é que, algumas vezes, certos experimentadores viram também igualmente materializados o busto e os membros superiores de tais fantasmas.

Como a visibilidade proporcionada pela luz vermelha era muito fraca, aqueles seres, para melhor se fazerem examinar, não raro agarravam uma das pantalhas luminescentes de sulfureto de zinco (e dispostas pela sala antes da sessão) e a aproximavam do rosto até se estabelecer contato, quase. Outras vezes, os rostos materializados, ao invés de se servirem das pantalhas, aclaravam-se mercê duma substância auto luminosa. E não raro, também, cada um daqueles rostos era luminoso por si mesmo.

Aqueles semblantes estavam vivos, e o seu olhar muito agudo se fixava de modo intenso nos experimentadores.

O relatório analítico da sessão de 20 de novembro de 1920 dá uma ideia exata do que era a poderosa mediunidade de Kluski. Relata o Dr. Geley: "As pantalhas luminescentes são erguidas bem alto e demoradamente, pondo-se em contato com os rostos que elas aclaram muito bem. São rostos admiravelmente formados; reconheço a cara dum jovem já observada antes. Vejo a cabeça, cujos cabelos um véu tapa, os bigodes finos, o nariz arrebitado, os olhos pretos e muito vivos.

"Vejo depois a cabeça duma velha desdentada, de pele cheia de rugas. Ela traz na cabeça um véu que apresenta dois nós na frente, por cima da testa. Por último uma cabeça, da qual distingo apenas o *ociput* debaixo dum véu... Ouve-se a palavra "Thomasch" (pronúncia polonesa de Tomás), e a mesma palavra é repetida, em voz fraca, à direita e atrás do médium, perto do Conde Potocki... E não tarda que se perceba, perto da cabeça do conde, uma forma luminosa, de fulgor autônomo."

O Conde Potocki por sua vez descreve essa última cena:

"Forma-se diante do meu rosto uma bola luminosa. Afasta-se, torna a aproximar-se, desta vez bem rente do meu rosto. E então percebo, com enorme pasmo e ao mesmo tempo com imenso júbilo, os traços perfeitamente reconhecíveis de minha irmã que me sorri como no tempo em que era viva. Parece-me bem mais jovem, conforme havia sido aos vinte e cinco anos de idade (morreu aos cinquenta e quatro). O alto da cabeça está envolto em véus nebulosos. A aparição dura apenas alguns segundos, mas ao ver aquele rosto tenho tempo de exclamar: "É ela!" Depois tudo desaparece."

Na opinião do Dr. Geley (como aliás também na nossa) aquelas aparições eram autenticamente paranormais. Escreve ele: "Para simular as materializações de semblantes, não vejo senão três processos suscetíveis de utilização por parte do médium:

"a) Embuste com a ajuda dum compadre (ou cúmplice);

"b) Ilusão produzida sobre os assistentes pelo próprio rosto do médium mais ou menos preparado ou arranjado;

"c) Uso de máscaras manejadas com a mão.

"A primeira hipótese é eliminada de chofre, devido às condições experimentais que estabelecemos; um compadre do médium não poderia introduzir-se no nosso laboratório.

"A ilusão produzida sobre os assistentes pelo rosto do médium não é admissível. Ele sempre esteve submetido a tal fiscalização que não conseguiria levantar-se nem inclinar-se demasiadamente, quer para o lado esquerdo quer para o lado direito. De resto, repetimos que ele sempre se manteve em absoluta imobilidade.

"A cabeça dele por diversas vezes repousava em cima do meu ombro e eu lhe sentia o contato enquanto observava os semblantes materializados acima da sua própria cabeça ou mais longe.

"Resta o uso de máscaras.

"Mas tal subterfúgio necessita de todo um equipamento que o médium, sempre com as mãos tolhidas nas nossas, não poderia manejar (nem muito menos trazer para a sala de sessões devido ao controle total). Mesmo se supondo que ele trouxesse escondida semelhante bagagem e conseguisse fortuitamente libertar uma das mãos, essa não lhe bastaria para realizar o embuste. Pois sempre lhe teriam sido indispensáveis as duas mãos, uma para segurar a máscara, e a outra para sustentar e aproximar dela a pantalha.

"Enfim, podemos afirmar de modo categórico: aqueles rostos materializados não eram simulacros, e sim, rostos vivos inteligentes. Não era possível nos enganarmos."

## *As Moldagens Ectoplásmicas do Instituto Metapsíquico Internacional*

Foi durante as sessões efetuadas com Kluski no IMI que o Dr. Geley obteve, conforme já dissemos, moldes de membros materializados. Sete, de mãos; e uma, de pé. Bem como um molde da parte inferior dum rosto.

Para obtê-los, ele empregou um processo relativamente simples e que, aliás, não era novo.

Um balde, cheio d'água quente, e na qual sobrenadava uma camada de parafina derretida, era colocado perto do médium. As formações teleplásmicas, as mãos por exemplo, mergulhavam no banho, escutando-se o seu chafurdar, em seguida depunham sobre os joelhos dos assistentes delgadas luvas de parafina. Só restava derramar gesso dentro dos moldes para obter as moldagens.

Estas reproduziam todas as características de membros de adultos: rugas, pregas, sulcos etc. Mas, fato interessante, não são de tamanho normal. *Trata-se de reduções de membros.*

O problema da origem dessas moldagens suscitou ardentes controvérsias onde, infelizmente, não faltaram a prevenção obstinada, a paixão, a vontade de denegrir, o desejo mais ou menos consciente de minimizar trabalhos capazes de fazer sombra a teorias preconcebidas. Certos autores chegaram até mesmo a asseverar, sem fornecimento da menor prova, que os experimentadores haviam conseguido fabricar moldes idênticos aos de Geley. Ora, podemos garantir que essa afirmativa é *falsa.* Talvez se tivesse podido, conforme nós próprios fizemos, preparar moldes *aparentemente análogos* aos do *Instituto Metapsíquico Internacional. Porém, moldes idênticos,* certamente não!

Acreditamos que as considerações que se seguem estabelecem, sem contestação, a autenticidade paranormal dos moldes e das moldagens do *Instituto Metapsíquico Internacional.*

1.° — As moldagens têm caracteres anatômicos de mãos de adultos e o tamanho de mãos de crianças. Seria difícil, nessas condições, fabricá-las por meios normais.

2.° — Uma perícia realizada por moldadores profissionais (Gabrielli pai e filho, Barettini e Guido Marchelli, artistas moldadores) mostrou que aquelas moldagens são de primeira operação, tomadas sobre órgãos vivos, e não formas obtidas sobre uma figura já moldada, o que exclui o emprego de processos de preparação por intermédio de substâncias solúveis, processos estes que descreveremos mais adiante.

"Sente-se positivamente a vida debaixo daqueles moldes estranhos e exóticos," lê-se no relatório daqueles peritos em moldagens. "Foram, com toda a evidência, mãos vivas que serviram para aquelas moldagens. Encontramos não só pormenores anatômicos com toda a sua finura e verdade, como também traços de contrações musculares, explicáveis apenas por movimentos voluntários. Há minúcias da pele que não deixam nenhuma dúvida a tal respeito. Moldagens assim perfeitas, com uma tal finura de detalhes, com indícios de contrações musculares ativas e certas pregas da pele só poderiam ter sido obtidas sobre uma mão viva. Trata-se de moldagens de primeira operação, isto é, originais. E não de remoldagens.

"O processo de extração de molde por corte duma parte dos primitivos moldes de parafina e o ulterior reajustamento das partes, na certa não foi empregado, nestas peças submetidas à nossa perícia. Com efeito, não constatamos nem traços de soldagem nem de raspagem, nem nenhuma das deformações inevitáveis em semelhante prática. Não há cortes nem reajustamentos nas luvas que nos apresentou o Dr. Geley. Na melhor das hipóteses, a operação de reabertura do molde não seria realizável em luvas assim tão delgadas. Infalivelmente elas se quebrariam ante a menor tentativa. A saída duma mão viva para fora dum molde de parafina com espessura de menos dum milímetro teria sido impossível. Mesmo com moldes espessos, grossos, a retirada duma mão viva para fora de certas peças que examinamos, mesmo após a secção da base, teria sido impossível.

"A hipótese do emprego duma mão em substância fusível ou solúvel (açúcar, gelatina) deve ser excluída.

Essa mão seria mergulhada num banho de parafina, depois num balde com água fria, o que permitiria obter um molde de parafina completo, sem reajustamento e tão delgado quanto se desejasse. O processo é muito engenhoso; mas na nossa opinião não foi utilizado nos documentos que nos foram submetidos; e isso pelo motivo já exposto.

"Uma remoldagem não conseguiria oferecer a mesma finura de minúcias que faculta uma moldagem direta. Os traços delicados desapareceriam inevitavelmente nas remoldagens. Um artista especializado não confundirá jamais uma moldagem direta com uma remoldagem. A nosso ver, e esta é a nossa opinião categórica e sem reservas, as peças que analisamos são, repetimos, moldagens de mãos vivas.

"Chegamos a perguntar a nós próprios se, a rigor, mãos de cadáveres poderiam ter sido empregadas. Concluímos pela negativa. Os traços de contrações musculares provam que se tratava de mãos vivas. Aliás, teria sido impossível retirar mãos de cadáveres de dentro de moldes como estes, fosse qual fosse o artifício empregado."

3.º — Após haverem feito numerosas tentativas — que malograram por completo — para produzir artificialmente, pelos meios mais diversos, moldes e em particular luvas de parafina análogas às que lhes foram submetidas, os mestres moldadores acima citados acabaram declarando:

"Concluímos que nos é impossível compreender como os moldes de parafina do Dr. Geley foram obtidos. *Isso, para nós, constitui um puro mistério."*

4.º — Em certos moldes, a posição dos dedos tornava quase impossível a retirada duma mão viva, fossem quais fossem a espessura das paredes de parafina e o artifício empregado. Ora, os moldes do Dr. Geley são excessivamente delgados.

5.º — Por último, eis um argumento decisivo a favor da origem metapsíquica dos moldes. O Dr. Geley empregou primeiro a parafina azulada, e os moldes obtidos eram azulados. Em seguida, ele acrescentou secretamente à parafina azulada um pouco de colesterol, substância incolor. O colesterol foi encontrado nos moldes. Desse fato duplo se pode concluir que os moldes eram mesmo produzidos no decorrer das sessões e não levados para lá. Daí a sua origem paranormal.

Objetáramos, então, que teria sido prudente analisar partículas *internas* dos moldes e partículas *externas*, a fim de ver se a parafina era bem homogênea em toda a sua espessura. Um resultado negativo teria com efeito provado que os moldes, previamente preparados, apenas haviam sido mergulhados, durante as sessões, na parafina com colesterol.

Recentemente, porém, reduzimos a nada a nossa objeção.

Eis, com efeito, como procedia o Dr. Geley para obter as moldagens. Derramava gesso dentro dos moldes. Depois, quando o gesso já se havia solidificado, mergulhava tudo em água bem quente. A parafina derretia-se, não restando mais em cima das moldagens senão delgadíssima película transparente representando a parte interna dos moldes.

Destacamos alguns fragmentos dessa película e os tratamos com ácido sulfúrico, que é um dos reativos para o colesterol. Apareceu uma coloração vermelha, indicando de modo incontestável a presença de colesterol. Portanto, os moldes do Dr. Geley foram deveras fabricados durante as sessões, e não trazidos para elas.

Podemos como remate acrescentar que, nas experiências realizadas em Varsóvia com Kluski nos meses de abril e maio de 1922, o Dr. Geley e os outros experimentadores viram operar as mãos paranormais. Diz ele: "Elas estavam iluminadas por pontos luminosos colocados nas extremidades digitais, passavam vagarosamente diante dos nossos olhos, mergulhavam nos baldes de parafina, vasculhavam-nos durante uma fração de minuto, depois tornavam a sair, sempre luminosas, e finalmente vinham depor o molde ainda quente contra uma das minhas mãos."

## *As Experiências Fundamentais do Br. Osty com Budi Schneider*

As experiências do Dr. Osty com o indivíduo metapsíquico austríaco Rudi Schneider parecerão um tanto monótonas diante da extraordinária fantasmagoria apresentada pelos médiuns que acabamos de examinar. No entanto, possuem um interesse considerável.

As primeiras experiências "para ver", isto é, por curiosidade, tinham como intuito permitirem-lhe conhecer a natureza dos fenômenos a examinar. E, também, criar o clima psíquico favorável entre o médium e os assistentes.

Rudi Schneider, vestindo um pijama guarnecido de fitinhas fosforescentes destinadas a silhuetarem a posição do seu corpo, entrava no laboratório ao mesmo tempo que os experimentadores. Assim que ele se sentava seus controladores do lado direito e do lado esquerdo tratavam de segurá-lo, tornando-o a bem dizer seu prisioneiro. Todos os assistentes faziam "a cadeia" ou a "corrente", ficando de mãos dadas. O médium era colocado *diante do gabinete negro* constituído simplesmente por um dos cantos do laboratório fechado na frente por duas cortinas que corriam apensas a duas hastes formando um triângulo à altura do teto. As ditas cortinas embaixo distavam do assoalho apenas 10 centímetros, os seus bordos eram fosforescentes e da extremidade inferior pendiam guizos.

Diante desse rudimentar gabinete mediúnico se achava uma mesa de 40 centímetros de altura, tendo em cima objetos destinados às experiências telecinéticas: uma sineta, uma flor, um lenço dobrado. Uma lâmpada elétrica, de ampola vermelha, iluminava todo o recinto.

O médium virava as costas para a mesa situada a 1 metro de distância dele. Um dos experimentadores segurava-lhe os pulsos e prendia--lhe as pernas entre as suas.

Foi nestas condições que na terceira sessão de 15 de outubro de 1930 se produziram duas telecinesias.

Às 15 horas e 25 minutos, os experimentadores viram agitar-se os bordos luminosos das cortinas. A da direita incha-se como deslocada por um corpo arredondado, chega até a mesa que é empurrada cerca de 15 centímetros na direção dos assistentes.

A mesa é reposta em seu lugar primitivo. Trinta segundos mais tarde, os dois primeiros controladores e o Dr. Osty (especialmente bem colocado a fim de vigiar o espaço situado entre a mesa e as cortinas) vêem sair por baixo da cortina da direita, vindo portanto em direção contrária ao médium, uma espécie de nevoeiro acinzentado, bastante espesso, tendo pelo menos 30 centímetros de largura. Vêem em seguida essa névoa avançar lentamente para o bordo superior da mesa e atingi-la. Em certo momento a mesa, como que empurrada por aquela substância, desliza cerca de 20 centímetros na direção dos assistentes. Inclinando-se sobre a névoa,

0 Dr. Osty constata que tão logo a mesa torna a ficar imóvel a massa cinzenta desaparece ou se torna invisível.

A sessão era, portanto, bem interessante; mas não tinha ainda como controle senão o testemunho humano. Devendo o médium deixar Paris a fim de descansar, o Dr. Osty aproveitou a ausência e, ajudado por seu filho, o engenheiro Mareei Osty, estabeleceu todo um dispositivo experimental de fiscalização e de registração por meio de raios infravermelhos.

Uma mesa de pé único (central) foi fixada no solo com quatro parafusos, diante e rente às cortinas do gabinete mediúnico.

À esquerda da mesa e a 1 metro de distância foram instalados um emissor de radiações infravermelhas e um receptor provido duma célula fotocondutora, particularmente sensível aos raios de 1 mícron de comprimento de onda. O feixe de infravermelho projetado, que tinha 10 centímetros quadrados de secção, primeiro era dirigido sobre um espelho situado à direita da mesa; depois, devolvido a outro espelho colocado à esquerda da mesma mesa. Os raios voltavam ainda para a direita, indo ter a um terceiro espelho que os dirigia finalmente para o receptor munido de célula fotelétrica.

Dispunha-se assim de quatro feixes de luz invisível por cima da mesa. Um objeto, colado sobre o tampo, achava-se desde então enquadrado pelo infravermelho. É evidente que um deslocamento do objeto, a sua telecinesia, por exemplo, devia necessariamente produzir uma absorção total ou parcial dos raios infravermelhos.

Como, além disso, a célula fotelétrica estava em relação com um relê capaz de provocar a deflagração dum cartucho de magnésio quando a intensidade do feixe de infravermelho diminuísse de 30 por cento, e que quatro aparelhos fotográficos permaneciam assestados sobre o objeto visando-o de ângulos diferentes, podia-se esperar obter a fotografia duma telecinesia bem desde o início.

A sessão de 10 de novembro de 1930, realizada às 22 horas e 35 minutos, esteve sob o controle desse dispositivo experimental. Rudi sabe que se deseja fotografar um deslocamento de objeto, no caso vertente um lenço colocado em cima da mesa; porém ignora por completo o processo posto em atuação para atingir essa finalidade.

Por duas vezes irrompe o fulgor do magnésio, porém as fotografias não revelam nenhum deslocamento ou movimentação do lenço, e muito menos surpreendem qualquer substância perto dele. O médium emite uma substância inactínica, insuficiente para produzir telecinesias, porém capaz de ocultar os raios infravermelhos.

Na noite seguinte, o Dr. Osty decide verificar o que há ali de exato ou de falso. Substitui o deflagrador de magnésio por uma campainha tipo despertador que se poderia escutar durante toda a duração da absorção do feixe infravermelho. Além disso, o disparar ou o funcionamento dos aparelhos fotográficos é feito pelos próprios experimentadores. Verifica-se então que quando o médium anuncia: "A força vai para cima da mesa!" a campainha retine. Quando o médium afasta a força para fora do móvel, o silêncio se restabelece. Por fim, a explosão do magnésio interrompe todo o fenômeno, o que confirma o fato conhecidíssimo dos metapsiquistas; isto é, que a luz branca é contrária às manifestações mediúnicas de natureza física.

O doutor Osty emitiu desde logo um parecer com as seguintes conclusões até agora não invalidadas, não obstante as reações dalguns teóricos mal-intencionados e de certos autores que só possuem a respeito da metapsíquica um conhecimento meramente livresco. Em compensação, elas foram corroboradas pelas experiências feitas na Inglaterra por Lorde Raylaigh:

1.° — Quando Rudi deseja produzir o deslocamento dum objeto situado à distância, ele projeta sobre esse objeto uma substância invisível que absorve de zero a 75 por cento e talvez até mesmo 100 por cento da irradiação infravermelha utilizada.

2.° — Essa substância não é opaca à luz branca, pois a chapa fotográfica não lhe fixa a imagem.

3.° — Ela se acha sob o comando do médium que lhe anuncia os deslocamentos.

Prosseguindo em suas investigações, o Dr. Osty constata, no decorrer de 77 sessões consecutivas, que a substância mediúnica, ou, mais exatamente, a substância-energia, não é dotada de nenhuma condutibilidade elétrica; que a sua espessura não deve ultrapassar 6 centímetros, que ela não influencia nem os higrômetros mais sensíveis, nem os barômetros nem os termômetros, que ela varia de intensidade conforme os dias. E, por último — fato capital que estabelece de maneira absoluta o laço estreito que une um fenômeno fisiológico a um fenômeno metapsíquico — que ela se acha em modificação perpétua, as suas oscilações, no feixe de infravermelho, apresentando uma frequência que é o dobro do ciclo respiratório. Isto é, uma frequência que corresponde ao ritmo de dois tempos do trabalho muscular da respiração — a inspiração e a expiração. Notemos de passagem que no decorrer das experiências a frequência respiratória do médium passava de 12 ou 14 por minuto, isto é, do ritmo normal para uma hiperpnéia extraordinária indo de 214 a 350 respirações por minuto. O res- folegar do médium foi gravado num disco.

O Dr. Osty dispunha-se a estudar a ação de diversas radiações sobre aquela substância-energia mediúnica que muito presumivelmente origina as telecinesias e as ectoplasmias, quando infelizmente a sua doença e a sua morte prematura puseram fim aos seus trabalhos.

Ainda assim, a importância de tais trabalhos é capital, insistimos, e nunca seria demasiado acentuar-lhes o valor e a contribuição.

Com efeito, numa ciência experimental, como deve ser a meta- psíquica, a observação não basta por si só; pois, além da constatação e da descrição correta do fato, ela visa a um outro objetivo, a saber: uma interpretação mais ou menos provisória do fato, uma ideia antecipada; numa palavra, uma hipótese que permita substituir a simples observação por este outro processo assaz poderoso e fecundo que se chama a experimentação.

Ora, excetuando as pesquisas de Crookes com Home, os trabalhos de Morselli e do Instituto Geral de Psicologia com Eusapia, e até certo ponto as experiências de moldagens ectoplásmicas do Dr. Geley com Kluski, não parece, dum modo geral, que antes do Dr. Osty se tenham realmente feito experiências em metapsíquica física.

Tendeu-se mais a fazer observações provocadas, isto é, observações nas quais o operador intervinha sem dúvida mais ou menos ativamente para suscitar os fenômenos, porém com a única finalidade de observá-los em melhores condições de controle e de precisão.

Na realidade, só há legítima experiência quando alguém se propõe, provocando um fenômeno, verificar certa hipótese. Mas não se trata aqui, absolutamente, duma hipótese teórica geral tendo por finalidade a integração e a coordenação de todo um conjunto de constatações, como a hipótese, por exemplo, da curvatura do espaço em astronomia. Trata-se duma hipótese experimental especial e exata visando à causa provável ou efeito provável de tal fenômeno determinado, e tendo por objetivo não explicar numerosos resultados, mas sim dirigir as' pesquisas futuras. Hipótese, por consequência, destinada a ser imediatamente submetida ao controle da experiência a fim de ser verificada ou contraditada por ela.

E, sob esse ponto de vista, existem duas espécies de hipóteses. Umas inertes, no sentido de que, por mais que possam dar alguma satisfação intelectual por sua simplicidade, coerência e plausibilidade, não abrem nenhum caminho para a ação, para a pesquisa ou para a descoberta. Outras, que podemos chamar de atuantes, porque tendem, ao contrário, a traduzir-se em experiências efetivas. Ora, são precisamente as hipóteses deste gênero que o Dr. Osty preestabelecia em suas experiências com Rudi Schneider. Em geral, são as mais fecundas, e convém em metapsíquica substituir por elas as hipóteses teóricas e inertes de que os estudos habituais ainda vivem mais ou menos repletos.

## *O Declínio dos Grandes Fenômenos Físicos Paranormais*

Fora dos casos de assombração, que ainda se produzem em nossa época, assistimos atualmente a um verdadeiro declínio dos grandes fenômenos físicos da mediunidade, e mesmo ao seu desaparecimento.

Acaso ainda existirá no mundo algum médium digno deveras, por suas atuações de efeitos físicos, de ser lembrado? O que podemos responder é, pelo contrário, que não faltam pesquisadores individuais ou coletivos sempre com o vivo desejo de estudar experimentalmente os fenômenos mediúnicos físicos.

O desaparecimento desses fenômenos decorre sem dúvida de duas razões: uma, é que os metapsiquistas e os parapsicólogos modernos são mais exigentes do que os seus predecessores e refugam com desdém todos os fatos suspeitos ou mesmo levemente eivados de fraudes, fatos esses que outrora foram presumivelmente considerados deveras paranormais. A outra razão é que essa atitude algo rígida teve como consequência afastar-se dos laboratórios metapsíquicos e parapsicológicos os médiuns comuns que, mesmo trapaceando quase sempre, ainda assim produzem de vez em quando fenômenos legitimamente paranormais quando situados em condições experimentais favoráveis. É certo que nos "círculos psíquicos", espíritas ou não, das faculdades paranormais individuais, latentes ou embrionárias, ficam catalisadas, reforçadas, pelas violações, pelos desejos e pelas crenças dos assistentes, não sendo raro as vermos manifestarem-se primeiro de modo tímido e pouco a pouco se ampliarem. Ao passo que, pelo contrário, os metapsiquistas ou os parapsicólogos, com seus laboratórios severos, seus aparelhos de controle, seus métodos científicos de investigação, sua atitude neutra ou mesmo hostil às crenças espiritóides — incontestavelmente instigadoras de fenômenos — longe estão de criar a ambiência favorável à eclosão e ao desenvolvimento das faculdades paranormais, tanto as psicodinâmicas como as outras.

Na verdade, cumpre não perder de vista êste ponto fundamental e notório: que se poderá muito bem, conforme acentua C. de Vesme, descobrir algum "clarividente" que se tenha criado num meio puramente "metapsiquista", porque na ideia corrente dos metapsiquistas a clarividência nada tem que ver com os "espíritos" nem com a doutrina espírita. Pode-se afirmar, porém, que todos os médiuns cuja atuação produz efeitos físicos se formaram e se desenvolveram em meios místicos e principalmente espíritas.

Os metapsiquistas não-espíritas ou anti-espíritas, que tiveram ensejo de assistir a fenômenos mediúnicos físicos importantes, foram todos eles psicólogos duma grande finura, escondendo com sagacidade mas sempre em estado de alerta, as suas convicções não-espíritas. Tais foram, por exemplo, Lombroso (antes de sua conversão ao espiritismo), Charles Richet, Ochorowicz, Maxwell, Morselli (conquanto glacial e cético todavia sempre bem rodeado).

Schrenck-Notzing, um tanto brutal quando se iniciou no estudo da metapsíquica física e nem sempre equilibrado nos seus julgamentos, ainda assim compreendeu este ponto essencial: importa não contrariarmos as opiniões dos médiuns quanto às personificações subconscientes às quais eles atribuem a natureza de espíritos-guias, se não quisermos suprimir imprudentemente a gênese mesmo dos seus melhores e mais interessantes fenômenos."

Sem dúvida alguma, os falsos médiuns devem ser denunciados e combatidos. Porém, conforme diz justamente de Vesme, "é tão difícil falar de médiuns legítimos e de falsos médiuns como é difícil falar de pessoas honestas ou desonestas, de pessoas boas ou más." Decerto há, nas duas extremidades opostas da humanidade, alguns indivíduos que podemos considerar provisoriamente como santos, e outros que podemos considerar como monstros. Mas se trata de exceções, nos dois casos. Os homens, no seu conjunto, segundo as horas e as circunstâncias, são capazes de expressar tanto os mais generosos como os mais medíocres e às vezes os mais baixos sentimentos. Ora, há algo de análogo no que concerne às faculdades paranormais dos médiuns.

No entanto, a mediunidade física, longe de ser encorajada, é, pelo contrário, combatida. E não somente por aqueles "cientistas" cujas intenções podem ser louváveis, mas também por certos meios parapsicológicos nos quais a negação dos fenômenos físicos paranormais é uma atitude de "bom tom", uma política que eles reputam hábil, uma espécie de concessão para com os chamados ou supostos racionalistas que eles esperam (no que se enganam) que condescenderão assim em encarar favoravelmente os fenômenos psicológicos paranormais.

Por conseguinte, como nos admirarmos que, em tais condições, sejam raros os médiuns cuja atuação provoca efeitos físicos? Se eles ainda existem atualmente (fato que alguns experimentadores como Mareei Petit não hesitam em afirmar, com provas de apoio, segundo parece), fazem questão de manter-se na sombra.

Contudo, o declínio assaz real dos grandes fenômenos metapsíquicos resulta provavelmente de outros motivos mais gerais do que os precedentes.

Parece, com efeito, conforme já indicamos, que as faculdades *psi* (*psi gamma* e *psi kappa*) sejam uma espécie de "resíduo" da evolução humana; uma que podemos, afinal de contas, qualificar como "arcaica". Devem ter pertencido a um domínio vizinho do âmbito do instinto animal que, sabemos, é às vezes "maravilhoso", tão prodigioso, mesmo, que podemos sentir-nos tentados a qualificá-lo de "metapsíquico". Isso significa que as qualidades *psi* deviam ter sido, de certa maneira, normais no homem pré-histórico cuja linguagem imperfeita não lhe permitia comunicar-se comodamente com o seu semelhante, ou para o qual era útil saber que um homem hostil ou um animal perigoso rondavam pelas imediações, ou que um trecho de água ou lugar bom para a caça se encontravam em tais ou quais pontos. Em suma, as faculdades *psi* deviam entrar em jogo em nosso longínquo ancestral quando a sua linguagem ainda era rudimentar ou quando a sua vista e o seu ouvido eram impotentes para dar informes. Porém, ao mesmo tempo que ele se ia tornando o *Homo faber,* que a sua inteligência e a sua consciência se desenvolviam, que a sua linguagem se aperfeiçoava, que a sua atenção se concentrava na fabricação de armas e de instrumentos diversos, as suas faculdades inconscientes recuavam para um plano posterior e iam regredindo, visto cada vez serem menos solicitadas.

Além disso, e mais particularmente na nossa época, à medida que o homem realiza, se assim nos podemos exprimir, o seu "metapsiquismo latente" por meios normais mecânicos e físicos, suas faculdades vão adormecendo em consequência dum equilíbrio compensador, a necessidade do maravilhoso que todos temos dentro de nós se sentindo então satisfeita.

É presumível, por exemplo, que a invenção do TSF, isto é, do rádio, fazendo sair do mistério a transmissão de pensamento, colocando este fenômeno no plano das realidades cotidianas constantemente verificáveis e às quais já ninguém presta mais atenção, tenha reduzido e venha a reduzir cada vez mais os grandes casos de telepatia espontânea.

Também, com a descoberta e a extensão da televisão, não observaremos mais doravante "phantasms of the living", aliás já bem raros hoje.

Finalmente, a conquista do espaço cósmico, que permitirá ao homem afirmar a sua potência, bem como, em certa medida, a sua transcendência — pois aumentará de maneira considerável a sua invencível evolução para a supremacia do Mundo — acentuará ainda mais, acreditamos, a decadência dos grandes fenômenos metapsíquicos.

De sorte que em breve não restará mais para o homem, a fim de desencadear os seus mecanismos paranormais, senão, dum lado, a mentalidade da luta, da competição, do divertimento, mentalidade essa que se exprime exatamente em psicocinesia; e, doutro lado, certas aplicações práticas como a radiestesia, que é geralmente, mormente no caso da radiestesia no plano, um aspecto particular do conhecimento paranormal.

Numa outra ordem de ideias, se observarmos que nos últimos cem anos não conhecemos senão quatro ou cinco médiuns autênticos de efeitos físicos, e que nos cem anos precedentes, segundo parece, nenhum se revelou, poderemos também ser levados a deduzir que o aparecimento dos grandes médiuns se acha submetido a uma espécie de ritmo, provavelmente suscitado ele próprio por ciclos terrestres e cósmicos. A menos que as combinações cromos- somais ou certas mutações produtoras do tipo "médium de efeitos físicos" constituam uma tal raridade que seja mister esperar uma porção de anos para que elas se realizem. Se uma ou se outra hipótese corresponder à realidade, isso permitirá explicar a ausência atual do médium de efeitos materiais, e ao mesmo tempo nos dará a esperança de vê-los aparecer um dia ou outro.

Mas como tal momento talvez não esteja muito próximo, o melhor para termos uma opinião a respeito dos fenômenos físicos paranormais é lermos atentamente as atas sérias, completas e circunstanciadas das experiências a que os médiuns precitados deram ensejo. Após o que, parece difícil duvidar da autenticidade de suas faculdades metapsíquicas e dos extraordinários fenômenos que eles produziam. Estes lhes imprimem, por sua própria natureza, um cunho, uma espécie de marca paranormal, e não poderiam ser comparados aos fenômenos falsificados que descrevemos consultando relatórios. Se tomarmos por exemplo o caso de Eusapia, e pretender-se que, de 1884 a 1912, todos os fenômenos que ela produzia eram devidos a uma libertação de suas mãos (probabilidade essa que os experimentadores não ignoravam e por conseguinte permaneciam atentos), supor-se que nem o Prof. Chiaia, nem o astrônomo Schiaparelli, nem o Prof. Richet, nem o Prof. Morselli, nem o Prof. d'Arsonval, nem o físicos Branly, nem o filósofo Bergson, nem prestidigitadores da classe de Fielding, Bagallay, Carington e Thurston foram capazes de desmascarar esse embuste elementar, é um evidente absurdo que ofusca a razão e que nem merece que nos detenhamos em semelhante hipótese.

De fato, todos aqueles que haviam *a priori* duvidado dos poderes de Eusapia, como Morselli, Lombroso, Myers, Carington, entre outros, acabaram reconhecendo que estavam errados e proclamaram isso em declarações solenes.

## *Mecanismos Prováveis dos Fenômenos Físicos Paranormais*

Conviria agora, após havermos examinado os principais fenômenos físicos paranormais, determinar-lhes o mecanismo provável ou possível. Mas cumpre confessar que aqui toda teoria parece vã e prematura, bem como, do ponto de vista experimental, ineficiente. Ainda assim, feitas estas reservas, propomos as hipóteses seguintes:

A telecinesia e a levitação do corpo humano poderiam ser produzidas por formações ectoplásmicas saídas do médium e apresentando-se ou sob a forma de hastes ou sob o aspecto de fios, ou sob a aparência de alavancas se apoiando no médium ou no solo. Nessa teoria mecânica não seria suprimida a gravidade, sendo, porém, equilibrada por uma força igual dirigida de baixo para cima e tendo um substrato material.

Esta hipótese parece corroborada por certo número de fatos. Assim, muitos observadores assinalaram que do dorso ou dos flancos de Eusapia se exteriorizavam formações fluídicas que deslocavam os objetos e cuja forma era apropriada ao efeito a obter. Também Stanislawa Tomczyk produzia, segundo afirma o Dr. Ochorowicz, "raios rígidos" que ele teria fotografado e mesmo radiografado e que permitiam ao médium soerguer ou deslocar pequenos objetos. As fotografias desses "raios" ou fios indicam que eles eram descontínuos e apresentavam estrias inclinadas, como se tivessem sido engendrados por um fluido em movimento helicoidal. Por sua vez, conforme já explicamos, o Dr. Osty viu, no decorrer de uma sessão com Rudi Schneider, uma espécie de nevoeiro acinzentado, suficientemente espesso para atingir uma mesa e fazê-la deslizar por sobre o assoalho. Além disso, as suas experiências servindo-se do infravermelho para observar o mesmo médium mostram que este emitia uma modalidade de substância-energia ao procurar realizar uma telecinesia.

Mas não parece que esse mecanismo, estreitamente ligado à noção de ectoplasmia, seja o único nos fenômenos telecinéticos. De fato, ele não permite interpretar os deslocamentos de objetos colocados num espaço materialmente inacessível, debaixo duma campânula de vidro, por exemplo. Daí a necessidade de recorrermos a outra hipótese.

Sabemos agora que o campo nuclear, o campo eletromagnético, o campo das interações fracas de Fermi e o campo gravitacional não são mais do que casos particulares dum campo unitário.

Ora, a noção clássica de campo, e muito especialmente a de campo nuclear e de campo eletromagnético, estando associada à noção da partícula, era lógico pensar que o campo de gravitação não escapava à regra.

Demais a mais, os desenvolvimentos matemáticos mostraram que se o campo de Fermi (cuja antiparidade foi posta em evidência pelos jovens pesquisadores chineses Lee e Yang da Universidade de Columbia) possuía certo número de caracteres diferentes do campo de gravidade, ainda assim apresentava com ele algum parentesco. Como, de outra parte, o neutrino se acha associado de maneira indubitável às manifestações do campo de Fermi, essa partícula ou uma partícula muito análoga, que se designa sob o nome de graviton, pareceu *ipso jacto* como estando ligada ao campo gravitacional.

Esta estranha entidade, desnudada de carga e muito presumivelmente também de massa, atravessa a matéria com a maior facilidade. A fim de detê-la, seria necessária uma espessura de chumbo de dois mil anos-luz. Suas extraordinárias propriedades podem fazê-la o intermediário entre a matéria, a vida e o pensamento. E graças a ela podem-se imaginar interações entre estas grandes modalidades do Universo. Não é impossível, em particular, que um efeito antigravitacional, ou mesmo antimassa, seja por seu intermédio a base das telecinesias, das levitações e da psicocinesia. Talvez ela desempenhe também um papel na produção dos *raps*.

Além disso, se considerarmos, à luz dos conhecimentos eletrônicos modernos, que há uma região onde não podemos traçar uma linha de demarcação entre a energia e a matéria porque elas se fundem imperceptivelmente uma na outra, parece que a barreira que cuidamos separar irredutivelmente o material do imaterial, o visível do invisível é uma realidade fictícia.

Será também a assombrosa fantasmagoria apresentada pelas ectoplasmias suscetível de receber uma explicação atomística?

Pode-se dizer que tudo se passa nestes fatos como se houvesse modelagem da matéria pelo pensamento. O médium viveria uma espécie de sonho, mas os seus fantasmas, ao invés de permanecerem subjetivos, se objetivariam, se materializariam, os elementos substanciais sendo emprestados dele mesmo ou da ambiência. O fenômeno não deixaria de apresentar alguma analogia com o mimetismo em que o animal exterioriza sobre si mesmo a sua representação do mundo. O processo poderia ser o seguinte: certa quantidade de matéria seria dissociada em seus elementos corpusculares, elétrons, prótons, nêutrons e outras partículas elementares; e, depois, se organizaria em aparências fenomenais simulando mãos, membros, seres completos.

Sem dúvida tal hipótese se choca com muitas dificuldades e nós somente as propomos com a mais extrema reserva. Se a aceitarmos será preciso supor que a energia mediúnica de desintegração é da mesma ordem de grandeza que a energia posta em atuação nos mais poderosos cíclotrons ou na radiação cósmica; e que o pensamento possui, fora do corpo, um surpreendente poder de organização. Donde o médium emprestaria esta energia? Como age o pensamento fora do organismo? Eis outras tantas perguntas às quais é difícil responder.

A não ser que admitamos — o que aliás é altamente presumível — que o espírito é a última realidade do Mundo, e que por isso ele é capaz de dominar a energia e a matéria.

Foi o que aliás Vergílio afirmou muito tempo antes de nós, nestes versos admiráveis:

*Principio coelum ac terras camposque liquentes*
*Lucentemque globum Lunse Titianiaque astra*
*Spiritus intus alit, totamque infusa per artus*
*Mens agitat molem, et magno se corpore miscet.*

Eis a tradução em ordem direta:

*No princípio, o Espírito, difundindo-se e integrando-se*
*Na grande Mole, penetra no céu, na terra, nos*
*[espaços líquidos,*
*No luminoso globo lunar, no titânico astro do sol.*
*E eis que assim desde então a Mente agita aquele*
*[magno corpo.*

Em todo caso, os fenômenos físicos paranormais, como aliás a maioria dos fenômenos estudados pela metapsíquica, devem incitar-nos a aceitar as coisas conforme elas são e não como quereríamos que elas fossem, e a pensar que é razoável querer adaptar a nossa inteligência ao Universo, e que é ridículo e vão pretender adaptar o Universo ao nosso entendimento.

CAPÍTULO XI

# ECTOPLASMIA SIMULADA

## *Ectoplasmia Falsificada*

Para descrever uma sessão de ectoplasmia falsa, a única dificuldade é a escolha, tamanha a abundância. Basta consultar a esmo as obras ou as revistas "psíquicas" para se recolher uma série pululante de relatos de sessões nitidamente fraudulentas, muito embora quase sempre apresentadas sob o signo do paranormal.

Leiam-se, por exemplo, alguns trechos da ata duma das numerosas sessões realizadas em Paris, com o "médium" norte-americano Miller, na presença de personalidades favoravelmente conhecidas do mundo psíquico, tais como as senhoras Bénézech, Letort, Noeggerath, Preit (viúva Marchand) e os senhores Bénézech, Blech, Darget, Delanne, Léon Denis, Gaston Méry, Pablo, de Vesme e o Comandante Mantin.

Passemos sobre os preliminares da experiência, sem omitir, porém, a declaração de Gaston Méry:

"Pegamos o médium no patamar inferior e o conduzimos até a sala das sessões. Despimo-lo completamente, tirando-lhe as calças, os sapatos, as meias e a camisa. Após o examinarmos bem, deixamos que ele vestisse outra roupa, aliás preta, sem bolsos nem forros, que trouxéramos e que tornamos a examinar. Depois permanecemos na porta do gabinete mediúnico impedindo toda e qualquer comunicação, inclusive com pessoas que apenas queriam apertar a mão do médium."

A experiência desenrola-se logo a seguir e, não obstante uma fiscalização que parece ter sido séria e rigorosa, as aparições ectoplásmicas desfilam...

1.º — A aparição inicial apresenta-se e diz em inglês: "Boa noite. Sou Effie Deane. Conseguem ver-me?"

*Os assistentes:* — Muito bem.

M. Delanne diz que distinguiu perfeitamente os traços do rosto, o véu branco, e afirma que, todavia, o médium não tinha consigo nenhum fio branco.

2.º — M. Léon Denis anuncia que a cortina se incha. Desce uma grande bola esbranquiçada, flutuando da direita para a esquerda, bem na frente do gabinete, ao encontro a M. Léon Denis e do Comandante Mantin; ela desce ainda mais até o solo, aumenta, porém ainda não se tornou consistente. De súbito uma forma se esboça e se condensa, principiando logo a mexer com os braços.

*M. Pablo:* — Quem é que está aí?

A *aparição:* — Mme. Laffineur. Boa-noite para todo mundo. Boa-noite, caros amigos. Estou contente por vê-los todos aqui. O Sr. Gabriel, o Sr. Comandante, e o Sr. de Vesme já me reconheceram?

*M. de Vesme:* — Não.

A *aparição:* — Não se lembra de mim, Monsieur Letort? E a senhora, Madame Letort? Não me estão reconhecendo, Madame Noeggerath e filha?

Evapora-se, dizendo: — Boa noite, Madame Lamoureux! — Resta apenas uma pequena massa branca no solo, e ainda se ouve: — Boa noite!

3.º — Outra aparição sai do gabinete. Vê-se distintamente um braço.

*M. Pablo:* — Quem é você?

A *aparição* — (em inglês): — Lily Roberts. Estão me vendo? Boa noite! — Levanta um braço, que se distingue muito bem. Dá uns passos da direita para a esquerda. — Boa noite! — Aproxima-se de M. Léon Denis, pede-lhe a mão, segura-a e leva-a ao peito.

*M. Léon Denis:* — Como é bela! Senti muito bem quando me pegou a mão e a depôs em cima do seu seio. Senti a carne quente e úmida, assim como a forma do seio. Que maravilha! Obrigado, Espírito!

Ela se aproxima do Comandante Mantin, pega-lhe também a mão e igualmente lhe depõe sobre o seu seio. O Comandante declara que sentiu muito bem os seios da aparição. Em seguida, ela se dirige para junto de M. Delanne, e faz a mesma coisa.

M. Delanne diz que sem dúvida alguma se tratava duma jovem de mão delicada, e que ele sentiu o bico do seio, o dorso da mão, e declara que o contato foi feito com muita reserva e com uma dignidade que ele faz questão de ressaltar.

4.º — Aparece outra forma, dizendo (em inglês).

— Josephine Case. Boa-noite para todo mundo! Será que todos me estão vendo?

*Os assistentes:* — Estamos.

Ela caminha, e ouve-se perfeitamente o assoalho ranger sob os seus passos. A forma desaparece, erguendo a cortina. Etc. etc.

Sucedem-se assim 13 aparições. Isto é, além das formas ectoplásmicas precedentes, mais outras: Monroc, Pierre Priet, Marie Bossel e Angèle Marchand, que são vistas todas duas ao mesmo tempo. Nesta última forma, Mme. Priet reconhece sua filha. Em seguida aparecem o Dr. Benton, a mãe de Mme. Noeggerath, Louise Michel, M. Betzy, e, por último, uma menina, Lullu.

E toda aquela fantasmagoria era falsificada, conforme reconheceram logo a seguir os Srs. Delanne e Léon Denis, que foram outrora os dois chefes incontestados do movimento espírita francês. Honra lhes seja feita!

Temos o direito de espantar-nos ante o fato de que alguns assistentes possam, durante essas sessões falsificadas, reconhecer entre os fantasmas um parente morto, um amigo já falecido. Numa dessas sessões é Mme. Priet quem identifica a sua filha com uma formação ectoplásmica. Alhures, numa das sessões Eldred, igualmente falsificada, é Mme. Bosset quem reconhece sua mãe, e é Mme. Letort quem reencontra sua antiga ama, bem como seu filho. Noutra sessão do mesmo médium, o Contra-almirante W. Osborne Moore vê numa das materializações uma parenta próxima morta recentemente.

Poderíamos multiplicar os exemplos. Trata-se de pessoas "imaginativas-interpretantes" que incorporam os seus próprios elementos mnésicos ao rosto mais ou menos vago da aparição e assim constroem uma imagem que, segundo os casos, será tal ou tal parente, ou amigos desaparecidos.

O pouco crédito que devemos conceder aos seus testemunhos aparecerá imediatamente ao cabo de assustadoras e divertidas observações análogas a esta:

Numa sessão Craddock, uma forma encaminha-se para determinada dama que exclama, voltando-se para o marido: "Espie, é seu pai!", e logo emenda: "Não, é sua mãe!"

Após uma tal observação, podemos evidentemente prescindir de outras.

Os falsos médiuns também apresentam o ectoplasma amorfo. Tal é a "especialidade" do médium dinamarquês E. N., que ainda agora continua a fabricá-los.

Eis aqui, resumida, a ata da sessão de 24 de fevereiro de 1924, realizada em Cristiânia:

Primeiro, o médium é minuciosamente inspecionado, passando logo a ficar sob estrita fiscalização. Os Drs. H. e B. agarram-lhe as mãos, com as palmas para cima, os braços ficando estendidos horizontalmente. Nessa posição, E. N. é examinado pelo Dr. W. que não lhe descobre nada nos cabelos. O nariz é examinado com um espéculo, cuja luz se reflete até o fundo da faringe. Obrigam o médium a fungar através das narinas, obturando ora uma ora outra. A boca e a garganta são examinadas, com atenção volvida especialmente para as regiões sublinguais e os espaços entre os dentes e as bochechas. Verifica-se até que não há falta de nenhum dente. As "passagens" das orelhas não são negligenciadas. Em parte alguma se descobriu nada de suspeito. Passaram em seguida à inspeção geral do corpo, notadamente as axilas, *rima internates* e ânus. Não foi feito o exame do reto, mas os vãos dos dedos dos pés não foram esquecidos.

Terminado tudo isso, E. N. vestiu uma "roupa adequada às sessões", constituída por um tricô muito aderido ao corpo e por uma máscara feita de gaze, sendo então conduzido ao gabinete mediúnico.

Registrou-se o primeiro fenômeno às 9 horas e 15 minutos. O médium abre a cortina do gabinete. Um "babadouro" branco meio acinzentado, do tamanho duma palma de mão grande e aberta, pende-lhe do peito, porém entre este e a malha. A cortina é fechada, aberta e fechada de novo inúmeras vezes, sem que nada se observe lá dentro. Nova produção aparece sob a forma duma *écharpe* que, passada pelos ombros de E. N., cai-lhe até o começo das coxas. A cortina é fechada, é reaberta, e todas as pessoas presentes podem ver uma forma longa — *langtig figue* — estendida até os joelhos do médium, onde ela parece terminar numa espécie de bainha espessa. A parte superior parece inserir-se entre o tecido da malha e o peito. Finalmente, uma última produção mostra a parte superior do rosto de E. N. sob uma máscara recoberta com um véu — *médiets overansigt ovenfor masken* — através do qual os seus traços são discerníveis. Logo depois essa massa se abaixa e recobre uma parte da malha.

Também nessa sessão tudo era falsificado mediante estratagemas.

Após estes dois exemplos de sessões fraudulentas, vejamos agora como os falsos médiuns produzem o ectoplasma amorfo e o ectoplasma organizado.

O processo mais habitualmente empregado para fazer aparecer uma formação ectoplásmica amorfa ou um fantasma é o seguinte: o médium, que muitas vezes é uma mulher, escondeu debaixo das roupas ou numa das suas cavidades naturais alguns acessórios indispensáveis, que ocupam pouco espaço devido ao seu volume: musselina leve, máscaras de borracha, gravuras ou desenhos mais ou menos retocados etc. E assim ele, o médium, se aproveita da obscuridade para produzir as aparições.

O ectoplasma amorfo pode facilmente ser dissimulado num dedo falso, acessório bastante conhecido dos prestidigitadores. Esse dedo falso é enchido com gaze fina e enfiado na cintura ou entre as coxas no momento em que o médium sabe que vai ficar com as mãos agarradas pelos controladores. A extremidade da gaze, munida às vezes dum fio, é então agarrada entre os dentes e puxada para fora do dedo falso até o tecido desdobrar-se todo para o efeito desejado. Depois do "fenômeno", a gaze pode ser engolida, sem inconveniente maior, realizando-se assim a "absorção" do ectoplasma. Certas figuras da obra de Mme. Bisson, Os *Fenômenos Chamados de Materialização,* ilustram o processo. Numa delas se vê nitidamente a gaze distendida com a ajuda dum fio. No caso a que me referi não é certo que o médium se tenha servido dum dedo falso; penso noutro esconderijo bastante seguro e estritamente feminino.

Nos indivíduos regurgitadores, o estômago pode servir de esconderijo. Assim é que Mrs. Duncan abrigava no seu estômago uma quantidade prodigiosa de objetos: vários metros de gaze leve, gravuras, fotografias, luvas de borracha etc. Em seguida, no decorrer do seu falso transe, regurgitava tudo com extraordinária facilidade. Nós a vimos engolir sucessivamente alguns litros de água, meia dúzia de rãs vivas, peixes vermelhos igualmente vivos, e depois restituir cá para fora a água e os animais, sem esforço aparente. O russo Boginsky, que se exibiu outrora num circo parisiense e que foi estudado pelos Drs. Paul Farez e Charlier, engolia uma nota de 20 francos, outra de 50 francos e uma de 100 francos dobradas e encerradas cada uma num envelopezinho de borracha. Depois disso, engolia uma ou duas dúzias de amêndoas intactas, isto é, dentro ainda de suas respectivas cascas. Em seguida, devolvia os três bilhetes, fazendo isso na ordem em que alguém exigisse. Por exemplo, primeiro o de 100 francos, depois o de 20, por último o de 50. Igualmente as amêndoas eram devolvidas, e isso segundo a vontade dos espectadores (também neste caso expectadores); isto é, antes ou depois do dinheiro. Por último, Roginsky bebia vários litros de petróleo e projetava para fora o líquido num jato violento, após o haver inflamado.

Consideremos, de passagem, que a regurgitação não é, em prestidigitação e em falso mediunismo, uma aquisição moderna. Sauval relata que em 1666 se exibia na feira de Saint-Laurent um bebedor d'água que assombrava fortemente os nossos antepassados. "Não era pouca coisa", escreve Sauval, "vê-lo beber a água dum balde e devolvê-la incontinenti sob a forma de girândolas, ou em várias garrafas com odor de águas-de-rosas, de águas-de-âmbar, ou com muitos outros perfumes. Algumas vezes, quando ele quer, é com a cor e o cheiro de aguardente".

Foi talvez a este artista que aludiu Jacques Lagnier ao falar dum certo maltês, extraordinário bebedor d'água:

*Esse maltês vomita as mais estranhas*
*Águas e essências, que até causa ciúmes*
*Saber que o gajo esconde nas entranhas*
*Uma botica inteira de perfumes.*

Na mesma época, um cartaz anunciava nas cidades a chegada do grande Scot, outro indivíduo regurgitador. Eis o que se podia ler no cartaz:

"A COMPANHIA REAL DO GRANDE SCOT ROMANO vos dará todos os dias os mesmos divertimentos que proporcionou à Sua Majestade Cristianíssima e respectiva Corte e a todas Cabeças Coroadas da Europa e da Ásia.

"O GRANDE SCOT beberá incrível quantidade d'água que converterá em toda espécie de vinho, leite, cerveja, tinta e águas odoríferas de variadas essências.

"Executará também cada dia uma das maravilhas seguintes: fará sair da sua boca uma salada de legumes tão frescos como os que se vendem nos mercados, dois pratos cheios de verdadeiros peixes vivos, rosas, cravos, tulipas e diversas outras flores tão belas e frescas como as que nascem nos jardins da primavera. E mais ainda: pássaros vivos, trezentas ou quatrocentas moedas de ouro, gravadas, punhos rendados, fitas e mil outras curiosidades que não se podem explicar e que parecem desafiar a imaginação.

"Preços: Dois luíses de ouro por uma frisa inteira. Um escudo cada lugar nos camarotes. Vinte soldos nas galerias e dez soldos na plateia.

"Início do espetáculo: às quatro horas em ponto. Entradas de favor proibidas a todas as pessoas, por parte de Sua Majestade. Até mesmo aos próprios oficiais da Sua Casa."

O exame radioscópico dos indivíduos regurgitadores demonstrou que o retorno dos líquidos se efetua pelo simples efeito dos músculos abdominais. Já a devolução dos corpos sólidos, por sua vez, se processa em dois tempos: as contrações abdominais projetam o objeto no esôfago, depois a cárdia se fecha, e assim o corpo regurgitado sobe sob a influência dos movimentos antiperistálticos do esôfago. A natureza do objeto vomitado pode ser conhecida segundo o grau de resistência oposta pela cárdia e segundo a sensação percebida na parte inferior do esôfago.

Eva C., que geralmente produzia materializações delgadas nas quais se podiam reconhecer com facilidade imagens de capas de revistas e aliás grosseiramente retocadas (essas materializações apareciam enxovalhadas, transparentes, vendo-se as dobras antigas). Em muitas delas o exame estereoscópico não deixou nenhuma dúvida quanto à sua origem fraudulenta, um médium regurgitador. Também é muito presumível que ela usasse esconderijos os mais diversos, conforme demonstraram certos resíduos epiteliais de origem não duvidosa e recolhidos por um experimentador sagaz.

Sem querer refazer aqui o processo das materializações do médium das Sras. Noel e Bisson — o que exigiria prolongamentos demasiados — tornou-se evidente para todo metapsiquista imparcial e sensato que, desde o famoso e grotesco Bien-Boa até as inúmeras materializações chatas e delgadas apresentadas por Eva C., a maior parte dos fenômenos produzidos não passava de grosseira trapaça. Chega a ser deveras incrível que homens de ciência se tenham deixado mistificar por aquela moça e hajam confundido tão ingenuamente o falso com o verdadeiro. Dizemos conscientemente "o verdadeiro" porque cumpre reconhecer que sem dúvida Eva possuía autênticas faculdades mediúnicas. A prova disso foi ministrada de maneira bastante convincente, parece-nos, por M. de Vesme, M. Sage e M. Jeanson, observadores frios e vigilantes e além disso pouco suscetíveis de tolerância e boa vontade para com os médiuns produtores de efeitos físicos (ver *Béraud, Marthe,* nos dados biográficos).

Como Eva C., também Linda Cazzera, estudada pelo Dr. Imo- da, apresentava materializações delgadas e translúcidas.

Certos falsos médiuns utilizam outro esconderijo tão imprevisto como o estômago. Assim, E. N. às vezes escondia no reto os seus véus ectoplásmicos, e depois os engolia após a efêmera serventia. Laslo empregava correntemente esse processo. Assinalemos que é também nos intestinos que os forçados dissimulam o "plano", pequeno tubo metálico contendo lima, serra para metais etc. O tubo, introduzido no reto, caminha até o colo transverso graças a movimentos voluntários antiperistálticos.

Mrs. Williams escondia debaixo da roupa suas falsas barbas, suas máscaras e seus véus. Fazia aparecer simultaneamente diversos fantasmas: ela própria, disfarçada em aparição, e dois manequins suspensos, um em cada mão. Tendo excelentes dons de ventriloquia, fazia falar suas aparições. Paul Leymarie desmascarou-a de maneira retumbante.

Miller procedia de maneira idêntica.

Eldred escondia seus acessórios — manequim enrolável, máscaras, seda branca, panos pretos muito finos, barbas, perucas, lâmpada elétrica portátil (para produzir fulgores), frascos de perfume, alfinetes etc. — no espaldar ou encosto duma cadeira preparada para tal fim.

"Um charlatão emérito", escreve D. D-Home em *As Luzes e as Sombras do Espiritualismo,* "adotava outro módulo para operar. Ao ser admitido no local das sessões, antes de mais nada pedia licença para dar uma olhadela no gabinete mediúnico — que em geral contém uma cadeira ou um divã. Sentava-se, entabulava uma conversa qualquer e enquanto isso gesticulava para um e outro lado a fim de dirigir os olhares dos ouvintes para cá ou para lá, e então escondia furtivamente atrás do móvel a vestimenta etérea. Isso feito, daí a pouco deixava que o revistassem à vontade, já que o seu travesti ficara bem salvaguardado."

Muitas vezes também os acessórios são trazidos por um compadre ou cúmplice (a esposa, o marido, o amigo, o empresário etc.) que os passa ao médium no momento oportuno, isto é, após este haver sido revistado. Mme. Craddok, por exemplo, escondia os acessórios que serviriam para as transformações de seu marido. Outrossim, Laslo servia-se dum compadre que introduzia na cobertura da poltrona mediúnica diferentes objetos: gaze, algodão, desenhos, luvas de borracha etc. Além disso, segundo informa o Dr. de Schrenck-Notzing, Laslo se valia dos mais diferentes métodos para enganar, e bem adequados às variantes do seu programa. Aliás, faz parte da boa psicologia, em ilusionismo, produzir resultados semelhantes servindo-se de meios diferentes. O espectador fica assim desorientado. Além, por exemplo, do compadre, esse médium precitado empregava ora um dedo de borracha repleto de gaze ou de algodão introduzido profundamente no reto e que passava despercebido durante o exame anal; ora, em outras circunstâncias, servia-se dos sapatos, da boca, das cadeiras, das cortinas como lugares de dissimulação. E até mesmo, o que constitui o cúmulo da ironia, aproveitava os bolsos dos experimentadores. Neste caso, eis como ele operava: entrava na sala de despir levando escondido o seu material ectoplásmico composto não raro de cotos feitos de algodão em rama embebidos de gordura de pato. E, enquanto se despia sorrateiramente, enfiava-os nos bolsos dos médicos que o examinavam estando ele já nu. Terminado o exame, retirava astutamente aqueles acessórios e os escondia primeiro na boca, depois na roupa que fora obrigado vestir e que era fornecida pelos próprios fiscais. Isso sem dúvida já constituía uma audaciosa e excelente prestidigitação prévia.

Seja como for, a utilização sempre possível de compadres mostra que nas sessões com efeitos físicos é indispensável fiscalizar severamente as pessoas que acompanham o médium. E, melhor ainda, vedar-lhes a entrada, fazendo as experiências com o médium que chegou sozinho.

Torna-se patente que as experiências onde a fiscalização se tornou impossível não têm nenhum valor. A aventura do médium Blaise de Mantes provou isso de modo superabundante. Este médium realizava extraordinárias materializações num círculo formado de pessoas convictas, círculo esse em que era vedado todo e qualquer controle. O metapsiquista Charles Quartier, do IMI, e o jornalista J. Masson, desrespeitando esse tabu, desmascararam com facilidade o falso médium numa memorável sessão tragicômica, na qual aqueles dois amigos da verdade foram injuriados e postos para fora aos empurrões pelos participantes do círculo, furiosos de ver derrocados os seus sonhos.

Por igual desapontamento passariam na certa os médiuns que fazem tratantagens atualmente em determinado grupo espírita parisiense (onde é proibido o menor controle) caso um observador corajoso agarrasse pela gola uma aparição e inundasse de luz a sala onde os fantasmas evoluem. Mas em tal hipótese também é presumível que os assistentes ludibriáveis e ludibriados fariam passar um mau quarto de hora a quem tentasse destruir lhes as ilusões.

A materialização e a desmaterialização instantâneas dum fantasma podem ser obtidas mediante um véu preto ou uma lâmpada de fósforo.

O médium, fantasiado de fantasma e recoberto com ligeiro véu preto, sai do gabinete mediúnico e coloca-se diante dos assistentes. Numa escuridão quase total ou com a sala vagamente iluminada por uma lâmpada vermelha muito fraca, ele, o médium, não é visível. De súbito arranca o véu e surge em forma de aparição. O desaparecimento decorre duma manobra oposta. Revestindo-se com o véu negro, é lógico que o médium (ou a "aparição") se evanesce. Este recurso é empregado nas sessões de ilusionismo chamadas "Magia Negra".

A utilização duma lâmpada de fósforo permite obter resultado análogo e talvez mesmo mais espetacular. A lâmpada, que é ovoide e do tamanho mesmo dum ovo, acha-se escondida debaixo do véu branco que recobre o médium. Abrindo a lâmpada, ela se ilumina e assim a aparição se torna visível; fechando-a, o fantasma desaparece. Além disso a lâmpada, escondida na palma da mão semicerrada, permite clarear o rosto com um belo fulgor azulado, de efeito espectral.

Caso o médium deseje produzir uma materialização que se forme devagar, ele antes enrola a lâmpada de fósforo numas vinte dobras de gaze leve. Depois, desenrolando lentamente o tecido, dá a ilusão dum espírito que se materializa aos poucos. Um ponto levemente luminoso aparece, aumenta, cresce de intensidade, e por último o médium fantasiado de fantasma se torna visível. À medida que uma das mãos desdobra o rolo de gaze, a outra mão a enrola numa espécie de turbante em redor da cabeça.

No que concerne a aparições fantasmáticas humanas ou humanoides obtidas por meio dum manequim, pode parecer difícil aceitar um objeto inerte como sendo um fantasma. Mas tal não se dá, graças ao subterfúgio seguinte: em certas sessões o médium se faz ver ao mesmo tempo que o manequim que, aliás, ele segura com a mão. Os experimentadores têm então a impressão ou mesmo a certeza de que médium e fantasma são dois seres distintos. Já, pelo contrário, eles podem duvidar da "vitalidade" do espectro. Em outras sessões o médium, vestindo a fantasia de aparição, surge sozinho. Assim a aparição perfeitamente materializada sai do gabinete mediúnico, passa a conversar com os assistentes, distribui coisas etc. Os experimentadores têm então a certeza de que o fantasma possui todos os atributos da vida. Ora, as duas noções, a independência e a vitalidade do fantasma, adquiridas pela assistência separadamente, acabam, daí a certo tempo, por se confundir numa só coisa na mente dos experimentadores ou assistentes. Aliás, no decorrer da mesma sessão o médium pode empregar sucessivamente os dois processos. Assim, quando Miller operava, via-se às vezes uma bola esbranquiçada e um pouco luminosa aparecer no assoalho; depois se via surgir progressivamente um fantasma emergindo do assoalho. Em seguida este fantasma se deslocava e conversava com os assistentes. Provavelmente, o prodígio se dava desta maneira: Miller atirava para diante do gabinete um pedaço de tule fosforescente enrolado em bola, desenrolava-o suavemente no sentido da altura com a ajuda da mão ou duma varinha; depois se substituía enfim à aparição dispondo o véu sobre os ombros. O fantasma apresentava então todos os atributos da vida.

Noutros casos, o médium simula a aparição e dispõe habilmente as suas roupas em cima duma cadeira, roupas estas que geralmente têm alamares luminescentes destinados a definir-lhe o corpo. Com tal gesto dá a impressão de que ficou parado. Pode também, para obter esse efeito, empregar uma espécie de manequim de seda e borracha que ele enche depressa e recobre com uma saia e um xale. Mas tais estratagemas podendo ser descobertos, ele então se aproveita da primeira circunstância favorável para fazer um cúmplice representar de fantasma enquanto ele próprio, isto é, o médium, se mostra ostensivamente. Era assim, acreditamos, que procedia Florence Cook em suas experiências com William Crookes.

Após a leitura atenta da maior parte dos relatos sobre as aparições de Katie King, chegamos com efeito à convicção de que em certos casos Katie King não era senão a própria Florence Cook fantasiada de fantasma. E que, em outros casos, um cúmplice figurava a aparição. E verificamos, desde logo, que as atas de W. Crookes são um tanto sumárias, não declarando propriamente onde se passam as sessões nem os nomes dos assistentes. Assim, após haver falado de sessões realizadas na sua biblioteca, W. Crookes escreve sem o menor intervalo: "Passo agora à sessão realizada ontem à noite em Hackney." O leitor inadvertido não dá muita atenção a essa mudança de lugar. Ora, Miss Crook residia em Hackney. De modo que as condições em que as experiências se realizavam diferiam radicalmente.

Em todo caso, deduzimos que em sua casa o ilustre físico, salvo alguma exceção talvez, nunca viu aparecerem ao mesmo tempo o médium e o fantasma. Escreve W. Crookes:

"Voltando ao meu posto de observação, vi Katie aparecer de novo; declarou achar possível poder mostrar-se a mim ao mesmo tempo que o seu médium. A chama do gás foi abaixada, e Katie me pediu uma lâmpada de fósforo. Após haver-se mostrado em meio ao relativo clarão durante alguns segundos, ela me devolveu a lâmpada dizendo: "Agora entre para ver o meu médium". Seguia-a de perto na minha biblioteca e, ajudado pelo clarão da lâmpada, vi Miss Cook repousando no sofá exatamente como eu a havia deixado antes. Olhei em volta de mim, procurando Katie, porém ela desaparecera. Chamei-a, porém não obtive resposta.

"Voltei ao meu lugar, e não tardou que Katie reaparecesse declarando que estivera todo aquele tempo ao lado de Miss Cook. Perguntou-me em seguida se eu queria assistir a outra experiência sua. E, tirando de minhas mãos a lâmpada de fósforo, reentrou no gabinete pedindo-me, porém que não a acompanhasse. Ao cabo de alguns minutos reapareceu e, devolvendo-me a lâmpada, disse que não havia conseguido."

Inútil sublinhar o caráter suspeito do pedido feito por Miss Cook. Verdade é que mais adiante W. Crookes acrescenta: "Meu filho mais velho, um garoto de catorze anos, que se achava sentado diante de mim numa posição que lhe permitia observar o que se passava por trás da cortina, disse-me que vira a lâmpada de fósforo flutuar no espaço e iluminar Miss Cook estendida no sofá inteiramente imóvel, mas não vira ninguém segurar a lâmpada."

Esse fato não prova nada, pois o médium deitado podia muito bem segurar a lâmpada soerguendo-a com o braço conservado aliás na obscuridade. Além disso, que crédito se pode dar às observações dum rapazola de catorze anos?

Já pelo contrário, em duas sessões, inclusive a de despedida realizada em maio de 1874, W. Crookes viu simultaneamente o médium e Katie. Mas (e este, "mas" é terrivelmente incômodo para os defensores da autenticidade das aparições) *aquelas duas sessões se realizaram na casa de Miss Cook na presença de diversos membros da sua família.* O gabinete destinado às materializações era o próprio quarto de dormir do médium e os assistentes foram convidados pela própria Miss Cook. É evidente que, naquelas condições experimentais deploráveis, uma terceira pessoa podia facilmente simular o fantasma.

Por outro lado, cumpre não esquecer que Miss Cook temia sobremodo a presença de experimentadores perspicazes e exigentes. W. Crookes informa a tal respeito:

"Quase sempre ela me interrogava a respeito das pessoas presentes às sessões e sobre os lugares que viriam a ocupar. E isso porque nos últimos tempos ela se tornara muito nervosa em consequência de certas sugestões imprudentes que aconselhavam a utilização da força para propiciar outros modos de pesquisas mais científicas."

Ora, não se compreende semelhante receio ante casos de fenômenos autenticamente paranormais; ao passo que, inversamente, tal receio se explica muito bem se admitirmos que os fenômenos eram simulados.

Por último, eis outro argumento, e aliás decisivo. Miss Cook, tornada mais tarde a Sra. Viúva Corner, foi pegada em flagrante delito de fraude, numerosas vezes.

# *Falsas Moldagens Ectoplásmicas*

Ao problema da ectoplasmia simulada prende-se estreitamente o problema das falsas moldagens ectoplásmicas.

Sabemos que experimentadores ousados, Aksakof, o Prof. Denton, Reimers Oxley, Zoellner, Morselli, Chiaia e principalmente Geley, procuraram obter moldes de membros ectoplásmicos (mãos e pés) ou de rostos servindo-se dum processo relativamente simples. Um recipiente repleto de água muito quente, na qual sobrenada uma camada de parafina derretida, acha-se colocado perto do médium. Pede-se às entidades ectoplásmicas que mergulhem as mãos, ou os pés etc., no recipiente, que os retirem e que deixem ali ao lado os moldes de parafina depois da desmaterialização. Restará, apenas, derramar mais tarde gesso dentro dos moldes para conseguir as moldagens.

Os metapsiquistas acima citados teriam mesmo conseguido obter moldes deveras paranormais? Fora do caso dos moldes do Dr. Geley, que consideramos paranormais, é difícil responder a tal pergunta. E isso porque, conforme já assinalamos anteriormente a propósito das fotografias falsas, os elementos dum relatório das experiências quase sempre são insuficientes para que possamos julgar com segurança. Se os experimentadores desconhecem prestidigitação (e no mais das vezes é esse o caso) a fraude pode imiscuir-se na experimentação e passar despercebida.

Seja como for, estamos convencidos da possibilidade, por meio dos processos comuns, de fabricar moldes tendo aspecto para- normal.

O processo a resolver é o seguinte: conseguir um molde sem aberturas e apresentando-se de tal sorte que a extração normal duma mão ou dum pé (que serviram para fabricá-lo) seja aparentemente impossível.

Para fabricar um tal molde podem ser utilizados diferentes processos. Por exemplo: prepara-se primeiro uma moldagem com açúcar derretido, moldagem essa que é mergulhada depressa várias vezes na parafina; depois se trata de dissolver o açúcar enfiando o molde e o respectivo conteúdo em água. Obtém-se assim um molde sem aberturas laterais, apenas com a abertura superior, que é estreita, molde esse que então parece provir mesmo dum membro ectoplásmico que se teria desmaterializado após a imersão na parafina.

O médium (ou melhor, um compadre) traz dentro duma caixa *ad hoc* esse molde que no decorrer da sessão é mergulhado furtivamente e depressa na parafina a fim de apresentar depois um molde quente e impregnado duma substância química qualquer que ele tenha podido acrescentar à parafina, escondido. Contudo, a experiência tem mostrado que o molde flutua, deforma-se e acaba sendo destruído parcialmente pela fusão; mormente se for um molde delgado como eram os obtidos pelo Dr. Geley. Além disso, a tal substância química só será encontrada nas zonas superficiais do molde, o que não é o caso dos do Dr. Geley nos quais, conforme já dissemos, encontramos colesterol impregnando-os por inteiro.

Também se podem preparar moldes de parafina com a ajuda da resina, que é solúvel no álcool; com a ajuda da gelatina, que é solúvel na água; ou da guta-percha, solúvel no clorofórmio. E, ainda, com a ajuda da borracha, que é solúvel na benzina.

Alguns autores preconizaram o emprego de mãos de cadáveres para a fabricação de falsos moldes ou luvas paranormais; porém este processo é complicado e incômodo.

Conforme acontece frequentemente em ilusionismo, são as técnicas mais simples e nas quais menos pensamos, que se revelam as mais práticas. O processo seguinte, que imaginamos e experimentamos, apresenta justamente esse caráter, possui, além disso, a vantagem sobre os métodos anteriores de poder ser empregado durante a própria sessão mediúnica.

Começa-se primeiro pondo um garrote no braço, depois se deixa que ele penda com a respectiva mão embebida de glicerina. A circulação venosa diminui e a mão se vai inchando progressivamente. Após uma espera de dez minutos, mergulha-se a mão na parafina derretida, repetindo-se a operação várias vezes até que a película da luva que assim se forma se torne suficientemente espessa. Isso conseguido, retira-se o garrote, e a mão retoma o seu volume normal. A seguir, sacudindo com vários repelões o braço, consegue-se que a película ou luva desça e se descole. Quando a palma chega à vizinhança da abertura correspondente ao pulso, contrai-se a mão, e assim a passagem se faz facilmente. Tão logo a mão fique libertada, aperta-se a luva na região do punho a fim de estreitar a abertura. Dispõe-se assim dum molde com todas as características do molde paranormal. Mas é claro que ele tem as dimensões duma mão normal e é relativamente espesso.

Acrescentemos que as impressões ectoplásmicas feitas sobre a argila, o betume, a fuligem etc., podem ser obtidas facilmente com a ajuda de objetos moldados em açúcar na forma mais variada, e que o médium engole após os haver empregado. Uma mulher, que era médium, escondia num lugar muito particular do seu corpo moldagens de açúcar representando um dedo, uma boca; e conseguia as impressões enquanto gemia ou estertorava; em seguida absorvia calmamente o objeto após a respectiva utilização. Concebe-se que os vomitórios e os exames somáticos fossem totalmente negativos após a experiência.

## *Falsas Desmaterializações*

A desmaterialização, que é o fenômeno inverso da materialização, pode dizer respeito a objetos ou ao próprio médium.

As experiências chamadas desmaterialização de objetos, e que também poderíamos denominar experiências de passagem da matéria através da matéria, consistem no mais das vezes em colocar um objeto dentro duma caixa fechada com chave e com cadeado e calafetada nas juntas entre a tampa e a parte inferior, vindo-se a encontrar algum tempo depois o mesmo objeto do lado de fora. Este resultado deixaria supor que o objeto se desmaterializou ao atravessar as paredes da caixa e depois se rematerializou.

Um dos processos empregados para se dar essa ilusão, usando-se uma caixa fechada mesmo, consiste em escamotear o objeto (que geralmente é uma moeda) antes da abertura da tampa e fazer crer, pelo ruído que se ouve ao sacudir a caixa, que o objeto se acha lá dentro.

Eis de que maneira se consegue esse ruído: coloca-se, antes da operação, dentro duma caixa de fósforos ou de qualquer outra maior, um objeto análogo ao que está dentro da caixa destinada à experiência. Fixa-se no punho, debaixo da manga, a caixinha mediante um elástico. Em seguida agarra-se a outra caixa em cujo interior deveria estar mesmo a moeda e passa-se a agitá-la. É claro que esse movimento dará ao espectador, ao ouvir um ruído de moeda sacudida, a impressão de que tal ruído provém dessa caixa experimental. Após a sessão, retira-se a outra caixa com o respectivo elástico e se trata de enfiá-la no bolso.

Outro processo, mas que só pode ser empregado na escuridão relativa ou absoluta, consiste em retirar com a ajuda duma pinça a fechadura ou as dobradiças da tampa. Extrai-se o objeto de dentro da caixa, recoloca-se a fechadura etc., e simula-se assim facilmente o efeito desejado.

O próprio médium, conforme já declaramos, também se pode "desmaterializar". Ele opera numa sala e depois vamos encontrá-lo noutra sala, como se ele tivesse o poder de atravessar as paredes desmaterializando-se nesse ínterim. Na realidade, fatos deste gênero não resistem a um exame crítico. No que concerne àqueles que temos observado, parece que em certo momento da sessão o médium se faz substituir por um compadre, escapa assim à vigilância e vai ter pelos meios normais à sala contígua.

Igualmente, a famosa "desmaterialização parcial" de Mme. d'Espérance, relatada por Aksakof, parece reduzir-se a quase nada.

No decorrer duma sessão realizada em Helsingfors (Finlândia) em 1893, o médium, sentado numa cadeira, teria desmaterializado as duas pernas. A experiência decorreu, aliás, na obscuridade quase completa. "A sala estava tão escura", escreve o engenheiro Schoultz, "que eu não conseguia distinguir as pessoas instaladas longe de mim apenas à distância de 4 ou 5 passos." Mme. d'Espérance fez os assistentes tatearem a cadeira onde estava sentada. As testemunhas apenas sentiram e palparam as roupas do médium e enquanto isso também apenas lhe distinguiam o busto acima da cadeira. "Mme. d'Espérance", escreve a testemunha ainda agora citada, "tomou as minhas mãos nas suas, juntando-as, e passou-as com força diversas vezes contra a almofada do assento da cadeira. E perguntou-me que era que eu sentia. Respondi: "Apenas um vestido". Depois ela me empurrou, sem permitir que eu prosseguisse o exame, e chamou outro assistente. Um momento depois, vi Mme. d'Espérance mover-se lentamente, mas não posso afirmar que ela se soerguia; notei, porém, que ela passa as mãos em redor das ilhargas, como se arrumasse alguma coisa sob o vestido. E não tardou que ela participasse: "Readquiri de nôvo as minhas pernas". E logo a sessão terminou.

Tem-se a impressão de que o engenheiro Schoultz não ficou muito convencido da desmaterialização parcial do médium. Outra testemunha, o General Sederholm, é mais categórica ainda e dá ao fenômeno uma interpretação que também é a nossa:

"Como se deve explicar esse milagre? Sim, que um ser humano", exclama ele, "sem corpo nem pernas, como que flutuando no ar, possa falar e pegar as mãos daqueles que examinavam a cadeira? Muito simplesmente. Se, vestindo uma blusa de cor, minhas leitoras, e, como Mme. d'Espérance, vos colocásseis atrás duma cadeira cobrindo-lhe o espaldar com vosso vestido, com vossas saias, realizarieis o mesmo milagre, pois quem examinasse com a mão a cadeira (no escuro, naturalmente) a encontraria coberta com o vestido, com as saias. Mas, onde estaria o corpo? Desapareceu. Desmaterializou-se.

"Nenhum dos crentes de Mme. d'Espérance pretenderá que ela se achava em pé atrás da cadeira, pois isso seria desconfiar, duvidar de Madame e de suas manifestações espíritas".

A esses fenômenos de desmaterialização poderíamos anexar o fenômeno de *intromissão*, que na terminologia metapsíquica é a penetração inexplicável de objetos na sala de sessões ou, em geral, num recinto fechado. Não nos ocuparemos de tal fenômeno porque achamos que presentemente ele é terrivelmente suspeito para ser considerado paranormal, principalmente depois dos relatórios e das atas de experiências "clássicas". Isto é, as de Crookes com Miss Fox; as de Stainton Moses; as de Ochorowicz com Stanislawa Tomczyk; as de Zõllner com Slade; as de Mme. Frondoni Lacombe com a Condessa Castelwitch etc.

Demais a mais, sob a forma fraudulenta ele é tão facilmente realizável, e o seu mecanismo tão fácil de se descobrir, que nos parece inútil indicar-lhe o *modus faciendi*, que, aliás, se confunde em parte com os processos empregados na falsa-materialização.

CAPÍTULO XII

# A EFLUVIOGRAFIA A FOTOGRAFIA CHAMADA PARANORMAL

## *Efluviografia*

O emprego da placa sensível e do aparelho fotográfico deu lugar, em psiquismo, a numerosos erros, fraudes e ilusões.

Conquanto o problema da efluviografia só de longe pertença ao paranormal e raros tenham sido os pesquisadores que simularam suas próprias experiências, contudo o assinalaremos nesta obra porque dum lado ele se prende estreitamente à questão da fotografia paranormal, onde reina a fraude, e por outro porque os partidários do magnetismo animal fizeram do "fluido vital" a base de todos os fenômenos psíquicos.

Quase não há quem ignore que os magnetizadores pretendem que o organismo humano emite eflúvios chamados magnéticos, principalmente através das extremidades digitais.

Conseguir fixar essa radiação sobre uma chapa ou placa fotográfica equivaleria evidentemente a provar de modo definitivo a sua existência. Ora, desde a descoberta da fotografia, numerosos experimentadores se têm empenhado em obter essa prova. Desde 1850, Reichenbach pretendeu havê-la conseguido. Em 1882, o Comandante Darget tentou essa experiência, afirmando haver obtido resultado positivo. Pouco depois, o Dr. Luys confirmou os trabalhos do Comandante Darget. Em seguida, numerosos experimentadores, entre os quais podemos citar Brandt, Chaigneau, David, Colombès, Majewski, Delanne, Girot, Bonnet, Lefranc, Lancelin, Durville, o professor russo Narkeviez-Iodko, e principalmente o Dr. Baraduc proclamaram, por sua vez, com o apoio de provas, segundo parece, que era possível mediante o emprego de diversas técnicas imprimir eflúvios sobre a chapa fotográfica.

Essas técnicas podem ser agrupadas em duas categorias principais: o *método seco e o método úmido.*

O primeiro foi empregado principalmente pelo Comandante Darget, que embrulhava uma placa sensível num primeiro invólucro de papel impresso ou manuscrito, depois num segundo invólucro de papel preto e, por último, num terceiro invólucro de qualquer papel. Assim preparada, a placa era colocada sobre a testa ou sobre o epigastro, durante uma ou duas horas. Revelada num revelador comum, nela aparecia o que estava escrito na primeira folha. E essa escrita era positiva ou negativa, e às vezes colorida de vermelho, amarelo, verde, azul, violeta.

Segundo o Comandante Darget, esse resultado era produzido pelo fluido vital. Mas ele teve que renunciar a tal hipótese porque não tardou que G. de Fontenay, de Saint-Albin e Warcollier demonstrassem experimentalmente que o fenômeno se reduzia a um simples decalque devido a ações físicoquímicas: calor, umidade, secreções de suor etc.

O Dr. Baraduc empregou um processo, que considerou diferente daquele: uma pessoa era colocada num campo eletrostático com uma placa sensível na testa; depois outra pessoa aproximava a mão da placa. Toda e qualquer centelha era evitada e, afirma o Dr. Baraduc, "como a eletricidade não pode atravessar o vidro da chapa, somente a força vital seria capaz de penetrá-la e impressionar lhe os sais de prata."

Na realidade, e muito ao contrário do que pensava o Dr. Baraduc, a experiência levada a efeito pelo seu processo não se diferenciava em nada do processo do Comandante Darget, sendo ainda por cima "agravado" pelo emprego dum campo elétrico. Assim as críticas aplicadas ao primeiro processo também são aplicáveis ao segundo.

Então, com a finalidade de responder a essas críticas — que não tardaram a ser feitas — o Dr. Baraduc empregou outros métodos: ou a chapa era protegida por um chassi de madeira, ou a mão era colocada a uma certa distância da placa.

Após qualquer desses processos, as chapas eram mergulhadas demoradamente no banho revelador.

O Dr. Baraduc obteve assim imagens as mais diversas, espécies de halos que ele denominou "bolas mentais", "emanações fluídicas", "elementos de vida" etc. Uma das fotografias pertencentes à categoria dos halos foi feita em Lourdes. O Dr. Baraduc colocou uma chapa sensível dentro do seu chapéu e acabou obtendo no positivo uma grande mancha, que ele batizou de "a radiação do Santíssimo Sacramento por ocasião duma cura milagrosa!"

Ora, aquelas imagens, segundo explicou G. de Fontenay, decorriam do ato assaz demorado da revelação. "Pode-se sempre fazer aparecer alguma coisa numa chapa fotográfica, nem que seja o véu da fabricação", escreve o perspicaz metapsiquista. "Durante uma revelação a fundo, isto é, excessiva, podemos manifestar todas as ações fracas, a do papel, a dos vapores metálicos, as mecânicas etc., que geralmente passam despercebidas quando a chapa sofre um tratamento normal."

Os métodos por via úmida constituem em colocar dentro dum revelador uma chapa fotográfica virgem, com gelatina para cima ou para baixo, e pôr a mão em cima ou a certa distância da chapa. Após um tempo que varia de 15 a 30 minutos, a chapa é retirada do banho, e então se constata que ela apresenta uma espécie de fotografia da mão com eflúvios e auréolas.

Mas essas impressões de pretensos "eflúvios magnéticos" só se produziram por causa de variações térmicas ou de outras causas físicopsíquicas. Declara G. de Fontenay que a prova mais típica, à qual convém sempre se referir em questão de fotografia paranormal, foi fornecida por Paul Yvon. "Ele aplicou simultânea- mente uma mão de cadáver e uma mão viva sobre diversas chapas fotográficas, ora do lado do vidro ora do lado da gelatina, e ora na escuridão completa ora na luz vermelha etc. A mão viva deu os famosos eflúvios, que já conheceis; a mão morta não deu nenhum. Então se aqueceu a mão morta a uma temperatura de 35 graus centígrados entretida de modo constante por meio dum reservatório de acetato de sódio. E, segundo nos informa Paul Yvon, nessas novas condições as impressões obtidas com a mão morta reaquecida foram mais ou menos tão acentuadas e tão nítidas quanto as resultantes da mão viva."

O Dr. Menager, retomando as experiências de fotografias fluídicas, faz-lhes uma crítica notável (*Revue Métapsychique*, n.º 2, 1926, e n.º 3, 1928). Mostra, apoiando-se em provas, que os eflúvios cuja imagem se fixa na chapa são falsos eflúvios condicionados pelo calor agindo ao mesmo tempo como calor e força motriz.

Empregando um ou outro dos dois métodos de fotografia fluí- dica, obtêm-se às vezes não somente halos, isto é, manchas mais ou menos informes, mas também imagens que lembram um objeto de forma determinada. Se o experimentador pensar antes nesse objeto (aquele que virá a ser reproduzido), não se deixará de estabelecer uma relação de causalidade entre as duas categorias de fatos e se falará em "fotografia do pensamento". Foi assim que o Comandante Darget afirmou haver obtido a imagem de uma cabeça de águia, duma bengala e duma garrafa.

"Peguei numa garrafa vazia", escreve ele, "larguei-a e depois peguei numa chapa fotográfica, enfiei-a no banho e toquei-a do lado do vidro e não do lado da gelatina. Pensei primeiro numa mesa, depois passou por meu pensamento a ideia duma cadeira, que logo esqueci, para me ficar lembrando apenas da garrafa que eu acabara de pegar. Ora, foi assim que obtive a imagem de garrafa. A fotografia da bengala foi feita em Vouziers. Trata-se duma bengala de castão bicudo, da qual eu me servia habitualmente. Eu a colocara no meu gabinete onde em geral faço meus trabalhos noturnos de fotografias. Quanto à água, eis como isto se ocorreu: Mme. Darget estava no meu escritório, recostada num canapé. Por volta das 10 horas da noite eu lhe disse: "Vou apagar a lâmpada e tentar fazer um clichê fluídico em cima da minha testa. E vou lhe passar outra chapa, para você fazer o mesmo." Passei-lhe logo a seguir a chapa, que ela segurou com as duas mãos a cerca de um dedo transverso acima da sua cabeça. Daí a alguns minutos, dez mais ou menos, ela me disse: "Creio que cochilei, estou muito cansada e vou me deitar". E no escuro, tateando, devolveu-me a chapa.

"Fui revelá-la imediatamente, e tive a surpresa de ver essa espantosa figura, uma cabeça de águia."

Também, em tais casos, aquelas imagens resultaram de revelações puxadas a fundo, isto é, exageradas, mero efeito físicoquímico da mão que segurava ou que tocou a chapa. E a analogia com objetos pensados não passa de pura coincidência. Mesmo porque não raro em tais imagens difusas geralmente se vê aquilo que se deseja que ali apareça. Assim é que, tendo o Comandante Darget renovado a experiência da garrafa, obteve depois na prova uma garrafa. "Mas no dia seguinte", confessa ele, "quando a passamos para papel ficamos perplexos porque a imagem do positivo reproduzia a imagem duma mulher com uma coifa característica."

No entanto, convém assinalar que se essas diferentes experiências foram mal interpretadas, não invalidam em absoluto que o corpo humano emita uma radiação; sem dúvida muito fraca, porém mensurável. Podemos detectá-la por meio dum cristal de iodureto de potássio, pois tem a propriedade de cintilar quando é batido por um raio *gama*. Se esse cristal estiver no escuro, a luz emitida pela diminuta centelha poderá ser convertida numa impulsão elétrica mediante um tubo fotomultiplicador. Já constatamos, assim, que 250 átomos pelo menos de corpos radiativos derivados do rádium e 200.000 átomos de potássio explodem cada minuto no corpo do homem, emitindo radiações. Além disso, utilizando outros métodos, já vimos que o corpo humano é, cada minuto, a sede de 190.000 desintegrações do carbono 14.

## *A Fotografia Chamada Paranormal*

Como a chapa sensível, também o aparelho fotográfico pode ser uma fonte de ilusões. Os dois principais erros resultantes do seu emprego são: ou a imagem desdobrada ou a dupla exposição.

A imagem desdobrada produz perto da imagem do indivíduo fotografado uma silhueta mais ou menos transparente que foi considerada por numerosos autores — Durville, de Rochas, Lancelin, Delanne etc. — como sendo o "duplo fluído exteriorizado".

Causas múltiplas são suscetíveis de produzir tal fenômeno. O mais comum é um orifício minúsculo no fole da máquina fotográfica. Um deslocamento lateral da pessoa, acompanhado duma exposição dupla, pode igualmente dar um "corpo astral exteriorizado".

Com a exposição dupla empregada conscientemente entramos no domínio da trapaça propriamente dita.

Suponhamos que o mistificador queira produzir um fantasma ao lado duma pessoa real. Colocará um modelo vivo, ou um manequim, revestidos de panos claros, num fundo escuro de local pouco aclarado. Fará então um instantâneo bem rápido da cena. Em seguida se servirá da chapa ou da película assim preparadas para fotografar o "cliente" que deseja obter ao seu lado uma forma paranormal. É claro que terá preparado, a fim de se servir delas segundo as necessidades, placas com fantasmas de crianças, de mulheres, de homens, e até mesmo de animais.

É mais difícil conseguir o retrato dum fantasma reproduzindo os traços de determinada pessoa do que a imagem dum fantasma anônimo. Um certo "fiou", obtido mediante uma pose voluntariamente imperfeita, permite sugerir semelhanças que bastem para contentar o "trouxa". E, caso o trapaceador haja arranjado uma fotografia da pessoa a ser evocada, ou mesmo uma estampa representando-a, a semelhança então evidentemente será mais do que satisfatória. Pois a cabeça do manequim terá sido substituída pela da fotografia ou da estampa originais. O caso pode suceder se o visitante ou cliente que deseja uma forma supranormal for conhecido do fotógrafo-médium ou uma personalidade famosa, caso em que será fácil arranjar nos jornais e revistas fotografias suas.

Buguet, que há tempos entreteve a crônica metapsíquica e judiciária, abusou sobremaneira do processo descrito acima. Possuía, se assim podemos dizer, uma certa consciência profissional, pois fornecia aos seus clientes fantasmas honestos respondendo à tradição, isto é, com cabeça, cara, corpo e membros; tudo abundantemente envolto em véus ou panejamentos e que surgiam imponentes ao lado do consulente. Já os numerosos mistificadores de agora, pelo contrário, não têm mais esse cuidado "profissional" e nem sempre produzem fantasmas completos envoltos em véus. Limitam-se a fazer aparecer na chapa fotográfica cabeças que parecem provir de decapitados, bustos que dão a impressão de ter sido cortados com tesoura, tão retilínea lhes é a base. Além disso, tais figuras são "aplicadas" perto do retratado, mas parecendo voltejar no espaço. Não há dúvida que resultam, sem discussão possível, duma exposição dupla, a segunda com o aproveitamento de figuras recortadas.

Às vezes, no entanto, os "extras" parecem provir duma formação ectoplásmica ou dum desprendimento fluídico emitido do consulente ou do médium. Uma trança feita de algodão em rama, um pedaço de tule envolvendo grosseiramente o rosto ou o busto a lazer aparecer, um pouco de giz branco, de espuma de sabão, um halo produzido por uma substância química, constituem os ingredientes para tais efeitos.

Se, conforme sucede com frequência, a imagem utilizada para obter o "extra" é uma estampa recortada duma revista, a trama aparece na fotografia e o estratagema se torna patente. Assim é que uma trama bastante perceptível aparece numa pretensa fotografia supranormal obtida de Sir Conan Doyle pelo médium Hope, e que o ilustre autor das aventuras de Sherlock Holmes resolveu submeter ao controle do *Instituto Metapsíquico Internacional.*

Contudo, os falsificadores, quando hábeis, fazem desaparecer a trama graças ao emprego criterioso de cera, de pó de grafite ou, melhor ainda, com a ajuda dum decalque prévio sobre papel recoberto com parafina.

Além do acima exposto, no caso das fotografias supranormais além das chapas ou das películas, todo material empregado pode ser "preparado" *ad hoc.* A câmara fotográfica; a objetiva do aparelho que sacará a imagem supranumerária; o chassi, no qual um dos tampos, impregnado com matéria fosforescente, impressionará a chapa; bem como as cortinas que servem de fundo por ocasião da tomada da fotografia, poderão esconder algum artifício. É fácil pintar nelas silhuetas com soluções de sulfato de quinino, de eosina, de fluoresceína, ou com decocções de cascas de castanhas da Índia, de freixo etc. Invisíveis ao olhar, todavia elas aparecem na chapa se a fotografia for feita com luz produzida por um cartucho de magnésio.

A fim de mostrar exatamente quanto é difícil nos garantirmos da fraude em matéria de fotografia psíquica, um engenheiro inglês, Mac Carthy, realizou há tempos uma experiência assombrosa. A comissão encarregada de dirigir e de fiscalizar a experiência em questão compreendia alguns metapsiquistas, um fotógrafo profissional e uma pessoa diplomada pela Universidade de Cambridge.

Mac Carthy aceitou sem discussão as exigências que lhe foram impostas: a escolha pela comissão do local onde deveria realizar- se a experiência; a compra do aparelho fotográfico ser feita pela comissão, bem como a compra das chapas; absoluta interdição de tocar nas chapas e no aparelho antes, durante e após a experiência.

Todas essas condições foram escrupulosamente respeitadas. Também as tomadas das fotografias foram feitas pelos experimentadores com chapas previamente marcadas por eles; e durante as manipulações o engenheiro, antes revistado, teve que permanecer confinado num canto da sala, com os punhos algemados.

Contudo, apesar dessas medidas draconianas, Mac Carthy impressionou as chapas após haver indicado quais seriam os negativos sobre os quais ele exerceria a sua ação e em que partes deles apareceriam "figuras de espíritos". Além disso, dois dos "extras" foram reconhecidos como sendo respectivamente a mãe e um parente de dois dos assistentes.

E, fato mais extraordinário ainda, tendo a comissão pedido que um versículo da Bíblia aparecesse inscrito na chapa, e em língua chinesa, a inscrição escolhida apareceu efetivamente, e na língua do então Celeste Império sobre a chapa determinada.

Todos esses prodígios evidentemente dão a impressão do paranormal e parece mesmo que a realização deles ultrapassa os poderes da prestidigitação. Pois tal não ocorreu, conforme ressalta das explicações fornecidas depois pelo próprio Mac Carthy.

Primeiramente, os "extras" foram obtidos graças a um minúsculo aparelho projetor de raios ultravioletas da forma e do tamanho dum dedo mínimo.

O aparelho dissimulado escapou à fiscalização e, durante a revelação das chapas, ele foi fixado na face inferior do dedo indicador e do dedo médio mediante um anel de borracha cor de carne. Na luz vermelha muito atenuada, o aparelho era totalmente invisível.

A fim de impressionar as chapas, Mac Carthy arranjou jeito de, ao fazer algumas observações banais, apontar o dedo indicador na direção das chapas ao mesmo tempo que acendia o aparelhinho cujo fluxo actínico era invisível.

O filme projetado (preparado de antemão) era um microfilme do qual cada imagem atingia apenas as dimensões duma cabeça de alfinete. As imagens haviam sido extraídas de antigos álbuns fotográficos e o experimentador escolhera fotografias que apresentavam alguma semelhança com os pais já falecidos de dois fiscalizadores, parentes que, aliás, Mac Carthy ou conhecera outrora ou lhes vira retratos ou anotara descrições a respeito dos mesmos. Quanto ao versículo da Bíblia impressa em chinês, havia sido descoberto num livro por Mac Carthy, que o microfotografara. Graças a sagazes sugestões, e segundo os processos de ordem psicológica empregados pelos prestidigitadores, tal versículo havia sido, na verdade, imposto pelo falso médium mediante conversas anteriores: mas os membros da comissão foram tão bem tapeados que se mostravam convencidos que a escolha partira deles. O mesmo, quanto à exigência de o versículo ser em chinês.

De fato, os processos de sugestão que, segundo o termo empregado em prestidigitação, permitem a "escolha forçada", nem sempre são deferidos; ainda assim, todo prestidigitador sagaz procura meios e modos de armar subterfúgios para evitar um "não" categórico, debatendo o assunto indiretamente. Assim, nos trâmites anteriores à experiência citada, um eclesiástico propusera que o texto aparecesse em hebraico, e Mac Carthy já tomara as medidas para mudar as baterias quando, sob hábeis insinuações, outros experimentadores julgaram que seria mais difícil fazer o versículo aparecer em chinês.

A lição que convém tirar desta extraordinária experiência é que toda prudência jamais será demasiada na questão da fotografia supranormal. O fato de serem obtidos "extras" em condições aparentemente rigorosas não é um critério suficiente para se conferir às ditas fotografias um caráter paranormal. O exame minucioso das provas muitas vezes conseguirá conhecer melhor a falsificação do que o conseguiria o fato de se reconhecerem as modalidades para a sua obtenção. De resto, essas modalidades às vezes são de difícil conhecimento pela leitura apenas das atas que relatam as experiências; porque, se o relator não for ele próprio prestidigitador, na certa lhe escaparão os gestos suspeitos e as manipulações invisíveis que cooperam nas realizações ou que as propiciam.

Mesmo se seguirmos com a maior atenção os movimentos do ilusionista (que se apresenta como tal ou sob uma etiqueta qualquer de médium) é quase impossível, mormente se nós próprios nada ou pouco entendemos de prestidigitação, dizermos após a sessão se ele fez tal ou tal gesto; se, por exemplo, segurou um objeto com a mão direita ou com a esquerda. Ora, a importância dum pormenor desse gênero pode ser muito grande, pois certos truques de prestidigitação como "a chuva de prata", "as cartas na manga", certas mistificações de falso mediunismo se baseiam quase exclusivamente no princípio da substituição. A tal propósito, o prestidigitador Albers propõe um diálogo típico mostrando bem que o espectador sempre negligencia algum detalhe decisivo numa série de gestos:

*O espectador:* — O objeto não deixou a minha mão!

*O ilusionista:* — Tem certeza?

*O espectador:* - Se tenho! Absoluta!

*O ilusionista:* — Muito bem. E de que maneira o segurava?

*O espectador:* — Ora! Dentro dum fular.

Geralmente, explica o prestidigitador Albers, eu paro aí, na minha investigação, dando-me por suficientemente informado; mas se levar mais avante o diálogo, acabo chegando ao resultado seguinte:

*O ilusionista:* — E quem foi que pôs o objeto no fular?

*O espectador:* — Ora! Foi o próprio operador.

*O ilusionista:* — No entanto, nem que fosse por um segundo, o objeto deixou as suas mãos.

Ora, o crédulo espectador ignora que aquele segundo bastou, e muito, para preparar o mistério.

Em todo caso, após havermos examinado atentamente grande número de fotografias com "extras" (feitas em França ou nos países anglo-saxônicos), chegamos à conclusão de que nenhuma delas apresentava um caráter paranormal. Em nossa opinião, a fotografia chamada supranormal é uma fraude, ou não passa duma ilusão. Eis por que motivo não abrimos um capítulo sobre a fotografia autenticamente paranormal.

É claro que as fotografias de formações ectoplásmicas, sejam reais ou falsificadas, não entram nesta categoria. Essas formações às vezes são vistas pelos assistentes e fotografadas.

CAPÍTULO XIII

# AS CASAS MAL-ASSOMBRADAS

Os fenômenos que se produzem ou que parecem produzir-se nas casas chamadas "mal-assombradas", em geral não envolvem problemas diferentes dos que a metapsíquica nos propõe. Objetos deslocam-se ou parecem deslocar-se sozinhos, ruídos inexplicáveis se fazem ouvir, fantasmas aparecem, toda sorte de fenômenos físicos, sem causa aparente, se sucedem.

Os objetos deslocados podem ser móveis mais ou menos maciços, ou utensílios de cozinha, que muitas vezes se arremessam e se quebram. Os lençóis, as colchas e os cobertores são arrancados violentamente das camas, e estas por sua vez viradas. As portas e as janelas abrem-se e fecham-se sozinhas. As vezes as campainhas se agitam ruidosamente, mesmo quando sem cordões. Ou então pedras são atiradas, percorrem trajetórias insólitas, caem devagar não obstante a lei da gravidade e terminam o seu percurso num ponto exato e sem saltar, como se fossem transportadas por invisível mão; às vezes são quentes e chegam a arder. Os ruídos escutados vão do simples estalido até a barulheira ensurdecedora. Como os *raps* das sessões mediúnicas, costumam ser imitativos, lembram o ruído provocado pela queda dum móvel ou duma panela, por uma porta ou uma veneziana que bate, por correntes arrastadas pelo chão, por uma serra que corta um pedaço de madeira etc. Outras vezes se trata de ruídos mais ou menos furtivos, com um frufru de vestido. Em certas circunstâncias, as testemunhas de assombramentos ouvem ou creem ouvir soluços, gemidos, murmúrios, vozes humanas, cantos, concertos musicais.

Tais ruídos são objetivos ou subjetivos. No primeiro caso, sua produção acha-se ligada a uma causa física ou mecânica. No segundo, essa causa não existe. Assim, o ruído duma porta que se abre pode acompanhar a abertura real da porta. Já, pelo contrário, um ruído de louça que se quebra pode-se fazer ouvir e a louça vir a ser encontrada intata.

Ao que parece, os fantasmas das casas assombradas revestem sempre uma forma humana. "Longe de se mostrarem rodeados por um lençol ou por uma mortalha espectral", escreve Ernesto Bozzano, "os fantasmas visualizados" vestem roupas da época em que viveram. Geralmente se apresentam dum modo tão realista que se poderia crer que estão vivos; outras vezes se mostram distintamente, porém algo transparentes; sucede, ainda, que eles não são mais do que sombras, porém com forma humana. Não raro somem como se acaso evaporassem no próprio local onde apareceram; ou então desaparecem transpondo uma parede ou uma porta fechada. Ou caminham pelo chão, ou deslizam flutuando no ar. Na maior parte dos casos se manifestam durante uma longa série de anos, com intermitências, com longas pausas e, em certas circunstâncias, em determinadas datas fixas. Mas também acontece que a duração do fenômeno não ultrapassa alguns meses ou mesmo apenas alguns dias. Sua manifestação quase sempre é precedida pelo sentimento vago duma "presença" que se apodera do percipiente e o faz voltar-se para o lado onde se acha o fantasma; caso este se aproxime, o percipiente tem a sensação duma espécie de vento gelado. Um dos traços característicos que os fantasmas apresentam mais frequentemente é a sua aparente indiferença para com os vivos que os contemplam; ou, melhor, sua aparente ignorância quanto ao ambiente onde evoluem. Sobem uma escada, percorrem um corredor, penetram num quarto sem nenhuma finalidade manifesta e sem se importarem com as pessoas que ali se acham. Ou, então, aplicam-se em qualquer função doméstica, fazem gestos de desespero, acocoram-se ao lado do fogo, em condições evidentes de "ausência psíquica", como se as ações que realizam se desenrolassem por automatismo sonambúlico. Tudo isso não impede absolutamente que esta regra comporte certo número de exceções nas quais o fantasma demonstra que se dá conta dos assistentes e aos quais se dirige intencionalmente, às vezes por meio de gestos e de palavras."

Enfim, entre os outros fenômenos que de quando em quando seriam observados durante os assombramentos, podemos assinalar fulgores mais ou menos difusos, sensações de peso ou de pressão sobre qualquer parte do corpo, impressões de frio glacial, contatos desagradáveis de mãos que deixam marcas de queimaduras, cheiros fétidos, cadavéricos, ou, pelo contrário, suaves, como o perfume das violetas.

Sem dúvida, nessas estranhas e incríveis manifestações pode haver e certamente há mesmo, em muitos casos, conforme veremos mais adiante, uma parte de embuste, de gracejos dum gosto duvidoso, de fabulações, de coincidências fortuitas, ou de fatos naturais interpretados sob o ângulo de fenômeno paranormal. Mas muito provavelmente essas causas de erros não podem, somente elas, explicar todas as assombrações. Conforme diz muito justamente Jacques Chevalier, reitor da *Faculdade de Letras* de Grenoble, "a crença muito generalizada e persistente nos fantasmas e nas almas do outro mundo pareceria dificilmente inexplicável se fosse desnudada de todo e qualquer fundamento real. Portanto, os fatos devem ser examinados imparcialmente."

Ora, esses fatos foram observados com exatidão e é fácil encontrar a respeito deles narrativas nas revistas metapsíquicas ou nas obras de Lombroso, Sir Ernest Bennett, Carington, Bozzano, Flammarion, Thomas Bret, Emile Tizané etc.

Mas, infelizmente, o exame crítico dos fenômenos nessas revistas ou nessas obras nem sempre é feito de maneira satisfatória. Assim é que na maioria das vezes as testemunhas das assombrações não foram submetidas a inquéritos sérios, de ordem psicológica, de modo a se fixar aproximativamente o grau de credibilidade que se pode conceder a tais relatos.

Contudo, os relatos de assombração que vamos ler, o de Mlle. Renaudot e os do comandante de gendarmeria Emile Tizané, escapam a esta objeção. Eis por que motivo os escolhemos.

## *Observação de Mlle. Gabrielle Renaudot*

Eis aqui um relato de assombração certamente autêntico quanto aos fatos observados. É da autoria de Mlle. Gabrielle Renaudot, que mais tarde se tornou Mme. Camille Flammarion.

Mille. Renaudot foi convidada em abril de 1918, pelo Dr. Bonnefoy, um viúvo que se casara de novo, a vir passar alguns dias em Cherburgo no prédio n.° 13 da Rue de la Polle. Coube-lhe um quarto contendo inúmeros objetos que tinham pertencido à falecida Mme. Bonnefoy, e em particular a cama na qual ela havia morrido. Laços de profunda afeição haviam unido Mme. Bonnefoy e Mlle. Renaudot.

"Sucedeu", escreve Mlle. Renaudot, "que eu recebi senão o quarto de Mme. Suzanne Bonnefoy, pelo menos a sua cama transportada das rés do chão, onde ela falecera, para um quarto no primeiro andar, que tinha sido, outrora, o seu quarto de solteira. Tratava-se duma grande cama breta, muito antiga, de madeira esculpida. Uma cama belíssima coberta por um docel guarnecido de tapeçaria. Todo o quarto apresentava móveis antigos e artísticos: criados-mudos, armários, genuflexório etc. Diante da cama, na parede, um retrato de Mme. Bonnefoy, uma reprodução fotográfica de admirável e surpreendente semelhança.

"Fiquei muito impressionada. A lembrança do passado me voltava constantemente. Eu revia a minha amiga ao tempo em que parecia tão feliz, levando uma vida ao mesmo tempo ativa e harmoniosa, inteiramente consagrada ao bem. E eu a imaginava também tal como devia ter sido naquela mesma cama que durante dois dias e três noites fora o seu leito mortuário.

"Na primeira noite, de 25 para 26 de abril, não consegui dormir, sempre pensando nela, no passado e no presente daquela casa. Aliás, eu não estava passando muito bem, sentia-me um tanto indisposta.

"No dia seguinte procurei reagir, fui deitar-me às 23 horas e consegui dormir afugentando minhas recordações.

"Às 4 horas da madrugada do dia 27, um barulho formidável me acordou. À esquerda da cama ouvi crepitações terríveis que se propagavam pelos criados-mudos e, enfim, pelo quarto inteiro. Depois, estalidos menores, como passos duma pessoa se revirando numa cama, ressoaram par diversas vezes. A madeira da minha cama também começou a ranger, até que escutei ruídos de passos leves partindo do lado direito onde Mme. Bonnefoy costumava permanecer ouvindo o marido tocar órgão ou piano, pois era excelente virtuose.

"Aqueles ruídos me impressionaram de tal maneira que o meu coração se pôs a bater; senti-me como que sufocada e com a mandíbula em trismo. No auge da emoção, levantei-me, acendi uma vela e fui sentar-me na tampa duma cêsta que se encontrava diante da porta que dava para o patamar. E comecei a refletir sobre a causa e a proveniência daquele barulho que, aliás, aumentava. Não consegui descobrir nada.

"Às 5 horas, tomada de pânico e confusão, não aguentei mais e subi a fim de chamar a cozinheira, Matie Thionnet, cujo quarto era no terceiro andar. Ela desceu comigo; mas no quarto já reinava silêncio. Talvez não seja inútil acentuar que o temperamento da cozinheira jamais se coadunara com o de Mme. Bonnefoy.

"Lá pelas 6 horas da manhã o doutor levantou-se, no segundo andar, e foi para o banheiro. O barulho que ele fez ao levantar-se não se assemelhava em nada aos ruídos que eu ouvira uma hora antes. Nem os seus passos dum cômodo para outro.

"Durante o dia tratei de procurar uma explicação para aqueles ruídos. Seria de gatos? De ratos subindo pelas paredes? Examinei a parede do lado esquerdo, perto da cama. Era uma parede grossa, guarnecida inteiramente de ardósias, lisa, dando para um pátio. Superfície ruim para gatos e ratos. Examinei também a parede da frente da casa que dava para a Rue de la Polle. Era como a parede a que já me referi. De mais a mais, os ruídos em nada se poderiam assemelhar aos produzidos por tais bichos.

"No sábado, fui deitar-me às 23 horas menos um quarto. Sentia-me inquieta e nervosa. Às 23 horas os ruídos começaram, iguais aos da madrugada. Assustadíssima, subi depressa em busca da cozinheira. Ela desceu e se deitou na minha cama, ao meu lado. Deixamos acesas as duas velas. Durante meia hora os ruídos prosseguiram. Tratava-se de formidáveis estalidos na parede do lado esquerdo e de pancadas em cima ou atrás do retrato de Mme. Bonnefoy. Pancadas tão fortes que temíamos que o quadro caísse. Ao mesmo tempo ouvimos passos atravessando o quarto. A cozinheira ouviu-os tão bem quanto eu e ficou impressionadíssima. Era uma aldeã de 26 anos de idade. Às 23 horas e meia os ruídos cessaram.

"Tais manifestações sendo extremamente desagradáveis devido a qualquer mistério incompreensível e ao seu aspecto de surpresas intermitentes, no dia seguinte me pus a fazer considerações, isolada em mim própria e, supondo que a falecida podia estar associada a isso já que os fenômenos se passavam em sua casa, supliquei-lhe mentalmente que me poupasse tão angustiantes emoções.

"Permaneci naquela casa até o outro sábado, dia 4 de maio. Não tendo ouvido mais nada e havendo recobrado a calma, então solicitei à morta que esclarecesse de qualquer maneira se acaso ela desejava de mim qualquer coisa. Porém nada me foi dado observar, não obstante o meu desejo (misturado de pânico) de obter, se possível, a explicação de tão estranhas manifestações."

Eis agora o relato da cozinheira Marie Thionnet:

Por volta das 5 horas da manhã de 27 de abril de 1918, Mlle. Renaudot foi me procurar no meu quarto a fim dei que eu a ajudasse a descobrir a causa dos ruídos que ela ouvia no seu quarto. Desci, e não percebi nada.

"Na noite seguinte daquela mesma data, um pouco depois das 23 horas, Mlle. Renaudot foi outra vez buscar-me para descobrirmos juntas o motivo daqueles ruídos que haviam desaparecido. Desci com ela, e eis o que observei:

"Ruídos atrás do criado-mudo, como se alguém arranhasse a madeira. Depois, como se alguém deslizasse depressa pelo assoalho, desde ali até a porta. E também pancadas fortes atrás do retrato de Mme. Bonnefoy. Aqueles ruídos duraram meia hora, mais ou menos. Confesso que senti muito medo, sem conseguir conter-me, a ponto de os meus dentes rilharem.

"Havia duas velas no quarto, e nós duas estávamos perfeitamente acordadas, referindo-nos em voz alta aos ruídos e localizando-os à medida que eles se produziam.

"Na noite seguinte, a pedido de Mlle. Renaudot, que não ousava permanecer sozinha no quarto estando ainda de tal maneira impressionada, tornei a descer e me deitei ao seu lado na cama. Ouvi ainda uns ruídos fracos, porém senti muito menos medo. Aliás, acabamos dormindo bem, pois tudo cessara. Parecia-me, aliás, que a minha presença molestava aqueles ruídos, pois com a minha chegada eles se foram atenuando até que desapareceram. Mas, pelos poucos que pude ver perfeitamente, achei-os muito desagradáveis, ficando bastante impressionada. Dormi ainda na i ama de Mme. Bonnefoy, ao lado de Mlle. Renaudot, nas noites cia segunda, terça e quarta-feira; porém não ouvimos mais nada. Felizmente, pois eu não queria se repetisse o susto por que passei naquela meia hora de 27 de abril".

A propósito destas descrições, não é inútil fazer observar que Mlle. Renaudot, então jovem astrônoma do observatório de Juvisy, excelente matemática, secretária do Conselho da *Sociedade Astronômica de França,* diretora do seu boletim mensal, membro da *Associação dos Jornalistas Parisienses,* redatora de diversas revistas científicas, estava acostumada com as ciências exatas e se mostrava muito cética quanto aos fenômenos psíquicos. Além disso, circunstâncias comuns não a impressionavam. Pois bem, jamais tendo conhecido o que fosse o medo, passando noites inteiras na solidão das observações astronômicas debaixo da cúpula silenciosa, atravessando sozinha à meia-noite as avenidas solitárias dum parque e ruas e mais ruas obscuras, naquela noite, e isso a única vez em toda a sua vida, sentiu um pavor medonho!

Por sua vez, a cozinheira Marie Thionnet era pessoa calma, sem inclinações para misticismo.

# *Relatos de Gendarmes*

Eis agora alguns trechos de interrogatórios ou de cartas de gendarmes que tiveram que intervir em casos de residências mal-assombradas, todos eles se metendo a investigar certos de que descobririam logo a chave do enigma, isto é, a mistificação, pois tal classe não acredita em absoluto no sobrenatural. Estes documentos foram recolhidos com muitos outros do mesmo gênero pelo comandante de gendarmeria Emile Tizané e que, aliás, observou, ele próprio e *de visu,* fenômenos de assombração.

Os lugares e os departamentos são indicados por suas iniciais.

J. (M., 1934).

Trecho da carta dirigida ao comandante de gendarmerie Tizané pelo chefe de brigada de gendarmeria de B...

"... Naquela noite mesmo, designei dois gendarmes para que fossem ver o que se passava naquela casa. Na manhã seguinte eles vieram comunicar-me os trâmites da sua missão. Porém, não eram mais dois gendarmes que eu tinha diante de mim, pois estavam transformados em autômatos. Como todo mundo, haviam escutado ruídos e pancadas, ora dum lado ora de outro. Impossível me foi extrair deles quaisquer outros esclarecimentos sobre essa história incrível que assim continua impenetrável."

A. (V., 1935).

Trecho do comunicado n.º 11 de 8 de janeiro de 1935. Brigada da gendarmeria de A.

M. M. J. declara: "Algo de anormal se passa no meu domicílio. De noite, a partir das 21 horas, uma mão invisível bate pancadas na parede de separação dos quartos."

Os gendarmes escrevem: "O agente de polícia J., interrogado às 12 horas, declarou-me que com efeito, na noite de 7 de janeiro foi ter à residência de M. M. J. e que ouviu golpes na parede; mas que, revistados os cômodos, não conseguiu determinar a causa dessas manifestações."

V. (S., 1945).

Trecho do relatório do brigadeiro de polícia L. ao comissário de polícia de V., na data de 13 de março de 1945:

"... Inesperadamente, em plena luz, os guardas L. e L. viram nitidamente uma cadeira mudar de lugar sem que ninguém tocasse nela."

M. (M. e M., 1946).

Trecho do inquérito n.º 29 de janeiro. Brigada da gendarmeria de J. Os gendarmes investigadores escrevem:

"Às 20 horas e 45 minutos, a porta foi sacudida violentamente, como se alguém lhe segurasse a maçaneta. Com as nossas lâmpadas portáteis iluminamos imediatamente a porta, de ambos os lados, e nada conseguimos descobrir traindo a presença dalgum indivíduo ou qualquer artifício capaz de sacudi-la. O mesmo fenômeno se produziu às 21 horas e um quarto e às 21 horas e meia. Porém, menos violento do que na primeira vez. O barulho podia ser escutado duma distância de 200 metros, pelo menos. Podemos certificar que nenhum indivíduo foi visto nem pressentido nas proximidades." S. (N., 1946).

Trecho da carta dirigida a 19 de agosto de 1946 ao comandante de gendarmeria Tizané pelo Brigadeiro de polícia de S.

"... Visto isso, tomei a decisão de colocar um agente junto da janela, do lado de fora da casa D. E eu permaneci rente à janela, mas do lado de dentro. Os golpes recomeçaram, estremecendo e sacudindo a janela, porém não vimos nada, não vimos ninguém. Ficamos cerca de meia hora vigiando a janela, e durante todo esse tempo golpes violentos foram batidos diversas vezes e com tanta força que uma das venezianas fechadas se abriu violentamente. Após isso, revistamos outra vez a casa e não encontramos o menor indício."

## *A Fantástica Aventura de Madame V.*

Esta extraordinária assombração, cujo relato devo a Madame V., que concordou em confiar-me as suas notas escritas dia a dia, isto é, à medida que se desenrolavam os fenômenos e que, por sugestão minha, tentou algumas corajosas experiências, teve por teatro um casarão do século XVII, "O Priorado", em S., antiga residência do prior de S., chefe duma comunidade religiosa expropriada pela Revolução.

Mme. V. tendo-se mudado para essa espécie de solar, com seus dois filhos (respectivamente de 20 e 30 anos de idade e que designarei como faço para a mãe deles, por seus prenomes, Jean e Gaston), quatro dias depois viu um fantasma no seu quarto de dormir que havia sido o mesmo do prior. Escreve ela:

"Ah! O que se passou desde aquela noite de 10 de julho de 1955 em que pela primeira vez vi intrometer-se no meu quarto uma sombra confusa, formada de nevoeiro opaco e atrás da qual parecia haver uma luz!?...

"Aquela sombra, de forma humana, tinha um vestido comprido e uma pelerine e estava com a cabeça coberta por uma cógula. Avançou lentamente na minha direção. Sentei-me no leito tomada de pânico, sentindo a garganta seca. Apesar da impressão de frio, dei em suar, assim encostada na parede como se o terror que me invadia me aferrolhasse ali.

"A sombra dirigiu-se até diante da chaminé e em seguida se ajoelhou. Ouvi o ruído dos seus joelhos de encontro ao assoalho. Por três vezes ela se prosternou, de mãos juntas, em atitude de imploração. Após permanecer muito tempo ajoelhada, prosternou- se de novo três vezes, depois se levantou devagar e se encaminhou para a porta que dava para um pequeno gabinete contíguo à alcova. Passaram-se alguns segundos e então escutei muito bem o barulho como que da queda dum corpo sobre os ladrilhos do gabinete.

Meu estado de pânico era indescritível, meu coração batia desordenadamente, todo o meu sangue afluía para as minhas têmporas. Felizmente, porém, rompeu o dia e pude descer para o parque. Tudo estava tão calmo e radioso naquela manhã de verão que cheguei a perguntar-me se eu não teria sonhado, se eu não havia sido o joguete dum pesadelo ou duma alucinação."

A ideia de sonho alucinatório se foi impondo cada vez mais a Mme. V. porque durante as semanas que se seguiram nenhum fenômeno anormal ocorreu no Priorado.

"Eu já me censurava por haver de tal forma perdido o meu sangue frio", continua Mme. V., "quando uma noite a porta do meu quarto se abriu sozinha dando passagem àquela forma que tanto me aterrorizara a primeira vez. Não obstante me haver prometido ser calma e lúcida, senti apoderar-se de mim um pavor que me paralisava. A forma repetiu exatamente o que fizera a primeira vez que a vi: ajoelhou-se diante da chaminé e após permanecer assim durante muito tempo foi embora, tomando, porém, a direção donde viera.

"Ainda daquela vez não tive coragem de reagir, mas já não podia mais duvidar: sim, era certo que uma forma humana vinha de vez em quando rezar diante da chaminé do quarto do Prior. Ante tal evidência, perguntei-me se aquela forma não teria vindo todas as noites durante o meu sono e se não teria esse costume desde muito tempo, bem antes de virmos morar ali. Seria o que se chama um fantasma, uma alma do outro mundo, um espectro? Em todo caso ela não se parecia em nada com os fantasmas cujas imagens eu vira em certas revistas (esqueletos envoltos em mortalhas). Não! Aquela forma lembrava a dum monge parecendo bastante idoso! Sentia-me perseguida por esta ideia: Quem é essa aparição? Donde terá vindo?"

Semanas passaram-se ainda e Mme. V. se lastimava de não haver entrado em conversa com aquela aparição fantasmática. E, inconscientemente, desejava revê-la. Esse pedido, não formulado, não tardou a ser atendido.

"Certa noite", escreve ela, "mal havia eu acabado de apagar a luz do meu quarto, vi a porta se entreabrir e a sombra do monge entrar. Parecia bem velho aquele pobre monge, e um cheiro forte de bolor, que me constringiu a garganta, invadiu a alcova. Como de hábito, ele se ajoelhou após se dirigir vagarosamente até a chaminé. Tomada de pavor, percebi que ele chorava, fortes soluços lhe sacudindo os ombros. Depois, curvando-se completamente, bateu com a fronte no solo, por três vezes. Cada vez uma voz esquisita, indescritível, que parecia vir de longe, exclamava: "Misericórdia, meu Deus! Tende piedade de mim, meu Deus! Perdoai-me, Jesus!"

"São inenarráveis aqueles minutos que vivi. Temera tanto não rever mais o fantasma, que creio desta vez haver sentido menos medo. E como ouvira uma espécie de voz, resolvi dirigir-lhe a palavra. Mas como interpelá-lo? Que reação demonstraria ele? Não se afastaria sumindo para sempre? Que me importava isso, contanto que eu ficasse com o coração desafogado?! Sentei-me então na cama e, ante o meu movimento, ele virou a cabeça para o meu lado sem parecer ligar importância à minha presença. Um bom momento depois, ele se levantou, deteve-se diante do meu leito e me disse:" Que é que está fazendo aqui? Por que razão se acha aqui? Ninguém tem o direito de perturbar a quietude desta casa que foi construída por religiosos para religiosos e para servir a maior glória de Deus!"

"Fiquei emocionadíssima, banhada de suor glacial, porém respondi: "E vós mesmo, meu Pai, por que motivo estais aqui? Sois um ente normal? Por que motivo vindes rezar nesta casa?"

— Minha pobre filha — respondeu ele, — há séculos que rezo aqui e nunca rezarei suficientemente para apagar os meus pecados, para fazer esquecer os sofrimentos pelos quais sou responsável e os crimes que deixei cometer em nome de Deus e da religião.

"De vez em quando ele caía de joelhos, gemendo. Era lancinante assistir a tal cena. Eu tinha vontade de consolá-lo, de fazer qualquer coisa por ele, porém me sentia paralisada pelo medo. Ele acalmou-se, pondo-se a rezar em latim, erguendo-se de súbito, com os braços estendidos para o teto, dizendo:

—Eu sofro, meu Deus! Como eu sofro! Os homens querem ser mais do que Deus e se precipitam para os abismos. O globo terrestre explodirá, a Europa, a Ásia, a África se submergirão! Apenas a parte Sul da America emergirá!

"Daí a pouco me perguntou:

—Deu de beber ao prisioneiro?

—Qual prisioneiro? Onde está ele?

—No calabouço, ao lado do refeitório do convento.

"Contou-me a longa e penosa história dum homem que morrera de fome, de sede e de frio no calabouço. Confessou-me os remorsos que sentia por haver com a sua timidez facilitado e tolerado aquele martírio. Tornou a prosternar-se até ao solo, implorando: "Meu Deus, perdoai-me! Jesus, misericórdia!"

"Foi também naquela mesma noite que ele me perguntou:

—Por que motivo deixou a estátua de Nossa Senhora do Archote entre os detritos, no entulho?

—Meu pai, nunca vi a estátua a que o senhor se está referindo.

—Está perto do oratório. Procure, que acabará achando os pedaços da estátua. Embora tenha sido decapitada, mutilada, reponha-a no seu lugar, no nicho do oratório. Foi lá, durante séculos, que multidões vieram glorificá-la, implorar graças nos dias das festas marianas. São inúmeras as curas e as mercês que por seu intermédio foram obtidas. Dê-lhe de novo o lugar, a fim de que lhe seja prestado de novo o culto com que sempre foi cercada até os vândalos virem profaná-la.

"Prometi-lhe que ia procurar a estátua e que, se a encontrasse, a colocaria no nicho. O monge fez uma genuflexão e foi embora. Permaneci uma porção de tempo zonza, atarantada; depois principiei a soluçar, perguntando-me o que significaria aquela voz longínqua e tétrica. Donde viria ela? Onde estava eu? Entre os vivos ou entre os mortos? Tudo rodava no meu cérebro, eu me sentia aniquilada, incapaz de pensar."

Até então Mme. V. não falara a ninguém a respeito daquelas aparições. E foi sob qualquer pretexto fútil que ela pediu aos filhos que procurassem se acaso não haveria algum calabouço nos extensos subterrâneos do Priorado. E de fato eles descobriram sem dificuldade, ao longo dos alicerces da capela, um desvão com aspecto de calabouço.

Parecia, por conseguinte, que a tal respeito o monge dissera a verdade. A continuação dos acontecimentos mostrou que os seus informes também eram exatos quanto à estátua da Virgem.

Durante onze noites consecutivas o fantasma apareceu, começando assim Mme. V. a acostumar-se com a presença dele. Uma noite, porém, o medo tornou a empolgá-la. "Eu tentava levar os meus dois cães para o meu quarto, mas eles resistiram. Como eu os forçasse, ficaram com o pelo eriçado, e a cadela Djebelle se pôs a uivar. Reabri a porta, e ambos se safaram, latindo. Tal cena me espantou e tornei a sentir pânico. Naquela noite o fantasma entrou no meu quarto e depois saiu, como de hábito."

No entanto, certos fatos não tardaram a despertar a atenção dos dois filhos de Mme. V.: primeiro, a extrema fadiga, o ar preocupado e o emagrecimento de sua mãe; depois a sua decisão de mudar-se do quarto do Prior, — um quarto grande e bonito — para um cômodo menos confortável, e, por fim, principalmente, uma série de ruídos inexplicáveis.

"Na noite de anteontem", anota Mme. V., "estando eu deitada desde as 21 horas, e todos os ruídos caseiros habituais já se tendo extinto no casarão, escutei um barulho estranho e me perguntei donde poderia ele vir. Por volta das 23 horas, o barulho recomeçou com mais frequência e de modo mais violento. Tão insistente e forte se tornou, que Jean e Gaston se ergueram e vieram ao meu quarto. Perguntaram-me o que significava tudo aquilo. Respondi-lhes que não sabia. Ao mesmo tempo intensos e surdos, aqueles ruídos pareciam vir do primeiro andar. Os rapazes subiram até lá, revistaram todos os cômodos, porém não descobriram nada de anormal. Julgando que fosse alguma janela ou porta mal fechada que ao bater fizesse tais barulhos, muito embora não houvesse nenhum vento aquela noite, foram verificar e encontraram tudo muito bem fechado. Chegaram a subir até o forro do casarão, desconfiados que algum animal lá se houvesse refugiado. Esforço inútil. Enquanto isso os ruídos prosseguiam da mesma forma. Desta vez os meus dois incrédulos filhos (que não acreditavam em Deus, nem no diabo nem no sobrenatural) ficaram intrigadíssimos. Nem por sombra tive coragem de contar-lhes o que desde certo tempo se vinha passando à noite no quarto do Prior. No dia seguinte, cada vez mais intrigados, eles revistaram minuciosamente todos os cômodos, armários embutidos e recantos, desde o porão até a água-furtada; porém nada observaram de suspeito.

"Nas noites seguintes por diversas vezes se fizeram ouvir os mesmos ruídos ora violentos ora abafados; e, apesar de muitas buscas encarniçadas, Jean e Gaston não descobriram nada. Fizeram toda sorte de suposições, pensando que talvez alguém se introduzisse em nossa casa através dos subterrâneos; mesmo porque dalgum tempo para cá o jornal da região publicava artigos relativos à descoberta dum tesouro enterrado no subsolo duma propriedade de B.

"Entrementes, certa manhã às 6 horas e 10 minutos, um golpe abafado e logo outro muito violento fizeram estremecer a porta duma cafua situada entre o corredor e a sala de jantar. Os meus dois cães, que desde o aparecimento dos ruídos dormiam sempre no meu quarto em cima do divã, levaram susto medonho. O cão Zam pulou para a minha cama, perto do travesseiro, aprisionando-me com o seu peso. Era um animal grande e valente! Pois agora tremia desde a cabeça até o rabo. Quanto à cadela, principiou a uivar de maneira lúgubre. Levantei-me precipitadamente, mas não tive coragem de aclarar o quarto nem de abrir a porta que dava para o corredor e, aliás, bem defronte da cafua. Ainda estava escuro, fazia um frio intenso, e eu, paralisada pelo medo, não ousava transpor os poucos metros que me separavam da porta equidistante da sala de jantar e do quarto de meus filhos. Foi somente às 8 horas, quando Jean veio me dizer bom-dia, que pude contar-lhe o que se passara. Respondeu-me que escutara o ruído e os uivos da cadela, mas que não dera importância a isso, já que tais ruídos se vinham tornando frequentes no casarão.

"No dia seguinte, às 10 horas, estando Jean na cidade, eu conversava com Gaston quando ouvimos uma barulheira no primeiro andar. Gaston correu para a porta, subiu a escada de quatro em quatro degraus para ver se surpreendia o que se estava passando lá em cima. Mais uma vez, não descobriu nada."

Foi então que sobreveio um fato novo, muito embora aqueles ruídos continuassem sendo ouvidos por todos. Jean (o filho mais moço de Mme. V.) que não desconfiava em absoluto da existência das manifestações fantasmáticas de que sua mãe era testemunha e alvo, disse uma noite ao voltar da cidade onde fora fazer compras: "Esquisito! Tive a sensação de estar sendo seguido. Voltei-me para trás diversas vezes, mas não vi ninguém."

Daí a alguns dias fez a mesma declaração vaga, mas acrescentou: "Ao voltar-me para trás, tive a sensação de que alguma coisa escura flutuava ao meu lado." Isso fez Mme. V. dizer em tom meio sério e meio jocoso: "Não seria algum fantasma?" "Que ideia!" — retorquiu Jean — "isso não existe!"

Durante algum tempo o Priorado permaneceu tranquilo até que determinada manhã um fantasma, que não parecia ser o do velho monge, apareceu a Mme. V. quando ela arrumava o quarto.

"Senti-me aferrolhada no lugar onde me encontrava, mas via o fantasma avançar lentamente, de braços estendidos. As minhas pernas tremiam, o suor alagava-me as têmporas. Procurei gritar, porém apenas um som rouco saiu da minha garganta. Recuei, apavorada, apoiando--me na porta que então se fechou. A sombra avançou mais ainda e senti a sua mão gelada apoiar-se na minha.

Em seguida ouvi uma voz rouquenha intimar-me: "Vá-se embora! Vá-se embora daqui! Esta casa não é sua. Ela foi confiscada aos religiosos que a habitavam." A sombra então recuou e foi apoiar-se na chaminé.

"Aquela vez não tive coragem de proferir uma só palavra. A sombra não se assemelhava à do velho monge que aparecia habitualmente. Era alta, grande e não estava vestida como ele. Pareceu-me ser um bispo, pois distingui muito bem a mitra e a casula."

O tal fantasma fez a Mme. V. certo número de predições gerais, sendo que algumas, segundo parece, se realizaram. Esta, por exemplo: A França, sob a égide dum grande francês, conhecerá, após enormes dificuldades, uma era de renovação e esplendor."

Emocionada ao máximo, Mme. V. teve no dia seguinte uma crise de icterícia e precisou permanecer deitada. Fisicamente enfraquecida, e moralmente debilitada, ela então resolveu contar tudo aos filhos. Naquela altura também as filhas de Mme. V. tinham vindo passar alguns dias de férias no Priorado.

Porém, Mme. V. não conseguiu convencer os dois rapazes, que não cessavam de repetir-lhe: "A senhora sonhou. Isso de fantasmas é coisa que não existe". As duas moças, também, não deram muito crédito ao que ouviram de sua mãe; mas, impressionadas pelo emagrecimento materno, desconfiaram que algo de anormal acontecia no Priorado.

Após debates a esmo, ficou combinado que os dois rapazes se mudariam para o quarto do Prior, que Mme. V. se instalaria no quarto contíguo, onde também foram dispostas duas almofadas para os cachorros.

Durante alguns dias nada ocorreu de extraordinário.

"Mas uma noite", escreve Mme. V., "Gaston começou a ouvir um ruído estranho parecido com o duma máquina de escrever ou mesmo como uma rotativa de jornal, cujo som em seguida mudava para algo análogo às batidas dum alfabeto Morse. Gaston levantou-se, fez tudo para despertar Jean que dormia profundamente; este acordou estonteado e readormeceu. Eu por minha vez me levantei, sempre de ouvido atento. Com efeito, junto ao vão da chaminé, bem na parede para onde dava a cabeceira da cama de Gaston, ouvia-se muito bem uma espécie de ruído metálico vibrando inegavelmente na espessura da parede. Todavia nenhum cômodo havia daquele lado, que dava para a rua, isto é, que constituía a parede da fachada da casa.

"Aquelas vibrações paravam, recomeçavam. Jean, que as ouvia muito bem, ficou apreensivo e não parava de repetir: "Que será que se está passando aí dentro?" Em abril, golpes mais violentos do que antes se fizeram ouvir nas paredes acordando todos nós. Apesar de todos os esforços, não conseguimos descobrir a causa."

Irritada com toda aquela barulheira, Mme. V. pensou em dar parte à polícia; mas tendo ido a Paris passar alguns dias junto das filhas, estas opinaram que talvez fosse melhor a mãe consultar um "professor" de ciências ocultas. Na verdade, esse professor, cujo nome não é citado nas notas de Mme. V., forneceu-lhe explicações que ela não aceitou, porém na nossa opinião bastante justa no conjunto. De regresso a S., Mme V. confiou suas preocupações a uma pessoa da localidade, a qual lhe disse: "A senhora acaba de encontrar o caminho a respeito duma pergunta que muitas pessoas têm feito a si próprias. Devo dizer-lhe que antes da sua mudança para cá, o casarão onde a senhora mora esteve durante um ano habitado. O contrato de locação era referente a três anos. Pois bem, aqueles locatários decerto foram visitados como a senhora por um espectro, pois deixaram precipitadamente o Priorado. Além disso, a presença da senhora aqui suscitou entre os herdeiros e os administradores da propriedade um descontentamento muito vivo. Pergunto-lhe, Madame, os ruídos tenazes e persistentes que a senhora ouve não serão provocados por um quidam resolvido a assustá-la para que abandone o casarão, como provavelmente foi o caso dos inquilinos que a precederam? Lembre-se que com os meios científicos atuais talvez seja possível confeccionar-se um fantasma."

"Tudo isso", observa Mme. V., "não me orientou em nada. Eu via muito bem que os meus filhos, e outras pessoas junto com eles, não acreditavam em fantasmas, desconfiando, porém, duma enorme farsa representada com alguma finalidade. No entanto eu, pessoalmente, tinha certeza do que vira, e esperava que meus filhos, pois dormiam agora no quarto do Prior, de repente vissem também aquela aparição."

Realmente, isso acabou por acontecer.

Inicialmente, o filho mais novo de Mme. V., Jean, ao regressar uma noite da cidade, percebeu na janela do quarto do Prior uma forma humana indecisa.

Em segundo lugar, certa manhã, quando Mme. V. e seu filho Gaston tomavam juntos o pequeno almoço, viram vir a eles Jean, todo ofegante e lívido, gritando: "Depressa, venham depressa! Acabo de ver o fantasma! Atravessou o vestíbulo e dirigiu-se para a biblioteca!"

Todos três dirigiram-se depressa para a sala indicada, mas não conseguiram descobrir nada de anormal. Houve um fato singular, porém: os cachorros recusaram-se a entrar na biblioteca.

Jean repete que viu uma sombra atravessar placidamente o vestíbulo e dirigir-se para a biblioteca. E acrescenta: "Vocês não podem imaginar a impressão que senti. Foi por isso que corri até a copa para avisar vocês."

Mme V. anota então: "Não posso dissimular a alegria que aquela constatação me causa. Meu filho Jean, um incrédulo, também ele afinal viu o fantasma. Estou feliz porque Jean sempre caçoava de mim. Vou escrever imediatamente às minhas filhas para informar-lhes a grande vitória que acabo de obter."

Agora Jean não duvida mais da existência do fantasma, e decide fotografá-lo. Mas semanas e semanas se passam, sem que a aparição se manifeste.

"Vivíamos assim tranquilamente", escreve Mme. V., "quando uma noite fomos acordados, Jean e eu (Gaston estava ausente), pelo uivar dos nossos cães. Literalmente enlouquecidos, saltavam dum leito para outro, esmagando-nos com seus pesos. "Que é? Que é?" perguntava Jean. Atrapalhada de todo, enfiei um *robe-de-chambre,* levantando--me. Conquanto todos os meus membros tremessem, pude dar alguns passos e penetrar no quarto de Jean, isto é, no quarto do Prior. Vi então o fantasma ajoelhado diante da chaminé e murmurando orações. Assestei a lâmpada elétrica na direção da cama de Jean e vi meu filho em pé, de boca aberta e de olhos arregalados. Quanto aos cães, tinham acabado por se refugiar no vão da janela e gemiam baixo."

O fantasma pôs-se então a falar, e entabulou-se uma extraordinária conversa a respeito de livros e pergaminhos entre os três protagonistas daquela cena estranha. Após o que, o fantasma sumiu. Porém Jean mostrava-se aterrorizado. "Eu tinha a impressão", escreve Mme. V., "de que meu filho havia enlouquecido".

— Onde é que nós estamos? — dizia ele. — Que foi que se passou?

— Ora! Passou-se o que costuma passar-se aqui sempre, meu pobre Jean!

No dia seguinte ele continuava lívido e calado. Disse-lhe:

— Está vendo só? Esquecemo-nos da fotografia!

— Confesso que nem pensei nisso! Ficará para outra vez.

"Nos dois dias que se seguiram àquela aparição, Jean não pronunciou mais de vinte palavras, se tanto! Ele que de hábito não costumava permanecer em casa, não saiu e passou a maior parte daqueles dois dias sentado na poltrona ao lado da chaminé. Às vezes parecia cochilar; outras vezes segurava a cabeça entre as mãos. No fim do segundo dia lhe perguntei que era que ele tinha. Respondeu-me: "Parece que estou ficando maluco. Que foi que aconteceu? Que é que se passa aqui? Como é que a senhora pôde permanecer meses e meses numa atmosfera destas?

— Tenho permanecido porque acabei admitindo o que não pode ser negado. Ao passo que você se retorce todo, mas se obstina em não querer reconhecer que coisas deste teor podem produzir-se. Contudo está vendo que malgrado a sua vontade elas se manifestam sem que você as possa impedir."

Ficou então decidido que Jean iria passar quinze dias em Paris, para se refazer. Quando ele voltasse ao Priorado então iria Gaston. E assim por diante. Resultou que Mme. V. às vezes permanecia sozinha naquele casarão, outras vezes na companhia dum dos filhos, indo também ela, de quando em quando, a Paris.

Jean, inteiramente restabelecido, resolveu a todo transe descobrir a chave das misteriosas aparições. Nas temporadas em que esteve no velho solar, às vezes até mesmo sozinho, inspecionava minuciosamente o quarto do Prior, os dois gabinetes contíguos bem como os quartos que confinavam com aquele. Tornou a examinar lhes as paredes e os rodapés, fez o mesmo na capela. Não seria possível inventar com panos e gazes uma forma evanescente de fantasma? A voz ouvida não proviria dalgum microfone habilidosamente escondido? O mesmo malogro que antes. Nada descobriu de suspeito, e as suas suposições pareciam não passar de hipóteses.

Após algumas semanas, durante as quais nada ocorreu de extraordinário, recomeçaram os estranhos acontecimentos. Primeiro, a descoberta duma parte da estátua da Virgem no lugar indicado pelo fantasma. Em seguida, novo aparecimento do mesmo fantasma. Assim foi que o jovem K., que viera passar uns dias no Priorado e dormia no quarto em questão, foi visto certa noite sentado na grama do pátio. Indagado por que motivo abandonara o quarto, primeiro ele se desculpou com o calor que fazia dentro; mas como retorquissem que até estava fazendo frio, confessou que fugira de lá porque vira três vezes um fantasma. "Espiei, vi-o descer a escada e sumir no vestíbulo." Como ignorasse por completo os aparecimentos anteriores, no dia seguinte ele pediu autorização para remover as lajes do vestíbulo bem no ponto por onde o fantasma se evaporara. Nada conseguiu descobrir nos alicerces do patamar inferior.

A calma voltou por algum tempo, até que na manhã de 28 de outubro de 1956 Jean, que se achava sozinho no Priorado, telefonou para sua mãe, que se encontrava em Paris: "Volte depressa.

Não aguento mais. Esta noite tive uma nova visita e ao amanhecer consegui fotografar a aparição. Não sei se o clichê sairá bom, porque eu estava muito atarantado. Volte quanto antes, receio enlouquecer."

Realmente, Mme. V. encontrou o filho prostradíssimo. Mandou- o para Paris. Após algumas idas e vindas de Jean entre Paris e S., ela acabou ficando sozinha no Priorado. Nenhuma novidade até a noite de 12 de fevereiro de 1957, "quando de repente", escreve Mme. V., "ao atravessar o corredor vejo o fantasma em pé nos últimos degraus da escada."

Houve então uma longa conversa, durante a qual Mme. V. se viu censurada por não haver ainda reconstituído toda a estátua de Nossa Senhora do Archote. "Trate de descobrir os pedaços que faltam da imagem e depois de reconstituí-la rogue muito por mim diante da Virgem, pois somente ela me libertará dos meus tormentos."

Ora, algum tempo depois, passando Mme. V. perto do vão da escada do terraço tropeçou numa pedra; primeiro supôs que fosse alguma laje fora do nível das demais; porém logo desconfiou: não seria o pedaço maior que faltava da estátua? Com mil precauções destacou e removeu a pedra, verificando logo que era o corpo do Menino Jesus e um fragmento da roupagem. A parte adaptou-se perfeitamente às outras da estátua. Assim, Nossa Senhora do Archote, reconstituída, foi entronizada em cima da chaminé do Prior e rodeada de folhagens e velas.

Após alguns meses de sossego, voltou o fantasma a aparecer de quando em quando. Graças à amabilidade de M. J. C., diretor dum periódico e jornalista de grande talento, fui apresentado a Mme. V., que me pôs ao corrente de tudo quanto até então se passara no Priorado. Infelizmente os meus afazeres profissionais não me permitiam ir naquela ocasião a S. Além disso, Mme. V. desejava que não se fizesse alarde a respeito do caso do Priorado; aconselhei-a então vivamente a fotografar o fantasma e, se possível, fazer tudo para tocá-lo.

O ensejo para o primeiro desses expedientes se apresentou no dia 26 de outubro de 1959.

"À tarde", escreve Mme. V., "ao sair duma cafua inteiramente desprevenida e sem pensar em nada, vi-me diante do fantasma que provinha, creio eu, da escada. Tive a impressão de que ele, distraído, olhava para o chão. Era a primeira vez que eu o via assim em plena luz do dia. Não senti medo, absolutamente, e pude prestar bastante atenção na sua silhueta, parecia um vapor espesso, imóvel, meio acinzentado. De súbito os cães irromperam, mas logo estacaram apavorados. Depois recuaram, aos uivos.

"Jean, que trabalhava no celeiro ao pé da escada, desconfiando imediatamente do que se tratava, pegou a máquina fotográfica que vivia dependurada atrás da porta, subiu sem fazer ruído, e assim pôde fotografar a aparição. Esta se voltou majestosamente, se assim posso dizer, e dirigiu-se para o quarto de Prior. Segui-a a certa distância, mas quando dobrei o ângulo do corredor que leva ao quarto, o fantasma já havia desaparecido."

O filme me foi confiado. Obtive provas relativamente nítidas, ou no mínimo menos confusas do que a fotografia obtida a 18 de outubro de 1956, que apenas mostra uma espécie de lista oblíqua, acinzentada, de reprodução impossível.

A segunda conseguida parte do programa que eu sugeria a Mme. V. foi algumas semanas mais tarde.

"Certa noite de fins de novembro", relata Mme. V., "mais ou menos às duas da madrugada, ao regressar de Moulins onde fui acompanhar meu filho Gaston que devia tomar o trem de 1 hora e 30, aconteceu a coisa mais chocante de toda a minha vida.

"Longe estava eu de pensar no fantasma; acabara de deixar meu filho, e as saudades já me desorientavam. Enquanto Jean punha o carro na garagem, dirigi-me sozinha para a porta e, ao abri-la, vi o fantasma no patamar superior, exatamente onde um ano antes ele me aparecera deixando-me hirta e imóvel. Mas desta vez subi resolutamente e, enquanto o fantasma pronunciava algumas palavras, fechei os olhos e passei as mãos, horizontalmente, pelo meio daquela forma. Senti imediatamente um choque elétrico no meu corpo. Depois me invadiu um frio glacial, sufocante, indescritível, enquanto a forma recuava diante de mim. Jean, que parado lá embaixo assistira à cena, exclamou:"

— Que é que a senhora foi fazer, minha pobre mãe?!...

"Tive que me apoiar ao seu braço para conseguir chegar ao meu apartamento. Quase em seguida as minhas mãos se puseram a inchar e a arder, como quando a gente tem queimaduras provocadas pelo frio do inverno. Precisei mergulhar as mãos em água morna, que Jean mudava. Pouco a pouco as dores se foram tornando menos intensas. Deitei-me, combalida, e consegui dormir. Na manhã seguinte eu não podia mais mexer com os dedos, de tal maneira as minhas mãos estavam inchadas e apresentando pequenas queimaduras parecidas com arranhões. Depois a pele de ambas as mãos e dos meus braços ficou em lastimável estado, deu em engrossar.

"De vez em quando ainda sinto dores nas mãos, nos pontos que elas tocaram ou atravessaram o fantasma. Todavia, não me arrependo do que fiz, porque desde muito tempo queria certificar-me se debaixo daquele nevoeiro havia um esqueleto. Afinal constatei que não havia, o fantasma sendo formado duma espécie de vapor glacial, levemente viscoso."

Devo acrescentar que cerca dum mês após esse acontecimento, por ocasião de breve estada de Mme. V. em Paris, tive ensejo de constatar traços de queimaduras em suas mãos e certa inchação nos seus pulsos.

Pedi então a dois dos meus colegas do *Instituto Metapsíquico Internacional,* O. e M., que fossem passar pelo menos uma noite em S., e que dormissem no quarto do Prior. Concordaram imediatamente. Na segunda noite ouviram tinidos metálicos na parede e uma espécie de estalar de chicote no assoalho, "tudo isso", escreve Mme. V., "anunciando que o fantasma se achava presente ali por perto, sem, contudo, se manifestar de maneira visível". Infelizmente os meus colegas, devido a compromissos profissionais, tiveram que deixar S. daí a dois dias, período este insuficiente para o caso. "Creio que se eles tivessem permanecido mais tempo conseguiriam ver o velho monge. Fiquei desapontada; mas, que fazer?", escreve Mme. V.

Gaston, um dos filhos de Mme. V., contou a um dos meus colegas que havia descarregado a sua espingarda em cima do monge e que ele não reagira. (Este fato não consta nas notas de Mme. V.). O meu colega viu os buracos do chumbo de caça na parede rente à qual surgira a aparição.

Por fim, mais uma vez, e parece que a última, o monge devia aparecer a Mme. V. Escreve ela:

"Foi no último domingo de março de 1960. Eu estava sozinha no Priorado, quando de repente os meus cães eriçaram o pelo, Djebelle, essa então se pôs a uivar e a babar. Olhei em redor, não vi nada. Fechei os cachorros e saí até o vestíbulo. Eles não se haviam enganado: o fantasma estava ali, no patamar superior, erguendo para o ar os punhos sem mãos e implorando:" Livre-me da golilha!" Dei alguns passos na sua direção e perguntei-lhe: "Diga-me então como fazer, meu Pai!" Ele respondeu: "Morri sem o socorro da religião. Fui morto aqui pela soldadesca mercenária, a alguns passos do lugar onde, por covardia, deixei que martirizassem um homem até a morte. Tive as mãos decepadas e fui enterrado junto com outros religiosos entre a igreja e os alojamentos. Rogo-lhe que faça sobre mim grandes sinais da cruz, aspergindo-me com água benta." Atarantada lhe respondi que não tinha água benta ali no corredor, mas que ia providenciar. Fui depressa buscar o crucifixo que se acha dependurado no alto da chaminé, mas quando voltei o monge havia desaparecido."

Assim terminam as notas de Mme. V., com quem fica toda a responsabilidade. Apenas as submetemos, pura e simplesmente, à apreciação dos nossos leitores. Comportarão elas um aditivo que nos permita talvez julgar de modo definitivo os fenômenos ali relatados? Somente o futuro nos dirá.

## *A Causa das Assombrações*

Na opinião de muitos espíritas, é um defunto que volta, aparecendo nas casas mal-assombradas a fim de que seja testemunhada a sua sobrevivência. Segundo eles, o homem seria formado de três elementos: o corpo, que após a morte se desagrega e retorna ao mundo material; o espírito, que é a fonte da consciência, da inteligência, da vontade, e que é imortal; e o perispírito, ou corpo espiritual, que seria um organismo fluídico formado duma espécie de matéria quinta-essenciada, intermediária entre a matéria propriamente dita e o espírito. Ele sobreviveria mais ou menos longamente à morte corporal e serviria de invólucro e de instrumento ao espírito. Graças a ele o morto poderia manifestar-se fisicamente. O perispírito dum morto, em estado de inquietação ou arrependimento, ou sentindo-se ultrajado, produziria todos os fenômenos que se observam nas casas mal-assombradas. Bastaria, para acalmá-lo, interrogá-lo com deferência sobre o que o agita e de que maneira apaziguá-lo. Uma vez satisfeitas tais exigências, os fenômenos cessariam por si mesmos. De fato, geralmente, agindo-se assim, os fenômenos desaparecem.

Outros espíritas, segundo F. Myers (*Proceedings of the S P R.,* volume VI) e E. Bozzano, não fazem intervir diretamente o perispírito. Admitem que os fenômenos de assombração são provocados por uma impulsão telepática provindo dum defunto. Por intermédio do percipiente ela engendraria ora percepções de ordem alucinatória (Myers), ora fenômenos objetivos (Bozzano).

Os ocultistas e os teosofistas formulam uma hipótese mais complexa. Segundo eles, existiriam no universo sete zonas ou planos que se interpenetrariam. Por ordem de densidade decrescente, teríamos: 1.º o plano físico, que é o nosso mundo habitual; 2.º o plano astral ou emocional, que é aquele aonde iríamos cada noite durante o sono e também após aquilo a que chamamos a "morte"; 3.º o plano mental, que é o do pensamento; 4.º outros quatro planos, entre os quais o plano búdico e o nirvânico.

O homem possuiria diversos corpos ou veículos correspondendo àqueles diferentes planos: 1.º o corpo físico denso e visível, dotado dum duplo etérico que absorveria a vitalidade solar; 2.º o corpo astral ou emocional, que seria o instrumento das emoções, dos desejos, das paixões, e que elaboraria a sensação experimentada em seguida pelo corpo físico; 3.º o corpo mental, que produziria o pensamento expressado pelo cérebro; 4.º o corpo causai, ou a individualidade, chamado também alma ou ego. Enquanto o corpo físico é mortal e os corpos astral e mental também seriam perecíveis e durariam apenas uma encarnação, o corpo causai seria imortal e persistiria através de todas as encarnações. Ele transmitiria às personalidades sucessivas todas as capacidades e todos os atributos adquiridos nas emanações precedentes. Quanto aos outros atributos do homem, no nosso estágio evolutivo atual, ainda estariam no mero estado de germes.

Evidentemente se, conforme a mor parte dos ocultistas, considerarmos esses corpos astral, mental e causai como mediadores plásticos, tal hipótese dificilmente seria defensável do ponto de vista científico. Já, pelo contrário, ela se tornará plausível caso os assimilemos a centros de forças.

O plano astral, que nos interessa particularmente aqui, seria o lugar onde evoluiriam não apenas aqueles que chamamos "os mortos" ainda não libertados de suas ilusões terrestres, mas também todos os "invólucros", todos os "trajes" psíquicos abandonados pelos espíritos passando para os planos superiores. Tais "resíduos" de almas, se é que nos podemos expressar assim, acabariam afinal de contas se diluindo e se fundindo no "Todo" universal; mas lutariam contra o seu aniquilamento total provocando, por meio dum último esforço, esses fenômenos incoerentes que se observam nas casas mal-assombradas.

Demais a mais, o plano astral possuiria individualidades autônomas chamadas "elementais", que seriam quer seres cósmicos, quer pensamentos mais ou menos malévolos, de origem humana. Essa população bizarra, semi-inconsciente, maliciosa ou maléfica segundo a natureza das entidades, originaria os gracejos burlescos ou maldosos tão frequentes nas casas mal-assombradas.

Segundo alguns autores, é inútil responsabilizar o Além, como o fazem os espíritas, os ocultistas e os teosofistas pelos fenômenos de assombramento.

Segundo Frank Podmore, que se empenhou em ligar à telepatia todos os fenômenos paranormais, as coisas se passariam assim: um dos ocupantes da casa que vai se tornar "mal-assombrada" sofre uma alucinação puramente subjetiva, visual, auditiva etc., provindo do seu estado mental anormal, engendrada por uma causa puramente material e fortuita, mal interpretada. Desde que se produziu uma primeira vez, a alucinação tende a repetir-se na mesma pessoa devido à associação de ideia; e, além disso, pode comunicar-se por telepatia dessa primeira pessoa a outras que habitem a mesma casa; e assim por diante, por uma espécie de contágio psíquico.

Mas é evidente que essa hipótese, que aliás foi combatida por Frédéric Myers no já citado sexto volume dos *Proceedings,* onde por sua vez F. Podmore a publicou, pensando-se bem será válida muito raramente por ser incapaz de levar em conta os fenômenos materiais observados por numerosas testemunhas durante os assombramentos.

A hipótese "psicométrica", segundo a qual os assombramentos seriam suscitados por uma verdadeira impregnação psíquica, parece dever aplicar-se a um número bem maior de casos. A matéria bruta, segundo já assinalamos, teria a propriedade de registrar toda sorte de vibrações, físicas, vitais, psíquicas, que em seguida seriam percebidas e interpretadas pelo subconsciente das pessoas particularmente sensíveis. Na ocorrência, elas sentiriam "alucinações verídicas" nos lugares onde acontecimentos dramáticos se tivessem produzido. Contudo, além da objeção precedente relativa aos fenômenos materiais, poder-se-ia retorquir, primeiro, que quase todos os lugares que foram teatro de acontecimentos dramáticos não são mal-assombrados; e, segundo que existem assombrações em edifícios novos.

Uma hipótese, muito curiosa, consiste em atribuir certos assombramentos a uma ação psíquica voluntária realizada com o intuito de prejudicar, por um indivíduo treinado neste gênero da influência mental. Apoia-se nas chamadas experiências de "desdobramento", aliás muito discutíveis porque insuficientemente autenticadas e que foram descritas sobretudo por magnetizadores como A. de Rochas, Hector Durville, Lancelin, Laflèche e Théo Matthys.

Eis, a título documental, o relato quase completo duma experiência relativamente recente efetuada por este último autor, que é comerciante em Gand. Afirmam ser ele dotado de faculdades notáveis de magnetizador-curador; mas devido à sua excelente situação financeira, jamais tirou partido desse dom. Escreve Théo Matthys:

"O meu desígnio era visitar, por meio de aparição noturna, a família de K., à qual me ligava uma grande amizade. Eu havia tratado e curado pelo magnetismo o casal; o marido, duma pneumonia; a mulher, dum tumor. Propus-me, portanto, visitar aqueles amigos em seu quarto, cuja topografia me era conhecida. Escolhi para a minha experiência a noite duma terça-feira, às 22 horas, sabendo que eles se deitavam cedo.

"Fiz preceder à minha tentativa uma série prolongada de exercícios de respiração profunda, durante uns vinte minutos. Sentindo-me suficientemente preparado, transportei-me mentalmente para a residência dos meus amigos, distante cerca de 150 metros da minha. Entrei... pela janela do primeiro andar no trecho referente ao quarto de dormir que, por sua vez, dava para a rua. Considerei que o mais simples era eu me sentar na cadeira que eu sabia que se encontrava diante da janela. Daí a pouco me dirigi para o espelho fronteiro à cama. Voltando-me, senti-me aos pés da cama, diante do casal. Examinei-os atentamente, pois os estava vendo muito bem. Conversavam juntos e pude ouvir o nome duma rua que não era a deles. Nisto, meu amigo K. parou de súbito a conversa, e me pareceu que ele olhou em torno do quarto, com certo ar atemorizado. Ora, era um cômodo que o lampião da rua clareava bastante. A mulher soergueu o torso de modo inesperado, e eu a vi na cama com o busto inclinado para a frente. Sua atitude e fisionomia atestavam medo. Por sua vez o marido se sentou, e eu o ouvi perguntar em voz alta: "É você, Théo?" Tentei responder que sim, e fiquei admirado de não ouvir nenhuma resposta minha.

"No dia seguinte, o meu amigo veio me ver. Eis o que ele me disse: "Eu e minha mulher passamos a primeira parte desta noite dum modo bem esquisito. Imagine você que lá pelas 22 e meia ainda conversávamos a respeito da nossa próxima mudança quando, de súbito, se apoderou de mim uma impressão indefinível; o meu olhar foi atraído de modo irresistível para a janela. No começo, não quis acreditar nos meus olhos, mas, pouco a pouco, vi com intensa emoção uma forma curiosa cheia de inúmeros pontos brilhantes, pontos esses que se moviam vertiginosamente, mas sem nunca ultrapassarem o contorno daquela forma que estava a bem dizer sentada na cadeira perto da janela e lembrava de maneira vaga o corpo imperfeito dum homem. Senti que o quarto ficou frio, apesar da estação do ano, pois estamos no verão.

"Muito embora eu e minha mulher não trocássemos a menor opinião, ela teve logo o mesmo pressentimento, e o seu corpo se pôs a tremer sem parar. Ela se inclinou para a frente, e vimos muito bem a forma colocar-se diante do espelho que lhe refletia tenuamente os contornos. Que medo, o nosso! A aparição (pois estávamos persuadidos que se tratava duma aparição) se voltou e permaneceu durante um tempo que não posso determinar rente aos pés da cama.

"Jamais hei de esquecer aquele olhar esquisito que parecia sair mais de dois poços de treva do que de duas órbitas. Disposto a romper o silêncio, tentei indagar: "É você, Théo?", mas som algum conseguiu sair da minha garganta. Confesso que então, ao acender a luz, devo ter desfeito a força daquele encantamento: a aparição sumira. Minha mulher declarou-me que desde o princípio teve certeza de que era você, mas que com o susto perdera a voz!"

"Cumpre notar que a pergunta "É você, Théo?" não foi pronunciada, mas apenas *pensada*. Mas eu a peguei no ar, como trecho duma conversa em voz alta da parte dos dois, como se me fosse indiferente o modo de percepção."

Finalmente, para a maioria dos metapsiquistas, os assombra- mentos decorrem dum indivíduo provido de faculdades paranormais; geralmente um adolescente no decorrer da sua crise de puberdade, e influenciado por um local qualquer.

Com efeito, sempre que conseguimos afastar do lugar mal-assombrado a pessoa que suspeitamos com razão ser o instigador do assombramento, este cessa logo de se manifestar, para só prosseguir com a sua volta pessoal. Ao passo que se as pessoas visadas mudam de local, não raro os fenômenos as acompanham.

Uma observação pessoal do Prof. W. Barrett põe em evidência o papel do indivíduo e a inibição das suas faculdades sempre que ele se vê na presença de pessoas suas desconhecidas. A primeira vez que W. Barrett entrou numa granja onde ocorriam fenômenos misteriosos, ruídos sem causa aparente, pedradas, movimentos de móveis etc., tudo isso cessou, somente recomeçando depois que ele se foi embora. Depois que ele se familiarizou com os moradores da herdade e mais particularmente com uma jovem de vinte anos de idade, que era o provável agente dos fenômenos, pediu que fossem batidas tantas pancadas quanto os dedos não encolhidos. E as respostas foram certas.

No entanto, o indivíduo metapsíquico não é o único fator de assombramentos e assombrações. Outros elementos devem intervir, entre os quais podemos citar, conforme já dissemos, influência do local (como no caso das manifestações observadas por Mlle. Renaudot) e muitas vezes a influência de conversas atribuindo, com ou sem razão, fenômenos desse gênero a um determinado lugar. O caso de assombramento constando, inclusive como tradicional, todo indivíduo metapsíquico colocado na ambiência imediata do "lugar mal-assombrado" poderá elaborar de modo subjetivo ou objetivo os fenômenos que, segundo se propala, caracterizam esse lugar.

Mas é fácil depreendermos, nessas condições, que os casos de assombramentos e assombrações sejam raros, tão raros quanto os verdadeiros agentes metapsíquicos capazes de efeitos físicos. Como também é fácil compreender que sejam submetidos a eclipses mais ou menos prolongados.

CAPÍTULO XIV

# AS FALSAS ASSOMBRAÇÕES

As falsas assombrações são tão numerosas quanto as verdadeiras, e sucedem-se neste ramo do pseudo paranormal as mesmas ilusões, os mesmos embustes, as mesmas mentiras que ocorrem durante as investigações da metapsíquica objetiva.

Ou os falsos fenômenos paranormais resultam da imaginação daqueles que foram suas supostas testemunhas, ou então das mistificações elaboradas geralmente por crianças viciosas mais ou menos histéricas. E também podem ser elaborados por mera vingança, pelo desejo de prejudicar alguém; ou também por interesse, isto é, com o intuito de desvalorizar certos imóveis. E podem ainda resultar de fenômenos naturais e em que a acústica desempenha quase sempre papel essencial. G. W. Lambert julga, mas nós não acreditamos, que tais fenômenos podem provir de movimentos do solo provocados por exemplo pelo mau tempo e pela maré. Finalmente, o caso deve ser raríssimo, podem ser produzidos pelo próprio investigador encarregado de averiguar se tal ou tal assombramento ou assombração é um caso verídico ou não. A tal respeito, parece que Harry Price (de quem falaremos no capítulo Dados Biográficos) se tenha tornado culpado de grave mistificação durante o caso do presbitério de Borley, na Inglaterra. Foi pelo menos o que afirmaram, com algumas provas de desigual valor, três parapsicólogos ingleses, Dingwall, Goldney e Hall.

Por sua vez, o caso real de assombração pode dar lugar a interpretações falsas. Assim, tendo eu sido solicitado a ir até uma aldeia perto de Chartres a fim de "exorcismar" os habitantes duma granja mal-assombrada (acreditavam que eu possuía tal poder) onde se ouviam ruídos violentos, aterrorizadores e inexplicáveis, onde portas e janelas se abriam sozinhas etc., não tardei a me convencer, após uma inspeção naquelas paragens onde vivia inclusive, conforme costuma acontecer, um adolescente e ainda por cima enfermo e débil mental, não tardei a me convencer, repito, que as manifestações eram autênticas. Os vizinhos, os gendarmes e o pároco da aldeia haviam frequentemente sido testemunhas. Este último chegou mesmo a benzer a casa e enfiou medalhas de São Benedito nas gavetas dos móveis a fim de que os fenômenos cessassem. Mas eles prosseguiram, mesmo assim.

Não conseguindo eu observar nada, já me aprestava para deixar a herdade quando surgiu o genro da proprietária e que assistira à maior parte das manifestações. Tinha-as na conta de sobrenaturais, e até lhe haviam provocado certo estado nevropático.

Sabedor de que eu não havia visto nem escutado nada de anormal na granja de sua sogra, disse-me mais ou menos o seguinte: "Então venha à minha casa. Lá o senhor escutará na certa ruídos inexplicáveis, menos fortes, é verdade, do que os que se produzem na casa de minha sogra, porém da mesma natureza."

Fui até à casa dele, e de fato ouvi ruídos no quarto principal. Mas incontestavelmente eram causados por bandos de ratos que se haviam instalado debaixo do assoalho e em cima do teto daquele quarto. E lá, ora passeavam vagarosamente, ora se entregavam a verdadeiros galopes, pondo-se, nos intervalos, a roer nozes. Não havia a menor dúvida.

Assim, uma assombração que considero verdadeira conduzira a uma interpretação errada. E cumpre notar uma coisa curiosa: os fenômenos cessaram após a minha visita à herdade, sem que eu nada houvesse feito para lhes pôr termo, muito embora, conforme já assinalei, os camponeses e principalmente a dona da granja estivessem convencidos de que eu, na qualidade de membro da comissão do *Instituto Metapsíquico Internacional,* tinha o poder de desmanchar as "forças maléficas".

Como regra geral, convém ser sempre prudente na apreciação de tais fatos porque, numa série de fenômenos autenticamente paranormais o "golpe suplementar" pode às vezes ser dado pelo médium no momento em que não há manifestações. E se ele fôr pego em flagrante delito de fraude pelo observador, este naturalmente propenderá a generalizar, atribuindo a embustes fatos que na verdade ocorreram mesmo.

Além disso, quando os fenômenos são inimitáveis e passam por uma rigorosa observação, o médium, que nos casos de assombrações geralmente é uma criança (conforme já dissemos acima) pode ceder às sugestões da família, dos policiais ou dos jornalistas que quase sempre o intimidam, e acusar-se de fraude embora seja inocente.

A este respeito o fato que se segue é particularmente significativo. Foi relatado pelo comandante de gendarmeria Tizané.

*Casa mal-assombrada de M. A., em F. R. R..* (D.-S). Médium, Mlle. A. G., 15 anos. Trecho do inquérito n.º 321 de 24 de novembro de 1934, Brigada de Gendarmeria de F. R. R.

"..M.A.A. declara: Lençóis esticaram-se e ficaram duros, depois tornaram a ficar moles, e junto com o edredom se amontoaram nos pés da cama. O edredom inchou como um balão, o cortinado da cama se encompridou 25 centímetros até roçar o assoalho, o varal de suporte cedeu. Tendo eu desejado pegar o cortinado, verifiquei que ele estava duro como madeira. Fiquei com medo. De repente o cortinado caiu no chão, deu um pulo e foi cair em cima duma cadeira perto da cama... Escutei um barulho e verifiquei que um balde, que estava em cima dum tripé, saíra desse lugar. Eu e minha neta vimos bem, porque nos achávamos a alguns metros do balde."

"M. B. D. declara: Também eu vi um pacote de açúcar (desses dum quilo) deslizar pelo assoalho, num percurso de cerca de dois metros. Em nenhuma ocasião surpreendi a netinha de M. A. fazer gestos no momento em que os objetos principiaram a circular."

"Li, achei certo e assinei."

"Às 13 horas e 30 do dia 23 de novembro, M. A. nos comunicou que estando sua neta na casa dele, não conseguia permanecer sentada numa cadeira, caindo imediatamente. Fomos à sua residência.

"O gendarme F. constatou perfeitamente que a jovem A. G. estando sentada numa cadeira, os quatro pés do dito móvel e os dois da jovem se levantaram juntos do solo, projetando a moça fora da cadeira como se mãos invisíveis virassem aquele móvel. Tal fenômeno repetiu-se quatro vezes. Pedimos à jovem que voltasse para casa de seus pais, a fim de que tal estado de coisas terminasse.

"O gendarme F. viu perfeitamente um sapato de mulher saltar de cima do aparador (onde se achava numa prateleira distante cerca de 2 metros e 50 do chão) e cair em cima da cama. Isto é, o gendarme viu o sapato fazer essa trajetória, mas não viu de que maneira isso se iniciou. A jovem A. G. encontrava-se do lado oposto ao aparador. Imediatamente abrimos a porta. O mesmo gendarme viu uma faca vir fincar-se no assoalho embaixo da mesa. Também viu uma tesoura de jardinej. ro e um pequeno rolo de fio de arame cair perto da cama. Mas, caindo, nem a tesoura nem o rolo fizeram qualquer movimento de deslizamento nem deram pinotes."

"A título de curiosidade, o senhor capitão T. foi até a localidade e passou a noite da casa de M. A. Às 11 horas do dia 27 de novembro aquele oficial declarou ao comandante Tizané: "Após haver pedido autorização ao senhor chefe do esquadrão, comandante da companhia de gendarmeria, fui à casa de A., lá chegando às 15 horas e 20. O comandante da companhia, desejoso de averiguar o que se passava, entrou naquela casa ao mesmo tempo que eu.

"Obedecendo às instruções recebidas, a jovem A. G. apresentou-se na casa de seu avô às 15 horas e 40. Nada de anormal se produziu durante a presença do comandante de companhia. Por volta das 16 horas e 30, aquele oficial superior se retirou. A contar desse instante, e havendo recebido autorização, decidi permanecer sozinho na casa até a manhã seguinte para estudar os fatos que acaso se produzissem no resto da tarde e durante a noite. "Às 17 horas estavam presentes, junto comigo, a avó A. e a jovem A. G. Como reinasse certa desordem no cômodo desde aquela manhã por causa do baú revirado, eu disse às duas mulheres: "Não podemos passar a noite em meio a esta desordem. Vamos desviar o baú e arrumá-lo direito." Nós três demos alguns passos e nos abaixamos com o mesmo intento. Nesse momento exato sinto uma corrente de ar gelado e ouço assoviar junto aos meus ouvidos um objeto que foi cair com estrondo a cêrca de quatro metros atrás da cama, enquanto qualquer coisa se extraviava durante aquele percurso. Largamos o baú e começamos a procurar a causa. Descobrimos atrás da cama, rente à parede, o moinho de café cuja gavetinha, porém, estava em cima da mesa. Aquele moinho, partindo do fogão, atravessara todo o quarto. Às 17 horas e 45 minutos pedi para ficar sozinho com a jovem A. G. Fechada a porta, eu disse alto: "Essas correntezas de ar gelado são muito desagradáveis. Além disso, começa a haver muita quebradeira aqui nesta casa. Por conseguinte, só ficarei com a condição de que não haja mais estragos". Dizendo isso, inclinei-me sobre a mesa com a jovem A. G. para fazê-la ler algumas linhas num papel. Nisto ressoou um formidável sibilo e recebemos na cabeça centenas de fragmentos de porcelana. O vidro do lampião estilhaçara-se. Procuramos a causa e encontramos no chão a tampa duma caixa metálica que por sua vez tinha ido parar em cima da cama. A caixa, segundo afirmou a jovem, estava antes em cima do fogão.

"Li, achei certo e assinei."

Mlle. A. G. declara:

"Um capote de meu avô, que ele deixara no corrimão da escada, principiou a passear pela cozinha e dirigiu-se para a cama, perto da qual caiu no chão. No dia seguinte, quando voltei à casa de meu avô, todos os objetos principiaram de novo a sair de seus lugares. Vovô então me disse: "Vai-te embora, antes que tudo se quebre". Afirmo que não sou eu que faço isso às escondidas."

*O episódio da garrafa* — "O último fenômeno importante (o estilhaçamento do vidro do lampião) ocorrera às 17 horas e 45. Era de esperar-se uma acalmia até a manhã seguinte. Instalei-me perto do fogo com a velha avó e sua neta. Às 22 horas e 30 afasto-me um instante da lareira para colocar em cima do bufete, num canto escuro, o meu lápis. Larguei-o sobre uma folha de papel. Eu queria averiguar se a "força desconhecida" ali presente seria capaz, conforme atestam alguns autores, de escrever numa folha de papel posta à sua disposição.

"O meu olhar, que durante alguns décimos de segundo se havia afastado de A. G., voltou a fitá-la, e então pude vê-la pegar com as duas mãos uma garrafa pelo gargalo e esboçar o gesto de quebrar a cabeça da avó sentada perto. Assim que os nossos olhares se reencontraram, a garrafa foi reposta em cima da mesa enquanto eu perguntava. "Que é que você está fazendo, menina?" A. G. respondeu: "Alguma coisa me ordenou que pegasse a garrafa e a quebrasse em cima da cabeça de vovó. Mas assim que o senhor me olhou, a mesma coisa me ordenou: "Largue a garrafa."

*Mistificações* — "Às 23 horas aconselhei as duas mulheres a se deitarem. Não larguei de vista a jovem A. G., pois somente ela me interessava. Às 23 horas e 15 ouço arranhadelas muito fortes e contínuas na madeira da cama, do lado da cabeceira. Só pararam às 23 e 30.

"Ordenei à velha que segurasse as mãos da neta, e não se produziu mais nada.

"Às 2 horas e 35, A.G., cai da cama, queixando-se: "Será que não consigo ficar nesta cama?" Respondo-lhe: "Se você não estivesse tão na beirada não cairia.

Mlle. A. G. foi levada para o hospital de N. a fim de ficar afastada do seu ambiente familiar e para que os fenômenos cessassem.

"Ontem à noite, por volta das 17 horas, eu, um tanto preocupado, quis saber até que ponto haviam sido executadas as indicações sobre a necessidade de Mlle. A. G. ser afastada. Vim a ser informado pelo pai que a pequena fora levada a N. e que no hospital a haviam aceito para trabalhar ali durante um mês ou um mês e meio. Perguntei-lhe se filha acusava alguma perturbação. Afirmou-me que não. Liguei o telefone para o Dr. R., médico psiquiatra do hospital. Ele me contou que a mocinha acabara de confessar na sua presença e diante de testemunhas que era a autora consciente daquelas mistificações. Eu, a bem dizer, já estava à espera dessas confissões que são o resultado de a jovem não haver sido surpreendida por um profano, pois isso devia logicamente acontecer.

"A brigada de F. R. R. sabe muito bem que, desde o princípio daqueles distúrbios, eu a informara que tudo deveria evoluir sobre a forma de fenômenos incompreensíveis até o dia em que a menina, caso não a afastassem do lugar mal-assombrado, fosse surpreendida por uma testemunha num ato de mistificação parecendo consciente."

*Confissões de mistificação seguida da respectiva retração.* — Encontramo-nos em N., longe do lugar mal-assombrado. E por determinação do Procurador da República daquela comarca, o quartel-mestre P. e o gendarme C. ouvem Mlle. A. G. no hospital, tomando por escrito as suas confissões de mistificação.

Relatório n.º 1183 de 3 de dezembro de 1943. Brigada de Gendarmeria de N.

Mlle. A. G. declara:

"Todos os fatos que se passaram em casa de meus pais e na de meus avós em F. R. R., tanto os do mês de maio como os do mês de novembro, foram feitos por mim."

Seguem-se pormenores explicativos, que refletem uma imaginação medíocre e que mostram principalmente o desejo que os gendarmes de N. tiveram de dar a cada um dos fenômenos relatados no inquérito da brigada de F. R. R. uma explicação plausível.

Mas, tendo saído do hospital e, portanto, não se achando mais submetida às sugestões do médico psiquiatra, Mlle. A. G. se retrata das suas confissões. Primeiro, declara a um jornalista "que não se entregou absolutamente a atos de embuste, nada tendo que ver com as manifestações de forças que se produziram na sua presença". Depois, a 18 de fevereiro de 1944, escreve espontaneamente a carta seguinte ao Capitão T.:

"Venho desculpar-me perante o senhor, que tanto fez para restabelecer a calma em casa de minha avó em novembro último, pelas confissões de dolo que fiz aos gendarmes de N. quando fui interrogada por eles no hospital daquela cidade.

*"Sei muito bem que tudo quanto se passou em casa de minha avó se produziu independentemente da minha vontade; mas sempre me ciei conta, também, que tudo aquilo só se produzia quando eu estava presente.* Isso me vangloriava um pouco, e foi sem dúvida por tal razão que me senti levada a contar que fora eu, com as minhas mãos, quem perpetrara tudo. Não explico de outra forma o ímpeto que me forçou a contar tais histórias. Às vezes alguma coisa me induzia a produzir às escondidas o que eu não via se produzir mais em redor de mim; mas

só me lembro de haver feito um gesto: aquela tentativa com a garrafa. Quanto ao resto, não posso dar nenhuma explicação, sendo eu inteiramente estranha ao que ocorreu, (assignado) A. G."

"Com a minha aprovação paterna", (assinado) A. E."

Esta retratação é muito interessante sob dois aspectos. Mostra primeiro que as pessoas fracas e em particular as crianças acabam confessando tudo quanto queiramos que confessem. O fato é banal nos anais judiciários. Em segundo lugar, contém esta importante observação: "Às vezes alguma coisa me induzia a produzir às escondidas o que eu não via se produzir mais em redor de mim."

Efetivamente, e conforme declarou a própria Eusapia Paladino (ver Dados Biográficos), o médium tende a realizar, duma maneira ou doutra, isto é, seja de maneira paranormal, seja normalmente (o que neste caso é considerado pelos experimentadores como uma fraude), os fenômenos que lhe são solicitados. Além disso, as simulações do fenômeno paranormal, isto é, certos gestos normais, às vezes são vantajosos porque atraem a ação paranormal que lhes acaba sendo uma espécie de prolongamento. Assim era que Eusapia avançava a mão fechada para a mesa de experiências, parava o gesto a alguma distância do tampo e, todavia, escutava-se um barulho como se o punho houvesse realmente batido na madeira. Também efetuava com a mão fechada um movimento de rotação, de torção, a certa distância dum baú, e se via a chave do baú virar sozinha na fechadura. Enfim, cada vez que aquele médium produzia uma telecinesia, os seus músculos se contraíam como se estivessem realmente atuando. Infelizmente, experimentadores mal avisados tomaram aqueles gestos apenas aparentemente suspeitos como sendo tentativas de fraude. Aqueles gestos constituíam de fato condições favoráveis à realização do fenômeno paranormal; eram, de certa maneira, o ensaio do ator antes de desempenhar o seu papel.

CAPÍTULO XV

# ACROBACIAS FISIOLÓGICAS ESTIGMATIZAÇÃO CURAS PARANORMAIS

## *Exercícios Psicossomáticos*

Agrupamos sob este título certo número de exercícios geralmente executados por iogues autênticos e que implicam grande domínio sobre o sistema muscular, o aparelho respiratório, o aparelho circulatório etc. Tais fenômenos, que não advêm do falso faquirismo (de que trataremos mais adiante) mas que também não pertencem ao âmbito paranormal, constituem de certa maneira acrobacias fisiológicas que podem ser realizadas após treinamento apropriado. Este consiste essencialmente em a pessoa imaginar a ação fisiológica que o organismo deve desempenhar, sem se preocupar com os mecanismos nervosos ou humorais que atuam para tais efeitos. Assim, por exemplo, é relativamente fácil fazermos o nosso estômago contrair-se. Estiramo-nos em cima dum divã, colocamos uma das mãos sobre a região abdominal correspondente ao estômago e, após obtermos certo estado de relaxamento muscular o mais geral e profundo possível, imaginamos que se forma um anel de contração na região mediana do estômago, e que esse anel se desloca para baixo com uma onda contrátil, atravessa a porção horizontal (o pré-antro), depois o próprio antro pilórico, e vai morrer no piloro propriamente dito. Daí a quinze segundos, recomeçamos o exercício mental. Às vezes, já no primeiro ensaio, ficamos surpreendidos, pois sentimos que efetivamente o estômago se está contraindo. Se a experiência não der resultado logo no começo, a renovaremos no dia seguinte, de preferência sempre às mesmas horas. Após algumas tentativas, obteremos invariavelmente resultados positivos. Podemos, de maneira análoga, fazer uma bola gasosa deslocar-se no intestino, num ou noutro sentido, sob a ação de movimentos peristálticos ou antiperistálticos do intestino.

Também é fácil conseguirmos a aceleração do ritmo cardíaco. Basta que nos ponhamos num estado emocional conveniente, evocando uma lembrança adequada. O efeito contrário, isto é, a diminuição, já é mais difícil de obter. Só o obteremos mediante imagens que sugiram placidez, tranquilidade.

Já verificamos que somente a representação, pura e simples, do órgão batendo mais ou menos depressa não conduz eficientemente ao resultado desejado.

O Dr. Brosse, ex-chefe de clínica cardiológica na Faculdade de Medicina de Paris, estudou cientificamente nos iogues fenômenos análogos aos que acabamos de assinalar, porém muitíssimo importantes e mais difíceis de obtenção, e os registrou em pneumógrafos, cardiógrafos e eletrocardiógrafos.

"O domínio sobre a respiração, considerado pelo iogue como um simples exercício preparatório", escreve o Dr. T. Brosse, "também não deixa de ser registrável, tanto é ele levado longe sem causar intolerância. Após anos e anos de treinamento, as fases de apneia (ou talvez de respiração de tal forma superficial que não seja registrável) podem atingir algumas horas... Durante os nossos exames, por diversas ocasiões o pneumógrafo registrou durante 10 a 15 minutos essas fases de apneia. O iogue põe assim o seu corpo num verdadeiro estado de vida vagarosa, comparável à dos animais hibernantes, conforme pudemos constatar pesquisando-lhe o metabolismo basal.

"Antes de nos referirmos às manifestações circulatórias, objetos nos nossos registros gráficos, vamos assinalar algumas proezas fisiológicas assistidas por nós. O domínio que o iogue exerce, por exemplo, sobre o seu sistema muscular estriado, permite-lhe o deslocamento lateral dos músculos verticais do abdômen (os grandes retos) mediante massagens abdominais eficazes. Mas essa autoridade eletiva também é exercível de maneira absoluta sobre as fibras lisas, regulando à vontade os movimentos peristálticos e antiperistálticos, permitindo assim em todo sentido o jogo dos esfíncteres — a anal, o vesical — pela simples aspiração e sem recorrer a nenhum instrumento, de modo a se dar a penetração da água ou do leite na bexiga e no reto.

"No que concerne mais especialmente às nossas explorações cardiovasculares, não insistiremos aqui sobre uma porção de minúcias quanto aos resultados e que poderiam ser objeto de outros tantos exames especiais, quer se trate da mudança do ritmo de 55 para 150, quer se trate de variações da amplitude e do caráter do pulso (confirmando as experiências de Occident), ou das fases de apneia já assinaladas, ou ainda de modificações da ponta, ou até mesmo de paradoxos frequentes na comparação das diferentes curvas. Insistiremos apenas nos fenômenos mais sugestivos no âmbito das modificações do eletrocardiograma e concernentes às quedas de voltagem, ora localizadas em certas ondas, ora generalizadas. A diminuição esteve às vezes tão perto da abolição total que era difícil situar o lugar da contração, podendo até levar-nos, em decorrência dessa curva, a um prognóstico dos mais severos. Todavia, nos instantes precedentes e ulteriores, a silhueta elétrica era não somente normal como até mesmo apresentava um aumento geral da voltagem ao sabor da vontade do iogue (o milivoltímetro tendo antes sido examinado para evitar causas de erros na interpretação).

"Na presença desses fatos, pouco importa que as nossas hipóteses os atribuam ora a uma concentração anormal do gás carbônico no sangue, ora a uma mudança do eixo do coração, ora ainda a uma mudança da ionização dos tecidos, ou até mesmo a esses mecanismos combinados ou a outros não suspeitados, visto que o estado atual nos nossos conhecimentos não nos permite ainda encarar a causa de modificações para nós fora do comum como observação. Seja qual for o mecanismo, aquilo que no caso se revela deveras pasmoso é que a queda extrema da voltagem se produza precisamente quando o iogue anuncia que vai retirar do seu coração a energia vital, e que o retorno a uma voltagem normal ou mesmo exagerada sobrevenha quando ele declara controlar o bom funcionamento do seu coração."

Ritmos cerebrais muito particulares acham-se também em correlação com certos estados psíquicos obtidos por iogues autênticos. Foi assim que no *Colóquio Internacional das Atividades Elétricas do Cérebro,* que se realizou em Marselha em 1955 sob a presidência do Alfred Fessard, professor do *Colégio de França,* o eminente Prof. N. N. Das, da *Universidade de Calcutá,* apresentou numerosos eletroencefalogramas de iogues. Um desses registros, obtido duma mulher iogue que imergira voluntariamente num estado de êxtase, traduzia um extraordinário acréscimo dos ritmos cerebrais. Todos os sábios presentes foram unânimes em declarar que jamais haviam observado um gráfico análogo durante as suas respectivas experiências.

Assinalemos por fim que dois "hatha" iogues, os doutores Goswany e Parmanick, de passagem pela França em novembro de 1950, realizaram na *Faculdade de Medicina* de Paris, diante dum areópago constituído principalmente por médicos e professores da Faculdade, experiências provando que eles eram capazes de provocar a contração de músculos que, normalmente, escapam ao controle da vontade.

Sentando-se nu em cima duma bacia com água, o Dr. Parmanick aspirou pouco mais dum litro de água pelo reto, expelindo-o mais tarde pela mesma via. Depois absorveu ar pela uretra, e o fez sair com o respectivo ruído característico. A fim de convencer os céticos, recomeçou a mesma experiência com leite. E por último, após alguns exercícios respiratórios, parou os batimentos do coração durante sessenta segundos.

## *O Caso Mirin Dajo*

Os fenômenos apresentados há algum tempo por Mirin Dajo podem ser escalonados junto dos precedentes. Trata-se deveras, a nosso ver, de fenômenos psicofisiológicos — sem dúvida assombrosos — mas não de fatos miraculosos e nem mesmo para- normais conforme pensam os adeptos desse místico holandês. Aliás, na hora em que escrevemos, alguns desses fenômenos são reproduzidos, em público, pelo faquir Kirokaya. Mirin Dajo (que morreu recentemente) chamava-se na realidade A. G. Henskes, e nasceu em 1912 na cidade de Amsterdam. Fez os estudos na *Academia de Artes Plásticas,* de Haia, aprendeu diversas línguas e exerceu o ofício de desenhista de cartazes em Zaandam, perto de Amsterdam. Tendo certo dia acompanhado sua mãe enferma à casa dum magnetizador daquela cidade, um certo Otter, este imediatamente descobriu nele faculdades "sobrenaturais" e, entre outras coisas, afirmou que ele, Henskes, era invulnerável. A demonstração disso foi feita, pouco depois, por uma terceira pessoa, chamada De Groot. Tendo tomado conhecimento da experiência, o pai do nosso herói, velho esperantista, propôs ao filho o pseudônimo de *Mirindulo* que em esperanto significa "o ser admirável"; mas A. G. Henskes preferiu *Mirindajo,* ou *Mirin Dajo,* que quer dizer "a coisa admirável", para tornar bem explícito que não era ele, mas sim o fenômeno que era prodigioso.

O trio Mirin Dajo, Otter e De Groot emigrou então para a Suíça, onde primeiro deu representações públicas. Tendo estas sido proibidas, fizeram-se demonstrações no hospital cantonal de Zurique, na presença do Prof. Brunner e de numerosos médicos; depois, no Burgerspotal de Basiléia, sob a direção do Prof. R. Massini. Fotografias comuns, radiografias e eletrocardiografias foram tomadas, e o *Pathé-Consortium-Cinéma* realizou um filme que foi projetado em todos os cinemas do mundo.

As transfixações espetaculares de Mirin Dajo eram efetuadas por De Groot sob a vigilância de Otter. De Groot empregava um florete ou uma espada de 70 a 90 centímetros de comprimento. Com esses instrumentos ele ultrapassava Mirin Dajo, atravessando-lhe ora o tórax ora o abdômen. E tanto as espadas como os floretes não eram antes esterilizados. O operador fazia-os progredir lentamente. No começo da experiência Mirin Dajo mordia os beiços, transpirava muito, ficava vermelho, porém o seu rosto não tardava a reassumir sua habitual expressão ascética. Mediante o impulso cauteloso, da mão do operador, aqueles instrumentos emergiam após uma penetração de 20 a 30 centímetros, não trazendo nenhum traço de sangue. E as aberturas não sangravam.

Uma noite, em público, Mirin Dajo se deixou transpassar no meio do corpo e no coração por três espadas ocas, pelas quais se fez passar água. Na clínica de Zurique, testemunhas o viram conservar o florete transfixado no abdômen durante vinte minutos, e assim percorrer a sala dos doentes e subir uma escada.

Ulterior radiografia permitiu constatar que mais de quinhentas transfixações haviam sido feitas e que no decorrer das experiências o peritônio, os rins, o estômago, o fígado, os pulmões e o coração tinham sido transpassados em todos os sentidos.

Durante tais experiências, Mirin Dajo se colocava sob a proteção divina. "A possibilidade miraculosa que eu possuo", escreveu-nos ele, "é a consequência duma submissão voluntária à Potência Superior que rege o mundo. No momento em que a ponta da espada toca o meu corpo, eu me ponho entre as mãos dessa potência. Estou convencido de que a ciência materialista contemporânea não encontrará a explicação deste fenômeno. Isso será tarefa para a parapsicologia."

Na verdade, e contrariamente a tal afirmativa, os fenômenos apresentados por Mirin Dajo não eram, a nosso ver, paranormais e parece haver sido a ciência "materialista" que deu uma explicação correta.

Primeiro que tudo, excluiu-se toda ideia de embuste; sobre este ponto o acordo sempre foi unânime entre médicos, metapsiquistas e ilusionistas. (Ver nota no fim deste capítulo). Por conseguinte, era para uma interpretação fisiológica que convinha orientar-se em primeiro lugar. Para tal fim, o Prof. Bessemans, da Faculdade de Medicina de Gand e que, entre parênteses, é um excelente prestidigitador amador, fez preparar uma coleção de estiletes metálicos de pontas bem afiladas, arredondadas, chatas, lisas, sem arestas cortantes. Utilizou também duas cânulas dessas para punção lombar munidas dos respectivos mandarins.

Sem desinfetar esses instrumentos, ele os enfiou devagar no abdômen e no tórax de diferentes animais: ratos, cobaias, coelhos e cães. Os instrumentos, extraídos com a maior prudência, não trouxeram nenhum vestígio de sangue. E as chagas, sem exceção, não sangraram. O exame radiológico ou a autópsia mostraram que o fígado, o estômago, os pulmões e o coração haviam sido atravessados. Todavia, os animais sobreviveram sem apresentar infecções. A dor só se fazia sentir na entrada e na saída do objeto aguçado. Essas experiências foram em seguida refeitas, com o mesmo êxito, pelo Prof. Brunner, de Zurique.

Disso resulta, evidentemente, que as transfixações de Mirin Dajo podem ser explicadas sem que seja necessário fazer intervir fatores paranormais. A introdução lenta das espadas produz uma distensão progressiva dos tecidos e provoca o afastamento dos grossos vasos sanguíneos cujas paredes são muito resistentes; daí a ausência de hemorragias internas. "Quanto à inexistência de complicações infecciosas", escreve na *Presse Médicale* o Dr. L. Rivet, "explica-se pelo fato de que os instrumentos metálicos, lisos e limpos, geralmente apresentam micróbios relativamente pouco numerosos e na sua maioria saprófitos, que são abandonados em grande parte na pele e na hipoderme durante as transfixações. Por outro lado, os poucos germes que podem penetrar profundamente sucumbem, devido à ação virulicida dos homens."

Infelizmente, a carreira de Mirin Dajo terminou prematuramente e dum modo inesperado, pois o nosso faquir morreu em consequência duma operação cirúrgica. No dia 13 de maio de 1948, Mirin Dajo engoliu uma agulha de 35 centímetros de comprimento. No dia 15, ante o aparecimento de violentas dores gástricas, Mirin foi operado pelo Prof. Brunner. O processo cicatricial operatório foi rápido e o operado voltou para a respectiva residência. Alguns dias depois Mirin se sentiu tomado de súbito mal-estar, caiu em catalepsia e morreu sem readquirir conhecimento. Feita a autópsia, o médico diagnosticou: "Morte consecutiva a uma infecção geral não imputável à operação."

Claro é que, não obstante as explicações fisiológicas racionais dadas às transfixações, nem por isso deixam de ser extraordinárias, no próprio sentido da palavra, as proezas de Mirin Dajo, sendo precisas, para realizá-las, uma grande coragem e uma absoluta confiança nas forças místicas invocadas. Demais a mais, um elemento psíquico, provavelmente de natureza sugestiva, se superpunha certamente aos fatores fisiológicos de cicatrização, pois a cura das chagas era extremamente rápida.

Por último, resta ainda que as experiências do místico holandês tiveram a vantagem de pôr em relevo certos aspectos ainda pouco conhecidos da fisiologia dos órgãos, aspectos cujas consequências poderão ser bastante importantes nos pontos de vista científico, médico e cirúrgico. Em particular elas tendem, a nosso ver, a demonstrar que o organismo é suscetível de adaptar-se aos ferimentos graves e aos traumatismos que, sem treinamento prévio, seriam mortais. Provavelmente, os humores adquirem um poder bactericida que aumenta, e decerto as veias e as artérias adquirem a faculdade de contrair-se quando são roçadas por um objeto afilado, faculdade essa que evita que elas sejam penetradas.

Mirin Dajo foi um crente iluminado por uma ardente fé de pensador. Ele não apresentava nenhum ponto de contato com os faquires de *music hall,* gênero Tahra Bey. As suas exibições teatrais não eram feitas para atrair a atenção, sendo o seu autêntico intuito, muito nobre e eminentemente simpático, oferecer aos homens uma metafísica e os meios de curar-lhes os corpos e de "salvar-lhes" as almas.

Ele acreditava na onipotência do Espírito, última realidade do Mundo. Pensava que, durante as transfixações a que se submetia a fim de demonstrar quanto as suas concepções eram bem fundamentadas, a vida, mercê da graça divina, se retirava do seu ser e que uma força mais sutil, mais misteriosa, a substituía.

Foi sob o simples abrigo desta crença que ele realizou as suas extraordinárias e perigosas proezas.

Ninguém é obrigado a partilhar das suas convicções, e nós nos contamos exatamente entre aqueles que consideram poder dar uma explicação racional dos fenômenos que ele apresentava há tempos. Mas todos nós devemos inclinar-nos diante dessa grande figura, e seremos beneficiados se retomarmos, por nossa própria conta, os temas que ele propôs à humanidade.

# *A Estigmatização*

No mais das vezes, a estigmatização é um fato religioso. Mas também existe uma estigmatização experimental e provavelmente uma estigmatização que podemos qualificar de "diabólica" por causa das suas aparências.

Em geral, os estigmas podem ser simples eritemas, lesões abertas da pele com exsudação de sangue ou de líquido seroso; ou, ainda, excrescências do tecido conjuntivo. Os estigmas ou estigmates dos cristãos figuram principalmente as chagas de Cristo. Os dalguns santos maometanos lembram os ferimentos de guerra do Profeta. Quanto aos feiticeiros medievais, muitas vezes foram marcados com signos diabólicos ou considerados como tais; excrescências, manchas, arranhaduras de garras ou de unhas, dentadas.

Examinaremos aqui as formações estigmáticas que podemos qualificar de "experimentais".

Numerosas experiências de queimaduras, de equimoses, de dermografia por sugestão foram realizadas ou estudadas por Beaunis, Janet, Kraft-Ebing, Rybalkin, Focachon, Binet e Féré, Wetterstrand, Podiapolsky, Burot, Voisin, Mabile, Moutier, Osty etc. Mostram que o pensamento pode não só agir sobre os ritmos funcionais, conforme acabamos de ver, como também é capaz de provocar modificações somáticas profundas.

Se há um traumatismo que parece mesmo ter uma causa absolutamente material é incontestavelmente a queimadura. Quase sempre de origem acidental, ela parece escapar da maneira mais absoluta do psiquismo. No entanto, várias experiências estabelecem o papel do pensamento na produção de ampolas ou vesículas na pele.

É com os nevropatas que tal experiência se realiza mais facilmente. Anuncia-se a determinada pessoa que ela tem uma verruga ou um botão nas costas e trata-se de persuadi-la que é preferível fazer desaparecer a pequena excrescência. Afirma-se que isso se conseguirá com uma moeda aquecida até o rubro no fogo, que a operação será rapidíssima e o sofrimento mínimo. Pega-se então uma moeda, que é levada ao fogo o tempo suficiente para ficar apenas morna, suscetível de ser suportada na mão. Aplica-se assim a moeda nas costas do paciente, com a ajuda duma pinça para deixar supor que ela está mesmo a arder. Deixa-se a moeda de encontro à pele apenas dois ou três segundos; em seguida, substitui-se a moeda por um pequeno curativo fixado com esparadrapo. Pois bem, às vezes, daí a algumas horas, constata-se que a moeda fez na pele uma autêntica queimadura com uma bolha aparente. O paciente acreditou que a moeda estava mesmo ardendo ao rubro. Tal certeza foi suficiente para fazer aparecer a queimadura.

Pode-se também suscitar uma hemorragia, por sugestão. Assim foi que, tendo o Prof. Artigalas sugerido a um paciente sujeito a hemorragias naturais pelos ouvidos e pelos olhos, que o sangue irromperia das palmas das mãos, a sugestão foi logo seguida de efeito. Foi necessária outra sugestão, em sentido contrário, para fazer desaparecer aqueles sintomas. Já em 1885 os Drs. Bouru e Burot apresentaram no Congresso de Grenoble o caso dum doente em quem os dois conseguiam provocar por sugestão uma dermografia intensa seguida de exsudação sanguínea. Por sua vez, o Dr. Mabille obteve facilmente, no famoso Louis Viré, o aparecimento no braço dum "V" sanguinolento.

As recentes experiências feitas pelo Dr. Adolf Lechler numa moça são ainda mais demonstrativas. A doente era sujeita a diferentes distúrbios mais ou menos graves: dores de cabeça, tremores, úlceras, escarros de sangue etc. Por meio de sugestão, o experimentador conseguiu fazê-las desaparecer, e concluiu que fossem de natureza histérica; ou, mais exatamente, distúrbios psicossomáticos. Mas, por uma espécie de fenômeno compensador bem conhecido dos médicos, os sintomas que desapareceram foram substituídos por outros da mesma gravidade: depressões, paralisias, anorexias, alucinações visuais e auditivas. A fim de descobrir a causa real dos fenômenos, Lechler teve a ideia de se servir da hipnose e da psicanálise. Verificou por esse modo que a doente era suscetível de adquirir quaisquer moléstias em que ouvisse falar. Bastava-lhe às vezes ver uma pessoa enferma para se sentir atingida pelo mesmo mal. Fato particularmente interessante: após haver, na sexta-feira santa de 1932, olhado para um quadro que representava a Paixão de Cristo, ela ficou com as mãos e os pés inchados e doloridos.

Essa constatação deu a Lechler a ideia de fazer algumas sugestões à sua doente concernentes aos extraordinários fenômenos apresentados pela estigmatizadora Teresa Neumann. Pediu-lhe que pensasse durante uma noite na ideia seguinte: "Nos lugares onde sofro aparecerão chagas." E efetivamente, de manhã, chagas úmidas levemente sanguinolentas apareceram nas regiões dolorosas.

Persuadiu-a, em seguida, que as chagas iam tornar-se mais profundas. Foi o que ocorreu de fato, por volta do meio-dia.

Algum tempo após esta experiência, o médico ordenou a essa moça que pensasse sem parar nas lágrimas de sangue de Teresa Neumann, e lhe deu a entender que isso não tardaria a acontecer-lhe também. E de fato, duas horas depois, a doente chorava lágrimas de sangue que pararam quando o médico a sugestionou no sentido contrário.

Lechler produziu-lhe também estigmas em coroa na testa e nas têmporas, e os fez sangrar só pela influência do pensamento. Certa vez lhe pediu que pensasse em Cristo levando a cruz. Ela obedeceu tão bem que as suas espáduas se tornaram avermelhadas e doloridas, enquanto todo o seu corpo tomava uma atitude inclinada, como sob o peso duma cruz.

Cumpre acentuar que estas experiências foram conduzidas com o maior cuidado. A doente era vigiada de perto quer pelo médico quer por enfermeiras especializadas.

Numa ordem de fatos quase análogos, o Dr. Moutier, chefe de laboratório da *Faculdade de Medicina* de Paris e membro de honra do *Instituto Metapsíquico Internacional,* observou os dois casos seguintes particularmente curiosos. No primeiro, uma solteirona, comovidíssima por ver durante uma viagem seu irmão mais moço ter vômitos de sangue, suplicou ao céu que, no caso de dever suceder isso outra vez na sua família, fosse ela a escolhida. Dali a uma semana, altas horas da noite ela teve uma hemorragia considerável que, aliás, lhe revelou a presença duma úlcera gástrica. O segundo caso diz respeito a um prisioneiro francês durante a ocupação alemã. A fim de atenuar-lhe os rigores do cativeiro, o médico ensinou-lhe a maneira de simular uma úlcera do estômago. Essa úlcera, puramente imaginária, valeu ao falso doente a prerrogativa de ser hospitalizado; mas quando ele obteve a liberdade, lhe apareceu e se desenvolveu uma úlcera autêntica; de maneira que, segundo escreve o Dr. Moutier, "a realidade copiou assim a imaginação sugerida".

Passemos progressivamente das lesões experimentais para certos distúrbios psicossomáticos estudados agora em psicofisiologia clássica. Podem produzir-se, por exemplo, por mero choque emotivo, lesões herpéticas. As observações seguintes fazem fé.

Uma mulher de sessenta anos, que apresentava ansiedade e fobias desde um choque moral sofrido aos dezoito anos (a morte do noivo), era sujeita a herpes emotivo. Durante uma sessão psicanalítica, os Drs. Helling e Hoff lhe redespertaram o antigo choque moral e em seguida lhe sugeriram que ela deveria sentir no lábio inferior a sensação toda especial precursora do herpes. Daí a 24 horas, a doente começou a sentir comichões no lábio inferior e, 48 horas depois, apresentava uma erupção de herpes nos lábios, ao mesmo tempo.

Uma segunda experiência do mesmo gênero diz respeito a uma ansiosa de 38 anos de idade em que a experiência foi conduzida exatamente da mesma maneira e com idêntico resultado.

Uma terceira observação análoga é a duma senhora de 43 anos de idade, igualmente uma ansiosa crônica em quem a simples reconstituição ou melhor evocação, no estado de vigília, duma violenta cena conjugai, seguida da sugestão dum herpes no lábio inferior, desencadeou mesmo uma erupção de herpes.

Aliás, todos os tratados de dermatologia indicam a emoção como uma das causas das moléstias da pele. O Prof. Gauchet escreve que o psoríases emotivo, que é tão tenaz, geralmente principia por ocasião dum choque nervoso, dum susto, dum traumatismo. Numa de suas obras, o Dr. Hartenberg anota que teve sob os seus cuidados "uma dama que a cada emoção violenta ficava coberta de equimoses". Outra doente apresentava, nas mesmas condições, borbulhas de urticária gigante. Uma terceira apresentava uma erupção de eczema a cada contrariedade. Bateman constatou dois casos de impetigo em consequência dum susto. Biett cita vários casos análogos e assinala que outro, de líquen agrius de forma grave, se deu doze horas depois duma notícia má. E, recentemente, revistas médicas inglesas trouxeram o caso duma meninota de Loughton (Inglaterra) cuja pele se cobre de placas vermelhas, tendo aparência de urticária, cada vez que ela se encontra na presença de rapazes, tendo sido inúteis todas as medicações com a finalidade de fazer sumir aquela espécie de "alergia".

Outros fenômenos psicossomáticos afetando a pele, e igualmente clássicos, se aproximam mais nitidamente da estigmatização.

Assim, em 1857 foi apresentada à *Academia de Ciências* uma mulher que havia sido surpreendida por uma tempestade enquanto tomava conta duma vaca no campo. Teve que se refugiar debaixo duma árvore, e quase imediatamente caiu um raio ali perto. A vaca morreu e a mulher foi encontrada no chão, desmaiada. Fizeram-na voltar a si, e se deram conta de que ela apresentava no peito a imagem da vaca morta. Supôs-se, isto é, depreendeu-se que o raio iluminara vivamente a vaca no momento de explodir, e que um reflexo psíquico produziu aquele estigma na mulher tomada de pânico.

Por sua vez, os neurologistas Hack Tuke e Toussaint Barthélemy relatam que uma senhora, vendo o filho passar por uma porta de ferro que caía, temeu que as pernas dele tivessem sido alcançadas. Pois bem, apareceram no corpo dessa senhora, principalmente nos tornozelos, estrias vermelhas características. Outra mãe ficou com um círculo eritematoso no pescoço por haver temido que o tampo de ferro duma lareira houvesse batido na nuca do filho.

Após o exame desses fatos que, conforme dissemos, pertencem mais à psicofisiologia clássica do que à metapsíquica, detenhamo-nos nos fenômenos muito mais assombrosos apresentados por uma pessoa mediúnica, Mme. Kahl, que foi estudada não faz muito tempo pelo Dr. Osty e por seus colaboradores do IMI.

De nacionalidade russa, mas residindo em Paris, Mme. Kahl apresentava desde a infância faculdades paranormais. Na idade de 7 anos já se propunha, movida como que por um instinto, a ler o futuro das pessoas da sua vizinhança. "E muitas vezes fez previsões certas", declara o Dr. Osty. Com a idade de 15 anos traçou num papel a posição dos mais ricos filões duma mina de ouro. As indicações fornecidas revelaram-se exatas, tempos depois. Aos 19 anos ela perdeu um colar de pérolas, ficando muito aborrecida com isso. Alguma coisa se passou então e que só foi compreendida muito mais tarde: várias manchas redondas e vermelhas apareceram na sua pele e julgou-se que fosse uma erupção, só depois se verificando tratar-se de estigmates que se assemelhavam bastante às formas e aos tamanhos das pérolas. Outras formações estigmáticas se apresentaram em novas circunstâncias, e isso determinou a ideia de provocarem-se outras. Uma amiga contou a Mme. Kahl que na Índia os faquires faziam aparecer em suas peles imagens de coisas em que eles pensavam, e lhe sugeriu que experimentasse fazer o mesmo. Mme. Khal pensou num ramo. Pois bem, alguns segundos depois folhas se desenharam em vermelho na sua pele. Relata o Dr. Osty:

"Tendo ela assistido um dia em Constantinopla a uma sessão na qual dervixes uivadores perfuravam as faces, ficou muito emocionada. Pouco depois começou a se queixar de dores numa das faces. Formou-se um abscesso do lado de dentro e que acabou furando".

"Em Paris", anota ainda o Dr. Osty, "durante a refeição ela engoliu uma espinha de peixe e declarou que a sentia encravada na garganta. Viva emoção. Logo lhe apareceu no pescoço a forma vermelha duma espinha. O médico, chamado, garantiu que a espinha descera para o estômago. O estigma só desapareceu daí a 24 horas."

Alguns anos após este acidente, Mme. Kahl foi estudada no IMI pelo Dr. Osty, assistido pelos membros da diretoria e por um areópago de personalidades médicas. Das muitíssimas sessões realizadas com ela, vamos escolher algumas atas particularmente significativas:

*Sessão de 29 de outubro de 1927* — Relata o Dr. Osty: "No fim da sessão em que pela primeira vez eu punha à prova a faculdade de conhecimento paranormal de Mme. Kahl, pedi-lhe que tivesse a bondade de mostrar-me o seu poder de inscrever na sua própria pele aquilo em que eu estava pensando. Ela aceitou, conquanto um pouco fadigada por causa da sessão que havia sido longa. Imaginei mentalmente uma palavra, dedicando-lhe a maior atenção. Mme. Kahl me pediu que lhe apertasse o punho esquerdo enquanto ela se esforçava para fazer aparecer na face anterior do ante- braço esquerdo aquilo em que eu estava pensando. Como após uns quinze minutos de espera o fenômeno demorasse a manifestar- se, ela fez três ou quatro fricções rápidas na pele. Daí a pouco vi linhas vermelhas destacarem-se no fundo uniforme da sua pele, linhas essas que dentro de poucos segundos desenharam um grande *R* ocupando cerca de dois terços da largura do antebraço, não longe do cotovelo. Daí a mais alguns segundos surgiu a letra minúscula "o", sem ter sido preciso Mme. Kahl fazer outra fricção. Após meio minuto de espera e de esforços, nada mais se inscrevendo em seu antebraço, Mme. Kahl declarou: "Estou muito exausta; sei que não virá mais nada. O senhor deve ter pensado na palavra Rosa."

"De fato eu estava pensando na palavra Rosa.

*Ro* ficou nitidamente visível cerca de 1 minuto, depois desapareceu em meio a uma vermelhidão difusa muito espraiada na sua pele."

*Sessão de 5 de janeiro de 1928* — Entre cerca de vinte pedaços de papel contendo outros tantos desenhos feitos antes, o Dr. Osty escolheu um ao acaso, tomando todas as precauções para que Mme. Kahl não visse nada, absolutamente. Após olhá-lo atentamente durante alguns segundos misturou-o com os outros desenhos e apoiou o conjunto na testa de Mme. Kahl.

Daí a um minuto mais ou menos, formaram-se na pele do antebraço daquela senhora duas linhas delimitando um ângulo. O Dr. Osty registra isso, fazendo um croqui. Após quinze segundos, as linhas se fundem, constituindo-se numa vermelhidão difusa. Mme. Kahl pega então um lápis e desenha um triângulo incompleto, dizendo: "Foi nisso que o senhor esteve pensando." Efetivamente o desenho era igual ao escolhido entre aqueles vinte pelo Dr. Osty.

*Sessão de 22 de janeiro de 1928* — Tendo Mme. Kahl consentido em produzir os seus fenômenos diante dum pequeno público, a sessão foi assistida pelo Dr. d'Espiney e mais três pessoas.

Pediu-se ao Dr. d'Espiney que pensasse em alguma coisa. Em breve, no antebraço de Mme. Kahl, em plena luz do dia, "os nossos olhares atentos", escreve o Dr. Osty, "viram formarem-se linhas que logo registrei num croqui, podendo-se reconhecer as letras maiúsculas FRAN".

Primeiramente as letras se apresentaram com uma cor leve, a- vermelhada. Então Mme. Kahl pediu a uma pessoa da assistência que lhe fizesse uma fricção rápida na pele, para ajudar o aparecimento do fenômeno. Resultou um aumento da vermelhidão das linhas, porém não apareceu mais nenhuma letra. O Dr. d'Espiney declarou que havia pensado na palavra *François.*

Após alguns minutos de repouso, Mme. Kahl propôs a Mme S., uma das pessoas que acompanhavam o Dr. d'Espiney, que fizesse o seguinte ensaio: que se colocasse diante dela, segurasse-se uma das mãos e pensasse numa palavra.

Ao cabo dos quinze segundos indispensáveis, irrompeu no cotovêlo de Mme. Kahl a letra Y sobre a dobra da pele abrangendo toda a largura do antebraço. Olhando, como aliás toda a assistência, para o seu antebraço à espera da palavra que se deveria formar, Mme. Kahl, sugestionada decerto por aquela letra inicial, disse: A senhora decerto pensou na palavra *Yvonne.* Mme. S. não negou nem confirmou; ficou calada. Em breve, em toda a extensão do antebraço foi surgindo uma série de letras minúsculas, bem vermelhas, até formar a palavra Y *lande.* Faltava apenas a segunda letra para completar a palavra que afinal Mme. S. confessou que era o nome em que ela havia pensado *Yolande.* Mas pelo menos ficara o espaço para a letra daquela dermografia.

"Ante o notável sucesso", escreve o Dr. Osty, "solicitamos a Mme. S. o favor de submeter-se a outro ensaio. Acedendo, ela pensou em alguma outra coisa, e então vimos formar-se no outro antebraço de Mme. Kahl, bem estendido, para a experiência tornar-se bastante visível, uma espécie de X deitado.

"Quando se tornou evidente que a inscrição atingira o seu máximo, pois nada mais aparecia, perguntamos a Mme. S. em que era que ela havia pensado. Respondeu: "Pensei no número 8".

"Pusemo-nos a olhar para a dermografia, cheios de expectativa, o vimos traçar-se uma linha reunindo as extremidades inferiores daquela figura. Apesar dos seus esforços de concentração, Mme. Kahl não obteve o mesmo resultado para as extremidades superiores, de sorte que o 8 não ficou completo. Mme. Kahl confessou que já se sentia cansada."

Quase logo depois deste ensaio, Mme. Kahl, dirigindo-se ao Dr. Osty, disse-lhe: "Quero fazer uma experiência dedicada ao senhor."

Então ele, sem dizer palavra, concentrou-se mentalmente figurando na sua mente uma linha horizontal atravessada por duas linhas oblíquas paralelas. Imediatamente uma lista horizontal muito acentuada risca o peito de Mme. Kahl numa extensão de cêrca de 10 centímetros, vindo a ser cortada, logo a seguir, por duas linhas menores.

Esta dermografia permaneceu visível pelo menos um minuto; depois uma vermelhidão difusa se espraiou pela região.

*Sessão de 29 de janeiro de 1928* — Assistentes: Prof, Charles Richet, Santoliquido, Cunéo e senhora, Dr. Jean-Charles Roux, Dr. Osty e M. Toukholka.

O Dr. Jean-Charles Roux pega num punhado de cartas apresentando cada uma delas uma letra do alfabeto. Mme. Kahl pede-lhe que pense num nome encarando uma daquelas letras iniciais, pois na sua opinião se ele concentrar o seu pensamento naquela espécie de pantalha que é cada uma das cartas, isso tornará o pensamento dele mais acessível a ela. Obedecendo àquela condição, o cientista pensou na palavra que escolheu e depois levou à testa de Mme. Kahl o baralho inteiro, obedecendo ainda a novo pedido. Mme. Kahl disse-lhe: "O senhor pensou em dois nomes misturados numa só palavra". Em seguida estendeu um dos antebraços, onde em breve apareceram linhas vermelhas, não formando sentido da esquerda para a direita, mas que em sentido contrário davam REH. E Mme. Kahl pronunciou a palavra *René*.

O Dr. Jean-Charles Roux declarou então que pensara mesmo na palavra *René*. Cumpre notar que Mme. Kahl é russa, fala mal o francês, e em russo o N se escreve H. Portanto, só faltava na inscrição cutânea a última letra.

O Prof. Richet e o Dr. Jean-Charles Roux retiram-se para uma sala contígua. O Prof. Richet traça um desenho num pedaço de papel. Os dois retornam à sala onde se encontra Mme. Kahl conversando com os demais assistentes. Então ela estendeu o antebraço e apareceram na pele duas linhas vermelhas retas reunidas numa das extremidades e formando um ângulo.

O fenômeno não se desenvolvendo, o Prof. Richet acede em mostrar o desenho que fizera: era um triângulo, dentro do qual estava inserido outro bem menor. Assim que Mme. Kahl o vê, uma nova linha se forma reunindo as duas outras em suas extremidades divergentes, delimitando assim um triângulo. Ela se esforça em seguida para fazer aparecer o pequeno triângulo incluso no maior, porém nada aparece.

Mme. Kahl pede a Mme. Cunéo para fazer uma experiência, pois acha que com ela será mais feliz quanto a resultados.

Mme. Cunéo retira-se para uma sala vizinha. Volta com um papel dobrado, que entrega ao marido. Este enfia-o no bolso.

Mme. Kahl pede a Mme. Cunéo que coloque a mão por um instante em cima do seu cotovelo. Daí a pouco, assim que a mão foi retirada, desenham-se em vermelho como sempre letras dispostas desta maneira: SAB NI.

No papel que o Prof. Cunéo abre logo em seguida, sua esposa havia escrito: *Sabine.*

O S maiúsculo estava reproduzido em sua forma bem especial. A palavra não estava corretamente escrita. Mas havia o vão para o I, e a letra final, embora errada, mostrava um esboço de E sob o I.

Interessante notar que quando faltam letras nas palavras escritas em dermografia, os seus lugares ficam disponíveis, reservados, como se apenas tivesse havido um esquecimento de traços.

*Sessão de 8 de março de 1928* — Nesse dia Mme. Kahl, sentindo-se muito exausta, declarou: "Hoje não estou em condições de lazer coisa boa. Apenas me seria fácil reproduzir na minha pele algum objeto que me mostrassem." Tal proposta suprimia de fato a fase de detecção do pensamento.

Não demorou que alguém lhe apresentasse um cálice grande, do tipo balão. "Ponha-o em cima do meu braço", pediu Mme. Kahl, o que foi feito. "Imediatamente", anota o Dr. Osty, "aparecem linhas vermelhas. E daí a alguns segundos vemos inscrever-se numa superfície de 8 a 10 centímetros de comprimento, no eixo do antebraço, como que deitada sobre a pele, a silhueta fragmentar, porém, bastante nítida do objeto".

Estas extraordinárias experiências, que nenhum ilusionista seria capaz de reproduzir nas mesmas condições, e que, todavia, foram realizadas no IMI muitas vezes, quase à vontade e à maneira de quaisquer experiências de física normal, mostram de maneira indubitável o poder assombroso do pensamento sobre o organismo, bem como a existência dos poderes paranormais da mente.

Acrescentemos que elas são inatacáveis. Os traçados dermográficos eram *muito nítidos* e não podiam provir duma apreciação ou interpretação subjetiva, conforme às vezes sugeriram alguns teóricos que não observaram *de visu* o fenômeno.

## *Mecanismo da Estigmatização*

Julgamos que a estigmatização autêntica, seja ela religiosa, demoníaca ou metapsíquica é, em geral, de natureza puramente sugestível.

Podemos com efeito observar que a própria forma dos estigmas reflete exatamente a ideia que o estigmatizado preconcebeu: o católico romano reproduz nas palmas das suas mãos chagas que ele pensa ser as de Cristo, quando trabalhos recentes, conforme declara com justeza Jacques Clair, provam que os pregos da crucificação foram necessariamente fincados através dos punhos. O maometano exterioriza os ferimentos do Profeta. O feiticeiro é arranhado, mordido pelo diabo, no qual ele acredita. E enfim o indivíduo metapsíquico apresenta estigmas cujo aspecto se relaciona com a sugestão dada.

Além disso, podemos constatar que os protestantes não apresentam estigmas porque eles não admitem que a estigmatização seja um fenômeno sobrenatural. "Um protestante atingido por estigmas", escreve o Dr. Bonjour, "seria coberto de ridículo." Isto é tão verdade que uma dama protestante. Mme. Hèlène Swart, escritora neerlandesa de renome, tendo visto aparecer em suas mãos e em seus pés manchas cor de sangue após ela haver meditado na paixão, tratou logo, pela força do pensamento, de fazer cessar aquele começo de estigmatização.

"No ano passado (1929)", escreve ela no *Tijdsclirift voor Parapsychologie,* "após haver demoradamente meditado sobre a Paixão de Jesus Cristo, vi aparecer nas minhas mãos e nos meus pés manchas redondas, cor de sangue. Tive a impressão de que poderia impedir que tais manchas se tornassem sanguinolentas dirigindo os meus pensamentos para assuntos muito diversos. Por essa razão, não coloquei um crucifixo no meu quarto, segundo tencionara antes. Durante algum tempo, as plantas dos pés e as palmas das mãos ainda se conservaram cor de sangue e muito sensíveis. Mesmo agora, elas ficam assim às vezes, após uma emoção."

Essa mesma pessoa afirma haver-se livrado, por sua vontade, dum distúrbio muito doloroso, mas não grave e que até então resistira a todo tratamento médico. Portanto, as interações psicossomáticas parecem particularmente nítidas na sua pessoa.

Aliás, a Igreja, por intermédio dos Drs. Ferrand e Surbled, o R. P. Coconnier, o R. P. Gémelli, franciscano médico, diretor da *Universidade Católica* de Milão, admite a sugestão na maioria dos estigmas, e até mesmo quando ela crê numa intervenção divina, isto é, nos casos que denomina "místicos".

Resta explicar o mecanismo dessa sugestão.

Sabemos que o fisiologista russo Pavlov interpreta as suas experiências supondo que uma nova via se forma entre os centros nervosos excitados pelas sensações que provocam o reflexo condicionado e a via normal que desencadeia o reflexo absoluto. No caso dos estigmas também seria assim. A visão alucinatória duma chaga, quer ela seja de Cristo ou não, e as sensações dolorosas imaginárias resultantes, provavelmente permitem ao influxo nervoso a abertura progressiva dum caminho até os centros cérebro-espinhais que comandam, dum lado, a irrigação vascular cutânea e, doutro, os fenômenos de fagocitose. Aliás, existem chagas com a aparência de estigmas, provocadas por uma doença da medula e tendo por consequência uma origem nervosa. Claro que podemos pensar em relês variados, nervosos e endocrínicos.

Seja como for, a sensação inicial provocaria a congestão local dos vasos, a sua ruptura e, quando isso ocorre, a destruição do derma pela fagocitose, este último fenômeno podendo aliás ser mais ou menos suscitado pelo primeiro. Como nas experiências de Pavlov, em que o excitante condicional deve estar muitas vezes associado ao excitante absoluto antes de produzir os seus efeitos, um período mais ou menos longo de maturação parece necessário às vezes, antes que se formem os estigmas. Esse prazo dura meses, v não raro até anos nos estigmatizados religiosos, e corresponde a uma fase de violenta exaltação durante a qual o religioso solicita com todo o ardor da sua alma a reprodução nele mesmo dos signos sagrados. Nos casos de estigmas experimentais, esse prazo pode ser bastante curto.

Enfim, reflexos condicionados e estigmatização exigem indivíduos especiais. A condição é muito menos imperativa no que concerne à obtenção de reflexos condicionados; mesmo assim, os experimentadores que estudaram cuidadosamente a questão constataram que a duração das experiências necessárias para restabelecer o reflexo varia muito com os indivíduos; alguns são mais sensíveis do que outros. Na etiologia dos estigmas, a nevrose parece indispensável; todos os estigmatizados, cujas vidas conhecemos bem, tiveram crises nervosas antes que surgissem os estigmas; e podemos dizer que se a histeria não faz parte integrante da estigmatização, ela lhe constitui por certo a atmosfera. Esta opinião é corroborada pelo fato de que quase todos os estigmatizados que apresentaram estigmas religiosos ou experimentais foram mulheres, mais sugestíveis e sugestionáveis em geral do que os homens e mais sujeitas do que estes à histeria bem como aos distúrbios hormonais.

Achamo-nos aqui em plena psicofisiologia normal, se não corriqueira. Onde a estigmatização assume um aspecto paranormal é quando se superpõem — conforme se deu na dermografia de Mme. Kahl, aliás bastante rara — duas espécies de fenômenos. Duma parte, um fenômeno fisiológico assombroso; e, doutra, um fenômeno paranormal.

O primeiro consiste numa ação seletiva das células do córtex cerebral. Foi qualificado de "impensável" pelo Prof. Lhermitte. No âmbito dos conhecimentos anatômicos e fisiológicos clássicos, com efeito, imaginamos muito dificilmente a maneira pela qual o cérebro possa agir com tamanha precisão sobre a hierarquia dos centros celulares do sistema nervoso vegetativo para conseguir, afinal, provocar a turgescência dos vasos capilares que uma inscrição, enquanto que a circulação circunvizinha continua a efetuar-se de modo normal. A precisão alcançada é deveras surpreendente quando se sabe que a trama microscópica extremamente densa que espalha o sangue na intimidade dos tecidos cobriria, caso a estendêssemos em superfície, sete mil e trezentos metros quadrados, mais ou menos. Mas, ainda assim, essa precisão existe.

Aliás, fenômenos deste gênero são observáveis em biologia normal. São os fenômenos de mimetismo e de homocromia, que constituem uma espécie de estigmatização natural. É o caso das famosas borboletas *Kallima,* cujas asas imitam uma folha seca a ponto de nos iludirem; não só reproduzem as nervuras medianas e laterais, como também as manchas que muitas vezes o mofo forma sobre o limbo, e até mesmo as cicatrizes transparentes que determinam os insetos fitófagos quando, comendo o parênquima, só deixam subsistir em certos pontos da folha a epiderme translúcida. Também os grilos-folhas da América, do grupo das pterocrozéias, copiam o melhor que podem uma folha marrom, isto é, manchada dessa cor por um cogumelo parasita. Alguns chegam até à especialidade de desenhar, com manchas brancas, excremento de pássaro acidentalmente caído sobre a folha. Além disso, assim como sobre as verdadeiras folhas onde as manchas de bolor e as dilacerações produzidas pelos insetos vão crescendo pouco a pouco, também nas falsas folhas elas têm um desenvolvimento lógico e se apresentam com as mesmas diversas etapas que se passam nas folhas autênticas. Em todos estes fatos, evidentemente, há um luxo de minúcias que, tanto quanto a estigmatização, ou mesmo mais, confunde a imaginação e ultrapassa o entendimento.

Os fenômenos de homocromia mutável não são menos imaginários e se aproximam, mais ainda do que os precedentes, da estigmatização dermográfica. Citemos aqui apenas o caso dos peixes chatos que tomam a cor da areia onde vivem. E a tal propósito, lembremos as experiências de Mast, as quais mostram de maneira empolgante a adaptação das folhas e dos linguados aos fundos marítimos e potamográficos os mais variados. Colocando estes peixes sobre areia fina, pedregulho, conchas e até em cima dum tabuleiro, Mast constatou que eles reproduziam os desenhos das superfícies onde se achavam. A experiência foi particularmente demonstrativa quando a superfície era um tabuleiro; o animal apresentou então no respectivo corpo os pequeninos losangos brancos e pretos alternados.

Sabemos agora que esses fenômenos são devidos às células pigmentares da pele, chamadas cromatóforos, que podem se retrair ou se expandir sob a influência do sistema nervoso.

Por último, voltando ao caso de Mme. Kahl, um fenômeno metagnômico se acrescentava nela ao fenômeno fisiológico, pois Mme. Kahl detectava o pensamento alheio sem se servir das vias sensoriais normais.

## *Curas Paranormais*

A questão das curas extra médicas, obtidas por meios puramente psíquicos tais como a sugestão, a imposição das mãos, preces etc., pode ser ligada aos fenômenos precedentes visto que, como eles, pertence ao âmbito das ações psicossomáticas.

Até o momento presente, nenhum inquérito imparcial foi conduzido em França sobre este problema e sobre o dos curandeiros. Para certos autores, os curandeiros jamais curaram qualquer doente; são charlatães. Já para outros, pelo contrário, eles são "valorosos missionários da saúde que se devotam ao socorro dos infelizes enfermos abandonados por uma medicina impotente e venal". E Pierre Neuville, um dos mais ardentes defensores da "medicina paralela", afirma que o doente, em 99 por cento dos casos, só vai encontrar mesmo o curador após haver esgotado todos os recursos da medicina tradicional."

Assim, em vista de tais contradições e da carência, a tal respeito, dos meios medicais franceses (todavia, um membro eminente da *Or-*

*dem dos Médicos* nos confiou que havia observado extraordinárias curas na vida ativa de alguns curandeiros) decidimos ater-nos às conclusões dum vasto inquérito levado a efeito, a partir de 1954, pela *British Medical Association.* Ora, as conclusões são positivas. Em certos casos, afirma a célebre associação médica britânica, os meios "espirituais" provocam ou parecem provocar curas.

Para nos quedarmos no âmbito de nossa obra, examinemos as causas prováveis dessas curas.

Notemos, primeiramente, que o organismo possui forças reacionais que tendem a restabelecer o seu equilíbrio momentaneamente destruído. São essas "forças da vida", a *vis naturse medicatríx,* que atuam sempre que se produz o retorno à saúde, seja qual for, aliás, a causa incitadora da cura. Acontece assim que certos doentes, tratados por um "curador", quer seja este magnetizador, hipnotizador, sugestionador, psicoterapeuta, taumaturgo místico... ou médico mesmo, se curam espontaneamente apenas por efeito da natureza.

Em segundo lugar, muitos distúrbios patológicos são puramente nevropáticos. Com efeito, a neurose pode revestir-se com a máscara de afecções corporais características, e importa sublinhar que existe uma multidão de doenças falsas. Existem paralisias e contraturas musculares (das quais a "coxalgia histérica" é o tipo por excelência) que decorrem de perturbações essencialmente psíquicas, edemas "histéricos", descritos pela primeira vez por Sydenham, uma febre neurósica, atonias, espasmos respiratórios, aerofagias, vômitos, anorexias, meteorismos, pseudoperitonites, sintomas apendiculares, constipações com espasmo anorretal, de origem puramente nevropática. Do lado do aparelho gênito-urinário, além da hiperestesia da uretra, da bexiga, do ovário, do útero, da vagina, do testículo, também se observa uma poliúria nervosa podendo ir, nos acessos, até emissões que atingem de vinte e cinco a trinta litros de urina por dia. O sintoma contrário, a anúria, pode igualmente ser "histérica"; as urinas são emitidas em quantidade insignificante, durante semanas e meses, podem mesmo ser suprimidas completamente durante alguns dias, atarantando completamente a família do enfermo. Existem também albuminúrias e diabetes nervosos. No que concerne ao aparelho genital propriamente dito, sabe-se que a impotência e a frigidez são em geral distúrbios nevropáticos; e toda gente já tem ouvido falar em gravidez "nervosa".

Enfim, também há falsos cardíacos, falsos doentes do simpático e das glândulas de secreção interna. Existem até mesmo surdo-mudez e cegueira "histéricas". Não acabaríamos mais de citar todas as formas de enfermidades aparentemente orgânicas que a nevrose pode tomar. O que acentua ainda mais a confusão é que às vezes os exames de laboratório vêm corroborar os sinais clínicos. Revelam certas anomalias da tensão arterial, das secreções gástricas, bem como indícios de desequilíbrio neurovegetativo e glandular. No entanto, todos esses sintomas não passam de expressão dum distúrbio essencialmente psíquico ou nervoso. No mais das vezes os exames somáticos e as análises não descobrem a menor alteração dos órgãos, cuja integridade é mesmo absoluta.

Concebe-se que essas doenças possam dar lugar a curas espetaculares, de aparência paranormal ou mesmo miraculosa. Mas tais curas nada possuem de assombroso porque as afecções nevropáticas apenas têm fracos fundamentos orgânicos. São essencialmente funcionais, isto é, resultam duma modificação da energia nervosa num organismo que podemos considerar como fisicamente sadio. O tratamento pode ser sobretudo ou exclusivamente psíquico. Segundo a imagem felicíssima do Dr. Vander Elst, "como um bonde em pane se põe estrepitosamente a querer andar logo que se restabelece o contato entre a corrente elétrica e o seu motor", assim os sintomas mórbidos podem desaparecer por completo e às vezes instantaneamente se a ação do sistema nervoso, que esteve por um momento interrompida num ponto do organismo, for restabelecida sob a influência duma terapêutica adequada, por exemplo, a sugestão. Mas não se deve crer que, para tal ou tal nevropata, o método de tratamento importa pouco. Segundo o seu intelecto, as suas crenças, a sua afetividade, o enfermo se beneficiará, por exemplo, com um tratamento "magnético" ou hipnótico no caso de a psicanálise e da terapêutica moral terem sido ineficazes. Em outros casos, a *Christian Science* ou os tratamentos religiosos convirão mais. Às vezes, os processos mágicos, com encenação, tornar-se-ão mais adequados. O essencial é que o enfermo aceite a sugestão, venha esta donde vier. Ela só será possível nas pessoas cuja mentalidade apresente, de maneira momentânea ou mais ou menos durável, uma depressão de relativa profundidade atingindo o nível das tendências realistas e tornando, conforme sublinha o Prof. Pierre Janet, a reflexão "lenta, difícil e curta". Aos distúrbios puramente neuróticos se podem ligar as afecções psicossomáticas, que têm uma origem psíquica e um substrato orgânico. Elas constituem o termo de transição entre as manifestações que acabamos de assinalar, quase desprovidas de elemento somático sólido, e as doenças propriamente orgânicas. Assim, encontramos muitas vezes a hipertensão arterial em indivíduos retraídos; eles têm uma agressividade constantemente recalcada que, contudo, explode de súbito sob a forma de acesso de cólera; são rancorosos, mas disfarçam os seus ressentimentos sob a aparência de gentileza e de submissão. O conflito latente que existe entre o seu ser verdadeiro e o papel que eles são obrigados a desempenhar cria um estado de tensão permanente que provoca uma secreção de adrenalina que por sua vez arrasta, por intermédio do sistema nervoso simpático, uma constrição dos músculos lisos das paredes arteriais, constrição essa geradora da hipertensão. Outrossim, certas formas de úlcera gástrica, de angina de peito, de asma, de diabete, de anorexia nervosa, de diarreia, de constipação crônica, de doenças da pele, de perturbações metabólicas etc., são distúrbios psicossomáticos.

Aqui também a simples sugestão pode desempenhar importante papel no processo da cura. Como também pode ser eficaz no caso de moléstias puramente orgânicas, pois ela é capaz, conforme já mostramos na nossa obra *As Chaves da Saúde,* baseando-nos nas experiências de Pavlov, de agir de maneira poderosa e eficiente no organismo por intermédio do sistema nervoso vegetativo e das glândulas endócrinas. Pode assim suscitar modificações fisiológicas importantes, favorecer a oxidação das reservas orgânicas, aumentar a termogênese, eliminar as toxinas, ativar as secreções gástrica, pancreática, hepática e das glândulas hormonais, exaltai-as reações de defesa, o poder antixênico do terreno, acelerar o processo de cicatrização. Conhecemos o seu papel na cura das verrugas.

Por conseguinte, a sugestão é, muito presumivelmente, o grande processo habitual de traumaturgia. Que importa o método, que se empreguem tratamentos mágicos, metafísicos ou moralizadores, de fluido magnético ou de hipnotismo? Nenhum deles tem, parece-nos, virtude própria. Na imensa maioria dos casos, todos esses processos são meros agentes de cura por sugestão. Mesmo quando se trata de cura à distância a sugestão pode ser exercida, porque o curandeiro geralmente indica ao doente ou à sua família a hora em que ela, a sugestão, deve intervir. Além disso, na maioria das vezes, pede ou ordena ao paciente que se concentre, que pense na sua possível cura.

Mas a sugestão não age de maneira infalível. A volta à saúde depende da natureza da dupla curandeiro-doente (a cujo respeito voltaremos mais adiante), da constituição fisiológica e psíquica do paciente, da sua capacidade em se compenetrar da ideia da cura e das suas possibilidades emocionais. Como nos reflexos condicionados que Pavlov e a sua escola estudaram, fenômenos de dominância ou de inibição provocados por fatores internos, provavelmente, intervém. Além disso, parece necessário um período de incubação. O doente vem, por exemplo, enlanguescendo desde algum tempo; ensaiou inúmeros tratamentos, porém nenhum deu certo. Um dia lhe contam que certo curandeiro faz maravilhas, tem restituído a saúde a várias pessoas atingidas pelo mesmo mal de que ele sofre. Este primeiro testemunho passa a ser corroborado por outros. As provas acumulam-se, o ceticismo desagrega-se, a imaginação começa a fermentar. Vêm em seguida a viagem com as suas respectivas dificuldades, a espera interminável à porta do curandeiro, as conversas com os outros doentes, ocorrências essas que, todas elas, exasperam os anseios de ficar bom, que já podem ser os primeiros passos para a saúde e, às vezes, para a imediata cura ali mesmo.

No entanto, certas curas (de resto relativamente raras, dado o número de enfermos tratados pelos curandeiros ou que solicitam uma intercessão sobrenatural) parecem absolutamente inexplicáveis pela atuação apenas de qualquer mecanismo de sugestão. Foi o caso, por exemplo, de algumas curas atribuídas a taumaturgos como Béziat e o "Mestre" Philippe de Lyon, ao qual o Dr. Philippe Encause consagrou importante e interessante estudo. E é principalmente o fato das curas realizadas num contexto religioso. Exemplos precisos podem ser encontrados em algumas das nossas obras anteriores.

Todas essas curas diferem, pelos caracteres seguintes, das curas devidas à *vis naturse medicatrix,* à sugestão ou a uma intervenção médica qualquer.

*Às vezes são instantâneas e não raro implicam importantes recuperações dos tecidos. Não são seguidas de convalescença.*

É preciso, com efeito, acentuar que os processos habituais de cura bem assim como os devidos à sugestão (e falamos, é claro, de doenças orgânicas e não de distúrbios funcionais) pedem tempo para atuar. "O trabalho de cicatrização das artérias", escreve o Prof. Lecune no seu *Tratado de Patologia Cirúrgica,* "é muito longo e exige quarenta ou cinquenta dias. Quando um nervo é completamente seccionado, pode ao cabo de certo tempo, três ou quatro meses pelo menos, cicatrizar-se e recuperar as funções que perdera. Toda solução de continuidade do esqueleto se cicatriza graças à formação de tecido intermediário que se ossifica e toma o nome de calo. A constituição do calo ósseo passa por quatro fases que se superpõem e se interpenetram; e, no homem, u última fase se prolonga por meses e anos." Considerações análogas poderiam ser feitas no que concerne às doenças infecciosas.

A consequência imediata deste fato é que a cura duma doença grave, seja qual for a sua natureza, implica um período de convalescença mais ou menos longo, durante o qual o doente passa por alternativas de melhoras e de recaídas. É um estado misto entre o estado de saúde e o de moléstia e que se caracteriza por um trabalho celular e humoral de reparação. O organismo varre para fora, aos poucos, os germes que o sujam, e neutraliza as toxinas que o impregnam, enquanto os seus diversos aparelhos, libertados progressivamente dos resíduos microbianos, voltam a funcionar mais ou menos corretamente até o retorno à situação normal. Em suma, o organismo esforça-se para restabelecer gradualmente a arquitetura visceral e harmonia humoral lesadas.

Ora, nada disso ocorre nas curas instantâneas. Assim, entre os sábios que lhes admitem a autenticidade, uns as consideram como derrogações das leis naturais, ou antes como fatos pertencentes a um plano de realidades inteiramente diversas daquela em que vivemos. Usando de outra expressão, eles supõem a intervenção duma causa sobrenatural. Outros se recusam a ver nessas curas, aparentemente irracionais mais em todo caso inexplicáveis no atual estado da ciência, fenômenos contrários às leis universais, e pensam que a sua explicação será dada num tempo mais ou menos afastado, por princípios ainda desconhecidos; o prodígio entraria assim na órbita das leis da natureza. Mas, presentemente, não vêem absolutamente por qual porta ele penetrará.

Ora, existe precisamente uma lei teológica e digamos mesmo científica, ou mais simplesmente ainda de bom-senso, que deve ser posta em prática aqui: *Non est recurrendum ad causam primam ubi sufficant causae secundae,* isto é, não é preciso recorrer à causa primeira para explicar um fato quando bastam para isso as causas segundas.

O problema, portanto, é saber se essas curas prodigiosas são explicáveis por causas segundas.

Pessoalmente pensamos que sim, pois acreditamos ser possível interpretá-las racionalmente graças a argumentos tomados do domínio das ciências biológicas e do domínio da metapsíquica, a qual, repetimos, é uma ciência natural, ainda não goza, sem dúvida, do *consensus omniam* mas que, segundo a nossa convicção, acabará por se impor a todos.

Em suma, quais são os dois aspectos primordiais e específicos que caracterizam as curas que parecem inexplicáveis por um simples mecanismo sugestivo? Conforme já dissemos são, duma parte, um processo de recuperação de tecidos ou às vezes de regeneração parcial dos órgãos; e, doutra parte, a instantaneidade, ou antes a grande rapidez do processo.

Ora, a recomposição tissular e a regeneração de órgãos são fenômenos bem conhecidos em Biologia. Consistem numa reedificação duma parte de tecidos do organismo quando ela foi destruída.

Esta faculdade varia de modo considerável através dos grupos animais. De modo geral, ela se esgota gradualmente à medida que subimos na série ontológica, mas nem assim deixa de existir no ápice da escala zoológica, isto é, nas aves e nos mamíferos. Contudo, nestes dois grupos, observamos principalmente fenômenos de cicatrização e de hipertrofia compensadora, ao passo que certos vertebrados inferiores, como as protéias e as salamandras, que pertencem à classe dos anfíbios, são capazes de recobrar sua cauda, suas patas e até seus olhos.

Em todos os fenômenos de regeneração, podem entrar em jogo duas categorias de células: células já diferenciadas e células que jazem em estado embrionário. As primeiras evoluem, dando elementos da sua espécie. Assim, na recomposição duma cauda de anfíbio, a medula espinhal fornece tecido nervoso e as células epidérmicas fornecem epiderme. Em compensação, as células embrionárias, sendo diferenciadas, são multipotenciais e por isso capazes de fornecer células comuns a todas as categorias. Por consequência podem, sozinhas, produzir órgãos completos, e existem nos tecidos de diversos animais. São os arqueócitos nas esponjas, as células intersticiais nos celenterados, as células-tronco nos vermes planários, os neoblastos nos anelídeos, as células mesenquimatosas nos briozoários e nos ascídios etc. Mesmo no grupo dos vertebrados, nas salamandras por exemplo, a regeneração dum membro se refaz a partir de pequenas células não diferenciadas constituindo o que se chama um blastema regenerador. Além disso, nos vertebrados superiores, nos mamíferos, no homem, ainda se encontram células jovens, os histiócitos.

Podemos, por conseguinte afirmar que o poder regenerador não desapareceu completamente no homem. Existe ainda em estado potencial, em estado latente.

Sem dúvida, este poder não se exprime nas condições habituais, e um órgão destruído nunca é, na espécie humana, substituído por um órgão da mesma natureza; mas, dadas as considerações precedentes, podemos pensar que essa regeneração não é teoricamente impossível.

Aliás, se for verdade, como afirmam os evolucionistas, que o homem é o remate de todo um processo evolutivo, podemos admitir que ele herdou, pelo menos no estado de possibilidades, as capacidades fisiológicas dos seus ancestrais e, em particular, o poder de regenerar parcialmente os seus órgãos.

É justamente esse poder que, na nossa opinião, entra em jogo nas extraordinárias curas que implicam a regeneração de órgãos fortemente lesados.

Outrossim, acreditamos que isso se exterioriza e age graças ao "metapsiquismo", ao "poder secreto" de indivíduos, poder esse que aqui toma uma forma particular que podemos chamar de ideoplástica.

Dois casos podem apresentar-se. Na ocorrência mais frequente, as faculdades ideoplásticas do doente despertam sob o efeito dum choque psicológico (emoção) acompanhado às vezes dum impacto fisiológico, e a cura é totalmente assegurada pelo próprio doente. Às vezes ela decorre duma outra pessoa que, graças à sua mediunidade, desencadeia no doente as faculdades ideoplásticas que dormiam. Tal foi presumivelmente, o papel desempenhado por alguns taumaturgos como Béziat e "Mestre" Philippe.

Esse poder ideoplástico deve, além disso, acelerar os fenômenos de divisão e de nutrição celulares. Um simples cálculo vai permitir-nos fixar a ordem de grandeza dessa aceleração.

Consideremos, por exemplo, cem células esféricas medindo cada uma dez mícrons de diâmetro (o mícron é a milésima parte do milímetro) e multiplicando-se segundo um certo ritmo, de maneira a formar esfera tendo quer 5 centímetros, quer 10 centímetros de diâmetro; e perguntemo-nos qual deve ser o ritmo de divisão a fim de que as massas sejam obtidas no fim duma hora num primeiro processo, e no fim de vinte e quatro horas num outro modo de multiplicação.

É claro que desde que uma célula realizou a divisão em duas partes que suporemos, em consequência da nutrição, do mesmo volume que a célula primitiva, cada célula se dividirá em duas, e assim por diante.

Seja N o número de células; após divisões, teremos:

$$N = 100 \times 2_P$$

Se *d* é o diâmetro inicial da massa esférica formada pelas 100 células e *D* o diâmetro final, poderemos escrever:

$$\frac{N}{100} = 2_P = \left(\frac{D}{d}\right)^3 \quad (1)$$

Tomando o mícron por unidade, obteremos

$$\left(\frac{10}{d}\right)^3 = \frac{100}{1}; \text{ donde, } d^3 = 10^5 \text{ mícrons.}$$

*1.º caso — Queremos obter uma massa de 5 centímetros de diâmetro.*

$$D = 5 \times 10^4 \text{ mícrons}$$
$$D^3 = 125 \times 10^{12}$$

A relação (1) dá:

$$2^p = 125 \times 10^7$$

Donde:

$$p = \frac{\log 125 \times 10^7}{\log 2} = \frac{9{,}09691}{0{,}30103} = 30{,}2\ldots$$

Para que a massa seja obtida ao cabo de uma hora, o ritmo da divisão deve portanto ser:

$$1 \text{ minuto} \times \frac{60}{30{,}2} \mp 2 \text{ minutos}$$

Se ela é formada ao cabo de 24 horas, a duração da divisão é vinte e quatro vezes maior, isto é:

$$2 \text{ minutos} \times 24 \mp 48 \text{ minutos.}$$

*2.º caso — Quer-se uma massa final com 10 centímetros de diâmetro.*

$$D = 15^5 \text{ mícrons}$$
$$D^3 = 15^{15}$$

$$2^p = 10^{10}$$

A relação (1) dá aqui:

$$p = \frac{10}{\log^2} = \frac{10}{0{,}30103} = 33{,}2\ldots$$

Para que a massa seja obtida ao cabo duma hora, a duração da divisão deve portanto ser:

$$1 \text{ minuto} \times \frac{60}{332} \doteqdot 1 \text{ minuto } 48 \text{ segundos.}$$

E ao cabo de 24 horas:

$$1 \text{ minuto } 48 \text{ segundos} \times 24 \doteqdot 43 \text{ minutos e } 12 \text{ segundos.}$$

Em resumo, cem células medindo cada uma dez mícrons de diâmetro podem formar, ao cabo duma hora, uma esfera de 5 centímetros de diâmetro ou de 10 centímetros de diâmetro se o ritmo de divisões for de 2 minutos num caso e de 1 minuto e 48 segundos noutro. Ao cabo de 24 horas, as duas massas esféricas serão igualmente obtidas se os ritmos forem respectivamente 48 minutos e 43 minutos e 12 segundos.

Ora, as durações reais das divisões celulares, determinadas graças à observação pelo microscópio, vão de 30 minutos para a multiplicação de certos protistas até 5 horas para as células vegetais. Jolly notou uma demora de cerca de 2 horas para a divisão de hemácias jovens de anfíbios; e G. Levi viu células conjuntivas em cultura se dividirem muito mais depressa; às vezes, em menos de meia hora.

Por conseguinte, resulta desses fatos e do pequeno cálculo que acabamos de dar, que uma divisão celular quinze a trinta vezes mais rápida do que a divisão normal pode conduzir a um notável refazimento de tecidos; quase instantâneo mesmo, pois a sua obtenção se opera em uma hora. Se este refazimento levar 24 horas, o ritmo das divisões celulares será da ordem de grandeza dos ritmos naturais ou será levemente mais elevado.

Nessas condições, as restaurações de tecidos, chamadas instantâneas e que observamos em certas curas qualificadas de prodigiosas, não parecem incompatíveis com os processos normais de multiplicação celular. O fator metapsíquico, cuja existência postulamos, deve acelerá-los segundo um coeficiente que não apresenta nenhum caráter irracional.

Enfim, o poder paranormal deve não só desencadear e acelerar as multiplicações celulares, como também deve organizar, agrupar, segundo um plano anatômico conveniente, os elementos formados. É nesse sentido que ele é essencialmente ideoplástico.

E definindo, nas curas extra médicas obtidas por meios puramente psíquicos, quer se trate de curas de distúrbios nevrósicos, psicossomáticos ou orgânicos, é sempre nas profundezas do ser que o doente encontra as energias salvadoras e que se elabora a sua saúde reconquistada. Em outros termos: o doente é o instrumento principal da sua própria cura.

Mas o curandeiro (ou curador) também desempenha na ocorrência um papel importante.

Pode-se dizer, com efeito, que ele é uma espécie de catalisador, que só pela sua presença põe em atuação as forças imensas do subconsciente do enfermo e os processos de cura. Mas, assim como os catalisadores atuam apenas sobre certas categorias de substâncias, o curador ou curandeiro só exerce a sua ação sobre certos doentes. E isso significa que os processos de cura não podem ser desencadeados a não ser que exista um acordo profundo, relações intersubjetivas entre ele próprio e o doente.

Essa correlação foi precisada pelos trabalhos do professor holandês van Lennep, do professor suíço Heiss e, principalmente, pelas pesquisas e investigações do Dr. Moser, de Zurique. Consistiram em utilizar os testes de Szondi, cujo princípio é o seguinte: apresentam-se ao enfermo ou a um indivíduo qualquer seis séries de fotografias compreendendo personagens de tipos psicológicos muito diferentes; e, para cada série, pede-se que ele escolha ou designe os dois rostos que mais lhe agradam e os dois com os quais mais antipatiza. A escolha deve ser rápida, instantânea como um reflexo. A ideia diretriz do Prof. Szondi é que as escolhas que o homem estabelece, no decorrer da sua existência dependem de genes latentes que ele traz em si. Ela explica assim a atração mútua de certos indivíduos, bem como a repulsa sentida para com outros. É evidente que, levando-se em conta as pressões sociais, "esse genotropismo intervém igualmente na escolha do médico ou cio curandeiro. Certos grupos desses genes formam verdadeiras comunidades de destino (Maurice Colinon).

Aplicando esses princípios aos curandeiros suíços, o Dr. Moser pôde constatar que as curas de origem psíquica e as curas "para- normais" intervinham particularmente entre homens assim aparentados inconscientemente, o que significa que elas ocorrem principalmente quando as afinidades profundas e talvez também "os poderes secretos" do doente e do curador são uníssonos.

*Nota referente* ainda a Mirin Dajo, conforme alusão neste capítulo: Solicitamos a Mirin Dajo a deferência de submeter-se a uma inspeção nossa. Eis um trecho da resposta que nos foi dada por seu pai:

"Em nome de meu filho, Mirin Dajo, respondo à sua amável carta de 24 de maio de 1948, na qual o senhor o convida a ir a Paris a fim de ser examinado cientificamente.

"Respondo no lugar dele, primeiro porque Mirin Dajo se encontra na Suíça donde, devido a imensas ocupações, ele não lhe poderia responder pormenorizadamente. E, em segundo lugar, porque já conheço com exatidão o ponto de vista dele no que concerne a proposições como a do senhor.

"Mirin Dajo já foi examinado cientificamente uma porção de vezes, e penso que após todos esses exames conscienciosos a sua imunidade se acha suficientemente provada para demonstrar que ele, como instrumento de Deus, se encontra sob proteção divina especial, e não é um homem comum.

"Eis por que motivo, muito embora sinceramente grato ante o interesse do senhor, ele não aceitaria o seu afável convite. Aliás, o trabalho dele em prol da Paz Mundial não permite na hora presente a sua saída da Suíça.

"Ele está redigindo um folheto a respeito da sua missão. Esse folheto também será disponível em idioma francês, e oportunamente lhe farei saber quando essa tradução poderá ser encontrada nas livrarias.

"Em nome de Mirin Dajo, agradeço-lhe o interesse que o senhor mostra ter por ele, e o saúdo respeitosamente, bem como aos seus colegas do *Instituto Metapsíquico Internacional*.

(Assinado) HENSKES

## CAPÍTULO XVI

# FALSO FAQUIRISMO
# ESTIGMATIZAÇÃO SIMULADA

Geralmente são designados sob o nome de faquires ascetas hindus que procuram adquirir a santidade mediante a contemplação, as mortificações e determinados exercícios físicos e intelectuais.

Quase todos os autores que têm falado dos faquires afirmam que eles possuem misteriosos poderes sobre as suas pessoas, sobre os outros, sobre os animais e os vegetais, bem como sobre as coisas inertes. E também apresentam insensibilidade, invulnerabilidade, incomunicabilidade voluntárias, domínio sobre o sistema muscular e sobre os aparelhos digestivo, circulatório e respiratório, incrível resistência à ausência de ar e à subnutrição, poder hipnótico, clarividência, possibilidade de acelerar sobremaneira o crescimento dos vegetais e dos animais, ação sobre os "elementos", o ar, a água, a terra, o fogo.

Reais ou falsos, e temos visto que alguns dentre eles são autênticos, os fenômenos de faquirismo tentaram certos ilusionistas que se empenham em produzi-los dum modo todo artificial, mas apresentando-os sob rótulo de fenômenos paranormais. Daí o aparecimento desses falsos faquires, dos quais os mais conhecidos, para só citar os contemporâneos, se chamam Saldini, Tahara Bey, Hlacaman, Grambey, Heyligers, Rama Tarham, Diebel. As principais experiências que eles exibem habitualmente e que iremos examinar sucessivamente, são: *a prancha com pregos, a escada de sabres, o tonel com vidro moído, a insensibilidade, a parada do pulso, a catalepsia, o enterro e a criação do fogo...*

## *A Prancha com Pregos*

O faquir deita-se em cima duma prancha cravejada de pregos com pontas para cima. Um assistente pode mesmo apoiar todo o seu peso em cima do peito do faquir, e mesmo assim os pregos não lhe penetram na pele. O segredo desse "número" é a multiplicidade dos pregos, aliás mais rombudos do que afiados. É fácil compreender que se um homem pesando por exemplo setenta quilos se estira sobre uma superfície constituída por cem pregos, cada prego suportará apenas setecentos gramas, força insuficiente para determinar a penetração dum prego não raro algo flexível e de ponta embotada.

## *A Escada de Sabres*

Lâminas de sabre são apresentadas ao público. Com uma delas, escolhida pelos espectadores, o empresário corta uma folha de papel. Portanto é de inferir-se que as lâminas estão bastante afiadas. A seguir, elas são instaladas à guisa de degraus ao longo de dois montantes, resultando o aspecto total duma escada por onde logo a seguir a faquir sobe, descalço.

O truque repousa sobre os princípios seguintes: primeiro é que as lâminas são afiadas em bisel e dispostas obliquamente. Nestas condições, cada uma delas oferece aos pés não um gume mas o lado chato do bisel. O segundo é que uma lâmina cortante dificilmente cortará um objeto colocado sobre ela; mas o cortará facilmente se deslizar rente ou de encontro à superfície desse objeto. É fácil observarmos isso quando queremos cortar um pão, por exemplo. Ora, o faquir toma a precaução de colocar o pé de maneira normal, sem deslizá-lo. Além disso ele pousa o pé ao longo da lâmina e não através, de modo a aumentar a superfície de contato; e isso diminui o valor da força do corpo (o mesmo princípio para a prancha com pregos). E somente certas partes das lâminas, isto é, os respectivos gumes, sobre os quais os pés não pousam, é que são bem afiadas a ponto de cortarem uma folha de papel.

## *O Tonel com Vidro Moído*

O faquir, quase nu, coloca-se em pé dentro dum tonel que pousa pelo fundo no chão. O espaço restante lá dentro é então enchido com os cacos bem miúdos de garrafa. Fixa-se a tampa, deita-se o tonel, que é posto a rolar em todos os sentidos. Terminado o número, o faquir sai indene, intacto, de dentro do tonel. Adivinhais o processo empregado. Logo que a tampa é fixada no tonel, o faquir aí se dependura encolhido com a ajuda das mãos, de maneira a formar um eixo com o tonel enquanto este estiver rodando. Em tais condições, não é grande o risco de vir a ser cortado pelo vidro.

## *A Insensibilidade*

Certas partes do corpo, as faces, a garganta, a pele das regiões torácica e abdominal etc., são atravessadas por longas agulhas ou a rigor por punhais, sem que isso cause dor.

Aqui o truque é simples, porque de fato ele não existe. As regiões traspassadas são na verdade fracamente enervadas, e a experiência decorrerá mesmo sem dor e sem perigo se os objetos foram previamente esterilizados.

Cumpre lembrar, aliás, que esta experiência já foi relatada numa das mais antigas obras de prestidigitação, *A Magia branca desvendada*, da autoria de Decreps (1785). No último tomo da obra, intitulado *O Codicilio de Jerônimo Sharp,* podemos ler na página 46 o trecho seguinte: "No terço médio de perna, entre a tíbia e o perôneo, existe uma espécie de pequeno vão coberto de epiderme, no qual se podem inserir sem dor demasiada alfinetes, agulhas e até mesmo pequenos pregos. Não sei se é a ausência de carnes, de nervos ou de músculos que torna essa parte tão insensível como unhas e os cabelos, mas os anatomistas podem explicar os motivos reais, mesmo porque eu não lhes estou pedindo a tal respeito a explicação dum fato quimérico."

Também os nossos falsos faquires modernos não inventaram nada no que concerne às principais experiências de insensibilidade. Falar nisso, também, consta na obra de Decremps a "facada no braço", que vamos focalizar agora.

Os falsos faquires sabem, tão bem quanto nós, que podemos fazer escorrer sangue do lugar duma injeção. Se a agulha for retirada lentamente, os tecidos não se fecham logo e assim o sangue flui; mas se a agulha for extraída com gesto brusco, os tecidos se encolhem logo, impedindo que haja hemorragia. Esta, aliás, também pode ser provocada em grau mais demorado com o emprego de agulhas de haste achatada e ponta fina. Ora, os faquires apresentam "números" espetaculares utilizando-se duma agulha, que, além de ser ôca como as demais, tem na cabeça um reservatório de borracha. Mediante pressão o liquido vermelho existente no dito reservatório é expelido, produzindo assim o efeito duma hemorragia.

Uma faca cuja lâmina tenha entalho de forma semicircular permite fingir um corte profundo. O truque consiste em escondendo o entalho com o polegar, fazer o gesto de cortar o trecho dum dedo ou duma aleta do nariz. Mesmo os espectadores situados mais perto têm a impressão de que a lâmina da faca penetrou na carne quando a verdade é que esta entrou no entalho. Além disso, uma coloração vermelha, passada previamente em redor do entalho e não visível antes e durante a manobra, mas exteriorizada após o falso corte, dá ilusão de ferimento com hemorragia. A lâmina a ser usada pode sofrer uma inspeção até mesmo de perto. Passando-a duma para a outra mão, o faquir ou o ajudante mostra uma lâmina, escondendo o entalho. Após a simulação, um gesto adequado torna a exteriorizar a lâmina.

"A facada no braço" é um truque que repousa no mesmo princípio. A lâmina consta de duas partes reunidas no centro por uma espécie de mola metálica. Dentro do cabo da faca se encontra uma pera de borracha contendo um líquido vermelho; a pera é munida dum tubo cuja extremidade inferior vai ter ao fim do cabo. Leve pressão fará escorrer o líquido.

Primeiramente é mostrada ao público uma faca habitual bem parecida com a falsa quanto ao tamanho e formato. A substituição é feita quando o ajudante traz uma caixa com o curativo, dentro da qual está escondida a faca falsa. Esta então é apanhada de dentro da caixa de maneira aos dedos taparem a lâmina de dispositivo movediço. Esta lâmina é passada depressa desde o pulso até o cotovelo; enquanto isso, sendo acionada por pressão, a pera de borracha verte "sangue" (isto é, líquido vermelho) ao longo do trajeto. Imediatamente depois o ajudante rodeia com uma faixa de gaze o antebraço e torna a pôr em posição a ponta da lâmina que durante o golpe se encurvou para cima. O curativo fica logo sujo de vermelho, dando a ilusão de que houve mesmo uma facada.

Há faquires que traspassam a língua com um estilete. O processo mais habitual... e menos doloroso... é introduzir antes, na boca, uma língua falsa, de borracha, com a cor natural. A verdadeira língua, onde a outra está enfiada, é movimentada para fora da boca. Os dentes apertam a falsa língua assim posta de fora e que será traspassada pelo estilete. Podem eles usar também uma agulha cuja parte média é encurvada.

O experimentador coloca-se de lado, puxa a língua e finge atravessá-la com a agulha cuja parte encurvada o polegar e o indicador seguram. Na realidade ele faz deslizar a agulha ao longo do bordo da língua e a intromete no vão por causa da curvatura existente em sentido contrário. Efeito muito análogo obtido com a utilização dum alfinete de fralda cuja ponta movediça é soldada na casa do alfinete mas cuja média é cortada, deixando portanto um espaço entre o seu terço superior e inferior.

Nos dois casos, antes de cada "número" são mostrados ao público uma agulha de tricotar e um alfinete de fralda comum, os quais serão no momento oportuno e crucial substituídos por suas duplicatas preparadas conforme já explicamos linhas acima.

Os Aissouas, que se exibiam durante a Exposição Universal de 1889, traspassavam realmente a língua; mas esta já havia sido desde muito tempo antes perfurada (como se perfuram lóbulos de orelhas) de maneira que era uma simples brincadeira fazer passar pregos e até punhais através da abertura existente. Eles também deixavam que lhes enterrassem pregos na cabeça mediante grandes marteladas. Para tal efeito, o operador colocava o prego bem em pé em cima do crânio do paciente, mas a primeira martelada jeitosa o inclinava horizontalmente, de modo que o prego era enterrado entre a pele e o osso. Em outros casos o prego penetrava mesmo no crânio, mas sem atingir os miolos.

Podemos agrupar neste gênero de experiências em palco aquela em que o operador atravessa o corpo duma pessoa servindo-se de sabres, espadas e punhais.

Uma experiência assim, que hoje já não é mais executada, pelo menos em sua forma original, é a do cesto indiano. O operador entra em cena com um rapaz vestido com trajes hindus. Vê-se em cima de dois cavaletes ou dum tablado de saltimbancos um cesto de vime tendo um metro de diâmetro e fortemente estreitado em cima. A tampa pode ser posta e retirada à vontade. Após o cesto ficar à disposição do público a fim de ser bem examinado, o rapazola entra lá para dentro e a tampa é colocada. O operador em seguida pega num sabre e com ele traspassa diversas vezes o cesto, retirando sempre o sabre todo vermelho de sangue enquanto a vítima solta gritos lancinantes.

O garoto acha-se deveras dentro do cesto e os golpes com o sabre são autênticos; porém o operador só os vibra através de certos pontos marcados previamente e enfiando a lâmina vagarosamente no começo de cada golpe. Ora, a lâmina, aliás flexível, é guiada lá dentro pelo próprio garoto que, além disso, molha-a com um líquido cor de sangue que embebe uma esponja.

Atualmente, "a cabina das espadas" substitui o cesto indiano. Trata-se duma cabina retangular, com uma porta na frente. As suas paredes apresentam uma série de orifícios pequenos, ou fendas, através dos quais se podem enfiar lâminas de espadas. Uma jovem entra na cabina e se acocora, ocupando todo o espaço disponível. Fechada a porta, o ilusionista imediatamente intromete 12 a 15 espadas pelas aberturas. Essas espadas são enfiadas até os punhos atingirem a madeira, de modo que as pontas saem pelo lado oposto.

Também neste caso, praticamente, a experiência é muito simples: as espadas apenas atravessam o interior da cabina segundo ângulos convenientes e adequados que permitem à "vítima" ser poupada sem a necessidade sequer de se esquivar.

Na experiência chamada "A Nova Cabina das Espadas" e na outra denominada "A Cabeça Traspassada", ou noutra ainda, "A Cabeça Cravejada de Alfinetes", existe, pelo contrário, um estratagema baseado no efeito dos espelhos; mas como não conhecemos bem essas experiências apresentadas sob o rótulo de faquirismo ou de fenômenos paranormais, quando na verdade pertencem exclusivamente à prestidigitação, não trataremos delas nesta obra.

A ausência de sensibilidade em casos de ferimentos produzidos por pedaços de cactos eriçados de pontas ou por figos espinhosos do deserto, ou ainda por pedaços de vidro, também é truque de faquires de circo ou de feira que iludem um público boquiaberto. Pois na verdade os cactos e os figos, apresentados antes aos espectadores, no momento crucial são substituídos por gomos ou por fios inocentes, sem quaisquer espinhos. Quanto ao vidro mastigado na presença do público, isso ocorre realmente, sem que resulte nenhum perigo. Ademais o vidro umedecido com substâncias especiais no gênero das chamadas "lágrimas da Batávia", se reduz logo a poeira fina ao ser mastigado, podendo ser engolido sem maior dano.

Vemos às vezes saltimbancos e gitanos que engolem escorpiões, víboras e outros animais perigosos. Também nesse "número" há substuição dos animais vivos por animais mortos despojados do seu aparelho nocivo, de suas glândulas portadoras de veneno. Resta apenas a crítica seguinte: será mesmo gostoso mastigar e engolir semelhantes bichos tão repelentes?

Nesses números de faquirismo, a habilidade do operador consiste em apresentar na mesma sessão processos autênticos (transfixações verdadeiras por meio de agulhas normais espetando-as em regiões de enervação precária) e experiências falsificadas (os "números" da "facada no braço" e da agulha de tricô, por exemplo). Assim, o espectador, tendo assistido a números cuja honestidade é mais do que evidente, propenderá a julgar como também legítimos certos números que não passam de mistificações.

Quanto às experiências sobre insensibilidade ao calor, certa resistência à queimadura pode ser obtida mediante uma camada composta de sabão e duma solução saturada de alúmen. A mão recoberta com essa composição invisível pode manipular impunemente até mesmo brasas.

Graças a um produto deste gênero, vimos um pelotiqueiro pisar descalço, sem se queimar, uma chapa de ferro aquecida ao rubro, colocá-la em seguida em cima da cabeça e, por último, lambê-la. Ele terminava o número bebendo meia colherada de óleo em plena fervura. É que antes pusera às escondidas naquele óleo um fragmento de metal, provavelmente uma liga Darcet (bismuto, estanho e chumbo) cuja fusão abaixa a temperatura do óleo.

Alguns autores, de Savigny e Dickson entre outros, pretendem que é possível, sem nenhum dano nem perigo, mergulhar a mão numa bacia repleta de chumbo derretido com a condição de se lançar antes um pedaço de chumbo frio dentro daquela massa líquida. Confessamos que nunca fizemos tal ensaio; contudo, é notório que operários metalúrgicos fazem o gesto de lavar as mãos num jato de fundição cuja fusão é feita entre 1500 e 1600 graus centígrados. Declaram que isso é possível sempre que antes lavemos as mãos em água fria. A vaporização quase instantânea da água produz um acolchoado de vapor que protege a pele contra a temperatura alta do metal. Mas a experiência do "chumbo derretido" pode ser realizada com muito menos risco por meio duma liga de Wood, que funde a 76 graus centígrados. A liga de Wood compõe-se de 4 partes de chumbo, 2 de estanho, 5 de bismuto e 2 de cádmio. Ou ainda por meio duma liga com mercúrio que funde a 50 graus centígrados. Um termômetro falsificado é entregue ao expectador encarregado de fiscalizar a experiência. Tal termômetro leva a pensar que a fusão se opera a uma temperatura muitíssimo mais alta. Além disso, conforme fazia Karmah (a cujas sessões assistimos), o faquir pode utilizar um recipiente de parede dupla para fazer a liga derreter. Tal fusão exige muito mais tempo e desprende grande quantidade de calor, e tudo isso afinal de contas reforça a ilusão.

Pode-se, sem nenhum perigo, dar a aparência de incombustibilidade, deslocando vagarosamente um fósforo em chama pelo bordo inferior da mão, desde a extremidade do dedo mínimo até o punho e, depois em sentido contrário. Para se obter efeito com essa experiência, que aliás não carece de nenhum preparo, basta *manter o fósforo* em estrito contato com a beirada da mão ou do dedo. O fósforo e não a chama. Também é fácil dar a impressão de incombustibilidade introduzindo na boca, por meio dum garfo, sementes de uva seca (passas) embebidas em álcool, rum ou aguardente, e inflamadas. Basta expirar, isto é, pôr o ar para fora no momento da introdução das sementes e fechar a boca. O risco de queimadura é nulo. A chama extingue-se imediatamente. Apesar de simplíssimo, o exercício é muito mais espetacular do que a experiência precedente.

Já o número seguinte, essencialmente cênico, é de realização relativamente difícil. Exige um preparo cuidadoso antes de ser apresentado em público.

O faquir primeiramente engole uma vela acesa, depois uma grande porção de algodão em rama. Isso feito ele expira primeiro de leve, depois com força, e vê-se sair da sua boca fumaça; além de fumaça, pequenas chamas; e, por fim, labaredas. A experiência é muito impressionante, mas quase sem nenhum truque. O único é que a vela é fictícia. É formada por um tubo de pão ázimo fechado nas duas extremidades por uma rodela da mesma substância. O tubo é munido dum pedaço de mecha de 1 centímetro e meio, ou provido de um fragmento de noz cortado convenientemente. Após uma combustão de alguns segundos, a vela é introduzida na boca e mastigada ostensivamente. A absorção da mecha é sem inconveniente e não apresenta dificuldades; já pelo contrário o fragmento de noz meio queimado é bastante desagradável de engolir por causa do gosto de ranço.

Em seguida, algodão em rama, que simula enorme volume, é enfiado na boca para guarnecer a abóbada palatina, a língua e as bochechas. Pode já vir levemente úmido, porém a saliva basta para lhe dar a higrometricidade necessária. É essa camada de algodão que evita as queimaduras.

Por último, algodão bastante compacto, previamente preparado em forma de ninho e contendo um pedaço de mecha nova em folha acesa por um ajudante no momento oportuno, é introduzido na boca. A mecha comunica o fogo ao algodão. A vela engolida antes destinava-se, portanto unicamente a enganar o público.

No princípio do exercício, a expiração deve ser bem fraca; depois o ritmo respiratório é acentuado. Em todo caso, é essencialmente indispensável aspirar pelo nariz, senão há o risco de absorver fragmentos de algodão que provocariam tosse bastante incômoda. Recomenda-se também bastante cuidado com a roupa a fim de preservá-la das centelhas das pequenas chamas.

## *Parada do Pulso Sua Diminuição e sua Aceleração*

A parada do pulso é facilmente obtida por meio duma pequena almofada colocada na axila. Uma pressão do braço faz a al- mofada apertar a artéria umeral, e então o pulso cessa de bater. Após certo hábito, consegue-se torná-lo imperceptível e depois fazê-lo recomeçar. Para o observador, tudo se passa como se realmente a frequência do pulso diminuísse. Cumpre notar que certas pessoas obtêm a parada do pulso e a diminuição das pulsações pela simples contração dos músculos anteriores da axila e, por consequência, sem almofada.

Diebel fazia bater ao mesmo tempo o seu pulso esquerdo com uma frequência fraca ou normal e o seu pulso direito com uma frequência elevada. O estratagema consistia em empregar uma almofada para o braço esquerdo e fazer tremer um tendão do punho direito, de maneira ao pulso arterial se confundir com o tremor.

O aumento da frequência e o da amplitude da pulsação radial podem igualmente ser obtidos permanecendo-se alguns instantes em estado de apneia voluntária. Dar cotovelada forte, mas às escondidas, também é um dos processos clássicos para conseguir os mesmos resultados. Mas sem dúvida foi um lapso que levou o Dr. Boisseau a escrever *(Doenças Simuladas,* pág. 175) que basta neste caso, "para desmascarar o simulador, se assegurar que o pulso radial é menos frequente do outro lado". Ele quis dizer, sem dúvida, que o pulso oposto era menos nitidamente perceptível, menos forte, porque fisiologicamente é claro que não poderiam existir diferenças no número de pulsações entre os dois lados.

Assinalemos, por último, que a compressão do nervo pneumogástrico na região do pescoço provoca afrouxamento do coração e, portanto, no pulso, mas, que saibamos, este processo fisiológico ainda não foi utilizado em falso faquirismo. Aqui o indicamos... Não deixará de ter serventia útil.

# A Catalepsia

O faquir põe-se em pseudo catalepsia após as tapeações costumeiras: aspiração de incensos aromáticos, exclamações guturais, revulsão dos globos oculares (Tahara Bey) etc. Colocam-no então com os calcanhares sobre uma cadeira, a nuca sobre outra cadeira, e ele permanece alguns minutos nessa posição. Isto é, esticado e rígido. As cadeiras podem ser substituídas por foices ou por sabres (não cortantes, é claro).

A realização dessa experiência é fácil. Basta enrijecer os músculos para executá-la. No caso de mulheres, estas usam ainda, como processo coadjuvante, um colete metálico.

A fim de demonstrar que se encontra realmente em estado de catalepsia, o pseudo faquir às vezes manda que coloquem em cima do seu corpo um bloco de grês bastante volumoso, pesando de 30 a 40 quilos. Um colega apodera-se dum malho e com um golpe seco quebra a pedra em dois pedaços.

Este exercício, que geralmente impressiona o público, ainda assim não deixa de ser banal. Por um lado, o grês é uma pedra tenra que se fende com facilidade ao longo dos veios ferruginosos; aliás, o bloco pode ser submetido a um preparo mais favorável: aquecimento prévio seguido de súbito esfriamento. Por outro lado, sua massa absorve o choque, de modo que este não é sentido pela pessoa; trata-se dum efeito de inércia, que simples experiências podem demonstrar.

Colocam-se dois copos cheios d'água em cima de duas cadeiras paralelas, distando uma da outra certa distância. Isto feito, apoia- se pelas extremidades um bastão, ou mesmo um cabo de vassoura, em cima dos copos. Depois, com um pau bem duro e bem grosso, dá-se um golpe vigoroso bem no meio do cabo de vassoura que se quebra sem que os copos se virem ou se quebrem. Pode-se também enfiar um prego em cada extremidade do cabo de vassoura, com superfície mínima de apoio sobre os copos vazios e emborcados. A experiência é ainda mais empolgante caso se fixe o cabo de vassoura em cada extremidade sobre dois anéis de papel que duas pessoas seguram apenas com dois dedos, o polegar e o indicador. Os anéis permanecem intatos depois do choque. Enfim, certos experimentadores complicam o número colocando os dois anéis de papel sobre o gume de duas lâminas de barbear mantidas cada uma por um assistente. Ainda neste caso os dois anéis não se rasgam.

Determinada experiência de "catalepsia", dum gênero algo diferente da apresentação comum, necessita duma cadeira previamente preparada. O faquir coloca-se como no caso anterior e em cruz. Um espectador sobe então em cima do seu corpo e dois comparsas vêm sentar-se, cada um em cima dum dos braços estendidos, sem que estes caiam ou pendam. É lógico que o simples enrijamento muscular seria insuficiente para suportar três homens. Assim, de cada lado do assento da cadeira preparada sai uma haste de ferro em forma de L, que serve de suporte ao homem e aos seus braços estendidos em forma de cruz. As hastes são puxadas para fora da cadeira pelo apresentador quando o faquir se estira, de maneira que a manobra passa despercebida pelo público.

O número que se segue, e que é bastante espetacular, também supõe o emprego dum dispositivo secreto.

Um faquir do sexo feminino é hipnotizado (?), posto em "catalepsia", depois estendido no ar com os calcanhares numa cadeira e a nuca noutra cadeira. Só que há uma variante: as cadeiras são de jardim, e os espaldares é que que sustentam o corpo.

Outro faquir, no caso o operador principal, retira a cadeira que sustentava os calcanhares, precedendo isso duma série de passes magnéticos.

Perplexa, a assistência vê aquele corpo permanecer estirado horizontalmente no espaço, apenas o pescoço repousando no espaldar duma única cadeira. Um arco de pipa é passado ao longo do corpo para demonstrar que não existe nenhum fio de aço mantendo-o pelos pés. Aliás, a experiência é realizada bem perto dos espectadores, às vezes até mesmo no meio da assistência. Em seguida a cadeira é recolocada sob os pés do indivíduo que logo é posto em pé e "acordado".

Ora, esta experiência, que intriga muitos espectadores, afinal de contas repousa num princípio bastante simples. O indivíduo tem debaixo da roupa uma espécie de colete de metal que, dum lado, se prolonga até as coxas e, doutro, apresenta uma argola bem saliente e que mediante um artifício qualquer permanece escondida. O artifício podendo ser um fular, os cabelos caindo sobre a nuca etc. Quando o indivíduo, aparentemente adormecido, é colocado sobre as cadeiras, a argola se encaixa no espaldar, permitindo assim ao pseudo cataléptico manter-se estendido desafiando todas as leis da gravidade. Além disso, convém notar que o encosto de ferro duma cadeira de jardim é reclinado para trás de maneira que a vertical passando pelo centro de gravidade do indivíduo estirado cai entre os pés da cadeira, de forma que aquele conjunto, cadeira-homem, não pode virar e cair. Além disso essa cadeira é preparada do seguinte modo: a fim de aumentar-lhe o peso, as ripas habitualmente de madeira do assento e do encosto são substituídas por barras de ferro com o mesmo aspecto.

Em Madrasta, o brâmane Scheschal realizava a experiência dum modo diverso. Eis o processo, relatado por uma testemunha ocular:

Scheschal mostrou-me primeiro um banco de 18 polegadas de altura, mais ou menos, tendo em cima umas estreias de cobre do tamanho dum escudo. Depois que examinei aquela primeira peça da sua aparelhagem, ele apresentou um bambu de 60 centímetros de comprimento e cujo vão oco teria duas polegadas e meia. Mostrou em seguida uma pele de gazela, de cerca de sessenta centímetros de comprimento e dez de largura. Em seguida o operador, munido desses objetos e dum grande saco, escondeu-se debaixo dum xale suficientemente grande para deixá-lo manobrar à vontade. Daí a cinco minutos deu ordem para descobri-lo, sendo ele visto sentado no ar, na seguinte atitude: o braço direito estava apoiado numa extremidade da pele de gazela que se prolongava horizontalmente até a haste de bambu fixada verticalmente sobre o banco no lugar marcado por uma das estreias de cobre. O homem sustentou-se mais de meia hora naquela posição, desfiando entre os dedos as contas dum rosário e sem demonstrar o mínimo sinal de cansaço ou mal-estar. Dir-se-ia que aquela atitude lhe era habitual.

"Vi quatro vezes essa personagem singular e seu respectivo exercício; solicitei-lhe uma porção de vezes que me revelasse o seu segredo. Mas os pedidos e a oferta de vantagens foram inúteis".

Ora, é fácil explicar o prodígio. Uma haste de aço atravessava o bambu, e a pele da gazela escondia uma barra metálica horizontal. E além disso a manga direita do operador abrigava uma haste de metal solidária com a haste horizontal. A haste passava em seguida debaixo do corpo do brâmane, ou melhor, ligava-se a um dispositivo metálico, tipo colete, que permitia ao faquir manter-se sem demasiada fadiga numa posição de aparência bastante incômoda.

Após haver operado sozinho, depois com seres humanos, o faquir de cena atua também com animais e os põe em catalepsia, ou segundo o termo moderno, em cataplexia. Em muitas aves e nalguns mamíferos (coelho, cobaia, filhote de cachorro) a compressão das carótidas ou uma ligeira tração no pescoço geralmente bastam para provocar uma espécie de inércia passageira. A experiência costuma dar ótimos resultados com aves. Pode-se proceder da seguinte forma com a galinha: ela é colocada de costas c mantida assim pela mão esquerda do operador sobre o tórax; com a mão direita ele agarra a cabeça da ave e a abaixa puxando pelo pescoço segundo o eixo do corpo; mantém a cabeça durante alguns segundos nessa posição, depois levanta as duas mãos, lentamente; o animal fica imóvel e o ritmo da sua respiração diminui. O animal permanece assim nessa posição, segundo as raças, de trinta segundos (*Wyandotte*) a um minuto (*Leghorn*). Notemos que com os simples pássaros de viveiros como o *Eremophila aspestris* e o *Ganga Cata,* o simples fato de revirar o animal sobre a palma da mão já provoca certa rigidez e certa imobilização. Quanto aos passes praticados pelo magnetizador em cima do corpo da ave, é lógico, pura fantasia.

Sabe-se, aliás, que se hipnotiza facilmente um galo obrigando-o a olhar para um risco branco traçado a giz no chão ou em cima duma mesa. Podemos até mesmo hipnotizar assim dois gaios a cinquenta centímetros de distância, a linha branca indo do bico dum deles ao bico do outro. Enfim, segurando-se um canário por uma pata, com o corpo para baixo, o pássaro se debate e estende as asas; mas se o segurarmos pela coxa ele fica quieto, estende as asas e parece hipnotizado.

Conforme dissemos linhas atrás a compressão da carótida ou ligeira tração sobre o pescoço provoca em alguns mamíferos uma espécie de inércia passageira. Com a cobaia se obtém também o mesmo resultado a segurando pela orelha, apertando-lhe as narinas, ou ainda a mantendo imóvel à força, de ventre para o ar. Um ligeiro choque, ou um sopro, faz cessar esse estado. Também um coelho, colocado de costas e com as patas solidam ente agarradas, não tarda a mergulhar numa espécie de hipnose. Suporta, sem se mexer, pequenas operações como a castração. Se lhe soltarmos uma pata, ele se debate vigorosamente e dá gritos agudos. O estado de "encantamento" foi rompido.

Os animais de sangue frio, como as rãs, os lagostins, as salamandras, podem igualmente ser postos com muita facilidade em catalepsia. Um caranguejo mantido imóvel durante algum tempo se encolhe, e podemos dar-lhe as mais bizarras posições. Uma rã, que apertemos entre o polegar aplicado em seu ventre e os outros quatro dedos nas costas, conserva durante muito tempo a atitude em que a pusermos. A mesma manipulação feita com uma salamandra conduz a idêntico resultado.

Trata-se, provavelmente, apenas duma reação de defesa, muitas vezes observada nos animais e em particular em certos insetos que, em caso de perigo, simulam a morte.

## *O Enterro*

A experiência consiste em depor o faquir dentro dum ataúde e cobrir este com areia. Após algum tempo mais ou menos longo, o faquir é retirado vivo.

O estratagema reside no fato de o ataúde ser de tamanho suficiente e conter bastante ar para entreter a respiração durante três quartos de hora pelo menos. Aliás, todos os deportados passaram por essa experiência quando ficavam horas e horas a bem dizer empilhados dentro dum vagão fechado e onde não entrava ar. Cumpre lembrar, outrossim, que mineiros soterrados numa galeria ou operários vítimas dum desmoronamento às vezes permanecem vivos vários dias após o acidente, malgrado o ar irrespirável e não renovado.

Para um estágio muito longo, o faquir pode servir-se de oxigênio comprimido num pequeno reservatório escondido no turbante.

## *A Criação do Fogo e Outros Fenômenos*

A criação do fogo era uma experiência do famoso iogue, o "Conde de Sarak", de quem outrora a imprensa falou tanto.

Um punhado de feno e uma bacia cheia d'água eram dados a examinar. A assistência não descobria nada de suspeito. O iogue pedia a um espectador que segurasse a bacia enquanto ele demoradamente magnetizava a água e, afinal, projetava um punhado de feno dentro da bacia. Ao contato com o líquido, o feno se inflamava sob a ação do "fluido magnético acumulado na água", segundo afirmava Sarak.

Esta primeira experiência era seguida por outras maravilhas, entre as quais a germinação rápida de grãos de trigo e a eclosão, em alguns minutos, de ovas de peixe.

Trazida certa quantidade de terra, que qualquer um podia examinar, semeavam-se nela grãos de trigo. Após o que o iogue vestia uma grande túnica branca de mangas ora estreitas ora largas como os pagodes, aproximava-se do montezinho de terra semeada e submetia-o a uma série de encantamentos e passes magnéticos. Representava tão bem o seu papel que parecia atingir um estado de transe, a ponto de suor perolar-lhe o rosto. Todo o seu ser dava a impressão duma energia esforçando-se para exteriorizar-se.

Decorridos assim alguns minutos, o iogue revolvia superficialmente a terra com um lápis, e viam-se aparecer extremidades de brotinhos. Dez minutos depois a germinação estava acabada com

0 pequeno canteiro repleto de plantinhas.

Após haver demonstrado o seu poder sobre o reino vegetal, o faquir provava o poder da sua vontade sobre o reino animal, fazendo desabrochar ovas de peixe.

Para tal fim, deixava que examinassem ovos dessecados de caviar que depunha numa espécie de vaso de vidro cor-de-rosa com água pela metade. Tirava a roupa que, segundo ele, "poderia parecer suspeita", pedia que lhe atassem as mãos atrás das costas, r depois se sentava numa grande poltrona.

Uma vez instalado, pegava o recipiente com a ajuda dos joelhos, mantinha-o entre as pernas, e pedia que o recobrissem com uma toalha branca. As luzes então eram apagadas, exceto uma lâmpada elétrica que se encontrava em cima da chaminé, atrás do faquir. Este punha-se a gemer, a oscilar o corpo para a direita c para a esquerda, a fazer inovações. Assim, após dez minutos de esforços, as lâmpadas se reacendiam. Um espectador pegava o recipiente e mostrava-o aos demais assistentes: continha meia dúzia de peixes vermelhos.

Fernand Divoire, ocultista e jornalista bastante conhecido, bem como numerosos psiquistas acreditaram na natureza paranormal dos fenômenos apresentados por Sarak.

A realidade, todavia, era muito outra.

Antes de mais nada, a inflamação do feno resultava simplesmente da introdução às escondidas dum fragmento de potássio na erva sêca. Em contato com a água, o potássio determina um desprendimento de hidrogênio que se inflama espontaneamente, u reação do metal sobre a água sendo muito exotérmica.

E, por sua vez, as hastezinhas de trigo desenvolvidas miraculosamente não provinham dos grãos semeados. Estavam alojadas no lápis oco, em forma de tubo, do qual o iogue se servia para revolver a terra. No decorrer desta manobra, aparentemente anódina, as plantazinhas eram enfiadas na terra. Quanto aos peixes, provinham dum reservatório feito de borracha trazido escondido pelo faquir. O aparelho era munido duma pera também de borracha que Sarak apertava ora com as mãos atadas atrás das costas ora apoiando o corpo de modo conveniente durante a série de oscilações para a direita e para a esquerda no encosto da poltrona. A pressão do ar ia aos poucos impelindo por um tubo os peixinhos até o reservatório com água que um operador segurava.

Na nossa opinião, estratagemas desta natureza, por exemplo o número da mangueira, a produção de escorpiões etc., é que habitualmente são apresentados pelos faquires indianos. Julgamos ser necessário ter a candura, os olhos deslumbrados... ou o espírito de mistificação dum Huca, dum Jacolliot, dum Ossendowski, dum Dr. Cannon, duma Marquès-Rivière e dum Paul Brunton para ver nos exercícios da maioria dos faquires hindus fenômenos para- normais. Nossos modernos prestidigitadores fazem coisas muito mais sensacionais do que aquelas que encontramos nas descrições desses autores acima.

Segundo Vinavak Chintaman Chapure, o número da mangueira se realizaria da seguinte forma: "Tomai", escreve em *Magia* o autor, "o caroço duma manga madura: secai-o e em seguida introduzi-o numa camada de líquido retirado durante os dias de inverno dos grãos do arbusto chamado raça. Esse líquido é conhecido em língua marati sob o nome de "amba". (Nota — a fruta da mangueira só amadurece no inverno.)

"Repeti essa operação até o caroço ser recoberto nove vezes pela camada dessa solução, deixando-o secar bem cada vez. Feito isto, enterrai o caroço em terra proveniente dum campo qualquer. Cerca de meia hora depois, uma mangueira se apresentará com folhas e frutas.

"Pode ser empregado um segundo método. Existe na índia uma árvore recoberta de espinhos e cujos frutos são conhecidos pelo nome de "akaura", nome este hindu. Esses frutos, que são azulados e têm o aspecto de ameixas, deverão ser esmagados e expostos ao sol até que segreguem uma espécie de óleo onde os caroços dos frutos deverão ser mergulhados. E, mais tarde, postos a secar. Se regarmos com um pouco d'água os caroços assim preparados, crescerá um pé de mangueira dentro dum quarto de hora."

Evidentemente não experimentamos estes processos acima aconselhados os quais, *a priori,* nos deixam bastante céticos. Mas é possível executar o número da mangueira por outros meios; por exemplo, substituindo sucessivamente plantas de tamanhos diferentes. Este último método é, aliás, muito provavelmente, utilizado pelos orientais junto com outros processos.

Acrescentemos por último, a propósito da germinação paranormal ou pseudo-paranormal de grãos, que podemos acelerar consideravelmente o desenvolvimento de plântulas com a ajuda de traços catalíticos de adubo ou de auxinas de crescimento. Será prudente, portanto, levar em conta essa probabilidade quando experiências concernentes à ação do "fluido" magnético ou do pensamento sobre a germinação forem submetidas a uma fiscalização estrita, coisa que até agora não foi feita.

## *Estigmatização Simulada*

Em decorrência de certas obrigações fisiológicas imperiosas das pessoas que o fiscalizam, o estigmatizado, autêntico ou falso, escapa mais ou menos cada dia, num dado momento, ao controle estrito. É lhe dado ensejo, então, de produzir, de modo voluntário ou mesmo mais ou menos inconsciente, servindo-se das unhas, dum instrumento contundente ou cortante, de líquidos corrosivos ou duma haste levada ao fogo até tornar-se rubra, ferimentos, chagas, queimaduras, simulando estigmates.

Restrinjamo-nos à estigmatização experimental, mais ou menos desprovida de todo e qualquer contexto religioso. Exemplifiquemos. A jovem Raymonde B., da aldeia de B. perto de Abbe-ville, fazia aparecer, dum modo que parecia paranormal, diversas inscrições na sua pele. Assim, na escola, ela mostrava às colegas maravilhadas o resultado certo do problema de aritmética que tinham que resolver. Mostrava-o reproduzido em número no seu braço. Os números, bem grandes e bem desenhados, apareciam em relevo esbranquiçado sobre o fundo cor-de-rosa da pele. Quando o cura deão duma localidade próxima veio ver Raymonde, a palavra "deão" apareceu escrita em caligrafia inglesa na sua testa. Um lavrador, conversando com ela, viu o seu nome imprimir-se da mesma forma na barriga da perna da jovem. Um caixeiro-viajante constatou a inscrição das iniciais do seu nome na testa de R. B. Henri Vidal, jornalista, relata assim a experiência que ele fez: "Você poderá", perguntou ele à menina, "saber o meu primeiro nome, o de batismo, e responder-me pelos meios que lhe são costumeiros?" Esperamos mamãe e eu, durante um bom quarto de hora; depois, de repente, Raymonde disse: "Pronto", descobrindo a perna acima do joelho. Primeiro percebi na sua pele uma porção de empolamentos minúsculos, que se transformaram e se ligaram até que surgiu em letras perfeitas o meu nome: *Henri*. Antes que ele se apagasse, ainda pude fotografar a sua imagem. Convenci-me assim, por completo."

Na realidade, a garota era dermógrafa. Aproveitava qualquer momento de distração para traçar de modo inopinado sobre qualquer parte do corpo, com um grampo, os números, as palavras ou os desejos que desejava tornar visíveis. Os dermógrafos são indivíduos em cuja pele todo e qualquer risco feito, quer com a unha quer com um instrumento pontudo, determina daí a alguns minutos o aparecimento em relevo das inscrições eventualmente traçadas.

Em sua obra, *O Automatismo Psicológico,* o Prof. Janet relata experiências de estigmatização que ele considera coroadas de êxito com os médiuns Leónie e Rose; porém em sua outra obra, *Medicações Psicológicas,* declara não ter certeza da validade das mesmas. Por esse motivo ele procurou reproduzi-las em excelentes condições de observações com um novo médium, Madeleine, a heroína do seu último livro *Da Angústia ao Êxtase*. Madeleine, sempre que meditava sobre a crucificação de Cristo, costumava apresentar depois estigmas que consistiam em ligeiras escoriações nas palmas das mãos, nos pés e no seio esquerdo. Aparecia uma vermelhidão, formava-se uma bolha que, furando, deixava escapar um pouco de serosidade e de sangue. Infelizmente, o fenômeno se produzia quase sempre de maneira inopinada e sem grande regularidade. A fim de controlá-lo, o Prof. Janet imaginou aparelhos destinados a isolar as regiões onde apareciam os estigmas. Um dos dispositivos era coberto com um vidro de relógio que permitia assim observar-se o aparecimento e a evolução do fenômeno.

Mas a prática demonstrou ser impossível impedir o deslocamento da atadura. Além disso, os estigmas deram em parecer de preferência em lugar onde não era exercida nenhuma vigilância. E ainda por cima, Madeleine foi surpreendida em flagrante delito de fraude quando arranhava uma pequena chaga nascente com o intuito de "embelezá-la".

Convém saber, aliás, que Madeleine tinha frequentemente erupções cutâneas, erosões análogas aos estigmas, mas às quais ela não dava a menor importância quando não apareciam nos lugares tradicionais, isto é, nas mãos, nos pés e na região correspondente ao coração. Enfim, Madeleine mergulhava muitas vezes em crises de êxtase que a mantinham longas horas imóvel, de pés cruzados e punhos fechados. Compreende-se desde logo que a forte pressão dos membros pudesse provocar escoriações naturais exatamente nos lugares adequados. E isso com a maior facilidade, porque em geral o estado de êxtase aparecia na véspera das regras, período este em que os distúrbios circulatórios são mais acentuados.

## *O Homem que Alguns Dedos Levantam & O Homem que Ninguém Levanta*

Dispusemos estas duas experiências aqui no fim deste capítulo por ser difícil enquadrá-las nas categorias precedentes. Ao seu lompo deixaram muita gente intrigada, desde metapsiquistas até homens de ciência, como o célebre Dr. Alexis Carrel, que chegou a considerá-las como paranormais. Eis por que motivo nos julgamos autorizados a falar delas neste livro, tanto mais que na hora atual são apresentadas de novo em alguns círculos psíquicos.

Na primeira experiência, estando o indivíduo colocado horizontalmente, com apenas a cabeça e os pés apoiados em duas cadeiras, pedem-lhe que se conserve o mais hirto que lhe for possível e que estenda os braços ao longo do corpo.

Quatro operadores dispõem-se então em redor dele, dois de cada lado. Fecham bem as mãos, deixando esticados, para fora, apenas os dedos indicadores. O operador que se acha ao lado da cabeça e à direita do paciente coloca o indicador direito sob a anca, e o indicador esquerdo sob a espádua do paciente. O operador que se acha do lado oposto age da mesma forma, em simetria com o primeiro. O segundo operador do lado direito coloca o índice esquerdo debaixo da anca, junto ao indicador do colega, e coloca o índice direito sob a perna direita do homem estendido. Seu camarada, situado do lado oposto, faz a mesma coisa.

Isto feito, pede-se aos operadores que soergam o indivíduo. Eles não o conseguem. Então, a um sinal dado, os operadores fazem duas inspirações profundas, e no fim da segunda lhes é ordenado: Agora!" Os operadores levantam as mãos e ficam perplexos ante n facilidade com que conseguem soerguer no ar o homem deitado, que afinal fica de pé. Com um paciente de peso médio, sete dedos dispostos como se segue, realizam o soerguimento, sendo necessárias, no caso, cinco pessoas para a realização da experiência. O primeiro operador coloca-se diante do paciente e põe o índice da mão direita sob o queixo dele. O segundo operador, situado à direita do paciente, põe o seu dedo indicador sob o cotovelo direito do paciente que manterá os cotovelos bem aplicados rente ao corpo, mas com os braços dobrados. O terceiro operador da direita, acocorado, põe o indicador da mão direita diante do calcanhar do paciente, na pequena escavação que o salto do sapato forma com a sola. Os outros dois operadores colocam-se à esquerda e imitam os companheiros. Também neste caso o paciente é facilmente soerguido após a segunda inspiração dos operadores.

O segredo desta curiosa experiência reside no repleção dos pulmões. Quando estes se acham repletos de ar ao máximo, a caixa torácica forma um ponto de apoio fixo e resistente aos músculos que se inserem dum lado nas suas paredes bem como sobre as omoplatas e, doutro lado, sobre a articulação do ombro ou sobre o úmero. A potência desses músculos é muito menor durante o período de expiração.

Aliás, a experiência se torna ainda mais fácil se recomendarmos à pessoa que vai ser soerguida que durante o ato mantenha os pulmões repletos ao máximo. Nestas condições ela se manterá ainda mais rígida e resistirá melhor às desigualdades de pressão de que é objeto.

A experiência do *Homem que ninguém levanta* constitui, de certa maneira, a réplica contrária da experiência precedente. Foi realizada pela primeira vez em 1920, pelo boxeador Coulon e deixou intrigados durante muito tempo os meios científicos, meta- psíquicos e esportivos da época.

"Coulon, de apenas 53 quilos", escreve o Dr. Geley, "é facilmente levantado do chão por um homem mesmo fraco que o pegue pela cintura. Mas basta que ele toque o adversário com um dedo indicador no pescoço bem na região da carótida e com o outro no punho, para que, se ele não quiser, ninguém o levante, por mais forte que seja."

Por sua vez René Sudre descrevia no jornal *L'Avenir,* de 22 de dezembro de 1920, os esforços inúteis dum atleta famoso para levantar Coulon do chão. "O número mais palpitante", escreve R. Sudre, "foi a tentativa vã de Cadine, campeão do mundo. Quem nunca viu esse atleta não pode imaginar o aspecto formidável da sua musculatura. Seus bíceps são grossos como troncos jovens de bétulas, e seus peitorais lembram placas de blindagem. Quando ele tentou levantar Coulon, contra a vontade deste, aquele magnífico conjunto corporal se contraiu e se congestionou em vão. Durante quatro vezes, Cadine teve que confessar o seu malogro."

Duas categorias de hipóteses foram essencialmente emitidas para explicar o caso de Coulon; umas, metafísicas, outras, mecânicas.

O astrônomo Ch. Nordman fez-se defensor da primeira. Eis, com efeito, o que ele escreveu no jornal *Le Matin:*

"Se todas as experiências nas quais se conseguiu soerguer Coulon são num certo sentido sujeitas a discussões (por não se poder ter certeza científica se ele quis ou não quis) o mesmo não acontece quanto àquelas em que Coulon impediu o seu levantamento, podendo-se desde já concluir que nos achamos na presença duma força ao mesmo tempo psíquica e fisiológica (e a ciência moderna já não separa mais uma da outra) que, por um mecanismo ainda desconhecido, transmite sem contato direto uma vontade inibidora dum indivíduo ao outro. Essa força não é da natureza duma corrente elétrica; não é da natureza de nenhuma das forças até aqui conhecidas pelos fisiologistas.

"Pela primeira vez estamos diante duma experiência facilmente possível de ser renovada, isto é, científica, e que manifesta — segundo supusemos até aqui mas sem podermos demonstrar — que a vontade humana pode agir à maneira das forças físicas que sabemos reproduzir no laboratório. Na sombria muralha que tem, até agora, contra todos os ataques da experimentação os apaixonantes mistérios que suscitam as desconhecidas relações da alma e do corpo, o fenômeno descoberto por Jenny Coulon é talvez uma brecha decisiva através da qual em breve a ciência poderá enfim penetrar num ataque vitorioso."

Contrariamente a Ch. Nordman, M. Noguès, do *Instituto Marey,* dava uma explicação puramente mecânica ao fenômeno inibitório produzido por Coulon.

"Para que o levantamento seja possível e fácil é preciso que as bases do soerguedor e as do soerguido (representandas por seus pés) estejam quase em contato, no prolongamento uma da outra. Se essas bases se afastam, mesmo que seja um pouco apenas, o braço da alavanca se alonga e o esforço para o soerguimento se torna considerável. Desde que os pés do soerguedor e os de Coulon se achem separados por uma distância igual a cerca do comprimento do pé dum homem, o soerguimento se torna impossível a menos que o soerguedor pese três vezes mais do que Coulon.

"O estratagema consistiria, portanto, da parte de Coulon, em se afastar ligeiramente de seu adversário, sem que este último percebesse. Ele combinaria, além disso, este estratagema com uma forte inclinação do seu corpo para trás, atitude esta que deslocaria o seu centro de gravidade, e com mais outra inclinação, para o lado, a fim de obrigar o adversário a fazer toda a força com um só dos braços."

A esta interpretação mecânica, o Dr. Gaston Durville acrescentou um fator psicológico ou de sugestão.

"Já disse, e repito", escrevia ele no *Journal du Magnétisme et du Psychisme Experimental,* — "que o fenômeno da insoerguibilidade tem duas causas: uma causa psíquica e uma causa física.

"A causa física é o imperceptível alongamento do braço da alavanca do soerguedor; digo imperceptível porque, mesmo colocando verticalmente atrás de mim uma régua, isso não se pode constatar; este imperceptível alongamento cria um aumento real, mas discreto, da dificuldade; tem por finalidade principalmente agir sobre o moral do soerguedor, convencê-lo de que não pode mais me soerguer.

"Quando, tendo conseguido uma primeira vez me soerguer, ele percebe que, dada a minha defesa, eu estou realmente *um pouco* mais pesado. Ele se sugestiona que eu fiquei *consideravelmente* mais pesado. E a ideia de que eu me tornei consideravelmente mais pesado desorganiza a concentração das energias voluntárias."

Finalmente, o Dr. Geley, após haver estudado experimentalmente o caso Coulon, hesitou entre as duas hipóteses principais, a mecânica e a metapsíquica, conquanto tendendo mais para esta última.

"Sem nos reconhecer o direito de tomar partido", escrevia ele na *Revue Métapsychique,* "pois que as nossas experiências não estão concluídas, todavia acreditamos em poder dizer que a nossa impressão atual não é a favor da teoria mecânica, pelo menos conforme a expôs M. Noguès. Essa teoria é racional, foi apresentada magistralmente; mas... não parece adaptar-se aos fatos e, sob esse ponto de vista pelo menos, os nossos ensaios parecem dever dar razão aos seus adversários."

Contudo, Geley acrescenta mais adiante:

"Que uma ordem mental, emitida por A, possa traduzir-se em B por uma inibição nervosa ou muscular apenas necessária e suficiente, isso parece possível somente por exceção e caso B venha a ser um receptor excepcional. Mas que essa ordem seja obedecida invariavelmente sempre e por todos, não se compreende!

"Antes de adotar esta hipótese ou qualquer outra semelhante, seria necessário ter certeza de que o fenômeno não comporta realmente explicação mecânica.

"Nós ainda não chegamos lá. Mas o que é certo é que o fenômeno de Coulon não é simples nem fácil de ser explicado."

Na realidade, tal fenômeno era exclusivamente mecânico, e eis a técnica exata e simples que convém seguir para se realizar facilmente a experiência do *Homem insoerguível.*

A pessoa coloca-se primeiro ligeiramente inclinada para a frente, nas pontas dos pés; o soerguedor levanta-a com facilidade. Após este primeiro ensaio, a pessoa recua um pouco e inclina-se de leve para trás; ao mesmo tempo coloca, como fazia Coulon, o dedo esquerdo sobre o punho do adversário e o dedo direito no pescoço dele, sobre a região da carótida. Isto feito, o parceiro deverá levar os cotovelos para a frente. Nestas condições, tendo duma parte provocado o alongamento do braço de alavanca de força atuante e, doutra parte, deslocado de lugar o seu próprio centro de gravidade, a pessoa se torna insoerguível, mesmo que não haja intervido o fator sugestão invocado por Durville.

A experiência, chamada *"O Bastão magnético"*, que é muitas vezes apresentada em *music-halls,* assemelha-se à precedente. A pessoa, geralmente uma rapariga magra de aparência, porém bastante musculosa, entra em cena munida dum bastão. Um membro da assistência é convidado a colocar-se diante dela que, segurando o bastão com as duas mãos, o dispõe na sua frente, mais ou menos à altura dos ombros. Aplicando as mãos no bastão, o espectador o empurra, e assim faz facilmente recuar a gentil adversária.

O apresentador faz em seguida alguns "passes magnéticos" por sobre o bastão, e outro ensaio semelhante ocorre, mas sem que a pessoa recue. Dois outros espectadores vêm ajudar o primeiro, cada qual forçando o bastão com uma das respectivas mãos. Por fim mais dois espectadores se juntam aos anteriores, empurrando-os por detrás. A pessoa, portadora do bastão, permanece inabalável.

O estratagema é um pouco diferente do que foi empregado por Coulon. Antes do segundo ensaio, a pessoa se inclina para a frente a fim de que o seu centro de gravidade fique o mais perto possível dos espectadores. Ao mesmo tempo, levanta o bastão até a altura da testa dos adversários e inclina uma das extremidades para o chão.

Os esforços dos espectadores são assim dirigidos obliquamente para cima em relação à força oposta pela adversária. Além disso, os espectadores que se colocaram atrás dos outros e que procuram empurrá-los não ocasionam nenhum acréscimo de forças, pelo contrário, são mais nocivos do que úteis; mas a presença deles evidentemente torna o número mais espetacular.

## *Alguns Remédios Contra a Fraude*

Não há necessidade de longas demonstrações para dar a compreender que os fenômenos falsificados, análogos aos que acabamos de ver neste capítulo e, em geral a fraude mediúnica, acarretam um mal imenso aos trabalhos metapsíquicos, tanto do lado do grande público como perante o homem cultivado e o sábio.

O grande público desconhece os caracteres específicos dos fenômenos paranormais. Ignora que é *impossível reproduzi-los à vontade*. E assim é levado a considerar as experiências autenticamente metapsíquicas com certo desdém.

Como vê os pelotiqueiros realizarem todos os dias com assombrosa facilidade o que ele acredita ser uma série de brilhantes experiências de telepatia e de metagnomia, constata porém, se lhe der na fantasia folhear as obras dos metapsiquistas, que os Warcollier e os Osty penaram a vida inteira para obter êxitos telepáticos indiscutíveis e metagnomias verídicas.

O público viu um Donato, um Bénévol, ou um ilusionista deste gênero produzir levitações de meias em plena luz no meio da própria assistência, ao passo que ouviu dizer que os melhores médiuns, como Eusapia, conseguiam algumas telecinesias, de resto discutíveis, apenas na obscuridade ou, melhor, na penumbra, e isso mesmo de maneira esporádica.

E acaba concluindo, com alguma aparência de razão, que as nossas experiências e as nossas pesquisas não passam de manifestações menores em relação às que ele viu no palco ou mesmo em praça pública.

O sábio adota em geral uma atitude quase oposta.

Sabendo que os fenômenos apresentados nos teatros ou nos *music-halls* são meras ilusões, deduz daí que os fatos, de aparência similar, estudados pelos metapsiquistas, também são falsificados. E essa ideia ganha reforço na sua mente cada vez que vem a saber que tal ou tal médium famoso foi pegado em flagrante. Tal atitude não deixa de surpreender os metapsiquistas nem de irritá-los, às vezes.

De fato, porém, isso nada tem de espantoso, porque o sábio, não sendo nem prestidigitador nem metapsiquista, é incapaz de perceber a diferença, no âmbito incerto do paranormal, entre o falso e o verdadeiro.

Direi mesmo que o seu comportamento junta-se aqui ao do metapsiquista não prestidigitador que, não possuindo critérios que lhe permitam distinguir o fenômeno fictício do fenômeno paranormal, coloca certas vezes as duas categorias de fatos no mesmo plano.

Mas não basta denunciar o mal conforme vimos fazendo ao longo deste livro; convém também preconizar o remédio. Este está contido, parece-nos, nas proposições seguintes.

Preservar-nos-emos da fraude, principalmente nas sessões de efeitos físicos, mediante uma inspeção minuciosa do médium antes da sua entrada na sala de experiências.

A inspeção minuciosa das vestes, preconizada por Richet, não basta. O médium deverá vestir um traje especial, sem bolsos nem aberturas, fornecido pelo experimentador.

Um exame médico corporal deverá ser efetuado por um médico competente. Não deverá ser negligenciada nenhuma cavidade natural suscetível de servir de receptáculo. Além disso, a radioscopia permitirá verificar se o médium não esconde nada no estômago. Em alguns casos especiais, e se o médium consentir, a absorção de colorantes opacos poderá ser utilizada para configurar o esôfago, o estômago e os intestinos delgado e grosso.

Mas o controle do médium viria a ser totalmente ineficaz se o exame análogo do corpo e dos trajes não fosse feito nas pessoas que o acompanham. O melhor, sem dúvida, será afastar das sessões essas pessoas, não raro suspeitas.

Quando as experiências se passam na escuridão ou numa forte penumbra, apenas o uso dos sentidos geralmente nos basta. A noção de distância é, em particular, completamente ilusória. De modo que conviria superpor, ao controle através dos sentidos, outro controle realizado por aparelhos de física registradores, não suscetíveis de cometer erros sensoriais ou de julgamento: termômetros demarcadores, aparelhos que permitam a observação e o registro dos fenômenos produzidos no escuro, dispositivos com raios ultra vermelhos, análogos aos empregados pelo Dr. Osty etc.

Todavia, não nos iludamos. Toda essa aparelhagem pode ser sem efeito. A cinematografia duma sessão obtida mediante estratagemas e embustes não os desvendaria. Pois o aparelho fixará pura e simplesmente o que os olhos veriam ou poderiam ver caso a experiência não se realizasse no escuro. O feixe de raios infravermelhos pode ser absorvido por pantalhas bem manobradas, como também pode ser interferido por meio dum outro feixe de raios infravermelhos. E, mais simplesmente ainda, a oscilação dum dos aparelhos (o suporte dum espelho, por exemplo) obtida por uma pressão do pé sobre o assoalho da sala de experiências, pode bastar para fazer que se desvie parcialmente o infravermelho, de sorte que a célula fotelétrica apenas receberia uma fração do feixe total; daí a simulação da absorção. Por último, o termômetro de máxima é suscetível de ser solicitado por meio duma minúscula lâmpada de raios caloríficos.

Por conseguinte, para se estar capacitado a descobrir a fraude, tanto no âmbito dos fenômenos físicos como no dos fenômenos psicológicos, é *INDISPENSÁVEL* que o metapsiquista seja prestidigitador.

E não lhe bastará ler às pressas tratados de prestidigitação para se considerar apto a descobrir os embustes. Terá que passar da teoria para a prática, tornar-se hábil manipulador e adquirir a "mentalidade de prestidigitador"; do contrário, e isso afirmamos por experiência pessoal, o seu saber livresco não lhe propiciará nenhuma ajuda.

A necessidade, para o metapsiquista, de conhecer a prestidigitação, irrompe nitidamente após esta simples observação. Embora se saiba *de antemão* que se vai ser mistificado, é quase impossível, mesmo se prestando a maior atenção, descobrir o estratagema dum número de prestidigitação executado em *PLENA LUZ*. Nestas condições, como poderá o metapsiquista, cujas faculdades críticas se acham mais ou menos obnubiladas pela crença no paranormal, como poderá ele, repetimos, se não for também prestidigitador, desvendar os embustes, mormente se forem um tanto sutis, duma sessão pseudo mediúnica que se desenvolve na ESCURIDÃO?

Em compensação, o experimentador que conhece os recursos do ilusionismo possui, repetimos, a arma eficaz que lhe permitirá no momento crucial desvendar facilmente a falsa mediunidade. Tal é, aliás, o caso de certo número de metapsiquistas argutos.

CAPÍTULO XVII

# COMO ADQUIRIR CERTOS PODÊRES PARANORMAIS — CONCLUSÃO

Os fatos espontâneos de telepatia e peecognição que cada um de nós pode observar na vida corrente, as experiências de telepatia e de metagnomia realizadas pelos parapsicólogos com quaisquer pessoas, isto é, com indivíduos não dotados de modo especial, tudo isso mostra que todos nós possuímos, em graus diversos, esse "sexto sentido" de que fala Richet. Trata-se, provavelmente, conforme a nossa suposição já explanada nesta obra, dum sentido arcaico que funcionaria de certa forma normalmente no homem pré-histórico.

É de se supor que se ele já não se manifesta com frequência nos dias de hoje é porque negligenciamos exercê-lo e cultivá-lo.

Seria possível esse cultivo? Não apresentará perigos? É o que vamos examinar.

Vimos, no capítulo II, que certos estados fisiológicos, psicológicos ou patológicos, como a hiperexcitabilidade ou, ao contrário, a hipoexcitabilidade, os estados emotivos, ou inversamente, os estados de dissociação, os estados resultantes dum defeito da oxigenação do sangue, dos tecidos e do cérebro parecem favorecer o aparecimento de certos fenômenos parapsicológicos. Os ocultistas do século passado e do começo deste século provocavam ou pensavam que provocavam estes estados quer por meio de plantas tóxicas quer por métodos psicológicos e fisiológicos.

Assim é que Stanislas de Guaita declara que "o haxixe sempre favorece e às vezes determina de modo espontâneo a saída do corpo astral.

"Aproxima-se de cada orelha um relógio cujo tique-taque monótono produz uma espécie de acalanto do sentido auditivo, enquanto na escuridão completa do quarto, a certa distância do operador, arde uma pequenina lâmpada de álcool comum, mas no qual foi macerado antes, durante vinte e quatro horas, um punhado de flores de cânhamo. A chama obtida por esse meio é ao mesmo tempo fraca e fascinante porque exala emanações narcóticas muito suaves... É nessas condições que a vontade cria o monoideísmo que acarretará a produção do fenômeno."

Aliás, não deixa de apresentar perigos esse processo que lembra o emprego de unguentos com base de solâneas venenosas como a beladona e a jusquiama com que se untam os feiticeiros em busca de alucinações.

No entanto, os parapsicólogos modernos retornam a técnicas desse gênero com a utilização de medicamentos psicodislépticos, entre os quais cumpre citar em primeiro lugar o LSD 25, que é a dietilamida do ácido lisérgico, e a mescalina, alcaloide extraído dum cacto mexicano, o peyotl.

"Após a absorção do LSD 25", escreve o Dr. Duncan B. Blewett, "certas pessoas caem doentes, apresentando algumas delas psicoses, ao passo que outras têm reações transcendentais".

Conforme se depreende, essas substâncias devem ser manejadas com a maior prudência. Assim, se não houver uma vigilância médica estrita, nós reprovamos o seu emprego por causa do risco de provocarem elas distúrbios psicológicos cujas consequências remotas são imprevisíveis.

Entre os métodos psicológicos empregados até recentemente, o principal é o que põe em jogo a concentração mental. Eis o seu princípio, segundo Rudolf Steiner:

"Concentrar toda a vida psíquica numa única representação instalada no centro da consciência; por exemplo, a cor vermelha duma rosa. Essa representação, aliás, não tem por intuito refletir um objeto exterior exato. A pessoa serve-se de pensamentos simbólicos, e pouco importa que tais pensamentos tenham ou não fundamento científico. Os pensamentos que enunciaremos não têm por fim expressar verdades científicas, mas sim construir um símbolo cuja ação não dependa em nada de possíveis objeções lógicas.

"Esses símbolos são mesmo escolhidos de tal maneira que possamos fazer abstração dos seus laços com a realidade sensível. O valor deles reside na força que eles desenvolvem na alma quando esta desvia totalmente a sua atenção do mundo exterior, quando abafa as impressões dos sentidos e exclui todo e qualquer pensamento alimentado por uma excitação externa. E já não é pouco a gente poder representar alguma coisa graças a forças onde não entrem em jogo os sentidos nem o cérebro."

Em suma, a pessoa deve, segundo Rudolf Steiner, afastar-se do conhecimento sensorial, provocar uma ruptura entre o consciente e o inconsciente.

"Então", escreve o ilustre antropósofo austríaco, "a pessoa distinguira a realidade espiritual da sua representação pessoal." O que significa que ela poderá ter acesso ao conhecimento paranormal.

"Além disso", continua R. Steiner, "o estudioso (ou o estudante) que pratica a concentração mental tomará aos poucos consciência duma certa atividade durante o seu sono. Sentirá que não dorme totalmente durante o seu sono... Que a consciência progride, pouco a pouco, e ele dirá a si mesmo, ao acordar: "Passei todo o tempo do meu sono num outro mundo". A lembrança precisará ainda mais isso, sem cessar. Enfim, a alma afasta, durante o estado de vigília, as influências perturbadoras do mundo exterior e atingirá a percepção psico-espiritual. É necessário, para isso, que as sensações tenham desaparecido e que o pensamento lógico silencie... Nesse degrau da evolução, o conhecimento das reencarnações sucessivas se torna uma experiência real e concreta."

Mas é fácil medir o perigo para o equilíbrio psíquico dum tal método. Repelir o pensamento lógico, viver no sonho como se este fosse uma realidade não equivalerá a orientar a mente para o delírio?

Na hora presente, entre os adeptos da ioga, os métodos psicológicos deste gênero são como completados por exercícios fisiológicos e físicos. Os principais são os exercícios respiratórios ritmados e as posições, ou melhor, as posturas (a postura perfeita, a postura heróica, a postura do Loto etc.), que são atitudes do corpo às vezes bastante incômodas. Segundo a ioga, tais exercícios, tanto os psicológicos como os fisiológicos e os físicos, desenvolvem certos órgãos que percebem os acontecimentos que se passam no Além. Esses órgãos chamam-se Chakras ou Lótus, e têm uma sede bem definida na qual se deve concentrar a atenção. Existe um *chakra* entre o ânus e a uretra; outro no começo da uretra; outro, ainda, perto do coração etc. Cada um possui um nome, tem uma cor. Assim, *Anahata,* ou *chakra* do *coração,* é visualizado sob a forma duma flor vermelha com doze pétalas; o *Vishou-*

*ddha,* que se localiza na depressão da base do pescoço, aparece como uma espécie de margarida de centro amarelo e com dezesseis pétalas cor de lavanda.

Mas, infelizmente, também aqui essas práticas, que se apoiam em dados raciais e religiosos bem definidos, não deixam de apresentar perigos; principalmente quando são conduzidas sem prudência nem método, conforme sucede agora desde que elas foram interpretadas, vulgarizadas e, cumpre dizer, mais ou menos deformadas pelos tradutores ocidentais da verdadeira ioga hindu. "Podem", escreve taxativamente o Dr. Henri Desoille, professor da *Faculdade de Medicina* de Paris, "levar ao desequilíbrio organizado. Da minha parte o fenômeno que mais tenho observado, entre aqueles que as seguem, é um nervosismo considerável e a impossibilidade de tais pessoas ouvirem a menor contradição sem que se enfureçam logo."

Aliás, esse nervosismo é constatado e reconhecido pelos mestres da ioga. Assim é que se pode ler em *Raja Yoga* do *Swâmi Vivekanda:* "Durante os vossos primeiros ensaios para concentrar o vosso pensamento, o barulho da queda dum alfinete vos causará o efeito dum raio atravessando o vosso cérebro."

Em nossa opinião, o desenvolvimento das faculdades metapsíquicas deve fazer-se normalmente, sem o risco de perturbar o equilíbrio mental. Se admitirmos a hipótese que formulamos precedentemente, esse desenvolvimento deve visar à recuperação pura e simples dum sentido perdido ou em estado de sono, e não fazê-lo crescer ou acordar à custa das outras funções. O método que propomos obedece a esse imperativo categórico. Ele não violenta a natureza humana, é sabiamente progressivo e não apresenta perigos. Diremos mesmo que favorece o equilíbrio fisiológico, psicológico e nervoso.

O primeiro ponto que convém ter em mente é nos darmos conta das formas da nossa atividade mental que chamaríamos "inferiores": sensações, emoções e impulsões. Julgamos, com efeito, que nas pessoas não dotadas, elas mascaram, contrariam e aniquilam as faculdades intuitivas e paranormais que não podem desabrochar, manifestar-se e expandir-se a não ser com o favor da calma mental.

Ora, sabemos que existe estreita relação entre um estado de alma e a sua expressão exterior. "Ter medo", afirma William James, "é tomar conhecimento consciente do seu temor (ou, melhor, do seu tremor)."

Por sua vez, Alfred Fuillé escreve: "Não é só o estado de alma que produz sua expressão exógena; também ela, a expressão, por seu turno tende a despertar o estado de alma."

E isso conduz a esta aplicação: toda a re-harmonização da atitude física e dos movimentos acarreta consigo uma re-harmonização da mente. Em outros termos: para vencermos as nossas emoções cumpre dominarmos os nossos gestos.

Em geral, os exercícios de educação física derivados da ginástica sueca, efetuados lentamente, sem rigidez e com atenção, contribuem para dominar as emoções.

Eles serão executados cada manhã e cada noite, em sessões de dez minutos, devendo ser feitos com o máximo da atenção. Devem segui-los logo após alguns minutos de inércia fácil, acompanhada por ligeira massagem do rosto. Permanecer-se-á impassível durante dois ou três minutos, as pálpebras baterão normalmente, porém as sobrancelhas, os lábios e as faces permanecerão imóveis.

Além disso, no decorrer da vida cotidiana, nos empenharemos em civilizar os nossos gestos. Permaneceremos imóveis, escutando ou falando. Reagiremos sempre a toda e qualquer incitação exterior: um ruído que nos surpreenda, uma vespa que nos rodeia, um automóvel que passe em disparada junto de nós. Educaremos o nosso modo de atuar, evitando que seja estabanado, muito vagaroso ou muito rápido.

Mas os exercícios mais adequados para o sossego da mente e, por consequência, para favorecer o aquecimento das faculdades paranormais, são a respiração profunda e o relaxamento muscular.

Os exercícios de respiração profunda também são preconizados pela ioga. Mas aqueles mesmo que ela aconselha e que visam essencialmente a absorver e a dirigir através do corpo uma hipotética força cósmica, o "prana", perturbam bastante o ritmo respiratório normal e por consequência são antifisiológicos. Em geral, consistem em aspirar com força e devagar; depois, em manter os pulmões repletos de ar durante um lapso de tempo podendo ir de alguns segundos a um minuto ou mais. "A duração da retenção do fôlego deve ser quatro vezes a da inalação e duas vezes a da exalação", recomenda o Hatha-Yoga. O método é muito perigoso porque dilata além do normal os alvéolos pulmonares e determina distúrbios circulatórios capazes de provocar uma diminuição da oxigenação cerebral, tonteiras e síncope. Também pode suscitar nos indivíduos predispostos crises de epilepsia ou mesmo hemoptises.

Em compensação, os exercícios, que recomendamos, sendo fisiológicos, não apresentam tais inconvenientes. Asseguram, é verdade, uma oxigenação melhor dos tecidos, desenvolvem a capacidade torácica e também acarretam aquilo a que mais visamos, a calma mental.

Podem ser praticados não importa em que momento do dia, porém recomendamos executá-los sistematicamente de manhã e de noite durante 3 ou 8 minutos, salvo em dias de nevoeiro.

Se os realizarmos em casa, na sala ou no quarto, a posição inicial é a de "sentido"; braços caídos naturalmente ao longo do corpo, calcanhares unidos, cabeça bem direita, ombros recurvados para trás. Janela escancarada.

A inspiração principia pela repleção da parte inferior dos pulmões. Para atingir essa finalidade, imaginaremos que o ar penetra no abdômen, que estufamos para a frente. Em seguida, sem nos preocuparmos com o tempo de parada, encheremos o alto dos pulmões levando o peito um pouco para a frente.

Assim que os pulmões estiverem cheios de ar, deixaremos recair vagarosamente as costelas inferiores e superiores, e encheremos o ventre. Quando a expiração total estiver concluída, continuaremos a encher o ventre, contraindo voluntariamente os músculos abdominais e abaixando as costelas inferiores.

Após esta expiração forçada, recomeçamos a inspirar. E assim por diante.

Nos exercícios de ioga, recomendam que se respire ora pela narina direita, que é "solar", ora pela esquerda, que é "lunar". Ao nível da primeira seria absorvido o "prana positivo", e ao nível da segunda o "prana negativo".

Quanto a nós, indicaremos simplesmente ser preferível, do ponto de vista higiênico, inspirar apenas pelo nariz, e expirar pelo nariz ou pela boca. A duração total do exercício abrangerá, conforme já dissemos, um período entre 3 e 8 minutos. Não devemos, em caso algum, sentir o coração bater anormalmente, nem ter sensação de vertigem. Se isso ocorrer, será porque os exercícios são de duração muito longa, que o treino é insuficiente ou que os ritmos respiratórios adotados não convém.

O exercício de relaxamento muscular acarreta igualmente o sossego mental. Parece simples, mas na realidade é bastante difícil realizá-lo com perfeição. Esse exercício comporta dois tempos: um de desconcentração muscular, geralmente o único descrito pelos autores; e o outro de inércia mental, geralmente negligenciado e, contudo, muito importante.

Para uma pessoa conseguir uma desconcentração muscular a mais completa possível, deve sentar-se confortavelmente numa poltrona, ou, melhor ainda, estender-se numa cama ou esticar-se numa espreguiçadeira. Poderá colocar um travesseiro embaixo da cabeça ou do pescoço e outro debaixo dos joelhos a fim de que estes se dobrem um pouco; e outro travesseiro, ou almofada, debaixo de cada braço. Também pode dispor os pés mais altos do que o nível das ancas, pois isso facilita a circulação sanguínea e repousa mais. Pode ainda usar certo tipo de poltrona adequada para o relaxamento muscular.

A pessoa deve primeiramente fazer algumas respirações profundas e lentas; depois, sem esforço, fechar as pálpebras e os lábios sem apertá-los e cerrar um pouco as mãos.

Em seguida, relaxar o braço direito, depois o esquerdo. Conseguirá isso com facilidade, realizando o relaxamento durante a expiração. Um ou outro membro, soerguido por uma terceira pessoa, depois largado, deve recair como se fosse um corpo inerte.

Após haver distendido os braços, relaxar as pernas pelo mesmo processo. E, por fim, os músculos abdominais.

Em todos esses casos, imaginar o relaxamento dos músculos, mas sem fazer um verdadeiro esforço da vontade.

Este estado de inércia muscular geral, ou atonia, acarreta por si. só um certo apaziguamento mental, porque a tensão muscular é o sintoma mais banal da crispação mental e do nervosismo. Fazendo cessar esse estado fisiológico, corrige-se o estado psíquico que lhe está intimamente associado.

O segundo tempo do exercício traz calma absoluta à mente. Quando os músculos estiverem completamente distendidos, a pessoa deve repetir suavemente, de modo maquinai: "Estou calma, calma... calma. . . calma. . . cal... ma." Afugentar toda e qualquer ideia estranha. Dirigir incansavelmente o pensamento para a ideia de serenidade, e de inércia muscular. Pode-se, porém, desde que se queira, fazer cessar quase instantaneamente esse estado.

Algumas condições subsidiárias favorecem o exercício: antes, arejar bem o quarto; mergulhá-lo na penumbra ou na semi-obscuridade. O cômodo deve ser o mais silencioso possível; caso os ruídos de fora sejam intensos, guarnecer os condutos auditivos com algodão. Estando em posição estirada, orientar o corpo na direção das linhas de força do campo magnético terrestre; isto é, a cabeça para o Norte e os pés para o Sul. Se isso for impossível por causa da posição cio móvel, orientar o corpo de maneira à cabeça dar para Leste e os pés para o Oeste, embora essa orientação seja menos favorável. Se a pessoa estiver sentada ou de cócoras, volverá o rosto para o Norte ou para o Nordeste.

O estado de relaxamento muscular e mental acarreta uma espécie de vazio cerebral; ou, mais exatamente, de sonolência, durante a qual a pessoa vê — sem que se possa chamar a isso um sonho acordado — desfilar imagens mais ou menos definidas. Serão notadas com maior exatidão depois do exercício, porque algumas dentre elas podem ser telepáticas ou premonitórias caso, antes, se desejou que assim fossem.

Mas é raro, a não ser que se tenham disposições particulares, obter tais fenômenos somente por efeito do relaxamento muscular e mental. Para favorecer-lhes o aparecimento, devemos executar com método e continuidade certos exercícios de treinamento psíquico, relativamente simples. Eis alguns, conquanto seja fácil imaginar outros do mesmo gênero. Podemos, para cada um deles, aplicar o cálculo das probabilidades segundo os princípios expostos no capítulo II.

– Pegar um jogo de cartas comuns, baralhá-lo e estender as figuras viradas para baixo. Passar a mão no dorso de cada carta, e tentar determinar-lhe a cor vermelha ou preta. Anotar cada tentativa e no fim do ensaio confrontar com a realidade.

– Após haver acertado algumas vezes nesse primeiro exercício, procurar em seguida adivinhar a figura da carta, sete, oito, valete, rei etc. Podem ser empregadas também as cartas ESP.

– Desenhar ou pintar em cima de cartões do mesmo formato imagens bem "berrantes" com assuntos opostos; por exemplo, ora um campo com neve, ora um deserto batido de sol; ora figuras aterrorizantes, ora figuras plácidas; e meter uma num envelope. Palpando-o, depois, tentar sentir a impressão correspondente a cada figura.

– Ao receber uma carta, enfiar os dedos dentro do envelope e procurar determinar a natureza do seu conteúdo, se a carta traz boas ou más notícias, se ela é desfavorável etc.

Quando uma pessoa estiver bem acostumada com estes exercícios e houver obtido resultados satisfatórios, então poderá abordar experiências mais complexas de "psicometria", que aliás não apresentam nenhum perigo. O mesmo não diremos quanto a ver coisas numa bola de cristal, pois isso já supõe certo estado hipnoide capaz de prejudicar o equilíbrio nervoso. Por sua vez, outros processos divinatórios, como a cartomancia, implicam uma técnica convencional que consideramos mera afetação. Contudo, caso a pessoa se sinta atraída por esses processos, poderá haver vantagem em experimentá-los, devendo neste caso consultar obras especiais adequadas.

Sentar-se confortavelmente numa sala, de preferência um cômodo pouco iluminado, e, se possível, dispor o consulente a uma distância de 1 ou 2 metros. Pedir-lhe um documento qualquer relacionado com a experiência (objeto de sua propriedade ou pertencente a outra pessoa, fotografia etc.), segurá-lo e palpá-lo. Distender os músculos, o que será fácil se houver adquirido o hábito, não pensar em nada ou, pelo menos, esforçar-se para manter certa neutralidade de pensamentos. Pode então entrar em jogo o plano do psiquismo subconsciente e, por uma sucessão de imagens mentais, informar a consciência tornada simples espectadora, de realidades que não sejam da sua autoria. Assim que essas imagens surjam, descrevê-las com minúcia. Não rejeitar nenhuma, mesmo que pareça, *a priori,* absurda. Fazer em seguida um relatório da experiência a fim de poder, oportunamente, confrontar a vidência com a realidade presente, passada ou futura; verificar, também, se houve acerto maior ou menor em tal ou tal âmbito da psicologia ou da atividade humana, pois isso determinará progressivamente uma certa especialização. Pode, outrossim, graças a esses relatórios ou atas, pesquisar as causas de erro, precisar as faltas cometidas e resultantes da má interpretação da imagem mental, mormente quando esta for mais ou menos simbólica.

Em qualquer dos casos, pôr a funcionar as suas faculdades paranormais somente em relação a fatos controláveis. Por conseguinte, não se deve procurar explorar planos espirituais hipotéticos onde viveriam seres invisíveis. De fato, a subconsciência, quando se acha livre de todo e qualquer constrangimento, apresenta uma tendência mítica poderosa, e constrói com a maior facilidade imagens que não correspondem a nenhuma realidade.

Da mesma forma que para toda e qualquer faculdade intelectual, o exercício faz progredir mais ou menos depressa o poder de conhecimento paranormal. Três elementos aperfeiçoam-se correlativamente. 1.º) a dissociação psíquica funcional, que permite a atuação das faculdades *psi;* 2.º) a nitidez, a força e a riqueza das informações paranormais; 3.º) a interpretação consciente dessas informações.

Acrescentaremos, por último, que as experiências de telepatia parecem francamente favorecidas pela técnica, que poderá ser seguida, de René Warcollier (ver capítulo II), e que na hora atual não existe nenhum método válido capaz de desenvolver a mediunidade física.

# CONCLUSÃO

O "balanço" que acabamos de apresentar sobre os fenômenos paranormais ou presumidos como tais, estabelece, a nosso ver, a sua realidade. Vimos, com efeito, que era fácil ilustrar, caracterizar cada setor da metapsíquica de fatos indiscutivelmente paranormais. Assim é que em metapsíquica ou em parapsicologia, as experiências e as observações do Dr. Osty, de Warcollier, e de Rhine, para citar apenas as mais importantes, provam a existência dos fenômenos telepáticos e metagnômicos. Por outra parte, em metapsíquica objetiva ou física, Home, Eusapia, Guzik Kluski e Rudi Schneider produziram autênticas telecinesias e legítimas formações ectoplásmicas. Do nosso lado, observamos, em condições perfeitas de controle, fiscalização e inspeção, as diferentes categorias de fenômenos metapsíquicos, inclusive os fenômenos físicos e a tal respeito nos seja permitido lembrar que conhecemos a arte da prestidigitação.

Por conseguinte, o homem possui poderes paranormais que são também "Podêres Secretos", pois que não se manifestam dum modo habitual.

Tais podêres possuem capacidade que parecem quase ilimitadas. Já a psicofisiologia moderna, com os Ribot, os Flournoy, os Pierre Janet, os Dumas, eliminando a tagarelice literaria das velhas escolas e atendo-se, restringindo-se a estudos clínicos, a descrições exatas e precisas, nos fêz entrever, através das doenças da personalidade, da inteligência, da vontade e da memória, os abismos do nosso ser. A psicanálise, por sua vez, nos mostrou que o psiquismo do homem é um mundo imenso e impressionante onde vivem, se movimentam e se chocam extraordinários fantasmas. Por último, e precedida pelas pesquisas dos espiritistas, dos magnetizadores e dos hipnotizadores que a puseram na pista, a metapsíquica — que em breve infundirá na psicologia clássica a seiva que lhe falta — nos convida a medir a prodigiosa potência desse "eu" críptico que é, talvez, a própria essência da vida e do pensamento. Ele já aparece nos calculadores e nos artistas prodígios, nos fatos da estigmatização elementar, nas curas psíquicas; porém se revela com toda a sua amplidão e se manifesta com plena eficácia nos fenômenos de telepatia e de metagnomia. E ele é também o agente das estigmatizações metapsíquicas, das telecinesias, das levitações e das ectoplasmias.

No entanto, conforme já sublinhamos fortemente, esses fatos são falsificados com muita frequência, de modo que não gozam do consenso universal. E a tal respeito, não posso me impedir de expressar o amargo desapontamento que sinto quando leio as obras de certos metapsiquistas. Pois nelas encontro, ao lado de admiráveis fenômenos paranormais, fenômenos manifestamente falsificados. Se esses autores conhecessem a prestidigitação, não teriam deixado essas escórias figurarem em suas obras e não as teriam assim estragado tão desastradamente. Em segundo lugar, e provàvelmente porque nós não lhes conhecemos o mecanismo exato, os fenômenos paranormais parecem não obedecer às leis da causalidade, que são as leis da experiência: estabelecei a causa, o efeito se produz; variai a causa, o efeito varia; suprimi a causa, o efeito não se produz.

Coloquemo-nos hoje, por exemplo, num certo número de condições experimentais, e eis que obteremos fenômenos paranormais. Em boa lógica, segundo os princípios da causalidade, nos achamos no direito de esperar, observar, doravante, esses mesmos fenômenos ou outros similares reunindo aparentemente as mesmas modalidades. Todavia, no mais das vezes não obtemos nada, e isso durante várias sessões consecutivas.

Nessas condições, acabamos nos vendo na contingência de perguntar a nós mesmos se um fenômeno metapsíquico pode ser objeto de ciência.

Segundo a ideia mais geralmente admitida, uma ciência é um conjunto de conhecimentos todos eles marcados com o caráter da certeza e religados entre si de modo a constituírem um todo homogêneo. Tais são, por exemplo, as ciências físicas, químicas, biológicas e, principalmente, as matemáticas. Assim compreendida, a ciência se opõe não só à ignorância como também à opinião mais ou menos provável, à simples suposição ou crença. Ela tem a estabilidade e a autoridade dum dogma, e se transmite pelo ensinamento.

Ora, é claro que se admitimos uma tal definição da ciência, nos será difícil falar duma ciência metapsíquica. No momento presente se procuraria em vão, na metapsíquica, um grupo ou conjunto de fatos dos quais nenhum fosse duvidoso aos olhos de toda gente culta e que fornecesse um conjunto rigorosamente coerente, suscetível de ser ensinado.

Mas essa definição, que acabamos de dar, será mesmo conforme com a realidade? Não significará antes um ideal para o qual tendem, é verdade, todas as ciências, mas sem o atingirem, completamente? E isto se aplicando até mesmo à mais perfeita delas, a matemática?!

Se a ciência caísse do céu já toda pronta, conforme escreve Boirac, sem dúvida ela corresponderia à perfeição implícita na ideia que dela fazemos. Mas somos nós, os homens, que fazemos a ciência. E a fazemos lentamente, progressivamente, não raro tateando e tropeçando. Resulta que podemos sempre distinguir nela dois momentos: aqueles em que ela se faz, e aqueles em que ela é feita, pelo menos dentro duma certa medida. Podemos reconhecer, como diziam os escolásticos, o momento da ciência *in fieri,* e o da ciência *in jacto.* Ou melhor, que não existem aí dois momentos sucessivos, mas sim dois pontos de vista, dois estados que coexistem. Dum lado está o ponto de vista do pesquisador que cria, e, do outro, o do professor que ensina. Há sempre, duma parte, conhecimentos em via de aquisição e de integração, e, doutra, conhecimentos adquiridos, integrados.

Quanto mais recente é uma ciência, e portanto, complexa, difícil, a parte das pesquisas predomina sobre a dos conhecimentos. E esse é justamente o caso da metafísica, por enquanto ainda apenas em organização e cheia de mistérios desconhecidos, porém rica de promessas e esperanças.

A questão que se apresenta é, portanto, saber se somente devemos conceder o qualificativo de ciência à ciência adquirida e integrada existente nos nossos manuais, à ciência hirta, cristalizada, diremos até mesmo fossilizada, e recusar esse título à ciência em via de gestação e de organização.

É evidente que não! Julgamos que podemos qualificar de "científico" todo fenômeno cuja existência é certa. Não é indispensável, para que ele pretenda essa dignidade, que entre nos nossos setores habituais de pensamento, nas nossas classifi cações, nos nossos sistemas expectativos. Também não é indispensável, conforme se tem dito tantas vezes, que ele seja reproduzível à vontade ou que seja, ainda, previsível. Muitos fatos naturais não apresentam nenhum destes dois caracteres. É o caso, por exemplo, dum grande número de fenômenos geológicos, como as erupções vulcânicas, os tremores de terra etc. É também o caso dalguns fenômenos celestes que não podem ser preditos nem reproduzidos, como o aparecimento duma nova estreia ou a passagem dum cometa desconhecido. Ser-nos-ia facilmente possível alongar a lista de fenômenos deste gênero. E, contudo, quem ousaria sustentar que todos esses fatos não são científicos? Em suma, o único critério que nos permite proclamar que um fato é científi co é a sua autenticidade.

Por consequência, para responder à nossa pergunta, "Os fenômenos paranormais podem ser objeto de ciência?" bastará, simplesmente, mostrar que esses fenômenos existem, pertencem ao mundo da realidade e não ao do sonho, e que não significa perseguir uma quimera querer submetê-los aos processos habituais da investigação científica.

Ora, temos constatado, ao longo desta nossa obra, graças ao paralelo estabelecido entre o verdadeiro e o falso, que êstes fenômenos são legítimos e que é possível estudá-los pelos métodos análogos aos que são utilizados em psicologia, em fisiologia e em física. Portanto, podem ser estudados cientificamente, porque são fatos.

Sem dúvida, na sua marcha para a frente, a metapsíquica ainda é singularmente estorvada por observações defeituosas, pela fraude, e, correlativamente, por essa propensão que têm certos metapsiquistas, privados de espírito crítico e ignorando ainda por cima os recursos do ilusionismo, para confundir fàcilmente o falso com o verdadeiro. Ela, a metapsíquica, é desacreditada, com sério prejuízo, aliás, por essa turba de charlatães, de aproveitadores, e eles são aos bandos, que a exploram sob diversos pretextos; por esses traficantes do maravilhoso, por esses aventureiros do mistério, dos quais alguns, infelizmente, cingem a máscara de humanitários. E ela tem ainda que lutar contra o ostracismo desses chamados racionalistas que *a priori,* isto é, sem exame prévio, não aceitam os fenômenos paranormais por não se enquadrarem dentro de suas ideias preconcebidas.

Enfim, a metapsíquica ainda se acha à procura dos seus processos de trabalho, dos seus meios de controle rigoroso, sobretudo no domínio dos fenômenos físicos. Numa palavra, à procura do seu método. Ela espera sempre o seu "Claude Bernard" que a libertará de todos esses empecilhos inerentes à sua própria natureza. Mas temos a convicção de que a vida desse libertador não demorará muito, conforme nô-lo testemunha a descoberta de técnicas essencialmente baseadas na estatística e no cálculo das probabilidades, técnicas êssas que já são, conforme vimos, bastante empregadas em consequência dos trabalhos do Prof. Rhine.

Assim, pois, é a uma conclusão altamente satisfatória, visto ser duplamente positiva, que conduz o nosso "Balanço do paranormal". Permite-nos encarar o futuro da metapsíquica e da parapsicologia com confiança e com esperança. Essa conclusão pode ser considerada como o termo duma primeira etapa, como uma base sólida, rica de fatos suficientemente provados, base essa sobre a qual poderemos dispor e desenvolver as nossas futuras pesquisas e investigações. E, ainda por cima, ela já comporta um ensino imediato.

Enquanto os fenômenos da metapsíquica subjetiva ou psicológica nos mostram sem contestação que, normalmente, habitualmente, como dizia Myers, "vivemos na superfície do nosso ser", ou, como escrevia Osty com mais exatidão ainda, "vivemos na superfície, na tona duma inteligência imensa", o que significa que a nossa consciência normal é apenas uma fração ínfima do nosso ser psíquico total que se ri do tempo e do espaço, já os fenômenos da metapsíquica objetiva ou física, tais como as tele- cinesias, as levitações, as ectoplasmias, mostram-nos ainda, a mais, o que sabemos agora com toda a certeza por causa do estudo da eletrônica, a saber:

Que o Mundo visível e tangível, ao qual ligamos tanto apreço, não é senão o reflexo, e o reflexo frouxo, do verdadeiro Mundo vivo.

A energia onipotente, a vida real, e ajuntaremos de bom grado a Inteligência profunda dos seres estão no Invisível.

É acolá que batem os ritmos que dão à matéria os seus diferentes aspectos e que lhe diferenciam as produções. É no Invisível que se exercem as forças que entretêm esses ritmos.

Conhecer esses ritmos, aceder a essas forças, registrá-las, captá-las, dirigi-las, transformá-las, atingir assim, se for possível, as fontes primordiais da Vida e do Pensamento, eis, pensamos nós, as finalidades supremas da metapsíquica, cujos primeiros resultados, que não passam ainda de balbucios, mesmo assim são tais que nos fazem pressentir que assistiremos, com o aparecimento e o desenvolvimento desse novo ramo do conhecimento, à aurora dum desses grandes movimentos intelectuais que renovam as bases do pensamento humano.

Ela nos revela com efeito, desde já, a existência dum meio psíquico universal, e nos conduz irresistivelmente a uma espécie de Monismo integral, a essa noção essencial de que matéria, vida e pensamento não são mais do que aspectos diferentes do mesmo Cosmos cuja trama é feita de extensão e duração, de espaço e tempo.

Por fim, sendo pacífico que certos fenômenos paranormais implicam, na esfera que eles abraçam e abarcam, a existência no homem dum psiquismo extra-empírico mais ou menos independente das contingências cerebrais, capaz às vezes, segundo parece, de exteriorizar-se, e provàvelmente dotado dum extraordinário poder organizador a respeito do que se convencionou chamar a matéria, tudo isso nos leva a acreditar, sob a condição de atravessarmos um fosso relativamente largo e profundo mas não intransponível, na permanência, após a morte corporal, dessa "energia" psíquica humana aparentemente autônoma e exteriorizável.

# DADOS BIOGRÁFICOS

## *Médiuns*

*BÊRAUD* (Marthe), aliás EVA C., nascida em 1886 – A história do médium Marthe Béraud (mais conhecida sob o nome de Eva C.) é uma das mais assombrosas que existem nos anais do espiritismo e da metapsíquica. Vamos tentar resumi-la; mas para expressar-lhe todo o sal, descrever-lhe os repercussões dos seus lances imprevistos seria necessário consagrar-lhe um livro inteiro.

Desde o ano de 1894, o General Noel e sua esposa, residentes em Tarbes, entregavam-se ao espiritismo. E, por intermédio de diversos médiuns, obtinham materializações, das quais a mais importante era Bien-Boa, antigo sumo-sacerdote que viveu há 300 anos em Golgonda, no Industão. Sua irmã, a estranha Bergolia, "de braço arredondado e soberbo, de pequeno pé", que ora falava francês ora inglês (o que nos espanta um pouco para uma hindu que teria vivido em 1600 e pouco) também aparecia, havendo mesmo precedido Bien-Boa em suas efêmeras excursões pelo plano terrestre.

Tendo o casal Noel deixado Tarbes em 1901 para instalar-se em Alger na Vila Carmen, os fantasmas amigos os acompanharam em sua peregrinação. Com efeito, as manifestações de Tarbes prosseguiram na nova moradia dos Noel e continuaram durante uma porção de anos com uma perfeição cada vez maior. A Generala Noel (Carmencita Noel), inglêsa do País de Gales, escritora romântica de estilo cheio de imagens, espiritista convicta e, infelizmente, intoxicada pelos estupefacientes a tal ponto que lhe sucedia confundir o sonho com a realidade — era quem dirigia as sessões e fazia marchar direito todo um regimento de médiuns que sabia manter sob as suas ordens: uma certa Ninon, quiromante de profissão; uma negra cujo nome era Aischa; uma argelina,

Vincencia Garcia; às vezes o cocheiro Areski; a cozinheira Manoela, Mme. Végé, Mlle. Aimée Bex, atriz do Kursaal de Alger, Zina, jovem argelina, criada de quarto dos Noel; Mme. Léone, Mlles. Louise, Maia, Pola etc. etc. E, por fim, Marthe Béraud, que se tornou a vedeta do grupo quando as suas faculdades foram proclamadas por uma eminente personalidade científica como sendo tão maravilhosas quanto as de Florence Cook (a de William Crookes).

Filha de M. Béraud, suboficial reformado e não oficial superior conforme se andou propalando erroneamente, Marthe havia sido noiva dum filho dos Noel que faleceu no Congo em consequência duma febre biliosa hematúrica. Foi na qualidade de futura nora dos Noel que ela entrou no círculo dos médiuns na Vila Carmen, onde a natureza das sessões era muito especial, conforme constataremos baseando-nos na *Revne Scientifique et Morale du Spirítisme* de Gabriel Delanne.

"No dia 1.° de janeiro de 1905", lê-se no n.° de fevereiro da citada revista, "aparece a encantadora Bergolia, que naquele dia estava excessivamente decotada à moda indiana (?). Exibia o seu lindo busto com a maior complacência e divertia-se porque o general, que era míope, dizia-lhe lastimar profundamente não poder admirá-la como faziam todas aquelas damas".

Bergolia reapareceu a 6 de janeiro (*Revue*, n.° de março de 1905) no quarto da generala. "Foi logo declarando à assistência que se achava toda decotada à moda do seu país e, pegando na mão da generala, que presidia à sessão, fê-la palpar diversas vezes o seio. Em seguida, o general e as môças foram favorecidos com a mesma regalia. Conquanto a lâmpada estivesse quase recoberta num canto, via-se muito bem aquela materialização".

Bergolia possuía realmente hábitos asiáticos excessivos. "Na sessão de 13 de janeiro *(Revue,* n.° de abril)", diz a generala, "ela me pediu que eu passasse a minha mão pela sua perna, de cima abaixo, para me convencer que era mesmo perna de carne e osso. Por entre as risadas das môças eu obedeci fazendo a inspeção solicitada e constatei que as formas do espírito eram dignas de ser reproduzidas pelo cinzel de Praxíteles."

Na sessão seguinte apareceu a mãe de Bergolia, porém a ve- Ihota não exibiu nada, contentando-se em "executar uma dança guerreira", o que não deixa de ser um fato menos curioso.

Quanto a Bien-Boa, afirma a generala (na revista de Delanne) "haver-se certificado que se tratava dum macho". Fez decerto essa declaração convencida de que assim desmancharia a suposição malévola que corria na cidade de Alger que o digno sacerdote de Golgonda outro não era senão Marthe disfarçada em fantasma. Argumento peremptório, se é que foi feito mesmo, visto que, segundo o aforismo bem conhecido — "a mais bela rapariga do mundo não pode dar senão aquilo que tem". Mas, quanto ao caso, Areski bem poderia fornecer a chave do mistério; e é o que vamos ver em breve.

Outra entidade, Phygia, "jovem de 20 anos, loura, adorável, de tipo grego puro, sacerdotisa do templo de Heliópolis no Egito", abraçava calorosamente os assistentes, principalmente os cavalheiros. Escreve a generala: "Certa vez ela elevou ao auge a sua bondade vindo uma noite surpreender-me no meu quarto onde, sentando-se na beira da cama, fez-me mil gatimonhas e carícias".

(Egípcia, dum tipo grego, eis o que nos parece bastante contraditório. Além disso, Phygia não é lá um nome muito egípcio; mas cumpre observar que quase todos os nomes das pessoas e fantasmas que passaram pela Vila Carmen terminavam em A: Carmencita, Aischa, Maia, Bien-Boa, Bergolia, Manuela, Louisa, Maria, Pola... Phygia não podia ser uma exceção à regra.)

Naquela coorte de espíritos também desempenhou um papel importante o ser astral Branhauban, antigo comandante reformado, contemporâneo de Rabelais.

Conforme se pode deduzir, ninguém se aborrecia na Vila Carmen.

Sem dúvida também se deu uma vez o aparecimento de Jeanne d'Arc; mas o fantasma se mostrou muito reservado, e ainda bem que esse episódio monótono não se repetiu.

Com o recuo do tempo até aquela época, enche-nos de pasmo saber que homens de ciência, pessoas ponderadas como era o Procurador-Geral Maxwell, se tenham interessado pelas mascaradas da Vila Carmen, mais afrodisíacas do que científicas, e não tenham hesitado cobri-las com a sua autoridade, proclamando-as como autenticamente paranormais. E essa atitude ainda é mais estranhável porque os protagonistas daqueles fenômenos carnavalescos, Marthe, Areski, Manuela, Aimée Bex, se denunciaram por diversas vezes, chegando mesmo a explicar com bastantes minúcias suas manobras e manipulações fraudulentas.

Em cada sessão Marthe, mais ou menos fantasiada, simulava a aparição Bien-Boa. Em seguida, ela chegou até mesmo a se tornar professora de reencarnação, ensinando a arte psíquica a Areski, a Louisa, a Pola, a Maia, a Maria, e a muitos outros; de sorte que houve em Alger Bien-Boas baixos e altos, gordos e magros, morenos e claros, de mãos rechonchudas e de mãos esquálidas, do sexo feminino e do sexo masculino; e até mesmo um Bien-Boa assexuado, pois um manequim, espécie de polichinelo, não raro era empregado.

Por que motivo Marthe representava tal comédia, gostando como gostava dos Noel? Ela própria deu a explicação: "A generala é uma pobre "biruta", que faz questão peremptória dum fantasma. Quando Bien-Boa não aparece, a generala fica doente, não come, dá em tomar morfina, e isso em altas doses. Além disso, os domésticos e os médiuns assalariados entregam-se a chantagens. Assim sendo, não parece preferível que eu própria, que sou de casa, passe a operar?"

Contudo, com os episódios da Vila Carmen, a carreira metapsíquica de Marthe Béraud apenas estava no começo. Com efeito, de 1909 em diante, sob o nome de Eva C., ela se tornou o médium de Mme. Bisson e se especializou na produção de formações ectoplásmicas delgadas e chatas que não deixavam às vezes de ter aparência de imagens mesmo.

As experiências feitas com Eva C. foram descritas tanto por Mme. Bisson na obra bastante conhecida pelos metapsiquistas Os Chamados Fenômenos de Materialização (Les Phénomènes dis de matérialisation) e pelo Dr. de Sclirenck-Notzing em seu livro Os Fenômenos Psíquicos do Mediunismo (Pliysikalische Phanomene des Mediumnismus).

A leitura de qualquer destas obras é desconcertante. Primeiro o texto relata as estritas precauções de controle tomadas, quando a maior parte das fotografias revelam que o médium praticamente era senhor dos seus movimentos na cabina mediúnica. Além disso se fala em evolução dos fenômenos, ao passo que as fotografias mostram rostos chatos, inertes e esquisitos, constituídos por imagens recortadas grosseiramente de revistas e mal retocadas, vagos embrulhos gelatinosos, algo assim como placentas ou mesmo como o peritônio de qualquer animal de açougue, filamentos e bolhas de saliva etc. Todo esse material "ectoplásmico" dá impressão de grosseira mistificação, vindo logo à nossa perspicácia a hipótese de regurgitações.

Aliás, foi nessa suposição que se detiveram Georges Dumas, Louis Lapicque, Henri Piéron, Henri Laugier, professores da Sorbona, quando estudaram Eva. Lê-se no relatório daqueles sábios:

"Eis o que constatamos duas vezes, durante um tempo muito curto e em condições de iluminação insuficiente: uma substância que o médium faz sair da sua boca após esforços prolongados que só podem ser interpretados como ânsias de vômitos, uma substância sem qualquer mobilidade própria e que o médium torna a engolir logo."

Foi também à hipótese de regurgitação que se restringiram, em termos velados, os membros da Society for Psychical Research que examinaram Eva durante uma série de quarenta sessões.

Todavia, convém notar que Eva nunca foi surpreendida em flagrante delito de fraude, quer na Sorbona quer em Londres ou em qualquer outro lugar. Poder-se-á retorquir que isso prova apenas que ela era muito hábil ou que os observadores não estavam aptos a descobrir as fraudes. Demais a mais, os bons prestidigitadores jamais são surpreendidos em falta durante as suas experiências.

Mas eis aqui, a favor de Eva, um argumento que consideramos mais convincente do que o anterior. Primeiramente, de Vesme e Sage, experimentadores perfeitamente qualificados, que conhecemos pessoalmente e que por diversas vezes desvendaram embustes de médiuns realizadores de efeitos físicos e que além disso negaram por muito tempo a natureza paranormal dos fenômenos apresentados por Eva, observaram, um e outro, com aquele médium, fenômenos duma tal qualidade que era possível depreender que tinham em si um fundamento paranormal. E, depois disso, por sua vez Maurice Jeanson, caráter frio e metódico, nosso conhecido, também fez com ela constatações análogas.

Vamos dar primeiro o testemunho de De Vesme (o de Sage é um pouco diferente).

"Em condições de vigilância irreprochável com Mme. Bisson, durante quatro sessões consecutivas à luz de seis lâmpadas vermelhas, luz que me permitia ver a hora no meu relógio de bolso, vi aparecerem e voltejarem por sobre a cabeça de Marthe B. mãos perfeitamente formadas enquanto as mãos do médium eram igualmente visíveis em todas as suas minúcias. Uma dessas mãos fantasmáticas avançou para mim, fora do gabinete mediúnico; apertei-a na minha; depois ela desapareceu. Pensai no que significa semelhante fenômeno no decorrer de quatro sessões consecutivas, isto é, num tempo em que não podíamos ser pegos de surpresa, em que estudávamos o que se passava, em que permanecíamos atentos, em que todas as precauções haviam sido tomadas para não sermos enganados! Aliás, esta hipótese era impossível porque o médium se achava dentro duma pequena cabina de madeira situada num quarto fechado a chave, a escuridão não tendo sido feita uma única vez. Fiquei tão certo da natureza paranormal do fenômeno como certo estou de que escrevo eu próprio estas linhas, de ver um amigo com o qual converso em plena rua, como certo estou de que me acho em Paris e não em Calcutá.

"Esse médium, do qual sempre desconfiei mais ou menos, acabou me fornecendo quatro vezes seguidas o fenômeno mais seguro e mais maravilhoso (do ponto de vista material) que já encontrei em todas as minhas pesquisas metapsíquicas levadas avante incansavelmente no decurso de mais de cinquenta anos."

Eis agora a extraordinária observação feita por M. Jeanson:

"Os assistentes são em número de 6. A inspeção do médium foi feita antes e depois da sessão, bem como se revistou antes e depois o saco dentro do qual se enfiava o médium, e que apresenta buracos ou cavas por onde possam passar os braços. A claridade do dia torna impossível qualquer embuste.

"Esperamos três quartos de hora. Depois, a respiração do médium acelera-se, ouvem-se sons um tanto guturais, e em suas mãos (que segundo o hábito estiveram sempre agarradas pelos controladores, Mme. Bisson à direita, e eu à esquerda), aparece de súbito uma substância cinzenta e esbranquiçada, cujo volume aumenta, atinge o tamanho duma laranja tangerina, depois toma a forma oval e se alonga de tal maneira que o seu comprimento deve ser de vinte centímetros e o seu diâmetro de seis.

"Nesse momento, e em plena luz do dia, a materialização se desprende das mãos do médium e se mostra um pouco acima delas.

"Cada um de nós constata que a extremidade esquerda da materialização se transforma em cabelos finíssimos e que a parte central se torna muito alva e como que iluminada. A materialização organiza-se muito depressa, e todos nós podemos reconhecer, admiravelmente modelado, o flanco lombar duma mulher vista de costas e que parecia envolta numa ganga informe e difusa.

"A cor alva aumenta para a direita e para a esquerda, rapidamente, e a substância vai-se transformando progressivamente numa mulher nua, de formas impecáveis. Vemos surgir sucessivamente as ilhargas, as coxas, as pernas e os pés. Da substância primitiva restam apenas alguns cordões cinzentos e pretos, enrolados no baixo ventre.

"A pequena aparição é admirável de delicadeza; longos cabelos louros a recobrem, enrolam-se em redor dos flancos, os seios estão descobertos, toda a parte inferior do corpo é duma alvura fulgurante.

"A materialização inteira tem 20 centímetros de comprimento, e ilumina-a a claridade que atravessa largo vitral. Todos a vêem.

"Ao cabo de dois minutos ela desaparece, depois se mostra de novo. Os cabelos acham-se dispostos de modo diferente, deixando descoberto o rosto. Constata-se que as pernas têm movimentos próprios, uma delas se dobra com facilidade, sendo perfeitas as articulações da anca e do joelho.

"A materialização desaparece de modo brusco. Quase em seguida uma substância é visível nas mãos do médium, vendo-se aí, muito às pressas, um delicado rosto de mulher que parece iluminado por uma luz que lhe é inerente. Esse rosto é de tamanho cinco vezes maior do que a materialização precedente. Podemos admirar-lhe os olhos azuis, o carmim dos lábios.

"Essa aparição acaba sumindo. Introduzo a minha mão pela abertura do saco, e sinto um contato indefinível, comparável à sensação que produziria uma teia de aranha.

"Pouco depois o médium entreabre o saco, e tomamos a ver a mulher pequenina estendida sobre o avental do médium. Tem a forma primitiva, sendo menor do que a outra apenas uns 5 centímetros. Está deitada de bruços, com a cabeça virada para o lado esquerdo. A cabeleira não lhe engloba os braços.

"Mme. Bisson pede à aparição que se mexa a fim de provar que é viva. A pequena forma não tarda a agitar-se; sem sair do lugar, gira sobre si mesma, mostrando-se sucessivamente do lado direito e, depois, de frente, retomando pôr fim a posição primitiva. As pernas, que estavam cruzadas para o lado direito, movimentam-se o suficiente para ficarem cruzadas para o lado esquerdo. Em seguida, apoiando-se nas mãos, a forma feminina retesa a musculatura dos braços com um gesto clássico de ginástica, por fim se soergue até ficar de pé, e torna a deitar-se, porém numa posição nova, com a cabeça virada para a direita. O médium aperta a minha mão e, levando-a até os lábios, faz-me explorar a sua cavidade bucal, que encontro totalmente vazia. Durante esse tempo, a pequena forma continua as suas evoluções, sobe e desce verticalmente diante do peito do médium, à maneira dum ludião. Nesse momento o médium desprende as suas mãos das nossas, e segurando o pequeno corpo o depõe nas minhas mãos a 40 centímetros para fora do saco. A aparição permanece nas minhas mãos dez segundos e cada um dos experimentadores pode constatar a perfeição das formas. O pequeno corpo é pesado, de consistência seca e suave, e não dá impressão de calor nem de frio. Evolui ainda um momento sobre os joelhos do médium e depois some definitivamente.

"Deixamos o médium descansar alguns instantes e depois o revistamos. Trata-se duma sessão inesquecível como interesse e como perfeição de controle."

Subsiste, portanto, o mistério da mediunidade de Eva C., salvo caso admitamos que os três autores acima citados foram ludibriados. Mas tal hipótese é pouco presumível, visto dum lado a natureza dos fenômenos expostos e, doutro, o fato de que os observadores em questão conheciam perfeitamente as fraudes mediúnicas. Da nossa parte, julgamos que se a maioria dos fenômenos apresentados por Eva eram falsos, mesmo assim episódios autenticamente paranormais puderam surgir inopinadamente do conjunto fraudulento de suas produções. Temos notado que fatos assim costumam produzir-se às vezes em alguns prestidigitadores.

COOK (Florence) – Miss Florence Cook tinha apenas 16 anos de idade quando estreou na carreira mediúnica. Após assistir a sessões de Herne e Williams, médiuns metapsíquicos de materializações, ela tomou algumas "lições" com eles. Depois, na casa da sua própria família, em Hackney, na companhia de Mr. Herne, produziu imediatamente algumas "figuras de espíritos".

Mas em breve resolveu voar com as suas próprias asas e se separou do seu professor. Para impedir-lhe que aceitasse dinheiro, conforme ela estava decidida a fazer, um rico morador de Manchester, Mr. Charles Blackburn, garantiu-lhe um ordenado mensal. De maneira que as pessoas que assistiam às sessões eram meros convidados que não pagavam nada, não se achando por conseguinte no direito de exigir qualquer fiscalização, no que aliás nem sequer pensavam, radiantes por serem admitidas a contemplar fenômenos admiráveis.

Nas primeiras sessões, Miss Cook era fechada dentro de armários em cujas portas havia postigos ou pequenas escotilhas. Colocavam-se cordas em cima dos joelhos da moça, fechavam-se as portas, que daí a alguns minutos eram reabertas. Via-se então o médium todo amarrado, e incontinenti se admitia que toda aquela amarração era obra dos "espíritos".

Aliás, esses fenômenos não passavam de um intróito pouco digno de maior atenção, estando a experiência ainda em mero início. Chum-bavam-se os nós, tornava-se a fechar o armário, dispunham-se os raios luminosos duma pequena lâmpada colocada a certa distância, de maneira a iluminarem um dos postigos superiores, enquanto a sala era mergulhada numa semiobscuridade.

Em seguida se esperava, cantarolando qualquer coisa, segundo é a praxe recomendada em semelhante conjuntura. A espera não era em vão, porque daí a um quarto de hora, mais ou menos, via-se aparecer no postigo iluminado o rosto pálido dum "espírito" que dizia ser o de Katie King.

Ora, conforme se vê, tudo isso era por demais estranho!

Passou-se assim um ano; mas aquelas manifestações por certo se tornaram monótonas para Katie, que então anunciou que poderia mostrar-se em sua integridade física caso dispusessem o armário de maneira a permitir-lhe isso. Então as portas do móvel foram retiradas e substituídas por pesadas tapeçarias.

Miss Cook, vestida de preto, penetrou uma noite naquela espécie de gabinete; no entanto, um jornalista que assistia àquela "primeira récita", digamos assim, durante a qual se manifestaria um novo estágio na evolução das faculdades mediúnicas de Florence Cook, reparou que "o volume das saias parecia exagerado". Após uma espera algo ansiosa, os espectadores viram aparecer de súbito no vão entre as duas pesadas cortinas uma jovem de grande beleza, toda envolta em panejamentos brancos. Parecia uma estátua de mármore, porém não deixava de apresentar certa semelhança com Miss Cook. Era Katie.

A aparição pronunciou algumas palavras e recolheu-se. Não tardou que se ouvissem gemidos do médium lá dentro do gabinete mediúnico, dando a entender aos espectadores que a experiência havia acabado. Penetrando-se no gabinete se verificou que Florence permanecia, como no início, inteiramente amarrada.

"Nas sessões subsequentes", escreve Frank Podmore (Modem Spiritualism, volume II), "já foi possível fotografar Katie King".

As sessões foram prosseguindo assim, com o mesmo sucesso. Todavia, as aparições eram a bem dizer um tanto fugitivas. A cabeça do fantasma mostrava-se envolta num tecido branco a fim de, dizia Katie, "impedir o fluido de dispersar-se muito depressa". Às vezes os olhos apareciam fechados porque "ainda não estavam materializados". Um dia Katie disse a um espectador que a fitava atentamente e que não parecia estar convencido: "Não me olhe assim! O seu olhar me faz mal!" Noutra sessão ela se queixou da luz demasiado forte. "Os raios me fatigam muito". Preocupava-se sempre com a iluminação e com a distância a ser observada entre os espectadores e o gabinete escuro.

Às vezes pedia aos assistentes que cantassem em coro porque (segundo nos ensina ingenuamente o autor de Katie King, História das suas Aparições), "assim a atenção se volta para os cantos e refrãos e não para os fenômenos esperados... de maneira que as operações ocultas não são contrariadas". Digamos, antes, que assim os ruídos suspeitos não são ouvidos.

Mas Katie foi ficando pouco a pouco mais afoita e ousada. Vendo que tinha diante de si um público acomodatício, ela acabou por deixar o gabinete mediúnico e, na maior parte das sessões, misturava-se aos espectadores. Escreve por exemplo M. B. Coleman: "Ao cabo duns instantes, Katie irrompeu livre no salão. Estava com um vestido branco flutuante, cujas largas mangas lhe desciam até aos punhos; uma espécie de capuz cobria-lhe a cabeça, com as abas caindo sobre as espáduas; os cabelos estavam amarrados com fitas. Ela saudou as pessoas presentes, cada uma por sua vez, mas não tardou a se inquietar com a presença dum novato desconhecido, cujo nome ela ignorava.

Conquanto fosse um puro Espírito, Katie não era insensível às homenagens prestadas por seres humanos. "Pedi-lhe", relata o Dr. Sexton, "que viesse beijar-me". Respondeu-me que iria tentar. Instantes depois se aproximou de mim e me beijou três ou quatro vezes na fronte. No fim da sessão, Katie escreveu vários bilhetes, e o Dr. Sexton recebeu este:

*Meu caro Dr. Sexton, estou contente por me haver o senhor dirigido algumas perguntas. Com todo o apreço,*

*Annie Morgan.*

Assinalemos que este nome, Annie Morgan, era, segundo Katie, o que ela usava numa das suas precedentes encarnações, quando tinha apenas 22 anos, ao tempo de Carlos I da Inglaterra, tendo sido aquele nome por inteiro Annie Owen Morgan.

Mas, infelizmente, o tempo das provações estava a chegar! Havia mais de nove anos que William Volckman, que desempenhara um papel importante no célebre inquérito feito pela Sociedade Dialética de Londres sobre o Moderno Espiritualismo, — solicitava em vão o favor de assistir a uma sessão. Isso lhe era negado decerto porque o tinham na conta dum cético suscetível de atrapalhar os fenômenos. No entanto, Mr. Cook, movido talvez por bons sentimentos ou por pensamentos... mais interessados, fez compreender ao honorable gentleman que talvez algumas joias oferecidas ao jovem médium fizessem dobrar a sua resistência. Mr. Volckman rendeu-se a essa conjuntura, e logo veio a saber que seria admitido na próxima sessão, marcada para 9 de dezembro de 1873.

Pacientemente, durante mais de 40 minutos, Mr. Volckman observou Katie, o seu porte, que ela realçava mantendo-se nas pontas dos pés, os seus gestos, o seu ademã, as suas particularidades de linguagem, o seu rosto, e adquiriu a convicção de que o fantasma e Miss

Cook eram a mesma pessoa. De repente, dando um salto, ele se precipitou sobre a aparição, a agarrou pelo punho, depois pela cintura; mas, contrariamente ao que se deveria esperar dum ser evanescente, o espírito não se desmaterializou para escapar ao agarramento daquele atrevido descrente. Pelo contrário, fez, como faria um vulgar mortal, vigorosos e desesperados esforços para se refugiar no gabinete mediúnico e, apesar dos seus poderes ocultos, não conseguiria isso se dois espectadores não lhe tivessem prestado socorro atirando-se sobre o importuno. Sobreveio uma luta. Ao mesmo tempo um astucioso compadre, Mr. Cook provavelmente, desligou o gás. De maneira que a sala ficou imersa em escuridão, mediante o que, Katie pôde safar-se. Cinco minutos decorreram após o incidente, e afinal Miss Cook foi encontrada amarrada na sua cadeira dentro da cabina, como lhe cumpria. O contrário é que teria sido assombroso!

Houve logo clamores na imprensa espiritualista. Contra quem? Contra o médium? Absolutamente! Contra o intruso que tivera u audácia de duvidar dos poderes de Florence Cook.

Foi então que interveio William Crookes. Já dissemos o que pensávamos das experiências do sábio com Florence Cook. Julgamos que elas podem ser explicadas com duas palavras: mistificação, sempre, cumplicidade, às vezes.

Além disso, conforme já dissemos, Miss Cook, tornada mais tarde Mrs. viúva Corner, foi surpreendida diversas vezes em flagrante delito de fraude, pelos próprios espíritas.

Assim por exemplo, em 1880, diante da Associação dos Espíritas de Londres, Mrs. Corner, adormecida e amarrada numa cadeira, fazia aparecer a materialização duma menina morta aos doze anos de idade. Um dos assistentes, tomado de dúvidas e desconfianças, colocou-se inesperadamente entre a aparição e a cortina atrás da qual deveria estar o médium adormecido. A cortina erguida mostrou a cadeira vazia. O espírito e o médium não eram senão uma só e mesma pessoa (segundo Times de 12 de janeiro de 1880.)

Em resumo, a nossa opinião referente a Florence Cook é esta: o médium de Katie King era uma cínica e hábil farsista.

DIDIER (Alexis) – Primeiramente artista dramático por volta de 1845, Alexis Didier, em quem as faculdades metagnômicas se revelaram muito cedo, abandonou a carreira teatral para pôr os seus maravilhosos dons à disposição dos seus semelhantes. Era, segundo a expressão da época, "em estado de sonambulismo" (isto é, de transe leve) provocado por seu assistente, o "magnetizador" Marcillet, que ele fazia as suas vidências. A fim de expandir o "espiritualismo" demonstrando-o por fatos, ele operava de boa vontade no domicilio de notabilidades diante duma assistência selecionada, dando também sessões gratuitas nos meios modestos. Operou assim até 1871, e morreu em 1886.

Ao Duque de Montpensier, e na presença da Rainha Cristina, ele precisou a natureza dum objeto contido num cofre, no caso um ovo de açúcar contendo bombons anisados, minúcia esta última que o próprio duque ignorava. Deu à Condessa de Módena a proveniência dum medalhão e indicou que ele continha uma mecha de cabelos de Agnés Sorel, o que era exato. Ao Conde de Saint-Aulaire, que havia qualificado os fenômenos da vidência "lérias e balelas", ele leu por clarividência uma frase escrita num papel dobrado quatro vezes dentro dum envelope grosso solidamente fechado e lacrado. Após o quê, o Conde se tornou um dos mais fiéis adeptos de Alexis Didier.

Descrevia com a maior facilidade lugares, cenas e objetos situados a imensas distâncias.

Assim, numa sessão organizada pelo General Narvaez, homem de Estado espanhol, leu facilmente textos de obras fechadas pertencentes àquele grande de Espanha. Um dos presentes, o Dr. Fouquier, que Alexis Didier não conhecia, perguntou-lhe:

— Poderá você, Alexis, transportar-se mentalmente ao gabinete onde eu próprio acabo de me transportar em pensamento?

— Vejamos, espere um momento — respondeu Alexis Didier. — Pronto. Ao seu dispor. Está querendo que eu vá buscar uma pasta, não é isso?

— Exatamente.

— Que se acha na sua escrivaninha.

— Exatamente.

— E, em seguida, que eu veja um retrato que está dentro dessa pequena pasta, não é isso?

— Nem mais nem menos.

— Estou vendo esse retrato. Trata-se dum pastel... feito há cerca de quinze anos... Representa uma mulher. Essa dama mudou muito depois disso, tem hoje um outro porte... diferente de quando foi retratada. Mas essa dama acha-se aqui... Vou apresentá-la ao senhor.

E logo em seguida Alexis Didier apresentou uma senhora, chamando pelo nome, Madame de Ménars, que era de fato a pessoa cujos traços de quinze anos antes dito pastel representava.

— Já que o senhor foi tão clarividente — disse Madame de Ménars maravilhada — poderia ir mentalmente à minha casa e descrever-me um objeto que me é muito precioso?

— Pois não, Madame — respondeu imediatamente Alexis. — Trata-se duma cruz de ouro. Essa cruz pertenceu à sua mãe que a recebeu por sua vez da avó da senhora. Aliás, há muito (empo que essa relíquia se transmite assim na sua família. Há quatro gerações. A primeira pessoa que a possuiu recebeu duma alta personalidade assassinada há mais de dois séculos.

— Poderá o senhor dizer quem era essa personalidade?

Como resposta, o clarividente pegou num lápis e escreveu num papel: Henrique IV.

A cruz havia de fato sido dada pelo Bearnês a um dos antepassados de Madame de Ménars.

Daí a alguns dias, o Conde de Broyes, que assistia a uma sessão de Alexis, perguntou-lhe, estendendo uma das mãos fechadas:

— Que é que eu tenho aqui dentro?

— Um pano ensanguentado — respondeu Alexis.

— Donde provém esse sangue? — redarguiu o Conde.

— Duma grande personagem assassinada há mais de vinte e cinco anos... É o sangue do Duque de Berry.

O Conde de Broyes ficou perplexo. Ele fazia parte do Corpo da Guarda por ocasião do assassínio do Duque de Berry. Achando-se de serviço no dia da morte do Príncipe, apanhara da beirada do leito do agonizante uma faixa ensanguentada, que conservava desde então como preciosidade histórica.

M. Séguier, cuja formação era científica, também acabou se rendendo, não obstante seu temperamento cético. Tendo ido incógnito à casa de Alexis, para uma suposta consulta, perguntou-lhe à queima-roupa.

— Pode dizer-me onde eu estive desde o meio-dia até às duas horas?

— No seu escritório — respondeu Alexis. — Aliás, repleto de papelada, rolos, desenhos... pequenas máquinas. Em cima da sua escrivaninha há uma sineta muito bonita.

— O senhor está enganado — retorquiu M. Séguier. — Não lenho nenhuma campainha.

— Não estou enganado não. Tem sim. Estou vendo... em cima da sua escrivaninha. Do lado esquerdo do escritório.

— Com a breca! Preciso tirar isso a limpo! — exclamou M. Séguier, e correu logo para sua casa. Encontrou em cima da sua escrivaninha uma sineta que sua senhora pusera ali durante a tarde.

Alexandre Dumas também entrou em relações com Alexis Didier. No Jornal des Debats, de 13 de setembro de 1847, conta ele que o famoso clarividente o converteu totalmente aos fenômenos "sobrenaturais" dado o seu poder de adivinhar cartas de baralho, ler um livro fechado, ver através das paredes, identificar o texto duma carta fechada dentro dum envelope etc.

Mas, de todos os testemunhos a favor de Alexis Didier, o mais convincente é sem dúvida o de Robert Houdini.

Após assistir a uma primeira sessão, o célebre prestidigitador declarou: "Quanto mais reflito mais sinto a impossibilidade de incluir os fatos apresentados por Alexis Didier entre os que se fazem objeto da minha arte e dos meus trabalhos". Foi assistir a uma segunda sessão tomando, diz ele, "precauções muito maiores do que durante a primeira. E desconfiando de mim mesmo, fiz-me acompanhar por um dos meus amigos, cuja índole calma e cuja apreciação serena poderiam estabelecer uma espécie de equilíbrio no meu julgamento."

Robert Houdin pôs então à prova a faculdade que Alexis Didier tinha de adivinhar cartas num baralho. Relata ele:

"Eis o que se passou, e se deduzirá se alguma vez sutilezas foram capazes de produzir efeitos iguais aos que vou citar. Tirou do seu invólucro novo um baralho trazido pessoalmente por mim. Aliás, o invólucro havia sido marcado com um sinal por mim que assim descobriria se acaso alguém houvesse bulido no baralho e o embrulhasse de novo. Baralhei e dei as cartas, com todas as precauções dum homem versado nas sutilezas da sua arte. Precauções inúteis! Alexis interrompe o meu gesto e diz, mostrando uma das cartas que eu acabara de depor na mesa diante dele:

—É um rei. Já ganhei.

—Como pode saber se ainda não acabei de dar cartas a mim?

—Você vai ver — replicou ele. — Continue.

"De fato; acabo virando um oito de ouros, e a carta dele era o rei de ouros. A partida prosseguiu; mas de maneira muito bizarra, porque ele me dizia as cartas que eu devia jogar, muito embora o meu jogo estivesse escondido debaixo da mesa e fechado nas minhas mãos. A cada uma das minhas cartas jogadas ele colocava uma do seu jogo, sem a virar. E era sempre uma carta em perfeita relação com a que eu próprio acabara de jogar.

Saí, por conseguinte daquela sessão tão empolgado quanto pode ficar uma pessoa da minha prática, e inteiramente persuadido que é de todo impossível que o acaso ou a habilidade venham jamais produzir efeitos tão maravilhosos".

Robert Houdin fez em seguida a M. de Mirville esta declaração que nunca foi desmentida: "Monsier, se houvesse no mundo inteiro um escamoteador capaz de realizar semelhantes maravilhas, ele me confundiria mil vezes mais, como escamoteador, do que o agente misterioso que me foi mostrado."

D'ESPERANCE (Elizabeth), falecida em 1919 - Mme. D'Esperance foi um médium de materializações. Nascida em Londres, filha dum capitão de navio, desde a mais tenra infância teve alucinações que ela considerava como coisas verídicas. Sendo boa desenhista, registrava as suas visões, que eram geralmente figuras de "espíritos". Alguns desses croquis eram traçados em plena escuridão e muito às pressas.

Ela se interessou logo pelo espiritismo, e nos círculos familiares e privados não tardou a produzir fenômenos paranormais dos mais extraordinários: materializações e objetivações.

Entre estas, as mais prodigiosas obtidas por intermédio da sua mediunidade foram sem dúvida um Ixora Crocata que se transformava perante a assistência gradualmente numa garrafa, num grande e magnífico lírio de ouro, sendo que este último, segundo a declaração do médium, "foi conservado durante uma semana e depois se desmaterializou e sumiu."

Formas de "espíritos" materializavam-se também na sua presença. Yolanda, Leila, Ana, Nepenthès, eram formações ectoplásmicas tão reais quanto os seres vivos. "A célebre Nepenthès, do adorável beleza", escreve M. de Bergen," mostrava-se em plena luz ao mesmo tempo que o médium (que permanecia sentado com as outras pessoas, isto é, fora da cabina) e se desmaterializava no meio da assistência... Parecia envolta da cabeça nos pés numa substância branca meio acinzentada mas leve como leias de aranha e que lhe vedava as formas, exceto a mão que segurava a do médium, e os olhos que pareciam estranhar o brilho da luz... Tornava-se tão material quanto o médium sentado ao seu lado; mas na primeira vez que apareceu surgiu de tal maneira transparente que eu e os Srs. H. e B. podíamos ver a luz das lâmpadas através do seu corpo. Julguei primeiro estar sendo vítima duma ilusão, porém os meus amigos sentados ao meu lado, e cuja atenção intensifiquei fazendo-lhes um sinal interrogativo, confirmaram a minha observação. O fenômeno durou vários segundos."

Noutra ocasião, Nepenthès traçou algumas palavras. Logo se constatou que o texto era escrito em caracteres gregos antigos bem visíveis, mas que os assistentes, é claro, não souberam traduzir. Eis o significado: "Eu sou Nepenthès, vossa amiga. Sempre que aborrecimentos e preocupações vos acabrunharem, chamai Nepenthès. Acorrerei logo em vosso auxílio."

"Na quinta sessão, escreve o autor de Harper i Luften, "o médium instalou-se no meio da assistência (composta de altos funcionários noruegueses, diretores de jornais, médicos e literatos), conversando tranquilamente conosco. Daí a pouco vimos Nepenthès sair da cabina, e estava tão bela e graciosa como da primeira vez. Trazia na cabeça um diadema reluzente que lhe realçava ainda mais a extraordinária beleza. Mesmo hoje, ao escrever estas linhas, quando diversos anos teriam podido esfriar o entusiasmo que Nepenthès nos inspirava, a perturbadora beleza daquela forma luminosa, com seu refulgente diadema, ainda se apresenta ao meu pensamento como a fascinante criação dum conto de fadas.

"Após saudar-nos, ela deslizou devagar diante no nosso círculo e se deteve diante de M. E. Este levantou-se e, como se tateasse, acabou se introduzindo no meio daquela atmosfera luminosa que fluía das roupagens da aparição (sublinhado no texto). Os dois podiam ser observados nitidamente... M. E. notou que a luz parecia sair do corpo da aparição, e garantiu que no momento em que se inclinava para ela se sentiu ofuscado pela radiação que emanava do seu peito. Era-lhe impossível comparar aquela luz com qualquer outra; segundo ele, lembrava uma luz elétrica atenuada ou, melhor ainda, um luar através da neve (sublinhado no texto), porém com mais intensidade."

Por fim, isto é, na última sessão, Nepenthès, após haver sido fotografada diversas vezes, desmaterializou-se no meio da assistência.

"Era sem dúvida a mesma personagem, porém cheia de vida, de mocidade e duma beleza sobre-humana, que tínhamos diante de nós", escreve o autor da obra citada. "Tez morena, olhos grandes e castanhos, muito inteligentes e vivos. Porte majestoso e direito, bastante desenvolto. Das dobras do panejamento que a cobria se evolava um brilho semelhante a um belo fulgor de luar (sublinhado no texto). A abundante cabeleira preta, coroada por brilhante diadema, completava um retrato que nenhum de nós, doutores, filósofos e juristas famosos, jamais poderá esquecer.

"O médium, voltando-se na sua cadeira, contemplava a aparição com o mesmo interesse que nós e exclamou com emoção partilhada por todos: "Que beleza incomparável!" Enquanto a luz permaneceu intensa, Nepenthès ficou junto do médium, mas, assim que a luz diminuiu, dirigiu-se para nós e caminhou, ou melhor, flutuou dum lado para outro, inclinando a cabeça majestosa e permitindo que lhe pegássemos a mão. Manteve-se assim no meio de nós, saudando-nos de leve com movimentos de cabeça, onde reluzia um diadema. Daí a uns minutos, aquela Nepenthès sobre-humana, viva, inteligente e lépida, pouco a pouco, sem nenhum ruído, foi-se transformando numa nuvenzinha vaporosa, brilhante, tendo apenas o volume duma cabeça humana, mas em cujo centro se distinguia ainda o fulgor do diadema. Depois aquele brilho esmaeceu, apagou-se e tudo sumiu. Se não fossem as provas materiais que ela nos deixou, Nepenthès teria passado como uma criatura de sonho."

Sábios de grande nome, como o Prof. Zöllner e Aksakof, estudaram Mme. d'Esperance. Aksakof, por exemplo, foi especialmente à Finlândia fazer uma investigação sobre "a desmaterialização das pernas do médium", fenômeno a que já nos referimos.

Qual é o valor das produções mediúnicas de Mme. d'Espérance? Duas categorias de argumentos nos incitam a pensar que em sua totalidade elas não podem ser consideradas como autenticamente paranormais.

Notemos, antes de mais nada, que Mme. d'Espérance operava no mais das vezes em círculos compostos de assistentes mais ou menos crédulos e cujo testemunho terá um valor muito relativo. De mais a mais, em duas sessões se pode assegurar que o pretenso fantasma não era senão o próprio médium. Aliás, esses episódios nos são contados e interpretados pela própria Mme. d'Esperance em seu livro No País da Sombra, nos capítulos Uma Experiência Amarga e Serei Anna, ou Anna se tornou eu?

Por último, os fenômenos chamados desmaterialização do médium, que já examinamos, muito provável mente eram embuste.

Contudo, parece que a boa-fé de Mme. d'Espérance não deve ser posta em dúvida. É presumível que, ao simular os fantasmas, o médium haja sido levado pelas sugestões dos assistentes ávidos de observar fenômenos desse teor. Primeiramente cumpre acentuar que Mme. d'Espérance, que se achava em ótimas condições financeiras, nunca procurou tirar proveito da sua mediunidade. E, depois, que o seu livro, No País das Sombras, que é uma autobiografia mediúnica, respira honestidade e sinceridade. Não se pode negar que Mme. d'Espérance era dominada por anseios de alta espiritualidade e considerava como um verdadeiro sacerdócio o exercício da sua mediunidade. Torne-se desde já bem claro que se nos socorremos dum argumento moral não é absolutamente para sustentar a realidade dos fenômenos apresentados por Mme. d'Espérance, mas sim como tentativa de desculpar até certo ponto esse médium.

De resto, provavelmente se produziram fenômenos deveras paranormais através da sua mediunidade. Seria difícil, por exemplo, explicar pela fraude a materialização e a desmaterialização de Nepenthès, pois a descrição dos fenômenos foi feita de maneira idêntica por diferentes observadores que parecem qualificados. Além disso, convém notar que Mme. d'Espérance, após alguns anos de prática mediúnica, resolveu não entrar mais no gabinete de materialização, e sim permanecer no meio dos assistentes, que dessa maneira puderam convencer-se que não era ela, disfarçada, quem desempenhava o papel de fantasma.

FORTHUNY (Pascal). 1872-1962 - M. Cochet, que ficou conhecido nas rodas metapsíquicas sob o nome de Pascal Forthuny, era na época em que nos aproximamos dele pela primeira vez, isto é, há cerca de quarenta anos, um homem de bela inteligência, falando correntemente diversos idiomas, principalmente o inglês, o espanhol e o chinês. Foi também um crítico de arte apreciado, hábil pintor, tendo exposto várias vezes no Salão quadros excelentes. Também foi autor dramático, romancista e poeta.

Em 1919, passou pelo dissabor de perder seu filho Frédéric num desastre de aviação. Com o intuito de reconfortá-lo, um amigo lhe emprestou algumas obras espíritas. No dia 18 de julho, estando ele no escritório escrevendo algumas páginas dum romance, a sua mão cessou subitamente de obedecer ao seu pensamento, e traçou de modo impulsivo uma série de pequenos bastões, depois traçou curvas de toda espécie e por fim letras sem nenhum encadeamento lógico. Nos dias seguintes as palavras organizam-se em frases com um significado. De então por diante as coisas se passam como se P. Forthuny tivesse a sua mão guiada por inteligências invisíveis. Duas entidades espirituais põem-se assim aparentemente em relações com ele. Primeiro um "espírito" que jamais concorda em dizer quem é, contentando-se em assinar "O teu guia"; depois, seu filho Frédéric.

Um ano após estas manifestações, P. Forthuny perdeu o dom do automatismo. Mas aquelas manifestações haviam criado nele, isto é, entre o seu consciente e o seu inconsciente, uma certa dissociação funcional favorável à atuação dos poderes crípticos do espírito.

Estes poderes não deviam tardar a manifestar-se. Durante uma sessão de vidência no Instituto Metapsíquico Internacional (dirigido então pelo Dr. Geley) e à qual P. Forthuny assistiu na qualidade de espectador, Mme. Geley pegou num leque que estava em cima duma credência e disse a Forthuny, em ar de brincadeira: "Um leque, de quem será?" Ele respondeu logo: "Tenho a impressão de sufocar... e ouço ao meu lado uma voz dizer: Elisa." Mme. Geley ficou estupefata, porque aquele leque pertencera a uma senhora idosa, que morrera de congestão pulmonar e que durante a doença se servia dele para se abanar. E a amiga que tratava dela se chamava Elisa. Muito intrigada, Mme. Geley tentou então uma segunda prova. Entregou a Forthuny uma bengala, dizendo-lhe. "Eis aqui um objeto que tem uma história muito especial e que naturalmente o senhor desconhece. Caso a descubra será porque possui mesmo dons de clarividência."

Gracejando, pois não acreditava ainda em seus dons de vidência, Pascal Forthuny se pôs a descrever paisagens, movimentos de exército ao longe, para as bandas do Oriente. Referiu-se a um jovem oficial, dono daquela bengala e que se achava em viagem de regresso à França quando o seu navio foi torpedeado. "Tudo isso é verdade", disse Mme. Geley. "Esta bengala pertenceu a um jovem francês que na qualidade de oficial fez a campanha da Grécia. De volta à França, o seu navio foi posto a pique. Salvou-se do naufrágio, porém morreu logo depois."

A partir de então, Pascal Forthuny deu sessões públicas de metagnomia; primeiro, na Casa dos Espíritas; depois, no IMI. Eis como as coisas se passaram no Instituto Metapsíquico Internacional, dirigido então pelo Dr. Osty:

Achavam-se numa das salas do Instituto umas cinquenta pessoas, desconhecidas em sua maioria de Pascal Forthuny e também do Dr. Osty. O vidente passeava pela sala e, segundo lhe dava na cabeça, dirigia-se ora a um ora a outro, expressando em voz alta as informações que lhe vinham à mente. Não raro, após alguns esforços e algumas aproximações, geralmente verbais, ele obtinha resultados assombrosos.

Assim, pegando no manchon de Mme. X. lhe disse que ele lhe dava mais a impressão dum bloco de gelo do que dum regalo de peles. "Este objeto reduz-se, diminui, é cortado em pedaços até acabar tendo a forma dum diamante. Se lhe quisesse dar um sobrenome a chamaria Mme. Diamante. Ganho, lucro, penhor, fortuna, diamante.

— Pois saiba que meu marido vende brilhantes — retorquiu Mme. X.

— Mas — insistiu P. F. — que quer dizer a palavra ganho?

— Eu me chamo Gagnerot — respondeu Mme. X.

Na sessão de 2 de dezembro de 1925, P. F. disse: "Uma grande impressora. O meu pensamento se volta para o jornal Le Matin. Há aqui alguém que tem uma função importante nesse jornal". Dirigindo-se então a um senhor que ninguém conhecia e que viera ao IMI pela primeira vez, P. F. disse: "Começa pela letra L. Vejo nevoeiro, água, barcaças, navios, mercadorias, colônias... O senhor é belga! que pode ser, Lanoy? Um grande porto cheio de mercadorias e fumaças. É Antuérpia."

Tratava-se de M. Lanoy, redator-chefe de Le Matin, um jornal de Antuérpia.

A mim mesmo, P. F., para quem eu então era um desconhecido, me evocou com extraordinária exatidão certos episódios estritamente pessoais da guerra de 1914-1918 e do período de ocupação da Renânia. Fatos assim: um camarada meu, esmagado por uma peça de artilharia; a representação de Lohengrin no Teatro de Wiesbaden, tendo assistido ao espetáculo o General Mangin; o cisne atravessando o palco etc. etc.

Evidentemente, essas experiências feitas em público podem ser criticadas porque em geral não apresentam as garantias necessárias, e as informações recolhidas são sempre por demais vagas (ver capítulo III); mas convém acentuar que as declarações de Forthuny quase sempre eram bem minuciosas. Além disso, um conluio entre ele e os assistentes era muito improvável porque no mais das vezes a assistência era composta de gente desconhecida não só do médium como do IMI. E também porque a pessoa objeto da vidência era sorteada e, em tais condições, como admitir-se que Forthuny pudesse colher informes suficientes exatos sobre todos os assistentes?

Registremos que, por instigação do Dr. Osty, Pascal Forthuny foi o primeiro metagnomo que realizou a experiência da "cadeira vazia", que consistia em descrever de antemão os traços característicos ou eventuais do futuro ocupante duma cadeira tirada à sorte entre as outras cadeiras da sala de experiências.

Numa palestra realizada no IMI e intitulada O que posso dizer a respeito do trabalho da minha faculdade metagnômica, Pascal Forthuny assinala criteriosamente que, no seu funcionamento paranormal, o clarividente deve eliminar a intrusão do consciente. "Inúmeras vezes", declarou ele, "tirei a prova disso rejeitando conscientemente aquelas percepções que assegurariam a qualidade da vidência se eu não tivesse sido deploravelmente amedrontado pela audácia, pela temeridade e pelo aparente absurdo das mesmas."

GOLIGHER (Kathleen) - Miss Kathleen Goligher é um médium de efeitos físicos que foi estudado durante seis anos pelo Dr. W. J. Crawford, professor de mecânica do Instituto Técnico de Belfast. Os resultados dos trabalhos do sábio professor acham-se consignados em três volumes: The Reality on psychic Phenomena (1916 e 1918), Experiments in Psychical science (1910); e The Psychic Structurs at the Goligher Circle (1920). Estas obras foram traduzidas para o francês por René Sudre, adaptadas e reunidas sob o título comum La Mécanique psychique (1922).

Segundo Crawford, os movimentos realizados sem contato, o soerguimento duma mesa por exemplo, eram produzidos por uma "alavanca psíquica" emitida pelo médium. Infelizmente, porém, as fotografias desse "cantilever" são as mais decepcionantes, dando nitidamente a impressão de que se trata duma haste de madeira (certos críticos afirmaram ser um cabo de vassoura) mais ou menos enrolado em pano.

O Dr. Crawford, após haver publicado as suas obras, acabou tendo a impressão de que se baseara num embuste e ficou desesperado. Pelo menos é o que consta. Em todo caso, ele se suicidou em 30 de julho de 1920 "num acesso de febre cerebral devido ao esgotamento e às condições criadas pela guerra", escreve René Sudre. Desse fato, parece que a fadiga cerebral foi a causa do seu gesto desesperado, porque numa carta dirigida quatro dias antes da sua morte a David Gow, diretor da revista Light, Crawford escrevia estas linhas: "Estou muito deprimido mentalmente. Algumas semanas atrás, sentia-me tão bem!... Mas não foram os meus trabalhos psíquicos que ocasionaram esta minha depressão; sempre os fiz com o maior prazer. Ficar-lhe-ei reconhecido por dizer que a obra permanecerá. Foi feita muito conscienciosamente para que nela possam existir lacunas e erros materiais."

Tendo o Dr. Crawford encarregado um executor testamentário (Literary executor) de zelar por seus interesses literários, este pediu a E. – E. Fournier d'Albe, distinto metapsiquista, doutor em ciências pelas universidades de Londres e de Birmingham, que efetuasse uma nova série de pesquisas com o mesmo médium e com os mesmos assistentes a fim de obter uma confirmação dos resultados que o Dr. Crawford constatara.

Fournier dAlbe começou esse estudo a 15 de maio de 1921, prosseguindo-o até 28 de agosto. Durante três meses, portanto. Mas, contrariamente aos anseios do executor testamentário, o relatório (The Goligher Circie, may to august 1921), que ele publicou após aquelas sessões, conclui pela fraude.

"Durante as seis primeiras reuniões", escreve Fournier d'Albe "eu não tive a menor dúvida sobre a boa-fé do Círculo nem sobre a exatidão das pesquisas do Dr. Crawford e do cuidado com que ele as dirigira. Não obstante essas disposições favoráveis não fiz nenhum progresso rumo à finalidade que me propusera. Os fenômenos eram numerosos, porém os resultados não eram concludentes nem de tal ordem que tornassem a crítica impossível. Houve uma exceção, a experiência que consistia em desarrolhar uma garrafa que continha uma gota de mercúrio..." A tal respeito, Fournier d'Albe pensava que a presença da gota de mercúrio afastava a presunção de a garrafa haver sido deitada para a extração da rolha. Mas a adjunção duma gota de mercúrio constituía uma precaução insuficiente porque, para executar normalmente a experiência, bastaria haver virado a garrafa e extraído a rolha, e juntar outra gota de mercúrio.

Fosse como fosse, Fournier d'Albe, continuando as suas investigações, verificou que a "alavanca psíquica", que ele conseguiu fotografar, se parecia muito com um pedaço de pano; que os hinos cantados em voz alta "ajudavam" a dissimular o ruído causado pelo ato de tirar e repor os sapatos; que "o fato de juntarem as mãos permitia aos assistentes (membros da família Goligher ou amigos da casa) transmitir recados duns aos outros"; que o círculo obedecia "a uma certa ordem, cabendo sempre a um parente ou a um amigo íntimo segurar as mãos do médium" etc. etc.

Em suma, Fournier d'Albe, que chegara a Belfast com uma fé absoluta e se felicitando "de ter o privilégio de observar fenômenos novos e interessantes", saiu de lá desapontado.

Contudo, apesar das conclusões negativas de Fournier d'Albe, a mediunidade de Kathleen Goligher ainda hoje permanece objeto de controvérsias.

Outros falsos médiuns de efeitos físicos, que procediam ora como Marthe Béraud, ora como Florence Cook, ora como Miss Goligher, e dos quais falamos na primeira parte deste livro, poderiam ser examinados nesta rubrica; mas, sendo as suas biografias pouco interessantes, apenas os assinalaremos: Blaise de Mantes, que simulava o fantasma duma moça falecida; o italiano Carancini, que produzia principalmente levitações de objetos e que se libertava com facilidade de amarras complicadas; a italiana Linda Cazzera, que produzia materializações delgadas e chatas servindo-se de imagens recortadas de revistas; o inglês Craddok, que para figurar aparições se valia de cabeças postiças e de máscaras; os irmãos Ira e William Davenport, norte-americanos de origem, que foram os primeiros "médiuns de cordas"; o inglês Eldred, que escondia dentro do encosto da cadeira os seus acessórios fantasmáticos (máscaras, seda branca, barbas, perucas etc.); o italiano Erto, que produzia luzes pseudomediúnicas; o húngaro Lasslo, que completamente nu, purgado, e com lavagem de estômago, ainda assim conseguia produzir formações "ectoplásticas" que ele movia por meio de fios ou de hastes metálicas finas como estiletes; a norte-americana Margery, cujas faculdades mediúnicas foram objeto de discussões apaixonadas; o norte-americano Miller, que se utilizava com maestria de gazes e tules fosforescentes; o faquir Conde Albert de Sarak, de origem italiana, que não era conde nem mesmo de Sarak, e que fez muitos embustes enganando muita gente não só nos meios psíquicos como também no mundo das Ciências, das Letras e das Artes; o Dr. Slade, de nacionalidade inglesa, que produzia principalmente a escrita direta nas tábuas de ardósias; e, por último, o "faquir" Tahara Bey que, segundo suas próprias declarações, teria nascido no Egito em 1897 e que foi um dos primeiros a realizar experiências de pseudofaquirismo, hoje em dia banais.

GUZIK (Van) 1876-1928 – Nascido em Raczna, perto de Cracóvia, Guzik primeiro foi operário curtidor. Cedo principiaram a manifestar-se em redor dele fenômenos que assustavam os seus camaradas: ruídos inexplicáveis, deslocamentos de objetos, formas fantasmáticas. Certo espírita polonês, W. Chlopicki, sabedor desses fatos, submeteu o jovem operário a experiências e reconheceu nele um poderoso médium. Guzik abandonou então o ofício para abraçar a carreira de médium. Exercitou-se primeiro em numerosos círculos espíritas poloneses de caráter privado, foi até São Petersburgo a convite de Aksakof, por fim estudado de maneira científica pela Sociedade Polonesa de Estudos Psíquicos.

Em 1922 e em 1923, esteve em França onde, sob a direção do Dr. Geley, deu cerca de 80 sessões no IMI, assistidas por numerosas personalidades do mundo científico e literário. Após aquelas sessões é que foi publicado o célebre Manifesto dos Trinta e Quatro, que concluía reconhecendo a realidade dos fenômenos. No entanto, Guzik foi menos feliz perante uma comissão de professores da Sorbona constituída por Langevin, Rabaud, Laugier, Marcelin e Meyerson. Após oito sessões dadas por esse médium, aqueles sábios declararam que todos os fenômenos que lhes haviam sido apresentados podiam se explicar pela fraude. "Libertando da fiscalização uma das pernas", lê-se na ata, "Guzik realiza então contatos, deslocamentos, arremessos de objetos servindo-se desse membro solto".

Na verdade, Guzik não foi surpreendido na Sorbona em flagrante delito de fraude; o julgamento apenas decorreu de desconfianças e suspeitas. Além disso, a comissão não observou fenômenos maiores, como os luminosos e os ectoplásticos. Mas a verdade é que a ata das experiências na Sorbona marca um dia aziago na mediunidade de Guzik que, após esse malogro, voltou para a Polônia.

Retornaria, porém, à França, em 1926, a chamado do Instituto Metapsíquico Internacional, então dirigido pelo Dr. Osty, que sucedera ao Dr. Geley naquele estabelecimento. O Dr. Osty estudou Guzik durante 41 sessões e a respeito do que observou escreveu um relatório que, sem emitir conclusões, contudo dá a entender que os fatos assistidos eram autenticamente paranormais.

Afinal de contas, que é que se deve pensar da mediunidade de Guzik? É incontestável que esse médium trapaceava às vezes. Seu malogro na Sorbona decorreu disso, talvez. De resto, Guzik acabou sendo surpreendido em flagrante delito de fraude na própria Polônia. Todavia, não é menos verdade que ele foi um autêntico e poderoso médium de telecinesias e ectoplasmias. Basta, para uma pessoa se convencer disso, ler as atas das sessões realizadas com ele no IMI, onde foram tomadas todas as precauções para evitar a fraude. Demais a mais, certas manifestações ectoplásmicas que se produziram durante aquelas sessões são inimitáveis pelos processos normais.

Como a maioria dos médiuns legítimos, Guzik fraudava (de maneira aliás bastante grosseira) quando se sentia em má disposição psicofisiológica ou quando uma assistência desfavorável aniquilava as suas faculdades. Esse deve ter sido presumivelmente o caso quando ele foi examinado na Sorbona.

HOME (Daniel-Dunglas) – 1833-1886 - Entre todos os médiuns que exerceram a maior influência sobre o movimento espiritualista, o mais poderoso, o mais célebre, o mais extraordinário foi certamente D. D. Home. Sua carreira mediúnica foi abso¬lutamente maravilhosa e bastante longa, visto que os seus poderes paranormais se revelaram desde a sua mais tenra infância e só cessaram quando ele morreu. Deixou escrito nas suas Memórias: "É-me de todo impossível lembrar com exatidão a época em que pela primeira vez me senti sujeito aos curiosos fenômenos que desde tanto tempo se vêm manifestando em mim; mas, me foi dito por uma tia minha e por outras pessoas que, sendo eu criança de berço, esse frequentemente se punha a balançar como se algum espírito tutelar embalasse o meu sono. Essa minha tia também me afirmou que, sendo eu criança de quatro anos, tive uma visão relativa às circunstâncias que acompanhavam a morte duma priminha... (Home anunciou o fato no momento em que este aconteceu, e citou as pessoas que rodeavam a cama da menina.)

"Foi quando eu tinha treze anos de idade que sucedeu a primeira visão de que tenho ainda hoje uma lembrança distinta..." (Home combinara, sob juramento, com um de seus camaradas chamado Elwin, que aquele que morresse primeiro apareceria ao outro. Alguns meses depois uma forma se manifestou e disse: "Está me reconhecendo, Daniel?" No dia seguinte Home veio a saber do falecimento do seu amigo.)

Ao contrário da maioria dos seus êmulos — poderíamos escrever talvez de todos os seus êmulos — jamais foi apanhado em flagrante delito de fraude. O episódio das Tulherias, que os negadores da metapsíquica divulgam ainda, foi sem dúvida alguma inventado a esmo. No decorrer duma sessão diante do Imperador Napoleão III e da Imperatriz Eugênia, Home teria roçado com o pé nu o rosto dos assistentes. Mas a própria Imperatriz desmentiu formalmente essa anedota. De resto, o prestidigitador Robelly, no escamoteador (L'Escamoteur) de maio-junho de 1905, reuniu toda uma série de artigos de jornais consagrados a D. D. Home e redigidos na época em que esse estacionava em França. Ora, pode-se verificar que aqueles artigos, estritamente anedóticos, querendo ser engraçados sem aliás atingirem sempre este objetivo, apenas arranham o célebre médium. Pois bem, ali não há a menor referência a essa sessão nas Tulherias. Também D. D. Home não fez revelações ao suposto D. Phillip Davis que escreveu O Fim do Mundo dos Espíritos, porque este autor, que em toda sua vida nunca chegou a conhecer o médium inglês, não era outro senão o panfletário Léo Taxil. Sabemos que este literato anticlerical publicou panfletos escandalosos contra a Igreja, depois de repente fingiu virar casaca, empreendeu uma peregrinação a Lourdes, recebeu a absolvição de Leão XIII e escreveu a seguir libelos contra a franco-maçonaria; mas por fim declarou que nunca havia cessado de mistificar o mundo religioso. Foi também ele quem "inventou" e "lançou" Diana Vaughan, uma profetiza que existia apenas na sua imaginação. Infelizmente continua, mesmo depois de morto, a mistificar alguns autores que tomam como dinheiro batido aquilo que ele escreveu a respeito de D. D. Home.

Frank Podmore, de estilo incisivo, crítica acerba, e cuja in- credibilidade era notória em matéria de fenômenos mediúnicos físicos, escreveu: "Em D. D. Home se resume toda a questão do espiritismo".

Na verdade, Home tanto foi um médium de efeitos intelectuais como de efeitos físicos; mas como os fenômenos materiais paranormais são infinitamente menos frequentes do que os fenômenos intelectuais, foram principalmente estes que atraíram a atenção dos experimentadores.

Não queremos aqui, por sermos obrigados a um resumo bastante sucinto, diminuir a abundância, a variedade e sobretudo a qualidade dos fenômenos apresentados por Home. Poderíamos remeter o leitor às fontes, isto é, às obras ou aos artigos de Crookes, do Prof. Wells da Universidade de Harvard, de Mapes, de Hare, de sábios ingleses como Ashburner e Elliotson, e também aos livros do próprio Home: Revelações sobre a minha vida sobrenatural (Paris, Dentu, 1863) e As Luzes e as Sombras do Espiritismo (Paris, Dentu, 1883), cuja leitura é cativante por muitas razões.

Limitar-nos-emos a declarar que os fenômenos físicos produzidos pelo prodigioso médium inglês — movimentações sem contato, aparições de mãos e de fantasmas, levitações, fenômenos de incombustibilidade etc. — sempre ocorreram em plena luz e que Home se colocava no meio dos assistentes e não num gabinete especial onde todo médium escapa mais ou menos completamente à vigilância dos experimentadores.

"Cada vez que os fenômenos se produzem por meu intermédio", escreve D. D. Home (e todos os experimentadores concordam com ele) "eu, na minha qualidade de médium, permanecia sentado no meio das pessoas presentes... a sessão decorria num cômodo perfeitamente iluminado, e eu próprio, na qualidade de médium, permanecia do lado de cada cortina do gabinete mediúnico e bem à vista de todos."

Pessoalmente, após haver lido com atenção a maior parte das atas que relatam as experiências de Home, ter seguido quase passo a passo, com os seus historiógrafos ou com ele, em seus livros, as diferentes fases da sua vida, após tomar conhecimento das apreciações dos seus admiradores e dos seus detratores — estes últimos sendo infinitamente raros, desprovidos de senso crítico e não conhecendo sequer a primeira palavra daquilo que se metiam a falar — cheguei a este dilema e a esta conclusão:

Ou Home não passou de um ilusionista famoso, ou foi um surpreendente médium.

Se admitirmos a primeira hipótese, diremos, na qualidade de prestidigitador, que a sua prestidigitação nos espanta e nos fascina muito mais do que os próprios fenômenos paranormais que lhe são atribuídos.

Por consequência, entre as duas hipóteses, escolheremos sem hesitação a segunda porque ela nos parece, na ocorrência, a menos extraordinária, a menos inverossímil e, diremos mesmo, a mais racional.

Feitas estas generalizações, caracterizemos por meio de alguns pormenores biográficos e atraentes a simpática figura de Dunglas Dorne.

Nasceu perto de Edimburgo no dia 20 de março de 1833. Filho, portanto, da Escócia, país povoado de espectros, almas do outro mundo e fantasmas. Além disso, descendia duma família dos Highlands, das Terras Altas, e em que o dom da visão dupla era hereditário: seu tio-avô Colin Urquhart, seu tio Mackensie, sua mãe, eram "videntes".

Com a idade de um ano foi adotado pela tia, partindo com ela e o tio para a América do Norte quando já tinha nove anos. Daí o fato de alguns autores mal informados (Dicksonn, principalmente) dizerem que D. D. Home foi um médium norte-americano.

Dentro de pouco tempo as extraordinárias manifestações que se tinham produzido na sua primeira infância retomaram tal intensidade que houve quem chegasse a pensar que ele estava endemoninhado. A tia, não podendo aguentar por mais tempo a continuação de estranhos fenômenos que lhe tiravam toda a tranquilidade e que eram contrários às suas convicções religiosas, lhe dá a entender que deixe a casa.

Tendo ele sido recolhido por amigos, nem por isso diminuíram sequer as manifestações mediúnicas. Home cresceu, fez-se moço, passando logo a ser objeto de sérias investigações por parte de médicos e de professores da Universidade de Harvard, não tardando o nome de Daniel-Dunglas Home a tornar-se célebre no mundo inteiro.

Em 1855, deu em escarrar sangue, e isso o incitou a deixar os Estados Unidos e dirigir-se para a Europa, cujo clima mais ameno deveria ser favorável à sua saúde. Permaneceu alguns anos na Inglaterra, onde a sua fama já o precedera. "Os convites eram tantos", escreve ele, "que não pude dar conta deles". Partiu para Florença. Mas lá o tomaram por feiticeiro e, certo dia verdadeira multidão lhe cercou a casa para dar cabo de sua vida. A malta teria realizado seu intento se não fosse a intervenção do Conde Alexandre Branicki. Devido àquela desagradável aventura, as faculdades mediúnicas o abandonaram totalmente pelo espaço de um ano.

Fez ele a seguir uma série de viagens, indo à França, à Inglaterra e à Rússia.

Por toda parte, os mesmos prodígios se manifestavam. Por toda parte o médium era recebido com entusiasmo, aclamado, festejado. As sumidades científicas e literárias se disputam o privilégio e a honra de estudá-lo. O Csar Nicolau e Napoleão III o recebem em suas cortes, assistem às suas experiências.

Km 1858, Home casou-se com a filha mais moça do general russo Conde de Kroll, afilhada do Imperador Nicolau. Dois ajudantes de campo do Imperador Alexandre II e o escritor Alexandre Dumas participam da cerimônia na qualidade de testemunhas.

Mas aquela união realizada sob os mais felizes auspícios e em meio a esplêndidas esperanças devia ter curta duração. Alexandrina Home faleceu no dia 3 de julho de 1862 no Castelo de Laroche, na Dardônia, após haver dado à luz uma criança.

Home, viúvo, volta à Inglaterra e consente em dar sessões, na medida em que o seu tempo e a sua saúde lhe permitem. No decorrer dessas experiências, o médium é muitas vezes levitado. “Este ano”, escreve Home, “fui arrebatado ao ar por diversas vezes tão alto que flutuava acima das cabeças dos assistentes.”

Voltou a Paris em 1863, tendo sido frequentemente recebido nas Tulherias.

Passaram-se alguns anos, e Home desposou em segundas núpcias Julie de Gloumilin, irmã de Alexandre Aksakof e sobrinha de sua Excelência Nicolas Timoffeivitch d’Aksakof.

As sessões prosseguiram; porém, minado pela tísica, exausto por causa do exercício da sua mediunidade, a morte o surpreendeu em Paris (no 16.° arrondissement) no dia 21 de junho de 1886, quando ele tinha 53 anos de idade. Home foi enterrado no cemitério de Saint-Germain en Laye, ao lado da tumba de sua filha.

Segundo a sua vontade, os funerais foram muito simples, suprimindo-se o luto. Os sacerdotes que oficiaram na Igreja russa se revestiram com suas casulas de festa, brancas e recamadas de ouro, em lugar das casulas pretas. O ataúde, todo recoberto de flores, foi colocado sob um docel brilhantemente iluminado. Na cruz de mármore branco que encima o seu jazigo se lê este epitáfio:

> *Daniel-Dunglas Home. Nasceu para a vida terrestre perto de Edimburgo no dia 20 de março de 1833. Nasceu para a*

*vida espiritual no dia 21 de junho de 1886. "A outro é dado o discernimento dos Espíritos" (I, Coríntios, cap. 12, vers. 10).*

Uma fonte monumental, erguida em Edimburgo por sua segunda esposa, traz esta simples inscrição:

D. D. Home, nascido no dia 20 de março de 1833. Passou para uma outra vida no dia 21 de junho de 1886.

Home era de aspecto simpático. "Há nele qualquer coisa do bardo, do profeta e do sonhador", escreve Henry La Luberne. "O seu rosto, cujo ângulo facial é normalmente desenvolvido, expressa a mais suave doçura, e desperta aquela impressão intelectual duma força nervosa cujas sedes seriam a cabeça e o coração e que as avivava às expensas da discrição."

Por sua vez a Princesa Paulina de Metternich, que assistiu nas Tulherias às experiências de Home, dá do médium o seguinte retrato:

"Podia ter trinta e seis anos; quarenta no máximo. Bastante magro, bem feito de porte. De gravata branca e casaca passava por um homem da melhor sociedade. Uma expressão de doce melancolia lhe tornava o semblante simpático. Muito pálido, olhos claros, dum azul de porcelana, olhar sem brilho, quase velado, cabelos espessos quase ruivos, de comprimento razoável — nada que lembrasse a cabeleira dum pianista ou dum violinista. Em suma, um aspecto agradável. Nada de mais naquele rosto harmonioso, salvo a palidez avivada talvez pelo tom ruivo dos cabelos e dos bigodes. Os traços de Dunglas Home lembravam certo quadro da autoria de Van Dyck, que se encontra na galeria Liechtenstein, em Viena; o retrato, creio eu, de Wallenstein."

Conquanto acreditando nos espíritos e por consequência espírita, D. D. Home considerava, com justa razão, que os fenômenos físicos mediúnicos deviam ser submetidos à experimentação como qualquer outro fenômeno natural. Lê-se nas Revelações sobre a Minha Vida Sobrenatural: "Quanto a certas manifestações físicas, tais como movimentação de móveis, ruídos, arroubos, ou levitação e mais fenômenos semelhantes, cumpre que sejam examinados com cuidado, e a sua utilidade afirmada pelo sábio e pelo filósofo. Por enquanto, esses últimos têm declarado a priori que tais coisas jamais se produziram, são impossíveis e absurdas. Só por essa razão, na falta de outras, cumpre admitir que o estudo dos ditos fenômenos seria da mais alta utilidade porque serviriam para retificar semelhantes ideias sobre as relações entre as forças espirituais e as coisas do mundo material. Não há estudo mais precioso para os filósofos do que o desses fatos, que milhares de indivíduos conhecem hoje mas que a sabedoria deles julga ainda atualmente impossíveis. Não é radicalmente defeituosa essa filosofia que proclama a impossibilidade de coisas que todavia se produzem... Sim, o lado físico desses fenômenos deve ser estudado pelos homens da ciência experimental, visando a aumentar e a engrandecer as suas ideias sobre as forças da matéria..."

Não nos expressaríamos melhor, hoje em dia!

KAHN (Ludwig), nascido em 1874 – Este médium de nacionalidade alemã mas de origem israelita, foi certamente um dos mais estupendos "ledores de escritos escondidos" do nosso tempo. Decifrava com extraordinária exatidão e com a maior facilidade textos e desenhos dos quais não podia ter conhecimento através dos sentidos normais. A propósito da clarividência tomamos como exemplo um espécime das suas faculdades.

Na idade de 3 anos, ele já era um calculador prodígio. Podia, segundo consta, executar de cabeça operações matemáticas referentes a números com cinco elementos. Cedo emigrou para a América do Norte, onde descobriu o seu dom de ler pensamentos e escritos; explorou-o, ganhou assim muito dinheiro que perdeu no jogo. Depois voltou para a Alemanha.

Parece que Kahn foi estudado cientificamente em primeiro lugar, em 1908, pelo Dr. Haymann, do hospital psiquiátrico de Friburgo-sobre-o-Breisgau, e pelo médico do distrito do Grão Ducado, após suas trapalhadas com a justiça alemã.

Cumore dizia, com efeito, que se Kahn possuía realmente o poder de ler escritos escondidos, não tinha o poder de predizer o futuro; mas, graças às suas faculdades de clarividência, cujos dons sabia patentear a todo instante, convencia as pessoas que vinham consultá-lo de que era capaz de dar o número do bi-lhete que sairia premiado na Loteria, o nome do cavalo que ia ganhar nas corridas etc.; mas o nosso médium errava com frequência nas suas premonições. Certa vez chegou a dizer a uma senhora idosa a data da sua morte! A pobre mulher, impressionada, caiu em acessos histéricos, e o clínico que a tratava responsabilizou Kahn por aquele estado.

Os seus erros de adivinhação, seguidos naturalmente de queixas da parte dos prejudicados, toda uma série de imprudências neste gênero acabaram por levá-lo perante o tribunal civil grão-ducal de Karlsruhe, que confiou aos Drs. Haymann e Neumann, já citados, a tarefa de estudar as faculdades do médium incriminado. Após experiências feitas com o maior cuidado, o relatório dos dois médicos foi formal. Assim, o Dr. Neumann concluiu: "Que Kahn vê as palavras escritas, é uma realidade. Parece-me fora de dúvida que uma fraude é impossível, no caso vertente. Pois as minhas palavras não eram fáceis de decifrar mesmo abrindo os bilhetes e submetendo-os a uma leitura, por causa de letra quase ilegível com que as redijo."

Kahn foi em seguida estudado com o mesmo êxito pelos Profs. Behringer, Eisèle e Schottelius. Este último escreveu: "Enfim, resumindo os resultados da exposição acima feita, constatamos a possibilidades de um homem ler, sem o recurso direto dos seus olhos corporais, o conteúdo dos bilhetes dobrados e conservados na nossa mão bem fechada. A significação do sentido dos bilhetes lhe foi por diversas vezes incompreensível; e sempre, por exemplo, que se tratava de fórmulas matemáticas etc., que ele nunca havia estudado."

Em 1925 Kahn veio a Paris e, sob a direção do Dr. Osty, deu uma série de sessões no IMI. Exibiu-se também naquela época perante personalidades parisienses do mundo literário, jornalístico, político, judiciário etc. Assim é que realizou experiências análogas às do IMI em casa dum alto funcionário parisiense que reunira convidados importantes, entre os quais podemos citar M. Barthou, acadêmico e antigo presidente do Conselho; M. Loucheur, ministro e antigo presidente do Conselho; M. Morain, prefeito de Polícia; MM. Lescouvé, Schoerdin, Prouharam etc; ao todo, 12 convidados. Aquelas pessoas foram solicitadas, segundo o hábito de Kahn, a pegar num pedaço de papel, escrever nele uma frase e depois, tendo dobrado o bilhete em oito, conservá-lo na mão fechada. M. Barthou, M. Loucheur e outras pessoas penetraram na sala contígua do apartamento onde, servindo-se de papel dum caderno colegial e de um lápis, redigiram seus bilhetinhos.

Depois, voltaram ao salão, com o papel dobrado em oito na mão direita rigorosamente fechada com força.

— Agora — disse Ludwig Kahn — os senhores podem trocar entre si os seus bilhetes sem os abrir. Isso não impedirá que eu enuncie o texto de cada um e o respectivo autor sucessivamente.

Enquanto Kahn era introduzido numa sala pegada, os convidados trocaram os seus papéis. Em seguida Kahn foi chamado e disse logo, sem tocar nem ver os papéis:

— A primeira coisa que posso anunciar é que os bilhetes, depois de terem passado de mão em mão, voltaram cada um à mão do seu autor.

Era exato, conforme depois todos acabaram por confessar. Em seguida Kahn citou o conteúdo do primeiro papel, onde estava escrito um verso celebre.

Um soldado feliz foi o primeiro rei.

E citou o nome do dono do bilhete, aliás um escritor muito conhecido mas que pediu que o seu nome não fosse citado neste relato.

O segundo bilhete era indiscreto.

O ministério durará muito tempo? Derrubá-lo-á a Direita ou a Esquerda?

Kahn não respondeu à pergunta. Apenas a repetiu segundo estava redigida, e disse o nome do autor, que também nos pediu que não lhe citássemos o nome.

O terceiro bilhete era esquisito, demonstrava uma suspeita.

— Conto numerosíssimos amigos. Um deles é um traidor, do qual elevo desconfiar.

Kahn cometeu a essa altura um pequeno erro. "Leu" filou em lugar de félon, o que, entre parênteses, parece indicar que não operava por telepatia, mas sim "lendo" o pensamento concretamente representado. (Em francês filou quer dizer trapaceiro, félon quer dizer traidor.)

M. Barthou, cuja malícia de bearnês nunca perdia ocasião para se externar, sugerira a uma das damas presentes que escrevesse uma declaração de amor (imaginária) a certo político de alta consideração. Quando a dama voltou com o seu bilhete fechado na mão, Kahn lhe disse sem tocar sequer no papel:

— Madame, queime esse papel longe de mim. Depois que viu o documento reduzido a cinzas, acrescentou, dirigindo-se ao antigo presidente do Conselho: O senhor, que o ditou, poderá saber melhor do que ninguém se eu "li" certo ou errado. E citou os termos da declaração, em meio a risadas gerais.

A sessão terminou pela a "leitura" dos demais bilhetes, sempre com o mesmo êxito.

KLUSKI (Franek), 1874-1944 – O polonês Franek Kluski, que exercia uma profissão liberal, sendo além disso escritor, poeta e notável poliglota, foi certamente o "gigante" dos médiuns contemporâneos quanto a materializações. O Dr. Geley, que realizou com ele numerosas experiências de ectoplasmia, descreve-o assim: "Era um homem de estatura média, magro, de temperamento neuro-artrítico. Saúde geral, boa. Não apresentava nenhuma tara orgânica." Todavia, como muitos indivíduos de tendência metapsíquica, Franek Kluski era hipersensível tanto às coisas de âmbito físico como às de âmbito moral. Tinha os reflexos exagerados e apresentava zonas de hiperestesia acentuada na nuca e no membro superior esquerdo, principalmente no ante- braço. Além disso, era muito impressionável e emotivo. Eis um fato extraordinário que merece ser citado aqui: na idade de vinte e sete anos, teve o coração atravessado de lado a lado por uma bala de pistola, durante um duelo.

As interações psicossomáticas eram particularmente nítidas em Kluski. Atingido diversas vezes por doenças graves, sempre ficava bom depressa. Às vezes, durante as sessões mediúnicas, sentia palpitações fortes e sede intensa — que o obrigava a beber grande quantidade de água. Além disso, acusava dores fortes em tal ou tal parte do corpo, segundo a natureza das manifestações, e nos dias imediatos às sessões lhe apareciam na pele feridas com sangue purulento que desapareciam daí a dois dias, sem deixar traços.

Não resta dúvida de que suas faculdades paranormais eram hereditárias; o pai manifestara os mesmos dons que ele, muito embora nunca houvesse dado sessões. Um tio do lado paterno, aliás padre católico, também possuía dons mediúnicos.

Como D. D. Home, o jovem Franek era sujeito a pressentimentos e tinha a percepção de "fantasmas" com aparência de seres vivos. De noite surgiam aparições em redor da sua cama; porém, mesmo quando criança, Franek nunca sentira medo delas. Escreve ele, falando de si próprio:

"Durante o dia o menino se estirava de costas num canto. Às vezes pegava no sono, outras vezes permanecia acordado, com o olhar perdido pelo assoalho ou pelas paredes. De noite, quando as lâmpadas eram acesas, então ele se animava. No quarto dos pais armava com duas cadeiras, um xale e livros uma espécie de tenda, mesmo quando ainda não sabia ler. Quedava-se ali embaixo muito quieto, e quando os pais perguntavam que era que estava fazendo, respondia sempre que se achava à espera da Toupeira.

— Sabes lá o que é uma toupeira? — dizia-lhe a mãe. — Como queres que uma toupeira apareça numa cidade?

"Os camaradas invejavam-no porque ele via a toupeira, pois em absoluto não duvidavam da veracidade das suas palavras. Um dia em que os pais haviam saído e ele brincava com outras crianças, armou uma tenda maior que a de hábito com cadeiras recobertas com enorme colcha, e convidou os amiguinhos bem como a ama de sua irmã menor:

— Entrem todos aqui neste abrigo. Vamos ver a Toupeira.

Ter-se-iam então produzido extraordinários fenômenos: estalidos e crepitações na grande estufa de cerâmica; o mecanismo do relógio de parede, cujo pêndulo só trabalhava puxando-se um cordel entre os pesos, recomeçou a funcionar, ruídos esparsos pelo quarto; aparecimento duma nuvem azulada.

"Ouvindo ruídos de passos", continua Kluski, "as crianças acreditaram que era o gato que tinha entrado, mas o menino disse:

— É a Toupeira que está chegando...

"Conquanto o quarto estivesse mergulhado em completa escuridão, a tenda apresentava uma espécie de dilúculo e, com grande pasmo, a criançada viu dois cadáverezinhos, um de menino, outro de menina."

Como Franek lhes dissera antes que as duas aparições se manifestavam melhor no reino da Toupeira, todos se dispuseram a avançar em direção àquele reino, sem o menor temor.

Pouco a pouco as viagens ao reino da Toupeira se foram espaçando, e viajar na tenda parada era algo fatigante.

Mais tarde, na época da puberdade, Franek passou a ter alucinações mais frequentes, e que o impressionavam. Em compensação, dos vinte aos quarenta e seis anos, Kluski, sempre muito ocupado, já casado e pai de família, não prestou mais atenção a tais fatos.

Escreve o Dr. Geley: "No fim do inverno de 1918-19, Franek assistia com alguns amigos a uma sessão do médium Guzik. Quando este foi embora, os amigos tiveram a ideia de continuar a sessão para ver se obteriam alguns fenômenos sem médium. E com grande surpresa deles surgiram visões luminosas em redor de Franek." Foi assim que Kluski estreou no exercício da mediunidade.

Em 1920-21, Kluski deu no IMI 14 sessões sob o controle do Dr. Geley. Principais fenômenos observados: materializações humanas e animais, produções luminosas e algumas telecinesias. Foi no decorrer daquelas sessões que o Dr. Geley obteve os famosos moldes ectoplásticos, de que já falamos.

As sessões realizadas na Polônia constam da obra do Coronel Norbert Okolowicz, *Relato das sessões feitas com o médium Franek Kluski* (Varsóvia, 1928). O texto, de 588 páginas, contém 32 pranchas com fotografias e desenhos representando as formações ectoplásticas produzidas durante as sessões, moldagens em parafina, gráficos etc. Durante as 340 sessões experimentais, a que assistiram 350 pessoas, foram observados 250 fantasmas humanos e animais. Constatou-se a semelhança de 88 desses fantasmas com personalidades falecidas. A semelhança era perfeita tanto do ponto de vista físico como psíquico.

*OSSOWIECKI* (Stéphan), nascido em 1877 – Os traços essenciais da vida do grande médium polaco Stéphan Ossowiecki foram dados pelo Dr. Geley em seu livro *A Ectoplastia e a Clarividência,* do qual extraímos as seguintes passagens:

"M. Stéphan Ossowiecki nasceu em 1877, de pai e mãe poloneses. Sua avó paterna era célebre, na família e entre os vizinhos, por seus dons de clarividência. Sua mãe apresentava as mesmas faculdades, conquanto menos desenvolvidas (pressentimentos, premonições). Um de seus irmãos também possui dons de lucidez...

"Desde a sua mais tenra infância, Stéphan notou que possuía a faculdade de ler pensamentos. Distraía-se com os seus pequenos camaradas, adivinhando frases ou números pensados por eles.

"Aos dezessete anos de idade entrou para o *Instituto dos Engenheiros,* de Petrogrado, a grande escola técnica da Rússia, que cursou até os vinte anos.

Os seus dons de clarividência manifestaram-se espontaneamente. Um dos processos de interrogação mais usados na escola consistia em fazer cada aluno tirar ao acaso as questões de que deveria tratar e que se achavam dentro de envelopes fechados.

"Ossowiecki, com grande estupor dos professores, divertia-se em responder às perguntas sem abrir o envelope. Ora, a resposta era certa e exata, relacionando-se sempre com a pergunta escrita.

"Após o curso no *Instituto de Engenharia,* Ossowiecki fez um estágio em Francforte-sobre-o-Meno como engenheiro duma grande fábrica de tintas.

"O dom, que ele possuía desde estudante, de ler bilhetes fechados em envelopes, se desenvolveu a partir dos trinta e cinco anos de idade. Atualmente essa faculdade de lucidez é mais acentuada ainda no que diz respeito ao desvendamento da personalidade humana do que no que diz respeito à leitura dum texto secreto. Parece que muitas senão todas as pessoas postas na sua presença não têm mais segredo para Ossowiecki, que não raro penetra em seus pensamentos mais íntimos, lhes lê como num livro aberto o presente, o passado e mesmo o futuro. Além disso, S. Ossowiecki é capaz de encontrar objetos perdidos ou roubados. Posto em contato com tal ou tal pessoa que perdeu um objeto, ele pode, após alguns minutos de concentração mental, dizer onde se encontra o objeto, em que condições foi perdido, descrever quem o achou ou roubou etc."

Ossowiecki foi estudado em 1923 pelo Dr. Geley no *Instituto Metapsíquico Internacional,* onde leu com a maior facilidade escritos escondidos e reproduziu desenhos que se achavam dentro de envelopes. Além disso, revelou a algumas pessoas (que lá se encontravam com o Dr. Geley) o passado, o presente e o futuro das mesmas. Algumas delas ficaram literalmente estupefatas e mesmo aterrorizadas com as revelações que lhes fez o extraordinário vidente.

Interrogado sobre as condições em que as suas faculdades se exerciam, Ossowiecki declarou logo de início que no estado normal era incapaz de realizar uma vidência, os seus poderes só se manifestando em estado de transe, estado esse que ele só podia manter durante um tempo relativamente curto, mas que obtinha mais ou menos com certa facilidade segundo as suas disposições. Tornava-se obstáculo a esse dom tudo quanto o excitasse ou interferisse no seu pensamento consciente: preocupações, aborrecimentos, presença de pessoas hostis ou apenas céticas.

"Para entrar em transe", explicou Ossowiecki, "primeiro declaro a mim mesmo que preciso chegar a tanto; depois me esforço para não pensar em mais nada, e espero. Espero durante alguns minutos, um quarto de hora, ou mesmo cerca de meia hora. Acontece às vezes eu esperar em vão, o transe não vindo. Quando ele vai produzir-se sinto a minha cabeça ficar quente, muito quente. As minhas mãos esfriam. Então sei que vou ser possuído pelas minhas faculdades. Daí a pouco vou perdendo a consciência de tudo quanto me rodeia, e vejo, ouço, sinto e digo o que me foi pedido para revelar."

Nessa fase do transe, Ossowiecki ficava com o rosto cor de púrpura, e o seu pulso ia de 90 a 100 por minuto.

Em geral as suas informações metagnômicas se apresentavam sob a forma de alucinações visuais. Quando ele devia, por exemplo, detectar uma frase escrita, tinha a impressão de vê-la na sua frente e a lia como se a tivesse mesmo diante dos olhos. Às vezes, a alucinação era auditiva. Ossowiecki ouvia a frase.

Outras vezes também, uma impulsão verbomotora o fazia pronunciar a frase dum modo inconsciente.

O fim de S. Ossowiecki foi trágico. O grande metagnomo foi executado pelos nazistas durante a guerra de 1939-45, em condições até agora mal determinadas.

*PALADINO* (Eusapia), 1854-1918 – Nascida no ano de 1854 em Minervo Murges, perto de Bari, nos Abruzos, Eusapia teve uma infância desgraçada. A mãe morreu de parto. Na idade de um ano, Eusapia em consequência dum tombo grave teve fratura do parietal esquerdo, um fragmento ficando encravado. Aos oito anos, assistiu à agonia do pai mortalmente ferido por salteadores. Recolhida por uma avó que deu em maltratá-la, teve em seguida que se empregar como criada. Desde o assassínio do pai, ela passara a ter, em estado de vigília, alucinações aterrorizantes; porém as verdadeiras manifestações mediúnicas de ordem física só apareceram na puberdade; isto é, dos 13 para os 14 anos. Objetos movimentavam-se mudando de lugar diante dela.

Aprendeu o ofício de costureira, e só muito espaçadamente dava, em casa dos patrões, o casal Migaldi, sessões que aliás pouco interessavam. Os patrões conversaram a respeito daqueles fenômenos com o Prof. Damiani, espírita convicto, que se encarregou da moça e empreendeu a sua educação mediúnica. Durante as experiências, uma personalidade psíquica, John King, aparecia e apoderava-se de Eusapia quando ela entrava em estado de transe. Esse John King dizia-se ex-corsário inglês; mas na realidade não passava, do ponto de vista mental, duma imaginação elaborada pelo médium. Apenas um produto da sua fantasia criativa, um símbolo de ficções espíritas mais ou menos sugeridas pelos experimentadores. O seu conteúdo intelectual era com efeito muito pobre, como o do próprio médium.

Em seguida, Eusapia foi estudada por sábios qualificados.

Por iniciativa do Prof. Chiaia, uma comissão (que contava entre os seus membros os professores de Medicina Tamburini e Lombroso) se reuniu em Nápoles em 1891. Os resultados foram tão concludentes que Lombroso, que rejeitara *a priori* os fenômenos, confessou "que se sentia arrependido e envergonhado por haver tão obstinadamente negado coisa que desconhecia."

Em 1892, a realidade das faculdades mediúnicas de Eusapia foi certificada por Aksakof, conselheiro de Estado da Rússia. Schiaparelli, diretor do Observatório Astronômico de Milão, Carl du Prel, doutor em Filosofia, Ângelo Brofferio, professor de Filosofia, Gerosa, professor de Física, Charles Richet, professor da *Faculdade de Medicina* de Paris.

Um pouco mais tarde, em 1893, o Dr. Ochorowicz a chamou a Varsóvia onde, durante várias semanas, ela foi submetida a investigações da parte dele e ao controle de numerosos médicos e engenheiros que afirmaram a realidade dos fatos. Rybka, prestidigitador muito conhecido na Polônia, e que acompanhou as sessões, redigiu em seguida uma espécie de certificado, donde destacamos o seguinte trecho: "Por mais que o vigiasse com o maior rigor, não descobri da parte do médium nenhum traço de artifício ou de embuste. Assisti a fenômenos verdadeiramente maravilhosos e considero-os deveras mediúnicos." *(Kurjer Warszawski* de 16 de dezembro de 1893.)

Depois Eusapia foi estudada em Paris nos anos de 1894, 95, 96 e 97 pelo Prof. Richet, pelo Dr. Ségard, médico principal da Marinha, pelo Coronel de Rochas, administrador da Escola Politécnica, pelo Conde de Gramont, doutor em ciências, pelo Dr. Maxwell, procurador-geral da República, por Camille Flammarion etc. etc.

1901 e 1902 constituem o período mais interessante da vida mediúnica de Eusapia. Durante sessões realizadas em Gênova, no Círculo Minerva, constituído por sábios de grande valor como os Profs. Porro e Morselli, ela produziu toda uma série de formas materializadas, das quais já falamos no capítulo X.

Eusapia voltou a Paris nos anos de 1905, 1906, 1907 e 1908, e deu no *Instituto Geral de Psicologia* quarenta e três sessões sob excelentes condições de vigilância (ver capítulo X).

Também se realizaram sessões em 1908, sob a direção de G. Delanne, na *Sociedade Francesa de Estudos dos Fenômenos Psíquicos.* Fotografias presumivelmente paranormais ali foram obtidas.

Durante o ano de 1906 houve experiências notáveis em Turim, no laboratório de psiquiatria da universidade daquela cidade, e sob a direção do Prof. Lombroso, com a participação dos Drs. Herlitzka, Foa, Aggazotti e o eminente fisiologista Mosso.

Entrementes, Eusapia deu sessões de caráter mais ou menos privado em casa de M. Mangin, em Auteuil, e assistidas pelo Dr. Dariex e Sully-Prudhomme; na casa da família Blech, em Montfort-l'Amaury; em Nápoles, com Barzini, representante do grande jornal *Corriere della Será;* e naquela mesma cidade, com os delegados da *Sociedade Inglesa de Pesquisas Psíquicas,* respectivamente Fielding, Bagally e Carington, peritos em ilusionismo. As diversas atas concluem pela autenticidade dos fenômenos. Eusapia também deu diversas sessões na Rússia e em diferentes cidades e capitais europeias.

Em 1909 ela esteve nos Estados Unidos e, no decorrer de numerosas experiências, produziu toda uma gama de fenômenos físicos paranormais: movimentação de objetos sem contatos, raps, impressões a distância, ectoplasmias. Um relato substancial e positivo foi feito por Hereward Carington, homem de ciências e hábil prestidigitador. Acompanha esse documento uma espécie de certificado da autoria do mais célebre ilusionista norte-americano da época, Roward Thurston: "Observei pessoalmente os soerguimentos de mesa feitos à distância pela Sra. E. Paladino, e, junto com o meu assistente e com Mr. Carington, estou absolutamente convencido de que os fenômenos ocorridos não provinham de fraudes. Estou tão convencido que me comprometo a entregar a soma de 1.000 dólares a uma fundação de caridade se alguém me provar que a Sra. Paladino não é capaz de soerguer uma mesa à distância sem recorrer a algum estratagema ou embuste."

Anotemos de passagem a história assaz curiosa de Hereward Carington. Ele era um homem de letras e um sábio de valor, que fazia da prestidigitação o seu violino de Ingres. Apesar de não ser profissional, tinha muita habilidade e gabava-se "de haver surpreendido e desmascarado maior número de estratagemas de médiuns do que qualquer outra pessoa no mundo e de ainda não haver assistido a um único exemplo de fenômeno mediúnico de natureza física sem haver podido explicá-lo como fraude consciente ou inconsciente". Os fenômenos que observou da parte de Eusapia não tardaram a convertê-lo, e desde então se tornou ardente defensor dos fenômenos físicos paranormais.

Eusapia conservou as suas faculdades mediúnicas até 1918, ano em que faleceu.

Conquanto de origem extremamente modesta, ela sempre soube guardar a maior dignidade, mesmo perante personalidades ilustres que a recebiam em suas residências.

Em São Petersburgo, a arquiduquesa recebia-a e conversava de bom-grado com ela; mas quando chegavam visitas, a deixava de lado. Eusapia não demorou em revoltar-se. Acabou por lhe dizer: "Senhora grã-duquesa, eu não sou uma cesta que se leva ao mercado, se traz carregada e que se joga num canto depois. Ou fico entre os demais convidados, ou me retiro." E a princesa de sangue, para não descontentar a princesa da metafísica, consentiu que ela permanecesse no salão. Ao Duque dos Abruzos, ela disse um dia: "Sei o que valho e exijo que me tratem polidamente." E isso porque o duque lhe enviara quinhentas liras sem a sua carta de visita.

Embora quase iletrada, era muito fina e muito perspicaz. Ao advogado, que lhe perguntou se era verdade mesmo que todos os médiuns tendiam a trapacear, ela deu esta resposta pertinente: "Creio que sim, porque da minha parte quando durante as sessões um fenômeno deve ocorrer, eu sinto uma força interior que me obriga a produzi-lo."

*As suas experiências mediúnicas deram ensejo a toda uma biblioteca. Citemos algumas obras: A. de Rochas, A Exteriorização da Mo-*

*tricidade. — De Fontenay, A Propósito de Eusapia Paladino. — Otero Azevedo, Os Espíritos. — Matuzévoski, A Mediunidade e a Bruxaria. — Vizani Scozzi, A Mediunidade. — Flammarion, As Forças Naturais Desconhecidas. — Barzini, O Mundo do Mistério. — Vassallo, O Mundo do Invisível. — Morselli, Psicologia e Espiritismo. — Bottazzi, Fenômenos Mediúnicos. — J. Courtier, Relatórios sobre as Sessões de E. Paladino etc. etc.*

Após tomarmos conhecimento destas obras, que nos permitimos aconselhar aos leitores, é claro que temos dados para reforçar a opinião de que Eusapia Paladino foi um dos médiuns mais poderosos do nosso tempo como produtora de efeitos físicos paranormais. Produziu levitações de mesas e produziu ectoplasmias indiscutíveis. Os relatórios, as atas e as fotografias provam isso superabundantemente. Só as pessoas mal informadas ou de má-fé podem sustentar opinião contrária.

Sem dúvida ela trapaceou algumas vezes, principalmente nas sessões de Cambridge em 1895 (em que o Dr. Hodgson desempenhou um papel dos mais nefastos facilitando a fraude pela ausência proposital de fiscalização); mas as fraudes de Eusapia eram grosseiras e fáceis de surpreender. Consistiam na substituição das mãos, atingindo com a momentaneamente livre objetos, e movimentando-os também com a ajuda dum fio de cabelo arrancado sub-repticiamente para provocar, por exemplo, o abaixamento do prato duma balança de pesar cartas ou então se servia dum prego para traçar sinais num papel enegrecido com fuligem. Aliás, conforme indica a resposta que ela deu ao advogado Miranda, reconhecia que um impulso a levava a efetuar de maneira normal o fenômeno solicitado quando este não se realizava de maneira paranormal. Porém nunca se encontraram nela aparelhos ou acessórios destinados a simular telecinesias ou aparições.

Se fosse preciso, se houvesse necessidade de apresentar uma prova suplementar, de ordem psicológica, em favor dos poderes paranormais de Eusapia, acrescentaríamos que um jovem prestidigitador a desposou quando ela já era relativamente idosa. E o fez na esperança de vir a conhecer os processos que ela empregava para conseguir as suas extraordinárias experiências; mas afinal nunca descobriu nada! Após a morte de Eusapia, foi incapaz de reproduzir ou imitar os fenômenos paranormais da esposa.

*PIPER* (Eleonor), – Mrs. Piper, de Boston (Estados Unidos da América do Norte) é sem dúvida o médium metagnomo espiritóide mais célebre do século XIX. Os vinte e cinco grossos volume dos *Proceedings* da *Society for Psychical Research,* a obra de Sir Oliver Lodger, *The Survival of Man* (A Sobrevivência do Homem), a obra capital de Myers, *Human Personality* (A Personalidade Humana) testemunham a riqueza desse caso absolutamente único nos anais da metapsíquica.

Eleonor revelou suas capacidades metagnômicas em 1884 após violento choque ocasionado por um trenó. Depois descobriu em si um tumor e pensou que estava com câncer. Por insistência dos sogros foi consultar urn médico cego, chamado J. R. Cocke, que pretendia estar possuído pelo espírito dum médico falecido chamado Finny. Logo na primeira sessão, provavelmente por efeito dum fenômeno de contágio mental, Mrs. Piper caiu em transe. E ao despertar ficou perplexa quando lhe contaram que uma jovem indiana, Chlorina, falara através da sua boca durante o seu sono e dera a um consulente que por acaso se achava na sala uma prova notável da sobrevivência. Em breve os íntimos de Mrs. Piper, reconhecendo nela um médium, principiaram a organizar sessões. Nos primeiros tempos os espíritos, ou coisa que o valha, que se manifestaram por seu intermédio foram os mais variados; depois um deles, um tal Dr. Phinuit, acabou por se impor e se tornou o "controle" de Mrs. Piper. Limitou-se primeiramente a dar conselhos médicos ou a formular diagnósticos; depois principiou a responder de maneira pertinente a toda espécie de perguntas que os assistentes lhe faziam e a fornecer-lhes por- menores íntimos que só eles conheciam ou ignoravam, mas cuja autenticidade era reconhecida logo em seguida. Assim, Mrs. Gibbens, sogra do Prof. William James, tendo colocado na testa do médium uma carta escrita em italiano, língua que Mrs. Piper não conhecia, Phinuit forneceu a respeito do autor da carta uma série de minúcias perfeitamente exatas; e mais tarde deu o nome certo do signatário da dita carta, coisa que não conseguira fazer antes.

Foi em consequência daquela sessão, que o Prof. William James, da *Universidade de Harvard,* decidiu pôr à prova Mrs. Piper. Dirigiu-se à casa dela em companhia de sua mulher, tomando todas as precauções possíveis para que não se conhecesse o seu nome nem as suas intenções. Mesmo assim, informações minuciosas bastante pessoais lhe foram reveladas. Outras sessões logo se seguiram, e em cada uma delas Phinuit ia fornecendo pormenores cada vez mais circunstanciados. Os que ele dava com menos facilidade eram justamente aqueles que Mrs. Piper poderia conseguir sem nenhuma dificuldade caso os quisesse obter por meio de fraude. Por exemplo, nomes próprios, sobre os quais ela poderia se informar previamente sem maiores esforços. Eles eram repetidos mais ou menos bem, contudo somente após diversas tentativas é que Phinuit conseguia pronunciá-los direito.

Assim, Gibbens, que era o sobrenome do sogro do Prof. William James, primeiro foi pronunciado Kiblin, depois Giblin. Tendo o professor perdido um filho havia um ano, Phinuit lhe falou a respeito da criança que se chamava Herman mas que o espírito pronunciou Herrin; porém os pormenores que acompanham tal nome não permitiam ao consulente a menor dúvida a respeito da criança que estava sendo designada. Eis alguns outros exemplos da clarividência de Phinuit, aliás Mrs. Piper.

A sogra do Prof. William James, ao voltar da Europa, perdeu o seu caderno de cheques. Na primeira sessão a que compareceu, perguntou a Phinuit se não poderia ajudá-la a tal respeito. O espírito indicou-lhe o lugar exato, e o caderno de cheques foi reencontrado.

Noutra sessão, Phinuit disse ao Prof. William James (que não viera com a esposa): "O filho do senhor tem por companheiro aqui no nosso mundo um rapaz que se chama Roberto F." Os F. eram primos da Sra. James e moravam numa cidade afastada. De volta à casa, William James disse a sua mulher: "Os primos de você perderam um filho, não foi? Mas Phinuit se enganou quanto ao sexo, disse-me que se tratava dum garoto." Mrs. James confirmou a perfeita exatidão do informe de Phinuit. O marido é que estava equivocado.

Outra vez Phinuit disse ao Prof. William James: " O senhor acaba de matar com éter um gato cujo pelo era cinzento e branco. O coitado do bichinho levou uma porção de tempo a rodopiar antes de morrer." Isso acontecera, mesmo.

Mas, em geral, a faculdade metagnômica de Mrs. Piper propendia em fazer "reviver" pessoas falecidas. Assim, por exemplo, Oliver Lodge deu um dia a Mrs. Piper *o* relógio dum de seus tios falecido havia vinte anos e que ele jamais conhecera. A vidente descobriu logo o nome do tal tio bem como os dos irmãos que ele amava muito. Particularizou pormenores relativos à infância, recordou episódios, como a travessia dum rio a nado, a morte dum gato, o reencontro duma pele de serpente e de que o irmão sobrevivente não se lembrava mais ou apenas vagamente u ponto de ter sido obrigado a perguntar a outro parente, que confirmou tudo etc. etc.

A precisão de pormenores fornecidos por Mrs. Piper era tal que intrigou o Dr. Hodgson, que a vinha estudando desde muito tempo. Ele era pessoa de temperamento desconfiado, por isso se iniciara em prestidigitação e a sua fama chegou a tal ponto que ficou sendo o terror dos médiuns. Pois bem, o Dr. Hodgson mandou vigiar e seguir Mrs. Piper e os membros da respectiva família, durante várias semanas, por detetives particulares a fim de se certificar se o médium colhia informações a respeito dos seus clientes. A investigação foi executada com rigor, porém nada se descobriu fundamentando a suspeita. Os membros da família de Mrs. Piper não faziam perguntas indiscretas a ninguém, não realizavam viagens suspeitas, não visitavam cemitérios para ler nomes em cima de túmulos e jazigos. E, além de tudo isso, a correspondência de Mrs. Piper era exígua, ela quase não recebia cartas, muito menos de agências de informações.

Mais tarde lhe contaram as medidas que haviam sido tomadas como averiguações a respeito de sua idoneidade. Não se sentiu ofendida, absolutamente; pelo contrário, reconheceu que se tratava dum direito legítimo.

Aliás, essa ideia de que Mrs. Piper podia obter informações colhidas aqui e acolá é absurda, porque os consulentes que ela recebia vinham de todas as partes dos Estados Unidos, da Inglaterra e de outros países da Europa. Além disso, no decorrer das suas experimentações, o Dr. Hodgson escolhia ele próprio os consulentes e os apresentava a Mrs. Piper sem lhes citar os nomes. A partir de 1889 e durante um longo período, ela foi estudada na Inglaterra, onde não conhecia ninguém.

Os experimentadores, e mais particularmente William James, o Dr. Hodgson, Sir Oliver Lodge, Myers, ficavam na dúvida se os que "baixavam", se as entidades que pretendiam manifestar-se por intermédio de Mrs. Piper e às vezes até com um extraordinário acento de verdade, seriam "espíritos" independentes, ou personagens totalmente saídas da imaginação dela.

O Dr. Phinuit, que se dizia médico francês em Metz, parece ler sido a mesma personagem Finny, de J. R. Cocke, apesar de a ortografia diferir e ele afirmar ser uma personalidade nova. Quando se procurou verificar a sua identidade, se constatou que não vivera em Metz nenhum Dr. Phinuit, e que os informes dados sobre os seus estudos e trabalhos eram pura fantasia. Assim, ele dizia haver estudado Medicina num colégio parisiense chamado *Merciana* ou *Meerschaum*. Ora, não existia em Paris nenhum estabelecimento de ensino com semelhante nome. E o mais esquisito era que Phinuit não falava francês; alegou haver esquecido a língua pátria por causa de intensos contatos com britânicos seus clientes, explicação está pueril de todo. Portanto, Phinuit não passava de uma das personalidades segundas do médium, análoga às que já examinamos no capítulo VI.

Mas tudo se complicou por volta de 1892 com a entrada em campo duma nova personagem que chegou a suplantar Phinuit. Tratava-se de George Pellew, jovem escritor e filósofo morto num acidente algumas semanas antes e que Mrs. Piper vira numa de suas sessões. Ele conhecera bastante o Dr. Hodgson e havia sido até morrer membro da *Society for Psychical Research.* Por discrição os *Proceedings* o designam com o pseudônimo de George Pelham e, abreviadamente, G. P.

Cinco semanas após a morte de George Pellew, Mrs. Piper disse em estado de transe ao Dr. Hodgson: "O seu amigo George Pellew tem alguma coisa a comunicar-lhe!" E então, pela boca do médium, George Pellew contou que esquecera em seu quarto, no fundo dum pequeno móvel, algumas cartas que lhe tiravam agora o sossego. Não queria de modo algum que a sua família as lesse e rogava ao amigo e camarada Hodgson que lhes desse sumiço. Hodgson, incrédulo, não fez nada. Mas acabou ficando com remorsos, porque daí a um mês recebeu uma carta muito sentida dos pais de George; haviam encontrado por acaso as cartas, cuja existência só era do conhecimento do morto.

Com a vinda de George Pellew apareceu um mundo novo de comunicações: a escrita automática. E aconteceu ainda por cima de maneira esquisita, pois um espírito se apoderava da mão direita e outro espírito da mão esquerda do médium, cada mão escrevendo ao mesmo tempo uma mensagem diferente, enquanto um terceiro espírito invisível se manifestava pela boca do médium. De modo que era preciso uma pessoa se inclinar ora sobre uma das mãos do médium, ora aproximar o ouvido da sua boca para ver e ouvir este, aquele ou este outro espírito.

Fosse como fosse, George Pellew esforçou-se para dar provas múltiplas da sua identidade, e parece que acabou conseguindo. Segundo afirma o Dr. Hodgson, jamais George confundiu uns com os outros cerca de trinta amigos do tempo da sua vida e que passaram a consultá-lo depois de morto, servindo-se de Mrs. Piper. Escreve o Dr. Hodgson: "Interpelava-os de acordo com a intimidade que tivera com cada um deles em vida." Assim quando em vida George Pellew conversava com James Howard, este tinha o hábito de fumar cachimbo. Ora, durante uma sessão realizada na mesma biblioteca onde outrora ambos conversavam, G. P. o interpelou logo: "Por que motivo não está fumando? Que fim levou aquele seu cachimbo comprido?"

Verdade é que George Pellew cometeu alguns erros, que não passavam de puras distrações que ele também poderia ter cometido quando vivo.

Ao mesmo tempo, ou após G. P., outros "espíritos" pretenderam manifestar-se pelo canal de Mrs. Piper. Por exemplo, o médium inglês Stainton Moses, já falecido, bem como outras entidades que no seu tempo haviam "baixado" nele e cuja identidade verdadeira Mrs. Piper aliás nunca chegou a revelar. Eles se escondiam sob os pseudônimos de Doctor, Mentor, Imperator.

Com a morte do Dr. Hodgson em 1905, chegou a vez de o seu "espírito" comunicar-se com os vivos, graças a Mrs. Piper; primeiramente por intermédio de Rector; depois, de modo direto. William James deixou um excelente e claro relatório sobre as 09 sessões nas quais o Dr. Hodgson pretendeu manifestar-se *(Report on Mrs. Piper's Hodgson Control.* — PR. Volume 23, parte 58, 1909.) Considera Rector como uma personalidade segunda ou sonambúlica de Mrs. Piper, muito embora lhe reconheça "um caráter extremamente incisivo". Quanto à personalidade do Dr. Hodgson, sublinha que a reconstituição é muito fraca se levarmos em conta a enorme massa de materiais que possuía o médium, visto que haviam trabalhado juntos uma porção de tempo. Certos assistentes afirmam, porém, que ele se manifestava através de Mrs. Piper de maneira tão real como no seu tempo de pessoa viva.

Após haver examinado os trabalhos existentes a respeito de Mrs. Piper, Mrs. Sidgwick chegou a conclusões que nós de bom- grado endossamos: "A inteligência em comunicação direta com o consulente, aquela inteligência que chamamos "controle", não é um espírito independente que baixa no organismo de Mrs. Piper, e sim uma fase ou um elemento da própria consciência do médium." Quanto aos comunicantes que se exprimem indiretamente por intermédio dos "controles", Mrs. Sidgwick afirma que os argumentos para os recusarmos são os mesmos empregados contra a hipótese das entidades independentes.

Rematemos este verbete com o informe de que em 1919 Mrs. Piper declarou haver perdido os seus "dons".

*SCHNEIDER* (Rudi), 1908-1957. – O austríaco Rudi Schneider pertencia a uma família de médiuns. De fato, seu irmão Willy foi um médium de efeitos físicos bastante conhecido nos países de língua alemã e inglesa. Mais dois irmãos e uma irmã também possuíam poderes paranormais.

As faculdades de Rudi manifestaram-se quando ele tinha 11 anos e em circunstâncias curiosas.

Rudi, muito pequeno e jovem, não assistia às sessões de Willy. Ora, durante uma delas na própria casa dos Schneider, e sem manifestações de maior interesse, a entidade espiritóide Olga, muito provavelmente uma criação subconsciente de Willy, declarou: "Preciso de Rudi, o irmãozinho de Willy." Os pais objetaram que não era possível fazer assistir às sessões uma criança de 11 anos, pois decerto ficaria amedrontada etc. Porém Olga insistiu e disse: "Não tem importância. Ele acabará vindo."

"Na ocasião daqueles debates", escreve Rudi, "eu estava deitado, dormindo num outro quarto da casa. Alguns minutos depois os assistentes me viram entrar na sala, completamente estremunhado, como um sonâmbulo. Foi assim que me intrometi no círculo. Olga afirmou logo: "Rudi tem a mesma faculdade que Willy." E a sessão, estéril até aquele momento, prosseguiu com os mesmos fenômenos que anteriormente."

De então por diante Rudi assistia às sessões, e as suas faculdades se foram desenvolvendo e apurando à medida que as de Willy decresciam e se embotavam.

Rudi foi então estudado pelo Dr. de Schrenck-Notzing, pelo Prof. Holub e pelo Dr. Thoma, de Viena. Depois o nosso médium viajou e foi estudado em inúmeras cidades da Europa por vários sábios e metapsiquistas. Em 1929 e em 1930, Harry Price o estudou muito demoradamente no seu *National Laboratory Psychical Research.* Os fenômenos observados, e que consistiram em telecinesias e ectoplasmias, foram notabilíssimos.

Em 1930, Rudi veio a Paris. As suas faculdades começavam a enfraquecer. Mesmo assim, o Dr. Osty e seu filho Mareei Osty puderam fazer a descoberta capital a que já nos referimos: cada vez que Rudi tentava uma telecinesia, exteriorizava uma espécie de substância que ocultava ou absorvia parcialmente o infravermelho. Essa conclusão é válida, sem dúvida, para todos os médiuns de efeitos físicos.

Após um eclipse parcial dos seus poderes durante a sua estada na Inglaterra em 1932, Rudi tomou a dar sessões positivas em Praga, com o Dr. Karel Kuchynka. Em seguida, a sua mediunidade desapareceu.

*STELLA C.* (nascida em 1900) – O médium inglês foi notável quanto à produção de efeitos físicos. Harry Price estudou-o durante 13 sessões que se efetuaram de março de 1923 a outubro daquele mesmo ano. Escreve Harry Price: "O número 13 mostrou-se funesto naquilo que nos dizia respeito, porque após a décima terceira sessão Stella me informou por carta estar resolvida a não continuar as nossas reuniões. O emprego tomava-lhe todo o tempo, e após as sessões se sentia muito cansada. Ora, isso é bastante provável".

Stella não era um médium profissional, e foi em decorrência de alguns fenômenos espontâneos que ela se deu conta de seus poderes. Não se preocupou com isso, porque eles apenas se manifestavam duas ou três vezes por ano. Harry Price, tendo tido conhecimento das suas faculdades mediúnicas, convenceu a moça a prestar-se a experiências em sessões regulares, que se realizaram em excelentes condições de controle, à luz vermelha duma lâmpada de 60 velas. Aliás, tão logo caía em transe, Stella não fazia mais nenhum movimento.

Harry Price dedicou-se ao exame objetivo dos fenômenos, e isso com um cuidado muito particular graças ao emprego de termômetros registradores e diversos dispositivos muito engenhosos: mesa dupla, telecinetoscópio, aparelhos de sombras, indicador de pressão.

Os principais fenômenos observados foram telecinesias, abaixamentos ou quedas de temperatura, luminosidades, formações teleplásmicas de forma bulbosa. Durante uma sessão, uma mesa se quebrou ficando com os pés arrancados, as juntas soltas e as tábuas superiores rachadas, tudo isso ocorrendo com tremenda barulheira.

Stella não foi apenas um médium de efeitos físicos; era também notável agente metagnômico, sendo de lamentar que não se haja prestado a experiências mais numerosas.

## *Videntes Profissionais Masculinos e Femininos*

Fomos levados por intuito profissional e também (por que motivo não confessar?) um pouco por simples curiosidade, a consultar numerosos videntes profissionais. E são as impressões e os informes colhidos nessa espécie de inquérito que desejamos fazer aqui. Como na hora atual muitos desses médiuns metapsíquicos ainda exercem o seu mister, será compreensível que apenas os designemos por suas iniciais. Em compensação citaremos com os respectivos nomes aqueles que já faleceram.

Já fizemos ver, no capítulo III, que a profissão de áugure é exercida principalmente por mulheres. De fato, apenas encontramos dois videntes homens, aliás notavelmente dotados, contra numerosas videntes, cerca de quarenta mulheres. De maneira que só falaremos delas. Os processos que costumam empregar já foram descritos no capítulo II sob o título de "maneias", mas de um modo geral é palpando um objeto que quase todas elas "trabalham". No entanto, algumas pegam e estendem a mão do consulente, ou empregam a cartomancia, a geomancia, a bola de cristal, a clara de ovo, as manchas de tinta. Assim, Mme. Jeanne Peyroutet, que nos fez extraordinárias vidências, utilizava a clara de ovo projetada dentro dum copo com água; ao passo que Mme. L.V. emprega as manchas de tinta. Pede ao consulente que faça treze manchas de tinta sobre uma folha de papel que ela dobra antes que a tinta seque. Resultam borrões e desenhos fantásticos, que Mme. L. V. interpreta. Uma de suas vidências ficou célebre. Alguns anos antes da guerra, Saint-Exupéry desapareceu ao sobrevoar os areais da Líbia. Na companhia dalguns amigos do grande escritor, sua mulher foi consultar Mme. L. V. Esta, após examinar as manchas de tinta produzidas por Mme. Saint-Exupéry, lhe disse: "Tranquilize-se. Ei-lo num palanquim; transportam-no para a margem dum córrego." De fato, no dia seguinte despachos de agências telegráficas anunciavam que Saint-Exupéry, recolhido por indígenas, acabara de ser remetido para Ismaília, num palanquim.

De que modo tais criaturas se tornaram videntes? Em geral a faculdade teve uma eclosão espontânea. "Creio", confiou-nos Mme. M. F., "que sempre fui vidente. Vasculhando as minhas lembranças, me vejo ainda garota profetizando diante de camaradinhas da minha idade acontecimentos mais ou menos imprevistos. Aos vinte anos de idade eu já predizia o futuro por meio dum baralho. Não resta dúvida de que as cartas, para aqueles que sabem servir-se delas, são excelentes alavancas para levantar a tela do destino. Mas eu queria algo melhor, dei a estudar a quiromancia, que me empolgou. Caí em cima deveras do meu elemento. Só ao contato da mão que tocamos quantas coisas não se desvendam logo! O ser inteiro está exposto ali, naquelas linhas."

Também ante a nossa pergunta: "Como foi que a senhora se tornou vidente?" Mlle. J. L. nos deu a resposta já ouvida tantas vezes: "Sempre fui. Trata-se de dom hereditário; todos os meus ascendentes foram ou são videntes."

Por volta dos seis anos de idade, a menina J. L. revelou por acaso o seu dom. Achava-se à mesa com os país, quando de súbito começou a chorar e a gritar: "Tia Clotilde morreu! Tia Clotilde morreu!!" Ralharam com ela, por causa dessa fantasia de tão mau gosto. Mas J. L. permaneceu o fim da tarde e toda a noite em estado de tristeza. Tia

Clotilde morava no Jura e, segundo cartas frequentes, gozava perfeita saúde. No dia seguinte chegou um telegrama informando que ela falecera subitamente.

Em seguida, duas doenças vieram aumentar fortemente o poder dos dons de J. L.: uma febre escarlatina na idade de 12 anos, e uma gripe violenta, de forma cerebral, aos 18 anos. Por fim, a morte do noivo, no exército, lhe aguçou ainda mais as faculdades. Além disso, Mlle. J. L. julga que um acidente pré-natal contribuiu para desesperar nela dons de lucidez. "Minha mãe estava grávida de sete meses quando foi vítima dum acidente grave de carruagem. O cavalo embarafustou a correr pela rua e o fiacre foi se esmagar de encontro à fachada em esquina da Closerie des Lilás. Com o choque, minha mãe, gravemente ferida, me deu à luz. Eu própria, com cinco buracos na cabeça e uma coxa quebrada, fui considerada como inviável. Não se ocuparam mais comigo, que fiquei inteiramente abandonada num recipiente repleto de detritos humanos da sala de operações, quando uma enfermeira notou, por acaso, que eu ainda me mexia. Tiraram-me de lá, cuidaram de mim, me puseram numa estufa, e a vida se agarrou a mim. É muito possível que os ferimentos que recebi na cabeça por ocasião do acidente pré-natal tenham despertado os meus dons de lucidez extraordinária..."

Ora, lembremo-nos a tal propósito, conforme assinalamos nos dados biográficos referentes a Eusapia Paladino e a Mrs. Piper, que a primeira teve um dos parietais "afundado" por fratura, e que a segunda se tornou médium metapsíquico em consequência de um acidente grave.

Mlle. J. L. foi submetida ao controle científico do IMI e de diferentes personalidades do mundo científico e metapsíquico; o Dr. Osty, que a estudou durante mais de oito anos; o Prof. Charles Richet; René Warcollier; Pierre Devaux; o metapsiquista inglês Harry Price; o ilustre fisiologista Alexis Carrel; o Prof. Henri Desoille, da Faculdade de Medicina de Paris, que a fazia ir com frequência ao seu serviço hospitalar a fim de observar como as faculdades dela se comportavam em face das doenças etc. etc. Todos esses inquéritos revelaram que Mlle. J. L. era um metagnomo excepcional.

Na maioria dos médiuns profissionais que tivemos ensejo de observar, as informações paranormais lhes chegam à consciência sob a forma de imagens visuais que eles habitualmente designam sob o nome de "clichês". No mais das vezes são imagens alegóricas e simbólicas, a imaginação subconsciente tendendo a usar esse processo de representação mental que resume, numa figuração abstrata, uma personalidade, um acontecimento, um fragmento da vida.

Conforme ocorre em Mme. D., vidente de tendências espíritas, em Mme. E. M., em Mme. B., antiga professora, em Mme. P., em Mme. F. M., em Mme. S. B. etc., as imagens visuais podem ser apenas simples representações subjetivas, como no exercício normal do pensamento; mas, às vezes tais imagens são alucina- tórias. Assim, Mlle. de Barly e Raoul de Fleurière viam essas imagens a 1 e a 2 metros. Para Mme. Morei, elas se apresentavam um tanto aproximadas conforme fossem mais ou menos recentes. Mlle. H. B., médium espiritóide, "vê" defuntos na vizinhança do consulente. Assim é que por diversas vezes descreveu com extraordinária exatidão alguns dos nossos mais próximos parentes já falecidos.

Raoul de Fleurière tinha, além do mais, desde que tocava de leve uma pessoa, a impressão de ser invadido por uma espécie de "fluido" que, por sua coloração, sua intensidade e sensações causadas, lhe permitia destacar os traços mais característicos dos consulentes. "Dum modo geral", disse-nos ele, "o fluido que aparece com uma cor branca dourada, muito brilhante, muito transparente, mas, assim como nunca vemos dois rostos duma semelhança absoluta, eu também nunca encontrei dois fluidos exatamente iguais. Alguns há que são suaves, agradáveis, leves, translúcidos, calmantes, que me dão sensação de bem-estar; e outros que são intensos; agudos, fortes, repulsivos, espinhentos como agulhas. Em resumo, o fluido de cada indivíduo lhe é de tal forma pessoal que não pode ser confundido com o de mais nenhum outro. E isso de tal forma que mesmo que eu venha a reencontrar uma pessoa cinco, dez e até mesmo vinte anos depois, a tenho podido reconhecer apenas pelo exame da sua radiação fluídica." Quanto a nós, por exemplo, Raoul de Fleurière nos via no meio de dois "fluídos", um amarelo e outro malva ou violáceo.

A vantagem que para o experimentador apresentam os médiuns profissionais sobre os indivíduos não especialmente dotados, como aqueles que de hábito são empregados em parapsicologia, é que eles permitem averiguar imediatamente a realidade da telepatia e da metagnomia. Ao contrário dos resultados obtidos pelos parapsieólogos modernos, é inútil submeter os resultados que eles fornecem ao cálculo das probabilidades.

"Os médiuns profissionais", escreve o Dr. Osty, "tomam conhecimento do nosso psiquismo com um poder de penetração cujo simples enunciado pode parecer inverossímil aos que nunca se preocuparam em constatar tal fenômeno. O que eles aí colhem, com facilidade às vezes assombrosa, é a noção de tudo aquilo de que são feitas as nossas personalidades e as nossas vidas. Eles encontram aí tudo aquilo que nos individualiza; isto é, as nossas características morais, intelectuais, corporais, bem como a nossa trajetória no meio duma ambiência movediça. Eles aí encontram as vicissitudes gerais e episódicas da nossa vida orgânica, da nossa vida afetiva, da nossa vida mental, da nossa vida social... Sem dúvida alguns erros, algumas sondagens falsas parasitam esse trabalho inconsciente de penetração psíquica; mas o conjunto de sondagens úteis predomina sempre. Numa sessão de uma hora, ou em várias sessões, uma pessoa é traduzida, "individualizada", posta a nu, revelada a outra pessoa; e, não raro, sob certos aspectos, a ela própria."

Por conseguinte, repetimos, são esses reveladores do ser humano, esses detectores das vidas individuais que devemos empregar se quisermos ter de pronto uma opinião motivada sobre a facilidade com que os psiquismos se podem comunicar entre si.

Mas para obtermos dos médiuns profissionais um pleno rendimento, necessário é que nos conformemos com certo número de condições experimentais.

Convém, antes de tudo, respeitar-lhes a especialização. Assim é que, em regra geral, se torna inútil pedirmos a um médium, que tem (por exemplo) poder espiritóide, que adivinhe a carta que tiramos dum baralho, ou que descreva um objeto fechado dentro duma caixa etc. A tal respeito, podemos constatar que os médiuns profissionais malogravam nos testes de Rhine.

Por outra parte, é indispensável, no decorrer da experiência, respeitar o estado de transe, mesmo leve e não aparente, do médium. "Toda pergunta, todo comentário que reponha o médium na ambiência, tem como resultado suprimir o transe", acentua muito justamente o Dr. Osty, "paralisa o trabalho do conhecimento paranormal, trabalho esse que não recuperará mais, na mesma sessão, um bom ímpeto."

Mesmo quando o médium sai espontaneamente desse estado, o que acontece a todo instante, não devemos aproveitar para falar com ele ou para lhe ocupar o pensamento com qualquer ação. Devido ao silêncio ele tornará a entrar depressa no seu estado segundo, e encontrará depressa o fio das informações paranormais.

"É incalculável", previne o Dr. Osty, "a sabotagem do conhecimento paranormal causada por esses maus utilizadores dos médiuns que os crivam de perguntas, lhes pedem que percebam melhor e mais profundamente e que só julguem na medida das indicações recebidas. E outros há, mais desastrosos ainda, que cuidam aumentar o rendimento do conhecimento paranormal fazendo ao médium perguntas que contenham elementos para uma resposta racional."

Nesta ordem de ideias, nos limitamos também, no início da experiência, a expor do modo claro e sucinto o objetivo da mesma; porém, de maneira a não fornecer nunca a menor ideia sobre a realidade a desvendar. Se o nosso propósito for, por exemplo, fazer detectar um acontecimento dramático ocorrido recentemente com uma pessoa, se entregará ao médium, se for possível, um objeto pertencente à mesma pessoa, dizendo: "Empenhe-se em travar conhecimento com a vida atual da pessoa a quem esse objeto pertence." Se não dispuser de nenhum objeto incitador dessa esperada metagnomia, diremos apenas: "Esforce-se para travar conhecimento da vida atual da pessoa em quem estou pensando."

Por último, cumpre saber que, para cada médium, há pessoas "estimulantes" e pessoas "inibidoras", bem como outras ainda com graduações entre estes dois extremos; mas convém saber ainda que os indivíduos estimulantes e os indivíduos inibidores da metagnomia para um médium, não o são forçosamente para outros médiuns. Contudo pessoas há, raras é verdade, que são inibidoras para a maioria dos médiuns. Tal era o caso do Prof. Charles Richet. Em compensação, certas pessoas são estimuladoras para todos os médiuns; é o nosso caso, segundo nos parece.

É claro que os médiuns profissionais são dotados em proporções desiguais. Alguns são mesmo charlatães; mas não julgamos que esses possam iludir por muito tempo. A experiência nos mostrou que sobre 100 médiuns, de 15 a 20 são excelentes, e que 1 ou 2 são "gênios" na profissão. Mas "gênios" com eclipses. A fadiga, a doença (ou, pelo contrário, uma saúde demasiado florescente) e as preocupações podem aniquilar-lhes o dom, de vez em quando. Além disso, todos os metagnomos, quer sejam profissionais ou não, são desorientados por perguntas "em armadilha" envolvendo por exemplo fatos inexistentes e que são lançados às vezes por qualquer experimentador eventual que, desejoso de experimentar as faculdades dos médiuns, se cuida, no caso, muito capacitado.

A moralidade dos médiuns profissionais, assunto que muitas vezes se debate, difere pouco da moralidade do comum dos homens. Escreve Mareei Berger, esse assíduo viajante dos "países dos videntes e das videntes": "Alguns há que são interesseiros contumazes". Mas, da mesma forma que entre os curandeiros, outros há que são indivíduos ascetas, de porte e de mentalidade evangélica e que, se considerando acima de tudo encarregados duma alta missão, ligam pouco para os bens terrestres, disseminam à sua volta todos os seus dons, aceitando apenas o estrito para terem com que viver". Em todo caso, é preciso que o profissional da vidência tenha uma alma excepcional para não ser invadido logo pela mentalidade do comércio lucrativo. A sua tendência, ante qualquer pessoa que venha consultá-lo, é tratar de satisfazê-la, quer para não comprometer a sua própria reputação, quer para fazer jus à retribuição por seu trabalho. Conforme acabamos de dizer, não é em face de toda gente que a sua faculdade funciona; ele sabe disso, mas evita confessar essa inibição. "Sabendo também", conforme escreve o Dr. Osty, "que a maioria das pessoas se contenta com pouca coisa e junta ao que foi dito aquilo que desejaria que lhe dissessem, os médiuns abastecem a sua faculdade especial com uma perspicácia muito hábil. Tão logo adivinham, por pura observação, os propósitos trazidos por seus clientes, desandam a fazer revelações de encaixe que, não contendo nada, condicionam em si tudo e mais alguma coisa. Diríamos melhor revelações de "encruzilhada" por onde tudo pode desfilar. Raros são aqueles médiuns profissionais que quando sentem que as suas faculdades paranormais não estão funcionando convocam o cliente para uma ulterior sessão daí a dias; ou que, então, confessam logo a sua eventual incapacidade. Ainda assim alguns há que são leais."

Acrescentemos ao ativo dos médiuns profissionais que em muitos é patente e notório o desejo de aliviar as preocupações do consulente, de lhe ser útil, de pô-lo em guarda contra perigos que possam ameaçá-lo. A tal respeito, podemos dizer que eles são benéficos.

De qualquer maneira, somos de opinião que esses médiuns metagnomos, ou pelo menos os mais eminentes, deveriam ficar a cargo dos estabelecimentos científicos, a fim de aí serem estudados. "Conviria reservá-los para a ciência", escreve o Prof. Charles Richet, "à ciência severa, mas generosa e justa, ao invés de deixar que eles prostituam suas faculdades maravilhosas a credulidades pueris e a sarcasmos impudentes."

E isso tanto mais porque os clientes os consultam muitas vezes por causa de preocupações de ordem menos elevada e não raro por causa de preocupações ínfimas. E é aqui que se pode manifestar-se o perigo social da profissão quando exercida por médiuns de moralidade duvidosa.

*AKSAKOF* (Alexandre), 1832-1903. – Alexandre Aksakof, nascido em São Petersburgo no ano de 1832, era conselheiro de Estado na Rússia. Interessou-se pelo espiritismo desde 1855 e, após longas e pacientes pesquisas, acabou por se convencer de que os fenômenos paranormais eram autênticos. Cada vez que um percipiente metapsíquico lhe era assinalado em qualquer recanto do mundo, ele se dirigia logo para o lugar designado. Foi assim que estudou os grandes médiuns do seu tempo: Kate Cook, Home, Eglinton, Mme. d'Espérance, Eusapia etc.

Como a censura russa não permitia facilmente que se editassem obras de ocultismo, Aksakof fez da Alemanha o seu terreno de propaganda. Fundou em 1874 os *Psychsche Stuãien,* que continuaram a aparecer em Leipzig após a sua morte com o título de *Zeistschrift fur Parapsychologie,* graças ao Barão von Schrenck-Notzing. (Notemos, de passagem, que o termo *parapsicologia* não é recente.) Em 1890 ele publicou a sua obra magistral *Animismus und Spiritismus,* universalmente conhecida e destinada a responder aos ataques do Dr. Hartmann contra o espiritismo. Esse livro, atulhado de documentos, é muito interessante; mas infelizmente a crítica dos fenômenos não é feita. Foi traduzido para o francês com o título *Animisme et Spiritisme.*

Aksakof consagrou a sua existência a difundir o espiritismo. No último ano de sua vida, quando já estava paralítico e cego, gastou as poucas forças que lhe restavam continuando a propagar a doutrina.

A nobreza do seu pensamento acha-se expressa nesta frase que ele gostava de repetir: "Não pode haver melhor utilização da vida do que tentar provar a natureza transcendental da existência humana."

*BABINSKI* (Joseph-François-Félix), 1857-1932. – Babinski, médico francês de origem polonesa, primeiro foi chefe de clínica no serviço de Charcot, no Hospital da Salpêtrière, e depois médico dos hospitais de Paris. Transformou por completo as concepções sobre a histeria e o hipnotismo, que ele considerou serem meras manifestações de pitiatismo. Na realidade, se o hipnotismo no mais das vezes não passa de simulação, a histeria, no entanto, nem sempre é assimilável ao pitiatismo, e os seus distúrbios não são em todos os casos curáveis pela sugestão. Hoje em dia se tende a admitir que há na histeria um elemento orgânico profundo (lesões do mesencéfalo) tornando a pessoa por isso mesmo acessível à sugestão.

Os trabalhos mais notáveis de Babinski dizem respeito aos reflexos, à fisiopatologia do cerebelo, à vertigem voltaica e à tabes.

*BARRETT* (William), 1844-1925. – William Fletcher Barrett nasceu em 1844 na Jamaica, onde seu pai era pastor evangélico; estudou na Inglaterra e abraçou a carreira científica. Primeiro professor de ciências no *Colégio Internacional,* perto de Londres, ocupou em seguida, de 1873 a 1910, a cátedra de física experimental no *Colégio Real* de Dublin. Devemos à ele notáveis trabalhos de física experimental (descoberta da recalescência, o estudo das ligas metálicas etc.) e que lhe valeram altas distinções: a fita azul da Ordem da Ciência, a eleição para a *Sociedade Real de Londres,* e o título nobiliárquico de cavaleiro que lhe foi concedido pelo rei em 1912.

As duas primeiras pesquisas em metapsíquica foram a respeito da transmissão do pensamento e dalguns fenômenos espíritas. Como nenhum jornal científico quisesse publicá-las, ele resolveu fundar uma sociedade para o estudo daqueles fenômenos, e assim criou com a ajuda de F.-W.-H. Myers, do casal Sidgwick, de E. Gurny, de Balfour-Stewart e de A. Hopkinson, a *Society for Psychical Research,* de Londres (S.P.R.). O presidente foi II. Sidgwick, porque como Barrett residia em Dublin não podia assegurar-lhe uma direção efetiva. A Sociedade dedicou os seus primeiros trabalhos à telepatia, e Barrett apresentou uma contribuição notável (*Proceedings,* vol. 1, passim). Em seguida ele fez pesquisas sobre a visão dos campos magnéticos pelos indivíduos sensitivos; mas a tal respeito não é certo que tenha tomado as necessárias cautelas para evitar o fenômeno sugestivo. Empenhou-se em seguida num trabalho de alto mérito sobre o *poltergeist (Proceedings,* vol. 13, parte 32.ª), isto é, sobre as casas mal-assombradas. Porém o seu estudo mais importante foi consagrado em 1897 à vareta divinatória. Apoiando-se em fatos, demonstrou que a vareta não passava de um meio de revelar a clarividência da pessoa. E essa conclusão continua inabalável.

Barrett foi nomeado presidente da SPR em 1904; mas desde aquela época parou de fazer experimentações metapsíquicas, restringindo-se a acompanhar-lhes os progressos. Resumiu suas experiências numa obra intitulada *On the threshold of a new world of tought* (Num limiar dum novo mundo do Pensamento), obra essa que, refundida, apareceu em francês no ano de 1923 com o título de *Au seuil de l'Invisible (No limiar do invisível).* Os seus outros livros de metapsíquica são *O Pensamento Criativo* (1910) e um ensaio sobre Swedemborg (1912).

*BERGSON* (Henri), 1859-1941. – Nascido em Paris em 1859 de pai judeu polonês e de mãe de origem irlandesa, Henri Bergson viveu em Londres até a idade de 9 anos, e voltou para Paris em 1868. Aluno do *Liceu Condorcet,* assombrou todos os professores pela facilidade com que assimilava as ciências e as letras. Assim como Pascal, sem o socorro de nenhum livro reconstituiu as proposições da geometria de Euclides. Apresentando-se ao concurso geral, obteve ao mesmo tempo o prêmio de Matemáticas e o prêmio de honra em Composição francesa. Os seus professores de ciências quiseram enviá-lo para a *Escola Politécnica;* mas atraído pela Filosofia, ele entrou em 1878 para a *Escola Normal Superior,* na rua Ulm, matriculando-se na seção de Letras, onde teve como camaradas de promoção Jean Jaurès, o futuro Cardeal Baudrillart e o filósofo Maurice Brondel.

Tendo tirado o segundo lugar no concurso de adjunto de Filosofia em 1881 – o primeiro lugar coube a Jaurès – foi nomeado professor de Filosofia primeiro em Angers e depois em Clermont-Ferrand. Nesta cidade, meditando sobre os problemas levantados pelo grego Zenão de Eléia e mais particularmente no problema de Aquiles e a tartaruga, Henri Bergson descobriu a importância da intuição na vida mental. Daí a sua tese de doutoramento em 1889, *Ensaio sobre os dados imediatos da consciência,* cuja originalidade e cujo estilo foram muitíssimos admirados. Segundo Bergson, para se conhecer a realidade psíquica em sua essência mesmo, é preciso se identificar com ela, abolir toda e qualquer distinção entre a pessoa e o assunto, e surpreender diretamente na fonte a vida da consciência. Essa atitude da mente é familiar aos teosofistas e aos místicos.

Nomeado para Paris, Bergson publicou em 1896 *Matéria e Memória.* Em 1897 tornou-se mestre de conferências na *Escola Normal Superior,* onde brilhara como aluno. Em 1900 foi escolhido para ocupar uma cadeira no *Colégio de França,* onde as suas aulas de sexta-feira se tornaram famosas e foram frequentadas não só por filósofos e estudantes como também por muitos mundanos e principalmente por mundanas, mais atraídos pelo encanto da eloquência do que pela profundeza da doutrina. Escreve Jacques Chevalier: "Um silêncio descia sobre a sala quando se via aparecer sem o menor ruído Henri Bergson no fundo do anfiteatro e sentar-se junto à lâmpada discreta. Enlaçava as mãos, pois não costumava trazer apontamentos... A sua voz era lenta, nobre, regular, de surpreendente precisão, com entonações acariciantes, musicais, e certa nuança de galanteio. A forma era duma perfeição completa, tão perfeita que não se sentia quase a arte..."

Os êxitos de Bergson logo transpuseram as fronteiras da França e as universidades estrangeiras disputavam o ilustre filósofo. Assim foi que ele fez numerosas conferências na *Universidade de Columbia,* (de Nova York). Em 1914, o governo francês valeu-se do seu prestígio e enviou-o aos Estados Unidos. Naquele mesmo ano ele havia sido eleito para a *Academia Francesa.* Aliás já fazia parte da *Academia de Ciências Morais e Políticas* desde 1901. Em 1928 recebeu o *Prêmio Nobel de Literatura,* referente ao ano anterior.

Como não podia deixar de ser, esse homem duma inteligência superior se interessou vivamente pela metapsíquica. Acompanhou os trabalhos da *Society for Psychical Research* de Londres, e realizou algumas experiências com Eusapia Paladino. Foi isso que lhe valeu, em maio de 1913, ser chamado para a presidência da ilustre associação psíquica inglesa. No belo e importante discurso que pronunciou ao tomar posse em 28 de maio de 1913 da cadeira de presidente, podemos encontrar as marcas da conformidade ou acordo que existe entre o espírito bergsoniano e os intuitos da ciência metapsíquica. Ali encontramos também esta judiciosa advertência, sempre oportuna e atual, dirigida nos negadores sistemáticos do paranormal incapazes de se inclinar diante da realidade dos fatos: "Eu quisera mostrar que atrás das prevenções de uns e das zombarias de outros, existe, invisível e presente, uma certa metafísica inconsciente de si própria — inconsciente e por consequência inconsistente, inconsciente e por consequência incapaz de se modelar sem cessar como deve fazê-lo uma filosofia digna desse nome, sobre a observação e a experiência — que aliás essa metafísica é natural, acha- se numa dobra que desde muito tempo resulta duma contração da mente humana e que desde então todos nós temos o interesse de ir procurar atrás das críticas e das zombarias que a escondem, a fim de nos pormos em guarda contra ela."

Em *As Duas Fontes da Moral e da Religião,* livro que apareceu em 1932, Bergson precisa o seu pensamento, escrevendo: "Mas não compreenderíamos a negativa peremptória que verdadeiros sábios opõem à pesquisa psíquica a não ser que antes de tudo eles considerem os fatos relatados como "inverossímeis", eles diriam mesmo "impossíveis", se não soubessem que não existe nenhum meio adequado para estabelecer a impossibilidade dum fato; mesmo assim, eles estão convencidos, no fundo, dessa impossibilidade. E se convenceram porque julgam incontestável, definitivamente provada, uma certa relação entre o organismo e a consciência, entre o corpo e o espírito. Ora, essa relação não é demonstrada pela ciência, mas é exigida por uma metafísica."

Em todo caso, Bergson fundava, com muita razão, grandes esperanças sobre a pesquisa metapsíquica. "Mesmo se retiver-mos apenas uma parte daquilo que ela avança como certo", escreve ele em *As Duas Fontes,* "ainda resta bastante para que adivinhemos a imensidade da *terra incógnita* cuja exploração ela apenas inicia. Suponhamos que um simples clarão desse mundo desconhecido nos chegue, perceptível, aos olhos do corpo. Que transformação, numa humanidade geralmente habituada (diga ela o que quiser) a só aceitar como existente aquilo que ela vê e aquilo que ela toca! A informação que assim viria até nós talvez dissesse respeito apenas ao que há de inferior nas almas, ao último grau da espiritualidade. Mas não seria necessário mais nada para converter em realidade viva e atuante uma crença no Além que parece se encontrar na maioria dos homens, porém que no mais das vezes permanece verbal, abstrata, ineficaz."

E Bergson termina a sua obra com esse ponto de vista místico e um pouco sibilino: "A humanidade geme, quase esmagada sob o peso dos progressos que ela própria realizou. Não sabe ainda suficientemente que o seu futuro depende dela. Cumpre-lhe primeiro ver se deseja continuar a viver. Compete-lhe perguntar em seguida se apenas quer viver, ou além disso fornecer o esforço necessário para que se cumpra, inclusive neste nosso planeta refratário, a função essencial do universo, que é uma máquina de fazer deuses."

Além dos livros já citados, a obra de Bergson compreende ainda *O Riso* (1900); A *Evolução Criadora* (1907); *Duração e Simultaneidade* (1922). Em A *Energia Espiritual,* livro apresentado em 1919, Bergson reuniu diversos ensaios e conferências destinados a justificar a sua teoria da independência da consciência em face do corpo *(O Sonho,* 1901; *O Esforço Intelectual,* 1902; *O Cérebro e o Pensamento,* 1904; *O Falso Reconhecimento,* 1908; *A Consciência e a Vida,* 1911; A *Alma e o Corpo,* 1912; *Fantasmas e Vivos,* 1931). Também em *O Pensamento e o Movente* (1934), para o qual escreveu dois ensaios introdutórios (*Crescimento da Verdade e Da Posição dos Problemas),* Bergson reuniu textos que explicam melhor a sua metafísica (*Introdução à Metafísica,* 1903; *A Vida e a Obra de Ravaison,* 1904; *Sobre o Pragmatismo de William James,* 1911; *A Intuição Filosófica,* 1911; A *Percepção da Mudança,* 1911; A *Filosofia de Claude Bernard,* 1913; *O Possível e o Real,* (1930). Por último, conquanto atacado de graves reumatismos deformantes, e quase completamente paralítico, Bergson fez aparecer em 1937 *Carta ao Padre Sertillanges* e, em 1939, *Carta a Daniel Halévy* "A Memória de Charles Péguy".

*BERNHEIM* (Hippolyte) 1837-1919. – O Dr. Bernheim, professor adjunto da *Faculdade de Estrasburgo,* estabeleceu-se em Nancy, e consagrou a maior parte da sua atividade ao estudo do hipnotismo e da sugestão, as suas principais obras sobre isso sendo: *Da Sugestão no Estado Hipnótico e no Estado de Vigília* (1884); *Da Sugestão e das suas Aplicações à Terapêutica* (1886); *Hipnotismo, Sugestão e Psicoterapia* (1890, segunda edição em 1903 com novas considerações sobre a histeria); O *Hipnotismo e a Sugestão em suas Relações com a Medicina Legal* (1897).

*BOIRAC* (Émile), 1851-1917. – Emile Boirac foi dos raros universitários que, rompendo preconceitos e pouco se importando com as críticas, se entregaram às pesquisas psíquicas com constância e continuidade. Primeiramente foi professor de Filosofia, em seguida, inspetor, depois reitor da Academia de Grenoble, e por fim reitor da Academia de Dijon. Na qualidade de professor de Filosofia, publicou manuais de Psicologia, de Filosofia e de Pedagogia, todos eles notáveis pela riqueza de pensamento e pela clareza do texto. O seu *Tratado de Filosofia* foi durante muito tempo o livro de cabeceira dos estudantes desta disciplina. Tornou-se Boirac conhecido também como vulgarizador do esperanto.

Foi por intermédio do magnetismo e do hipnotismo que ele abordou o estudo dos fenômenos metapsíquicos propriamente ditos. De índole metódica e ponderada, pensava que se devia primeiro explorar a fundo os fenômenos hipnóticos e magnéticos antes do aprofundamento do estudo de grandes fenômenos como a ectoplasmia.

"A ciência dos fenômenos hipnóides", escreveu ele, "deve ser considerada como condição prévia aos estudos dos fenômenos magnetóides, ambos devendo ser bastante aprofundados antes da possível abordagem, com alguma esperança de êxito, do âmbito científico dos fenômenos espiritóides."

Essa ideia foi combatida pelo Dr. Geley, que afirmou: "O método científico verdadeiramente adequado à metapsíquica reside por inteiro nesta fórmula: considerar como provisoriamente negligenciáveis todos os fenômenos elementares e atacar imediatamente e de modo sistemático os fenômenos mais complicados que conheçamos."

Em 1908, Boirac publicou a sua *Psicologia Desconhecida*, que mereceu da Academia de Ciências o prêmio Fanny Emden. Esta obra teve duas edições, o que é extraordinário para um livro de metapsíquica. Em

1917 ele fêz aparecer outro livro, *O Futuro das Ciências Psíquicas*. Em seus escritos, Boirac insiste na metodologia em metapsíquica.

Como muitos outros sábios, e como era um homem honestíssimo, Boirac foi às vezes mistificado; principalmente por Pickman; mas isso não diminui absolutamente o valor da sua obra que, conforme acabamos de dizer, é dominada pelos problemas de lógica aplicada.

*BOZZANO* (Ernesto), 1862-1943. – Voltou-se para a metapsíquica após uma verdadeira crise de consciência determinada neste positivista pelas obras de Aksakof, e evoluiu depressa para o espiritismo militante. A sua obra escrita é considerável pois compreende de 15.000 a 16.000 páginas. As suas principais obras traduzidas principalmente em francês são: Os *Fenômenos de Assombramento* (1920); *Fenômenos Psíquicos no Momento da Morte* (1923); *Os Enigmas da Psicometria; Os Fenômenos de Telecinesia* (1927); *Manifestações Paranormais nos Povos Selvagens* (1927); *As Manifestações Metapsíquicas e os Animais* (1929); *Pensamento e Vontade* (1929); A *Mediunidade Poliglota* (1934); *Os Fenômenos da Bilocação* (1937).

*Ernesto Bozzano era membro de honra do Instituto Metapsíquico Internacional.*

*BRAID* (James), 1795-1860. – Este cirurgião inglês foi o promotor do hipnotismo. Constatou que, colocando-se um objeto brilhante a alguns centímetros dos olhos do percipiente, este adormecia no fim de alguns minutos, sob a condição de querer dormir deveras.

*CHARCOT* (Jean-Martin), 1825-1893. – Primeiramente o Dr. Charcot foi médico dos hospitais de Paris; depois, professor de anatomia patológica, membro da *Academia de Medicina* e, por fim, membro da *Academia de Ciências*. Tornaram-no célebre principalmente os seus trabalhos relativos à anatomia patológica e à clínica das doenças. As suas lições na *Salpêtrière* tiveram enorme repercussão, e foram traduzidas em todas as línguas. Infelizmente, os seus estudos sobre a histeria e o hipnotismo ficaram prejudicados pela simulação dos pacientes. Entre as suas obras, devem ser citadas as seguintes: *Lições clínicas sobre as doenças da velhice e as doenças crônicas* (1868); *Lições sobre as doenças do sistema nervoso, dadas na Salpêtrière* (1873); *Lições sobre as localizações das doenças do cérebro e da medula espinhal*

(1880); *Lições sobre as doenças do sistema nervoso, dadas na Salpêtrière* (1884); *Os Demoníacos na Arte* (1887).

Foi dado o nome de Charcot a diversos sintomas cujo valor ele estabeleceu em semiologia.

*CROOKES* (William), 1829-1919. – William Crookes foi um dos mais ilustres físicos ingleses do fim do século XIX. Aos dezenove anos de idade já era assistente do Prof. Hoffmann no *Real Colégio de Química,* daí a um ano tendo sido nomeado professor substituto. Aos 22 anos era diretor do *Observatório Meteorológico de Oxford,* e, aos 23, professor de Química em Chester.

Descobriu o tálio (thallium), que lhe valeu a sua entrada na *Royal Society* (Academia de Ciências); inventou o radiômetro e os *tubos chamados de Crookes.* Fez, além disso, pesquisas bem-sucedidas em astronomia e em espectroscopia. Foi diretor da *Chemical News* e do *Quaterly Journal of Science.* Não tardou a tornar-se membro correspondente da nossa *Academia de Ciências.*

São universalmente conhecidas as suas experiências com os célebres médiuns Miss Kate Fox e D.-Dunglas Home; e algumas delas permanecem como fundamentais.

Estudou D.-D.Home entre 1869 e 1873. "Começou então, Escreve Ch. Richet, "o período científico da metapsíquica". Realmente, as experiências de W. Crookes com Home caracterizaram- se por sua precisão e por seu rigor. Podem ser consideradas como autenticamente paranormais. Já, pelo contrário, ele foi menos feliz nas pesquisas feitas no médium Miss Florence Cook. Durante todo o inverno de 1874, o espírito de Katie King, decorrente da mediunidade de Florence Cook, aparecia quase diariamente no laboratório ou na biblioteca do sábio inglês. Mas, às vezes as sessões se realizavam na própria residência de Miss Cook. Katie King era tão material quanto um ser vivo, ia, vinha, conversava, deixava-se fotografar.

William Crookes publicou os relatórios das suas experiências em *Experimental investigations on psychic force* (Londres, 1871) e na obra mais completa *Researches on the phenomena of spiritualism* (Londres, 1874), traduzido para o francês com o título *Recherches sur les phénomenes du spiritualism* (Pesquisas sobre os Fenômenos de Espiritualismo). Ora, no que concerne às aparições de Katie King, a leitura desse documento dá lugar a todas as dúvidas. Além das críticas já formuladas a tal respeito na primeira parte da nossa obra e no verbete biográfico concernente a Florence Cook, podemos acrescentar estas: Primeiro que tudo se tem a impressão de que não era Crookes mas sim a própria Katie King quem dirigia as sessões; além disso, o sábio parece haver se desmandado, negligenciando a observação rigorosa. Não é de duvidar, com efeito, que ele se tenha enamorado por Katie. Pois não chegou ele a escrever-lhe versos? Eis alguns:

Criava em redor de si todo um deslumbramento,
Uma névoa desfeita em tamanho mistério,
Que se diria um trecho astral no firmamento
Ofertando ao seu corpo um retábulo etéreo.

E nós, pobres mortais, ante aquela magia
Obcecados de chofre ante aquele fulgor,
Do alto êxtase descendo ao transe e à idolatria,
Lhe rendíamos preito instantâneo de amor.

Convenhamos que este é um modo muito curioso de observar um fenômeno ectoplásmico.

Acrescentemos, para terminar, que o célebre médium D.-D. Home dizia que Florence Cook não passava duma "farsista".

Mesmo assim, eliminando-se o episódio de Katie King, se pode dizer junto com Charles Richet que os trabalhos metapsíquicos de Crookes são "granito".

*FLAMMARION* (Camille), 1842-1925. – Camille Flammarion, mais conhecido como astrônomo, todavia consagrou uma grande parte da sua atividade aos estudos psíquicos. Em suas *Memórias* conta a sua ansiedade, quando certa vez, ele garoto de 7 anos, cruzou com um enterro. Perguntou a um amiguinho: "Eu também vou morrer?" e ante a resposta afirmativa do camaradinha, replicou: "Não é verdade. Não se deve morrer". E levou pensando nisso, conta ele, diversos dias, diversas semanas, diversos meses. E aquela convicção contrária e inata o impeliu desde a mocidade a estudar o problema da vida bem como as forças naturais, conhecidas ou ignotas, tão numerosas e variadas em suas manifestações.

Com a sua mentalidade generosa e apaixonada, ávida de novidades, examinou, perscrutou e analisou inúmeros documentos "psíquicos" provindos de correspondentes franceses e estrangeiros, e tornou-os a matéria essencial das suas obras consagradas ao paranormal: *As Forças naturais desconhecidas* (2 volumes, 1907): *O Desconhecido e os problemas psíquicos* (2 volumes, 1900, Ed. Nlle, 1911); A *Morte e o seu mistério* (3 volumes, 1920, 1921, 1922); *As casas mal-assombradas* (1 volume, 1923).

Mas esse método de investigação metapsíquica apresenta incontestáveis dificuldades, porque em tais casos separar o bom trigo do joio não é tarefa fácil, a menos que uma pessoa se entregue a longos e estafantes inquéritos.

Cumpre acrescentar, no entanto, que Flammarion não se limitou a solicitar documentos paranormais; também foi um experimentador sagaz, prudente e criterioso. Assim é que, observando Eusapia, conseguiu fotografar mesas em estado de levitação, o que na época não era coisa fácil.

Em todo caso, conforme proclamou o Prof. Charles Richet dirigindo-se a Camile Flammarion quando do seu jubileu científico a 26 de fevereiro de 1912, "é preciso uma grande coragem para procurar resolver, com meios imperfeitos, recursos precários e métodos incertos, manuseando documentos contraditórios, alguns dos grandes mistérios que se aglomeram em redor de nós, mistérios que até o presente foram e desgraçadamente permanecem ainda sepultados em espessas trevas.

"Vos haveis tentado isso; sim, vós, meu caro amigo; desde o início da vossa gloriosa carreira, compreendestes que havia nas "forças naturais desconhecidas" ampla matéria para pesquisas, para meditações."

No âmbito científico, e principalmente no astronômico, a obra de Camille Flammarion é imensa, e ficamos perplexos ante a só leitura dum apanhado sucinto. Trabalhador impertérrito, sábio desinteressado, pesquisador infatigável, esse homem extraordinário vivia realmente para o prazer de estudar e principalmente para a alegria de comunicar aos outros o amor pela ciência do céu que ele prezava acima de tudo mais. Empenhou-se durante toda a sua vida em "popularizar" a astronomia (e não em vulgarizá-la), em fazer as multidões compreenderem as maravilhas do Universo. Em 1882 fez aparecer o primeiro número da revista *L'Astronomie,* e em janeiro de 1887 fundou a *Sociedade Astronômica de França,* sempre próspera.

Poucos homens conheceram, como ele, uma audiência tão grande, que abarcava, pode-se dizer, toda a Terra e era composta de todas as classes da sociedade. "Raramente", escreve Emile Touchet, "exceção feita para os fundadores das grandes religiões e das doutrinas filosóficas, um homem exerceu tamanha influência sobre os cérebros, fazendo por causa das suas obras milhares e milhares de adeptos, trazendo cada dia para a ciência novos discípulos."

Também, mesmo na nossa época, o nome de Flammarion é, para muitos, sinônimo de astronomia.

Conforme dissemos, deixou obra imensa. Além de inúmeros artigos filosóficos e científicos, ela compreende essencialmente uma dúzia de obras de astronomia prática, quinze obras de ensino da astronomia, dez obras científicas diversas, sete obras filosóficas, oito obras metapsíquicas e seis obras literárias.

Acrescentemos que Camille Flammarion criou o observatório astronômico de Juvisy, completando-o com uma estação meteorológica e com uma estação de radiocultura, realizou com finalidade científica numerosas ascensões em balão livre, e, por último, se tornou um ardente defensor da paz entre os homens.

Camille Flammarion foi membro da diretoria do *Instituto Metapsíquico Internacional.*

*FLOURNOY* (Théodore), 1854-1920. – As etapas universitárias do Prof. Flournoy, nascido em Genebra em 1854, são as seguintes: Doutor em Medicina pela Universidade de Estrasburgo em 1878, com uma tese sobre embolia gordurosa; professor extraordinário de Psicologia Fisiológica, em 1891, professor ordinário de Psicologia Experimental em 1906; professor ordinário de Filosofia, de História e de Filosofia das Ciências, em 1915. Professor honorário em 1919.

Sem dúvida a obra magistral de Th. Flournoy é *Das Índias ao Planeta Marte* (Genebra, 1900), na qual o autor põe em evidência o papel da divisão da personalidade nos fenômenos espiritóides. Mostra como se elaboram os *"romances-subliminais"*, e dá uma explicação verossímil às lembranças das "vidas anteriores". Pode-se dizer que êste seu livro marcou época na história da metapsíquica.

Todavia, Flournoy nem sempre foi de uma imparcialidade absoluta no exame dos fatos. Declarou-se hostil *a priori* a toda e qualquer interpretação que supusesse a intervenção duma inteligência estranha. Só esse pensamento lhe provocava, segundo disse várias vezes, uma hilaridade nervosa. Os movimentos sem contato não o interessavam. "Que os objetos se movam ou não se movam, isto me é prodigiosamente indiferente."

Anotemos, por último, que os médiuns lhe causaram algumas desilusões. Numa carta autografada inédita, que possuímos, ele escreveu: "O caráter dos médiuns é muitas vezes impossível, insuportável; foi com uma sensação indizível de alivio que liquidei com Mlle. Smith, pois ela me esgotava a paciência, e me esfalfei em diplomacia durante os anos em que a estudei."

No entanto, apesar dessas críticas, aliás secundárias, a obra metapsíquica de Th. Flournoy permanece capital e, sob certos pontos de vista, pode ser considerada como um modelo no gênero. É composta dos seguintes livros: *Das índias ao Planeta Marte,* (1900); *Espíritos e Médiuns* (1911); A *Filosofia de William James* (1911); Th. Flournoy escreveu além disso: *Metafísica e Psicologia* (1890); *Os Fenômenos cie Sinopsia.* (1893); *Princípios da Psicologia Religiosa* (1903); *O Gênio Religioso* (1904). Devemos também não esquecer numerosos artigos, aliás notáveis, aparecidos nos *Arquivos de Psicologia.*

*DE FONTENAY* (Guillaume). 1861-1914. – Antigo Oficial, Guillaume de Fontenay começou a interessar-se pelos fenômenos metapsíquicos por volta de 1896. Publicou em 1898 a sua obra A *Propósito de Eusapia Paladino,* que contém admiráveis fotografias de mesas em levitação.

Conquanto essencialmente espiritualista, G. de Fontenay foi um positivista em metapsíquica. Descobriu os erros em que haviam caído os Baraduc, os Darget, os Ochorowicz em suas experiências de efluviografia ou de fotografia transcendente. A *Academia das Ciências* aprovou esta parte da sua obra, concedendo-lhe o *Prêmio Fanny Emden.*

G. de Fontenay permanecerá um daqueles que mais contribuíram para eliminar da metapsíquica certo número de fatos errôneos, e um dos primeiros que introduziram a fiscalização fotográfica nos estudos dos fenômenos físicos da mediunidade.

*GELEY* (Gustave), 1865-1924. – Após brilhantes estudos médicos na *Faculdade de Lion,* na qualidade de interno dos hospitais, o Dr. Geley exerceu até 1918 a profissão de médico em Annecy.

"Por sua sagacidade clínica, por sua educação distinta, por seu zelo para com os doentes adquiriu grande reputação", escreve Charles Richet. "Tornou-se logo o médico mais escutado, não só em Annecy, como em toda a região. Nada poderia fazer supor, portanto, que ele abandonasse aquela bela profissão de que tanto gostava e que lhe trazia satisfações de todas as sortes. Contudo, o demônio da pesquisa, demônio terrível, exigente e imperioso, em breve se apoderou dele. Observou assim fatos de lucidez, de sonambulismo, de premonição, que primeiramente o intrigaram, mas que depois o convenceram. De forma que, mesmo se entregando pacificamente à sua clientela, foi empreendendo suas investigações temerárias nos domínios malditos das ciências ocultas."

As suas primeiras pesquisas acham-se consignadas na obra publicada em 1897: *Ensaio de revisão geral e de interpretação sintética do espiritismo.*

Mas os trabalhos que atraíram sobre ele a atenção dos metapsiquistas datam de 1916, época em que principiou, em colaboração com Mme. Bisson, uma série de experiências com o médium Eva C., experiências essas que prosseguiram até 1918.

Em 1919, instado pelos seus amigos Prof. Richet e Prof. Santoliquido, conselheiro de Estado da Itália, Geley assumira a direção do *Instituto Metapsíquico Internacional* que acabava de ser fundado por Jean Meyer e que foi reconhecido de utilidade pública no dia 23 de abril daquele mesmo ano.

Apenas instalado no n.º 89 da avenida Niel, sede do IMI, Geley fez vir da Polônia o célebre médium de materializações Franek Kluski e empreendeu com aquele extraordinário percipiente retumbantes experiências de ectoplasmia.

Em 1922 e em 1923, deu com Guzik uma série de sessões de demonstração que redundaram no famoso manifesto dos 34. Mais de oitenta personalidades da elite parisiense assistiram àquelas sessões e, conforme já dissemos, havia entre os assistentes professores de Medicina e de Direito, membros da *Academia das Ciências* e da *Academia Francesa,* médicos, escritores, engenheiros, peritos da Polícia. Excetuados três ou quatro que tiveram a má sorte de estar presentes a algumas sessões negativas, todos os experimentadores se declararam convencidos da realidade da telecinesia e de certas manifestações luminosas ou ectoplásmicas. Aqueles que seguiram e acompanharam mais demoradamente as experiências assinaram um relatório sintético, prudente e sucinto, porém bastante afirmativo: *O Manifesto dos 34.* Tal documento recebeu na realidade 35 assinaturas, porém um erro inicial de tipografia o popularizou com aquele título.

Em 1924, o Dr. Geley estudou o médium italiano de efeitos luminosos, Erto, e descobriu a fraude. A tal respeito, escreve Charles Richet: "Bom é lembrar aqui este fato, a fim de provar, caso seja necessário ainda, que foram sempre os metapsiquistas que descobriram as trapaças dos médiuns; nunca foram os outros, isto é, os incompetentes que desvendaram certos estratagemas dos médiuns."

Conquanto predominantemente voltado para o estudo dos grandes fenômenos físicos da mediunidade, contudo Geley jamais negligenciou a metapsíquica intelectual; e, de 1921 a 1923, realizou quer em Varsóvia quer em Paris uma série de experiências decisivas e categóricas de criptestesia com o médium polaco Stéphan Ossowiecki. Antes, já em 1920, dirigira um inquérito sobre a lucidez com objetivo humano.

Infelizmente a morte brutal o surpreendeu em plena atividade. Após haver assistido em Varsóvia a algumas sessões de materializações em que atuara o médium Franek Kluski, ele tomou um avião para Paris, onde o aguardavam novos trabalhos. Deu-se a queda fatal em cima dos subúrbios de Varsóvia. Geley, retirado cheio de fraturas cominutivas debaixo dos destroços do aparelho, segurava ainda na mão uma pequena valise dentro da qual foram encontrados fragmentos dos moldes ectoplásmi- cos que ele obtivera durante as suas últimas experiências. Fato curioso: o piloto do avião da carreira regular Varsóvia-Paris, tendo sabido da existência dos moldes bem como da respectiva origem, se recusara a partir com objetos que ele considerava "diabólicos e maléficos". E o Dr. Geley teve que fretar um avião especial.

Gustave Geley não foi apenas um experimentador ousado; também foi um teórico da metapsíquica; digamos melhor, um metafísico do paranormal. Acreditava numa espécie de evolucionismo providencial e moral, tentou montar suas ideias sobre bases científicas e metapsíquicas. Em suas concepções, os fenômenos paranormais não apareciam mais como fato aberrante, vinham, pelo contrário, inserir-se harmoniosamente no evolver regular das coisas.

Pensava Geley que existe no ser e no Universo manifestado um dinamopsiquismo essencial que, progressivamente, passa do Inconsciente para o Consciente.

"A evolução coletiva", escreve ele, "como a evolução individual, pode ser resumida nesta fórmula: *passagem do inconsciente ao consciente.*

"No indivíduo, o ser aparente, submetido ao nascimento e à morte, limitado em suas capacidades, efêmero na sua duração, não é o ser real, não passa duma representação ilusória, atenuada e fragmentária.

"O ser real, aprendendo pouco a pouco a conhecer a si mesmo e a conhecer o Universo, é a centelha divina em via de realizar a sua divindade infinita em suas potencialidades, criadora e eterna.

"No Universo manifestado, as diferentes aparências das coisas não são, elas mesmas, senão a representação ilusória, atenuada e restrita, da unidade divina que se realiza numa evolução indefinida.

"Assim, a constituição dos mundos e dos indivíduos não é senão a realização progressiva da consciência eterna pela multiplicidade progressiva de criações temporárias ou de objetivações."

Por estas concepções, Geley remonta às grandes religiões hindus, às doutrinas de Pitágoras, de Platão, de Averroés, de Spinoza, de Schopenhauer, de Novalis.

A obra experimental e filosófica de Geley acha-se nos seguintes livros:

*Ensaio de revisão geral e de interpretação sintética do espiritismo (Lião, 1897); O Ser Subconsciente (Paris, 1899); Monismo Idealista e Palingenésia (Annecy, 1912); A Chamada Fisiologia Supranormal e os Fenômenos de Ideoplastia (Paris, 1918); Do Inconsciente ao Consciente (Paris, 1919); A Ectoplasmia e a Clarividência (Paris, 1924).*

Todos estes livros são apaixonantes e de leitura fácil. Ao contrário de certas teorias ou pontos de vista filosóficos de bases metapsíquicas cuja característica principal é serem absconsas e propriamente impenetráveis, as concepções de Geley são simples, claras, luminosas mesmo.

Infelizmente, às vezes falta a Geley certa precisão nos relatórios, e isso constitui, se assim podemos dizer, uma falha nas suas qualidades, um exagero na procura da nitidez de expressão. Os seus relatórios realmente às vezes são "sintéticos", e isso não satisfaz a mente ávida de pormenores circunstanciados. Além do mais, no início dum relato de experiências de ectoplasmia ou de telecinesia, não raro se lê apenas uma frase como esta: "Precauções e controle habituais." Ora, isto é muito insuficiente quando se tem que descrever fatos tão importantes e tão discutidos, como são os fenômenos físicos paranormais. Em tais condições, o leitor fica incapacitado para fazer uma opinião correta sobre o valor da experiência.

Da nossa parte julgamos que um relato de experiências não é necessariamente um trecho de retórica; deve ser, antes de tudo, uma estenografia simples porém integral do quanto se disse, se fez e se passou.

*HYSLOP* (James-Harvey), 1854-1920. – Nascido em Xenia, Ohio (Estados Unidos) em 1854, James-Harvey Hyslop fêz os seus estudos no *Colégio de Wooster* e, em seguida, durante alguns anos, na Universidade de Leipzig. Na qualidade de professor de Filosofia ocupou a cátedra de Lógica e de Ética na Universidade de Colúmbia; porém, se exonerou em 1902 por motivos de saúde. Foi secretário do ramo norte-americano da *Sociedade Inglesa de Pesquisas Psíquicas* (SPR) e em seguida presidente da *Sociedade de Pesquisas Psíquicas da América do Norte.*

Em seus trabalhos filosóficos e em suas pesquisas metapsíquicas, o Prof. Hyslop se mostrou acima de tudo um lógico, e foi através do raciocínio que chegou à convicção da sobrevivência. Afirmava ele: "Se a rigor é possível explicar as comunicações mediúnicas pela telepatia, isso também prova ainda assim a existência dum mundo transcendental e permite afirmar que o cérebro não é o instrumento necessário da consciência."

As principais obras metapsíquicas do Prof. Hyslop são as seguintes: *Borderland of Psychical Research* (Fronteiras da Pesquisa Psíquica); *Enigmas of Psychical Research* (Enigmas da Pesquisa Psíquica); *Science and a Future Life* (A Ciência e uma Vida Futura); *Psychical Research and the Resurrection* (A Pesquisa Psíquica e a Ressurreição, um resumo dos três volumes anteriores), *Life after Death; Contact With the Other* (Vida Após a Morte; Contato com o Outro Mundo). Também publicou trabalhos filosóficos, entre os quais podemos citar: *Elements of Logic* (Elementos da Lógica), *The Ethic of Hume* (A Ética de Hume); *Elements of Ethic* (Elementos de Ética); A *Syllabus of Psychology* (Um Roteiro de Psicologia).

## *INSTITUTO METAPSÍQUICO INTERNACIONAL (I.M.I.)*

*O Instituto Metapsíquico Internacional* foi fundado em 1919 por personalidades científicas agrupadas em redor do grande fisiologista Charles Richet e graças à ajuda financeira de Jean Meyer. O seu primeiro comitê de direção e administração compreendia as seguintes pessoas: Prof. Charles Richet, do *Instituto de França,* presidente de honra; Prof. Rocco Santoliquido, Conselheiro de Estado da Itália, Conselheiro Técnico da *Saúde Pública Internacional,* presidente; Conde A. de Gramont, do *Instituto de França,* vice-presidente; Dr. Gustave Geley, diretor; Saurel, tesoureiro; e mais os seguintes sócios: Dr. Calmette, médico, inspetor-geral; Gabriel Delanne, psiquista; Camille Flammarion, astrônomo; Jules Roche, antigo ministro; Dr. J. Teissier, professor de Clínica Médica da *Faculdade de Lião.*

Por decreto de 23 de abril de 1919 o *Instituto Metapsíquico Internacional* foi reconhecido de utilidade pública.

A sua sede, que é Paris, situava-se desde a fundação até 1955 num prédio magnífico da Avenida Niel, n.º 89 (XVII); acha-se agora, desde aquela data, num edifício mais modesto, praça Wagram n.º 1 (XVII e.).

O IMI possui um laboratório provido de instrumentos experimentais e registradores, uma biblioteca, uma sala de leitura e uma sala de conferências. Ele publica a *Revue Métapsychique,* que documenta as pesquisas do Instituto bem como a atividade metapsíquica e parapsicológica mundial. As finalidades do IMI são totalmente desinteressadas. Não só não obtém nem visa a nenhum benefício material dos seus trabalhos, como estes até necessitam da ajuda financeira das pessoas ou das coletividades que queiram interessar-se pelo seu desenvolvimento.

Foram seus presidentes e diretores, sucessivamente:

*Presidentes:* Prof. Rocco Santoliquido (1919-1930); Prof. Charles Richet (1930-1935); Dr. Jean-Charles Roux (1935-1940); Dr. E. Lenglet (1940-1947); Dr. F. Moutier (1948-1949); René Warcollier (1950-1962); Dr. Martiny.

*Diretores:* Dr. Geley (1919-1924); Dr. Osty (1925-1938).

Atualmente o comitê de direção e de administração do Instituto acha-se assim constituído:

*Presidente:* Maurice Martiny, doutor em Medicina, professor da *Escola de Antropologia.*

*Vice-Presidente:* Mareei Osty, engenheiro.

*Tesoureiro e Secretário Geral:* François Masse, comissário-geral da Marinha.

René Dufor, doutor em Ciências; René Cardy, engenheiro consultor, doutor em Ciências; Raphaêl Khérumian; Hubert Larcher, doutor em Medicina; Gabriel Mareei, do *Instituto de França;* Edmond Offenstadt, homem de letras; Henri Piriou, advogado; Robert Tocquet, professor da *Escola de Antropologia* e das classes preparatórias das *Grandes Escolas Científicas;* Pierre Warcollier, doutor em Medicina.

*Secretário:* Mlle. E. Galloy.

Entre os membros de honra do IMI, citaremos: Mrs. Eileen J. Garrett, presidente da Parapsicology Foundation de Nova York (USA), Dr. William Mackensie, presidente de honra da Società Italiana di Metapsichica, de Roma (Itália); Dr. Henri Desolle, professor da *Faculdade de Medicina de Paris;* Coronel Keller, Paris; Prof. J. B. Rhine, da *Duke University,* de Durham (USA); Dr. S. G. Soai, da *Universidade de Londres;* Dr. G. Maingot, eletrocardiologista dos Hospitais de Paris; Dr. Pierre Prost, psiquiatra, Paris; Prof. Gardner-Murphy, diretor da *Menninger Foundation,* de Topeka, Kansas (USA); Dr. J. Vinchon, antigo chefe de clínica dos Hospitais de Paris.

Conta além disso treze comissões de trabalho que se propõem estudar os diferentes aspectos da metapsíquica (metodologia, fenômenos subjetivos, fenômenos objetivos, exploração do inconsciente, o problema dos curandeiros etc.). Elas foram criadas pelo Dr. Martiny assistido pelos membros da diretoria e da administração. Funcionam sob os auspícios do IMI; porém, sendo constituídas por personalidades (professores, médicos, psiquiatras, psicólogos, etnólogos, físicos, matemáticos eminentes etc.) que em sua maior parte não pertencem à entidade, tais comissões possuem por isso certa autonomia em face do IMI.

*JAMES* (William), 1842-1910. – O Prof. William James nasceu em Nova York em 1842, um ano antes de seu irmão Henry, romancista célebre que se naturalizou inglês. William James dedicou-se primeiro ao estudo da Medicina na *Universidade de Harvard* e recebeu o diploma de doutor em 1869; algum tempo depois assumiu as funções de professor-assistente de Anatomia e de Fisiologia. Mas, atraído sempre pela Filosofia, em 1885 foi nomeado professor titular de filosofia.

A sua primeira obra filosófica é *O Sentimento do Esforço,* na qual já se patenteia a tendência que em seguida tomou o seu pensamento e que se afirmou principalmente em *Os Princípios da Psicologia,* obra que se tornou clássica, e em *A Vontade de Crer.* Aí se pressente deveras a sua passagem para a doutrina do pragmatismo, da qual se fez o apóstolo mais autorizado se não o fundador; pois, dum lado, o filósofo e sábio norte-americano Charles Sanders Peirce já havia lançado esse termo em 1878, e, por outro lado, o neocriticismo francês e o humanismo inglês haviam lançado as bases dessa filosofia geral. Em seguida apareceu o livro *As Variedades da Experiência Religiosa,* sobre o qual Addington Bruce pôde declarar no *Transcript* de Boston: "Mesmo que William James não houvesse escrito outras obras, só este livro lhe asseguraria um lugar na história da filosofia." Por fim, William James publicou *O Pragmatismo.* A doutrina, nascida de preocupações teológicas, se propunha inicialmente encontrar uma definição da verdade religiosa; depois foi conduzida a tentar uma revisão geral do conceito de verdade. Segundo o pragmatismo, o verdadeiro é aquilo que é cômodo, que dá certo em todos os sentidos destas palavras, desde os sentidos mais estreitos até os mais amplos e os mais elevados.

Foi precisamente sob o ângulo do pragmatismo que William James examinou os fenômenos psíquicos. Isto é, em suma, dum modo sereno e experimental.

Em 1882, a Sociedade Inglesa de Pesquisas Psíquicas constituiu-se com a finalidade de "estudar de maneira organizada e sistemática diferentes espécies de fenômenos contestados e à primeira vista inexplicáveis por qualquer das hipóteses conhecidas." Dois anos mais tarde, por iniciativa de sábios e de filósofos, entre os quais figurava exatamente William James ao lado de Newcomb, Stanley, Hall, Pickering, Peirce, Royce etc., foi fundada nos Estados Unidos uma filial da Sociedade Inglesa de Pesquisa Psíquica e cujo objetivo, definido pelos estatutos, era "o estudo sistemático das leis da natureza mental".

Cinco comissões foram criadas: a de transmissão do pensamento; a das aparições e casas mal-assombradas; a dos fenômenos mediúnicos; a do hipnotismo; e a de psicologia experimental.

A clarividência de percipientes em estado de transe atraía desde muito tempo a atenção de William James; mas foi a célebre Mrs. Piper que acarretou a sua convicção. Após a morte de seu amigo Hodgson, em 1905, ele fez questão de averiguar pessoalmente a identidade do "espírito" do mesmo Hodgson que se manifestava através de Mrs. Piper. Daí o famoso relatório sobre o *Controle Hodgson de Mrs. Piper,* relatório esse que conclui formalmente pela existência duma "vontade de personificação" capaz de servir-se das fontes paranormais da informação.

Todavia, os fenômenos que ele pôde observar em Mrs. Piper ou em outros médiuns desse gênero não conseguiram dar-lhe a prova irrefutável que procurava da sobrevivência da personalidade humana após a morte corporal.

Foi igualmente do ponto de vista pragmático que W. James se interessou pela *Christian Science* (Ciência Cristã) e pelo *New Thought* (O Pensamento Novo), que são ao mesmo tempo doutrinas metafísicas e métodos de cura pelo pensamento; mas ele percebeu muito bem que se podiam atribuir-lhes maior número de insucessos do que de curas, e isso o levou a pesquisar o mecanismo destas. Daí os seus estudos sobre o hipnotismo e sobre o papel da sugestão no aparecimento das doenças e na recuperação da saúde.

Sem dúvida William James foi um dos maiores e mais brilhantes representantes da filosofia norte-americana. Na sua psicologia, ele também se mostra afastado do atomismo intelectual dos associacionistas bem como do intelectualismo dos racionalistas. As suas teorias sobre as emoções são duma rara engenhosidade. "A ideia que fazemos naturalmente das emoções", escreve ele, "é que a percepção mental dum fato excita a atração mental chamada emoção, e que este último estado espiritual dá nascimento à expressão corporal. A minha teoria, pelo contrário, é que as transformações corporais se seguem imediatamente à percepção do fato excitante, e que o sentimento que temos dessas transformações à medida que elas se vão produzindo é a emoção."

Por outra parte, conforme já vimos, W. James contribuiu bastante para desenvolver o pragmatismo. E, a tal respeito, a grande originalidade do seu pensamento reside no fato de haver ele concebido a Religião como um meio de agir sobre a natureza, da mesma forma que a Ciência. Ela seria, como esta, uma experiência contínua feita pelo indivíduo numa parte do Universo que escapa às investigações científicas. Ela servir-se-ia, como a Ciência, a fim de completar a suas investigações, da indução e da hipótese. Propor-se-ia, como a Ciência, modificar em benefício do homem o curso dos fenômenos naturais. "Nada podemos saber", escreve William James, "das origens primeiras e dos destinos derradeiros do universo e da humanidade; depende de nós a opção de crença numa ou noutra doutrina, sobre tais questões. E as há tristes e desanimadoras. E outras fornecem à vida uma regra, uma esperança e sustentáculo. Faríamos mal, portanto, se não déssemos voluntariamente a nossa adesão a estas". E W. James escreve textualmente: "Se a Ciência nos dá o telégrafo e a eletricidade, a Religião nos dá o sossego, a paz e a felicidade, que valem o telégrafo e a eletricidade."

Acrescentemos como remate, que o estilo nítido, simples, claro, atraente e às vezes originais de W. James lhe permite impor as suas ideias nos meios onde, via de hábito, a Psicologia e a Filosofia causam pouca impressão.

*JUNG* (Carl-Gustav), 1875-1961. – Filho de pastor, Carl-Gustav Jung foi um menino precoce; aos seis anos de idade lia correntemente o latim. Fez seus estudos de Medicina em Basiléia, Zurique e Paris, onde seguiu os cursos de Psicologia do Prof. Pierre Janet, antes de se tornar, em 1907, discípulo e colaborador de Sigmund Freud. Separou-se do mestre um ano depois da publicação da sua primeira obra, *Metamorfoses e símbolos da libido.*

As teorias psicanalíticas de Jung diferem com efeito bastante das de Freud; primeiramente, por uma espécie de "dessexualização" da libido ampliada num princípio cósmico; e, depois, pela introdução, ao lado do inconsciente individual, dum inconsciente coletivo, herança ancestral onde se revelam os "arquétipos". Mas a sua influência sobre a Psiquiatria não se compara à de Freud nem à de seu compatriota e discípulo Alfred Adler; contudo, as suas teorias sobre o psiquismo lhe valeram inúmeros discípulos e admiradores no mundo inteiro.

Jung é mais conhecido, em metapsíquica e em parapsicologia, como um teórico que substituiu pelo princípio da sincronicidade o da causalidade para explicar o fenômeno *psi.* Aplicou este conceito também à astrologia. Assim é que em sua obra *Aíon* ele se empenha em destacar a evidência de certas sincronicidades cósmicas e históricas.

Não deixou de ser um experimentador. Aliás, desde a primeira mocidade teve ensejo de observar fenômenos paranormais de ordem intelectual porque a sua avó materna e a sua mãe possuíam o dom da vidência.

Durante os anos de 1899 e 1900, Jung organizou verdadeiras sessões de espiritismo, e recorreu a um dos seus primos como médium. Essa atividade lhe forneceu as bases para a sua tese de doutoramento, *Psicologia e patologia dos chamados fenômenos ocultos.* "Neste estudo", escreve Aniela Jaffé (*Zeitschrift fur Parapsychologie und Grenzgebiete der Psychologie*) "já se anuncia a noção importante do complexo autônomo no inconsciente".

"Mas foi muito mais tarde", anota o mesmo autor, "que Jung manifesta de novo uma atenção particular para tais questões. No opúsculo *As bases psicológicas da crença espírita,* aparecido em 1919, ele explica os "espíritos" e outros fenômenos ocultos pelo ponto de vista psicológico como complexos conscientes." Contudo, trinta anos mais tarde, Jung já não é mais assim tão cético a respeito da existência real dos "espíritos" e não pensa mais que uma simples explicação psicológica seja capaz de abarcar a totalidade dos fenômenos espíritas.

Por fim, a começar de 1920, Jung empreendeu com o médium Rudi Schneider uma série de experiências, durante as quais observou fenômenos de telecinesia e de ectoplasmia. Dez anos mais (arde, segundo relata ainda Aniela Jaffé, Jung experimentou também com o médium O. Schl. "Mas não explorou cientificamente tais experiências."

A obra filosófica de Jung é muito importante. Entre os livros já assinalados, incluem-se também os seguintes: *Psicologia da Demência Precoce; Psicologia do Inconsciente; Psicologia e Religião; A*

*Integração da Personalidade; Simbolismo do Espírito; A Energética Psíquica; Metamorfoses e Símbolos da Alma; A Cura Psicológica; Os Tipos Psicológicos; O Homem à Procura da sua Alma; Gestaltungen des Unbewussten; Naturerklarung und Psyche; Psychologie und Alchemie; Mysterium Coniuntionis; Die Wurzeln des Bewusstseins.*

*LODGE* (Oliver), 1851-1943. – Físico inglês, autor de notáveis trabalhos sobre óptica, eletricidade, física do éter e telegrafia sem fio. Reitor na Universidade de Birmingham e membro da *Royal Society.*

Sir Oliver Lodge interessou-se muito cedo pela metapsíquica. Em 1884 já era membro da *Society for Psychical Research.* Estudou primeiramente a metapsíquica subjetiva e em particular a telepatia. Em 1894 abordou a metapsíquica física com o médium Eusapia Paladino. Em seguida se orientou nitidamente para o espiritismo nas suas pesquisas experimentais com Mrs. Piper, Mrs. Versall, Mrs. Thompson e Mrs. Leonard. Após a morte de seu filho Raymond no campo de batalha no ano de 1915, a sua fé na sobrevivência se reforçou ainda mais. A tal respeito, se muitas das comunicações que ele obteve e que pareciam provir de Raymond já falecido podem ser explicadas pela telepatia ou pela metagnomia se exercendo entre vivos, algumas há que deixam subsistir um ponto de interrogação. Tal foi o episódio do "telégrafo", que vamos relatar de modo sucinto.

Os outros filhos de Lodge, considerando que as provas que Raymond desencarnado oferecia em favor da sua sobrevivência ainda eram insuficientes, imaginaram uma prova que lhes parecia poder vir a dar resultados mais convincentes. Enviaram ao pai, dentro dum envelope lacrado, uma carta com três perguntas que deviam ser submetidas a Raymond por intermédio dum percipiente. Referiam-se a fatos de pequena importância, mas que mesmo assim Raymond deveria lembrar-se ainda, por terem sido recentes, mas que Oliver Lodge e Lady Lodge ignoravam por completo.

As três perguntas foram feitas a Raymond através do médium Mrs. Leonard. Para as duas primeiras, as respostas foram boas; principalmente a primeira, bastante significativa. A pergunta era a seguinte:

— Você se lembra de alguma coisa a respeito da palavra *Argonautas?*

*Resposta:* — Lembro-me.

*Lodge:* — Quer me dizer o que ela lhe recorda?

*Resposta:* — Quero.

Foi dada em seguida a palavra *Telégrafo.*

Sir Oliver Lodge, ignorando o que tudo aquilo poderia significar, submeteu o resultado aos filhos, que se mostraram desapontados, pois não era a resposta que eles esperavam. Mas as irmãs se lembraram logo que, no ano precedente, Raymond viajando como turista pelo Devonshire com todos os irmãos, foi a uma agência do telégrafo a fim de mandar um despacho aos pais em nome de todos dizendo que tudo ia muito bem; e por piada assinara *Argonautas;* mas Sir Oliver Lodge e Lady Lodge, achando-se em viagem, nada vieram a saber do tal telegrama.

O interessante no caso é que, se Sir Oliver Lodge e Lady Lodge desconheciam esse fato, isto é o caso do telegrama, por sua vez os irmãos de Raymond ignoravam o não recebimento do mesmo; de modo que a resposta que esperavam era muito outra.

Ora, visto que em tal circunstância é muito difícil falar-se em telepatia, então a hipótese espírita parece mais simples e mais racional do que uma explicação metapsíquica. Foi exatamente a hipótese que Sir Oliver Lodge adotou após haver feito uma série de observações desse gênero.

Ele é autor de mais de 30 obras científicas, filosóficas ou metapsíquicas publicadas em idioma inglês. Entre as mais suscetíveis de interessar os metapsiquistas e os parapsicólogos, citaremos as seguintes: *Life and Matter* (1905); *Science and Religion* (1905); *Work and Life* (1906); *Mand and ihe Universe* (1ª edição, 1908 e 2.ª edição 1913); *Survioal of Man* (1908); *The Ether of Space* (1909); *Reason and Belief* (1910); *Modem Pro- blems (1912); Continuity (1913); The War and After (1916); Raymond, or Life and Death (1916); Christopher (1918). As obras filosóficas ou metapsiquicas de Sir Oliver Lodge traduzidas em francês são: La Vie et la Matière (2.ª edição, 1909); La Survivance Humaine (1912); Raymond ou La Vie et la Mort (1920); L'Evolution Biologique et Spirituelle de l'Homme (1925); Pourquoi je crois à Timmortalité personelle (1929).*

*LOMBROSO* (Cesare) 1836-1909. – O Prof. Lombroso foi um célebre antropologista e criminalista italiano. São as seguintes as suas principais obras de criminologia, nas quais sustenta que o criminoso é muito mais um doente do que um culpado: *O Gênio e a Loucura; O Homem Criminoso; O Crime, Causas e Remédios.*

Materialista impertérrito durante a maior parte da sua existência, o Prof. Lombroso começou por combater *a priori* a realidade dos fenômenos mediúnicos; contudo, após experiências a que submeteu Eusapia em 1891, na companhia dos Prof. Tamburini, Bianchi e Vizioli, escreveu estas linhas que causaram naquela época profunda repercussão no mundo sábio: "Sinto-me inteiramente confuso e lamento haver combatido com tanta persistência a possibilidade dos chamados fatos espíritas; refiro-me aos fatos, porque continuo ainda a opor-me à teoria. Mas os fatos existem e me gabo de estar escravizado a eles *(dei fatti mi vanto di essere schiavo).*"

Todavia, prosseguindo as suas experiências, Lombroso se converteu pouco a pouco ao espiritismo e no fim da vida se declarou abertamente adepto da doutrina. Foi então que escreveu *After Death What?* (Após a Morte, o Quê?), obra em que um dos capítulos é consagrado à "Biologia dos Espíritos".

No seu conjunto, a obra de Cesare Lombroso permanecerá nos anais metapsíquicos, pois nela se acham relatados fatos autêntica- mente paranormais e dum grande interesse. Mas infelizmente ela apresenta insuficiências palpáveis e contém erros. Primeiro, porque Lombroso às vezes tirava conclusões apressadas; e, depois, porque de vez em quando o mistificavam, principalmente no âmbito do hipnotismo e da telepatia.

*MAXWELL* (Joseph) 1858-1938. – O Dr. J. Maxwell foi jurista de carreira, e nessa qualidade exerceu durante numerosos anos as funções de Procurador Geral da *Corte de Apelação* de Bordéus. Mas, desejando adquirir conhecimentos científicos e médicos que julgava indispensáveis a quantos se vêem em contato com delinquentes, criminosos e alienados, seguiu o curso de medicina da Faculdade de Bordéus até obter o diploma de doutor em Medicina.

Interessando-se vivamente pelos fenômenos paranormais, publicou em 1909 *Os Fenômenos Psíquicos,* onde coordena os métodos de investigação que convém empregar em metapsíquica, e onde descreve os diversos fenômenos mediúnicos a que teve ensejo de assistir. Um dos capítulos mais interessantes e mais curiosos do livro é consagrado aos raps. O Dr. Maxwell dá grande importância também, nesse livro, à cristaloscopia.

O seu livro sobre a magia, e que tem exatamente o título de *A Magia* (Paris, 1921), não é menos cativante; constitui um estudo ao mesmo tempo sociológico e metapsíquico, e chega a esta conclusão: "Não está esgotada a fecundidacfe da magia, e atingimos o momento em que a ciência conquistará um conjunto de fenômenos complexos nos quais podemos pressentir a ação de modos desconhecidos da energia, a intervenção de modos de conhecimento cuja análise ainda não foi feita." A obra que ele publicou em seguida, A *Adivinhação,* completa os seus estudos sobre a magia.

Enfim, em 1933, o Dr. Maxwell fez aparecer *Le Tarot* (Paris) no qual se propõe explicar cada uma das 72 lâminas do jogo do *tarot,* tanto em sua forma como em sua significação profunda. "O Tarot", diz ele, "é uma espécie de livro escrito em símbolos". A obra termina expondo dois métodos simples de adivinhação pelos *tarots,* e pelos quais métodos a intuição opera mais favoravelmente.

O Dr. Maxwell escreveu outras obras, tais como *O misticismo contemporâneo (1893); Um magistrado hermetista (1896); O mundo no ano 2000 (1902); A amnésia na epilepsia (1903); O Crime e a Sociedade (1909); etc.*

Era membro da diretoria do Instituto Metapsíquico Internacional.

*MORSELLI* (Enrico), 1852-1929. – Ao mesmo tempo psicólogo, psiquiatra, antropólogo e filósofo, o Prof. Enrico Morselli foi um sábio de grande envergadura, muito renomado na Itália e no estrangeiro. Além de professor do *Ateneu* de Gênova e de diretor do *Manicomium* da mesma cidade, dirigiu uma grande clínica para doentes mentais. Pertencia à escola materialista, ou melhor, conforme ele próprio emendava, à escola monista-mecanicista. Não só repudiava os fenômenos paranormais como considerava quantos acreditavam em sua realidade meros alucinados, quando não loucos.

Foi após haver assistido a uma série de experiências com Eusapia Paladino que ele mudou completamente de opinião. Os resultados das suas observações acham-se expostos numa obra em dois volumes, *Psicologia e Spirilismo, impressioni e note critiche sui fenomeni medianici di Eusapia Paladino* (Turim, Bocca, 1908). Essa obra também foi condensada pelo autor sob o título: *E. Paladino et la réalité des phénomènes médiuniques,* nos números 4 e 5 dos *Annales des Sciences Psychiques,* de 1907.

Neste livro muito completo e perfeito sob todos os pontos de vista, Morselli passa em revista os fenômenos de tiptologia, as telecinesias, as formações ectoplásmicas, as levitações, os efeitos luminosos etc., produzidos por Eusapia, e lhes reconhece a autenticidade metapsíquica.

A repercussão foi considerável porque atestava aos cientistas incrédulos a realidade dos fenômenos mediúnicos. Ainda agora não enfraqueceu o interesse que ele apresenta, e vivamente lhe recomendamos a leitura.

Entre as outras obras de Enrico Morselli podemos citar: *Critica e riforma dei método in antropologia (1880); Antropologia gene- rale (1911); Le Nevrosi traumatiche (1931); L'Uccisione pietosa (1925); La Psicanalisi (1906).*

*OCHOROWICZ* (Julian), 1850-1918. – O Prof. Julian Ochorowicz, sábio polonês, era doutor em Filosofia. Interessou-se primeiro pelos fenômenos hipnóticos, e em 1882 publicou a sua obra magistral, A *Sugestão mental.* Em 1893 e 94 assistiu em Roma e em Varsóvia a um grande número de sessões dadas por Eusapia Paladino. A fim de explicar as telecinesias produzidas por aquele médium, Ochorowicz aventou a hipótese dos "raios rígidos" e esforçou-se para averiguá-los com a ajuda de diversos dispositivos instrumentais. Em seguida estudou demoradamente (de 1909 a 1914) o médium polonês Mlle. Tomczyk, produtora de efeitos físicos. Parece que os fenômenos apresentados por aquele médium foram, conforme acontece muitas vezes, uma mistura de fatos autenticamente paranormais e de trapaças mediante estratagemas mais ou menos sutis.

*OSTY* (Eugène), 1874-1938. – Nascido em Paris no dia 16 de maio de 1874, o Dr. Osty exerceu a medicina primeiro no departamento do Cher e depois em Paris. Publicou em 1943 os primeiros resultados de suas investigações sobre o conhecimento de ordem paranormal num livro intitulado *Lucidez e Intuição.*

Alguns anos depois outro livro, *O Sentido da Vida Humana,* nos fez conhecer o seu pensamento filosófico.

Os fenômenos subjetivos interessaram-no de modo particular, e assim em 1922 em sua obra notável, *O Conhecimento Paranormal,* expôs tudo quanto a tal respeito a experiência lhe ensinara. Esta obra fundamental indispensável a todo aquele que deseje enfronhar-se na metapsíquica subjetiva, põe em evidência as extraordinárias possibilidades da metagnomia.

Após a morte trágica do Dr. Geley, ocorrida em 1924, Osty, por instâncias do Prof. Charles Richet, assumiu a direção do *Instituto Metapsíquico Internacional.*

Foi ali que ele estudou primeiramente diversos percipientes metapsíquicos capazes de efetuar efeitos intelectuais: o clarividente Ludwig Kahn, o metagnomo Pascal Forthuny, o calculador prodígio A. Fleury, Lesage, que pintava sem nunca haver aprendido, Mme. Kahl, que fazia aparecer em seu próprio braço, por uma espécie de demografia, aquilo que o operador pensava, a vidente Jeanne Laplace, bem como, ainda, Mlle. Osaka, possuidora de prodigiosa memória para os números, e Mme. Detey.

Foi também ali no Instituto que o Dr. Osty desmascarou alguns médiuns de efeitos físicos: Mme. Bourniquel e Stanislawa P.

Pouco inclinado para o estudo dos fenômenos materiais da me- diunidade, contudo se deve ao Dr. Osty neste ramo da metapsíquica uma descoberta capital que coroa toda a sua obra. Após haver observado em excelentes condições de controle o médium polonês J. Guzik, especializado em materalizações e telecinesias, o Dr. Osty empreendeu, em colaboração com seu filho, o engenheiro Mareei Osty, o estudo psicofísico do médium austríaco Rudi Schneider. E, graças a um dispositivo experimental muito engenhoso, Eugène Osty e Mareei Osty mostraram que sempre que Rudi procurava produzir uma telecinesia emitia ou projetava uma substância invisível capaz de absorver parcialmente o infravermelho. Assim, pois, o Dr. Osty e seu filho foram os primeiros a determinar os caracteres da força mediúnica, a seguir lhe as manifestações e a registrar lhe as variações. Os seus trabalhos acham-se consignados numa brochura publicada em 1832: *Os poderes desconhecidos do espírito sobre a matéria.*

Este verbete, devendo ser muito resumido, só pode dar uma ideia imperfeita da obra do Dr. Osty. Para medir-lhe a extensão e a importância será preciso ir às fontes, ler os livros e os artigos do saudoso diretor do IMI. E então se é tentado a pensar, e com justiça, que começa deveras com o Dr. Osty a metapsíquica científica. Com efeito, os seus trabalhos conduzidos segundo as regras da lógica mais sadia não se acham, em nenhum dos casos, prejudicados pelo relato de fenômenos duvidosos ou fraudulentos. "É que", escreve o Dr. François Moutier, "graças aos seus dons inatos, desenvolvidos por um labor incessante, Osty soube separar o verdadeiro do falso, o provável do possível. Era claro, lógico, sincero; nele, a convicção não promanava da credulidade, o ardor não decorria da impaciência, e o entusiasmo não advinha da irreflexão."

Apreciar-se-á melhor ainda a grandeza da sua obra ao saber-se do verdadeiro apostolado que o Dr. Osty exerceu no IMI. Além de ter que sobrepujar dificuldades materiais, precisou principalmente lutar contra a indiferença, a estupidez, a incompreensão e a inveja. Os primários, os incapazes, os tolos e os exaltados, que infelizmente não são raros nos nossos meios, tentaram subestimar o valor dos seus trabalhos. Se o Dr. Osty se sentiu amargurado em face de ataques sorrateiros e mordazes, teve pelo menos a satisfação de verificar e sentir que as pessoas sensatas, os meta-psiquistas e os sábios sempre se referiam à sua obra como uma das mais importantes de toda a metapsíquica. Conforme diz com muita exatidão o Dr. F. Moutier: "No terreno onde outros vagavam sonhando, o Dr. Osty soube construir uma nova obra. Uma obra fecunda e duradoura."

*PRICE* (Harry), 1881-1948. – Harry Price foi levado à metapsíquica pelo canal da prestidigitação. Pois na qualidade de prestidigitador principiou a estudar alguns médiuns, movido apenas pelo intento de descobrir e aprender seus estratagemas e trapaças. Mas acabou por se compenetrar, primeiro diante das manifestações de Willy Schneider, depois em 1923 diante das de Stella C., que nem tudo é embuste na mediunidade física, muito pelo contrário, a telecinesia e a ectoplasmia, por exemplo, sendo realidades.

As suas impressões das experiências de Stella acham-se consignadas no livro *Stella C., an account of some original experiments in psychical research* (Londres, 1925). A obra apareceu simultaneamente em língua francesa com o título *Expériences scientifiques avec um nouveau médium* (Stella C.).

Harry Price estudou em seguida (1929), com um luxo de controle jamais igualado, o médium austríaco Rudi Schneider, presenciando telecinesias e "teleplasmas" de caráter indiscutivelmente paranormal. Tais fenômenos acham-se relatados em *Rudi Schneider* — A *scientific examination of his mediumship, by Harry Price* (Londres, 1930). Trata-se de obra objetiva, clara e completa, desprovida de quaisquer teorias inúteis, de dissertações pueris e de logomaquia vã.

Infelizmente mais tarde Harry Price, nas suas investigações e experiências no pico do Brocken (o ponto culminante do maciço do Hartz na Alemanha, e onde a imaginação popular localizava a reunião das bruxas na noite de Walpurgis) e na Estação de Cura de Borley, descambou um pouco para o que chamaremos de bom-grado "o exibicionismo metapsíquico". Provavelmente quis, mediante demonstrações espetaculares e ruidosas, atrair e impressionar o grande público. Foi provavelmente pela mesma razão que ele trapaceou sutilmente no seu estudo da *Estação de Cura de Borley.* Se assim foi, evidentemente Harry Price se tornou culpado duma falta grave capaz de desacreditá-lo aos olhos dos metapsiquistas.

Pertenceu desde 1920 à *Society for Psyehichal Research.* Fundou o *National Laboratory of Psychical Research,* do qual foi diretor.

*RHINE* (J. B.). – Nascido a 29 de setembro de 1895 num vale situado entre as montanhas do condado de Juniata, na Pennsylvania, J. B. Rhine frequentou a *Universidade do Ohio Setentrional* e o *Colégio de Wooster,* onde fez seus estudos teológicos. Daí a um ano e meio os cursos foram interrompidos por causa da Primeira Guerra Mundial, tendo Rhine se alistado como voluntário no Corpo dos Fuzileiros Navais.

Casou-se em 1920 com uma colega de colégio, Louisa Ella Weclcesser, inscrevendo-se o casal na Universidade de Chicago.

Após estudos e trabalhos pessoais consagrados à fisiologia vegetal, J. B. Rhine e Louisa Rhine receberam em 1925 primeiro o diploma de bacharel em ciências e depois o de doutor em ciências. J. B. Rhine ocupou durante dois anos a cátedra de fisiologia vegetal na *Faculdade de Botânica* da *Universidade de Virgínia Ocidental.*

Mas quando eles ainda estudavam na *Universidade de Chicago,* J. B. Rhine e Louisa Rhine resolveram iniciar-se em metapsíquica e de 1926 em diante decidiram consagrar pelo menos um ano ao estudo experimental dessa disciplina geralmente repudiada pelos meios universitários norte-americanos.

Para tanto se propuseram realizar experiências sob a direção dum psicólogo famoso, o Prof. William Mac Dougall, da *Universidade de Harvard;* mas não efetivaram logo tal projeto porque o dito professor estava licenciado e só daí a um ano se juntaram a ele na *Duke University, em Durham* (Carolina do Norte), onde após um período letivo J. B. Rhine teve a oferta duma cadeira de Filosofia e de Psicologia, com inteira liberdade para prosseguir em suas pesquisas psíquicas. Daí a alguns anos abandonou a filosofia e tornou-se professor exclusivamente de Psicologia. A partir do outono de 1927 empreendeu experiências sistemáticas de telepatia e de clarividência. Um pequeno grupo de alunos se constituiu sob a sua égide e formou um laboratório especial destinado a estudos, sendo-lhes concedida uma ajuda financeira para o prosseguimento dos trabalhos. Finalmente pôde ser fundado em 1935 o *Laboratório Parapsicológico da Universidade de Duke.*

Em 1950 J. B. Rhine pediu demissão do cargo de professor da *Faculdade de Psicologia* e assumiu a direção do Laboratório de Parapsicologia que então já se tornara completamente independente.

Foi em 1934 que apareceu a primeira publicação daquele grupo de pesquisas descrevendo experiências realizadas nos domínios da percepção extra-sensorial. Em 1937, com a ajuda e sob o patrocínio do Prof. William Mac Dougall, Rhine lançou o *Jornal de Parapsicologia,* permanecendo um dos seus diretores até 1958. Durante esse tempo publicou três obras destinadas principalmente ao grande público. Em 1937, *New Frontiers of the Mind* (Novas Fronteiras da Mente), em 1947, *The Reach of the Mind* (O Alcance da Mente); e em 1953, *New World of the Mind* (Novo Mundo da Mente). Em 1940 escreveu em colaboração com quatro outros autores *Extra-Sensory Perception After Sixty* Years (A Percepção Extra-Sensorial após Sessenta Anos); e em 1957 publicou com seu colega, o Dr. J. G. Pratt, *Parapsychology Frontier Science of the Mind* (Parapsicologia, Ciência das Fronteiras do Espírito), obra que pode ser considerada como o primeiro manual de parapsicologia.

Por sua vez, sua esposa, Louisa Rhine, publicou em 1961 o seu primeiro livro, *Hidden Channels of the Mind* (Os Caminhos Secretos do Espírito).

Durante esse período, a atividade parapsicológica de J. B. Rhine não se limitou à pesquisa, à publicação de obras e ao ensino universitário; ele também fez conferências sobre a parapsicologia em numerosas universidades europeias, como as de Oxford, Cambridge, Utrecht, Copenhague, e na *Real Sociedade de Medicina,* de Londres (setor de psiquiatria); bem como nos Estados Unidos, em Harvard, Yale, Cornell, Dartmouth, Chicago, Northwestern, Wisconsin. Noticiário a respeito e sínteses podem ser encontrados em *Who in America, American Men of Science, International Who's Who e Current Biography* (janeiro de 1949).

A 13 de junho de 1950, o Prof. Rhine e Sra. estiveram no *Instituto Metapsíquico Internacional,* onde se organizou uma recepção em honra do ilustre casal.

Conforme sabemos, os trabalhos parapsicológicos do Prof. Rhine são essencialmente quantitativos, e têm o grande mérito de haver estabelecido dum modo a bem dizer objetivo a realidade do conhecimento paranormal, do fenômeno *psi.* Além disso, oferecem um método que permite a cada um constatar essa realidade.

Equivalerá isso a dizer que essa certeza não existia antes de Rhine, como dão a entender certos jovens parapsicólogos certamente mais zelosos do que o seu Mestre? É um erro pretender-se isso.

Inúmeras experiências corretas, geralmente qualitativas e às vezes quantitativas de telepatia e de clarividência, realizadas antes de Rhine, provam de maneira indubitável a existência duma faculdade metagnômica no homem. Assim se pode afirmar que com médiuns como Ossowiecki, Kahn, Mme. Maire, etc., não são necessárias estatísticas para demonstrar a existência dessas faculdades.

E pode-se mesmo acrescentar, adotando as palavras de René Warcollier, "que os métodos estatísticos são pouquíssimos adequados, em quase nada favorecem a emersão do paranormal. Na prática, com quaisquer percipientes, nos sentiremos felizes se obtivermos resultados que ultrapassem a média provável de algumas decimais, apenas! Por que motivo? Porque esse gênero de teste não passa duma armadilha que não apanha o pássaro raro do paranormal, que ali somente deixa as penas, que podemos observar e contar. Isso basta às mentalidades científicas para demonstrar a existência desse pássaro raro..."

O grande mérito de tais métodos, repetimos, é eles fornecerem resultados experimentais que possam impor-se a todos porque suscetíveis de ser reproduzidos à vontade. Além disso, permitiram pôr em evidência o efeito de declínio e os chamados fenômenos de posição.

A parte verdadeiramente nova dos trabalhos de Rhine é relativa à psicocinesia. Mas, conforme já vimos, a realidade do fenômeno não se acha definitivamente estabelecida. Os resultados obtidos não ultrapassam em absoluto os do acaso, e o efeito de declínio que se observa, proveniente segundo parecer do cansaço ou enfraquecimento do interesse, pode não acarretar necessariamente a convicção.

Pensamos, em definitivo, que o método estatístico constitui apenas um modo de acesso ao paranormal e que, por consequência, os outros métodos de abordagem conservam todos eles o seu valor.

Ou, por outros termos, não se deve julgar que a parapsicologia "científica" começa com a introdução generalizada do método estatístico no estudo dos fenômenos metapsíquicos. Na verdade, conforme sublinha René Sudre, "este método apenas rematou uma demonstração que já havia sido feita na Europa no decorrer dum meio século".

De resto, ele é inadequado à telecinesia e à ectoplasmia, onde os fenômenos são sempre individuais e qualitativos. Além disso, quando aplicado ao fenômeno *psi,* esse método o restringe, o mutila, o separa do seu contexto afetivo que tem interesse próprio, lhe subtrai o calor humano e lhe retira a sua significação profunda que, em certos casos, pode ser qualificada de "dramática".

*RICHET* (Charles), 1850-1935. – Tentar fazer em algumas linhas um verbete biográfico, mesmo sucinto, de Prof. Charles Richet, esboçar as diferentes formas da sua prodigiosa atividade seria tarefa propriamente impossível porque se Charles Richet foi um grande metapsiquista e um grande fisiologista, também foi poeta, dramaturgo, romancista, sociólogo, psicólogo, pacifista, historiador e pioneiro da aviação. Todos os ramos da atividade humana interessaram-no apaixonadamente.

"Aluno do Liceu Bonaparte", escreve o Dr. Osty (*Revue Méta- psychique,* n.º 1, 1936), "Charles Richet se sente simultaneamente atraído pela literatura e pelas ciências. Todas as tarefas lhe absorvem a mente. Diante da Retórica, ele decide que será escritor... A Filosofia inculca-lhe um gosto muito vivo pela Psicologia. Terminados os estudos secundários, ele se orienta para a Medicina ... Bastou-lhe um ano de externato nos hospitais para ser nomeado interno. Sobrevém em seguida uma sucessão de descobertas fisiológicas, enquanto a ascensão para a sabedoria se escalonava assim: adjunto de Fisiologia na *Faculdade de Medicina* em 1878; professor de Fisiologia em 1887; membro da *Academia de Medicina* em 1898; *Prêmio Nobel de Fisiologia* em 1913; membro da *Academia das Ciências* em 1914; jubileu científico perante uma assembleia internacional de sábios em 1926.

Duas grandes descobertas fisiológicas ilustram o seu nome: a seroterapia e a anafilaxia.

Em metapsíquica, Charles Richet empenhou-se principalmente em estabelecer a realidade dos fatos, em pesquisar as condições para a sua obtenção. As teorias não o interessavam porque, dizia ele, "me parecem de uma fragilidade assustadora".

Fariam bem em meditar sobre estas palavras do Mestre certos metapsiquistas que hoje em dia consideram essencialmente o para- normal como matéria para dissertação e sujeita a sutis jogos verbais.

Charles Richet não separava a metapsíquica da biologia geral. "Para ele", escreve o Prof. Santoliquido (*Revue Métapsy chique,* n.º 8, 1926), "a Biologia não para nas funções da vida vegetativa e apenas nas aplicações ordinárias do pensamento. Ele quis encarar o homem em todas as suas propriedades, tanto as chamadas normais como as não costumeiras, chamadas supranormais. Não lhe pareceu um afastamento da ciência o fato de resolver observar as produções de Eusapia Paladino, Kluski, Guzik, Ossowiecki, Kahn etc; foi o que ele expressou na sua última conferência, a 24 de junho de 1925, na *Escola de*

*Medicina de Paris* ao dizer: "Eu desejaria, antes de deixar esta cátedra que ocupei durante tanto tempo, fazer-vos conhecer os lineamentos duma ciência nova, a metapsíquica, que ainda não entra no ensino oficial da Fisiologia. Contudo ela é um fragmento da Fisiologia, da qual faz parte integrante, e talvez dentro em breve ela venha a pertencer à Fisiologia clássica..."

"Charles Richet entendia que é pelo estudo das causas fisiológicas das propriedades do conhecimento do real e da ação sobre a matéria que avançaremos de descoberta em descoberta para a explicação dessa realidade ainda ignorada e mesmo inconcebível que é homem.

"No pensamento de Charles Richet, fisiologia e metapsíquica jamais foram duas coisas inteiramente distintas. Ele punha nisso o interesse de um pesquisador. Se de fato se tornou mais célebre e mais fecundo na primeira foi porque ela lhe oferecia maiores recursos técnicos absorvendo-lhe consequentemente mais tempo. Aposto que se ele dispusesse dum laboratório de metapsíquica bem aparelhado com instrumentos de investigações e frequentado por percipientes cujos dons merecessem maior número de experiências, Charles Richet não vacilaria em preferi-lo. Digo isto porque tenho certeza de que ele atinava com a diferença que há, por exemplo, entre a importância da fisiologia da anafilaxia (por ele descoberta) e a importância da fisiologia da criptestesia enquanto ainda um mistério."

Charles Richet estudou quase todos os grandes médiuns que lhe foram assinalados. Dizia ele a Aksakof: "Descubra-me um bom médium produtor de efeitos físicos, e irei ao fim do mundo para observá-lo." E com efeito foi a Milão por causa das famosas sessões de Eusapia Paladino, às quais assistiram eminentes sábios; em seguida observou outros médiuns na Alemanha, na Inglaterra, na Suécia e na Polônia...

"As suas peregrinações em demanda de médiuns que lhe eram assinalados", escreve o Dr. Osty, "não eram sem perigo sempre que se tratava de médiuns do gênero "efeitos físicos", isto é, produtores de telecinesias, materializações e outros fenômenos materiais relativamente imitáveis e, portanto, só podendo ser aceitos em condições que lhes estabeleçam claramente a realidade... Charles Richet, um experimentador acima de tudo, sabia disso tanto ou melhor do que qualquer outra pessoa. Contudo, na qualidade de convidado, se considerava um simples espectador como os demais, e não levava nenhum instrumental de controle.

"Um episódio desse tipo de constatação "de mero convidado" teria consequências pesadas e crônicas sobre o seu renome de metapsiquista. Foi o da Vila Carmen, em Alger. Sabemos que o eminente fisiologista, acompanhado por G. Delanne, assistiu na residência do General Noel a várias sessões de materialização dadas por Marthe Béraud... Pouco após o seu regresso, Charles Richet publicou o que constatara e manifestou a sua convicção de que não tinha havido fraude.

"Isso logo se tornou matéria de viva polêmica e, depois, virou um argumento de permanente oposição contra o grande promotor da metapsíquica... Supondo-se ou admitindo-se que Marthe B. foi uma desavergonhada fabricante de aparições e que assim abusou do grande fisiologista, iludindo-o, não é ir além da justiça e da sensatez negar a Charles Richet, de então por diante, todo e qualquer crédito quanto às suas conclusões referentes aos anteriores e inúmeros médiuns que observou em condições de segurança, nas quais ele era um mestre? A verdade (e por que não dizê-la?) é que o episódio da Vila Carmen constituiu o grande pretexto adotado por diversos sábios para pôr em dúvida tudo quanto Charles Richet escreveu após a observação daqueles já citados fenômenos.

"Houve um falso médium que falsificou efeitos físicos. Logo, todos os produtores de fenômenos metapsíquicos físicos ou mesmo intelectuais são impostores! Um excelente experimentador foi ludibriado em condições de observação defeituosa. Logo, ele foi sempre enganado e sempre será enganado, mesmo em condições de observação satisfatória. Tal foi o raciocínio de que os inimigos sistemáticos da metapsíquica se valeram tenazmente para aniquilar a obra, a tal respeito, de Charles Richet.

"Entre o erro de Charles Richet, se é que houve erro, e a atitude errônea dos que raciocinam e agem assim, o que é mais funesto para a humanidade? O que em tais circunstâncias se deve admirar ou censurar? Os peremptórios negadores das manifestações culminantes da vida e que se agarram a todo e qualquer pretexto para satisfazer seus preconceitos, ou o sábio ilustre que, sabendo que arrisca a sua reputação e o seu repouso mental, quer ver os fatos e em seguida escreve aquilo que constatou e que julga ser a verdade?

"Que ramo da Ciência resistiria a esta exigência: Negar tudo caso haja um erro, suprimir todo e qualquer crédito a quem errar uma vez?"

Os atos exteriorizam o caráter. O de Charles Richet, escreve um dos biógrafos do Mestre, pode resumir-se em duas palavras: *Justiça e Bondade.* Acrescentar-lhe-emos uma terceira qualidade: a Coragem. "Coragem física", acentua o Dr. Osty, "que o levava, assim idoso, a tratar o seu corpo como uma máquina usada, mas da qual desejava até o fim obter o maior rendimento. Coragem que o levava sem cessar onde quer que houvesse obstáculos às verdades úteis."

A obra de Charles Richet é imensa. Além de numerosos artigos científicos, médicos, filosóficos e metapsíquicos, ela compreende 11 trabalhos literários (poesias, dramas, romances), 2 livros de História, 10 de Sociologia, 6 de Psicologia e de Fisiologia e 7 de Biologia. Quanto à metapsíquica, citaremos as seguintes: *Tratado de Metapsíquica* (1922); *O Nosso Sexto Sentido* (1928); *O Futuro da Premonição* (1931); *A Grande Esperança* (1933); *So- corro* (1935).

Quando a morte surpreendeu Charles Richet aos 85 anos de idade, três manuscritos se achavam prontos para imediata edição: A *Europa no Século XIX; As Mulheres Imortais; O Futuro da Ciência.*

*DE ROCHAS* (Auguste-Albert), 1837-1914. – O Conde de Rochas d'Aiglun, aluno da *Escola Politécnica,* fez sua carreira no Exército. Tomou parte na guerra de 1870-71 na qualidade de adido ao Estado-Maior. Em 1888, quando era chefe de esquadrão, foi nomeado administrador da *Escola Politécnica.* Pensava de Rochas poder prosseguir nas suas pesquisas psíquicas naquele estabelecimento, porém as suas esperanças não tardaram a desvanecer-se: um inspetor-geral, aliás um general, declarou que não tolerava "práticas ocultas" numa escola militar. E de Rochas teve que pedir reforma.

A sua obra científica, filosófica e metapsíquica é considerável e importante. "Os seus estudos de história militar, topografia e toponomástica", escreve de Vesme, "são clássicos. E os helenistas, por sua vez, dão grande apreço às traduções que ele fez de autores matemáticos da Antiguidade, como Filon de Bizâncio e Heron de Alexandria".

De Rochas estudou experimentalmente o hipnotismo, o magnetismo e os fenômenos físicos da mediunidade. Tentou também resolver pelo método experimental a questão apaixonante da reencarnação; porém as suas pesquisas nesse rumo constituíram um insucesso.

As suas observações, os seus trabalhos experimentais e alguns dos seus pontos de vista teóricos acham-se consignados em suas obras psíquicas, sendo as mais importantes as seguintes:

*A Ciência dos Filósofos e a Arte dos Taumaturgos na Antiguidade (1882); A Ciência na Antiguidade, as suas origens e as suas primeiras aplicações (1882); As Forças não definidas, pesquisas históricas e experimentais (1887); O Fluido dos Magnetizadores (1891); Os Eflúvios Ódicos (1891); Os Estados Profundos da Hipnose (1893); O Quebran-*

*to (1893); A Exteriorização da Sensibilidade (1895); A Exteriorização da Motricidade (1896); A Levitação (1897); Os Sentimentos, a Música e o Gesto (1902); As Fronteiras da Ciência (1902); As Vidas Sucessivas (1911); A Suspensão da Vida (1913).*

*SAGE* (Michel), falecido em 1931. – Psiquista francês famoso por sua originalidade, por sua absoluta sinceridade e por sua grande erudição. Foi ele quem tornou conhecido em França o médium extraordinário Mrs. Piper, sobre o qual escreveu um livro que ficou clássico na metapsíquica e no espiritismo: *Madame Piper e a Sociedade Anglo-americana para Pesquisas Psíquicas.* Publicou ainda: *O Sono Natural e a Hipnose, a Zona Fronteira entre o Outro Mundo e este,* um estudo sobre o ioga hindu, e, ainda, A *Ascensão Cósmica do Homem, com provas.*

A erudição de Michel Sage era imensa; conhecia profundamente uma dezena de línguas vivas, bem como o latim, o grego, o hebraico e o sânscrito.

A *Sociedade Para Pesquisas Psíquicas,* de Londres, nomeara-o seu correspondente em França.

*VON SCHRENCK-NOTZING* (A.-Freiherr), 1862-1929. – Após sólidos estudos de humanidades, von Schrenck-Notzing optou pela Medicina. Ainda estudante, já se fez notar por seus trabalhos sobre o hipnotismo, realizados em colaboração com o Dr. Carl du Prel; e a tal respeito entrou em relações com os filósofos Von Hellenbach e Von Hartmann, cujas ideias exerceram sobre ele profunda influência.

Na qualidade de médico e de hipnólogo, Schrenck tomou parte em 1889 nos *Congressos Internacionais pura a Psicofisiologia e para o Hipnotismo experimental e terapêutico,* realizado em Paris. E nessa ocasião conheceu Richet, Myers e Sidgwick.

Em 1891 traduziu para o alemão a obra de Richet *Estudos Experimentais no Ambito da Transmissão do Pensamento é da Clarividência.* Em 1892 publicou a sua primeira obra *Die Suggestionstherapie bei Krankhaften Erscheinsungen des Geschletssinnes,* obra essa logo traduzida para o inglês e o italiano.

Quando o hipnotismo pareceu haver adquirido foros científicos, o Dr. Schrenck, a conselho de Charles Richet, se voltou para a metapsíquica e mais particularmente para os problemas da mediunidade física. Estudou sucessivamente Eglinton, Heine, Schraps, Eusapia Paladino, Politi, Lúcia Sordi, Linda Cazzera, Stanislawa Tomczyk, Stanislawa

P., Willy e Rudi Schneider, Maria S., assim como certo número de médiuns particulares.

Veio a Paris em 1909, e assistiu a algumas experiências de Eva C., que o impressionaram bastante. Resolveu estudar aquele médium; e durante quatro anos, em colaboração com Mme. Bisson, ora em Paris, ora em Munique, fez com Eva uma série de experiências, cujos relatórios foram publicados em alemão na obra *Physikalische Phanomene des Mediumnismus,* obra esta que foi traduzida para o francês com o título *Les Phénomenes physiques de la médiumnité.* Por sua vez, Mme. Bisson publicou o resultado daquelas experiências feitas em comum, no seu livro *Os Chamados Fenômenos da Materialização.* Aquelas duas obras provocaram ardentes polêmicas.

É certo que Schrenck-Notzing contribuiu para difundir a metapsíquica na Alemanha. Antes dele, quase todos os sábios alemães repudiavam os fenômenos paranormais; mas Schrenck lhes forçou a atenção, de modo que muitos dentre eles se iniciaram neste âmbito.

A obra de Schrenck é vasta e cheia de documentos interessantes que, infelizmente, são de qualidades diversas. Conforme sucede algumas vezes nas obras metapsíquicas, o falso se aproxima do verdadeiro e é tratado no mesmo pé de igualdade. Parece, porém, — mas esta é apenas uma impressão pessoal nossa — que no fim da sua vida Schrenck duvidou da realidade de certas manifestações observadas em Eva C. "A última vez que o vi em Nice", escreve Ch. Richet, "conquanto eu o achasse com a saúde um tanto alquebrada, Schrenck ainda conservava o mesmo ardor. Pediu-me — e acedi com a maior boa vontade — que lhe escrevesse uma carta a respeito das suas experiências com Eva a fim de responder a objeções retrospectivas que nada introduziam de novo pois que se tratava apenas do estudo analítico de fotografias já publicadas."

Não desejaria Schrenck, mediante esta espécie de *satisfecit,* estribar as suas próprias convicções?

Rematemos este verbete biográfico acrescentando que Schrenck, segundo a expressão de Richet, era "um verdadeiro fidalgo, um verdadeiro sábio e um verdadeiro amigo".

A sua independência mental e a beleza do seu caráter patenteiam-se no fato de em 1914 se haver recusado a assinar o *Manifesto dos Intelectuais Alemães* que visava a cavar um fosso profundo entre o pensamento latino e o pensamento germânico.

Além das obras já citadas, Schrenck-Notzing deixou ainda as seguintes:

*Experimental stuclies in thought transference (1891); Materialisations Phunomene (1914); Der Kampf um die Materializations Phanomene (1914); Experimente der Fernbewegung (1924).*

*DE VESME* (Cesare), 1862-1938. – Cesare de Vesme era filho do Conde Cario, senador do Reino da Itália, historiador famoso e filólogo. Por sua mãe, nascida Corbeau de Vaulserre, ele era de origem francesa.

Após estudos clássicos e humanísticos, Cesare de Vesme se destinou ao jornalismo, e os seus artigos logo se tornaram famosos. Foi em 1884 que ele entrou em contato com o psiquismo. Tendo assistido em Roma a sessões curiosas, as relatou com tal brilho que Lombroso passou a interessar-se pelo assunto. De Vesme assumiu em 1898 a direção da *Revista di Studi Psichici;* mas tendo sido nomeado correspondente em Paris do jornal *La Stampa,* em 1899 deixou a Itália e veio instalar-se em França.

Em fins de 1904, o Prof. Richet propôs-lhe a direção dos *Annales des Sciences Psychiques,* que ele fundara em 1894 junto com o Dr. Dariex. Em 1908 aquela revista se tornou o órgão *da Societé Universelle d'Etudes Psichiques* (SUEP). Iniciou-se então, sob o pulso vigoroso de Cesare de Vesme, a época de numerosas e não raras brilhantes sessões mediúnicas com Eusapia Paladino, Stanislawa Tomczyk, Linda Cazzera, Miller, Bailey, Carancini etc., durante as quais os experimentadores observaram fenômenos autenticamente paranormais, mas também muitos outros falsificados. De Vesme foi sempre o primeiro a pressentir a fraude e a descobri-la.

Veio em seguida a guerra, e *La Stampa* tornou-se um jornal favorável aos alemães. De Vesme não vacilou em sacrificar a sua situação, demitindo-se do cargo de correspondente.

Em 1929 a *Academia das Ciências* de Paris lhe outorgou por aclamação o *Prêmio Fanny Emden,* por sua *História do Espiritualismo Experimental,* obra monumental porém inacabada.

Em 1934, de Vesme foi nomeado secretário-geral da *Sociedade dos Amigos do Instituto Metapsíquico Internacional.* A sua obra metapsíquica é considerável. Caracteriza-se por sua grande riqueza de documentos, por sua clareza e por sua sinceridade. Além das suas principais obras, como *História do Espiritismo* (1896, em italiano), *História do Espiritualismo Experimental* (1927), *O Maravilhoso nos Jogos de Azar* (1929), de Vesme escreveu inúmeros artigos nas revistas *Annales des Sciences Psychiques, Psychica* e *Revue Métapsiquique.* Além disso, traduziu para o francês quase todos os artigos e volumes do espiritista italiano Ernesto Bozzano.

René Warcollier, de quem colhemos os principais dados para este verbete biográfico de de Vesme, escreve: "Eu lhe admirava a independência de espírito sem todavia lhe alcançar a temeridade. Cativava-me nesse homem culto a sua mentalidade científica bastante rara, pois dava mais valor aos fatos do que às teorias e desdenhava como mero falatório todos os dados intuitivos. De Vesme permaneceu um positivista do psiquismo."

*WARCOLLIER* (René), 1881-1962. – Após brilhantes estudos secundários, René Warcollier entrou para o *Instituto de Química,* dirigido então pelo ilustre Moissan. Era na época em que, sob o impulso do grande químico, inúmeros pesquisadores tentavam realizar a síntese das pedras preciosas. René Warcollier, em quem já se revelava o pioneiro, meteu-se primeiro nesse rumo novo e desde o seu segundo ano de escola conseguiu preparar rubis sintéticos. Em seguida se dedicou com êxito à síntese da safira e da esmeralda. Interessou-se depois pela fabricação de pérolas artificiais e pela descoberta de um processo de preparação que foi objeto de numerosas patentes de invenção exploradas na França, na Alemanha e nos Estados Unidos. Durante a guerra ele pôs em ação um método eletrolítico de obtenção do permanganato de potássio e um processo de preparação do "enxofre dourado de antimônio", utilizado desde então para a vulcanização da borracha. Em 1924 criou um nácar artificial com base no acetato de celulose, sobrevindo logo uma série de invenções aplicáveis aos objetos mais diversos: ferrocério, telas de cinema ultraluminosas etc. Ao mesmo tempo, Warcollier dirigia usinas em França e estabelecia outras no estrangeiro.

Uma tal atividade nos domínios científico e industrial teria bastado por si só para encher toda uma existência. Todavia, isso em Warcollier não expressava senão um aspecto e talvez o menos importante da sua vida intelectual. Pois este químico fecundo era ainda muito mais psicólogo e metapsíquico do que engenheiro químico. No entanto, cumpre notar que o Warcollier metapsiquista empregou em suas pesquisas os processos do Warcollier químico. As suas inúmeras experiências sobre a telepatia consistiram com efeito em extrair a "terra rara", isto é, o fato telepático do enorme magma que é psiquismo humano, sempre movediço e em perpétua transformação.

Assim como muitos outros metapsiquistas, R. Warcollier teria podido voltar-se para grupos de metagnomos profissionais e dessa maneira estudar a telepatia e a metagnomia com um rendimento seguro. Mas, ao realizar experiências com indivíduos não especialmente dotados — e aí é que está a orginalidade do seu método — René Warcollier pôde surpreender ao vivo as hesitações, as apalpadelas, as deformações e os erros da faculdade telepática ou metagnômica e descobrir certos mecanismos mentais criptóides que, sem esse gênero de pesquisas, ignoraríamos ainda.

Como todos os grandes metapsiquistas, E. Warcollier era acima de tudo um experimentador. Segundo a sua mentalidade, as teorias metapsíquicas não podem ser, *temporalmente,* senão hipóteses de trabalho que devemos saber abandonar de modo resoluto logo que elas se mostrem em desacordo com os fatos. É certo, por exemplo, que o Warcollier dos últimos anos não interpretava mais a telepatia da mesma forma que o Warcollier de 1912, momento em que a telegrafia sem fio estava em pleno desenvolvimento. "Quanto à interpretação que serei levado a dar dos fatos telepáticos", escrevia ele, "assumo toda a responsabilidade e me declaro pronto a mudar sempre que for preciso. Pois os fatos e as teorias voam..."

René Warcollier era um sábio. Ao dissecar, analisar, examinar sob todos os lados o fato telepático, ao pesquisar as leis que regem tal fenômeno, o eminente presidente do *Instituto Metapsíquico Internacional* realizou obra de sábio que tinha o sentido do grandioso, que sabia que um pormenor psíquico ínfimo às vezes é capaz de permitir vastas sínteses, de revelar a beleza, a majestade, a transcendência da alma humana.

A sua obra científica e metapsíquica é importante e rica. Além de numerosíssimos e substanciais artigos, *sempre originais,* aparecidos nos *Annales des Sciences Psychiques,* em *Psychica* e na *Revue Métapsychique,* bem como em várias revistas estrangeiras especializadas, René Warcollier escreveu as seguintes obras: *Trabalho e Repouso* (em colaboração com E. Duchatel); *Os Milagres da Vontade* (em colaboração com Duchatel), obra está traduzida para o italiano com o título *I Miracoli delia Volontá; A Telepatia Experimental Tetepathy; Mind to Mind.*

Desde 1950 até 1962, René Warcollier foi o presidente do *Instituto Metapsíquica Internacional.*

# GLOSSÁRIO

ADITO. — Aposento secreto nos templos gregos e romanos, onde os sacerdotes preparavam os seus prodígios.

ALUCINAÇÃO. — Percepção sem objeto real. Pode às vezes traduzir uma informação de origem paranormal.

ASSOMBRAÇÃO. — Conjunto de fenômenos paranormais ocorrendo em determinado lugar. Podem ser subjetivos ou objetivos.

ASTROLOGIA. — Em regra geral, o estudo das relações que podem existir entre as configurações geocêntricas do sistema solar e os fenômenos terrestres e humanos, individuais e coletivos. Mas a astrologia procura principalmente determinar as características fisiológicas, patológicas e psicológicas bem como o destino do homem segundo o aspecto do céu sob o qual ele nasceu.

AURA. — Emanação, geralmente colorida, que certos clarividentes percebem em redor do corpo humano e, às vezes, em redor dos animais e até mesmo das coisas.

CARTOMANCIA. — Processo de adivinhação por meio de cartas de baralho.

CATALEPSIA. — Estado particular de insensibilidade geral durante o qual ficam suspensos os movimentos voluntários.

CLARIVIDÊNCIA. — Modo de conhecimento paranormal. Sinônimos: criptessia, lucidez, metapnomia, ESP.

CONSENSUS. — Palavra latina, que significa harmonia, acordo.

CRIPTESTESIA. — Termo criado por Charles Richet para designar a clarividência.

CRISTALOSCOPIA OU CATOPTROMANCIA. — Processo de adivinhação por meio de uma bola de cristal, de um espelho, ou de uma superfície reflexível qualquer.

CUMBERLANDISMO. — Processo de transmissão do pensamento, apresentado pela primeira vez pelo ilusionista inglês Cumberland. Consiste essencialmente em perceber os movimentos inconscientes de um indivíduo cujo pensamento se quer conhecer.

Ectoplasmia. — Formação paranormal de uma substância, primeiramente amorfa ou polimorfa, que em geral se constitui depressa em diversas representações: órgãos isolados, seres completos humanos ou humanoides, animais, objetos materiais.

Efluviografia. — Fotografia do "fluido" magnético humano.

Entropia. — Grandeza que em termodinâmica permite avaliar a degradação da energia de um sistema. Quando a energia de um sistema se degrada, se diz que a sua entropia aumenta.

*ESP* — Percepção extra-sensorial. (Abreviatura de *extra-sensory perception.)*

Espiritismo. — Doutrina que atribui certos fenômenos metapsíquicos à ação de um espírito, isto é, a uma alma desencarnada. Segundo o espiritismo, a inteligência humana não desaparece após a morte, mas evolui num meio não condicionado pelo espaço e pelo tempo, podendo manifestar-se aos vivos através dos médiuns.

Estigmatização. — Aparecimento no corpo de manchas ou marcas cutâneas figurativas ou imitativas. Nos estigmatizados católicos elas se assemelhariam às chagas de Cristo.

Fantasma. — Imagem psíquica, subjetiva, imaginária, diferente da alucinação e que se produz em certos neuropatas.

Faquir. — Asceta hindu que procura obter a santidade mediante mortificações e exercícios espirituais.

Fenômenos Paranormais ou Metapsíquicos. — Fatos insólitos, psicológicos ou físicos, decorrentes de forças que parecem inteligentes; ou provindo de faculdades desconhecidas da mente humana (Charles Richet).

Geomancia. — Processo de adivinhação pelo exame das figuras formadas por poeira, terra, seixos, pedras pequenas projetadas em cima de uma mesa ou de um tamiz.

Grafologia. — Ciência que permite determinar em certa medida o caráter e os distúrbios patológicos de um indivíduo, observando-lhe a caligrafia.

Hagiografia. — Estudos relativos à vida dos santos.

Hipnose. — Sono artificial provocado por certas práticas em indivíduos sensíveis. A sugestão e a autossugestão ligam-se à hipnose, mas sem que haja sono, necessariamente.

Hipnotismo. — Conjunto de fenômenos que constituem a hipnose. Ciência que trata desses fenômenos.

Ideoplastia. — Ação paranormal sobre a própria pessoa ou sobre o mundo exterior, e que se traduz pela atuação de certas formas de energia ou por materializações, e tendo sempre como origem uma representação consciente ou inconsciente.

LEVITAÇÃO. — Soerguimento de objetos pesados, e mais especialmente a elevação do corpo humano, sob influência de forças desconhecidas.

LUCIDEZ. — Termo popular designando a telepatia ou a clarividência.

MANCIAS. — Processos capazes de suscitar certas faculdades para- psicológicas e mais particularmente premonitórias.

MATERIALIZAÇÃO. — Órgão isolado, ser completo humano ou humanoide, animal, objeto, criados por um privilégio paranormal. Sinônimo: ectoplasma.

MÉDIUM. — Indivíduo dotado de poderes paranormais que lhe permitem, notadamente segundo os espiritistas, comunicar-se com o Além. Este têrmo, muitas vezes impróprio em metapsíquica e em parapsicologia, tende a ser substituído pelo de "sensitivo", "percipiente" e "sujeito".

METAGNOMIA. — O conhecimento quer de coisas sensíveis, quer de pensamentos normalmente inacessíveis à mente, quer de acontecimentos futuros.

METAPSÍQUICA. — Ciência que se propõe estudar fenômenos físicos ou psicológicos causados por forças que parecem inteligentes, ou por faculdades que a mente não conhece ainda (Charles Richet).

MONISMO. — Sistema filosófico que pretende explicar o universo por meio de um elemento único.

MONOIDEÍSMO. — Estado do espírito quando este se acha ocupado por uma ideia única.

NARCANÁLISE. — Exploração do inconsciente de um indivíduo submetido à ação de certas substâncias químicas hipnóticas. Na realidade, tais substâncias aumentam principalmente a sugestibilidade.

ONIROMANCIA. — Processo de adivinhação por meio do estudo dos sonhos.

PARACINESIA. — Movimento de objetos obtido pelo contato das mãos, mas ainda assim implicando a atuação de forças telecinéticas.

PARAPSICOLOGIA. — A parapsicologia é a evidenciação e o estudo experimental de funções psíquicas ainda não incorporadas ao sistema da psicologia científica. Visa à incorporação delas nesse sistema que então se ampliará e se completará (Robert Amadou). De fato, atualmente, a parapsicologia corresponde, *grosso modo,* à metapsíquica subjetiva de Charles Richet. E estuda, além disso, a psicocinesia.

PERCIPIENTE. — Pessoa que "percebe" ou que "recebe" os pensamentos e as imagens "transmitidos por telepatia".

Pitiatismo. — Nome dado pelo Dr. Babinski a distúrbios psíquicos curáveis pela persuasão e pela sugestão.

Placebos. — Falsos medicamentos tendo a forma e a cor dos verdadeiros, mas não contendo nenhum produto ativo. Ainda assim agem num certo número de casos, por mero efeito sugestivo.

Precognição. — Percepção paranormal de um acontecimento que ainda não se produziu.

Premonição. — Aviso ou advertência de origem paranormal, no mais das vezes vaga e afetiva, concernente ao futuro.

Psi. — Em parapsicologia se designam geralmente os fenômenos paranormais pela letra grega *psi*. Os fenômenos *psi* subdividem-se em fatos *psigrarna* (fenômenos subjetivos) e em fatos *psi-kappa* (psicocinéticos).

Psicoctnesia. — Ação presumida do espírito sobre um sistema físico em evolução.

Psicometria. — Tomada de conhecimento da ambiência duma pessoa, de seus estados afetivos e intelectuais por intermédio de um objeto que pertenceu a essa pessoa ou que esteve mais ou menos tempo em contato com ela.

Quirologia. — Ato de desvendar ou de descobrir na mão de uma pessoa suas predisposições naturais, as suas doenças e as suas tendências psicológicas.

Quiromancia. — Arte de predizer o futuro através das linhas e de outros sinais da mão.

Radiestesia. — Arte de desvendar realidades escondidas por meio duma vareta ou dum pêndulo.

Raps. — Ruídos insólitos e que se produzem sem causa explicável, na presença de um médium.

Rabdomancia. — Ver Radiestesia.

Recalescência. — Em Física, levantamento súbito e espontâneo da temperatura durante o resfriamento de um metal.

Sincronicidade. — Segundo C. G. Jung, relação causai exprimindo as relações que não se deixam formular pela causalidade, como por exemplo a precognição, a psicocinesia, e, talvez, aquilo a que chamamos a telepatia. Na medida em que a causalidade é uma verdade estatística, há exceções, de natureza causal, que entram na categoria dos acontecimentos sincronísticos. Esta noção apresenta alguns pontos em comum com a "harmonia preestabelecida" de Leibnitz.

Sonambulismo. — Ação de caminhar, agir ou falar num estado de sono natural ou provocado.

SONILOQUIA. — Falar alto durante o sono.

SUPRANORMAL. — Que se acha acima ou além do normal. Este termo, criado por Myers, foi substituído vantajosamente em metapsíquica por "paranormal".

TELECINESIA. — O deslocamento ou a movimentação de objetos a distância, sem causa física observável e ocorrendo geralmente na presença de um "médium".

TELEPATIA. — Comunicação de pensamento, fora dos sentidos habituais, entre dois indivíduos.

TELEPLASTA. — Indivíduo ou médium tendo o poder de realizar materializações.

TEOSOFIA. — Doutrina que tem por objeto a união com a Divindade. Procura demonstrar que a justiça e o amor guiam a evolução do mundo. Essa doutrina também encara a morte como um incidente periódico numa existência sem fim. Os teósofos recorrem a intuições aparentemente ou verdadeiramente paranormais.

TIPTOLOGIA. — Método de comunicação mediúnica por meio de pancadas batidas pelas mesas girantes ou outros objetos.

TRANSE. — Estado que pode ir do leve obscurecimento da consciência à inconsciência completa, no decorrer desse estado podendo manifestar-se uma atividade paranormal.

# O AUTOR

ROBERT TOCQUET é professor da Escola de Antropologia de Paris e membro da Diretoria do Instituto Metapsíquico Internacional. É autor de inúmeros livros versando assuntos de sua especialidade e de divulgação científica. Foi um dos colaboradores da Encyclopédie Larousse pour la Jeunesse e da Encyclopédie des Sciences et des Techniques, editada sob os auspícios do Instituto Francês de Documentação Científica e Técnica. Vários de seus livros foram traduzidos para o inglês, italiano, espanhol e holandês. Entre suas obras principais se destacam: *Cultivez votre Cerveau* (editada pela IBRASA com o título: "Cultive Seu Cérebro"), *Le Calcul Mental à la Portée de Tons, Les Hommes-Phénomènes, Les Clefs de la Santé, Pour Vivre Cinq Fois Vingt Ans, Quand la Medicine se Tait, Le Mond Vivant, De l'Atome à L'Homme, La Vie sur les Planêtes, La Vie Dans la Matière, Les Phénomèns Médiuniques, Les Phénomènes Physiques de la Métapsychique, Tout l'Occutisme Dévoilé.*